KB203851

불교 근대화의 이상과 현실

불교 근대화의 이상과 현실

초판 1쇄 발행 2014년 7월 18일

저 자 ｜ 김광식
발행인 ｜ 윤관백
발행처 ｜ 도서출판 선인

편 집 ｜ 최진아
표 지 ｜ 박애리
영 업 ｜ 이주하

인 쇄 ｜ 대덕인쇄
제 본 ｜ 과성제책

등록 ｜ 제5-77호(1998.11.4)
주소 ｜ 서울시 마포구 마포동 324-1 곳마루 B/D 1층
전화 ｜ 02)718-6252 / 6257
팩스 ｜ 02)718-6253
E-mail ｜ sunin72@chol.com
Homepage ｜ www.suninbook.com

정가 47,000원
ISBN 978-89-5933-738-5 93220

불교 근대화의 이상과 현실

김광식 지음

도서출판 선인

　본 저술은 한국 근현대 불교를 '불교 근대화'의 관점으로 바라보고 연구한 필자의 그간의 연구 성과물을 수정, 보완한 것이다. 필자가 근현대 불교 연구를 개척하겠다는 소박한 열정으로 이 분야 연구에 전념한 지 어언 20년이 되었다. 그간 필자는 근현대 불교에 대한 학술서적, 대중서, 증언자료집, 논문 등의 다양한 글쓰기를 해 왔다. 이 같은 작업에 투영된 필자의 관점은 교단사, 종단사, 불교개혁, 민족불교, 고승 탐구, 한용운과 백용성, 근현대 禪, 불교와 국가 간의 접점 등이었다.

　그런데 필자는 이 같은 연구 및 저술 작업을 하면서 '佛敎 近代化'에 대한 연구 성과물을 펴내겠다는 생각을 끊임없이 하였다. 그러나 그에 대한 개념, 흐름, 현실, 사례, 한계 등에 대한 연구 성과가 만족스럽지 못하여 연구 성과물을 펴내는 것에 대하여 주저하였다. 그럼에도 불구하고 이 책의 출간은 미진하나마 그간의 연구 성과를 학계에 보고하여 평가를 받고, 연구 자세를 재충전하여 보다 진일보한 연구를 하려는 다짐에서 나왔다.

　불교 근대화는 근대기의 시공간에서 불교를 새롭게 정립하려는 의식 및 행보이었다. 즉 변화된 세상인 근대 공간에서 불교를 존립, 발전시키려는 일련의 흐름이었다. 이런 성향을 내재한 불교 근대화의 대안과 흐름은 다양하게 노정되었다. 때문에 다양하고 중층적이었던 불교 근대화를 학문적으로 정리하는 것은 간단한 작업이 아니다. 불교 근대화에 대한 내용은 그간 관련 연구자들의 연구 성과로 인해 개괄적 이해는 도출되었지만, 그에 걸맞은 개념화 작업은 미진하였다. 이에 대해서 필자는 불교 근대화의 개념화와 유관한 '불교의 근대성'에 대해, 이전 연구에서 다음과 같은 서술을 하였다.

필자는 (불교의)근대성 검토의 우선점이 불교인들이 '새로운 시대'에 대한 이전과는 다른 '인식'에서 나온 역사의식이 아닌가 하는 단상을 갖고 있다. 물론 이 경우에는 주체의식, 자율은 기본적으로 수반된다. 이 전제에서 불교의 근대성을 검토하면, 조선시대의 불교와는 전연 다른, 새로운 시대에 접어들었다는 불교인의 각성, 주체의식이 최우선적으로 설정되어야 한다. 그 후에는 새로운 시대에 접어들었다는 강한 주체의식 하에 불교가 변화해야 한다는 다양한 고민, 활동, 대안, 불교 개혁론, 신식학교 설립, 도회지에 포교당 개설, 외국 유학, 교단 재건 등이 뒤따르는 것이다. 요컨대 새로운 시대에 불교가 처하였다는 불교계의 역사의식을 점검하는 것이 불교 근대성 연구의 첫 번째 발걸음이라고 본다. 그 연후에는 근대시기(개항~8·15 해방) 불교계의 총체적인 움직임(의식, 흐름, 운동 등)의 본질(성격, 특성 등)을 찾아내야 할 것이다. 그리고 그 본질에 대한 보편적인 개념화 작업이 필요할 것이다(「불교의 근대성과 한용운의 대중불교」,『한용운연구』, 동국대학교출판부, 2011).

필자가 본 책에 수록한 개별적인 연구 성과는 위에서 제시한 구도에서 나온 것이다. 즉 새로운 시대가 왔다는 불교계 내부 구성원의 자각을 거쳐 다양한 대안과 방향이 대두되었다. 그래서 필자는 불교가 나아갈 노선에 대한 단일적인 흐름(시대정신)이 형성된 것과 그 구도에서 나온 다양한 변화상, 역사상에 대한 연구를 하였다. 당시 불교인들은 불교 근대화를 이루기 위한 치열한 고뇌를 하고, 그를 실천에 옮겼다. 그러나 불교 근대화로 나아가는 길은 간단치 않았다. 즉 불교 근대화의 이상과 현실 사이에는 간극이 있었거니와 그 간극에는 대립, 저항, 열정, 비판 등이 노정되었던 것이다. 본 저술은 그 간극에 있었던 제반 역사상을 정리한 연구이다.

한편, 불교 근대화의 범주를 기존 연구 경향에서는 진보, 혁신, 개혁의 관점으로만 이해하였다. 그러나 필자는 불교 근대화는 보수, 중도, 개량,

진보 등 모든 노선에서 자생되었다고 본다. 본 저술은 다양하였던 근대화 노선의 실상, 사례에 대한 연구 성과물이라고 하겠다.

그런데 필자가 이 책을 펴내면서 아직도 고민스러운 과제는 다음과 같은 것이다. 첫째, 불교 근대화가 당시 時代像과 어떻게 연결되었는가이다. 즉 당시 전체적인 불교사 전개에서 불교 근대화는 어떤 의미와 위상을 갖는가에 대한 측면을 정리하지 못하였다. 둘째, 불교 근대화에 대응적이었던 흐름과의 상관성을 명쾌하게 설명하지 못하였다. 이른바 舊學, 首座, 保守와의 상충 및 접점까지는 연구하지 못하였다. 셋째, 불교 근대화와 불교 현대화의 同異點을 설명하지 못하였다. 불교 근대화론은 근대기인 일제하의 기간뿐만 아니라 해방공간과 1960~70년대에도 제기되었다. 그렇다면 이런 현대불교 공간에서 제기된 주장 및 활동을 불교 근대화라고 지칭할 수 있는가이다. 즉 불교 근대화와 불교 현대화와의 상관성을 추적하지 못하였다. 넷째, 일반 사회의 근대화 및 일본불교·세계불교 흐름과의 상관성을 정리하지 못하였다. 즉 서구문명, 오리엔탈리즘, 기독교 등과 연결된 불교의 문제를 정리하지 못하였다. 이상과 같은 측면은 필자가 지속하여 고민할 과제이지만 이 분야 동학, 후학들도 이 문제의 연구에 동참하길 기대한다.

이상과 같은 배경과 의미를 갖고 있는 본 저술의 출간은 필자를 성원해주었던 전국 각처의 수많은 임들의 후원에서 나온 것이다. 특히 이 책을 펴내기까지 필자가 불교계에서 연구할 수 있는 인연을 만들어 주신 만해사상실천선양회의 오현큰스님에게 최우선적으로 감사를 올린다. 그리고 필자의 학문적 작업에 무한한 관심을 보여주신 동국대 교수인 보광스님과 『불교평론』의 홍사성 주간님의 성원에 감사를 드린다. 그리고 근현대 불교 공간의 고승과 인연이 많은 사찰 및 큰스님의 후원도 빼놓을 수 없다. 그는 범어사(능가스님), 내원정사(인환스님), 도선사(현성스님·혜자스님), 통도사(현문스님·정우스님·명정스님·지안스님), 건봉사(도후스님), 월정사(정념

스님), 백양사(암도스님 · 시몽스님), 화엄사(명선스님 · 종삼스님), 불광사 (지홍스님), 도피안사(송암스님), 묘각사(홍파스님), 진관사(계호스님), 동국사(종걸스님), 은하사(대성스님), 불교교단사연구소(원두스님) 등이다.

 필자는 이 책을 학계 및 불교계에 상재하면서 근현대 불교 연구의 개척이라는 화두를 아직까지도 간직하고 있음을 고백한다. 이것이 필자의 학문적 정체성임을 재삼 자각하고, 오직 그 길로 매진할 것을 다짐하면서 여기에서 필을 놓는다.

2014년 4월, 목면산 언덕에서

김광식

:

제1장

불교 근대화의

현실 인식

:

각황사의
설립과 운영

– 근대기 최초의 포교당 연구

1. 서언

　　근대불교로 접어들면서 즉 개항 및 승려의 도성출입금지 해제 이후 불교계는 불교 발전 및 중흥을 기하기 위한 다양한 활동을 추진하였다. 그 활동 중에서 불교계가 적극적으로 전개한 활동의 하나는 포교였다. 이에 각 사찰에서는 도회지에 포교당을 개설하는 것을 당연한 과제로 인식하였으며, 일반 대중을 상대로 불교의 사상과 교리를 전해야 한다는 문제를 수용하기 시작하였다. 일반적으로 포교활동을 분석하고 연구함에 있어서는 교당, 포교사, 포교의 교재, 포교의 논리 및 사상, 교당의 신도, 파급 효과 등 다양한 측면에서 접근이 가능하다. 그러나 그중에서 포교당은 여타 문제보다도 우선 살펴볼 대상주제이다. 포교당은 포교의 거점 및 무대라는 점에서 그러하고, 산중사찰이 도회지 사찰로 전환되었다는 점에서도 근대불교의 변화상을 단적으로 말해주는 것이기 때문이었다.

　이러한 배경하에 1910년대 초반 불교계 잡지를 대표하는 『조선불교월보』의 19호에 전하고 있는[1] 포교당의 개요 즉, 1913년에 이르러서는 전국의 포교당이 18개처에 달하였다는 내용에 필자는 관심을 갖게 되었다. 1920~30년대에도 포교당의 건립을 통한 포교 활동이 지속되었음은 물론이었다. 이에 우리의 관심은 1913년 무렵 18처의 포교당의 개요와 성격에 머무르게 된다. 그 18처 포교당의 전모를 유의하여 살펴보면 각 사찰의 단독, 혹은 몇 개의 사찰의 연합으로 설립된 것이 대부분이었다. 그런데 이 같은 성격과는 이질적인 포교당이 있거니와, 그는 '조선불교중앙포교당'인 覺皇寺(경성, 중부 전동 12통 1호)이다.[2] 요컨대 각황사는 당시의 '朝鮮全道 各寺 代表'가 설립자로 나와 있다. 그리고 이 포교당은 그 설립이 1910년 10월 27일인데, 이는 근대 한국불교 최초의 포교당, 일제하 최초의 포교당이라는 의미를 말하는 것이다. 한편 중앙포교당으로서의 각황사에는 30본산주지연합회의소와 당시 교단이 운영하였던 출판사의 사무소가 입주하였다. 1938년에 가서는 총본산각황사라는 명칭으로 이전, 신축하였고 그 명칭도 1940년 7월 15일에는 태고사로 전환되었다. 이러한 측면은 각황사가 단순한 포교당에 머무르지 않았음을 말해주는 단서이다.

이런 배경과 성격을 갖고 있었던 각황사에서는 다양하고 수많은 법회, 강연, 행사 등이 열렸으며, 그 결과로 불교의 포교에 적지 않은 영향을 끼쳤던 것이다. 이에 우리는 각황사에서 전개된 활동과 내용에 대해서도 정리할 필요성을 만난다.

이에 필자는 이 포교당의 설립, 운영, 활동, 변동, 성격 등에 관련된 전모를 밝혀야 할 문제에 직면하는 것이다. 이에 본 고찰에서는 일제하 포교문

---

[1] 그 내용은 『조선불교월보』 19호의 69~71쪽에 전하고 있는데, 그 제목은 「布教區現狀一覽表」이다. 세부 내용은 교당 명칭, 소재지명, 설립자 기관, 설립연월일 등이다.

[2] 이 포교당과 유사한 것은 조선선종중앙포교당인데, 이는 범어사, 통도사, 백양사, 대흥사, 구암사, 화엄사, 천은사, 관음사, 용흥사 대표가 설립하였다. 이 포교당은 이른바 임제종운동의 과정에서 나온 조선임제종포교당의 후신이다. 필자는 이 포교당을 임제종운동을 검토하였을 적에 살펴보았다. 졸고, 「1910년대 불교계의 조동종맹약과 임제종운동」, 『한국근대불교사연구』, 민족사, 1996, 79~80 · 86~87쪽.

제를 이해하기 위한 디딤돌로서 일제하 최초의 포교당인 조선불교중앙포교당이었던 각황사의 전모를 살펴보고자 한다.

2. 설립의 배경과 과정

근대불교 최초의 포교당의 성격을 갖고 있는 각황사의 설립, 창건의 배경은 어디에서 비롯되었는가. 이는 1908년 3월에 등장한 圓宗의 창립에서부터 찾아야 할 것이다. 근대불교계가 불교발전을 추구하려는 조직체, 종단 건설의 차원에서 원종은 등장하였지만, 구한국정부 및 일제 통감부는 그 인가를 승인하지 않았다. 이에 원종을 이끌던 이회광은 그 인가를 위한 다양한 노력을 기울였다. 이회광은 그를 위해 친일파와 재한 일본불교의 수뇌부에 기대는 속성을 노정하기도 하였다.[3] 그런데 그 과정을 세밀히 살펴보면 원종은 원종종무원의 설립을 추진함과[4] 동시에 불교발전을 위한 차원에서의 일본불교와의 연합의 필요성을 제기하고 있었다.[5]

한편 원종을 지지하였던 전국의 불교계 대표들은 원종의 인가가 늦어지자, 우선 원종의 활동의 기반을 구축하기에 이르렀다. 이 사정을 전하는 기록을 살펴보면 다음과 같다.

> 日昨 元興寺에셔 僧徒 一百五十餘名이 會同ㅎ야 國內 寺刹을 擴張ㅎ기로 協議ㅎ얏다더니
> 更聞ㅎ즉 漢城府內에 佛敎總合所를 設置ㅎ기로 文鐸 及 某某 諸氏 等이 發起中이라더라.[6]

---

3 「寺院統一」, 『황성신문』 1908.10.22.

4 「佛敎統壹」, 『대한매일신보』 1909.2.18.

5 이에 대한 배경, 과정 등은 최병헌, 「일제의 침략과 불교」(『한국사연구』 114, 2001)에 잘 정리되어 있다.

6 「寺刹擴張」, 『황성신문』 1909.12.19.

즉 1909년 12월 12일, 원흥사에 모인[7] 전국 승려대표 150여 명은 사찰 확장을 위한 협의 결과로 우선 당시 한성부내에 '佛敎總合所'를 설치하기로 발기하였다는 것이다. 이처럼 원종측에서 한성부내에 총합소의 건설을 추진한 것은 원종이 인가날 것을 대비하여 불교계 전체 사무를 총괄할 공간으로서의 종무원 운영에 대비한 것으로 보인다. 여기에서 말하는 불교총합소가 곧 각황사의 설립의 태동이 되었던 것이다.

원종에서는 1910년에 접어들면서 그 총합소의 설립을 위한 공사를 본격적으로 추진하였다. 이에 원흥사에 있는 자신들의 거점을 종무원으로 개칭하고, 이 종무원 소속의 교당이라는 건축을 준비하였다. 이 사정을 전하는 기록인 『대한매일신보』 기사를 보면 그 전모가 자세히 전한다.

> 元興寺는 數日前부터 宗務院이라 改稱ᄒ고 該院에 所屬 佛敎堂을 中部 寺洞 等地에 建築ᄒ 次로 內部에 請願 承認ᄒ야 來 三月頃에 工役을 着手ᄒ 터인딕 十三道에 在ᄒ 各 寺刹에서 捐助ᄒ 白米가 貳千餘石이라더라.[8]

이 내용에는 불교총합소로 기획된 그 건물이 '불교당'으로 불리며 건축 공사에 들어간 과정이 전하고 있다. 그런데 이 내용을 역시 같은 날 보도한 『황성신문』에는 더욱더 상세히 보도하고 있는데, 그 기사를 살펴보자.

> 東小門外 元興寺를 宗務院이라 改稱ᄒ고 內部에 請願 承認ᄒ얏다ᄂᆞᆫ딕 該宗務院에 所管으로 漢城 中央에 佛敎堂을 建築ᄒ 터인딕 該堂의 位置ᄂᆞᆫ 中部에 寺洞之字가 可合ᄒ다 ᄒ야 寺洞으로 定ᄒ고 建築工事ᄂᆞᆫ 陰曆 二月頃에 着手ᄒ 터이오 十三道 各 寺刹에서 宗務院 及 佛敎堂을 建築ᄒᄂᆞᆫ 經費를 輔助ᄒ 次로 白米 二千石과 金貨 八萬餘兩을 準備ᄒ얏다더라.[9]

7 「승려협의」, 『황성신문』 1909.12.15.

8 「佛堂新築」, 『대한매일신보』 1910.2.8.

9 「宗務院及 佛敎堂」, 『황성신문』 1910.2.8.

이러한『대한매일신보』와『황성신문』의 보도기사를 종합하면 다음과 같은 정황을 파악할 수 있다. 즉 기존 1902년에 건립한 원흥사를 원종 종무원으로 개칭하고, 원종종무원의 소속으로 불교 교당을 건축하며, 그 교당은 한성 중앙의 사동에 세우며, 건축은 1910년 음력 2월경에 착수하되, 그 건축비로 백미 2천 석과 금화 8만 량을 준비하였다는 것이다.

그러나 여기에서 문제가 되는 것은 그 건축비와 교당의 위치이다. 요컨대 그 건축비의 보조금이 전부 수금된 것은 아니라는 점과 당초에 정한 사동에서 최종적인 위치가 변경되었다는 점이다. 이를 전하는 1910년 4월 중순의 기록을 보면 다음과 같다.

> 僧侶中 聲名이 有흔 李晦光氏 等 幾十名은 再昨日 東大門外 元興寺에 會同ㅎ야 佛宗
> 敎堂을 校洞 或 寺洞 兩處間에 建築흘 事의 所入 經費 三十萬圓을 各道 僧尼에게
> 徵收흘 案件을 協議ㅎ엿다더라.[10]

그 교당의 위치로 비정한 교동과 사동을 놓고 논란을 벌였음을 알 수 있다. 그리고 그 경비 30만 원도 협의하였음을 보면 그 건축비도 완전 마련된 것이 아니었던 것이다. 다만 그 30만 원을 전국의 승려들이 자원하여 부담하겠다는 의사가[11] 있었고, 이를 논의하였음이 파악된다. 이 교당의 위치가 최종적으로 결정된 것은 1910년 5월 중순이었다. 이를 전하는『황성신문의』 보도기사를 보면 다음과 같다.

> 宗務院主 李晦光氏가 內部에 申請ㅎ기를 十三道 僧侶와 會議흔 結果로 中部 磚洞
> 等地에 寺院 及 覺皇寺를 新建築ㅎ고 佛道에 關흔 事務를 처리ㅎ깃다 ㅎ엿다더
> 라.[12]

---

10 「僧侶會議」,『대한매일신보』1910.4.15.

11 「宴出自願」,『대한매일신보』1910.4.16.

12 「覺皇寺 新建築請願」,『황성신문』1910.5.20.

여기에서 우리가 주목할 내용은 각황사의 위치가 磚洞으로[13] 최종 결정 되었음과 지금껏 지칭된 불교총합소, 불교당, 불종교당 등의 명칭에서 '覺皇 寺'로 전환되었다는 점이다. 그런데 이 각황사 터는 원래 東寧尉宮 자리였 는바, 이는 아래의 내용에서 파악된다.

元興寺僧 李晦光 釋錦墟 兩人이 발起ᄒ야 박洞 東寧尉宮을 三千圓에 買入ᄒ야 佛教 堂을 新建築 次로 江原道 各 寺刹에서 捐助金이 六千圓이오 三南 各 寺刹에서 捐助 ᄒ 백米가 千餘石 假量인대[14]

이를 보면 예전의 동녕위궁 자리를 3천 원에 매입하여[15] 각황사 터로 활 용하였음은 분명하다고 보겠다.[16] 지금까지 살펴본 내용을 종합하면 대략 1910년 5월 중순경에 각황사의 터가 정하여지고, 각황사라는 명칭도 고정되 었고, 그 건축비도 모금되었던 것이다. 이에 원종의 책임자인 이회광은 이 러한 여건에 힘입어 각황사 건축과 그에 관련된 행정처리를 추진하였다. 즉 각황사에 대한 용도와 그에 연관된 인가 신청인 것이다. 이 사정은 현재 정부기록보존소에 보관된 당시 구한국 정부 및 통감부 문서에 전한다.

그 문서는 1910년 5월 20일 내무부에서 한성부윤에게 보낸 공문으로서, 이회광이 내무부에 신청한 각황사 창건 및 용도에 관한 '신고서'를 송부하는 문건이 첨부되어 있다.[17] 그 신고서의 대략은 다음과 같다.

---

[13] 그 주소는 중부 전동 12통 1호였다.

[14] 「僧當睡眠」, 『황성신문』 1910.6.29.

[15] 박경훈은 『불교근세백년』, 민족사, 2002, 46쪽에서 그 터는 상궁인 千一淸의 도 움으로 왕실로부터 희사 받았다고 서술하였다. 그러나 그 근거를 제시하지 않 아 납득키 어렵다. 그보다는 천상궁이 그 매입에 도움을 주었을 것으로 보인다.

[16] 『불교』 77호(1930.11), 3쪽의 「사리탑낙성후의 감상」에서도 이를 "往在庚戌間에 有志僧의 自願에 依하야 多少의 淨財를 釀出하야 矮少陝陋한 舊 東寧尉宮을 買入하 야 幾年間을 그속에서 布教도 하고 무엇도 하고 하다가"라 하였다.

[17] 「종교에 관한 잡건 철」, 『현대한국불교사료』, 동국대도서관, 1909.

今般 13도 佛寺庵의 當事者 協議 一致의 結果, 京城 中部 壽進坊 博洞 12統 2戶의
터에 寺務 協議所 겸 布敎所로 充用키 위한 13도 佛敎 寺庵에 관련된 諸般 事務의
協定 또는 불교 敎義를 講究, 演說의 寺務上에 대해서는 圓宗宗務院으로 칭하고,
布敎上에 있어서는 覺皇寺로 칭하여 13도의 佛寺庵의 대표자인 李晦光의 이름으로
開務함을 신고합니다.

이 신고서를 접수한 구한국정부에서는 통감부와 상의하였지만 결과적으로는 원종의 종무원 인가를 허용치 않았다. 구체적으로 말하자면 그에 대한 일체의 언질을 주지 않았다. 요컨대 묵살하였던 것이다. 한편 그 정황하에서 한국은 일제에게 국권을 강탈당하였다.

그런데 이 신고서에서 유의할 내용은 寺務상에서는 원종종무원이고, 布敎상에서는 각황사로 칭한다는 측면이다. 이는 그 건물이 완공되면 원종종무원의 사무실로 이용함과 동시에 포교당으로도 활용하겠다는 의중을 드러낸 것이다. 요컨대 이중적인 성격을 갖는 공간인 셈이다.

한편 각황사를 설립함과 동시에 원종 인가를 위해 노력하였던 이회광은 경술국치 직후 전국 사찰대표자들에게 불교발전을 위해서는 일본불교와 유대를 갖겠다는 의지를 표출하였다. 이에 그는 일본불교와의 유대, 연합을 위한 위임장을 갖고 일본에 건너가서는 일본불교의 한 종파인 조동종과 맹약을 맺고 귀국하였다. 귀국한 그는 그 조약을 내용을 알리지 않고, 거듭하여 원종의 인가를 위해[18] 노력하였던바, 이제는 일본불교인 조동종의 도움을 받고 그 인가를 위한 활동을 추진하였다.

바로 이즈음인 10월 초, 각황사는 그 건축이 준공되었거니와 그 내용은 다음에서 파악하였다.

北部 磚洞 等地에 新建築ᄒ던 覺皇寺ᄂᆞᆫ 日前에 竣工ᄒ엿다ᄂᆞᆫ딕 佛敎에 關ᄒᆞᆫ 事務

---

18 「宗務院 設立 請願」, 『매일신보』 1910.10.22.

룰 擴張홀 計劃이라더라.[19]

이제 각황사는 건축을 준공하였기에, 그에 관한 관련 행사를 가지면서 구체적인 활동에 들어갔던 것이다. 그 행사는 奉佛式이었는데, 1910년 10월 26일, 27일에 거행되었다고 전하는 보도기사를 통해 우선 살펴보자.

> 旣報 如히 中部 磚洞 覺皇寺에셔는 昨日 午前 十一時에 佛像 奉安式을 擧行ᄒᆞᄂᆞᄃᆡ 千尙宮은 金貨一圓 白米一石 李淨信氏는 金貨一圓 姜信婆氏는 金貨十圓을 寄附ᄒ 얏다더라.[20]

> 累報와 如히 磚洞 覺皇寺에셔 昨日 十一時에 東大門外 元興寺에 奉安ᄒ얏든 金佛을 該寺로 移安ᄒ고 奉安式을 盛大히 擧行ᄒ얏ᄂᆞᆫᄃᆡ 前學務局長 尹致昨氏와 本願寺 僧侶 十餘名이 來參ᄒ얏고 其他 觀光男女가 雲集ᄒ얏다더라.[21]

이처럼 각황사는 10월 26일, 27일에 성대하게 봉불식을 거행하였다.[22] 지금껏 여타 기록에서는 각황사가 10월 27일에 설립되었다고 전하였음을[23] 유의하면 10월 27일의 봉불식이 더욱 중요한 행사였음을 알 수 있다. 요컨대 각황사는 준공되고, 봉불식을 거행하여 본격적인 활동에 들어갔던 것이다.

그러나 각황사는 준공되었지만 당초 각황사의 용도로 기획된 원종 종무

---

19 「覺皇寺擴張」, 『매일신보』 1910.10.1.

20 「각황사 불상 봉안식」, 『매일신보』 1910.10.27.

21 「金佛 奉安式 盛況」, 『매일신보』 1910.10.28.

22 여기에서 나온 10월 26일과 27일의 봉불식이 2회 있었는지, 아니면 10월 26일에만 있었는지는 애매하다. 봉불식이 2차례나 있었다고는 여겨지는 않지만 단언하기는 어렵다.

23 「宗敎之人, 동대문 외 능인학교 내 30본산 주지회의소장 李晦光和尙 談」, 『매일신보』 1914.1.30.

원과 포교당의 역할 중 종무원의 기능은 할 수 없었다. 이는 우선 당시 일제 당국이 원종종무원 책임자 겸 각황사주로서 일제에 제출한 원종 인가승인 신청을 거부한 사정에서 나온다. 11월 16일, 일제 내무부장관은 경기도장관에게 이회광의 요청을 각하하도록 통고하고, 오히려 사법 처리까지 검토하였다. 또한 그 직후에 등장한 이회광이 체결한 조동종 맹약의 폭로도 이회광과 각황사의 운신을 제약하였다. 조동종을 반대하는 움직임이 불교계에 거세게 등장한 이른바 임제종운동이 일어났기 때문이다. 요컨대 각황사를 건립하고 운영할 주체인 원종이 공인받지도 못한 여건에다가, 원종을 주도한 이회광이 임제종운동의 여파로 각황사를 정상적으로 운영할 여지도 없었던 것이다.

때문에 각황사는 후자의 역할인 포교당의 기능으로써 출발하였다고 보인다. 1910년 10월 말에 각황사에서 포교문을 발간한다는[24] 기획, 승려를 교육하는 학교를 세우기 위해 협의하였다는[25] 것도 그 정황을 반영하는 것이다. 이로써 각황사의 정상화는 일제의 사찰령 반포 이후 원종의 퇴진과 원종 종무원을 계승한 30본산주지회의원이 등장한 1912년 6월에 가서야 가능하였다.[26]

3. 운영과 활동

각황사 설립 당시의 운영 주체는 원종 종무원이었지만, 이 종무원이 일제의 사찰령체제의 등장 구도하에서 퇴진을 요청받음으로 인

---

[24] 「각황사 포교문」, 『매일신보』 1910.10.29.

[25] 「승려 교수」, 『매일신보』 1910.10.30.

[26] 1911년의 각황사 활동을 말해주는 내용을 보면 각황사주인 강대련의 사면, 각황사 풍파, 이회광의 사찰 문권 취득, 학교 설립 등 일관성이 없는 내용들이 주종을 이루었다. 이러한 내용은 곧 각황사의 정체성의 빈약, 원종과 임제종간의 갈등의 구도에서 나온 것으로 보인다.

해 자연 각황사는 원종종무원을 계승한 本山住持會議院이 인수하였다. 1912년 5월 28일부터 열린 11처의 본산 주지회에서 원종종무원의 과거와 미래에 대한 제반 문제를 논하기 위한 30본산주지회의 개최가 발기되었다. 이에 동년 6월 17~22일의 본산 주지회의에서 제반 문제를 협의, 결정하였다. 바로 이 회의에서 본산 주지들은 사찰령을 수용하다는 기본 방침을 정하면서 원종종무원을 변경하여 조선불교선교양종 각본산주지회의원으로 전환할 것을 결의하고, 24조의 院則을 정하였다.[27]

그 원칙의 4, 6, 14조에 각황사 관련 내용이 나온다. 그를 요약, 정리하면 다음과 같다. 각황사는 中央布敎堂으로 그 명칭을 정하고, 중앙포교당 직원은 포교사 1인과 監院 1인으로 정하였으며, 감원은 포교당내 제반사무를 장리하며 檀徒·信徒의 施物을 文簿에 기입하고 매월 수지총액을 주지회의원에 보고하도록 하였다. 그리고 본산주지들은 중앙포교당(각황사)을 總管하는 업무를 본산주지회의원에 위임하였으며, 중앙포교당의 직원이 정기회의 이전에 사면이 있을 시에도 자유스럽게 任免하는 것도 역시 위임하였던 것이다. 이로써 각황사는 중앙포교당으로 정식으로 재정비되었음을 알 수 있었다. 다시 말하자면 중앙포교당인 각황사의 운영은 각본산주지회의원으로 대변되는 당시 전불교계가 담당하였다.[28]

그런데 유의할 것은 1912년 6월의 그 결정이 나기 이전 각황사에서 참선회, 열반행사, 초파일 등의 행사가 열렸음을 전하는 기록에 각황포교당,[29] 각황사포교당,[30] 각황사,[31] 각황교당,[32] 각황사교당[33] 등으로 지칭되었다는

---

27 「會議院會議 顚末」, 『조선불교월보』 6호, 57~76쪽.

28 '30본산연합교당'이라는 표현도 이 사정을 대변하는 것이다. 『불교진흥회월보』 5호, 4쪽.

29 「성도기념」, 『조선불교월보』 1호, 71쪽; 「兩會回」, 『조선불교월보』 2호, 65쪽.

30 「涅槃會況」, 『조선불교월보』 4호, 71쪽.

31 「八日 盛況」, 『조선불교월보』 5호, 69쪽.

32 이는 주로 1920~1930년대의 불교계에서 주로 지칭되었다. 특히 교무원, 종회관

것이다. 이는 각황사가 창건 직후부터 은연중 포교행사를 다양하게 전개하
여 저절로 포교당의 역할을 수행하였음도 말해주는 측면이라 하겠다. 그리
고 이 각황사에는 당시 교단의 성격을 띤 본산주지회의원이 경영하였던 조
선불교월보사도 1912년 3월경에 입주하였다.[34] 이후 각황사는 각황사포교
당, 각황사교당, 조선불교중앙포교당, 30본사연합중앙포교당 등으로 불리
며, 포교당의 성격을 띠고 출범하여 당시 불교계의 중앙 포교 역할을 다하
였다. 이에 각황사는 포교의 중심 사찰로서의 그 위상을 강화해 갔고, 실제
그 영향은 증대되었다. 이런 사정을 전하는 1912년의 4월 초파일의 기록을
보자.

> 작일 음력 ᄉ월 팔일(四月 八日) 셕가여래(釋迦如來)의 탄생ᄒ 데이쳔구백삼십팔
> 회 긔념일인 고로 즁부 박동(中部 磚洞)에 잇ᄂ 각황ᄉ에셔ᄂ 쥬야에 셩대ᄒ 긔념
> 식을 셜행ᄒ얏ᄂ대 남녀의 관람쟈 쳔여 명이 회집ᄒ야 젼후후무ᄒ 셩황을 일우엇
> 다더라.[35]

즉 부처님 오신 날의 행사를 주야로 성대하게 개최하였고, 그 관객이 천
여 명에 달하였다는 정황은 각황사의 포교활동의 단면을 여실히 보여준다.
당시 서울 사대문안의 최초 사찰로서, 최초의 포교당으로서, 도심의 중심에
서 이런 행사를 가졌다는 것은 이전 승려의 도성출입금지의 해제(1895)가
단행되기 이전의 시절과 비교하면 상전벽해라는 표현이 어울릴 것이다. 그
리하여 각황사의 포교 활동은 서울 인근의 사찰에게도 일정한 영향을 주었

련 기록에 많이 나온다.

[33] 「壺校 基金 확립」, 『조선불교월보』 18호, 68쪽.

[34] 『조선불교월보』가 창간된 1912년 1월경에는 그 사무소가 임시 원종종무원이
있었던 경성 동부 崇信面 亭子洞 11통 10호에 있었다. 그러나 1912년 3월호로
발행한 2호부터는 그 사무소가 경성 중부 전동 11통 加1호였다.

[35] 「각황사의 팔일 노리」, 『매일신보』 1912.5.25.

던 것이다.

京城 中部 磚洞 朝鮮佛教布教堂에셔 開教ᄒ지 于今 三載에 男女信徒는 多數히 傾向
흠은 一般 知了ᄒ는바이어니와 近頃에는 東西郊 各寺利 僧侶가 布教의 公益如何를
漸覺ᄒ야 說教日이면 職員을 擔任ᄒ야 熱心 視務ᄒ니 將來의 影響이 不尠ᄒ리라더
라.[36]

포교당으로 출범한 지 불과 3년 만에 수많은 신도가 운집하였고,[37] 나아
가서는 서울 인근의 승려들이 포교의 공익을 깨닫고 매주 일요일이면 각황
사를 시찰하기까지 한다는 것이다. 요컨대 포교 분야의 큰 파문을 야기하였
던 것이다. 이러한 배경하에서 1912년 10월 27일, 각황사 개교 2주년 기념식
도 성대하게 개최하였다고 볼 수 있다. 이 내용은 아래의 기록에 상세히
전하고 있다.

中央 京城 中部 壽進坊 磚洞에 在흔 朝鮮佛教中央布教堂에셔는 去月 二十七日이
該教堂 第二回 記念日인 故 京在各寺 僧侶와 信男信女 諸氏가 多數 會集ᄒ야 晝夜會
에 空前絶後흔 盛大흔 禮式을 設行ᄒ엿더라.[38]

포교 분야에서 괄목한 성과를 내고 있는 각황사는 점차 불교계의 중심적
인 사찰로 그 위상을 강화해 가고 있었다. 30본산주지회의원이 운영의 주체
이기에 그러하겠지만,[39] 그 이면에는 위에서 살핀 각황사의 성장이라는 면
을 살펴야 할 것이다. 각황사에서는 이러한 포교분야에서의 발전을 기반으

---

[36] 「포교영향」, 『조선불교월보』 9호, 70쪽.

[37] 『해동불보』 4호, 93쪽에서는 각황사의 신도를 6천으로 제시하였다.

[38] 「포교당 기념」, 『조선불교월보』 10호, 65쪽.

[39] 「제2회 총회의 개요」, 『조선불교월보』 12호, 65쪽. 1913년 1월에 개최된 제2회
본산주지총회에서도 중앙포교당 유지의 문제가 논의되었다.

로 1913년에는 미륵상생경을 한문과 한글로 역술, 간행하였다.[40]

요컨대 각황사는 포교의 중심처로서 성장하고 있었거니와, 그는 당시 불교계의 실세로 평가되는 이회광이 1914년 1월에 아래와 같이 발언함은 그 단적인 실례이다.

> 朝鮮 全道의 寺刹을 代表훈 機關으로 成立된 覺皇寺는 去 明治四十三年 庚戌 十月二十七日에 建設되야 寺內에 中央布敎堂과 其他 各寺와 連絡上 佛敎月報를 發刊홈에 至호니 今에 文明的 宗敎로 俗界에까지 碩光을 發홈은 卽 釋迦世尊이 다시 東土에 普光明身을 顯示홈이라 호야도 過言이 안이호겟도다.[41]

즉 전체 사찰을 대표하는 기관으로 성립되었음과 창건이래의 활동으로 인해 당시 불교 발전의 대명사로 볼 수 있다는 자신감을 피력하였다.

그런데 각황사가 성장하고 있었던 그 초창기에 새로운 변화를 제공한 일이 일어나게 되었다. 그는 다름이 아닌 석가사리의 인수와 그로 비롯된 각황사 개축, 30본산연합사무소의 입주 등이었다. 우선 이 관련 내용을 정리하겠다.

1913년 8월 20일 서울에 온 남인도 스리랑카의 고승인 達摩波羅는 그가 가져온 석가 사리를 8월 21일 30본산주지회의원 원장인 金錦潭에게[42] 기증하였다. 그런데 그 사리를 보관할 대상처로 거론된 각황사의 건물이 너무 초라하다는 여론이 있었다. 이에 1913년 11월경 각황사는 건물의 낙후함으로 인한 개축, 보수를 검토하였다.

---

[40] 「잡화포」, 『조선불교월보』 19호, 73쪽.

[41] 「宗敎之人」, 『매일신보』 1914.1.30.

[42] 김금담은 유점사 주지로서 본산주지회의원의 원장에는 1913년 1월 5일 당시 원장인 이회광이 사임함에 따라 그 후임으로 선출되었다. 「원장의 사임」, 『조선불교월보』 12호, 66쪽.

경성 중부 박동에 잇는 각황사(覺皇寺)는 그 위치와 처소는 뎍당ㅎ나 가옥이 젼부가 구식인고로 제반 사무를 진행ㅎ기 어렵다 ㅎ여 명년 봄에는 지금 잇는 가옥은 젼부를 훼철ㅎ고 서양 제도로 일신 건축코져 지금 협의 계획 중이라더라.[43]

이처럼 각황사의 개축 문제는 석가 사리 인수 문제와 맞물리면서[44] 조속히 추진되었다. 즉 사리를 보관하기에 적절치 않기에 보수를 조속히 해야 한다는 여론이 일어났던 것이다. 승려와 신도들의 그 사리에 대한 환희심으로 인해 각황사 재건축을 촉진한 것[45]은 사실이었다.

당시 30본산주지회의원에서는 1914년 1월 15일의 제3회 총회에서 각황사에 石塔과 拜禮閣을 건설하기 위한 목적에서 30본사 및 각 말사 승려의 이름으로 의무금 1원을 모금하여 경비에 충당키로[46] 결의하였다. 이 결의는 곧 각황사의 위상을 더욱 고양케 하는 상징하는 사례이다. 요컨대 각황사 재건불사는 위의 사리 봉안과 연계되면서 단행되었다. 석탑과 배례각을 건설하기 위한 목적으로 모금을 하였으나 결과적으로는 석탑은 세우지 못하고[47] 배례각 설립 차원의 각황사 재건축이 추진되었다. '和洋 절충'(일본식)으로 재건한[48] 2층의 각황사는 1914년 9월 11일의 철거를 통한 재건축의

---

43 「각황사신건축계획」, 『매일신보』 1913.11.16.

44 「사리탑조성후의 감상」, 『불교』 77호, 4쪽.

45 일반승가와 신도들이 그 사리에 대한 환희심으로 '法堂 再建을 提議'하였다. 『불교』 77호, 4쪽.

46 『해동불보』 4호 95~96쪽. 당시 그 회에서는 1기 4월 말, 2기는 6월 말, 3기는 8월 말까지 납부키로 정하였다. 당시 그 회의(1914.2.18)에서는 사리탑전 건축소 임원으로 감독 홍월초, 재무 오성월과 강대련, 회계 조세고와 나청호, 서기는 임시선정으로 하기로 정하였다. 위의 자료, 103~104쪽 참조.

47 사리를 보관하는 석탑은 1930년 9월 14일 당시 각황교당의 원주인 이윤근 원력에 의하여 낙성되었다. 「舍利와 塔婆의 緣起- 각황교당의 사리탑성조를 보고」, 『불교』 77호, 11쪽.

48 그 이유는, "舍利를 받은 後에 敎堂의 改新이라는 것보다 舍利를 遵奉하기 爲하야 全朝鮮佛敎界에 公私의 淨捐을 모아 改築한 것이 그다지 彬彬하고 꼴꼴난 日本式으로 지어서 有志者의 批評과 輪誠者의 不滿으로 되어 있을 뿐 아니라"라는 구절

산물이었다.

禪教兩宗 三十本山聯合 出張으로 在혼 京城中央 覺皇寺 布敎堂은 各 住持의 協議로
一層 擴張키 爲ㅎ야 本月 十一日에 全部를 毀撤ㅎ고 和洋折衷 制度로 一新히 二層
敎堂을 建築홀 節次를 了ㅎ고 其間 入札을 落着혼 后 方今 起工 中이라더라.[49]

각황사의 재건축은 그해 10월 27일의 상량식을 갖고[50] 그해 연말경 완료
되었다. 그 결과 각황사는 1914년 12월 29일 석가세존 사리를 봉안하는 의
식을 거행하는[51] 인연을 갖게 된다.[52] 그런데 당시 각황사 재건축 총공사의
수입금으로 들어온 금액은 13,000여 원이었지만, 공사 후에도 공사비로 지
불한 차입금 7,000원을 처리치 못하여[53] 30본산연합사무소의 부채로 남아
있게 되었다.[54]

한편 1915년 2월, 기존 본산주지회의원에서 본사연합제규에 의거하여 30
본사연합사무소가 새롭게 발족하였다. 1915년 2월 25일 총독부에서 인가된

에서 파악하였다. 『불교』 77호, 3쪽.

[49] 「각황사 이층 신축」, 『매일신보』 1914.9.28.

[50] 「禪教會宗三十本山聯合出張京城覺皇布教堂新建築上樑文」, 『불교진흥회월보』 1호, 29~31쪽.

[51] 「석가여래진신사리 봉안식」, 『불교진흥회월보』 1호, 63쪽. 그 사리는 동대문 밖의 원흥사에 보관된 것을 이전한 것이다.

[52] 김태흡, 「사리탑낙성후의 감상」·「사리와 탑사의 연기 - 각황교당의 사리탑 成造를 보고」, 『불교』 77호(1930.11). "翌年에 覺皇寺가 竣工됨을 따라 法堂主佛座側에 모시게 되엿다"고 한다. 위의 책, 10쪽. 그 봉안은 불상의 우측에 있는 금고에 보관하였다. 그 이후 이 사리는 1930년 9월 14일, 화주인 李允根의 주관으로 당시 교무원 정원 중앙에 7층 석존사리탑을 준공하고 그 안에 보관하였다.

[53] 「30본산주지회의소 제4회정기총회 회의록」, 『불교진흥회월보』 1호, 72쪽.

[54] 그 부채를 바로 갚지 못한 것으로 보인다. 그 결과 당시 연합사무소의 부채는 9,450원이라 함을 보면 이 부채가 각황사 공사 재건 시의 부채와 그 이자로 보인다. 1916년 6월 이후 이 부채를 갚기 위해서 당시 총독부의 내무부 장관과 이완용의 도움을 받았다.

'조선각본사연합제규'를 승인할 당시의 문건에는 연합사무소의 주소가 변경된 각황사 주소인 수송동 80번지로 나오고 있다. 이는 곧 그 연합제규를 신청한 1915년 1월 16일부터 연합사무소를 각황사에 두려는 계획이었음을 말하는 것이다. 이처럼 30본산연합사무소를 각황사에 두려고 한 것은 강학과 포교를 내걸고 출범한 연합사무소가 각황사에서의 포교에 대한 중요성을 인식한 점, 그리고 기존 각황사의 포교 및 불교계에서의 위상을 참작한 결과라고 보인다.[55] 그런데 연합사무소가 출범 직후부터 각황사에 사무소를 두고 활동하였는가는[56] 단언키 어렵다.[57] 다만 1916년 후반에는 각황사 재건축으로 비롯된 연합사무소의 부채를 갚았는데 이는 동대문의 구 원흥사의 매각으로[58] 가능한 것인바, 이로써 그 사무소는 각황사로 완전 이전하였던 것이 아닌가 한다.

그리고 1915년 1월 제4차 본산주지총회의 회의록에는 각황교당의 임원이 감원 1인, 포교사 1인, 供司 겸 使丁 1인, 통역 1인으로 나온다.[59] 이는 1914

---

[55] 한동민, 「1910년대 선교양종 30본산연합사무소의 설립과정과 의의」, 『한국민족운동사연구』 25, 2000, 35쪽.

[56] 이능화는 「聯合事務의 第三個年」, 『조선불교총보』 1호, 4쪽에서 "연합사무소로 變稱되야 朝鮮總督의 認可를 得하야 경성부 수송동 82번지 각황사에 설립 되니라"고 하였다. 이능화는 『조선불교총보』 14호에 기고한 「금일 조선불교의 대표자된 김용곡선사여」에서도 "후에는 회(필자주, 본산주지회의소)의 처소를 경성 각황사로 이전하야 용주사주지 강대련 화상이 원장으로 피선되야"로 서술하였다. 강대련은 1915년 1월에 주지회의소 원장으로 선출되었는데, 이를 고려하면 각황사로의 이전은 1915년 1월 초라는 정황이 설명된다.

[57] 그러나 한동민은 위의 논문에서 30본사주지연합사무소 출범 당시부터 그 사무소가 각황사에 있었다고 주장한다.

[58] 그 매각에는 일제 총독부 내무부장관의 지시가 있었다. 『조선불교계』 2호, 100쪽.

[59] 『불교진흥회월보』 1호, 76쪽. 이들의 연봉은 84원, 84원, 84원, 120원이었다. 그리고 그 총회에서 각황교당 임원으로 선출된 대상자는 포교사에 이회광, 설교사 이회명, 김호응, 나청호였으며, 감원에는 이보인, 공사겸 사정에는 강성율로 전한다. 그런데 예산안에 전하는 교단 임원대상자에 전하지 않는 설교사가 3명이나 등장하는 연유는 알 수 없다.

년 1월의 제3차 본산주지총회 회의록에서 제시된 중앙포교당의 포교사 1인, 內監院 1인, 供司 겸 使丁 1인에서[60] 통역이 추가되었음을 알 수 있다. 또한 30본산연합사무소가 등장하면서 그 사무소로 각황사를 검토하였다. 그리고 1915년 초반에 이회광이 각황사의 포교사로 활동하는 것도 우리가 유의할 내용이다.[61]

이처럼 각황사는 1915년 이후에는 더욱 더 불교계의 중심 사찰, 포교당으로서 그 위상이 강화되었다. 교단의 성격을 갖고 있었던 30본산연합사무소의 이전, 본사 주지들의 회합은 기존 각황사가 갖고 있었던 포교당의 성격에 교단의 중심처라는 정치적인 측면이 더해지는 결과를 가져온 것이다. 여기에다 각황사에 그 본부를 두고 활동을 시작한 불교진흥회의 움직임도 결과적으로는 각황사 위상을 강화시켰을 것이 분명하다. 1914년 9월 발기의 모임을 갖고, 그해 12월 24일 총독부로부터 조직의 인가를 득하여, 1915년 1월 9일 창립총회를 갖고 출범한 불교진흥회는 그 규칙과 세칙에서부터 활동 장소와 본부를 '각황교당'(수송동 82번지)으로 고정시켰다.[62] 그리하여 불교진흥회는 각황사를 배경으로 다양한 활동을 추진하였다. 1915년 4월 각황사에서 진흥회가 금강계단을 설립하고 진흥회원들에게 수계식을 거행한 것은 그 단적인 예증이다.[63] 불교진흥회가 발간하는 『불교진흥회월보』의 사무소가 각황사에 있었음은 물론이다.

1915년 경 각황사의 재건축, 불교진흥회의 입주가 이루어지던 당시 각황

---

[60] 「30본산주지총회회록」, 『해동불보』 4호, 99쪽. 당시 이들의 임금은 모두 월 7원으로 계상되었다.

[61] 이회광은 강대련에게 주지회의원 원장의 투표에서 절대적인 표차로(18:4) 고배를 마시었다. 이에 그는 각황사 포교사로 근무하면서 재기를 고대하였을 것으로 보인다.

[62] 「불교진흥회 회록」, 『불교진흥회월보』 2호, 77쪽.

[63] 「각황교당의 수계식」, 『불교진흥회월보』 5호, 80쪽. 그 전계아사리는 진흥회 회주인 이회광이었다.

사의 정황은 이능화가 다음과 개진한 내용에 단적으로 전한다.

明治 四十年 以後에 朝鮮各寺 重望 僧侶 百有餘人이 共謀 合圖ᄒ야 京城 磚洞(今 壽松洞)에 建覺皇寺ᄒ고 轉大法輪ᄒ니 有志人士 稍稍 歸向ᄒ더니 至于 昨冬ᄒ야 設立 佛敎振興之會ᄒ니 會員은 如雲ᄒ며 法門은 如雨ᄒ야 始爲 朝鮮佛敎 發展之基 礎ᄒ며 亦爲 朝鮮佛敎 中興之 歷史로다.[64]

즉 불교발전의 기초에, 불교중흥의 역사에 각황사가 자리 잡고 있었다는 것이다.

이때부터 각황사는 더욱 다양한 방면에서 다양한 법회, 강연회,[65] 설교,[66] 수계식,[67] 일요학교, 불교 행사, 불교연극, 포교의 중심 사찰로 자리 잡게 되었다. 이러한 측면은 1920년대에 지속되었음은 물론이다. 그러나 여기에서 유의할 것은 각황사에서 교단의 사무소가 상주한 연고로 자연 교단 행사 및 회의가 각황사에서 열렸어도 그 기본성격은 포교당의 성격이 우선이었음을 인식해야 하는 것이다.

1920년대의 각황사와 관련된 운영의 변동은 30본산연합사무소의 기능과 역할이 마감하고, 그 대신에 재단법인 교무원이 1923년 초반에 등장하면서 그 운영의 주체가 교무원으로 전환된 것이다.[68] 다음은 1927년 각황사에 입주하였던 교무원, 불교사, 불교청년회 등의 사무실이 구 보성고등보통학교 교사로 이전한 것이다. 현재 조계사 대웅전의 자리에는 구 보성고보의 교사

---

[64] 이능화, 「불교신앙의 過去 시대와 불교신앙의 現今 시대를 論홈」, 『조선불교진 흥회월보』 4호, 3쪽.

[65] 「불교대강연회」, 『매일신보』 1916.9.3.

[66] 「경성에 禪師來」, 『매일신보』 1915.3.30.

[67] 「각황교당의 수계식」, 『매일신보』 1915.6.24.

[68] 그러나 이에 대한 명쾌한 근거는 미약하다. 그러나 교무원측이 주류였고, 1924 년에 총무원이 교무원으로 합류되었기에 이로 이해하였다.

가 위치하고 있었다. 보성고보는 천도교에서 경영하였지만 1924년 1월에 총무원에서 인수, 경영하였다. 1924년 4월에는 총무원이 교무원에 합류한 연고로, 그 직후에는 교무원이 보성고보를 경영하였다.[69] 그런데 교무원은 보성고보의 교사의 용도로 서울 종로구 혜화동으로 새교사를 신축하여 1927년 5월에 이전시켰다.[70] 그리고 기존 보성고보 교사에는 재단법인 교무원이 입주하였다.[71] 또한 그 건물에는 교무원을 비롯하여 불교사, 조선불교청년회, 조선불교여자청년회, 대자유치원, 명성학원 등 불교계의 관련 기관의 사무소가 총집합케 되었다.[72]

한편 기존 각황사에 입주하여 교단관련을 갖고 있었던 사무소 대부분이 그 보성고보 교사로 옮긴 이후, 각황교당은 1927년 음력 4월 15일부터 中央禪院으로 전환시켰다고 하는 바와 같이 포교를 우선시 하는 법당의 기능만을 유지한 것으로 보인다.[73] 이 사정을 전하는 아래의 기록을 보자.

> 覺皇教堂을 禪院으로 定하고 夏安居에는 禪員 十二名 冬安居에는 禪員 六名이 掛錫하기로 되다.[74]

1927년의 하안거, 동안거에 禪員들이[75] 참선을 하였음을 알 수 있다.

---

[69] 교무원이 경영한 동광학교를 합병하여 재출범하였다.

[70] 졸고,「일제하 불교계의 보성고보 경영」,『근현대불교의 재조명』, 민족사, 2000.

[71] 그는 1927년 5월 28일이었다.

[72] 보성고보가 이전하고, 그 교사에 재단법인 교무원, 불교사가 입주하였다. 그리하여 이전 교무원과 불교사는 수송동 82번지에 위치하였다가, 이제는 수송동 44번지에 위치하게 되었다. 이를 단적으로 알 수 있는 것은 『불교』지 37호 (1927.7)의 발행인(권상로)과 발행소(재단법인 조선불교중앙교무원내의 불교사)의 주소가 수송동 44번지로 나오기 때문이다.

[73]「中央禪院解夏」,『불교』39호(1927.9). 그리고 1927년 8월 12일에는 우란분절을 기해 법화경을 7일간 강의하였다. 위의 자료,「法華經七日講」.

[74]「제6회평의원회록」,『각종회의록(1)』, 22쪽.

[75] 이들이 수좌인지, 재가 대중인지는 단언키 어렵다.

각황교당 운영에 관한 변동은 1928년 3월, 제6회 교무원 평의원 총회에서 제기되었다. 그는 각황사의 포교 방식을 개량, 신구의 포교방법을 겸비한 포교사의 채용, 선원의 중지, 조선불교청년회와 포교사가 협력하여 포교 활성화 강구라는 방안을 교무원 이사회에서 검토하였음을 말한다.[76] 이러한 구도하에서 각황사는 일본에서 유학을 마치고 귀국한 김태흡을 포교사로 채용하였다.

> 覺皇敎堂에는 昭和 三年 四月一日부터 布敎師 金泰洽氏가 就任 以來 土曜日에는 說
> 敎 及 佛典講讀會로 日曜日에는 講演으로 布敎하는 同時에 路傍傳道로 布敎에 盡力
> 하다.[77]

김태흡은 토요일은 설교 및 강독, 일요일은 강연을 하면서 거리에서의 전도에도 진력하였다는 것이다. 특히 토요 설교, 일요강연은 그 이후에도 지속되어 포교에 지대한 영향을 미쳤다고 보인다.[78] 그리고 이때부터 서서히 각황사의 신도에 대한 통계도 정리되었고 그 숫자도 완만히 증가하였다.[79] 이 당시부터 일요학교도 각황사에 두었는데 학생은 40여 명이었다.

1930년대 중반에 접어들면서 각황사에 대한 운영은 교무원과 불교청년들의 공동운영의 형태로 전환되었다. 이는 불교청년들의 단체인 불교청년총동맹의 활성화 차원에서 제기되었다. 그 사정을 전하는 교무원 회의록을 보면 다음과 같다.

---

[76] 「6회평의원총회록」, 『조선불교각종회의록』, 8쪽.

[77] 「7회평의원총회록」, 『조선불교각종회의록』, 18쪽.

[78] 「12회평의원총회록」, 『조선불교각종회의록(1)』, 37쪽. 여기에는 1933년 4월 이래의 그 대상, 내용, 강사 등이 자세히 전한다. 그 청취 군중은 20~50명 정도였다. 「13회평의원총회록」 22~24쪽에도 전한다.

[79] 김태흡이 취임한 초창기에는 남자 신도 200명, 여자 신도 300명이었으나 1932년경에는 남자 신도 373명, 여자신도 657명이라는 기록이 있다. 「11회교무원평의원총회록」, 22쪽.

此際에 靑總中央執行委員長 崔英煥(傍聽席)氏로부터 靑總經費 補助 請求에 應키 不能이면 敎務院 指導하에 經營하겠다는 것을 大會에 要求하다.[80]

1934년 3월의 교무원 정기 평의원 총회에서 불교청년총동맹 위원장인 최영환(최범술)은 총동맹 경비 보조 청구에 교무원이 응할 수 없다면 각황교당의 운영권을 총동맹에게 달라고 교무원에 요청하였던 것이다. 이 요청에 대해 봉은사 평의원인 강성인은 그 위임 경영에 대해 회의적인 의견을 개진하였으나, 최영환의 강력한 자신감의 피력에[81] 대한 위임 경영 문제를 놓고 평의원들의 투표가 이루어졌다. 그 결과 19:18이라는 1표 차이로 교무원의 지도하에 총동맹에게 위임경영하는 것이 통과되었다. 요컨대 각황교당은 불교청년총동맹의 관리하에 운영되었던 것이다.[82] 이러한 위탁 경영은 각황사가 태고사로 전환되는 1940년까지 지속되었다고 보이나 그 무렵의 변동에 대해서는 단언키 어렵다.

한편 각황사의 포교사로 활동하던 김태흡은 1935년 8월에 창간된 『불교시보』의 발행인으로 근무함으로 인해 사직하였다. 이에 그 후임으로 1935년 4월 1일부로 불교청년인 박성권이 부임하였다.[83] 부임한 박성권은 신자 본위의 신행을 도모하기 위한 正法會를 결성하는[84] 등 포교 발전에 유의하였다. 그리고 일요강연은 지속하면서 재정 문제로 중단된 일요학교도 부활시켰다.[85]

---

80 「12회평의원총회록」, 『조선불교각종회의록(1)』, 28쪽.

81 그는 총동맹의 업적, 초파일행사, 성도제일 당시의 활약을 제시하면서 현재보다는 100배, 1,000배의 성적을 낼 수 있다는 포부를 개진하였다.

82 그런데 위탁경영에 있어 포교사 급여 년 600원은 총동맹에서 부담하고, 기타 경비는 교무원에서 부담하는 것으로 정하였다.

83 『불교시보』1호, 5쪽. 그즈음에도 각황사는 조선불교 중앙포교당으로 불렸다.

84 『불교시보』1호, 4면. 1935년 6월 30일 창립총회를 개최하고, 회장, 총무, 서기, 회계, 교양부장, 선전부장을 두었다.

85 『불교시보』7호, 6쪽. 그 인원은 150여 명이었다.

이처럼 1920년대, 1930년대에도 각황사는 중앙불교계에서의 포교 활동의 중심지였다. 다만 교단의 사무 공간으로 활용될 당시와 1927년 이후 그 교단 사무공간이 구 보성고보 교사로 이전한 이후의 성격과 역할에는 약간의 변화가 있었다.

4. 이전과 태고사로 전환

1910년 10월 27일에 창건된 각황사는 1938년 10월 25일에 가서는 그 위치가 변함과 동시에 명칭도 총본산각황사로 전환되었다. 여기에는 기존 각황사(수송동 82번지)에서 현 조계사(수송동 44번지: 구 태고사)대웅전으로의 이전, 신축이라는 내용이 포함된 것을 말한다. 그리고 1940년 7월 15일에는 태고사라고 또 다시 개명되었다. 그런데 이 전환은 단순한 사찰명의 전환으로 볼 수는 없다. 거기에는 당시 불교계의 종단건설, 통일운동이라는 지난한 염원이 배어 있었다. 이 같은 태고사의 전환은 곧 1941년 4월의 조선불교조계종의 등장 구도를 말하는 것이다.

3·1운동 이후 불교계에서는 사찰령의 모순, 피해를 절감하면서 불교발전을 기하기 위한 다양한 고뇌와 행보를 거듭하였다. 이는 곧 민족의식의 자각 및 불교계의 현주소를 파악하는 것을 의미한다. 이러한 배경하에서 등장한 가장 중심적인 흐름은 불교계 내부의 본산 간의 분열을 종식하고 30본산의 통일적인 활동을 담보하는 기관을 만들려는 움직임이었다. 이 움직임은 당시에 불교계 통일운동, 중앙기관 건설운동, 종무기관 및 통일기관 수립운동 등으로 불렸다.[86] 그러나 이 운동은 식민지불교 정책의 수용 여부 및 불교 노선의 진보와 보수라는 차별로 인해 이질적인 노선간의 구도로

---

[86] 필자는 일제하 불교계 통일운동을 태고사(조계사)와 연관을 지워 그 전모를 살펴보았다. 졸고, 「일제하 불교계 통일운동과 조계사」, 『새불교운동의 전개』, 도피안사, 2002.

변질되었다. 진보, 식민지정책 비판을 띠고 있었던 총무원과 보수와 식민지 불교 정책 수용을 띤 교무원간의 갈등이 바로 그것이었다. 교무원은 재단법인으로 1922년 12월에 성립하였다.

그 당시 총무원과 교무원은 서로 자신의 기관이 불교계 내부의 정통성이 있는 기관으로 인식하였는데, 그 파행적인 산물로서 대두된 것이 이른바 각황사를 독점적으로 사용하겠다는 연고권이었다. 양 기관의 연고권 주장은 각황사에 자기들의 간판을 독점적으로 게시하겠다는 사태에서 시작되었다. 마침내 그 사태는 폭력전으로 비화되고, 법정으로까지 그 문제는 파급되었다.[87] 이러한 갈등은 각황사가 그만큼 당시 불교를 상징하는 대표 사찰임을 말해주는 것이다.

그러나 총무원은 일제의 외압의 개입으로 점차 위축되는 가운데 1924년 4월에는 양 기관은 합류하였다. 이는 총무원이 교무원에 흡수되는 형태로 나타났다. 이에 각황사는 자연 교무원이 관리하게 되었다. 이러한 배경하에서 각황사에 대한 변동은 1930년 3월에 나타났거니와 그는 각황사 개축위원회의 등장이었다. 그 사정을 전하는 내용을 보면 다음과 같다.

> 中央教堂은 즉 覺皇教堂을 가르친것이니 이 教堂은 아모리 생각하야본다 하드래도 그냥 둘수는 업는 집이다. 朝鮮佛教의 地位를 본다든지 體面을 본다든지 어느 點을 보드래도 佛閣의 構造를 그냥 둘수가 업거든 하물며 柱礎가 물러안꼬 洋鐵의 屋葺이 腐敗되야 佛像모신데로 붙어 法堂內外 數十處에 雨水가 滲漏함이라. 그럼으로 筆者는 每樣 붓을 들때마다 教堂改築 문제에 대하야 懇曲한 哀訴를 教界 諸賢의게 드린바이어니와 朝鮮佛教의 布教를 代表한 中央機關에 專屬된 教堂이 이러한 滲漏 傾頹에 瀕케 되엿다 함은 不可使聞 於他人이 아닌가.(중략)
> 그런데 去番 宗會에서는 中央教堂의 改築 問題가 正式으로 上程되야 甲論乙駁의 理論鬪爭이 잇더니 끗흐로는 七千法侶 代表의 百餘 宗會員이 理解하고 滿場一致로

---

87 「사무실쟁투로 격투」, 『동아일보』 1923.2.15; 「폭력에서 법정으로」, 『동아일보』 1923.3.1; 「각황사내의 教 · 總務兩院 싸움」, 『동아일보』 1923.6.22.

改築하자는 決議가 잇슨後 繼續하야 그 자리에서 中央敎堂改築의 發起會가 되야
三十一 本山住持 大德과 各地 敎堂의 布敎師가 責任을 진 委員이 되자는 委員會를
組織하고 七萬五千圓의 豫算으로 五個年內에 敎堂改築의 實現이 잇도록 하자는 決
議를 지여 中央幹部의게로 一任하고 萬事를 周旋케 하엿다.[88]

즉 1930년 3월 23일에 개최된 제2회 종회에서 중앙교당 개축위원회가 정
식 등장하였다. 위의 내용에 나오듯이 각황사는 1914년에 개축한 이후 거의
보수하지 않아 건물의 근본에 문제가 있었으며 곳곳에서 비가 샐 정도였음
을 알 수 있었다. 이 같은 각황사의 정황을 근본적으로 수리, 보수하기 위한
개축위원회가 조직되고, 7만 5천 원의 예산으로, 5년 이내에 실현시킬 것을
당시 교단이 결의하였던 것이다. 여기에서 나온 75,000원은 승려의무금으
로 2만 원, 각황교당 부지 매각대금 2만 원, 기타 신도 희사금 3만 5천 원을
고려한 것이다.[89]

개축위원회의 위원장에는 용주사 주지였던 강대련, 부위원장에는 나청
호가 선출되었다. 그리고 개축위원회는 본사주지, 포교사로 조직하기로 정
하였다. 교단에서는 이 위원회를 주도할 간부로 강대련과 나청호를 정함에
동의하는 서면으로의 찬부를 질문하였다. 이에 그 찬동의 회답이 있었으나,
정작 강대련은 그 위원장의 취임을 고사하였다. 교당개축이 의결되자 종회
에서는 1931~1932년의 예산의 세출에 그 교당개축을 위한 적립금을 제시하
였다. 그러나 1932년에 접어들어서도 그 위원회가 조직화되지도 못하였고,
위원장으로 선출된 강대련이 위원장에 취임치도 않았으며, 종단 간부와 종
회원간에서도 그 해결 방법이 상이하였다.[90] 이에 교단에서는 1932년 7월
2일부로 본산 주지들에게 공문을 발송하여 건물구조 양식, 건축 기지 지정,

---

88 김태흡, 「조선불교의 신서광」, 『불교』 71호(1930.5), 4~5쪽.
89 「제2회종회 회의록」, 『조선불교각종회의록(1)』(『한국근현대불교자료전집』 권
    67), 7쪽.
90 「제4회종회회록」, 『조선불교각종회의록(2)』, 58쪽.

건축공사비 및 지불방법, 기타사항에 대한 의견을 청취하였다.[91] 더욱이 그 개축의 위치에 대해서도 교무원 기지, 탑동공원 등으로 대별되었다. 이는 그만큼 교당 개축문제가 난항을 거듭하고 있다는 예증이다. 이는 우선 예산 부족, 위원회의 조직화의 난항 등이 중첩된 것에서 나온 것이다. 이런 정황에서 교당 개축은 실질적으로는 시작도 못하였음을 의미하는 것이다.

한편 1924년의 교무원으로의 재정립은 역설적으로 보면 곧 불교계 통일운동이 중단되었음을 말하는 것이다. 불교계 통일운동의 움직임은 1929년 1월 승려대회를 통해 구현된 宗憲의 제정을 통하여 구체화되었다. 그리하여 종헌에서 규정한 종회, 교무원이 성립, 등장하였다. 이에 이 흐름은 종헌 실행을 통한 불교계 통일운동으로 규정되었다. 그러나 이 흐름은 1932년경에 접어들면서 자진 해소케 되었다. 이러한 반통일운동의 조류는 각황사 개축을 결의해놓고도 실질적인 추진이 불가한 핵심 요인으로도 볼 수 있는 대목이다.

그리고 이 당시 각황사에 대한 문제가 제기된 것이 있는바, 그것은 각황사의 건물 및 대지에 대한 소유권 문제이다. 요컨대 1934년 재단법인 교무원의 소유로 만들기 위한 총독부를 상대로 소송을 제기하였다.[92] 구 동녕위궁을 매입하여 각황사를 창건할 당시에는 각황사로 소유권은 이전되었다. 그러나 각황사를 관할하던 30본산연합사무소가 자진 퇴진하고, 불교계 내분이 일어나면서 총무원과 교무원이 양립하는 사태에 미쳐 총무원과 교무원이 각황사에 대한 소유권을 인식하였으나, 그에 대한 법적인 소유 및 관리권을 이전시키지 않았다. 즉 각황사에 대한 소유권은 교무원도 있지 아니

---

91 「제5회종회회록」, 『조선불교각종회의록(1)』 97쪽. 강대련과 송종헌은 그 위원 책임을 이행치 못하겠다고 하였으며, 법주사(장석상), 김룡사(최인택), 석왕사(이환해), 유점사(김태묵), 은해사(김도현), 건봉사(이대련), 대흥사(감선월), 귀주사(유호암)는 의견을 제시하였다. 그 대부분은 건축 기지, 사업의 연기, 예산 조달방법 및 부족 등이었다.
92 「13회교무원정기평의원회록」, 『조선불교각종회의록(1)』, 407쪽.

하고, 그렇다고 특정 사찰의 소유도 아니었던 것이다. 이에 교무원의 이사회 및 제13회 평의원회에서 이 문제를 제기하여, 1935년 5월 18일부로 소유권 이전을 완료하였다.[93] 그리고 그 명칭은 '조선불교중앙포교당'으로 명명하였다.[94]

이러한 배경하에 1935년 중반에 접어들면서 일제는 불교를 포함한 종교계에 心田開發運動의 참가를 강요하였다. 심전개발운동은 곧 충량한 신민을 육성한다는 달리 말하면 한국민을 일제에 순응하는 체질로 만드는 것이 그 목적이었다. 이에 불교계도 이 흐름에 합류되었는데 1935년 7월 28일 재경 본산주지들이 모여 조선불교심전개발사업촉진회를 결성하였음은 그 예증이다. 그 발기회에서 불교계의 심전개발기념사업으로 각황사를 개축하는 것을 정하였다.[95] 그리고 대표기관 설립은 조선불교선교양종 宗務院을 두기로 하였다. 당시 31본사주지회에서 결의한 각황교당 개축의 요지는 다음과 같다.

   - 구조: 순조선식 사원 법당제를 모방

---

[93] 위의 자료, 「각황사정리의 건」, 458쪽. 그 방법은 총독부의 양해, 설립 당시 연고자인 강대련을 최초 설립자로 하고, 강대련이 재단법인 교무원에 양여하는 형식으로 총독부 재판소에 교섭한 결과였다.

[94] 이후에는 각황사에 대한 명칭이 교단 관련 기록에는 대부분 중앙포교당, 혹은 각황교당으로 나온다. 『불교시보』 25호(1937.7) 5쪽 광고에는 '중앙포교당 각황사'로 나온다.

[95] 『불교시보』 3호, 「31본산주지회」. 그런데 이 주지회가 열리기 2개월 전, 1935년 5월 27일 중앙교무원이 개입한 가운데 승려와 신도 10여 명이 '불교중앙포교당 대건축 발기위원회'를 열고, 순조선식의 포교당을 건축하기로 하였다. 당시 그 협의 과정에서 30본산 주지를 위원으로 하고, 위원장은 송종헌, 그 예산은 이미 36,000원(승니 의무금)이 적립되어 있었다고 하는데, 다수의 신도가 모여 법회를 개최할 수 있는 공간 확보 차원에서 그 건축이 결의되었다. 그런데 이 결의 내용과 1930년에 결의된 각황사 개축, 그리고 심전개발기념 사업의 일환으로 제기된 각황사 개축과의 상관성은 우리의 주목을 받는다. 「중앙포교당의 건축을 기성」, 『매일신보』 1935.5.29.

- 위치: 현 교무원사무소 부지[96]를 사용
- 총공사비: 5만 원
- 공사비 변출 방법:
  각황교당 부지(410평) 매각 처분비용(평당 50원): 20,500원
  각본산 부담(12만 원 1종부담액 계산방법, 기타)[97]: 29,500원

이러한 각황교당을 추진할 건축기성회 임원도[98] 선정하였다. 그러나 이 두 분야의 결정은 1936년 말까지도 구체적인 성과를 기하지는 못하였다.[99] 오히려 각황사 신축 대상지인 교무원의 기지와 건물을 교단의 경제적 곤란 이라는 빌미로[100] 1936년 11월 6일 일반인에게 매각하였다가, 11월 1일의

---

[96] 이곳은 현재는 조계사 대웅전 위치이고, 당시로서는 구보성고보 교사였던 건물 이다.

[97] 그 계산법은 매 원당 2전 5리씩 계산하고, 부족분은 승려의무금으로 보조하는 것으로 책정하였음.

[98] 그는 다음과 같다.
위원: 박대륜, 김적음, 이화응, 이대련, 김일우, 김호산, 윤고경, 탁릉허, 장하응
상무위원: 위원장 강대륜, 위원 강성인, 김정해, 황금봉, 박대륜.

[99] 불교총동맹에서는 1936년 7월 3일, 제3회 중앙상무집행위원회를 개최하여, 제5 회 전체대회(지상대회)의 안건을 확정하였는데 그 안건에 '중앙포교당 건축기 성촉진의 건'을 포함하였다.

[100] 이 매각은 1934년 3월, 12회 교무원 평의원회의 의안 제2호로 상정된 '교무원기 지건물처분에 관한 건'에서 비롯되었다. 이 상정 안의 배경에는 교무원의 재 정상태가 문제가 되고, 각 사찰에서는 분담금을 낼 수 없는 재정으로 인한 모순을 타개하려는 고민이 있었다. 이에 이 안건은 당시 의안심사위원회를 거치고, 매각 반대, 심사위원의 재검토 등을 거쳐 마침내 매각을 확정하였다. 그러나 매각 반대의사도 있어, 1934년 12월 말까지 법인체납액이 2/3이상이 납부될 시에는 1935년 3월까지 보류하고, 1934년 12월 말까지 체납액이 2/3이 상이 납부치 않을 경우에는 매각한다고 결정하였다. 그러나 결과는 체납액이 납부되지 않았다. 「12회평의원회록」, 『각종회의록(1)』, 16쪽.
이에 교무원의 집행부에서는 그 차선책으로 1935년 1월 10일부로 각 본산에 공문으로, 교무원의 기지와 건물을 각 본산에서 매수하도록 통지하였다. 그 매수가 여의치 않으면 일반 경쟁(1.30)을 통한 매각을 강행하겠다는 광고로부 터 구체화되었다. 그러나 송종헌, 감선월, 김경봉, 차상명, 최영환이 상경하여 1935년 3월 정기 평의원회까지 연기하면, 각 본산에서 현금으로 매수하여 중

임시이사회 결의의 강력한 반대로 그 계약을 취소하는 사태가 등장하였다.[101]

　1930년대 중반 교단의 중요한 문제인 대표기관 설립과 총본산 각황사 신축이라는 두 흐름의 대대적인 변화는 1937년 2~3월에 나타났다. 그 요지는 곧 일제의 개입을 적절히 활용하여 그 기회를 이용, 불교계의 통일운동을 완성하려는 것이었다. 그리고 그 이면에는 일본 사찰인 博文寺가 한국불교를 장악하는 것에 반대하는 항일의식이 개입되었다. 한편 당시 일제는 총독 주관의 31본사주지총회를 주관하였는바, 그 회의 이전 주지들은 그 대비책을 강구하였는데 바로 여기에서 불교계 통일운동을 위한 대안이 모색되었다. 그 대안은 총독 주관의 회의에서 논의되었으며, 총독부 주관 회의를 마치고 나온 이후의 본산주지총회에서 거듭 그 골격은 확정되었다. 그 결정은 總本山(인사권, 재정권, 행정권 담보)을 건설하는 것이었다. 이에 건설비, 유지비, 명칭, 위치 등을 결정하였다.[102] 총본산의 명칭은 조선불교선교양종總本山覺皇寺이었다. 이 당시 결정한 총본산각황사의 건설은 이전의 위치에 있었던 즉 磚洞(수송동 88번지)의 각황사는 매각하고, 구 보성고보 교사자리였던 교무원의 기지(현, 조계사 대웅전 터)에 신축하는 것이었다.

　앙사업에 제공하겠다는 강력한 의견 개진으로 매각은 연기된바 있었다. 그러나 그 본산에서의 인수가 이행되지 않아 매각이 단행된 것으로 보인다. 「13회 평의원회 서무부 경과 보고서 8, 각황사대지건물에 관한 건」, 『각종회의록(1)』, 405쪽.

101 「15회정기평의원회록」, 『조선불교각종회의록(1)』(『한국근현대자료전집』 권 66), 504쪽. 그 요지를 정리하면, 교무원 이사회 및 평의원회에서 교무원의 예산문제로 논란을 거듭하자, 교무원의 간부들이 그 예산을 타개키 위해 교무원의 기지와 건물을 일반업자인 최상하에게 1936년 11월 6일에 74,677원에 매각 계약을 하였다. 그러나 이 소식을 접한 임시 이사회(1936.11.20)에서 그 기지는 조선불교발전의 영구 보존지로 할 필요가 있다는 결의에 의해 그해 12월 3일에 위약금 8,000원을 배상지불하고 해약하였다.

102 그 예산 10만 원, 교무원의 기지 및 건물은 총본산 건설에 제공, 각황사는 매각하여 총본산 기지 확장비에 제공 등이었다. 『불교』 신2집(1937.4), 교무원 소식.

이런 배경하에 총본산각황사의 대웅전 공사는 1937년부터 봄부터 본격화 되었는데,[103] 주지하는 바와 같이 정읍의 普天敎 본부인 십일전 건물의 목재를 구입, 운반하여 대웅전에 활용케 되었다. 총본산각황사의 공사는 총본산 건설위원회[104]의 적극적인 활동에 힘입어 정상적으로 추진되었다.[105] 그리하여 1938년 10월 25일에 총본산각황사 대웅전 건물의 준공 봉불식이 거행되었다.

그런데 그 당시 불교계에서 논란이 인 것은 총본산의 寺格 문제였다. 총본산 건설운동의 일환으로 구체화된 대웅전은 곧 불교계 통일운동이었기에 전불교계를 총괄, 지휘하는 위상의 문제이다. 이에 그 주장은 새로운 사찰명을 취득할 것인가와 기존 사찰 중에서 사격이 높은 사찰의 별원 및 부설로 할 것인가의 요체이다. 그 대세는 한국불교의 태고국사 계승의식에 의거 북한산에 있는 태고사를 이전하는 형식을 띤 태고사로의 사명 취득을 건의케 되었으니,[106] 때는 1939년 4월 26일부로 총독부에 그 인가 신청을 제출하였다.

당시 불교계의 태고국사 계승의식은 1910년대부터 제기되었으며, 1920년

---

[103] 안후상, 「불교총본산 조계사 창건고」, 『보조사상』 15, 2001.

[104] 그 위원회는 고문 4인, 본산주지대표 1인, 건설위원 4인이었다. 고문은 강대련, 김구하,김경산, 송종헌이고 건설위원 중 상임위원은 임석진, 차상명이었다. 비상임 건설위원은 김법룡, 유호암, 박도수이고, 김상호와 황금봉은 교무원의 이사로 비상임건설위원에 포함되었다. 주지대표는 이종욱이었는데 실질적인 업무 총괄은 이종욱이 담당하였다.

[105] 기존 각황교당은 매각하여 총본산각황사 건축비용에 충당하도록 결의하였으나, 1938년 3월 현재까지는 명성학교에 무상대부하였다. 「16회교무원정기평의원회록」, 『각종회의록(1)』, 525쪽. 명성학교는 교무원 사무실을 이용, 개교하였으나 교무원 건물이 총본산 각황사의 개축 관계로 철거하는 방침이 결정되자(1937.5.21), 우선 각황사 법당에서 수업하도록 하였다. 「현교무원의 훼철과 명성학교의 교사 이전」, 『불교시보』 23호(1937.6), 5쪽. 이후의 각황사 매각에 관련된 정황을 전하는 기록은 아직 찾지 못하였다.

[106] 그 당시 불교계 일부에서는 각황사의 역사가 짧아 부적당하다는 의견도 있었다. 『불교시보』 43호(1939.2), 사설.

대에도 그 의식은 지속되었다. 그리하여 불교계 구성원들은 이따금 太古寺를 중심사찰, 본산 사찰, 총본산으로 하자는 주장이 '총본사 태고사' 등장 이전부터 제기되었다.[107] 이에 1939년 5월 22일에 총본산 건설사무소에서 태고사 주지인 김윤식과 태고사의 본사였던 봉은사 주지인 강성인의 연서를 받아 총본사의 이름을 태고사로 정하여 달라는 신청을 총독부에 거듭, 재차 제출하였던 것이다.[108] 그 결과 1940년 5월경에 총독부의 인가 방침이 정하여졌고, 1940년 7월 15일에는 그 확정이 결정되었다.

그 이후 불교계에서 유의한 것은 종명 문제였다. 당시 종명인 朝鮮佛敎禪敎兩宗은 일제가 사찰령을 제정할 시의 일본인이 정한 것을 불가피하게 수용한 것이었다. 이에 그에 대한 비판이 적지 않았다. 이 문제에 대한 논란을 거듭한 불교계에서는 결국 조계종으로 종명을 하자는 의견을 통일시켜 1940년 11월 28일의 주지회의에서 확정하였다. 그리고 1940년 12월 9일부로 조선불교조계종 태고사법을 총독부에 제출하였다. 마침내 1941년 4월 23일, 총독부령 125호의 사찰령 시행세칙의 일부 개정에 근거한 朝鮮佛敎曹溪宗 總本寺 太古寺法이 인가, 출범하였다.[109]

이로써 태고사는 불교계 전체(31본산)를 총괄할 수 있는 권한과 위상을 갖는 총본사가 되었다. 총본사의 주지는 조계종의 종정이 당연직이었다. 그리고 태고사에는 불교 전체를 총괄하는 기관인 종무원이 위치케 되었다. 또한 태고사에는 불교계 대의기관인 종회도 위치하게 되었다. 여기에서 태고사는 명실상부한 한국불교의 대표 사찰, 기관을 점하게 되었다.[110] 이는

---

107 졸고,「근대불교와 중흥사: 태고의 근대적 계승의식」,『새불교운동의 전개』, 도피안사, 2002, 137~138쪽.

108 「총본산건설사무소 소식」,『불교』 신22집(1940.3).

109 졸고,「조선불교조계종의 성립과 역사적 의의」,『새불교운동의 전개』, 도피안사, 2002.

110 졸고,「일제하 불교계 통일운동과 조계사」,『한국민족운동사연구』 29, 2001;『새불교운동의 전개』, 도피안사, 2002 재수록.

곧 불교계 통일운동, 교단수립, 항일의식의 구현처로서의 성격을 담보케 되었음을 말하는 것이다.

여기에서 한국 근대불교의 포교중심처였던 각황사는 한국불교를 상징하는 조계종의 교단행정의 중심 사찰로 전환케 되었다.[111] 물론 포교,[112] 불교행사의 성격이 완전 배제되지는 않았지만 그 중심은 분명 전환되었다고 보아야 할 것이다.

5. 결어

이제부터는 전술한 각황사 관련 내용을 총괄 정리하여 맺는말에 대하겠다. 이는 각황사의 개요를 다시 한 번 정리하는 의미를 갖는 것이다.

근대불교 최초의 포교당, 일제하 최초의 포교당의 의미를 갖고 있는 각황사는 근대불교사상에서 뚜렷한 위상을 갖고 있었다. 그는 포교당의 역할을 다하였다는 뜻과 함께 각황사에는 일제하의 종단 사무기관이 총집합되어 있었던 사정에서 연유하는 것이다. 이는 일제하 서울시내에 사찰이 흔치 않은 사정과 맞물려 나온 것이다. 각황사는 1909년 12월 당시 원종 종무원의 인가를 득하려는 차원에서 '불교총합소'를 만들려는 구상에서 제기되었다. 원종은 당시 공권력으로부터 정식 인가를 받지 못하였기에 이 총합소는

---

[111] 각황사에는 전술한 바와 같이 1915~1927년간에도 30본산연합사무소, 총무원, 교무원이 소재하였다. 그러나 그 시기에는 포교가 중심적인 역할을 하였다고 이해한다. 이는 그 명칭에서도 그 성격을 찾아볼 수 있다. 거듭 말하자면 포교가 우선이고 교단행정의 성격은 그에 부수된 성격으로 보고자 한다.

[112] 각황사가 이전, 개명하여 태고사로 등장하자 그 이전 포교사인 박성권은 사직하였다. 그 대신 신임 포교사를 두지 않고 재경유지 승려들이 순차로 매주 설교하는 것으로 전환되었다. 「중앙교무원 경영 포교당에 정법회를 조직」, 『불교시보』 30호(1940.1), 3쪽. 이 당시 신자들의 조직인 正法會가 조직되었다는 내용을 보면 이전 정법회가 부실하여 재건한 것으로 보인다. 회원은 남자 30명, 여자 80명이고 조직은 총무부, 전도부, 이재부, 선전부이고 장로에는 이능화, 이오성, 박상근이었다.

원종의 인가를 대비한 공간을 구상함에서 등장하였던 것이다. 그러나 그 원종은 인가를 끝내 받지 못하였다. 이에 각황사는 1910년 10월에 창건되었지만 원종의 사무공간의 의미는 내세우지 못하고, 포교당으로 출발을 하였던 것이다. 더욱이 당시 원종을 이끌던 이회광이 일본불교와 비밀리에 맺은 조동종 맹약의 노출, 그에 대응한 임제종운동, 사찰령 철폐 등으로 이어진 불교계의 격동적인 혼란으로 각황사는 그 창건 직후에는 큰 주목을 받지는 못하였다.

그러나 당시에는 서울 시내인 4대문 안에 사찰, 포교당이 거의 희소하였던 시절이라 각황사는 적지 않은 주목을 받을 수밖에 없는 요인이 있었다. 그리고 1912년 5월 불교계의 대표 기관인 본산주지회의원이 등장하면서 각황사는 중앙포교당으로 그 명칭과 위상을 정립하고 본연의 역할을 다하였다. 즉 각황사는 주지회의원이 관리 운영하였던 것이다. 이때부터 각황사는 각황포교당, 각황사교당, 각황포교당 등으로 불리며 불교행사의 중심 공간으로 큰 역할을 다하였다. 그리하여 당시 기록에도 각황사가 포교분야에서의 움직임을 괄목한 성과를 내고 있음을 보도하였다. 이에 그 성과를 공유하고, 배우려는 사찰이 등장하기도 하였다. 점차 각황사는 포교의 대표공간으로 그 위상을 점하게 되었다.

각황사의 변화는 1914년의 철거, 보수, 재건축이었다. 이는 1913년 한국에 온 스리랑카의 승려가 기증한 사리를 보관하는 차원에서 제기되어, 각황사의 건물이 낙후되어 있다는 비판에서 나왔다. 이에 각황사를 보수, 재건축하였거니와, 때는 1914년 말이었다. 이 분위기와 맞물려서 나온 것은 1915년에 등장한 30본산연합사무소의 입주였다. 이 사무소는 기존 주지회의원을 대신하여 등장한 당시 불교계의 대표기관이었다. 이로써 각황사에는 포교 기능 외에 불교 행정의 기관의 성격이 덧붙여지게 되었다. 이때를 전후로 불교계 대표적인 사무소 즉, 불교 잡지사, 불교진흥회, 불교청년회 등이 입주하여 각황사는 더욱 더 불교 중심 사찰로 변모하였다고 보인다.

각황사에 대한 논란은 1923년 불교계 기관으로 등장한 총무원과 교무원 간의 그 소유, 점유권을 놓고 전개된 갈등시에 나타났다. 당시 그 기관은 서로 불교계 대표기관임을 내세우며 갈등을 벌이었는데, 그는 법정 다툼으로까지 비화되었다. 그 사태는 1924년 중반부터 교무원으로 통합되면서 정리되었다. 그 후의 변동은 보성고보 교사를 인수하여 그 교사로 중앙불교계의 관련 기관이 전부 이전으로 인한 변화였다. 이로써 각황사는 순수한 포교기능만이 잔류하였던 것이다. 그리하여 일시적으로는 선원으로 전환시키기도 하였다. 이러한 변화하에 1927년부터는 포교사로 부임한 김태흡의 정열적인 포교, 강연, 일교학교 설립 등으로 인하여 각황사는 더욱 더 포교 분야의 중심지 역할을 다하였다. 그러나 김태흡은 1935년부터 발간을 주도한 『불교시보』의 책임자로 갔기에 사직하고, 그 대신에 박성권이 포교사로 부임하였다. 한편 박성권이 부임한 전후부터는 각황사의 운영권을 교무원이 불교청년총동맹에 위임하였다. 이는 불교청년들의 자립, 자생을 기하려는 차원에서 나타난 것이나, 그 실제가 어떠하였는가는 전하지 않는다.

한편 각황사의 근본적인 변동을 가져온 것은 1938년 10월 현재의 조계사 대웅전으로의 이전, 신축이었다. 이는 불교계 통일운동과 밀접한 관련을 갖고 있는 것이다. 그런데 이 이전에 앞서 1930년에도 불교계가 스스로 각황사의 누추, 남루함을 성찰하고 그 재건축을 결의하였다. 그러나 이 기획, 개건축은 전혀 진척되지 않았다. 그는 예산 부족, 중앙지도부의 나약, 본산 간의 대립 등이 결합됨에서 나온 것이다. 각황사의 이전은 1935년부터 가시화된 일제의 심전개발운동에서 비롯되었다. 이 운동에 동참한 불교계는 불교계 대표기관의 정립을 결의하면서 심전개발기념사업으로 각황사 개축을 정하였으나 1936년 말까지도 전혀 진척이 없었다.

그러나 이 결의는 1937년 초반부터 불교계 일각에서 추진한 불교계 통일운동 차원하의 대표기관과 각황사 개축이 결합시키면서 변화가 일어났다. 특히 전남지방의 불교계에서 제의한 그 움직임은 경북 · 경남지방 불교계의 합의로 이어져 갔다. 이제 그 두 분야의 운동을 전국적인 차원으로 이끌게 되었으며, 그 당시 이 움직임을 불교정책으로 관철, 활용시키려는 총독부의 방침과 결합되었다. 그 결과 1937년 초반에 각황사의 이전, 개축을 결의하고 그에 필요한 예산, 자재 조달, 시공 등이 추진되었다. 마침내 1938년 10월에 각황사는 이전을 통한 신축 준공이 달성될 수 있었다. 그리하여 각황사는 총본산건설운동의 외피를 띠우고 이전, 신축되었다. 나아가서는 각황사는 1940년 7월에는 태고사로 명칭도 변경되었다. 여기에는 태고보우국사 계승의식이 전제되었으며, 그를 활용한 불교계 통일운동의 구도가 있었다. 이는 조선불교조계종의 등장을 말하는 것이다. 물론 그를 조종, 관리한 일제의 불교정책이 있었음은 물론이었다.

이로써 우리는 근대불교 최초의 포교당이었던 각황사에 대한 역사적인 전모를 찾을 수 있었다. 그러나 본 고찰에서는 각황사에서 있었던 실제의 활동, 법회, 모임 등에 대한 분석과 정리는 매우 미흡하였다. 이 점은 후학들의 연구를 기다리는 바이다. 그러나 우리는 이 글을 통하여 근대불교 최초 포교당을 정립하였던 점, 그리고 그 포교당의 이원적인 성격인 포교와 행정이라는 흐름은 그려낼 수 있었다. 그런데 이 포교와 행정의 측면은 당시로서는 피할 수 없는 중요한 요소였기에 자연 각황사에 대한 위상과 역사성은 결코 간과할 수 없는 것으로 보고자 한다.

:

일제하의
역경

1. 서언

      일제하의 역경은 일제 식민지불교의 압박, 불교계 전반적인 기반의 미약 등으로 인하여 큰 성과를 거두었다고는 볼 수 없다. 이는 기본적으로 불교 교단의 미정립, 불교단체의 미숙, 역경에 나선 승려와 학자들의 희박, 역경에 투입된 재정의 박약 등 다양한 요인의 결과로 이해된다. 이는 곧 불교 대중화의 기반의 부재와 그 논리 정립의 미흡으로 요약된다.

    조선후기 산중불교에서 도회지 중심의 불교로 전환된 즉, 승려의 도성출입금지 해제 이후 불교계는 불교 대중화의 기치를 세우고 그를 이행할 다양한 노력을 하였다. 그 노력은 학교설립, 포교당 개설, 유학의 가시화, 신식학문의 수용, 불교 잡지의 발간 등으로 나타났다. 그 결과 적지 않은 분야에서 불교 대중화의 초석이 쌓인 측면도 배제할 수는 없다. 그러나 우리가 오늘의 주제로 설정한 '역경'에 대한 고뇌는 심화되었다고 보기는 어렵다. 즉 역경이라는 문제가 불교 대중화, 불교 발전, 포교 등에서 중심 주제로 확립되지는 않았다는 것이다.

    그럼에도 불구하고 일제하 불교계에서는 갖은 고난하에서도 역경에 매진한 승려, 학자, 단체 등을 찾을 수 있다. 이제 우리는 그 흐름과 성격을 정리함으로써 이 시기 역경의 문제를 심층적으로 접근할 수 있는 징검다리를 구축해야 한다.

실제 역경이라는 분야가 발전되기 위해서는 역경을 인식하는 논리, 역경할 수 있는 인적 기반, 역경에 투입될 재정적인 여력, 역경되어 나온 발간물의 활용, 역경·발간을 원하고 수용할 수 있는 기반 등이 상호 조화되어야가능한 것이다. 때문에 일제하의 역경의 문제를 종합적, 심층적으로 다루기위해서는 이 같은 각 분야를 점검해야 할 것이다. 그 연후에 각 역경의 산물을 구체적으로 천착하여 그 내용과 성격을 가늠할 수 있다.

그러나 본 고찰에서는 위와 같은 이해의 시각만을 제시하고, 추후 역경의문제를 더욱 천착하기 위한 전제로서 각 시대별의 특성을 개괄하는 데 머무르고자 한다. 이는 이 분야에 대한 선학의 연구 성과의 미흡, 필자가 갖고있는 역경에 대한 소양의 부족 등에서 기인함을 밝히고자 한다. 또한 구체적인 서술에 있어서도 역경 그 자체에만 제한하지 않고 역경에 관련된 주변사정(현토, 역술, 편술, 주석, 해제 등)도 함께 살펴보고자 한다.

2. 1910년대의 역경

1910년 8월 29일, 일제에게 국권을 강탈당한 한국은사회 각 분야에서 자주권을 상실하면서, 그 노선 정립에 혼미를 거듭하고있었다. 이러한 성격은 불교계에서도 동일하였다. 불교계는 일제가 정한사찰령 구도하에서 인사, 재정, 운영 등 제반 운영권을 박탈당하고 있었다.그럼에도 불구하고 불교계 내부에서는 점차 불교 발전을 기하기 위한 노력을 거듭하였거니와 그는 신식학교의 설립, 포교당의 개설, 불교 잡지의 발간 등이었다. 이 같은 행적과 기반은 불교의 유신, 개신, 진흥, 혁신, 중흥등으로 불리고 있었다.

이 같은 배경에서 역경은 우선 불교의 교리 및 사상을 널리 알릴 수 있는 포교당의 설립에서부터 가시화되고 있었다. 이 시기 도심 포교의 근거처로서 의의를 갖고 있는 각황사는 1910년 10월 27일 지금의 서울 수송동에 건립되었다. 각황사는 1902년에 창건되었으며 본래 동대문 밖에 있었던 원흥사가 불교 교단의 중심 사찰이지만 포교의 기능이 미약함을 타개하려는 의도하에서 건립되었다. 물론 그 창건에는 원종 종무원의 본산 사찰의 역할도 염두에 두었다. 또 하나의 포교당은 1912년 5월에 설립된 조선임제종중앙포교당이었다. 이 포교당은 임제종운동의 일환으로 가시화되었는데, 임제종운동의 중앙 진출을 기하면서 그 운동의 근거로 삼기 위해 나타났다. 이 포교당은 일제의 압력으로 조선선종중앙포교당으로 명칭을 변경하였다. 이 포교당에서 당시 유명한 승려, 선지식들이 불교 교리를 강연케 되었는 바, 그 포교 활동에서 자연 역경의 필요성이 등장케 되었다. 이 포교당에서 포교서적을 간행하였다는 아래의 내용은 역경의 단초로 주목할 수 있다.

朝鮮佛教中央布教堂 즉 覺皇寺에서는 彌勒上生經을 漢文 及 鮮文 二分으로 譯述 刊行ᄒᆞ고 朝鮮禪宗中央布教堂(寺洞)에서는 如來八相錄을 鮮文으로 譯述ᄒᆞ야 刊行 ᄒᆞ얏더라.[1]

즉, 각황사(중앙포교당)에서 미륵상생경을 한문 및 한글로, 선종중앙포교당에서는 여래팔상록을 한글로 역술·간행하였다는 것이다. 이 두 서적은 1910년대의 역경이라는 면에서 주목할 대상이다.

그런데 위와 같은 포교당에서 역경은 바로 포교의 차원에서 나온 것이다. 포교 차원에서의 역경, 간행은 한용운이 1913년에 간행한 『조선불교유신론』의 '포교'분야에서도 그 필요성을 다음과 같이 개진하였다.

포교의 방법은 하나가 아니다. 혹은 연설로 포교하고. 혹은 신문잡지를 통해 포교

---

[1] 「잡화포」, 『조선불교월보』 19호, 73쪽.

하고, 혹은 경을 번역하여 널리 流布시켜 포교하고, 혹은 자선 사업을 일으켜 포교하기도 하여 백방으로 가르침을 소개해 그 어느 하나가 결여될까 걱정해야 함에도 불구하고, 지금 조선의 불교는 이런 기도가 전무한 형편이다. 모르거니와, 이밖에 따로 무슨 도리가 있는가. 대답을 듣고 싶다.

요컨대 이 시기 역경은 포교 차원에서 접근되었고, 그것이 실행되었음이 주목될 내용이라는 것이다. 포교의 강조는 다양한 시각에서 접근되었다. 1910년 9월 원흥사에 모인 당시 각 사찰의 주지승 330여 명이 불교의 현상 타개와 발전을 논의하면서 나온 대안이 바로 포교자 양성의 문제인 것이다.[2] 그리고 1915년에 출범한 불교진흥회에서도 포교 문제는 중요하게 다루어지고 있었다. 그 진흥회의 세칙의 제2조 3항에서 포교서의 편찬과 간행이라는 내용은 그를 단적으로 말해주는 것이다.

僧侶 布敎書와 一般信徒에 必要한 布敎書를 編纂 刊行ᄒ는 事.[3]

이러한 노선은 이능화가 『조선불교총보』 8호에 「布敎用에 適當한 四十二章經」을 기고한 바에서도 여실히 나오고 있다.

그런데 이 시기의 역경은 순한글(순언문)로 번역하는 것으로 인식되지는 않은 것으로 보인다. 앞서 소개한 각황사에서 미륵상생경을 한문과 언문의 2종으로 譯述, 刊行하였다는 것은 그를 말하는 것이다. 즉 한문으로 '譯述'하는 것을 역경의 대상에 포함시킬 것인지는 더욱 유의할 내용이지만 이 시기에는 그 사정이 나타난다는 것이다. 1914년 1월에 개최된 30본산주지회의에서 포교 확장에 대한 결의를 아래와 같이 하였다는 내용은 약간의 시사를 제공한다.

---

[2] 「各道僧 會集」, 『매일신보』 1910.9.20.
[3] 『불교진흥회월보』 1호, 43쪽.

布敎 擴張에 對ㅎ야 必要로 知得홀 書籍 如來行蹟을 鮮漢文과 純諺文 二分으로 編述
할터인대 編述人은 金寶輪氏로 校閱人은 朴漢永氏로 委任ㅎ고 又는 內地 各宗의
布敎狀況을 視察ㅎ기로 홈[4]

즉, 여래행적을 '鮮漢文'과 '純諺文'으로 나누어 편술하기로 하였다는 것에
서 한문을 이해할 수 있는 지식인과 한글만 읽을 수 있는 일반 대중으로
대별된 실정을 파악할 수 있다.

요컨대 우리가 '역경'이라고 하였을 경우, 순수한 우리말인 한글로 번역
하는 것으로만 이해할 것인가의 문제이다. 1910년대에 적출되는 선한문의
편술, 역술은 어떻게 바라볼 것인가를 문제로 제시하고자 한다. 이 시기에
간행된 저술인 한용운의 『불교대전』은 발행소인 선종중앙포교당이 출간시
에 그에 대한 광고를 다음과 같이 하였다.

此書는 八萬藏經中의 最要絶妙혼 句語를 鮮漢文으로 抄譯ㅎ야 六十餘 種目에 分科
編成혼 曠世의 大著作이라.[5]

여기에서 '鮮漢文으로 抄譯'하였다고 하였는바, 이를 역경의 범주에 넣을
수가 있는가 하는 것이다. 그리고 박한영이 『해동불보』3~8호에 『법보단경』
을 연재하였는데 그것도 '譯述'한 것이다. 또한 해동불보사에서 청년승려들
의 교재로 활용케 하기 위한 緇門을 분류, 懸吐한 『精選緇門集說』이 간행되
었음이 주목된다.[6]

한편 이 시기의 역경에 대한 전반적인 개요를 유의하면 역경은 아직 본격
화되지 않았다고 하겠다. 당시의 역경의 정황은 아래의 『매일신보』에서 평

---

[4] 『해동불보』 4호, 93쪽.

[5] 『해동불보』 6호, 89쪽.

[6] 『해동불보』 5호, 76쪽 · 6호 89쪽.

가한 것에서 단적으로 나온다.

> 所爲 朝鮮佛敎의 模範이 될 만흔 覺皇敎堂에는 于今토록 廉價의 上海出版 大藏經도
> 購藏치 못ㅎ얏고 信徒의 所依할 經典 飜譯은 姑舍ㅎ고 尙今 未完홀 뿐 아니라 夢中
> 에도 想치 안이 ㅎ며 一枚의 布敎的 傳道誌 刊行도 見치 못ㅎ얏스되 債務는 巨額에
> 達ㅎ야 凋殘흔 末寺의 負擔이 加重ㅎ게 되리라는 說을 聞ㅎ얏으며[7]

즉 매우 미약한 역경이었다고 단언하였던 것이다.

다만 역경은 미약하였지만 포교 차원에서 일정한 관심이 대두되었음은
확인할 수 있었다. 그러나 역경의 기초가 될 經의 그 자체에 대한 기초적인
이해와 연구가 시작되었음은 우리의 관심이 가는 내용이다.

> 李能和: 「선문영가집과 금강경 강의 」, 『불교진흥회월보』 8호
> 　　　　「원각경에 취ㅎ야」, 『조선불교총보』 2호
> 　　　　「법화경에 취ㅎ야」, 『조선불교총보』 5호
> 　　　　「능가경에 취ㅎ야」, 『조선불교총보』 6호
> 鄭晄震: 「반야심경」, 『조선불교총보』 5호
> 權相老: 「通俗淺近 보문품 강의」, 『조선불교계』 3호
> 鳳門居士: 「금강경에 취하야」, 『조선불교계』 3호
> 白衣居士: 「유마경의 이채」, 『조선불교계』 1호

역경의 대상이 되고 있는 경전에 대한 이해를 구체적으로 시작하였음을
자위할 정도인 것이다.

---

[7] 「삼십본산 주지 제씨에게」, 『매일신보』 1918.2.10.

2. 1920년대의 역경

1920년대의 역경은 3·1운동의 영향하에 가시화되었다. 3·1운동 당시 불교계 구성원도 거족적인 만세운동에 동참하였으며, 3·1운동 이후에도 상해 임시정부, 만주의 군관학교 등지에도 승려 출신의 독립운동가의 활동이 지속되었다. 그런데 3·1운동은 불교계에 자주와 자립의 정신을 제공하였는바, 그 결과로 불교계의 모순을 인식하고 그를 개신, 개혁할 의지가 자생하였던 것이다. 이 구도하에서 사찰령 철폐운동, 교단 건설운동이 대두되었다.

한편 3·1운동의 파장은 역경분야에도 일정하게 미치고 있었다. 그는 곧 불교 정신을 여타 종교에 비교하여 인식할 수 있는 계기로 수용한 것을 말한다. 또 다른 영향은 3·1운동의 거대한 추진체인 민중, 대중들의 실체를 파악하였다. 즉 민중, 대중들에게 불교를 포교해야 한다는 각성을 하였던 것이다. 그러나 이 같은 3·1운동의 영향은 일면에서는 부정적인 요인으로도 작용하였다. 후술하겠지만 3·1운동 이후 등장한 사찰령 철폐운동, 교단 건설(통일기관 혹은 중앙기관의 수립) 움직임의 부산물로 나타난 불교계의 내분, 본산 간의 갈등, 주지층과 불교청년 간의 대립 등은 기본적으로 불교계 전체를 분열의 구도로 나아가게 하였던 것이다. 이러한 분열의 구도는 곧 역경에 집중할 수 있는 여건과 토양 자체를 지난하게 하였다고 보인다. 그러나 이 시기의 역경의 본격화는 일면 당시 일제의 식민통치의 방향 전환과도 맞물려 있었다. 즉 이전 무단통치에서 문화통치로의 전환은 자연 언론 및 문화방면의 활성화를 촉진케 하였다.

3·1운동 이후 등장한 역경과 유관한 단체는 1920년 2월 17일에 창립된 조선불교회였다. 이 조선불교회는 한국사에서 역사와 전통이 심대한 불교를 계승하고 그를 조선동포에게 널리 알림과 동시에 세계에도 발휘하자는 취지에서 구체화되었다.[8] 조선불교회는 김홍조, 이능화, 김돈희, 김정해, 권덕규, 양건식, 이명칠, 이지광, 박한영, 정황진[9] 등과 같은 유식계급의 인사

들이 불교를 발전시켜 조선의 불교를 세계에 소개하며 조선인민의 사상계
를 구제하려는 것으로 평가받기도 하였다.[10] 조선불교회에서는 그 같은 사
업을 전개하기 위한 방안을 검토하면서 조선시대의 불교를 다음과 같이 긍
정적으로 인식하였다.

> 都監을 置ᄒᆞ야 浩大ᄒᆞᆫ 藏經을 譯刊ᄒᆞ야 敎旨의 普及을 圖ᄒᆞᆫ 事와 靈山會上의 正樂
> 을 作ᄒᆞᆫ 事와 圓覺寺塔의 寶蹟을 遺ᄒᆞᆫ 事 -卽是이니 朝鮮民族으로서 佛敎를 等閒에
> 附홈이 可ᄒᆞ리오[11]

조선시대 불교를 긍정적으로 보면서, 그 결과 조선문명의 7할이 불교가
점유한 것을 부정치 못한다고 주장하였다. 이 같은 자신감에서 연유된 것으
로 보이는데, 조선불교회가 1924년에 발행한[12] 『佛日』은 역경에 대한 기획
을 하였다. 『불일』창간호에 백용성의 「摩訶般若波羅密多心經 譯解」와[13] 권
상로의 『미타경』 '즉역'이 게재되었다. 그리고 창간호에는 다음과 같은 社告
가 전하고 있다.

---

8 『조선불교총보』 21호, 9~11쪽.

9 위의 자료 11~12쪽에는 발기인 29인의 명단이 전하고 있다.

10 「종교는 자유의 종교」, 『조선불교총보』 21호.

11 위의 「조선불교회 취지서」.

12 그런데 이 『불일』지의 발행의 주체는 명확치 않다. 다만 창간호, 2호에 투고처
 를 '朝鮮佛敎會內'(경성부 낙원동 50번지)의 편집부라고 한 것을 보면 일단 조선
 불교회가 발행을 주도한 것으로 이해할 수 있다. 그리고 편집 동인(김익승, 김
 세영, 박한영, 백상규, 백우용, 양건식, 이능화, 최남선, 황의돈, 권상로)의 일부
 가 조선불교회의 발기인에 포함됨을 보면 더욱 그러하다.

13 백용성은 『불일』지에 더 이상의 기고는 하지 않았다. 그러나 백용성은 『禪苑』
 3호(1932.8)에 「마하반야바라밀다심경 역해」를 기고하면서, 이전 『불일』지에
 『반야심경』 전편을 번역하여 기고할 예정이었으나, 사정으로 인해 중단되었기에
 『선원』지로 옮겨 기고한다고 밝혔다.

구월 십일에 발간되는 제이호부터는
유마경은 최남선 선생
사십이장경은 박한영선생
무량수경은 권상로선생
순조선문으로 번역하야 기재합니다

이 사고는 조선불교회와 『불일』지가 역경에 대한 일정한 관심이 있었음을 말해주는 것이며, 그 관심이 구체적으로 진행되고 있음을 의미하는 사례였다. 그런데 『불일』 2호에는 권상로의 번역 기고문인 「佛說無量壽經에서 四十八願」이 게재되었지만, 사고에서 공고한 『유마경』, 『사십이장경』은 게재되지 않았다. 그리고 『불일』지는 현재 2호까지만 파악되고 있어 그 이후의 역경에 관한 사업의 전개는 알 수 없는 형편이다.

다음으로 우리가 주목할 역경의 활동은 백용성이 주도한 삼장역회이다. 이 삼장역회는 백용성이 3·1운동 당시 민족대표로 인해 일제에 피체되어 옥중 생활을 겪을 당시의 값진 체험에서 나온 것이다. 그는 백용성의 「저술과 번역에 대한 연기」에서 극명하게 나온다.

대각응세 이천구백삼십육년 삼월일일에 독립선언서 발표의 대표 일인으로 경성 서대문 감옥에서 삼년간 철창생활의 신산한 맛을 테흠하게 되었다. 각 종교 신자로써 동일한 국사범으로 들어온 자의 수효는 몰을만치 많엇다. 각각 자기들의 신앙하는 종교서적을 청구하야 공부하며 기도하더라. 그 때에 내가 열람하야 보니 모다 조선글로 번역된 것이오 한문으로 그저 있는 서적은 별로 없더라. 그것을 보고 즉시 통탄한 생각을 이기지 못하야 이러케 크고 큰 원력을 세운 것이다.[14]

즉 백용성은 수감생활에서 타 종교의 서적이 모두 한글로 번역된 것에 큰 충격을 받고 불교 경전을 한글로 번역하겠다는 원력을 세우게 되었다는

---

[14] 『조선글 화엄경』(『용성대종사전집』 12집).

것이다. 당시 그는 한문에 대한 소용, 민중들의 한문에 대한 이해도, 시대사조 등을 따져본 후 역경에 나설 결심을 하였던 것이다. 그는 1921년 3월경, 출옥후 즉시 주위 사람과 협의를 하였으나 큰 도움을 얻지 못하여 그 자신이 역경을 추진하는 단체를 결성하였거니와 그는 곧 三藏譯會였다. 그러나 삼장역회도 당시 불교계에서는 큰 성원을 얻지 못하였는바, 그 사정은 아래의 글에 전하고 있다.

> 余가 此로 因하여 將來를 憂慮타가 不得已 譯會를 設立하고 其 進行方法을 研究하여 全鮮寺刹에 宣傳하얏으나 水泡에 終歸할 싸름이로다.[15]

출옥 후 백용성은 그의 거처인 서울 종로구 가회동 211번지에 머무르고 있었는데, 추측건대 삼장역회는 이곳에서 출발하였다고 보인다. 삼장역회의 출범에 대해서는 정확한 일자가 전하지 않는다. 그리고 역경을 먼저 착수하고 역경작업이 진행되는 도중에 삼장역회를 설립하였가는 단언키 어렵다. 다만 아래의 내용을 유의하면 역경 작업을 시작하면서 삼장역회를 설립한 것이 아닌가 한다.

> 大覺應世 二九四八年 辛酉 夏四月에 余가 世界의 思潮와 文學의 變遷됨을 靜觀하고 卽時 譯經에 着手하야[16]

위의 내용을 유의하면 백용성은 1921년 3월 출옥한 즉시인 1개월 후에 역경에 착수하였다는 것이다. 그러면 삼장역회는 언제 설립되었는가? 다만 그를 추정함에 있어 도움이 되는 자료는 삼장역회의 출범에 대한 의의를 사설로 보도한 1921년 8월 28일자의 『동아일보』이다. 당시 『동아일보』는

---

[15] 「弁言」, 『대불정수능엄경』 권1(『용성대종사전집』 2집).
[16] 「역경의 취지」, 『각설범망경』 권상(『용성대종사전집』 3집).

백용성의 삼장역회의 출현을 「佛教의 民衆化運動」이라는 사설에서 그 평가를 하였다.

> 在來 佛教의 宣傳方法을 觀察하면 첫재 그 經典이 純漢文이라 一般信徒가 此를 理解하기 困難할 뿐 아니라 그 學得하기쏘한 容易하지 아니하며 둘재, 그 解釋과 講義가 亦 純漢文이 아니면 純漢文式이라. 이럼으로 一般 民衆은 그 入門의 不便을 感하야 結局 그 全生命문까지 閑却함에 至하나니 이 엇지 佛教界를 爲하여 痛歎할 바 아니며 朝鮮文明을 爲하여 可惜할 바 - 아니리오. 吾人은 此에 鑑하야 佛教의 經律論 等을 朝鮮文으로 或 飜譯하며 講義하며 或 著述, 編述, 造論하야써 佛教의 民衆化를 目的하고 白相奎氏를 中心하야 起한 三藏譯會의 事業을 贊成하는 同時에 그 前途를 祝賀하야 慈에 數言을 發하노니 願컨대 一般社會는 此에 對하야 多大한 同情을 與하며 同會는 萬難을 排하고 勇往猛進할지어다.

우리는 여기에서 삼장역회가 출범한 시기가 1921년 8월임을 알 수 있고, 역경의 시대적 의의도 파악할 수 있다.

그리고 우리는 삼장역회의 최초 발간물에 대해서는 백용성이 개진한 바, "어찌할 수 없어 지식과 재주없음을 생각지 아니하고 선한문으로 심조만유론을 저술하고 선한문으로 천노금강경을 번역하고" 운운에서[17] 그 단서를 찾을 수 있다. 『心造萬有論』은 1921년 9월 29일에 간행되었는데 이의 간행처는 종로구 가회동 211번지였다. 그리고 『금강경선한문신역대장경』은 1922년 1월 30일에 간행되었는데, 이 역시 종로구 가회동 211번지가 발행처로 나오고 있는 것이다. 요컨대 삼장역회가 시작된 곳은 종로구 가회동 211번지이라는 것이다. 1922년 5월경 백용성은 그의 근거처를 봉익동 2번지인 현재의 대각사로 이전하였다.[18] 따라서 삼장역회도 자연 그곳으로 이전하였던 것이다.

---

[17] 위의 책, 「저술과 번역에 대한 연기」.
[18] 한보광, 「용성스님의 후반기 생애」, 『대각사상』 3집, 2000, 25~26쪽.

우리는 여기에서 백용성의 역경 추진체였던 삼장역회에 대한 단서를 찾을 수 있었다. 그는 3·1운동의 영향, 여타 종교의 한글화된 교재에서의 충격, 한문 및 시대사조에 대한 판단, 민중불교에 대한 관심 등의 종합이었다. 다만 현전하는 자료의 부족으로 삼장역회의 조직, 예산, 일부 동참자의 구성 및 성격 등에 대한 이해는 보다 다각적인 탐구가 있어야 할 것이다.[19]

3·1운동의 일정한 영향으로 가시화된 이 시기의 역경에 관한 움직임은 한용운에게서도 찾을 수 있다. 한용운은 1921년 12월 옥고를 치르고 출감하였다. 출옥한 이후 한용운은 다양한 활동을 하였는바, 그중에는 역경을 위한 '法寶會'를 조직하였음이 우리의 관심을 끌고 있다. 법보회 출범에 관한 전후사정과 당시 한용운의 의도는 아래의 내용에 잘 전하고 있다.

> 민족에게 거룩한 공적을 끼치게 한 이천년 동안에 고승대사의 자최가 브지럽시 산새이와 들(野) 사람의 손에 파뭇치어 세월을 따라 그들의 행적을 차질 길이 업게 되는 것은 조선불교도는 물론 일반 식자의 심히 개탄하는 바이라. 이에 대하여 불교계의 명사 한용운(韓龍雲)씨 외 제씨의 발긔로 법보회(法寶會)를 조직하고 스러저 가는 선인의 행적을 상고하야 우리의 광휘잇는 과거 력사를 장식하는 동시에 일반 불경을 순조선말로 번역하야 언문만 알면 능이 석가세존의 참쯧을 아라 볼수

---

[19] 백용성은 화엄경 번역 등 다양한 번역 작업을 하였고 1930년대에도 왕성한 작업을 하였다. 이러한 전반의 내용은 한보광의 「용성스님의 역경」,『대각사상』5집(2002)의 내용을 참고할 것. 백용성이 역경의 대상을 제시하면 心造萬有論(1921.9, 삼장역회), 신역대장경(1922.1), 金剛經鮮漢文新譯大藏經(1922.1, 삼장역회), 首楞嚴經鮮漢演義(1922.7, 삼장역회), 卍金毘羅經(1922.9, 대각교회), 禪門撮要(1922.9), 八相錄(1922.9, 삼장역회), 覺頂心觀音正士摠持經(1922.12, 대각교회), 大方廣圓覺經(1924.6, 삼장역회), 鮮漢文譯禪門撮要(1924.6, 삼장역회, 부록으로 修心正路), 詳譯科解 金剛經(1926.4, 삼장역회), 八陽經(1928.1, 삼장역회), 조선글 화엄경(1928.3, 삼장역회), 조선어 능엄경(1928.3, 삼장역회), 覺海日輪(1930.3, 대각교당, 부록으로 六祖壇經要譯), 覺說梵網經(1933,1, 대각교중앙본부), 晴空圓日(1933.6) 修心論(1936.4 대각교중앙본부), 釋迦史(1936.7, 대각교중앙본부), 臨終訣(1936.9, 삼장역회), 吾道의 眞理(1937.6, 삼장역회), 吾道는 覺(1938.3, 삼장역회), 六字靈感大明王經(1937.10, 삼장역회 비매품), 천수경(1938.5, 삼장역회), 지장보살본원경(1939.4, 삼장역회) 등이다.

잇도록할 터이라는대 그 회의 중심 인물인 한룡운씨는 말하되 "우리의 회의 첫재 목뎍은 불교를 통속화(通俗化)함이외다. 세계 엇던 나라 엇더한 종교를 물론하고 그 민중과 그 사회에 공적이 업스면 엇지 종교의 본의라 할수 잇으리요. 이때까지 불교는 어려운 한문을 그대로 두어 일반사람들은 진실로 고명한 부처님의 교훈에 접하지 못하고 거의 미신가치 믿는 사람이 만흔지라. 이렇코야 엇지 종교의 목뎍을 이룰 수 잇으리요. 우리의 힘은 부족하나마 팔만대장경을 전부 순조선말로 번역하고 또 그래도 모를 때에는 주를 내이어 아모리 초학자라도 한번 보면 뜻을 알도록 하고자 하며 둘재는 이천년 동안 고승대사의 독특한 학설을 수집하야 발행코자 함이라. 불교가 조선에 드러온 후 이천년 동안에 여러 고승의 학설은 나라가 망하고 세상이 변함에 금옥보다도 더 귀한 선인의 학설이 부질업시 외국 사람의 수중에 드러가게 되얏소. 우리가 조선민족으로 조선민중에 그러한 고명한 학설이 잇섯든 것을 알지도 못하고 모다 남의 손에 빼앗기엇다는 것이 엇지 민족의 죄가 아니라 하리요. 나는 이에 대하여 통절히 늣기는 바가 잇서 몇해 전부터 일본이나 중국에 가서 헛터진 학설과 행적을 힘자라는대로 모흔 것이 있는대 그것은 모다 한문으로 된 글이라 원판대로 발행하야 선인의 자취를 영원히 전하고자 하며 조선의 과거의 모든 문명은 불교를 중심으로 이러난 것이니 우리가 이러한 일을 하는 것은 다만 불교도의 책임일 쑨 아니라 조선민족 된 사람은 누구든지 이 일을 찬성하여야 할 줄로 믿소 (중략) 현재라도 불교삼십본산에서 공동일치로 힘만 쓰면 이만 일은 못할 것이 아니나 서로 싸홈들만 하니 엇지 그러하기를 바라리오"하고 추연히 말하더라.[20]

위의 내용에서 우리는 법보회가 한용운과 그를 따르는 인사에 의하여 가시화되었음을 알 수 있다. 다음으로는 법보회가 추구한 사업은 팔만대장경의 순 조선말로의 번역과 한국불교사상의 고승대사의 학설을 수집하여 발간하는 것이었다. 그런데 이러한 사업을 추진하는 법보회와 한용운은 불교의 통속화를 추구하였음을 파악할 수 있다. 여기에서 나온 불교의 통속화는 해당 사회와 민중에 공적이 있어야 한다는 다시 말하자면 존재의 이유즉 정체성을 정비하려는 것이었다.

---

[20] 「불교사회화를 위하야 한용운씨 등이 법보회를 조직」, 『동아일보』 1922.9.25.

한용운이 이처럼 출옥 즉시 법보회를 조직하고, 그를 통하여 불경의 한글화를 추구함에는 백용성과 같은 옥중에서의 경험을 배제할 수는 없는 것이다. 법보회에서 내 놓은 성과는 1926년 5월 15일에 펴낸[21] 『十玄談註解』가 유일하다. 한용운이 주도한 법보회는 출범 이후 뚜렷하고, 다양한 성과물은 내지 못하였다. 그는 한용운 자신의 다양한 행보에서 기인한 것으로 보인다. 조선불교회와 법보회가 가시적인 성과를 내지 못한 것과는 반대로 백용성이 주도한 삼장역회는 기념비적인 업적을 낸 것은 주지하는 바와 같다.[22]

한편 이 시기의 역경의 문제를 접근함에서는 역경의 기초가 되는 대장경, 불교 전적, 한국불교사상을 전하고 있는 다양한 전적에 대한 정리, 분석, 연구, 출간에 대한 인식이 고양되고 있는 점이 주목된다. 예컨대 五峰山人이 『불교』지 12~16호에 「장경의 유래」를 연재한 것이나 이능화, 박한영, 최남선의 알선과 정황진의 주도하에 『조선불교총서』의 간행을 추진한 작업은[23] 그 예증이다. 그리고 불교계의 통일운동 차원에서 개최된 1929년 1월의 자주적, 기념비적인 승려대회 이후 고양된 불교 발전의 구도하에서 우리 불교의 '聖典'을 발간하자는 주장도 의미 있는 것이었다.[24]

1920년대의 역경은 일단 이전보다 역경을 불교 발전의 정식 문제로 인식하였음이 주목된다. 1910년대에는 포교 차원에서 접근되고, 그 관련 사업이 이행되었지만 이 시기에 접어들면서 역경은 독자적인 차원에서 접근되었다. 그에 관한 내용을 보면 다음과 같다.

> 그러나 그 特點과 長處를 發揮하야 一切衆生으로 하야곰 各各 根機를 따라 此를 信仰하고 此를 悟入케 하는 것은 오즉 飜譯이 그러 하나니 (중략)

---

[21] 그런데 이 대상은 1925년 6월 7일에 탈고하였다. 발간이 늦은 이유는 알 수 없다.

[22] 한보광, 「용성선사의 역경사업이 갖는 역사적 의의」, 『석림』 26, 1993.

[23] 김태흡, 「조선불교총서 간행에 대하야」, 『불교』 17호.

[24] 獅吼生, 「선교양종성전편찬과 그 재료 선정에 취하야」, 『불교』 61호.

다시 말할ㅅ것도 업지마는 朝鮮의 文字가 따로히 成立된 已上에는 무엇보다도 먼저 一切 經을 朝鮮文으로 飜譯하는 것이 가장 必要하며 眞摯할 바가 아니랴.[25]

즉, 불경의 번역이 신앙과 깨달음에 이르게 하는 문제와 직결됨을 인식하면서, 우리 글로 번역하는 긴요함을 주장하였다. 그리고 나아가서 기존 번역에 대한 문제점도 비판적으로 바라보았던 것이다.

前에 말한 바와 가치 國力 혹은 個人의 事業으로 얼마의 飜譯이 잇는 것도 大槪는 漢文을 本位로 한 것이니 다시 말하면 漢字經文 그대로 글ㅅ자의 音이나 朝鮮文으로 쓰든지 좀더 잘한 것이라야 經文은 經文대로 音을 달고 그 색임은 小註로써 그 뜻을 簡略히 通해 주엇을 뿐이거늘[26]

이 같은 번역에 대한 인식과 기존 번역에 대한 객관적 평가는 번역을 단순한 역경 차원에서 바라보는 것이 아님을 말하는 것이다. 당시 불교계의 현실을 직시하면서 승려, 신도, 강사 등 다양한 대상들에게 적절한 역경을 하자는 즉 세분화된 역경의 제안까지 이르렀던 것이다. 이를 전하고 있는 내용을 우선 살펴보겠다.

朝鮮佛敎 對 朝鮮社會 朝鮮民衆에는 온갖 것이 모다 緊切치 아니한 것이 업지마는 時代에 順應하고 民衆에 普及케 하랴면 오즉 書籍의 一門을 除하고는 何等의 妙術이 업는 것은 巧智를 기대리지 안코 알ㅅ바이라. 或은 純漢文 그대로 或은 鮮漢文 交用으로 或은 順朝鮮文으로 或은 解釋으로 或은 講義로 或은 通俗으로 或은 意譯으로 人與人이 此에 潛心集力하며 日復日로 此가 雲興泉涌하야 全朝鮮民族으로 하야곰 各各 自己의 根機에 따라 就讀하여서 一夫一婦라도 佛敎의 經典을 보지 못한 者가 업고 알지 못하는 者가 업게 되야사 於是乎에 朝鮮佛敎는 다시 佛敎다와질ㅅ 것이오. 朝鮮佛敎의 信仰이 다시 隆高하리라. 愚者의 讚美를 받느니 보다 智者의

---

25 之一生,「조선글 화엄경을 보고」,『불교』43호, 16쪽.
26 위의 자료, 17쪽.

呵責을 받는 것이 나흐리라.[27]

위의 글에서는 역경을 하여 그를 서적으로 출판하는 것이 중요함을 역설
하면서 역경의 종류를 다양하게 제시함이 우리의 눈길을 끈다. 순한문, 순
조선문, 해석, 강의, 통속, 의역 등이 바로 그것이다. 이는 역경을 바라보는
안목이 다양화되었음을 말하는 것이다.

그러나 그 인식과 안목이 다양화 되었음에도 불구하고 이 시기의 성과는
기대에 미치지 못하였다고 보인다. 그 이유를 앞에서는 불교계 내부의 갈등
구도라고 제시한 바가 있다. 그러나 이 시기에 있어서는 그 문제를 인식하
였음은 유의할 바이다. 그를 단적으로 분석한 아래의 글을 살펴보고자 한
다. 이 글의 필자인 백성욱은 역경사업이 기본적으로 大衆의 自覺에서 출발
해야 함을 우선 전제하고, 1929년 이전의 역경에 대해서 다음과 같이 평가
하였다.

> 이에 對하여 늣긴 바 잇서서 一二의 譯經會가 譯經을 發起하고 他 方面에서 佛教
> 總著述集을 刊行하고저 發起한 일도 업지 아니하다. 그러나 今日에 잇서서 그들의
> 成績을 推究한다면 三藏譯會에서 自慢한 卷數를 내인 以外에는 다른 곳에는 亦是
> 痕迹을 보이지 못하엿다. 이와 가튼 活動의 反面에 잇서서는 不少한 金錢을 消費하
> 엿나니 亦是 遺憾千萬이다.[28]

즉 백용성이 주도한 삼장역회 이외에는 그 성과가 거의 없다는 것이다.
나아가 백성욱은 당시 역경의 문제점을 다음과 같이 지적하였다.

> 그럼으로 우리의게는 漢文的 佛教는 잇슬지언정 즉 漢人이 解釋한 佛教는 잇을지
> 언정 우리가 消化하고 解釋하엿다는 佛教는 차즐 수 업다. 이것이 佛教徒로서의

---

27 위의 자료, 20쪽.
28 無號山房, 「譯經의 必要는?」, 『불교』 58호(1929.4), 20쪽.

우리 大衆에 대한 無責任 · 無誠意한 行動이라 아니 指摘할 수 업다.[29]

즉 조선인이 소화하고 해석한 불교는 없었다고 단언하면서 그는 대중에 대한 무책임, 무성의한 행동이었다고 지적하였다. 여기에서 우리는 이 글에서 역경에 대한 방향을 살필 수 있다. 우리가 해석하고 우리의 글로 옮긴 역경을 제창하였음을 간파할 수 있다. 그리고 그 방향의 귀결처에 大衆이 있었던 것이다. 나아가 이 글에서는 당시 역경의 절실함을 한문해득자의 감소, 한문으로 된 불교경전 연구에 드는 시간적인 부담, 강원의 교육제도 및 내용의 개혁 등에서 찾았다. 그런데 역경은 그에 투입되는 재정적인 문제와 함께 역경 자체에 대한 검토, 역경의 목적 등을 더욱 분명하게 해야 함을 지적하였다.

> 譯出하는 方式도 問題가 참으로 重大하나니 例하면 만치도 못하나마 在來의 經典譯出式으로는 不足하다. 在來의 譯出方式이라는 것은 漢文懸吐式을 한글로 써 노은 것에 불과하다. 이러한 것은 經典을 能通한 이도 解釋하기 不可하거든 況 通俗的으로 研究에 供할 수 업고 또 다르다면 漢文 經典을 그대로 두고서 색이여 노음에 불과하다.[30]

이는 곧 당시의 현토식의 역경에 대한 비판인 것이다. 현토식의 역경은 전문가도 해석하기 어려운바, 통속적인 연구에 임하는 대중들에게 피해를 줄 수 있음을 말하고 있는 것이다. 이러한 지적은 곧 역경의 목적을 분명히 하자는 것인데, 그 목적은 "한문을 이해치 못하는 사람을 표준삼아 한글로 역출할 것"으로[31] 제안하였다. 한문을 이해치 못하는 사람은 곧 대중인 것이다. 여기에서 대중을 위한 역경을 새롭게 제창하였음을 우리는 확인할

---

[29] 위의 자료, 21쪽.

[30] 위의 자료, 23쪽.

[31] 위와 같음.

수 있는 것이다.

그런데 위와 같은 지적은 비교적 객관적인 분석이며 역경의 방향과 노선을 수립하려는 고뇌에서 나온 것임을 짐작케 한다. 다시 말하건대 위의 지적은 당시 불교계의 역경을 객관적으로 살필 수 있는 안목에서 배태된 것이다. 이 글을 쓴 '無號山房'의 당사자는 백성욱이다.[32] 백성욱은 화계사 출신으로 중앙학림 재학 중 3 · 1만세운동에 참여한 후 1920년 프랑스로 유학을 처음에는 중학과정에서 불어를 공부하였다. 1922년에는 독일로 건너가 철학을 공부하여 1924년 7월 벌쓰대학에서 불교순수철학이라는 논문으로 철학박사 학위를 받고 1925년 9월 귀국하였다.[33] 귀국 후에는 『불교』사에 근무하면서, 불교청년운동의 재기 및 승려대회의 개최를 주도하였던 인물이다.[34] 요컨대 프랑스, 독일에서 유학을 한 백성욱의 안목으로 당시 불교계의 역경의 제반 정황이 잘 그려졌다. 때문에 우리는 그가 지적한 역경의 제반 상황을 신뢰할 수 있다.

우리는 위에서 백성욱이 지적한 역경의 방향을 대중 중심의 역경이라고 말할 수 있다. 그런데 그 시기 역경의 방향을 대중불교에서 찾고 있었던 또 다른 인물이 있었거니와 그는 김법린이었다. 김법린은 주지하는 바와 같이 범어사출신으로 중앙학림 당시 3 · 1운동의 일선에 참여한 이후 상해로 망명하였다. 그도 백성욱과 유사하게 상해에서 프랑스로 유학을 떠났다. 1920년 프랑스에 도착한 그는 외국인학교에서 불어를 배운 후에는 파리의 소르본대학의 철학과를 1926년 7월에 졸업하였다. 그는 1927년 2월 벨기에 브뤼셀에서 개최된 피압박민족대회에 참가한 후 1928년 1월 귀국하였다.[35]

---

[32] 무호산방이 백성욱이라 함은 무호산방이라고 쓴 다수의 글의 내용에서 파악한 것이다. 특히 『불교』지 15호(1925.9)에 '無號'라는 필명으로 「伯林佛教院訪問記」를 기고한 글을 보면 그 글은 백성욱이 썼음을 확인할 수 있으며, 더욱 무호산 방이 백성욱의 필명임을 단정케 한다.

[33] 「錦還한 白博士의 略歷」, 『불교』 16호(1925.10).

[34] 정천구, 「보살의 현대적 화신, 백성욱」, 『대중불교』 40호(1986.3).

김법린은 민중본위의 불교운동이라는 전제하에 포교의 개신책을 논하면서

元來 內容이 深遠한 思索을 包裝하얏스며 形式이 難解한 漢文으로 構成된 現存 佛教 聖典을 民衆의 恒用하는 말노 平易하게 飜譯한 것이 없으며 社會 各 階級의 教養과 知識의 程度에 맞추어 抄錄하야 現代的으로 解說한 것도 없다. 이 佛典의 民衆化 現代化야 말노 民衆的 佛教運動의 焦眉의 問題이다.[36]

불경을 민중의 말로 평이하게 번역한 것도 없으며, 각 계층에 맞게 해설한 것도 찾을 수 없다고 단언하였다. 이에 김법린은 그 대안의 방향을 불교의 민중화, 현대화로 제시하였던 것이다.

그런데 백성욱과 김법린은 1919년 3·1운동 당시 한용운의 영향과 지도하에 독립선언서 배포 및 만세시위에 나섰던 인물이다. 여기에서 우리는 한용운의 역경과 관련한 노선이 불교의 통속화와 민중화에 있었음을 유의하면 한용운의 노선이 백성욱과 김법린에게서 계승됨을 느낄 수 있는 것이다.[37]

지금껏 살펴 본 바와 같이 1920년대의 역경은 3·1운동의 영향하에 역경에 대한 고민이 심화되었다고 볼 수 있다. 그러나 불교계 내부의 대립 구도와 구학을 경원시하고 신학을 강조하였던 정황[38] 등으로 인해 백용성의 삼장역회를 제외하고는 가시적인 성과는 미약하였다. 다만 역경을 인식하는 관점, 모순과 문제점, 개선점, 대안 등이 구체적으로 제시된 것은 의미 있는 것이었다. 그 대안에서 대중, 민중을 위한 역경이라는 초점이 모아지고[39]

---

35 김광식, 「김법린과 피압박민족대회」, 『불교평론』 2호(2000.3), 293~296쪽.

36 鐵啞, 「民衆本位的 佛教運動의 提唱」, 『一光』 2호(1929.9), 42쪽.

37 한편 한용운은 그가 창설을 주도한 법보회가 사업을 중단하였지만, 그는 개인적으로 평이한 한글로 번역하여 대중(민중)에게 적합한 책자가 발간되어야 한다는 생각은 지속하여 갖고 있었다고 보인다.

38 석종원, 「교학연구를 진흥하라」, 『불교』 7호(1925.1); 박승주, 「전문강원 복구에 취하야」, 『불교』 32호(1927.2).

있음도 단순히 지나칠 바는 아닌 것이다.

4. 1930~45년의 역경

            1930~45년의 역경은 이전 시기보다 그 성과라는
측면에서는 보다 왕성하였다고 볼 수 있다. 이에 대한 요인은 다각적인 측
면에서 설명이 가능할 것이지만, 본 고찰에서 1910년대, 1920년대로 대별하
여 이전 상황을 정리한 연장선상에서 그 배경을 우선 제시하겠다.

이에 대한 요인으로 우선 불교계 내부의 갈등이 외형적으로는 완화되었
다는 것을 유의할 수 있다. 1920년대의 갈등 구도가 비교적 확대되지 않았
으며 일면으로는 갈등구도시의 문제점을 불교계 구성원이 동감하였던 면
도 있었다. 다만 본산 간의 갈등 구도는 여전하였지만, 이전 불교계 모순을
지적하였던 당사자인 불교청년들이 점차로 해당 사찰 및 단체의 주역으로
성장한 것도 하나의 요인이었다. 다음으로는 1910~20년대 신식교육의 우선
시와 그에 뒤따른 구학교육(강원)의 배척의 문제점을 인식하고 점차 신·구
학의 조화 혹은 강원교육과 불교전통에 대한 신뢰의 분위기가 자리 잡아
감을 감지할 수 있는 것이다. 또한 이 시기에 들어와 역경을 담당할 인재가
성장하고 그들이 각 분야에 안정적으로 자리 잡게 됨도 유의할 내용이다.
안진호, 허영호, 권상로, 김태흡 등이 역경의 주역으로 활동하게 된 이면에
는 이 같은 사정이 있었다고 보여진다. 그러나 무엇보다도 우리는 역경이
포교, 불교의 대중화, 불교의 민중화라는 방향에서 접근되었음을 더욱 살펴
야 한다. 이 같은 노선은 기본적으로 도회지불교, 불교발전, 불교 대중화라
는 원동력에서 추동된 것이다. 이는 곧 역경이 불교 대중화라는 대세를 인

---

39 백용성이 추구한 불교 개신, 선농불교, 대각교운동의 저변에도 대중, 민중불교
   의 색채가 짙게 깔려 있었다.

정하고, 그를 추진할 수 있는 제반 여건이 성숙될 경우에 가능함을 말하는 것이다. 이는 도성출입금지 해제이후 한국 불교계가 줄기차게 달려온 불교의 대중화가 어느 정도 성과를 맺었음을 말해주는 것이다.

일면 역경이 이 시기에 성숙된 것은 구학과 신학의 조화라는 면에서도 살필 수 있는 대목이다. 구학, 한문, 불교경전에 대한 이해가 있다 하여도 그를 불교 대중화라는 구도하에서 우리말로 옮겨낼 수 있는 안목과 능력이 있어야 하는 것이다. 권상로와 안진호가 바로 이 경우에 해당하는 인물이다. 다음으로 불교 대중화, 신식학문, 한글과 문학의 섭렵에 대한 이해가 있다 하여도 한문과 경전에 대한 소양과 이해가 있어야 역경이 성립될 수 있는 것이다. 이에 해당하는 인물이 허영호와 김태흡인 것이다. 이들은 일본에 유학을 다녀온 신세대이지만 경전과 한문에 대한 소양이 갖추어져 있었다고 보인다.

지금껏 1930년 이후에 역경이 성과를 내고 있었다는 전제에서 그 배경과 원인을 짚어 보았다. 그런데 이 시기에도 역경을 불교의 대중화·민중화의 구도에서 접근함은 지속되었다. 이에 대한 논리는 한용운에게서 찾을 수 있다. 한용운은 1910년대 그의 불교의 유신과 개혁의 주장이 담긴 『조선불교유신론』을 계승한 「조선불교의 개혁안」에서 역경에 대한 문제를 '經論의 飜譯'이라는 항목으로 설정할 정도로 역경에 대한 고민을 지속하였다. 그는 역경이 문자로 전하는 보편적, 항구적인 포교의 한 방법임을 강조하면서,[40] 팔만대장경이 한문으로만 되어 있지 한글로 번역되지 못함을 개탄하였다. 이 전제하에서 그는 다음과 같이 평이한 한글 혹은 국한문혼용으로 번역, 편찬, 창작하여 불교를 포교할 수 있다고 전제하였다.

---

40 김태흡도 『불교』 100호(1932.10)에 기고한 「불교포교에 대하야」에서 飜譯이 문서포교의 하나임을 강조하였다. 그는 번역을 '梵語나 漢文經의 原始經典 等 解釋'이라고 정의하였다.

現今에 있어서 佛教를 宣布하랴면 平易한 한글 혹은 鮮漢互用文으로 飜譯 編纂 創作 等을 勵行하지 아니하면 안이 될지니 飜譯이라는 것은 經典 그대로를 直譯 혹 意譯하는 것이오. 編纂이라는 것은 經典 혹 他人의 著書에서 選拔 編纂하는 것이오. 創作은 勿論 新意匠으로 著作하는 것이다. 飜譯으로 말하야도 아즉 朝鮮에서 大藏經의 全部를 飜譯하기는 그야말로 時機尙早다. 위선 그 內容이 比較的 簡單明瞭하고 人衆에게 普及하기에 適當한 經典을 至極 平易하게 飜譯하고 或은 各 經典에서 더욱이 金科玉條가 될만한 聖言 妙旨를 撮要하야 팜푸레트 或은 單行本으로 簡明하게 飜譯하며 創作에 있어서 勿論 各 方面이 있것으나 主로 佛教敎理의 時代思潮에 適應한 占을 만히 指摘하고 論據하야 廣大 深遠한 佛教敎理의 衆生을 제도하는 方便에 있어서 가추지 안이 함이 없는 것을 一般에게 알녀 주는 것이 가장 必要할 것이다.[41]

즉, 대중에게 보급하기 용이한 대상을 선정하여 평이하게 번역하고, 경전의 성언과 뜻이 깊은 말 등을 발췌하여 팸플릿이나 단행본으로 발간할 것을 주장하였다. 또한 창작도 시대사조에 적합한 교리를 이용하여 중생들을 제도하는 방안을 강구할 것을 주장하였다. 그런데 그는 번역은 경전 그대로를 직역 혹은 의역하는 것으로 단정하였다.

한편 한용운은 이 글을 서술, 기고한 1931년 이후인 1937년 5월호인 『불교』 신3집에 자신의 역경관을 요약한 「역경의 급무」를 기고하였다. 이 글에서 그는 이전 자신의 주장을 재정리하면서 역경의 필요성을 거듭 강조하였다. 그는 역경의 대상인 經을 "광의적으로 경율론과 기타 불교에 관한 문헌의 전부 즉 藏經"을 의미한다고 전제하였다.[42] 그리고 그는 불경의 본의가 중생들에게 傳布함에 있다고 보고, 불교도의 임무는 포교에 있다고 단언하였다. 그런데 그 포교의 문자에는 일반적으로 '易解'의 문자가 아니면 안 된다고 보면서 한문경전(팔만대장경)은 일반 민중에게 沒交涉을 가져왔다고 주장

---

41 한용운, 「조선불교의 개혁안」, 『불교』 88호(1931.10), 8쪽.
42 한용운, 「譯經의 急務」, 『불교』 신3집(1937.5), 2쪽.

하였다. 더욱이 신문명의 접촉, 신교육의 실시 이후로는 한문학은 거의 절멸되었기에 한문 경전은 그 가치가 더욱 효용이 없다고 보았다. 그리고 한용운은 역경이 불교의 포교에만 의미 있는 것이 아니라 조선문화(정신, 문학, 한글)에도 '補益'을 줄 수 있는 사업이라고[43] 이해하였다. 이 같은 전제 하에서 그는 역경이 불교 자체를 위한 것이 아니라 '衆生의 開悟'에 있음을 재차 강조하고 당시의 역경을 다음과 같이 평가하였다.

> 그런대 維新 以來 教育으로 布教로 其他 모든 方面으로 多少의 進步가 없는 것은 아니로대 譯經에 잇어서는 寥寥無聞이다. 하기야 個人的으로 小部分의 飜譯이나 著述이 아조 없는 것은 아니나 量으로 僅少할 뿐 아니라 質로도 完全하다고 할 수가 없으며 佛教界의 公營으로는 最近에 慶南三本山의 公同經營인 譯經院이 잇으나 그것도 아직 規模가 狹小하야서 完璧의 域에 이르기까지는 距離가 遼遠하다. 그러면 譯經事業은 朝鮮의 全佛教가 一致協力하야 大規模로 하지 아니 하면 圓滿히 進行되기 어려울 것이다.[44]

한용운은 당시까지의 역경의 실상을 비판적으로 인식하였다. 한용운이 비판한 초점은 역경의 사업을 불교계 전체가 추진하는 公營의 문제였다. 공영의 차원에서 추진되지 않으면 역경의 규모와 산물이 미약할 수밖에 없다는 것이 한용운의 입장인 것이다. 한용운의 일정한 영향을 받았다는 조종현이 역경사업을 주도할 '佛教學會'를 종단인 교무원에 설치, 운영하자는 제안도[45] 동질적인 입장인 것이다.

---

43 한용운은 『一光』 3호(1931.3)에 기고한 불교의 2대 문제(불교가 조선당래의 문화에 대하야 어떠한 점에서 큰 공헌을 할 수 있습니까? 조선 금일의 불교도는 어떠한 방면에 역량을 集注함이 가하겠습니까)에 대한 응답의 글에서 역경의 문제에 대하야 언급하였다. 그는 역경사업이 문학에 기여한다는 측면, 역경이 포교사업의 발전에 기여한다는 것이었다.

44 위의 「역경의 급무」, 7쪽.

45 『불교』 93호(1932.3) 17쪽, 조종현의 주장.

그러면 이제부터는 위에서 한용운이 문제시한 경남3본산이 주관한 해동역경원의 개요를 살펴보겠다. 통도사, 해인사, 범어사 즉 경남3본산은 불교발전을 기하기 위해 종무행정, 사업 등을 공동적으로 대처하는 경남3본산종무협의회를 1934년 9월에 발족시켰다. 이 같은 종무협의회 구도에서 해동역경원은 발족하였다. 해동역경원의 발족에 관한 내용을 전하는 기록부터 우선 살펴보겠다.

> 慶南 梁山郡 通度寺, 東來郡 梵魚寺, 陜川郡 海印寺의 三本山은 昨年부터 海東譯經院을 創立하야 許永鎬씨 主幹하에 布教叢書 第一輯「佛陀의 意義」第二輯「四種의 原理」二冊을 刊行한 우에 最近 純朝鮮文「佛教聖典」上卷이 許師 編譯으로 出判되었다. 此等 事業은 오날 朝鮮佛教에 있어 가장 必要한 것인만큼 三本山은 眞實로 聖業을 이르킨 것이라 하겠다더라.[46]

위의 내용에 의하면, 해동역경원은 1935년[47] 경남3본산에서 창립하였으며 그 주간은 허영호였다. 해동역경원은 출범 첫해에『불타의 의의』와『사종의 원리』를 간행하고 뒤이어 순조선문의『불교성전』(상권)을 편역하였다.

이 해동역경원의 실체와 운영에 대해서는 자료 부족으로 그 전모는 파악되지 않고 있다. 필자가 파악한 내용은 다음과 같다. 경남3본산이 주도하여 창립하였고, 그 운영 자금은 3본산이 공동부담하였으며,[48] 원장은 김구하(통도사)였다. 그 운영의 책임을 맡고 있는 都監은 김구하, 김경산, 김설암, 이고경, 임환경, 김경봉, 백경하, 오성월, 차운호 등 9명이었으며 主任譯經師는 허영호였다.[49] 허영호는 해동역경원의 실무를 담당하다, 1937년 3월부터

---

46 「三本山聖業 海東譯經院」,『경북불교』6호(1936.12), 5쪽.

47 그런데 창립일자는 자료 부족으로 인하여 현재는 알 수 없다. 그러나 3본산 종무협회의 정기 총회가 9월인 것을 보면 1935년 9~10월경이 아닌가 한다.

48 『불교』신8집(1937.11),「경남3본산종무협회제4회 정기총회록」.

그 이전에 휴간된『불교』지가 복간됨에 따라『불교』지의 책임(편집겸 발행인)을 맡게 되었다. 이에 그는 역경원과 불교사의 일을 겸직으로 담당하였던 것이다.[50] 범어사 출신인 허영호는 3·1운동 당시 만세운동에 참여하였으며, 1930년대 초에는 일본 유학을 다녀왔다. 귀국 후에는 불교청년운동의 핵심인물로 활약하였으며 중앙불전의 교수 겸 학감으로도 재직하였다. 또한 다솔사, 범어사 강원의 강사로 재직한 신·구학을 겸비한 인물이었다.

그러나 이 해동역경원은 1938년 9월 28일에 개최된 3본산종무협회 제5회 총회에서 역경사업은 당분간 중지한다는 결의에 의거 중단되었다. 당시 그 종무협의회에서 역경사업을 중단한 원인을 단언할 근거는 미약하지만 추측건대 예산 부족에서 기인한 것으로 보인다. 1937년도에도 역경원 예산에서『불교』지를 보조하기로 한[51] 것은 그 단적인 예이다.[52] 그리고 역경원의 실무책임자인 허영호가 불교사의 발행인으로 겸직 근무함에 따른 집중력 부족도 일정 부분 작용하였을 것이다.

이 해동역경원에서 발간한 성과물은 앞서도 언급하였지만, 그는 약간의 문제가 있다. 즉 위의 내용은『경북불교』에 전하는 바에 의해 소개한 것이었다. 그러나 당시『불교』지의 광고에는『佛陀의 意義』와『四種의 原理』(사성제)는 허영호 著와 불교사의 판매처로 나오고 있는데, 요컨대 해동역경원이라는 관련이 전하지 않고 있다.[53] 다만『佛敎聖典』(상권)은 허영호 譯, '海東譯經院藏版'이라는 글이 분명히 전한다. 이『불교성전』도 발매소는 불교사로 전한다. 그리고『불교』신11집(1938.3)의 후면 광고에는 허영호 譯, 해

---

[49] 『불교』신8집(1937.11), 58쪽, 「海東譯經院 臨時都監會」.

[50] 위의 「경남3본산종무협회제4회 정기총회록」.

[51] 위의 「해동역경원 임시도감회」.

[52] 위의 「경남3본산종무협회 제5회정기총회록」에는 해동역경원에서 불교사에 300원을 지원하였다고 허영호가 보고하였다는 내용이 나온다.

[53] 『불교』신3집(1937.6)의 후면 광고문안. 이 같은 내용은 여러 곳에서 볼 수 있다.

동역경원을 발행소로 된『부처님이 말씀하신 아미타경』이 발간되었음을 전하고 있다. 또한 3본산종무협회 제5회 정기총회록에는 허영호가『十二門論』이 引出되어 未久에 발행할 것이라고 발언한 대목을 주목할 수 있다. 이는 곧 해동역경원에서『십이문론』의 출간이 임박하였음을 말하는 것이지만, 그 당시 총회에서 역경사업을 중단하기로 결의하였기에 그 이후에 해동역경원의 이름으로 발간될 형편은 아니었다. 이『십이문론』은 1938년 11월경 허영호의 譯으로 출간되었음이『불교』 신18집(1938.12)의 광고에 전하고 있다.

해동역경원은 중단되었지만 그 실무자였던 허영호는 불교사의 책임을 맡으면서, 역경에 관한 저술을 지속하여 그를『불교지』에 게재 혹은 출간하였다. 허영호의 독자적인 성과는 다음과 같다.

허영호 譯　　　『俱舍論 大綱』출간
허영호 譯述　　『能斷金剛般若波羅密經 註解』(梵漢朝 對譯)『불교』신1집~
　　　　　　　　신4집
허영호 譯　　　『天台四敎儀』『불교』신14집~신19집에 연재
　　　　　　　　『大乘起信論』『불교』신10집~신13집에 연재
　　　　　　　　『十二門論』『불교』신5집~9집에 연재
　　　　　　　　『천수천안관자재보살광대원만무애대비심대다라니경』
　　　　　　　　『불교』신8집~신9집에 연재
　　　　　　　　『마등가의딸경』『불교』신10집에 게재
　　　　　　　　『보시태자경』『불교』신11집~신12집에 연재

이 같은 허영호의 왕성한 역경활동은 그가 불교사의 책임을 맡은 인연에서 가능한 것이었다. 이처럼 1930년대에는『불교』지가 역경의 무대이었음을 우리는 알 수 있다. 따라서 우리는 당시『불교』지 등에 게재되었던 역경 혹은 역경과 유관한 기고문을 찾을 수 있는 것이다.

金法隣	「唯識二十論의 硏究」, 『불교』 96호~97호
許永鎬	「金剛經의 成立에 對하야」, 『불교』 89호
	「般若部經支那傳譯考」, 『불교』 92호, 95호
	「金剛般若經에 對해서」, 『불교』 84·85합호
	「大小品般若經의 成立論」, 『불교』 96호~101·102합호 연재
	「原人論」(규봉 종밀, 術), 『불교』 신21집
	「大品般若에 보이는 菩薩의 十地思想」, 『禪苑』 3호
조종현	「大乘起信論 講義」, 『불교』 94호, 95호, 98호, 99호,
	101·102합호, 104호, 105호 연재
鏡 湖	「俱舍論의 要義」, 『불교』 96호, 98호
	「천수천안관자재보살광대원만무애대비심다라니경을 譯出하면서」,
	『불교』 신9집
失 牛	「維摩詰所說經 講義」, 『불교』 신21집, 신23집
김경주	「聖典大觀」, 『一光』 8호

　이상으로 『불교』지 등에 게재된 역경과 유관한 대상을 적출하여 보았다. 이것 이외에도 더욱 다양한 대상과 내용을 찾을 수 있을 것이다. 우리는 여기에서 당시 『불교』지가 역경의 무대였음을 일단 확인할 수 있었다.

　다음으로 살펴볼 대상은 안진호가 주도한 卍商會이다. 이 만상회는 불교와 유관한 물건을 판매도 하였지만 安震湖의 저술, 역경의 간행물을 전담하여 간행한 일종의 출판사(발행소)였다.[54] 경북 예천출신인 안진호는 용문에서 출가하여 용문사, 김룡사, 대승사의 강원에서 강사로 활약하다 1929년 서울로 상경하였다. 상경한 그는 서울 서대문 2丁目 28번지에 卍商會를[55] 열고 본격적으로 저술, 역경작업 및 그 보급[56] 활동에 매진하였다. 그의 대

---

[54] 『불교시보』 제1호(1935.8) 6쪽 광고에는 만상회를 '佛教書籍 及 佛具販賣商'이라고 표현하였다. 이는 만상회 스스로 낸 광고문안이다.

[55] 만상회는 1942년 1월경 서대문정 2정목 1번지 30호 電車通으로 이전하였다. 「만상회 이전확장」, 『불교시보』 79호, 5쪽.

표적인 저술은 1935년 10월에 나온 『釋門儀範』이었는데,[57] 그 이후에는 다양한 경을 번역하는 데 진력하였다.

그의 저술과 역경한 성과물은 매우 다양하였는데, 그 작업을 완전 혼자의 힘으로 하였는지 아니면 동료 및 후원자가 있었는지에 대해서는 알 수 없는 형편이다. 그의 저술 및 역경의 성과물을 제시하면 다음과 같다.

「현토 자해, 初發心自警文」

「언문, 千手心經」

「원문 현토, 언문 해석, 阿彌陀經」

「원문 현토, 언문 해석, 八大覺經」

「원문, 현토, 해석, 觀世音普門品經 附 高王經 及 佛祖歷代」

「원문삽화 附 현토, 해석(鮮譯), 目連經 附 恩重經」

「현토, 주해, 精選緇門」

「현토, 三經合部」(화엄경, 법화경, 원각경)[58]

「현토, 사기, 주해, 禪要」

「현토, 주해(선역), 藥師經」

「현토, 선역, 北斗七星延命經」

「현토, 석가여래 十地行錄」

「諺文 十地行錄」[59]

「52종 祕密諺文佛經」

「현토, 해석, 彌勒上生經」[60]

「현토, 주해, 書狀」

---

56 만상회에서 발간한 안진호의 저작물은 불교시보사에서도 발매, 영업을 담당하였다.

57 『불교시보』3호. 11쪽의 만상회 광고, 4호 9쪽의 광고.

58 화엄경 행원품, 법화경보문품, 원각경 보안장을 持誦用으로 정리함.

59 이는 한문 현토의 십지행록을 번역한 것인데, 부인들에게 알 수 있게 한 것이다.

60 부록으로 미륵성불경, 미륵다라니경이 있다.

「현토, 都序」

「현토, 해석, 유마경」

「원문 附 현토, 음역, 의역, 地藏經」[61]

「현토, 선역, 天地八陽神呪經」

「新編 八相錄」(언문을 주로 하고, 한문을 傍書함)[62]

「포교자료, 靈驗實錄」(영험 200종 수집 정리, 안진호 편)

이 같은 다양한 대상에 대한 역경의 성과물이 개인 차원에서 나온 것임을 유의하면 그는 대단한 성과이다. 그 실제 내용도 원문, 현토, 주해, 번역, 私記, 해석 등에 미치고 있었음을 보면 더욱 그러하다. 추후에는 이러한 성과물을 더욱 구체적으로 파악하여 그 성격을 이해해야 할 것이다.[63]

우리가 유의할 대상은 1930년대 중반 이후 불교 언론지로서 중요한 역할을 담당한 불교시보사를 책임지고 있던 金泰洽이다. 대은스님으로 널리 알려진 김태흡은 대승사 출신으로서 일본에 유학을 다녀 온 인물이다. 그는 일본대학에서 정식으로 학위를 취득하면서 불교 및 종교 전반의 연구를 하였는데 귀국 후에는 불교사 사원, 중앙불전 강사, 불교청년운동 참가, 포교사, 불교유치원 경영 등 다양한 활동을 하였다. 특히 1935년 8월부터는『불교시보』를 창간하여 1944년까지 이를 발간하면서 이 시기 불교 언론 및 포교사로서 선두 역할을 하였다.

위와 같은 이력에서 그의 역경은 더욱 더 대중적 경향으로 나타나게 되었

---

61 『불교시보』16호, 4쪽의「지장경」광고문안에는 음역, 의역, 梵譯, 私記, 法數를 부쳐서 인쇄하였다는 내용이 전한다.

62 이에 대한 성격은 김소하가『불교시보』77호(1941.12)에 기고한「신편팔상록을 읽고」를 참조.

63 그런데『불교시보』17호(1936.12)의 10쪽에 전하는 영험실록 광고문안에는 안진호를 설명하면서 그는 강학에 종사한지 30여 년간 통절히 느끼고, 시급하다고 판단한 것이 불교서적의 보급에 있음을 각오하고 경전의 '懸吐'와 '鮮譯'에 노력하였다고 평하였다.

다. 그의 역경에 대한 입장은 『불교시보』 12호(1936.7)에 기고된 「대중불교 경전간행의 요망」이라는 글에서 극명하게 전하고 있다. 그는 우선 이 글의 서두에서 불교 경전을 철학적, 신앙적, 문학적이라는 성격으로 대별하였다. 능엄경, 반야경, 원각경, 화엄경을 철학적 경전으로 보고 지장경, 16관경, 무량수경, 아미타경, 미륵상생경, 약사본원경, 법화경은 신앙적인 경전으로 보았다. 그리고 문학적인 경전은 아함경, 출요경, 현우경, 잡보장경, 법구비유경 등을 문학과 비유문학의 성격으로 이해하였다. 이 경전들은 愚夫愚婦라도 듣기만 하면 감동을 받을 수 있는 경전이라고 보았다.

> 요세 말노 말하면 大衆趣向의 大衆佛敎 文學이라고 하겠다. 그러나 이러한 經典은 今日에 잇서서 拭眼探究하야 어더 볼랴고 하야도 影子도 볼 수가 업스니 信佛大衆을 爲하야 이 얼마나 비통한 일이냐. …… 이에 대한 경전을 소규모이나마 하나식 둘식 刊行하려는 계획을 갓고 잇거니와 財政의 餘裕가 잇는 各 大本山가튼 데서는 布敎費를 세워서 이러한 大衆佛敎의 文學的 經典부터 懸吐 刊行도 하고 或은 飜譯 發行도 하기를 要望하는 바이다.[64]

당시는 그 같은 경전에 대한 관심이 전혀 없음을 개탄하고, 그 경전에 대한 현토간행 및 번역에 대한 관심을 촉구하였던 것이다. 특히 그는 이같은 관심이 그의 지방 순회 강연에서의 경험에서 나온 것이라고 언급하면서, 이는 대중들이 원하는 바라고 강조하였다. 요컨대 김태흡의 현토 및 역경에 관한 입장은 대중, 불교문학, 포교 차원에서 전개될 성격을 판단할 수 있는 것이다. 이제 이 같은 전제에서 그의 저술을 소개하고자 한다. 그런데 그의 저술 및 역경 작업은 위에서 소개하였지만 단순한 역경, 현토에 머무르지 않았다. 즉 역경과 현토한 것은 문학적으로 재편집, 저술을 한 성과물이라는 것이다. 따라서 그의 저술은 일면에서 보면 역경의 범주와

---

64 金泰洽, 「대중불교 경전간행의 요망」 『불교시보』 12호(1936.7), 1~2쪽.

무관할 수도 있다. 그러나 일단 본 고찰에서는 역경과 유관한 대상을 제시한다는 취지에서 김태흡의 성과물을 소개하고자 한다.

『불교의 근본정신』	사홍서원에 해당한 경전 설화를 평이하게 서술
『불교의 입문』	석가의 10선 10악에 대한 이해를 제시
『長壽王의 慈悲』[65]	경전에 의하여 譯述한 불교설화
『浮雪居士』[66]	조선불교 古史에 나온 부설거사의 일생을 기술
『六祖大師』[67]	혜능의 일생을 육조단경에 의해 기술
『釋迦如來略傳』[68]	석가의 일대기
『부처님 말씀』	부처의 金口小說가운데 일용생활에 도움이 되는 교훈 집약
『觀音菩薩靈驗錄』	금강산 보덕굴의 史話를 소설처럼 서술(普德閣氏의 緣起)
『法起菩薩의 緣起』[69]	대품반야경 27권 중, 구도설화를 역술
『빛나는 주검』	이차돈의 실화
『佛陀의 聖訓』	부처의 말씀중 교훈을 抄譯

이 같은 김태흡의 저작은 주로 불교시보사를 발매소로서 간행되었지만, 선학원과 표훈사를 발매소로[70] 간행된 것도 있었다.

---

[65] 『선원』 3집에 일부 게재되었다.

[66] 『선원』 1집에 일부 내용이 게재되었다.

[67] 이 대상은 1936년 선학원에서 간행하였으며, 『선원』 2호에 일부가 게재된 바 있다.

[68] 이것은 1932년 선학원에서 펴냈다. 『선원』 3호(1932.8), 후반부 광고 참조. 그런 데 이 광고문안에서 수정을 가한 재판 발행임을 알 수 있는데 1판 간행은 확인 치 못하였다. 그리고 『선원』 4호(1935.10) 2쪽의 광고에는 장수왕의 자비, 부설 거사, 육조대사, 석가여래약전이 조선불교선종중앙종무원(선학원에 있었던 선 종의 종무기관)이 발매소로 나온다.

[69] 이것은 1935년, 금강산 표훈사에서 발행하였다.

그 밖에도 이 시기에는 그 이전보다 적지 않은 인물이 등장하여 다양한
역경과 유관한 작업을 하였는바, 그 성과물은 대략 다음과 같다.

權相老	「언역, 百喩經」[71]
	「원문 附, 언역, 高王經」
	「은중경」
	「현토, 선역, 心地觀經報恩品」
申素天	「金剛般若波羅密經講義」[72]
金魚水	「安樂太子經」(『불교시보』에 5회 역술, 연재한 道話)
방한암	「懸吐五家解金剛經」(금강반야바라밀경)[73]
	「보조선사법어」(현토)[74]
玄瑞鳳[75]	「諺文法華經」
김동화	「佛說四十二藏經」(『경북불교』17~27호에 연재)
김적음	「극락가는 길」[76]
불법연구회	『佛教正典』합권(金剛經, 般若波羅密經, 四十二藏經,

---

[70] 그러나 『관음보살영험록』과 『법기보살의 연기』는 금강산 표훈사 및 금강산사
에서 발매하였다. 이는 표훈사 주지인 최원허가 간행을 주도하였기 때문이다.
이 사정은 최원허가 『금강산』 4호(1935.12)에 기고한 「보덕각씨와 법기보살을
발행한 뒤의 감상」 내용 참조.

[71] 이것이 『백가지 비유』라는 저술과 같은 것으로 보인다.

[72] 신소천의 이 저술에 대한 찬사, 평가 등은 다음과 같다.
박한영, 「박한영선생담」 『불교시보』 16호, 11쪽; 정수옥, 「신소천선생의 반야금
강경을 읽고」 『불교시보』 22호, 3쪽; 이능화, 「신소천선생의 금강경강의에 대
한 소감」 『불교시보』 80호, 3쪽.

[73] 1937년 8월, 월정사를 발행소로 나왔으며 저작 겸 발행자는 元寶山이었지만 방
한암이 발간의 '緣起序'를 서술하였다. 그러나 속표지에는 '五臺山 上院寺 藏版'으
로 나온다.

[74] 1937년 8월, 오대산 상원사판으로 간행됨.

[75] 현서봉은 당시 인천의 仁明寺 '주관'이라고 한다.

[76] 이것은 1936년 선학원에서 펴냈다.

佛說罪福報應經, 佛說賢者五福經, 佛說業報差別經,

修心訣, 牧牛十圖頌, 休休庵坐禪文編疑頭要目)[77]

이 밖에도 필자가 제시치 못한 대상도 또 있을 것이다.

지금껏 살펴본 바와 같이 1930년대는 이전 시기보다 역경에 관한 성과가 적지 않았음은 분명하였다. 다만 1941년 조계종단 출범 이전에는 완전한 의미의 종단이 성립되지 못하였기에 종단 주도로 역경 사업이 전개될 형편은 아니었다. 즉 통일적인 역경 사업이 부재하였음을 말한다. 1941년 4월 조계종단이 출범 이후에도 일제 식민통치에 굴절, 식민통치의 압박, 전쟁에 협조 등이라는 현실에서 역경에 전념할 여건은 더더욱 아니었다. 다만 1935년 8월에 개최된 31본산주지회에서 역경에 관한 문제를 정식 토의하였다는 내용이 우리의 주목을 끈다.

其他 事項에 가서 全鮮에 布教書籍 及 聖典(鮮譯)이 無함을 切感한 本寺住持는 聖典 及 布教書籍 編纂 方法 範圍에 對한 硏究를 하기 爲하야 佛教學의 權威者로 在京한 諸氏를 囑託委員으로 選定하고 現 教務院에서 交涉하게 하니 囑託委員될 諸氏의 氏名은 다음과 같다. 朴漢永 勸相老 金包光 金泰洽 朴葆光[78]

당시 본산 주지들이 포교 차원에서 비롯되었지만, 포교서적과 우리글로 된 경전이 없음을 고민하였다는 것이다. 이에 주지들은 그 타개를 위해 전문가를 촉탁위원으로 위촉하여 불경, 포교서적 편찬 등을 연구하는 방향을 잡았다. 이 결정에 대한 추진 내용 및 성과는 알 수 없지만 이러한 결의가 나왔다는 것도 이전보다는 변화의 양상이었다.

그래도 1930~45년에는 식민통치가 더욱 기승을 부리고, 불교계 내적인

---

[77] 필자가 참고한 이 번역물은 『불교정전』 권1인바, 이는 1943년 3월 20일에 발행되었으며, 편집겸 발행인은 김태흡이고 발행소는 불교시보사로 되어 있다.

[78] 「三十一本山住持會」, 『불교시보』 3호(1935.10), 6쪽.

모순도 잠재되어 있는 상황이었지만 역경에 관한 수준은 이전보다는 일층 고양되고 있었다. 다만 그 사업이 통일적, 교단적 차원에서 전개되지는 않고 결과적으로는 개인적, 개별적 차원에서 추진되었다. 그럼에도 불구하고 그 역경을 이끌던 인물들이 구학, 신학의 양측에서 함께 나오고 있었다는 점도 특별한 의미가 있는 것이다. 요컨대 불교계 여러 진용에서 역경을 중요한 과제로 인식하였다는 것을 말해주는 것이라는 점이다. 그러나 그 성과를 유의하여 살피면 그 성과물은 1937년의 중일전쟁 발발 이전에 해당된다는 점이다. 즉 중일전쟁, 태평양전쟁이 일어나고, 그에 따라 일제의 식민통치가 더욱 가혹해지면서 그 영향은 역경에도 미치고 있었다고 보아야 한다. 역경에 나설 수 없을 정도로 불교계가 일제 통치에 강요, 굴절당하였기에 역경의 문제는 불교계의 중심과제에서 밀려나고 있었다고 보여진다.

5. 결어

　　이상으로 일제하의 역경에 관한 제반 내용을 검토하였다. 본 고찰에서는 일제하 역경 문제를 본격적으로 다루기 위한 기초작업으로서 1910년대, 1920년대, 1930~45년으로 대별하여 그 내용을 점검하였다. 이제 그 대강의 내용을 정리하는 것으로 맺는말에 대하고자 한다.

　일제하의 역경은 식민지 시대라는 성격, 그리고 산중불교에서 도회지 불교로 나오던 과도적인 시기, 구학과 신학의 미조화 등의 요인으로 인해 역경의 기반은 미약하였다. 더욱이 역경의 중요성은 선각자들에 의해서 그 중요성은 간헐적으로 지적되었으나 실제 역경에 전담한 인력은 희박하였다. 즉, 백용성, 안진호, 허영호, 김태흡 등을 손꼽을 정도이다.

　1910년대의 역경은 서울에 있었던 각황사, 조선선종중앙포교당 등의 포교당에서 몇 권을 역경한 것에 불과할 정도로 역경의 문화는 미약하였다. 역경에 대한 기초작업의 일환으로 경전에 대한 관심이 약간 일었으며, 그 산물로 당시 불교 잡지에 10여 편 정도가 게재될 정도였다. 이는 산중불교를 벗어나지 못한 것에서 기인한 것이다.

1920년대의 역경은 불교계 전반의 자주의식 및 사회의식의 심화로 인하여 이전보다는 비약적인 변화와 발전을 가져왔다. 불교계 독립지사를 대표하는 백용성, 한용운이 수감생활을 거치면서 포교 및 민중을 고려한 고뇌에서 삼장역회, 법보회를 설립한 것은 큰 의미가 있는 것이다. 특히 백용성은 그 이후 역경사업에 일생을 걸 정도로 다양하고, 기념비적인 역경 활동에 전념하였다. 이 시대의 역경 사업에 관련된 대상으로 조선불교회의 『불일』, 조선불교총서 간행 시도 등도 유의할 내용이다. 이 시기 또 하나의 특징은 외국유학을 마치고 귀국한 청년승려들에 의하여 민중을 위한 포교의 필요성이 강력하게 주장되었다는 점이다. 그러나 1920년대에는 불교계 내부의 갈등, 구학과 신학의 부조화, 사찰과 승려들의 관심 부족 등의 요인으로 인하여 가시적인 성과는 백용성의 역경물을 제외하고는 부족하였다고 보는 것이 솔직한 이해일 것이다. 1920년대가 이전보다 역경이 발전된 것은 3·1운동의 영향과 그로 인한 자각의식의 고취라는 흐름과 무관할 수는 없는 것이다. 그리고 여기에는 일제의 문화통치라는 식민정책의 전환도 개입되고 있었다.

1930~45년의 역경은 1910~1920년대보다 훨씬 다양하고, 구체화되는 등 역경의 기초가 수립되어 가던 기간이라고 하겠다. 이 시기는 식민통치가 더욱 가혹하였음에도 불구하고 역경만을 놓고 본다면, 발전적인 모습이 분명히 나타났다. 다만 중일전쟁이 일어난 1937년 이후에는 역경에 있어서도 뚜렷한 움직임을 찾기 어려웠다. 이 시기 역경의 주역들은 백용성을 비롯하여 안진호, 허영호, 김태흡, 권상로, 신소천, 김어수, 김동화 등이었다. 이들 중 안진호는 구학 출신으로 포교 및 역경에 대한 관심을 갖고 다양한 역경의 성과물을 내놓았다. 그가 작업한 다양한 경전의 현토, 번역, 주해, 해석 등은 현대 역경의 기초 작업을 한 것과 다름이 없었다. 허영호와 김태흡은

신식학문의 세례를 받은 인물로서 자신의 학문적 기초와 역경의 필요성을 결합시켜 다양한 연구, 번역의 성과물을 제시하였다. 단체로 역경사업에 관여한 단체는 범어사, 해인사, 통도사가 주관한 해동역경원이 유일하였다.

이 시기의 역경에 있어서의 특징은 역경에 대한 이론적인 심화가 깊어졌다는 것이다. 한용운은 민중불교, 대중 포교를 위한 목적으로 역경 사업을 전개할 것을 주장하였다. 그리고 김태흡은 단순한 역경에 만족치 않고, 경전에 나온 다양하고 수많은 불교문학적인 요소를 추출하여 불교문학으로 재구성하는 하자는 논리를 개진하였다. 실제 그의 성과물은 이 같은 논리가 반영된 것이었다.

일제하의 역경을 전반적으로 개괄하면 역경의 논리와 기반이 부실한 상태에서 진행되었다. 그리고 그 사업의 전개도 종단이나 단체의 주관으로 진행되지 못하고 개인, 개별적인 차원에서 진행되었다. 더욱이 역경의 주체와 세력이 미진한 상황으로 인하여 불교 대중화, 포교사업에 직접적으로 영향을 주지는 못한 것으로 보인다. 또한 종단의 부재, 계율파괴 및 사찰공동체 이완으로 인한 불교계 분열의 심화, 일제 식민지불교 통제책으로 나타난 본산간의 갈등 등으로 인하여 역경의 명분과 논리도 수립하지 못하였다. 아울러, 역경 기반인 인적 자원의 공급처인 강원, 중앙불전 등의 교육의 혼미도 역경문화의 부진을 더욱 초래케 하였다. 이러한 배경하에서 일제하의 역경은 일언으로 말하건대, 역경의 시작단계였다.

:

일제하의
불교출판

1. 서언

　　　　일제하 한국불교 즉 근대불교는 다양한 관점에서 접근이 가
능하지만, 그 기본 흐름은 불교 대중화 및 전통불교의 수호라고 볼 수 있다.
그중 전자의 흐름은 조선후기의 산중불교에서 도회지 불교로 전환하려는
노력이 다양한 방면에서 시도되었다. 그 대상은 학교 및 포교당 설립, 포교,
역경, 불교출판 등을 거론할 수 있다. 이중에서 불교출판은 승려 및 신도의
교육, 역경, 포교 등과 불가분의 관련을 맺고 있다. 이에 불교출판의 중요성
은 거듭 강조하여도 지나침이 없을 것이다.

　　그런데 일제하의 불교출판을 객관적으로 이해하기 위해서는 불교출판의
주체(출판사, 발행인, 저자 등), 성과물, 파급 효과, 재정 등 다방면에서의
접근, 분석이 전제되어야 할 것이다. 그러나 아직 이 분야에 대한 선학의
연구 성과도 전무할 뿐만 아니라 필자도 불교출판에 대한 이해가 미약하여
소기의 성과를 기하기는 어려운 형편이다. 이러한 현실하에서 필자는 불교
출판의 주체를 시간적인 순서로 나열하면서, 그 주체의 성과물을 제시하고,
그 분석에 나타난 성격을 정리하는 선에서 머무르고자 한다. 필자의 미진한
연구의 보완은 후일을 기약하고자 한다.

한편 고중세기의 불교 서적은 필사본, 목판본 등의 형태로 유통, 전개되어 왔다. 그러나 근대기 불교출판은 서구 문명의 영향을 받은 활자 인쇄본 발간물의 형태로 전환되었다. 이에 본 고찰에서는 활자본 인쇄에 의한 출판을 중심으로 다루고자 한다. 또한 불교출판의 범위도 일반 출판사에서 간행된 대상보다는[1] 불교계와 연고가 많은 출판사 및 사찰, 단체 등을 그 대상으로 하고자 한다. 일반적으로 불교출판은 단행본 중심의 서적 간행을 의미한다고 이해하기에 불교 출판물의 성격을 일부 갖고 있는 잡지, 신문은 제외하고자 한다.

이에 본 고찰에서는 불교출판을 간행한 주체(포교당, 사찰 등) 및 출판물을 시대적인 순서에 의해 소개하는 방식을 취하고자 한다. 본 고찰이 일제하 근대불교의 불교출판 이해의 징검다리가 되길 기대하는 마음 간절하다.

2. 불교출판의 개요

1) 조선선종중앙포교당

조선선종중앙포교당은 항일불교, 민족불교의 성격을 갖고 있었던 임제종운동의 산물이다. 이는 이 포교당의 전신이 조선임제종 중앙포교당이기 때문이다. 임제종운동은 주지하는 바와 같이 1908년 창립된 원종이 그 인가를 받기 위해 1910년 10월 일본불교의 일개 종파인 조동종과 맺은 맹약을 반대하면서 시작되었다. 원종의 대종정인 이회광은 구한말 정부 및 통감부가 공인을 해주지 않자 국망 후 일본으로 건너가 일본의 조동종과 비밀 조

---

1 예컨대 신문관에서 한용운의 『정선강의 채근담』(1917), 권상로의 『조선불교약사』(1917), 이능화의 『조선불교통사』(1918) 등 10종을 발간하였지만 본 고찰에서는 제외하였다. 그리고 동명사에서는 『석전시초』(1941.9)를 간행하였다. 이렇게 일반 출판사에서 간행된 것도 불교출판의 범위로 보아야 하겠지만, 불교계 외부 출판사의 내용까지 조사, 분석하지 못한 필자의 역량 부족에서 나온 것이다.

약을 하였다. 그 요체는 조동종은 한국의 원종 인가를 위해 적극 도움을 주는 대신, 한국의 원종은 조동종의 한국 포교에 협조하면서 일정 부문 조동종의 지도를 받는다는 것이었다. 이 같은 맹약이 불교계에 알려지자 영호남 지역 사찰을 중심으로 그 반대운동이 거세게 일어났거니와 그 운동이 임제종운동이었다.[2] 당시 그 반대를 주도한 승려들은 한국불교는 선종중에서도 임제종계열이어서 일본의 조동종과는 노선을 함께 할 수 없다는 명분을 내세웠다. 그러나 그는 명분이었지만, 그 저류에는 일본불교에 한국불교가 예속될 수 없다는 강한 저항정신이 흐르고 있었다.

이 같은 배경하에서 그 운동의 전국화, 중앙화를 추진하였는데, 여기에서 나온 것이 중앙포교당의 설립이었다. 이 포교당(경성 사동 28동 6호)은 임제종운동을 지지한 범어사를 비롯한 다수 사찰들의[3] 지원하에 1912년 5월 개설되었다.[4] 그러나 이 운동의 흐름에는 일본, 일본불교에 대한 저항정신, 민족불교 지향이 자리 잡고 있었기에 일제는 개설된 지 불과 1개월 후에는 강압적으로 간판을 내리게 하였다. 즉 임제종이라는 명칭을 사용치 못하게 하고 사찰령구도로 편입케 하였다. 그러나 포교당의 실무 책임자인 한용운, 백용성은 조선선종중앙포교당으로 명칭을 전환하면서 불교 포교, 강연 활동을 통한 불교 대중화에 나섰다. 이러한 배경하에 선종포교당에서 몇 건의 불서가 출간되었다. 그 대상은 다음과 같다.

> 백용성, 『귀원정종』, 1913.6.8
> 이교담, 『팔상록』, 1913.5
> 백용성, 『불문입교문답』, 1913.10.24

---

[2] 졸고, 「1910년대 불교계의 조동종맹약과 임제종운동」, 『한국근대불교사연구』, 민족사, 1996.

[3] 그 사찰은 통도사, 백양사, 구암사, 화엄사, 대흥사, 천은사, 관음사, 용흥사 등이다.

[4] 「개교식장」, 『조선불교월보』 6호, 69쪽.

백용성, 『수능엄경신주촬요』, 1913

이처럼 선종포교당에서는 다수의 불서를 출간치 못하였다. 이는 이 포교당을 이끌고 있었던 백용성은 1914년경부터는 독자적인 포교 활동에 나선 것, 그리고 한용운도 1914년 이후에는 통도사에 가서 머물렀고 1917년에는 백담사 오세암에 가서 참선 수행을 하였던 요인이 작용하였다. 즉 그리하여 1917년 이후에는 범어사포교당으로 불리면서 이전의 위상과 정체성을 담보하지 못하였다.

2) 각황사(중앙포교당, 각황교당)

각황사는 지금의 조계사(태고사)의 전신 사찰이었다. 때문에 각황사는 근대불교에서 중요한 위상과 역사를 갖고 있었다. 각황사는 1908년에 창립한 원종이 주체가 되어 1910년 10월 초에 준공된 사찰 겸 포교당이었다. 당초 원종은 동대문 밖에 있었던 사찰인 원흥사에 본부 격인 사무소를 두었다. 그러나 원종은 구한국 정부 당국에 인가날 것을 대비하여 서울 4대문 안으로 그 거점을 이전시킬 준비를 하였다. 이에 원종은 그 거점으로서의 사무소, 법당, 종단 본부의 역할을 할 새로운 사찰을 만들었으니 그 대상이 바로 각황사였다.[5]

그러나 원종은 1910년 말까지도 구한국 정부 및 통감부로부터 공인을 받지 못하였다. 오히려 일본불교인 조동종의 협조를 받아 공인받기 위해 체결한 이른바 조동종맹약도 불교계 반발로 소기의 성과를 거두지 못하였다. 이에 각황사라는 사찰로서의 공간은 마련되었지만 사무소, 종단본부의 기능은 활성화되지 못하였다. 자연 각황사는 포교 기능을 위주로 그 출발을 하였던 것이다. 그러나 1912년 이후 30본산의 연락 사무소와 연합사무소가

---

[5] 졸고, 「각황사의 설립과 운영」, 『대각사상』 6집, 2003.

등장하면서 그 사무 기능이 각황사에 입주하게 되자, 당시 한국불교를 대표하는 중앙의 사찰이 되었다. 그리하여 각황사는 종단 본부, 포교당이라는 이원적인 기능을 갖게 되었다.

요컨대 이러한 배경하에서 각황사에서는 다양한 포교 활동이 전개되었다. 더욱이 당시 서울 시내에는 사찰이 전무한 형편을 고려하면 그 실정을 가늠할 수 있을 것이다. 그러나 각황사에서의 출판은 아래의 기록에서만 찾을 수 있다.

> 조선불교중앙포교당 즉 각황사에서는 彌勒上生經을 漢文 급 鮮文 二分으로 譯述 刊行하고[6]

즉, 미륵상생경을 2종으로 간행하였음만 찾을 수 있다. 필자는 아직 추가의 대상(출간물)을 확인하지는 못하였다. 그리고 다른 형태의 간행물이 추가로 나왔는지도 알 수 없는 형편이다.

3) 해동불보사

해동불보사는 불교잡지인 『해동불보』를 간행하던 잡지사(경성 북부 전동 12통 1호)이다. 『해동불보』는 1913년 11월 20일에 창간되어 1914년 6월호인 통권 8호까지 간행되었다. 『해동불보』의 발행처는 조선 선교양종 각본산 주지회의원(소)이었는데, 불교 사상을 널리 알리고, 불교를 중흥·발전시키려는 목적이 간행의 취지였다. 『해동불보』의 사장은 박한영, 편집은 최예운, 서기 겸 회계는 김인해가 담당하였다. 이러한 『해동불보』를 발간한 해동불보사가 발간한 불교서적은 아래와 같다.

> 박한영, 『精選緇門集說』, 1914.4.6

---

[6] 「잡화포」, 『조선불교월보』 19호, 73쪽.

이 책의 편집 겸 발행지는 박한영으로 나오는데, 그것은 박한영이 해동불보사의 사장에서 연유한 것으로 보인다. 그리고 필자는 해동불보사에서 추가의 간행을 하였다는 기록은 찾을 수 없었다.

4) 범어사

범어사가 펴낸 대표적인 책은 만해 韓龍雲이 지은『불교대전』이다. 이 책이 범어사에서 펴낸 자세한 전후 사정은 알 수 없다. 다만 한용운이 임제종운동을 전개할 때에 범어사로 그 본부인 종무원을 이전한 배경에서 나온 것으로 보인다.『불교대전』의 개요는 다음과 같다.

한용운,『불교대전』, 1914.4.30

이 저술은 序品, 敎理綱領品, 佛陀品, 信仰品, 業緣品, 自治品, 對治品, 布敎品, 究竟品 등 총 9장으로 구성되어 있다. 만해는 이 책을 서술하기 위해 통도사에 보관된 대장경의 대부분을 읽고, 이해하여 자신 나름의 기준을 세웠다. 그가 이처럼 불교의 핵심만을 요약, 정리하여 대중적인 서적으로 펴내게 된 것은 추측건대 1910년 전후 도회지로 나와, 포교 및 교육의 일선에서 활약하면서 느낀 자각이었을 것으로 보인다.

그런데 만해는 자신의 저작을 어떤 연고로 범어사의 이름으로 간행하였는가. 필자는 이에 대하여 임제종운동을 주도한 만해가 그 본부를 범어사로 이전한 것을 우선 거론하고자 한다. 다음으로 살필 것은 그 운동의 중앙본부격으로 세운 서울의 조선임제종 중앙포교당(선종 중앙포교당)의 건립, 운영을 담당한 사찰이 바로 범어사라는 것이다. 요컨대 1914년 만해가 머물던 거점이 선종 중앙포교당이었는데, 그 포교당을 실제적으로 운영하던 절이 바로 범어사였다. 이 점은『불교대전』의 발간 비용의 적지 않은 부분이 범어사 재원이 투입되었음을 말해주는 것이다. 그런데 1917년 9월경에 가서는 『불교대전』의 발행소가 선종중앙포교당으로 전환된 것으로 나온다.[7] 임제종 중앙포교당의 후신이 선종중앙포교당인데, 그 포교당의 실질적인 운영 사찰이 범어사였던 연유에서 그를 이해할 수 있다. 그러나 구체적인 전후사정은 전하지 않는다.

5) 삼장역회, 대각교당(대각교 중앙본부)

삼장역회, 대각교당, 대각교회, 대각교중앙본부의 이름으로 간행된 모든 책은 백용성과 연관이 있다. 즉 白龍城은 3·1운동의 민족대표로 인해 일제의 옥중에 수감되었으나, 감옥에서의 체험과 깨달음을 근거로 출옥 후, 역경 및 출판 사업에 전념하였다. 백용성은 옥중에서 개신교, 천도교 계열의 만세운동 관련자들이 한글로 된 경전을 갖고 수행을 하는 것을 보고, 출옥 후에는 불교경전을 쉬운 한글로 번역하고, 그를 간행하겠다는 원력을 세웠다.

이러한 배경하에서 백용성은 출옥 즉시 그 준비를 하고 본격적인 역경을 하고, 출판사를 세웠다. 그러나 백용성이 세운 출판사는 상업적인 출판사라기보다는 자신의 저술, 번역서만을 간행하는 특징을 갖고 있었다. 이 같은 백용성의 의도를 살펴보자.

대각응세 이천구백삼십육년 삼월일일에 독립선언서 발표의 대표 일인으로 경성 서대문 감옥에서 삼년간 철창생활의 신산한 맛을 톄흠하게 되었다. 각 종교 신자로써 동일한 국사범으로 들어온 자의 수효는 몰을만치 많엇다. 각각 자기들의 신앙하는 종교서적을 청구하야 공부하며 기도하더라. 그 때에 내가 열람하야 보니 모다 조선글로 번역된 것이오 한문으로 그저 있는 서적은 별로 없더라. 그것을 보고 즉시 통탄한 생각을 이기지 못하야 이러케 크고 큰 원력을 세운 것이다.[8]

---

[7] 『조선불교총보』 4호(1917.9) 도입부 광고면.
[8] 「저술과 번역에 대한 연기」, 『조선글 화엄경』(『용성대종사전집』 12집).

즉 백용성은 수감생활에서 타 종교의 서적이 모두 한글로 번역된 것에 큰 충격을 받고 불교 경전을 한글로 번역하겠다는 원력을 세웠다. 그는 민중들의 한문에 대한 이해도, 시대사조를 살핀 후 역경에 나설 결심을 하였다. 백용성은 1921년 3월경, 출옥 후 즉시 주위 사람과 협의를 하였으나 도움을 얻지 못하고 자신이 역경을 추진하는 단체를 결성하였거니와 그는 곧 三藏譯會였다. 그러나 삼장역회는 당시 불교계에서 큰 성원을 얻지 못하였다. 그 사정은 아래의 글에 잘 전하고 있다.

余가 此로 因하여 將來를 憂慮타가 不得已 譯會를 設立하고 其 進行方法을 硏究하여 全鮮寺刹에 宣傳하얏으나 水泡 終歸할 따름이로다.[9]

출옥 후 백용성은 그의 거처인 서울 종로구 가회동 211번지에 머무르고 있었는데, 추측건대 삼장역회는 이곳에서 출발하였다고 보인다. 삼장역회의 출범에 대해서는 정확한 일자는 알 수 없지만 여러 기록을 종합하면, 1921년 8월이라고 보고자 한다.[10] 그러나 삼장역회는 1922년 5월경에는 현재의 대각사인 종로구 봉익동 2번지로 이전하였다. 그러면 우선 삼장역회 이름으로 나온 출판물을 제시하고자 한다.

『심조만유론』, 1921.9.20
『신역대장경』,[11] 1922.1.16
『금강경 선한문 新譯大藏經』,[12] 1922.1.30

---

[9] 「弁言」, 『대불정수능엄경』 권1(『용성대종사전집』).

[10] 『동아일보』 1921년 8월 28일에 「불교의 민중화운동」이 보도되었는데, 이 기사는 용성의 삼장역회 출현을 알리는 내용이기에 그렇게 이해하였다.

[11] 대중용, 금강경 번역 및 강의본이다.

[12] 선승들을 위한 해설, 자신의 금강경에 대한 직역의 성격이다. 그리고 야부의 송을 부록으로 게재함.

『수능엄경 선한연의 1권』, 1922.3.16

『수능엄경 선한연의 2권』, 1922.7.8

『팔상록』, 1922.9.8

『대방광 원각경』, 1924.6.15

『선한문역 선문촬요』,[13] 1924.6.15

『상역과해 금강경』, 1926.4.29

『팔양경』, 1928.1.5

『조선글 화엄경』(전 12권), 1928.3.28

『조선어 능엄경』, 1928.3.30

『臨終訣』,[14] 1936.9.30

『吾道의 眞理』, 1937.6.9

『六字靈感大明王經』,[15] 1937.10.13

『吾道는 覺』, 1938.3.15

『천수경』, 1938.5.15

『지장보살 본원경』, 1939.4.18

   그런데 백용성은 삼장역회를 설립하여 자신의 저서를 간행하면서도 또 다른 출판사의 이름을 내세우고 있었다. 그는 대각교회, 대각교당, 대각교 중앙본부 등이었다. 이렇게 그가 대각교당 등의 이름으로 출판을 한 연유는 분명치 않다. 추측건대, 자신이 추구하고 있는 불교 대중화운동의 상징적인 활동, 그 거점, 기존불교와의 차별성을 보다 분명하게 강조하려는 의도가 개재된 것이 아닐까 한다. 이제 삼장역회가 아닌 다른 명칭으로 간행한 출판물을 제시하겠다.

---

[13] 이 저술은 1923년 2월 5일 범어사에서 간행되었다. 이렇게 사전에 범어사에서 간행된 이유는 알 수 없다.

[14] 『불교시보』 15호에는 이 책의 발행소가 경성부 봉익정 2번지, 해인사 경성포교소로 나온다. 이는 그 시점에 용성이 대각교의 일체 재산을 해인사로 이전하려는 사정에서 나온 것으로 보인다.

[15] 비매품이었다.

『卍金琵羅經』, 대각교회, 1922.9.15

『覺頂心觀音正士摠持經』, 대각교회, 1922.12.3

『覺海日輪』, 대각교당, 1930.3.15

『覺說 범망경』, 대각교중앙본부, 1933.1.30

『靑空圓日』, 대각교중앙본부, 1933.6.17

『修心論』, 대각교중앙본부, 1936.4.6

『석가사』,[16] 대각교중앙본부, 1936.7.15

『灌頂伏魔經』, 대각교중앙본부, 1936.10.5

그러나 이러한 대각교회, 대각교당, 대각교중앙본부가 소재한 출판사의 지명은 삼장역회가 소재한 봉익동 2번지였다. 때문에 삼장역회와 대각교당 등과는 출판의 성격에서는 동질적이라 하겠다. 백용성이 번역, 저술한 대부분의 저서는 이처럼 삼장역회와 그 삼장역회가 소재하고 있었던 사찰인 대각사(대각교회, 대각교당), 그리고 1927년부터 기존의 불교계를 이탈하여 자신의 불교개혁을 추동한 조직체인 대각교 중앙본부의 이름으로 발간하였다. 그리고 백용성의 저술은 자신의 출판사(대각교본부 서적판매부)에서도 판매를 하였지만 김태흡이 주도한 불교시보사의 서적 판매부에 위탁판매를 하기도 하였다.[17]

6) 법보회

法寶會는 만해 한용운이 3·1운동 민족대표로 옥중에 수감되었다가, 출옥한 후 나와서 불교 대중화를 위해 설립한 조직이었다. 한용운도 백용성과 같이 옥중체험을 통해 불교 대중화를 결심하였다. 백용성이 역경을 통한

---

[16] 『불교시보』 13호(1936.8.1) 15쪽에는 이 책의 발행소를 해인사 경성포교소로 전한다. 이는 그 무렵 대각사가 해인사포교당으로 명칭 변경을 한 것에서 연유한 것이다.

[17] 이 경우에 '取次 發賣'라는 표현을 하였다.

불교출판을 기획하였다면, 한용운은 보다 광범위한 불교 대중화를 위한 불교출판을 기획하였다. 우선 법보회의 출범 배경을 살펴보자.

민족에게 거룩한 공적을 끼치게 한 이천년 동안에 고승대사의 자최가 브지럽시 산새이와 들(野) 사람의 손에 파뭇치어 세월을 싸라 그들의 행적을 차질 길이 업게 되는 것은 조선불교도는 물론 일반 식자의 심히 개탄하는 바이라. 이에 대하여 불교계의 명사 한용운(韓龍雲) 씨 외 제씨의 발긔로 법보회(法寶會)를 조직하고 스러저 가는 선인의 행적을 상고하야 우리의 광휘잇는 과거 력사를 장식하는 동시에 일반 불경을 순조선말로 번역하야 언문만 알면 능이 석가세존의 참뜻을 아라볼수 잇도록할 터이라는대 그 회의 중심 인물인 한룡운 씨는 말하되 우리의 회의 첫재 목뎍은 불교를 통속화(通俗化)함이외다. 세계 엇던 나라 엇더한 종교를 물론하고 그 민중과 그 사회에 공적이 업스면 엇지 종교의 본의라 할 수 잇으리요. 이때까지 불교는 어려운 한문을 그대로 두어 일반사람들은 진실로 고명한 부처님의 교훈에 접하지 못하고 거의 미신가치 믿는 사람이 만흔지라. 이럿코야 엇지 종교의 목뎍을 이룰 수 잇으리요. 우리의 힘은 부족하나마 팔만대장경을 전부 순조선말로 번역하고 또 그래도 모를 때에는 주를 내이어 아모리 초학자라도 한번 보면 뜻을 알도록 하고자 하며 둘재는 이천년 동안 고승대사의 독특한 학설을 수집하야 발행코자 함이라. 불교가 조선에 드러온 후 이천년 동안에 여러 고승의 학설은 나라가 망하고 세상이 변함에 금옥보다도 더 귀한 선인의 학설이 부질업시 외국 사람의 수중에 드러가게 되얏소. 우리가 조선민족으로 조선민중에 그러한 고명한 학설이 잇섯든 것을 알지도 못하고 모다 남의 손에 빼앗기엇다는 것이 엇지 민족의 죄가 아니라 하리요. 나는 이에 대하여 통절히 늣기는 바가 잇서[18]

위의 내용에서 법보회가 한용운과 그를 따르는 인사에 의하여 가시화되었음을 알 수 있다. 법보회는 불교의 통속화를 위한 팔만대장경의 순조선말로의 번역과 한국불교사상의 고승대사의 학설을 수집하여 발간하는 것을 목표로 하였다. 그런데 이러한 사업을 추진하는 주체인 한용운이 여러 일을 추진하는 번잡함으로 인해 소기의 성과를 기하지는 못하였다. 다만 1926년

---

[18] 「불교사회화를 위하야 한용운씨 등이 법보회를 조직」, 『동아일보』 1922.9.25.

5월에 펴낸『십현담주해』가 유일하다. 즉 만해 한용운은 1920년대 중반까지는 서울에서 다양한 민족운동에 참가하면서 심신이 피곤하자 1925년경에는 백담사에 칩거하였다. 일종의 휴식인 셈이었다. 그는 백담사와 오세암에 머무르면서 새로운 지평을 열었는데, 그는 시의 창작이었다. 그 산물은『님의 침묵』의 발간으로 나타났다. 바로 이때 그는 오세암에서 김시습의 저술인『십현담요해』를 읽고 선의 본질에 다다랐다. 이에 그는 문득 깨달은 바가 있어 당나라 상찰선사의 저술인『십현담』을 읽고, 자신의 독자적인 해석으로 그를 표출하였거니와 그 시점은 1925년 6월 7일이었다. 한용운은 그 원고를 갖고 서울로 와서 그 이전에 자신이 만든 불교 출판사업체인 법보회에서 그 책(한용운,『십현담주해』, 1926.5.15)을 비매품으로 발간하였다.

그러나 법보회는 한용운의 위의 저술 이외에는 또 다른 발간을 전혀 하지 못하였다.

7) 선학원(선리참구원)

禪學院은 1921년 12월에 건립한 사찰로서, 일제하 수좌들의 본부사찰 혹은 항일불교사찰로 널리 알려졌다.[19] 선학원은 일제의 사찰정책에 비판적인 수좌들의 전통불교 수호, 선풍진작을 기하기 위한 취지를 구현하였다. 이에 선학원에는 수좌들의 조직체인 선우공제회가 결성되고, 전국 각처의 선원에는 공제회의 지부가 설치되었다. 그러나 선학원은 재정의 어려움을 극복치 못하고 1925년 중반부터 자진 퇴진으로 나갔다.

선학원의 재건은 1930년 수좌 김적음의 헌신으로 재건되었다. 재건된 선학원은 선의 대중화를 위한 다양한 사업을 전개하였다. 선학원에서 전개한 선의 대중화 사업의 하나가 禪書 출판이었다. 이런 배경에서 나온 것이 출판사업이었는데, 당시 출간된 대상은 다음과 같다.

---

[19] 졸고,「일제하 선학원의 운영과 성격」,『한국근대불교사연구』, 민족사, 1996.

김태흡, 『석가여래약전』,[20] 1929

김태흡, 『장수왕의 신비』

김태흡, 『부설거사』

김태흡, 『육조대사』

김적음,[21] 『극락가는 길』, 1932.5.8

중앙선원, 『경허집』, 1943.3.31

이 책들은 선학원 및 조선불교 선종 중앙종무원에서 발간되었다. 선종 중앙종무원은 선학원이 1934년 12월 5일, 재단법인 선리참구원으로 전환된 직후 수좌들이 기존 종단과의 차별성을 강조하면서 설립한 종단이다. 당시 수좌들은 일본불교의 침투, 계율의 파괴 등으로 인하여 한국불교의 전통이 무너졌다고 보면서 조선불교 선종을 내세웠다. 이 구도하에서 전국 각처의 선원 및 수좌들이 그 조직에 흡수되면서 각처 선원과 수좌를 통제하는 중앙기관을 만들었으니 그것이 조선불교 선종 중앙종무원이었다. 그리고『경허집』은 일제 말기 선원 수좌들이 의연금을 모아, 그 재정을 기초로 간행한 것인데 발행소는 중앙선원으로 되어 있다.[22] 중앙선원은 1935년에 선학원이 재단법인 선리참구원으로 전환되면서 기존 선학원이 전국 선원의 대표 선원, 모범 선원의 성격을 띠고 그 명칭이 전환된 것이다. 이렇게 선학원에서 불교 서적을 간행한 것은 선의 대중화를 기하기 위함에서 나온 것이다.

---

[20] 이 책은 1929년년 불교시보사에서 발간되었는데, 저자는 김태흡이지만 교정과 교열은 권상로가 담당하였다. 책 겉표지에 포교총서 제1집이라고 하였으며, 김태흡은 이 책의 '작가로부터'라는 서두에서 조선불교의 포교상태의 부진함에 대한 유감을 표시하였다. 그런데 기이한 것은 1919년 불교시보사에서 발간한 것으로 전하는데, 월간잡지사인 불교시보사가 창간된 것은 1935년 8월임을 보면 1929년에는 출판사 성격을 띠고 있었다고 보인다. 이에 대해서는 세부적인 검토가 요청된다.

[21] 이 저작은 之一先生의 譯이라고 하는데 필자는 그 역자에 대한 정보는 갖고 있지 않다.

[22] 이 책자는 비매품으로 나왔다.

8) 만상회

卍商會는 일제하 불교출판을 대표하는 출판사이다. 그런데 이 출판사는 불교서적을 출판하였을 뿐만 아니라, 그를 판매하는 서점의 역할도 담당하였다.[23] 나아가서는 서적과 함께 불구용품, 범종 등도 판매한 일종의 불교서적상, 혹은 불교백화점이었다. 그런데 만상회에서 취급한 서적은 대부분 안진호의 저술이었다. 요컨대 만상회의 설립자 겸 운영자는 安震湖였다. 예천 보문사 출신이었던 안진호는 당대에서는 저명한 강백이었다. 이에 만상회에서 나온 불교 서적은 안진호의 불교 대중화에 대한 강렬한 의식이 개재되었다고 이해된다.

> 안진호, 『釋門儀範』,[24] 1935
> 『조선사찰일람』, 1935.
> 안진호, 『현토 초발심자경문』, 1935
> 안진호, 『현토주해 精選 緇門』,[25] 1936
> 안진호, 『현토해석 관세음보문품경』, 1936
> 안진호, 『현토의역 지장보살본원경』, 1936
> 안진호, 『현토선해 대방광불화엄경 보현행원품』, 1936
> 안진호, 『현토음역 행원품』, 1936
> 변설호, 『경허선사 참선곡』, 1936
> 안진호, 『현토해석 目連經 附 恩重經』, 1936

---

[23] 그를 당시에는 발행 및 販賣院이라는 표현을 하였다. 「만상회 안내」, 『불교시보』 6호(1936.1.1), 15쪽에는 만상회에서 발간치 않은 서적, 즉 『님의 침묵』, 『채근담』, 『귀원정종』, 『육조대사』, 『불교유신론』 등의 목록이 제시되어 있다.

[24] 이 『석문의범』은 그 이전 『佛子必覽』의 내용을 수정, 보완하여 한단계 진일보시킨 것으로 알려지고 있다. 『불자필람』은 崔就墟가 편집 겸 발행인으로 1931년 12월 15일, 蓮邦舍를 발행소로 하여 간행하였다. 연방사의 주소는 경북 예천읍 백전동으로 나오는데, 이는 최취허의 거점으로 보인다. 그런데 당시 최취허는 각황사에 머무르고 있었던 것으로 보이며, 이 책의 발매소는 불교사였다.

[25] 서문은 변설호 강백이 하였다.

안진호, 『석가여래 십지행록』, 1936

안진호, 『현토해석 아미타경 八大人覺經』, 1936

안진호, 『천수심경』, 1936

안진호, 『행원품 보문품 보안장 三經合部』, 1936

안진호, 『원문 附 懸吐音譯意譯 地藏經』,[26] 1936

안진호 편, 『서산대사 성불도』, 1936

안진호, 『포교자료 영험실록』, 1937

박선묵 편, 안진호 교, 『藥師琉璃如來本願功德經』, 1937

안진호, 『현토선해 천지팔양신주경』, 1937

안진호, 『52종 祕密佛經』, 1937

안진호, 『持誦 금강경』, 1937

안진호, 『현토 藥師經』, 1937

안진호, 『현토 都書』, 1938

안진호, 『현토주해 禪要』, 1938

안진호, 『현토선역 北斗七星延命經』, 1938

이고경, 『佛敎와 耶蘇敎』, 1938

안진호, 『佛祖三經』, 1938

권상로, 『心地觀經報恩品』, 1938.11.30

안진호 편, 『다비문』, 1939

안진호, 『高王經 佛祖歷代』, 1939

안진호 편, 『언문 十地行錄』, 1939

안진호, 『현토해석 미륵상생경』, 1939

안진호, 『현토주해 書狀』, 1940

안진호, 『釋門歌曲』, 1940

안진호, 『신편 팔상록』, 1942

이운허 편, 안진호 교, 『증보 賢首諸乘法數』, 1942

안진호, 『五經 持頌』, 1942

안진호, 『정토발원문』, 1942

---

[26] 부록으로 地藏禮文이 있다.

안진호, 『현토주해 불조삼경』, 1942

안진호, 『전등본말사지』, 1943

안진호, 『현토해석 維摩經』, 1943

권상로, 『臨戰의 朝鮮佛教』, 1943

안진호, 『현토선역 묘법연화경』, 1944

이렇게 다수의 불교서적을 출판한 만상회의 특징은 무엇보다도 그 서적의 대부분이 안진호의 편, 역서라는 점이다. 만상회에서는 필자가 제시한 위의 서적이외에도 다수의 불서를 간행하였는데[27] 그 대부분은 권상로, 이고경, 이운허 등 일부의 외부 인사만이 저자로 참여하였을 뿐이다. 그러면 만상회는 어디에 있었을까? 만상회는 처음에는 경성부 西大門町 二丁目 28번지에서 출발하였다. 이곳에서 근 8년을 지내다 서대문구 1정목 30번지로 이주하였다.[28] 그리고 만상회는 『불교시보』를 통해 출간 이전에 광고를 하고, 선금 주문을 받아 책을 판매하기도 하였다.

만상회가 갖고 있는 일제하 불교출판 분야에서의 공로는 상당하였다. 이러한 특징은 당시 불교계에서도 지적되었다. 『불교시보』에서는 만상회와 안진호에 대하여 다음과 같이 서술했다.

만상회 주인 안진호 선생은 천하가 共知하는 바와 가치 불교서적 출판업을 시작하야 이십 여 종류 이상의 불교 서적을 출판하얏슴으로 불교계에 커다란 공적을 남겨 노코 잇는 바임니다.[29]

---

[27] 이는 필자가 책의 제목은 알고 있지만 그 간기를 확인하지 못한 것이다. 『현토선역 七星經』, 『八陽經과 安宅經』, 『선문번역 十地行錄』, 『預修齋用 금강경』 등이 있다.

[28] 「만상회 이전 확장」, 『불교시보』 78호(1942.2.10), 5쪽. 추측건대 해방 이후에는 서울 성북구 성북동 183-37번지로 이전한 것으로 보인다.

[29] 「독서계」, 『불교시보』 50호(1939.9.1), 15쪽.

이러한 여론은『경북불교』지에서도 찾아볼 수 있는데, 여기에서는 그의 활동을 다음과 같이 평가하였다.

조선에 불교가 수입된 지 일천기백년이 되도록 특이한 발전을 하지 못한 원인은 오즉 종래의 정치적 압박이라는 것보다 무엇보다도 큰 원인은『불교경전』이 전부 한문으로 그냥 있는데 있다고 볼 수 있는 것이니 우리 조선인은 言文이 전혀 상이한 한문을 학습하기에 거의 반평생을 허비한 우에 불교의 심오한 교리를 연구하게 되는 관계상 정력이 그닷이 강하지 못한 大槪人은 한문경전 讀下로써 만족을 하고 말게 되는 형편이니 엇지 교리의 발전을 기대할 수 있으리요.
이 점을 개탄한 안진호 강백은 일즉 붙어 여러 가지 불교서적을 이해키 쉽도록 출판하야 준 것은 慶賀할일일 뿐 아니라 조선의 문화를 위하야서도 매우 의의 깊은 일이다.[30]

이와 같이 안진호의 고민, 업적을 지적한 것에 단적으로 잘 나와 있다. 즉 안진호의 의도는 불교서적의 출판을 통한 불교 대중화였다. 만상회의 조직이 대표, 총무, 상무, 간사, 서무 등으로 대별되어 있었지만 그 실제적인 총괄은 안진호가 담당하였다.[31] 여기에서 안진호의 불교출판에 대한 헌신을 높이 평가하지 않을 수 없다. 만상회가 특히 사전광고, 혹은 사전 주문을[32] 적극적으로 한 것을 우리는 주목할 수 있다.[33]

해방 이후(1954.3)[34] 만상회는 서울시 성북구 성북동 183-37번지로 이전하였다. 안진호는 법륜사라는 상호로 전환하였으나 뚜렷한 활동은 하지 못하

---

[30] 「불교초입문자의 良師友인 詳註한 書狀을 출판」,『경북불교』33호(1940.4.1), 3쪽.

[31] 위의 「만상회 이전허가」,『불교시보』78호. 안진호는 자신을 卍商會主, 卍商會會主라고 하였다.

[32] 「만상회의 법화경 유마경 購讀會員 모집」,『불교시보』89호(1942.12.15), 6쪽.

[33] 대부분은 불교시보사를 통하여 이루어졌다.

[34] 해방직후 만상회에서 펴낸 것으로는 윤주일의『반야심경』(1948)이 유일한 출간물이었다.

였다. 1957년 1월, 당시 그의 나이 78세에 나온 출간물인 『현토 절요』가 그의 마지막 성과물이었다.

9) 불교시보사

일제하 불교출판의 한 몫을 담당한 곳은 불교시보사(경성부 舘洞町 5-37)였다. 『불교시보』는 1935년 8월 1일에 창간된 월간지였다. 이 잡지는[35] 1920년대와 1930년대 초반, 유일한 불교계 잡지인 『불교』가 휴간된 이후 1930~40년대 불교계의 언론 역할을 담당하였다.[36] 그런데 이 잡지를 발간한 주체는 金泰洽이었다. 그는 일본 유학을 마친 후 귀국하여 포교사로 왕성한 활동을 하였다. 그러다가 뜻한 바가 있어[37] 『불교시보』를 창간하였던 것이다.

이러한 배경하의 불교시보사(잡지사)에서도 불교서적을 출간하였다. 그 대상은 주로 사주인[38] 김태흡의 저서를 주 대상으로 출간하였다. 그 대상을 제시하면 다음과 같다.

    김태흡, 『불교의 근본정신』, 1934.6.22

---

[35] 이 잡지에 대한 정체가 잡지인가 신문인가는 그간 약간의 논란이 있었다. 그러나 『금강산』 5호 근하신년란에 전하는 불교시보의 내용에는 '월간 잡지'로 나온다. 이 광고는 불교시보사에서 게재하였음이 분명하기에 잡지로 보고자 한다. 거기에는 "조선불교의 報道塔 心田開發의 宣傳誌 月刊雜誌 『불교시보』 제6호 신년호 出來"라 하였다.

[36] 해방직전까지 117호가 나왔다고 하나, 현재 105호 이후는 찾을 수 없다. 105호 3쪽에는 「社告」가 전하는데, 여기에서는 당분간 휴간한다고 예고하면서 그 이유를 물자절약, 전투력 강화하는 비상시 국가 시책에 협조함에서 나온 것으로 개진하였다.

[37] 『불교시보』 1호(1935.8.3), 7쪽의 「편집실」 참조. 김태흡은 자신을 신문·잡지狂이라고 소개하면서, 그는 불교계에 선전이 너무 빈약함에서 나온 것으로 주장하였다.

[38] 그는 편집인 겸 발행인이었다.

김태흡, 『보덕각씨의 緣起, 관음보살의 영험록』, 1935

김태흡, 응선암, 『법기보살의 연기, 상제보살의 구도설화』, 1935

김태흡, 『부설거사』, 1935

김태흡, 『육조대사』, 1935

김태흡, 『부처님 말씀』, 1935

김태흡, 『석가여래약전』, 1935

『장수왕의 자비』, 1935

김태흡, 『불교의 입문』, 1935

김태흡, 『불교의 실천주의 - 육바라밀강화』, 1936

김태흡, 『佛陀의 聖訓』, 1936

김태흡, 『性日大師』, 1936

김태흡, 『이차돈의 최후 빛나는 주검』

김태흡, 『한문 千手心經』, 1938

이능화 독결, 『敦煌寫本 현토 壇經』,[39] 1939.8.2

권상로, 『조선불교사개설』, 1939

김태흡, 『佛敎正典』, 1943.3.20

이처럼 불교시보사에서 발간한 대부분의 책은 김태흡의 저작물이었다. 김태흡의 출간물은 안진호, 백용성의 경우처럼 경전을 번역한 것이라기보다는 경전에 나온 불교 소재를 요약하거나, 재미있게 서술한 경우가 대부분이었다. 다시 말하자면 교리 입문서, 신앙서가 주종을 이루고 있다.

그런데 김태흡의 저술중, 불교시보에서 간행한 『석가여래약전』, 『장수왕의 신비』, 『부설거사』, 『육조대사』는 선학원에서도 간행된 바가 있다. 이는 김태흡이 선학원에서 발간한 『선원』지에도 관여한 사정으로 선학원과 불교시보사에서 동시에 발간한 것이 아닌가 추측된다. 김태흡은 이처럼 자신의 저술 대부분을[40] 자신이 경영하는 잡지사인 불교시보사에서 발간케 하

---

[39] 인쇄소와 인쇄인은 금계산방이라고 나오는데, 그 주소는 여주군 흥천면으로 나와 흥미롭다.

여 불교 대중화를 꾀하면서 동시에 불교시보사의 홍보, 경영 보조에 일익을 기하였던 것이다.

한편 불교시보사는 당시의 유일한 잡지사라는 점을 적극 활용하여, 불교 시보사에서 발간한 책의 광고, 소개를 하면서 타 출판사의 서적도 대리 판매하였다. 즉 '불교시보사 대리 판매부'(서적 및 불구)를 두어 적극적인 영업 전략을 수립, 추진하였다. 그 대상이 된 것은 백용성의 저술, 만상회의 출간 책 등이었다. 그러나 불교시보사는 처음부터 출판사 기능을 갖고 불교 출판을 한 것은 아니다. 창간 직후에는 '판매부'를 두어 기존 서적을 판매하다가[41] 점차 자체 기획으로 서적을 출간하고 판매까지 담당하였다고 보인다. 필자가 보건대 1936년경에 나온 『佛陀의 聖訓』이 그 기점이 되었던 것 같다.[42] 그리고 그 판매도 주로 선금, 주문의 방법을 택하였다.[43]

10) 표훈사

금강산의 사찰인 표훈사에서 불교 서적을 간행한 것은 표훈사 주지인 崔圓虛[44]의 원력에서 기인하였다. 최원허는 금강산의 표훈사에서만 30년을 거주하면서도 금강산을 위하여, 불교를 위하여 뚜렷한 것을 하지 못하였다는 자괴감을 극복하기 위해 금강산불교회를 조직하였다.[45] 금강산불교회는

---

[40] 그러나 그는 『聖 異次頓의 最後』는 대중서옥(1936)에서, 『暗夜의 燈明』은 學海社 (1939, 경성부 南大門通 4丁目 -8)에서 발간하였다. 필자는 대중서옥, 학해사에 대한 내용은 파악치 못하였다. 『암야의 등명』의 내용은 『불교시보』 42호 (1939.1.1), 32쪽의 신간광고에 나온다.

[41] 예컨대 창간호 8쪽 광고에서 불교시보사를 '發賣所'라고 하였는데 이것이 예증이다. 그리고 3호 10쪽 하단 광고에서도 '위탁판매 서적 목록'을 제시하였다.

[42] 『불교시보』 9호, 10쪽의 『불타의 성훈』 광고에 불교시보사를 "發行所 및 發賣所"로 표현한 것이 그 단적인 예증이다.

[43] 당시 광고시에는 책값(정가)과 송료를 함께 공고하는 것이 관행이 되었다.

[44] 최원허에 대해서는 『불교시보』 3호(1935. 10.1), 3쪽의 「如來의 使命을 다하야 세상에 모범을 보이는 숨은 인물들」 내용 참조.

금강산을 중심으로 조선불교를 연구, 선전하는 것을 목적으로 창립하였는데, 최원허가 회장이었다.[46] 금강산불교회의 기관지로 나온 것이『금강산』이라는 잡지였는데, 여기에는 표훈사, 최원허, 금강산불교회의 활동 내용이 다수 전한다.

이런 배경하에서 표훈사에서는 다음과 같은 불교서적을 발간하였다. 그 대상을 제시하면 다음과 같다.

> 김태흡,『普德覺氏의 緣起』(관음보살의 영험록)
> 김태흡,『法起菩薩의 緣起』(상제보살 구도설화), 1928.3.21

이 두 책의 광고에 신앙총서 1, 2집으로 표현한 것을 보면 이 책은 표훈사에서 불교 신앙을 고취시키면서, 금강산의 불교설화를 널리 알리려는 의도에서 나온 것으로 보인다.[47] 이 책의 간행 경과는 최원허가『금강산』잡지에 기고한「두 책을 발행한 뒤에 감상」에 더욱 자세히 나온다.

> 애당초에 이 단행본의 책을 발행하게 된 동기는 여러 가지가 잇습니다. 첫재는 금강산을 중심으로 하야 여러 가지의 전설이 만흐나 엇더한 확실한 긔록이 업고 이 사람과 저 사람이 옴기는대로 구전을 따러서 가진각색의 이애기로 갈너지는데서 늣긴 바가 잇서서 이것을 기록으로써 전하려는 것이엿고 둘재는 세상 사람이 금강산이라면 불보사의 도회처로 아는데 이 금강산을 중심으로 한 이애기 하나를 적어논 것이 업는 것은 금강산 사는 사람들의 수치인 것도 가태서 이러한 동기로 금강산에 대한 단책을 발행하려고 생각하엿든 것입니다.[48]

---

[45] 최원허,「서원의 말씀」,『금강산』2호(1935.10.1).

[46] 「금강뉴쓰」·「금강산 불교회 규약」,『금강산』2호.

[47] 『법긔보살의 연기』는 4천 권,『관음보살 염험록』은 3,500권을 발간하여 염가로 보급하였다.

[48] 「관음보살영험록 보덕각시와 상제보살 구도설화 법긔보살 두책을 발행한 뒤에 감상」,『금강산』4호(1935.12.1), 20쪽.

그를 정리, 요약하면 다음과 같다. 즉 금강산의 설화를 정리하여 기록으로 남기고, 금강산의 불보살에 관련된 설화를 정리하지 못한 부끄러움을 만회하겠다는 원력이라는 것이다. 이에 최원허는 그 집필 대상자를 물색한 결과 당시 각황사포교당의 포교사로 활동하는 김태흡을 적임자로 선정하고, 그를 의뢰하였다고 한다. 당시 최원허는 김태흡의 저서로 선학원에서 발행한『장수왕의 자비』,『부설거사』를 읽어 보고 감동하고, 마침내 김태흡에게 금강산의 불교 설화, 자료를 제공하여 책이 나왔다고 회고하였다.[49] 발간은 표훈사 주지인 최원허의 주도로 진행되었기에 그 발행처는 표훈사였다. 그러나 표훈사, 최원허가 중심체인 금강산불교회의 기관지를 발간하는 금강산사가 있어 일부 기록에는 표훈사와 금강산사가 함께 발행소로 전하기도 한다.

요컨대 표훈사와 金剛山社가 공동의 발행소로 하여[50] 금강산 불교 설화를 소재로 한 불교서적을 간행하였다. 이는 신앙심 고취, 금강산 불교설화 정리, 금강산 불교 역사의 기록 보존 등이 어우러진 결과이다.

11) 해동역경원

해동역경원은 1935년 경남3본산인 범어사, 해인사, 통도사가 주축이 되어 설립한 역경 기관이다. 해동역경원은 역경을 통해 나온 성과물을 간행하였기에 불교출판의 성격을 일부 담보하였다. 우선 이에 대한 전후 사정을 관련 기록을 통해 살펴보자.

慶南 梁山郡 通度寺, 東來郡 梵魚寺, 陝川郡 海印寺의 三本山은 昨年부터 海東譯經院을 創立하야 許永鎬씨 主幹하에 布教叢書 第一輯「佛陀의 意義」第二輯「四種의 原理」二冊을 刊行한 우에 最近 純朝鮮文「佛教聖典」上卷이 許師 編譯으로 出判되

---

49 김태흡도 금강산불교회의 편집 부분의 간사였다.
50 『금강산』3호, 후반 광고. 金剛山社는 경성부 樓下洞 7번지 4호에 소재하였다.

었다. 此等 事業은 오늘 朝鮮佛敎에 있어 가장 必要한 것인만큼 三本山은 眞實로 聖業을 이르킨 것이라 하겠다더라.[51]

즉, 1935년 봄 무렵 해동역경원을 창립하여 작업에 착수하였는데 그 실무 자는 許永鎬였다는 것이다. 그 결과 1936년에는 3종의 불교서적을 간행하였 다. 그 성과물을 보면 다음과 같다.

허영호, 『佛陀의 意義』, 1935
허영호, 『四種의 原理』,[52] 1935
허영호 역, 『佛敎聖典』(상권), 1936.9.15
강유문, 『포교법 개설』, 1938.2.1

이러한 성과물을 낸 허영호는 그 역경원의 주임 역경사였다. 그는 범어사 출신으로 1930년대 초에는 일본 유학을 다녀오고, 불교청년운동의 핵심이 었으며, 중앙불전의 교수 겸 학감으로도 근무한 당시로서는 최고의 엘리트 학승이었다. 그는 중앙교단 내부의 갈등을 피하여 범어사로 내려와서, 해동 역경원의 실무를 맡았다. 강유문의 『포교법 개설』이 해동역경원에서 발간 된 사정은 단언하기는 어렵지만 추측건대 강유문과 허영호가 같은 시기에 일본 유학을 하였던 연고, 만해 한용운의 불교청년운동을 함께 한 이력이 작용한 것이 아닌가 한다.

그러나 해동역경원이 1938년 9월의 3본산종무협회에서 역경사업을 중단 한다고 결의하였기에[53] 추가적인 역경, 출간[54]은 지속되지 않았다.

---

[51] 「三本山聖業 海東譯經院」, 『경북불교』 6호(1936.12), 5쪽.
[52] 4종은 四聖諦를 의미한다.
[53] 「경남3본산 종무협회 제4회 정기총회록」, 『불교』 신8집(1937.11).
[54] 허영호의 『구사론대강』이 출간되어, 판매되었지만 필자는 그 발간처를 아직 확인하지는 못하였다.

12) 상원사(월정사)

일제하 불교계에서 월정사 산내 암자인 상원사에는 方漢巖이라는 고승이 머무르고 있었다. 방한암은 일제하 불교에서 종정(교정)을 세 차례나 역임한 당대의 석학이자, 계정혜 삼학을 균수한 도인으로 널리 알려져 있다. 이에 그가 머물던 상원사 선원은 그의 명성과 함께 당시 수좌들이 반드시 거쳐야 하는 수행처였다. 그런데 방함암은 단순히 안거수행만 하지 않고 여가를 이용하여 수좌들에게 경전 및 고승어록을 읽도록 권유하고, 나아가서는 강의하기도 하였다. 특히 1935년에는 그 상원사에 삼본사(월정사, 유점사, 건봉사)가 세운 승려수련소가 설립되었다. 그 수련소에서 한암은 수련생, 수좌들에게 금강경, 보조어록을 강의하였던 것이다.

이런 배경하에서 한암과 상원사는 강의에 필요한 교재가 필요하였던 것이다. 이에 한암은 강의 및 경전 열람에 필요한 금강경과 보조어록을 자신이 현토하고, 상원사 화주인 원보산의 주관으로 불교서적을 자비 출판의 형식으로 출간하였다. 즉 상원사가 발행처가 되어 몇 권을 출판하였다. 그런데 이러한 문화풍토는 자연 상원사가 소속된 큰절인 월정사에도 파급되어 당시 월정사 주지인 이종욱도 월정사 이름으로 불교서적을 출간하였다. 이에 그 대상을 제시하면 다음과 같다.

> 원보산,[55] 『금강반야바라밀경』, 1937.8.15
> 원보산, 『보조선사 법어』, 1937.8
> 이종욱, 『太古集』,[56] 1940.8.20
> 이종욱, 『나옹집』, 1940

---

[55] 원보산은 당시 상원사의 거주 승려로 상원사 선원의 화주를 담당하였다. 원보산이 저자로 나오지만 실제 책의 현토와 서문은 방한암이 집필하였다. 광고에서는 책명을 『현토오가해 금강경』으로 전한다.

[56] 이 책의 발행소는 월정사 내의 '普濟社'라고 나온다.

이종욱,『진각국사 어록』, 1940

  상원사 같은 경우는 일종의 자비 출판을 기본으로 하면서도, 그 여분은
불교 서적 판매처(불교시보사)에게[57] 위탁 판매한 실례이다.

13) 고운사, 경북불교협회

  고운사는 일제하 불교계에서는 31본산의 하나로 경북지방 불교의 중심
이었다. 고운사를 포함한 경북 5본산(고운사, 동화사, 기림사, 김용사, 은해
사)은 불교발전을 기하기 위해서 경북불교협회를 조직하였다. 당시 고운사
에는 불교청년운동의 주역이면서 일본 유학을 다녀온 엘리트인 姜裕文이
머무르고 있었다. 그는 재단법인 교무원의 고운사 출신 평의원, 경북불교협
회 총무, 경북불교협회 기관지인『경북불교』의 편집 겸 발행인을 담당하고
있었다. 요컨대 당시 경북지방의 불교의 핵심적인 지식인이었다.
  이런 배경하에서 고운사는 강유문의 다음과 같은 저서를 출간하였다.

강유문,『불교 信徒手鏡』, 1936
강유문,『佛教精要』, 1936.10.17

  이 서적은 대본산고운사종무소를 발행소로 출간되었다.『신도수경』은
조선불교의 상식 掌典, 불교신도의 必攜 책자라고 선전한 것을[58] 보면 신도
의 불교 상식을 증진시키려는 의도를 찾을 수 있다. 그리고『불교정요』는
불교를 평이하고, 간결하게 소개하려는 취지의 불교 안내서였다.
  강유문은 경북불교협회 서무 주임으로 근무하면서 경북지방 불교에 대
한 역사를 정리하고 수집하는 일에 남다른 열정을 보였다. 이는 그가 일본

---

[57]『불교시보』25호(1937.8.1), 4쪽, 하단 광고 참조.
[58]『경북불교』6호(1936.12.1), 7쪽, 광고.

에 유학하면서 공부한 것이 불교사였던 것에서 기인하였다. 이에 그는 경북불교협회에 재직 중에 다음과 같은 불국사, 경북5본산의 역사를 서술하고 경북불교협회를 발행소로 출간하였다.

강유문 편수, 『불국사 古今創記』, 1937
강유문 편, 『慶北五本山古今 紀要』, 1937.3

이상과 같은 강유문의 저서가 고운사, 경북불교협회에서 발간되었는데, 이들의 각 저서가 정가가 매겨져 있었음에서 일반 서점에서도 판매하였음을 알 수 있다. 여기에서 우리는 강유문의 불교 역사를 정리한 혼신의 노력을 알 수 있다.[59]

3. 불교출판 개요에 나타난 성격

지금부터는 전장에서 살핀 불교출판 개요에 나타난 제반 내용을 고려하여 그 성격을 정리하고 한다. 그러나 이는 적지 않은 한계성이 예상되거니와, 이는 필자가 앞서 분석한 잣대와 내용이 빈약하기 때문이다. 그럼에도 불구하고 이 분야의 연구활성화를 위해 필자가 고려한 성격을 대별하여 제시하고자 한다.

첫째, 일제하 불교출판은 출판사의 지속성, 성과물, 외형이라는 측면에서 일정한 규모를 갖춘 만상회, 불교시보사, 삼장역회가 대표한다고 볼 수 있다. 이 외의 출판사는 출판사라고 할 수 없는 성격을 갖고 있었다. 다시 말하자면 일제하 불교출판의 중심은 만상회, 삼장역회, 불교시보사를 지칭한다는 것이다.

---

[59] 그는 1941년 3월 25일 요절하였다. 「강유문씨 서거」, 『경북불교』 46호(1941.5.1), 3쪽.

둘째, 불교출판의 성과물은 역경의 산물이 기본이었다. 즉 불교출판이라는 이름으로 나온 서적을 보면 경전의 번역, 요약, 정리에 의해 가공된 것을 출간한 것이 대부분이라는 것이다. 백용성, 안진호의 저서가 이러한 설명을 대변한다. 교리 해설, 불교사의 대상도 있었으나 그는 수량적으로 매우 적었다.

셋째, 불교출판의 사업, 운영 등이 일개인에 의해 주도, 좌지우지되었다. 예컨대 불교출판의 원력을 세운 대상자인 안진호, 백용성, 김태흡은 불교 대중화를 기해야 한다는 사명감을 갖고 불교경전을 번역하여, 그 자신들이 불교출판 사업을 추진하였던 것이다. 그밖에도 최원허, 강유문의 경우도 같은 경우라 하겠다.

넷째, 불교 출판의 사업을 전개한 출판사에서는 불교만의 책을 출간하였다. 여타 분야, 예컨대 문학, 역사, 타 종교 등의 분야 책은 거의 출간하지 않았다.

다섯째, 불교출판에서 나온 책을 판매하는 경우, 그 방법은 우편 주문을 많이 이용하였다. 이는 당시 교통의 미발달, 서점 및 책방의 미활성화에서 기인한 것으로 보인다. 그러나 이렇게 필자가 주장하는 것도 뚜렷한 통계, 분석을 통하여 주장하는 것은 아니다.

여섯째, 일제하 불교출판은 사찰, 포교당 등의 포교의 일환으로 나온 경우가 상당하였다. 즉 사찰, 승려, 포교당 등 불교계와 연고가 있는 대상이 포함되지 않은 경우가 없었다. 이를 달리 말하자면 일반적인 출판사의 독자성을 갖고 있지 않음을 말하는 것이다.

일곱째, 일제하 불교출판은 자비출판(비매품)의 성격도 상당하였다고 보인다. 자비출판은 여타 분야에서도 찾을 수 있지만 불교출판에서는 관행적이었던 것으로 보인다. 이러한 점은 불교출판사의 상당수가 투입된 자본이 열악하였으며, 출판을 통해 이익을 축적한 재정이 열악하였음을 말한다. 한편 필자가 자신의 거처를 변형된 출판사로 등록하여 불서를 간행,[60] 그리고 교단 및 단체 등에서 개별적으로 출판을 한 것,[61] 그리고 본산 및 말사의 역사자료로 간행한 寺誌에[62] 대해서 본 고찰에서는 세부적으로 취급치 못하였다.

지금껏 일제하 불교출판의 성격을 대별하여 보았다. 필자가 분석한 것 이외에도 또 다른 측면에서의 내용 및 성격을 찾을 수 있을 것이다. 이러한 측면은 필자의 지속적인 연구, 혹은 후학의 연구에서 밝혀지길 기대한다.

4. 결어

이상으로 일제하 불교출판에 대한 제반 개요 및 성격을 정리하였다. 이제 맺는말은 앞서 살핀 내용과 의미를 재정리하는 것으로 대하고자 한다.

일제하 불교출판의 시작은 조선선종중앙포교당, 각황사(각황교당)에서

---

[60] 예컨대 권상로는 心畊舍(경성 樓下町 77-4)에서 『심전』, 『신앙』을 발간하였다. 그리고 신소천은 재가자 시절, 申世淳의 이름으로 『금강반야바라밀경』을 발간하였는데 그 발행소는 娑婆道院(경성 樓上町 120-2)이었다.

[61] 필자가 조사한 그 대상은 다음과 같다.
조선불교청년총동맹 경성동맹(판매소): 『석가여래약전』
조선불교청년회: 『조선불교』
불교사: 『석가모니와 그 후계자』, 백성욱, 1929.
(불교청년총동맹에서는 백성욱의 저서와 한용운의 『조선불교유신론』을 불청문고 서적으로 홍보했다).
교무원: 『寺刹例規』 1925.6; 『삼가귀감』 1928.3.21; 『朝鮮佛敎一覽表』 1928.3.

[62] 그 대상은 다음과 같다.
봉선사, 『봉선사본말사지』, 1927.
건봉사, 『乾鳳寺及乾鳳寺末寺事蹟』, 1928.
전등사, 『전등본말사지』, 1941.
유점사, 『유점사본말사지』, 1942.
그밖에 『雪峰山釋王寺略誌』와 『道峯山望月寺誌』가 있다고 하지만 필자는 그 책을 직접 확인하지는 못하였다.

비롯되었다. 1910~12년, 서울 도회지에 자리 잡은 이 포교당은 포교당의 정체성 확립, 그리고 신도들에게 불교를 알리려는 단순성에서 불서를 출판하였다. 이러한 포교당의 불서출판은 해동불보사, 범어사가 1910년대에 행한 것과 같은 경우였다.

불서 출판의 본격적인 행보는 1920대에 가시화 되었다. 우선 3·1운동 민족대표인 백용성이 출옥 후에 시작한 역경단체인 삼장역회의 성과물을 출간한 것이 그것이다. 용성은 삼장역회, 그리고 그의 대각교운동의 구심체인 대각교회, 대각교중앙본부의 이름으로도 다수의 경전 번역 대상과 대각교 이론서 등을 출판하였다. 3·1운동의 주도자였던 한용운도 법보회를 출범시키고 역경, 불교 대중화를 천명하였지만 뚜렷한 성과는 보여주지 못하였다. 1920년대 후반부터 1930년대 전반기에는 수좌들의 항일적 중앙거점인 선학원에서 출판이 이루어졌다. 여기에서는 선의 대중화라는 취지가 작용하였다.

1930년대에 접어들면서 본격적인 불교출판은 안진호의 만상회와 김태흡이 주도한 불교시보사에서 이루어졌다. 특히 만상회는 일제하 불교출판을 대표할수 있을 정도로 수십여권의 불서를 간행하였다. 대부분의 발간은 안진호가 불경을 번역, 주해, 정리한 가공물이었는데, 이러한 서적의 간행은 당시 수많은 승려, 재가 신도들에게 큰 영향을 주었다. 만상회는 불교서적을 출간한 출판사, 그를 판매한 서점, 그리고 일반 불구용품도 판매하는 불교백화점의 역할을 하였다. 불교시보사는 월간지『불교시보』를 발간하던 잡지사였다. 초창기에는 잡지의 광고력을 이용하여 다른 출판사의 불서를 소개하고, 그를 대행 판매하였다. 그 이후에는 불교시보사가 불서를 발간, 판매를 동시에 실시하였다. 불교시보사에서 간행한 대상은 대부분 사주이자 편집인이었던 김태흡의 불교를 알기 쉽게 정리한 불교교양서였다.

그밖에 표훈사, 해동역경원, 상원사, 고운사, 경북불교협회 등에서도 불교출판을 하였다. 이와 같은 대상처에서의 출간은 상업성 보다는 해당 대상치가 지향하는 사업, 정체성 정비 차원에서 구현되었다. 그리고 불교 대중화 및 신앙심 고취를 의도하였다.

이와 같은 일제하 불교출판에는 자본의 미약에서 나타난 영세성과 지속성의 부재가 자리 잡고 있었다. 그리고 그 발간의 산물도 역경의 대상, 경전의 내용을 요약 정리한 입문서, 신앙심 고취서가 주종을 이루고 있었다. 또한 불교출판이 일개인의 주도, 영향력에 의해서 진행된 것, 주문 판매, 자비 출판의 성격도 간과할 수 없다.

지금껏 필자가 정리, 분석한 일제하 불교출판의 내용 및 성격을 제시하였다. 추후에는 개별적인 불교서적의 유형, 내용별의 분류에 의한 정리와 분석이 요망된다. 그리고 불교출판을 주도한 개별적인 인물, 즉 용성, 안진호, 김태흡, 허영호, 강유문 등에 대한 정리가 시급함을 강조하고자 한다. 미진한 점은 지속적인 연구를 통해 보완하겠다.

:

근대불교의
청소년 포교와
조선불교소년회

1. 서언

　　개항부터 8·15해방까지 근대불교에서의 청소년 포교의 개요를 설명하려는 것이 본 고찰의 주된 초점이다. 그러나 근대불교 전체에 대한 포교의 개괄적인 이해가 극히 부진한 현재의 연구 토대에서 그 설명은 큰 한계성을 갖는다. 무릇 모든 종교에서의 포교 혹은 전도는 정체성을 극명하게 하는 대상이다. 그럼에도 불구하고 지금껏 불교계, 불교학계에서는 이 문제를 거의 천착하지 않았다.[1] 이 문제의 원인은 여러 각도에서 점검할 수 있겠지만 무엇보다도 근현대 불교 분야를 학문적으로 대상화 하지 않은 그간의 연구 방향을 거론하지 않을 수 없다. 최근에 접어들면서 근현대 불교가 학문적인 대상으로 가시화되고 있지만 아직도 근현대 불교 전체에 대한 개괄적인 이해를 기하기는 어려운 실정이다. 다음으로는 종단, 불교계에서 그간 진행된 포교에 대한 성찰적인 탐구, 방향 정립도 역사적으로 조명

---

[1] 근대기 불교의 포교 및 전도에 대한 이해는 이덕진이 『불교』54호(1928.12)에 기고한 「불교의 전도와 목적」을 참고할 수 있다.

한 객관적인 이해와는 거리가 있었음을 인정하지 않을 수 없다.

이에 본 고찰에서는 그간 필자가 이 시대의 관련자료를 섭렵하면서 주목한 청소년 포교의 관련 사료와 문제를 제시하는 것에 멈추려고 한다. 후일이 분야 관련 연구가 더욱 심화되면서 본 고찰의 한계가 극복되길 기대하는 바이다.

이러한 배경하에서 본 고찰에서는 우선 근대기 포교에 대한 일반적인 상황을 소개하고자 한다. 그 연후에는 청소년 포교라는 것이 개념화, 대상화 되었는가를 찾아보고자 한다. 실제, 청소년 포교라는 대상 및 개념이 성립된 것은 70~80년대가 아닌가 한다. 일제하의 불교계에서는 청년불교, 소년불교라는 개념은 보편화되었지만 청소년 포교가 독자적인 자리를 점하지는 않았다고 이해된다. 그럼에도 불구하고 이 시기의 자료를 세밀히 살펴보면 청소년포교와 유관한 내용은 적지 않게 찾을 수 있다. 예컨대, 소년회, 소녀회, 소년단, 소년군, 불교일요학교 등은 그 단적인 예증이다. 이러한 활동은 대개 개별적인 사찰, 포교당 등에서 포교활동의 일환으로 전개되었다. 한편 이렇게 청소년포교가 개별적, 지역별의 차원에서 '소년포교'라는 이름하에[2] 미약하게 전개되었지만, 1925년에는 중앙 차원의 청소년 활동으로 조선불교소년회가 서울에서 창립되어 다양한 활동을 하였음을 주목할 수 있는 것이다. 이 조선소년회는 그 활동 기간의 소략, 교단 및 종단과의 연계의 부족, 여타 포교활동과의 연계성 부재로 인하여 큰 한계를 갖고 있었지만 근대 불교의 포교에서는 주목할 대상임은 분명하다. 요컨대 본 고찰에서는 조선불교소년회의 관련 기록을 정리, 제시하려고 한다.

지금껏 제시한 바와 같이 본 고찰은 근대불교의 청소년포교(소년포교)에 대한 시론적인 성격을 갖는다. 이에 적지 않은 한계성을 갖고 있는바, 이 점에 대해서는 강호제현의 질정을 바란다.

---

2 일제하의 소년포교에 대한 이해는『불교』신39집(1942.8)에 기고된「소년강화와 사원」의 내용을 주목할 수 있다.

2. 근대기 청소년포교의 현황

청소년 포교뿐만 아니라 일반적인 포교가 정상화 하려면 포교의 거점이 필수적이다. 나아가서 포교에는 포교당, 포교사, 포교 방향 및 정책, 포교의 방법 및 재료, 포교 대상 등이 종합적으로 어우러져야 할 것이다. 그러나 개항기, 일제 식민지 기간을 개괄하면 이런 내용이 적합하게, 균형적으로 포교분야에서 구현되었다고 보기는 어렵다.

필자가 그간 이 시기 연구를 하면서 그 관련 현황을 보건대, 포교 문제가 구체화 된 시점은 1910년경이 아닌가 한다. 1910년 무렵부터 포교가 불교계의 중심 과제로 인식하게 된 계기는 1910년 10월에 창건된 중앙포교당의 성격을 갖은 각황사의 등장이었다. 당시 산중불교에서 도회지불교로 전환해야 한다는 시대적인 인식을 가진 불교계에서는 1902년 서울 도성 외곽에 원흥사를 마련하였다. 그러나 이 원흥사에는 종단 사무를 관장하는 사사관리서, 명진학교, 불교연구회 등이 입주하였기에 포교의 기능보다는 종단의 사무실 개념이 우선시 되었다. 그리고 지금은 서울 시내의 창신동이었지만 당시에는 사대문 밖이었기에 도회지로 볼 수도 없는 것이다. 더욱이 1904년에 가서는 사사관리서도 폐지되면서, 사찰로서의 기능이 퇴진하면서 1906년에는 명진학교가 개교하였기에 결과적으로는 교육적인 기능만이 존재하였다. 일시적으로는 일본불교계가 이 건물을 차지하려는 책동도 있어 그 운영에 난점이 제기되었다.

그 후, 1908년 전국 사찰의 주요 승려들이 원흥사에서 모임을 갖고 불교종단인 원종을 만들면서 변화가 나타났다. 당시 원종의 주역들은 도회지인 사대문 안에 불교의 사무를 총괄하는 거점의 확보를 기하면서, 동시에 원종의 사무실을 활용하려는 목적에서 '불교총합소'를 기획하였다. 그리하여 1910년 봄부터 총합소 공사는 시작되어 그해 가을에 건축은 완료되었거니와 이것이 바로 각황사였다. 그런데 각황사는 건축공사가 진행하면서 점차 그 용도를 불교교당, 포교당, 중앙포교당으로 운영하는 방향으로 정리되었다. 요컨대 1910년 10월의 각황사의 등장은 근대불교 포교의 기점으로 인식할 수 있다. 이러한 성격의 변동은 당초 원종이 인가되면 사무실로 활용하려고 하였지만 일제 당국이 원종의 인가를 승인하지 않았기에 자연 포교의 기능이 주된 성격으로 자리를 잡았던 것이 이면의 내용이기도 하였다.[3]

이러한 각황사의 등장과 맞물려서 당시 불교계의 개별 사찰, 혹은 사찰이 연합하여 도회지에 포교당을 짓기 시작하였다. 『조선불교월보』 19호(1913.8)에 전하는 「포교구현상일람표」에 나오는 18개처의 포교당 설립의 시기가 1910~1913년으로 나오고 있는 것이 그 예증이다. 그 개요를 보면 각황사(1910.10: 조선전도 대표), 조선선종중앙포교당(1912.4: 범어사, 통도사, 백양사, 대흥사, 구암사, 화엄사, 천은사, 관음사, 용흥사), 고령포교당(1911.5 :해인사), 조선선종 동래포교당(1911.9: 범어사), 경북포교당(1911.10: 동화사, 파계사), 울산포교당(1911.10: 통도사), 수원불교 포교당(1911.10: 용주사), 경남불교 포교당(1911.11: 쌍계사, 옥천사, 대원사, 안정사, 다솔사, 화방사, 용문사), 조선선종 경북포교당(1912.5: 범어사, 은해사), 원산포교당(1912.6: 석왕사), 조선선종 호남포교소(1912.8: 백양사, 구암사), 전북불교 포교당(1912.8: 위봉사, 전주경내 각사), 의성포교당(1912.9: 고운사), 순천불교 포교당(1913.4: 송광사, 선암사), 함남불교 포교당(1913.5: 귀주사), 경주불교 포교당(1913.5: 기림사), 함양불교 포교당(1913.8: 영원사, 벽송사, 법화사, 안국사, 운봉 경내 각사) 등이다. 그리고 한용운이 『조선불교유신론』을 발간한 것도 1913년이었는데, 한용운은 이 저술에서 「포교」 항목을 별도로 하여 포교는 불교가 마땅히 해야 할 과제로 강력히 강조하였다. 한용운은 연설, 신문 및 잡지 발간, 번역, 자선사업 등의 포교 방법을 제시하고 심지어는 산중에 있는 사찰을 통폐합, 폐쇄 등을 통하여 도회지로 이전시키자는 주장도 하였다.

---

[3] 이상의 내용은 졸고, 「각황사의 설립과 운영」, 『대각사상』 6, 2003의 내용을 요약한 것임.

이와 같이 1910년부터 포교는 불교계의 주요 현안으로 인식되었다. 그리하여 1910년대에는 개별 사찰, 연합사찰의 주도로 포교당 건립과 운영을 통하여 포교사업을 전개하였다. 한편 1910년대 포교 문제에서 간과할 수 없는 것은 1915년 2월 25일 각 본사가 연합하여 흥학과 포교를 추진하자는 '조선 각 본사 연합제규'의 성립이었다.[4] 이 제규에 의해 각 본사는 사업에 필요한 사무소를 서울의 각황사에 두고, 그 조직체인 30본사연합사무소를 만들었다. 그리고 이 제규에 근거하여 흥학의 학교로 동국대의 전신인 중앙학림이 그해 11월에 개교인가를 받았다. 한편 이 제규에서 포교의 방법은 주지회의에서 결정하고, 포교의 경비는 개별 사찰에서 부담하며, 포교 구역은 별도로 정하며, 포교사는 본사에서 임명하고, 포교사는 중앙학림의 졸업생과 그에 상응하는 자격을 갖춘 자로 임명한다는 기본 방향을 수립하였다.[5] 그러나 1910년대의 이러한 중앙 차원 포교의 대강은 정하여졌지만 중앙학림의 운영을 제외하고는 뚜렷한 포교의 진척은 없었다고 보인다. 다만 개별 사찰들의 노력으로 포교당의 증가는 미미하지만 증가 추세에 있었다. 한편 불교계는 연합제규에 의해 포교를 본격화 하였지만 1915년 일제가 정한 포교규칙의 틀에 일정한 구속을 받아야만 되었다. 즉 조선총독부에 포교당의 허가, 신도수의 보고, 포교 담당자의 신고 및 거부 등이 바로 그것이었다.

그러나 1919년 3·1운동 이후 불교계에 불기 시작한 과감한 불교개혁의 흐름하에서 기존의 포교 성과에 대한 비판이 제기되었다. 불교청년운동의 대표적인 단체인 조선불교청년회의 간부와 지방위원들은 유신협의회를 1920년 12월 16일에 개최하였는데, 30본산연합사무소에서 개최될 주지총회에 당시 불교계의 문제점을 8개 항으로 정리하여 제출할 것을 정하였다. 그중 포교에 대해서는 포교방법을 개신할 것으로 요약하였다. 특히 불교개

---

[4] 「각사연합제규」, 『매일신보』 1915.3.2.
[5] 졸고, 「중앙학림과 식민지 불교의 근대성」, 『사학연구』 71호(2003.9) 참조.

혁을 주도한 청년불교운동의 중심세력인 불교유신회에서는 기왕의 포교에 대한 부실을 지적하면서 성실한 포교를 강령으로 제정하기까지 하였다.[6]

　이러한 불교계 내부로터의 포교에 대한 비판과 성찰의 움직임이 결과적으로는 포교의 문제를 한 단계 고양시켰음은 분명하다. 그리하여 1920년대에 접어들면서는 전체적으로 이전 보다는 분명히 양적, 질적인 변화상이 등장하였다. 그러나 전체적인 정책의 수립, 공동으로 사업 전개, 다양화된 포교 방법으로까지 심화되었다고는 볼 수 없을 것이다. 특히 불교계 내부에서 일제의 불교정책의 수용 여부 및 자주적인 종단 운영을 둘러싸고 전개된 내적 갈등은 포교 문제를 중심적인 과제로 인식할 수 없게 하였다. 달리 말하자면 불교계 통일, 종단 건설, 종단의 운영이라는 큰 틀이 해결되지 않는 한 그 내적인 사업의 하나인 포교문제가 우선시 될 수 없었던 것이다. 자주노선을 지향한 대안적인 종단으로서의 총무원이 등장하여 포교기관 설립, 재산통일 등이 일부 논의되었지만 일제가 후원하는 대안적인 종단의 성격을 가졌던 재단법인 교무원과의 대립, 갈등으로 정상적으로 이행될 여건은 부재하였다. 더욱이 총무원이 교무원에 흡수, 통합되면서 포교문제는 하나의 과제로 잠복한 상황이었다.

　1920년대 초반 포교에 대한 인식을 전하는 자료는 김경주가 『조선불교총보』19호, 21호에 기고한 「布敎法撮要」라는 글이다. 김경주는 이 글에서 포교의 의의, 목적, 형식, 포교와 교육으로 대별하여 포교법에 대한 개괄을 정리하였다. 여기에서 본 고찰과 관련하여 주목할 것은 포교와 교육이라는 내용 중, 교화기능의 분류에서 연령별의 포교를 구분하면서 유년시대, 소년시대, 청년시대, 중년시대, 노년시대로 나눈 것이 주목된다.[7] 그리고 교무원이 새롭게 출범하면서 교리 선전, 포교지의 성격을 갖고 등장한 불교 종합잡지인 『불교』지가 1924년 7월에 창간되었음은 특기할 일이었다.

---

6 「천여의 불교청년이 유신회를 운동코저 운동중」,『동아일보』1921.12.15.
7 『조선불교총보』21집(1920.5), 56~57쪽.

이러한 배경하에서 1920년대 중반의 포교의 상황을 전하는 『불교』 21호 (1926.3)에 기고된 「포교에 대한 芻議」는 우리에게 많은 정보를 준다. 이 글은 당시(1924.12)의 포교당 수 72개처, 포교자 수 72명, 신도 수 203,533명으로 전한다. 이 글의 기고자[8]는 포교의 활성화를 기하기 해서 통일기관에서 포교당의 감독의 통일, 포교사양성소에서 포교사의 인격·규칙·방법을 통일시킬 필요성을 제안하면서 포교사의 잦은 교체의 지양, 포교사 회의의 수시 개최, 포교 서적의 다수 간행, 신도의 포교당에 관한 관념의 배양을 강조하였다. 나아가서는 신도명부를 작성하여 활용할 것, 신도와 포교사 및 신도와 신도사이에 친목 기관을 만들 것, 2개 이상의 포교당이 있는 곳에는 신도들의 이중 참가·간섭을 배제할 것, 포교당에서 법사 설교의 효율적인 운영, 희사 복전의 설비 및 소액의 보시제 운용, 포교당의 유지 책임은 신도가 부담하고 그 부족분만 본말사에서 보조할 것도 제시하였다. 이러한 포교 현황에 대한 분석은 위에서 필자가 개진한 포교의 부진을 간접적으로 말해주는 것이라 하겠다.

1920년대 후반 포교문제에 있어서 간과할 수 없는 것은 포교사대회가 자생적으로 개최되었다는 사실이다. 1927년 8월 25일에 제1회 대회가 열렸고, 제2회 대회는 1928년 3월 16~17일 교무원에서 포교사 13명이 참가하여[9] 교전편찬 촉진, 교회제도 및 규정 제정, 예식, 각 교당 소속 단체 통일, 조선불교포교사업 연구회 조직, 포교사 강습회, 포교사회 위상 및 위치, 사설 포교당 및 사암, 회비, 위원 개선에 대하여 토의를 하였다. 대회 이후에도 포교사 강습회, 포교사대회가 가시화되었지만 그 진행 상황은 자료 부족으로 구체적인 전개과정은 알 수 없다.[10] 그러나 대회에서 위에서 살핀 포교 문

---

[8] 그런데 기고자는 전하지 않는다.

[9] 「조선불교포교사대회」, 『불교』 46·47합호(1928.7), 108~109쪽. 이 대회는 2회 포교사대회였는데, 1회대회가 어디에서 개최되었는지는 확인하지 못하였다.

[10] 1929년 9월 5~11일 중앙포교당(각황사)에서 전국포교사 강습회가 개최되었고,

제를 다양하게 검토하였다는 것에서 의의를 찾을 수는 있다.

지금껏 필자가 정리한 1910~20년대 불교 포교에 대한 성격과 한계는 당시 불교계 지식인이라 볼 수 있는 김태흡이 『불교』 100호(1932.10) 특집에 기고한 「불교 포교에 대하야」에서도 찾아볼 수 있다. 김태흡은 당시에는 각황사 중앙포교당의 상임포교사로 재직 중이었으며, 일본 유학을 갔다 온 당시로서는 최고의 엘리트였다. 그는 이 기고문에서 당시 포교의 제반 문제를 조선불교의 과거와 현재, 현재 불교포교 상태의 결함, 조선불교 포교 미래의 전망 등으로 대별하여 요약하고 있다. 그를 살펴보면 본 고찰의 주제에 큰 시사를 줄 수 있는데, 그 대강을 정리하고자 한다.

우선 김태흡은 불교 포교의 호기에 들어섰다고 보면서 그 역사적 소급을 1902년에 건립된 원흥사에서 1906년에 불교연구회가 설치되고, 동시에 명진학교가 설립되면서 각처에도 학교가 설립되었던 신흥기분이 발발할 때부터를 포교의 문제에서 바라보고 있다.

> 당시에 있어서 조선불교의 신흥기분이 얼마나 발발하얏든가를 알 수가 있다. 그런데 往事를 추궁할 것은 없으나 이때에 당하여 가장 원통하게 생각하는 것은 다소 교육에 대한 열성은 있었으나 포교에 대한 열성이 결여되었든 것이다. 당시에 우리는 겨우 잠을 깨가지고 신교육을 착수하야 학교교육에만 열중하였지만은 일본 각종의 승려들은 벌써 교육을 앞서서 포교망으로 조선 민중을 거두려고 하였으니

1930년 10월 13일 각황사에서 전국포교사대회가 개최되었음은 그 후속의 움직임으로 보인다. 그리고 1937년 9월 27~30일, 경북지역의 布敎師會가 개최되었다. 이 포교사회와 이전에 개최된 포교사대회와의 연계는 찾을 수 없으나 포교사들의 내적인 고민은 지속되었을 것으로 보인다(「포교사회를 개최하면서」, 『경북불교』 13호(1937.10.15)). 경북지역의 포교사들은 대구불교 포교사연합회를 조직하였음도 특기할 내용이다. 「포교사연합회 제3회 정기총회」, 『경북불교』 39호(1940.10.5), 3쪽 참조.
또한 마곡사에서도 1937년 8월 8~14일, 제1회 마곡사포교사 강습회를 개최하여 포교법, 실습, 불교교리 등을 교육시켰다. 『불교시보』 26호(1937.9), 10쪽 참조.

요컨대 신식교육에만 신경 쓰고 포교는 전혀 관심이 없었다는 것이다. 나아가서는 일본불교의 포교에도 손을 쓰지 못하였다고 한다. 오히려 일본불교에 아부하는 형상에 나타났다. 그러다가 1908년의 원종의 등장, 1910년의 각황사로부터 포교문제가 대두되었지만은 일본 임제종에 매종한 사건으로 포교도 중도하차하였다고 이해하였다. 즉 자립적인 포교 활동이 부재하였다는 것이다.

> 융희 4년에 전국승려가 의무금을 각출하여 중앙교당인 각황사를 설치하였으나 未幾에 분열하여 일본승려와 제휴하려는 추태를 연출한 일파를 보게 된 것도 자립정신으로 포교사업을 우리 손으로 발전시키려는 생각이 적어든 것이라고 볼 수밖에 없다. 그후에 사찰령이 반포되어 30본산이 별립한 후에 지역을 할당하여 다소 포교사업에 착안하여 포교당을 경향 각처에 세우고 금일까지 斯業에 종사하여 왔으나 차는 외면 收拾의 허식에 불과할 뿐이요 참으로 포교를 위한 포교는 아니었다.

김태흡도 1911년 이후부터 포교당이 각처에 등장한 것을 포교의 본격화로 인식하였다. 그러면서도 김태흡은 1930년대 초반까지의 포교는 허식에 불과할 정도였다고 비판적으로 당시 포교를 성찰하였다.

이러한 전제하에 김태흡은 당시 포교의 문제점을 분석하였다. 이에 그는 우선 포교와 연결될 수 있는 교육이 부재함을 지적하였다.

> 그러나 그 교육이라 함은 포교에 연관되는 교육이 아니면 아니 되며 따라서 교육을 받은 자는 반드시 불교에 관심이 깊고 포교사가 될 만한 자격을 갖게 되지 않으면 아니 될 것이다.

그러나 당시에는 외국에서 유학을 다녀 온 사람, 포교사 양성의 성격을 갖고 있었던 중앙학림 및 중앙불전의 졸업생중에서 포교사 활동하는 사람이 거의 없다고 하였다. 이러한 원인에 대하여 김태흡은 포교정책에 대한 무관심을 가장 강력하게 지적하였다. 그리고는 포교비에 대한 예산 부족, 포교사 대우의 빈약, 포교사 인선 규정의 부재 등도 아울러 지적하였다. 그리하여 포교 현장에서 포교사가 활동하는 것은 호구지책에 나온 것이라고 인식했다. 그리고 포교당을 祈禱所요, 齋供所이지 포교를 위한 포교소나 선전소는 아니라고 단언한다. 김태흡은 이상과 같은 분석 후에 그 근본 결함을 다음과 같이 제시하였다.

　一, 조선불교 당국자가 포교 사업에 대하여 무관심, 무성의 한 것
　一, 포교 선전비가 결여한 것
　一, 포교당이 너무나 민중을 亡失한 사원식이며 포교 선전 형식이 조직 있는 통속적이 아니요, 무성의한 만담격인 전문학설의 보수적인 것
　一, 민중과의 관계를 맺는 부속 기관이 없는 것
　一, 포교사의 인선이 엄밀치 않으며 따라서 포교사의 대우가 각박한 것

김태흡은 이러한 분석 후에 미래 포교의 대안을 제시하였는데, 그는 위의 결함을 극복하는 방향을 구체화하였다. 그는 첫째로 포교당의 가옥제도를 혁신할 것을 주문하였다. 기존 포교당은 사원식, 법당 중심의 배치이기에 그곳에서 기도, 제사 위주의 행사는 가능하였지만 민중 중심의 포교는 구조적으로 어려웠다고 보았다. 이에 그는 추후의 포교당은 회관식으로 짓자고 제안하였거니와, 법당은 이면에 두든가, 아니면 별실로 하자고까지 주장하였다. 이는 곧 다수인을 교화하는 민중 감화의 모임 장소로서의 교당 운영을 하기 위함이라는 것이다. 둘째로는 설교 양식에서 변화를 갖자고 하였다. 상당법문은 특별한 경우에만 하고, 법문은 講話式으로 하며, 반드시 찬불가를 부르고, 우리말로 된 구체적인 성전으로써 설교하자고 주장하였다. 그리고 교당에는 유치원, 간이 서당, 일요학교, 야학, 유희장 등 부속기관을 두자는 대안도 내놓았다.

이러한 제안을 한 후, 그는 포교 방식의 대안을 제안하였다. 그 개요를

제시하면 다음과 같다.

1. 講說 포교
   - 성전에 의한 강화식 설교(조선어 불교 성전)
   - 통속 교화 강연(演題 教師 隨意)
   - 선문 제창(전등록, 벽암록, 무문관 등)
   - 특별 경전 강의(유마, 원각, 반야, 능엄경 등)
2. 문서 포교
   - 잡지(불교주의 고취)
   - 저서(단행본 소책자)
   - 번역(범어나 한문의 원시경전 등)
   - 서간(신앙 중심상론의 서신)
3. 의식 포교
   - 불전 헌공(說齋 법요 등)
   - 葬式(讀經 念誦 등)
   - 화혼식(주례 법사 지도)
   - 추도식(망인을 위한 간단한 의식)
   - 장엄 의식(제사시 조화, 果掛幡 등)
   - 歌讚 의식(범패, 찬불가, 기념가 등)
4. 특별 포교
   - 개인 상대(가정, 병자 위문, 신앙상담, 불경 교수)
   - 군중 상대(학교, 공장, 감옥, 거리 선전)
   - 지방 순회(도회, 농촌, 어촌, 사원)
   - 특수 강습(하기 대학생 순회 강좌, 불전 강습 등)
5. 감화 포교
   - 가정 아동 및 學童 감화(유치원, 일요학교 간이 서당, 야학 강습회)
   - 불량 아동 교화(고아원, 맹아원, 탁아소 등)
   - 환자 및 불구자 위문
   - 罹災民 및 빈민 구제
   - 오락 감화(종교 성극, 종교영화, 종교음악 등)
6. 신앙본위 단체 조직

- 불교신우회
- 불교부인회
- 불교청년회
- 불교소년회
- 불교소녀회
- 불교친목회 등

　이러한 대안 이외에도 그가 강구한 것은 불교주의 공장, 불교서적 출판소, 법률상당소, 무료 진료소, 직업 소개소, 간이 숙박소, 수산업 등도 검토되어야 한다고 보았다. 결론적으로 김태흡은 미래의 포교는 민중에게 직접, 간접으로 실제의 이익을 주는 일을 거치지 않으면 안 된다고 주문하였다.[11] 즉 민중을 위한 사업이 진정한 불교 포교의 방향이 되어야 한다고 강조하였다.

　이상과 같은 김태흡의 불교포교의 대안에서 본 고찰의 초점인 청소년 포교는 직접적으로 나타나지 않는다. 다만 불교소년회, 불교소녀회, 일요학교, 학교 등이 간접적으로 연계되고 있다고 볼 수 있다. 그 밖에 가정 아동 및 학동 교화, 불량 아동 감화도 일부분에서는 연결시킬 수는 있다. 그러나 현재 우리가 말하고 있는 청소년 포교라는 개념은 보이지 않는다.

　우리가 근대기 포교에 대한 전모 및 이해를 하기 위해 참고할 수 있는 저술은 강유문이 1938년 1월에 발간한 『布敎法 槪說』이다. 강유문은 고운사 승려로 당시 불교청년운동의 주역이고, 일본 유학을 거친 인물로서 만해 한용운을 추종한 대상이다.[12] 그는 이 저술을 해동역경원을 발행소로 하고,

---

[11] 김태흡은 당시 기독교, 천주교가 불교보다 왕성한 포교를 하는 것도 실제는 그 종교인들의 도덕이나 학문이나 신앙이 불교보다 월등한 것에서 나온 것이 아니고, 민중에게 이익을 주는 포교에서 찾았다.

[12] 그는 봉정사에 입산 득도하여 승적은 고운사에 두고 있었다. 고운사 강원을 마친 후에는 중앙불전을 졸업하고, 일본 유학을 가서 대정대학 사학과를 졸업하였다. 귀국 후에는 고운사 지방학림 교원, 고운사 감무, 경북불교협회 서무,

한성도서주식회사의 인쇄소에서 만해 한용운의 제자를 겉표지에 이용하여 발간하였다.[13] 이 책의 개요를 제시하면 다음과 같다.

서언
제1편 能化
    제1장 의의
    제2장 수양
    제3장 기관
    제4장 교의
제2편 所化
    제1장 의의
    제2장 농촌
    제3장 도시
    제4장 개인
    제5장 군중
제3편 方法
    제1장 분류
    제2장 변론
    제3장 문서
    제4장 의식

중앙불전 교원, 청년총동맹 준비위원, 총동맹 동경동맹 문교부장 및 집행위원장을 역임하다 44세(1941.3.26)에 요절하였다. 이상의 내용은 『불교』 34집 (1942.3), 46~47쪽에 있는 「고 묵당 강유문선생의 유고」에 나오는 이력을 참조하였다.

[13] 『불교시보』 31호(1938.2), 11쪽 하단 광고의 내용은 이 책의 성격을 가늠케 한다. 즉 그는 新刊紹介로서 "만해 한용운선생 題字, 중앙불교전문학교 강사 문학사 강유문 선생 著, 보라! 조선초유의 포교법, 포교계의 指南書, 포교에 뜻 두는 분, 포교에 종사하는 분, 교계인, 꼭 읽으시라!! 조선에 있어서 불교의 포교는 내용 방식 할 것 없이 과도기에 있습니다. 어떻게 포교를 할 것인가? 중대한 관심에 대답하려고 출현한 것이 이 포교법개설입니다. 진실로 조선에서 처음 있는 포교법 지남서이라 포교에 종사하는 이가 필독해야 할 名書입니다"라고 나온다.

　이상과 같은 『포교법 개설』은 포교를 하는 주체자(포교사, 기관 등)의 포교를 대하는 인식, 준비, 방법에 대한 포괄적인 개론서이다. 때문에 언뜻 보아도 청소년포교의 문제는 거의 나오지 않고 있다. 그는 포교의 주체를 能化로 보고, 포교의 대상을 객체로서의 所化로 구분하였다. 포교 대상으로서의 청소년은 所化의 개인에서 아동, 청년, 성인으로 대별한 내용에서 찾을 수 있다. 즉, 개인의 특성을 언급하면서 아동은 발달시기를 6단계로 나누어 설명하였다. 그는 수납기(1~6세), 관념 재생기(3~6세), 상상기(6~8세), 기억기(8~9세), 이해기(10~12세), 합리적 기억기(12~14세) 등으로 그 세부 연령별 내용을 분석하였다. 다음 청년기에서는 아동기처럼 세부 내용은 제시치 않고 일반적인 청년기의 특성을 서술하였다. 그 특성을 의지는 강성해도 감정에 지배되어 왕왕 그 기본을 어긋날 수 있다고 제시하였다. 나아가서 청년시대는 가장 중요하고 위험한 시대이기에 부모에게는 반항하고, 선배와 지도자도 친구처럼 대하려는 시대이면서 세계 개조와 자기 세계를 건립하려는 특징을 갖고 있다고도 부연하였다. 그러나 아동기처럼 연령별 특징을 세부적으로 구분하지는 않았다. 요컨대 강유문의 『포교법 개설』에서도 '청소년 포교'라는 인식은 두드러지지 않았다.

　지금껏 1910~1930년대 중반기 포교 개요의 현황에서 살펴본 바와 같이 청소년 포교는 개념화되지 않았지만, 주로 불교 소년(녀)이라는 표현은 약간 나오는 정도였다. 그래서 소년포교, 불교소년이라는 개념이 포교의 정책 및 노선에서는 자리 잡았다고 볼 수 없다.

3. 불교소년 활동의 개요와 조선불교소년회

전장에서 간략히 살펴보았지만 근대기 불교의 포교는 그를 구성하는 제반 요소의 미흡, 혹은 유대 미흡 등으로 인하여 정상화되었다고 볼 수 없다. 이런 배경하에서 청소년포교도 그 독자성을 찾기도 어려웠다. 다만 소년회, 소녀회, 일요학교 차원의 포교가 전개되고 있었다. 이에 본장에서는 소년회, 소녀회, 일요학교[14]의 관련 내용을 불교소년 활동으로 전제하고, 그 개요를 간략히 살펴본 후, 중앙차원의 포교운동에서 특이한 조선불교소년회의 전모를 정리하고자 한다. 우선 필자가 관련 자료[15]에서 찾아낸 소년 포교 유관 내용을 아래와 같이 대별하여 제시한다.

소년회(단, 부):　상주 유심소년회
　　　　　　　경성 불교소년회
　　　　　　　불교소년회(범어사, 동래교당, 싯달야학교)
　　　　　　　불교소년단 早期會(통도사, 대구 신천포교소, 여아 13명)[16]
　　　　　　　범어사 불교소년단
　　　　　　　개운 불교소년회(개운사, 학예회 개최)
　　　　　　　김천포교당 불교소년회

---

[14] 일요학교는 당시에는 불교소년 교화운동에서 접근하였다. 나운향, 「불교일요학교안」(3), 『불교』 신28집(1940.12), 68쪽.

[15] 그 대상은 『불교』, 『불교시보』, 『경북불교』를 기본으로 활용하였다.

[16] 토요일마다 불경 강설을 하였다.

	마산 불교소년단
	공주 불교소년회
	능인 불교소년회
	남해 불교소년단(남해포교당, 축구부)
	언양 불교소년단(언양군 포교당)
	양양 불교소년회(건봉사 포교소)
	의주포교당 불교소년군
	신의주 불교포교당, 불교소년군(보현사 포교소)
	은해사 불교소년회
	강릉포교당 소년부
	봉서소년회(건봉사)
	진주 불교소년회
	진주 불교소년단(통도사 진주포교당, 소학교 4학년생 이상)
	해인사 불교소년회
	평양 불교소년회(유점사 포교소, 남녀로 구분 조직체)
	법주사 소년부(법주사불교청년회에서 신설 검토, 보은소년회)
소녀회:	제주 불교소녀회
	양양 불교소녀회(건봉사)
강습소(회):	화방사와 용문사(남해, 고보과정)
	담양포교당(불교포교단, 빈민자녀 교육)
일요학교[17]:	각황 불교일요학교(각황사, 불교여자청년회, 김태흡, 박성권)
	강계 불교일요학교(보현사포교소)
	강릉 불교일요학교(월정사 포교당)
	금화 불교일요학교(금화읍 불교포교당)
	나남 불교일요학교(석왕사 나남포교당, 현상 동화, 동요대회)
	대각 불교일요학교(대각교당, 백용성)

---

17 나운향은 「불교 일요학교안(상)」『불교』 신26집(1940.9), 39쪽에서 1940년 8월경
   의 일요학교를 13개소 미만으로 보면서 이를 불교도들의 태만으로 인식하였
   다. 본 고찰의 자료는 나운향 자료, 38쪽에 제시한 것을 기본으로 이용하였다.

대구 불교일요학교(동화사 포교소)

마산 불교일요학교(통도사 포교소)

만주 봉천, 불교일요학교(조동호 주관)

동래 불교일요학교(범어사)

진주 불교일요학교(통도사 포교소)

양양 불교일요학교(건봉사 포교당)

원산포교당 일요학교(석왕사 포교소, 아동의 불타적 정신 함양)

상주 불교일요학교(金龍寺 포교소)

신의주 불교일요학교(보현사 포교소)

태천 불교일요학교(신의주 불교소년단)

함흥 불교일요학교(귀주사 포교소)

위에서 살핀 바와 같이 근대기 불교소년의 활동은 주로 소년회와 일요학교로 대별할 수 있다. 이제는 이러한 배경하에서 1926년 6월 15일에 중앙 차원으로 등장한 조선불교소년회의 개요를 시간적인 활동 내용의 순서대로 소개한다. 조선불교소년회가 창립되었음을 알리는 『불교』지의 소개 내용을 우선 보겠다.

조선불교소년회 창립

6월 15일 하오 4시에 각황교당 二階에서 조선불교소년회 창립 총회를 개최하고
席長 한영석군의 사회하에 좌기 사항을 토의하였더라
- 임원 선거
  문예부 유희부 간사: 김시홍, 정인웅, 이종목, 이인목
  사교부 서무부 간사: 한영석, 김규련, 정종석, 구○회
- 진행 방침
- 취지서 1매를 간행 배포함
- 매 일요일마다 소년에게 智育을 보급시킬 일[18]

---

[18] 「불교소식」, 『불교』 25호(1926.7.1), 54쪽.

각황사에서 창립총회를 갖고 임원선거, 진행방침, 취지서 배포, 활동 요강 등을 정하였던 것이다. 그러면 창립총회에서 간행하여 배포한 취지서 전문을 살펴보겠다.[19]

朝鮮佛教少年會 創立

불교에는 오랜동안 남자와 여자를 물론하고 어린이의 기관이 없음을 심히 유감으로 생각하든바 금반 뜻있는 동무 몇이 모여 지난 6월 15일 교무원내에서 불교소년회의 첫소리를 쳤습니다. 회는 이상적으로 현대 소년 남녀의 개성을 발휘시키는 동시에 소년 남녀에게 佛教精神을 일반적으로 보급시키겠다는 것이 우리 불교소년회의 주장되는 목적입니다. 본회는 수십인의 간사를 비롯하여 특별히 권상로 老大和尙으로 고문을 두어 모든 사무의 지도를 받습니다.

경성 수송동 82번지
조선불교소년회 白

이 취지서에는 어린이의 기관이 없음을 유감으로 여긴 인물들이 소년, 소녀의 개성을 발휘시키면서 불교정신을 보급시키려는 목적에서 조선불교소년회를 창립하였음이 나온다. 그리고 소년회의 고문은 불교학자, 『불교』지 발행인이었던 권상로임도 알 수 있다. 그런데 여기에서 이 소년회의 창립을 주도한 인물들이 누구였는지에 대한 것은 전하지 않고 있다. 다만 그 인물 중의 하나가 한영석임은 알 수 있거니와, 위에서 살핀 임원으로 피선된 대상도 그에 포함된다고 하겠다.

이제부터는 조선소년회의 활동의 내용을 소개한다. 우선 1926년 9월 5일에 제1회 동화대회를 각황사에서 개최하였다는 기록이 있다.[20] 여기에 의하면 입장권은 무료 배급하였으며, 입장자는 천 명 이상이라고 한다. 동화대회에서는 합창, 동화, 독창, 유희, 댄스, 하모니카 합주, 무용 등을 무대에

---

19 『불교』 25호의 겉표지 광고.
20 「조선불교소년회 제1회동화대회」, 『불교』 28호(1930.10), 43쪽.

올렸던 것이다. 그리고 이 동화대회를 보도한 당시 『불교』지에는 조선소년 회가의 가사가 작곡된 상태로 게재하였음을[21] 볼 때, 동화대회가 개최되기 직전에 제작되어 행사 당일에 불러졌을 것으로 추론된다.

다음으로는 전조선 소년소녀 현상 웅변대회가 조선불교소년회 주관으로 1926년 10월 16일 밤에 개최되었다. 소년회 간사 한영석의 주도, 정홍교의 개회사, 동아일보 한위건의 심판으로 진행되었는데 관중은 4~5백 명이었 다.[22] 대회에서는 1등에 동아소년부 이순하, 2등에 서울소년회 나상옥, 3등 에 동아소년부에 송성무가 당선되었는데 이들에게는 상금과 상품이 수여 되었다.[23] 그런데 당초 이 웅변대회는 11월 6일에 개최키로 예정되었으나 사정에 의해 당겨서 개최된 것으로 보이며, 참가 연령은 만 16세 미만이었 다.[24]

---

[21] 그 가사는 1 體, 2 智, 3 德의 순서로 작사가 다르게 나온다. 참고로 그 제1~3절을 제시하면 다음과 같다(작사, 작곡을 한 사람은 나오지 않는다).

1절 (체)	2절 (지)	3절 (덕)
히말라야 솟은 峰에	億千萬劫 때의 줄에	감로법의 劍을 잡고
白雪이 曖曖함은	數없는 마디들은	惡魔를 무찌름은
우리의 기상이오	누리의 無常이오	우리의 本分이오
갠지스의 양양한 물	제한없는 진리위에	大慈悲의 배를 저어
끊임없이 흘러감은	縱橫으로 그어논 것	창생을 건너임은
우리의 힘이로다	고다마의 자취로다	붓다의 사명이라
세간의 열풍을	無常의 苦界를	三毒의 迷界에
용감하게 헤치면서	오로지 버서나서	轉傳하는 많은 무리
닐바나 向하여 달려가니	진리의 바다로 모혀드니	八正의 聖道로 引導하니
우리 불교소년회	우리 불교소년회	우리 불교소년회

[22] 「현상웅변대회」, 『불교』 30호(1930.12), 47쪽.

[23] 그 상금과 상품 전체는 다음과 같다. 교무원에서 상금 10원, 홍문원에서 중학용 노트 12권, 경복상점에서 수첩 1打, 수창상점에서 양예 半打, 문화상점에서 연필 4打, 한성도서주식회사에서 동화집 4권 및 광고지 2천 매 등이다.

[24] 「제1회 전조선소년소년 현상웅변대회 광고문」, 『불교』 29호(1930.11), 47쪽. 그 리고 이 대회의 개최 장소는 광고나 행사 종료 후에 보도한 『불교』지에도 나오 지 않는다. 추정컨대 각황사에서 개최되었거나, 각황사 내의 교무원 사무실이 그 대상처가 아닌가 한다.

창립 직후 동화대회, 웅변대회를 개최한 조선불교소년회는 1927년 1월 12일(음력 12월 8일, 成道日)에는 100여 명의 회원 전원이 참가한 가운데 서울 시내를 리어카 다섯 대에 팥죽을 쑨 것을 싣고 다니며, 걸인과 빈민에게 나누어 주었다. 이 행사는 석가 성도일을 기념하여 빈민구제 사업으로 추진한 것이었다. 이처럼 소년회의 활동이 본격화되면서 소년회는 '大懸賞' 모집 행사를 1927년 4월에 기획하고 그 개요를 광고하였다. 그 개요는 ① 잡지 중에 제일 재미있고 취미 있는 잡지는 무슨 잡지인가 ② 불교 잡지 중에 주필은 어느 선생님입니까 ③ 조선불교소년회의 창립은 불기 몇 년이며 누가 창립하였는가 ④ 우리는 무슨 종교의 신자되기를 원합니까 등이다. 이러한 현상모집은[25] 기획대로 진행되어 『불교』 38호(1927.8)의 후면 광고로 그 결과를 공고하였다.[26] 이런 기획을 추진한 것은 조직, 사업의 활성화에 힘을 입은 것에서 나온 것으로 이해된다.

그리고 1927년 사월초파일의 행사 기념으로 소년회 회원을 총동원하여 '석가여래 성탄기념'의 선전문을 수만 매를 오색지에 인쇄하여 서울 시내에 배포하기로 기획한 것도[27] 조직 활성화에서 나온 것이다.[28] 한편 이때를 전

---

[25] 4개의 문제를 다 맞추는 사람에게 많은 상을 준다고 하였음을 보면 이는 소년회의 대중화를 의도한 것이 아닌가 한다. 답안을 보낼 곳은 불교잡지사이며, 발표도 역시 불교 잡지 8월호로 공고하였다. 이상의 내용은 『불교』 35호(1927.5), 66쪽의 관련 광고문안 참조.

[26] 그 결과는 1~4등으로 하여 각 등수에 1명을 선정 발표하였다. 그리고 해답안은 1항은 『불교』지, 2항은 불교잡지 주필은 권상로. 3항은 소년회 창립 주역은 한영석, 4항은 '우리는 불교신자가 되기를 원합니다'를 발표하였다.

[27] 「4월 8일 기념으로 五色 「비라」 分傳」, 『불교』 35호(1927.5), 62쪽.

[28] 그 선전문의 전문은 다음과 같다.
오시오! 여러분!
고민의 불길 속에서 길을 잃고 헤매시는
여러분 소년 소녀이시여 -
오늘날은 天樂이 울리고 法花가 날리는
監昆尼園 속에서 人天 三界의 大法王이신
佛陀世尊의 誕降하옵신 날이올시다.

후하여『불교』지에 소년회 명예회원들의 찬조금, 승낙순에 의한 명예회원 명단, 입회 순에 의한 통상회원의 명단을 게재한[29] 것을 보면 소년회는 정상 가동되었다고 볼 수 있다.

한편 조선불교소년회는 1927년 5월 30일, 기존의 각황사에 입주한 사무실에서 구 보성고보의 교사로 이전하였다.[30] 이 이전은 보성고보가 교사를 신축하여 이전하자,[31] 그 건물을 인수한 교무원이 불교 관련단체의 사무실을 대부분 그 건물로 입주하는 구도에서 나온 것이다. 그리고 이해의 4월

그는 우리의 어두운 길을 밝혀 주시기 위하여
光明의 炬火를 들으셨습니다.
그는 우리의 타는 가슴을 식혀 주시기 위하여
청량의 法雨를 내리셨습니다.
그리하여 그의 불빛은 지금껏 靈鷲山에 번쩍이고
그의 빛발은 아직도 恒河水에 넘칩니다.
자! 오시오! 여러분!
苦海難波에서 길을 잃고 情念慾火에
가슴을 태우시는 滿天下의 소년 소녀여러분이여!
오시오! 여러분!
광명한 炬火의 앞으로
청량한 法雨의 밑으로
그리하여 涅槃의 淨土와 極樂의 佛國을 찾아 갑시다
석가여래 성탄
2954년 4월 8일

[29] 그는 다음과 같다.
찬조는 통도사에서 10원, 송설우(통도사) 2원, 황경운(통도사) 1원, 이장우(고운사) 1원, 김보광(은해사) 1원, 김용사 5원, 김경산(범어사) 2원, 김경홍(범어사) 2원, 강계룡(홍법사) 3원, 안석연(봉선사) 1원, 김설악(유점사) 1원, 이창림(신흥사) 1원, 월정사 2원, 김정섭(법주사) 1원 등이다.
명예 회원은 송설우, 황경운, 이장우, 김보광, 김경산, 김경홍, 강계룡, 안석연, 김설악, 이창림, 김정섭, 안향덕, 감선월이고 통상회원은 조영숙, 김정숙, 김을순, 이난용, 임옥순, 박정희, 조영자, 김우순, 박월순, 조인순, 송칠성, 이계화, 홍명표, 박천란, 이중근 등이다.

[30] 「보성학교 이전」,『불교』36호, 32쪽.

[31] 이에 대해서는 졸고, 「일제하 불교계의 보성고보 경영」(『근현대불교의 재조명』, 민족사)의 관련 내용을 참조 바람.

초파일에는 기획대로 오색지 선전문 3만 매를 인쇄하여 회원들이 총출동하여 초파일 하루 전날과 당일에 서울 시내에 배포하였다. 그리고 초파일 저녁에는 무용, 유희를 관람하는 등 여흥을 즐겼다.[32] 그리고 1927년 9월 29일에는 소년회가 주관한 제2회 현상 웅변대회가 개최되었다. 이 대회는 한영석의 사회로 진행되어, 17명의 연사가 참여하였으며, 이관구의 심판으로 진행되었다.[33] 그리고 이 대회에서 특기할 것은 웅변의 진행 도중에 참석한 경찰로부터 내용으로 이해되는 것으로 인하여 주의, 중지하는 소리가 나옴에도 불구하고 강행하여 밤 7시부터 시작되어 11시경에 마쳤다는 것이다. 그 제지당한 내용은 알 수 없지만 민족, 독립, 자주 등과 연결되었을 것으로 보인다. 1927년 12월 29일, 성도일을 맞이한 소년회에서는 1926년과 같이 팥죽을 쑤어 빈민들에게 제공하였다. 소년회원 다수가 참여한 가운데 팥죽을 쑤어 리어카 7~8량에 가득 담고 빈민이 많은 서울 시내를 돌아다니면서, 팥죽 보시를 하였다.[34]

1928년 1월 14일, 조선불교소년회에서는 만주로 이주한 재만동포들을 구제하는 자선적인 동요, 무용, 가극대회를 개최하였다.[35] 이는 삶의 터전을 잃고 만주로 이주한 동포들이 만주에서도 자립하지 못하고 심지어는 중국, 일본으로 갖은 구축을 당한 동포들을 돕기 위한 일종의 자선 바자회 형식을 띤 것이다. 행사는 1월 14일 하오 7시, 각황교당에서 진행되었는데[36] 입장료 및 동정금을 걷어서 재만동포구제회에 보조하였다.

한편 조선불교소년회는 1928년 4월 이후부터는 그 활동이 점차 부진해지기 시작하였다. 이는 소년회를 주도한 한영석이 보성고보를 1928년 2월에

---

32 「불교소년회에서는 선전지와 여흥으로」, 『불교』 36호, 32~33쪽.

33 이 대회도 행사 장소가 정확히 전하지 않는다.

34 「성도재의 성황」, 『불교』 44호(1928.2), 52쪽.

35 「조선불교소년회의 재만동포구제로」, 『불교』 44호(1928.3), 61쪽.

36 행사 개요는 1부, 2부로 나뉘어 진행되었는바 동요, 무용, 가극대회였다.

졸업하고 바로 중앙불전에 입학함으로 인한 주도 인물의 공백에서 나온 것으로 보인다. 한영석의 그 관련 내용을 보면 다음과 같다.

일반이 熟知하는 바와 같이 경기도 대본산 용주사 학생 한영석군은 보성고등보통학교 재학 중임에 불구하고 그 心力을 다하여 조선불교소년회를 발기 조직한 이래 그 사무를 專務 취급하야 다대한 소년회의 수확도 있음은 물론이지마는 수학에 전력치 못함에도 불구하고 양호한 성적으로 今春에 보성고보를 졸업하고 불교전수학교에 입학하게 되였더라.[37]

이처럼 불교소년회의 발기, 사무, 운영을 도맡아 하였던 한영석의 퇴진은 불교소년회의 위축을 가져 왔을 것이다. 그리하여 1928년 4월 초파일 행사에서 불교소년회 회원은 각황사의 성탄 봉축식에 단순 참여하였다는 기록만 전할[38] 뿐 독자적인 행사를 하였다는 기록은 나타나지 않는다. 그리고 이 행사 이후에는 조선불교소년회에 관련된 기록을 필자는 아직 찾지를 못하였다.

이러한 제반 사정을 미루어 보면 조선불교소년회는 1928년 중반부터 점차 부진을 하다 이후에는 회의 존립이 중단된 것이 아닌가 한다. 필자는 1930년대 이후의 기록에서 조선불교소년회를 대치, 능가하는 불교소년 단체의 활동은 찾지 못하였다. 그리고 현재로서는 그에 대한 적절한 설명을 내놓기도 어려운 실정이다.

---

[37] 「한영석군의 良績」, 『불교』 45호(1928.4), 53쪽.
[38] 「각황교당의 성탄봉축식」, 『불교』 49호(1928.7), 90쪽. 그는 봉축식에 소년회원의 참여와 기념행사에 소년회원들이 음악 및 무용, 방송국 음악 출연이었다.

4. 결어

본 고찰의 맺는말은 앞서 살펴본 근대불교의 포교의 개황, 청소년 포교의 개요, 소년 포교, 조선불교소년회의 내용 분석에서 미진한 것을 제시하는 것으로 대하고자 한다.

첫째, 근대불교의 포교에 미친 일본불교의 영향을 객관적으로 정리해야 한다. 일본불교가 근대 한국불교에 끼친 영향은 다양한 분야에서 검토되어야 한다. 특히 포교 분야에서의 영향은 막대하다고 하겠다. 다양한 경로를 통한 일본, 일본불교의 시찰, 탐방, 유학 등을 통하여 근대기 승려들은 자의적이든, 타의적이든 아니면 결과적으로 다양한 충격, 영향, 자극을 받았던 것이다. 이에 대한 제반 문제를 실증적인 자료를 갖고 정리해야 할 것이다.

둘째, 국내에 진출한 일본불교의 각 종파(조동종, 일연종, 임제종 등)에 대한 영향, 모방의 문제도 결코 간과할 수 없는 문제이다. 한국에 진출하여 한국인을 포섭, 관리하기 위하여 일본불교의 각 종파는 다양한 포교정책을 수립하고 그를 실행하였다. 이에 대한 한국불교와의 교섭 문제도 정리할 대상이다.

셋째, 본 고찰에서는 1937년 이후 포교의 문제는 거의 취급치 못하였다. 이 시기는 일제의 군국주의가 더욱 기승을 부리면서 불교계 통제도 심화되었다. 예컨대 심전개발운동과 연계, 총본산 체제가 포교에 미친 영향 등이다. 아울러 태평양전쟁이 가속화되면서 일제의 승려통제, 대민교화 차원에서 승려 재교육과 포교와의 연계도 반드시 검토되어야 할 주제이다.

넷째, 각 처에 세워지고, 설립되었으나 퇴진한 포교당 등 포교당 전체에 대한 증감 문제에 대한 파악은 기초적인 자료를 갖고 총괄 정리해야 할 것이다. 실제 근대기 포교를 총괄적인 이해를 할 경우에는 이러한 기초 분석은 필수적인 사항이다. 필자는 이런 분석을 시도도 못하였지만 후학이나, 이 분야를 개척할 연구자는 필히 관심을 가져야 할 대상 주제이다.

다섯째, 포교당 이외의 기존 사찰에서의 포교 문제도 간과해서는 안 된다.

포교하면 우선 포교당만을 고려하지만 그 포교당의 본사, 본말사 등 기존 사찰에서의 포교문제도 다양한 각도에서 검토할 문제가 우리 앞에 놓여 있는 것이다.

여섯째, 청소년 포교, 소년포교와 여타 대상 분야의 포교와의 상관성을 조망해야 한다. 영향이 있었는지, 있었다면 그 연관 관계를 어떻게 설명한 것인지의 문제이다.

일곱째, 포교에 영향을 미친 것은 3·1운동이라는 자각, 민족의식 등 민족내부의 거센 흐름이 있었다. 여기에서 불교개혁, 불교자주화, 종단 건설 운동 등이 태동되었기 때문이다.

여덟째, 포교 문제를 바라보는 인식의 틀을 재고해야 한다. 포교는 단순히 전도, 선전이라는 제한적인 관점에서만 바라볼 것이 아니다. 어찌 보면 그 해당 종교의 총체적인 문제가 혼재되어 있는 것이다.

지금껏 필자가 본 고찰을 준비하면서 생각하였던 다양한 관점을 제시하여 보았다. 이는 단순히 청소년포교, 소년포교에 머물 수 없는 것임은 분명하다. 청소년포교, 소년포교도 바로 이러한 시야 및 구도에서 접근되어야 한다는 필자의 생각에서 개진하였다.

:

『포교법 개설』에
나타난
근대불교의 포교

무릇 모든 종교는 그 해당 종교의 홍보, 선전, 신도 모집, 토착화, 정체성 구현이라는 뿌리내림을 위해 포교를 매우 중요하게 여기고 있다. 이는 포교가 각 종교의 발전, 퇴보와도 직결되는 문제임을 은연중 말해주는 단면이다. 한편으로는 포교는 각 종교를 진리로 인식하는 주체들에 의하여 진리 구현, 진리를 통한 대중교화 차원에서도 종교 활동의 중요한 화두로 인식되고 있다. 이러한 점은 불교에도 해당됨은 두말할 나위가 없는 것이다.

불교계에서는 불교발전, 생존, 중생교화, 진리 구현의 차원에서 포교를 절체절명의 문제로 인식하고 있다. 역설적으로 보면 포교활동은 불교의 모든 움직임과 연결되지 않은 것이 없을 정도이다. 이에 포교원, 포교사회학, 법사, 포교사, 포교용 교재 발간 등이 존재하고 있다. 그리고 부처의 가르침을 널리 전하려는 법사, 포교사들의 피땀 어린 노력이 전국 각처에서 어제, 지금도 진행되고 있다. 이러한 노력은 미래에도 지속될 것이다.

그런데 필자는 평소 포교가 그렇게 중요한 데에도 불구하고 그 포교에 대한 기초, 이론, 방법을 체계적으로 정리한 개괄적인 저술이 없을까에 대하여 많은 의문을 갖고 있었다. 개신교에서는 그에 관련된 이론서가 적지 않음을 알고 있었기에, 불교는 왜 그런 관련 책자가 없는 것을 납득할 수 없었다. 이러한 궁금증을 갖고 있던 필자는 최근 근대불교의 포교의 단면을 파악할 수 있는 책자를 발굴하였다. 그 책자는 1938년에 강유문이 펴낸『포교법 개설』이다. 이 책을 저술한 강유문은 일제하 불교청년운동가였다. 때문에 우리는 이 책자의 분석을 통하여 일제하 포교에 대한 하나의 단서를 얻을 수 있는 것이다. 산간에서 도회지로, 승려중심에서 대중에게로라는 슬로건을 걸고 진행된 근대기 불교 대중화의 정신을 이 책자에서 찾을 수 있기를 기대한다.

1.『포교법 개설』의 분석

강유문이 1938년 2월에 펴낸『布敎法 槪說』에 대한 문헌학적인 개요부터 소개하고자 한다. 이 책자는 1938년 1월 29일 인쇄, 2월 1일 발행, 정가는 70전, 저작겸 발행자는 姜裕文, 인쇄소는 한성도서주식회사, 발행소는 해동역경원이었다. 제원은 12.5×19이고, 99쪽의 국한문 혼용체로 서술되었으며, 특이한 것은 겉표지의 글씨가[1] 만해 한용운이 쓴 붓글씨를 그대로 활용하였다는 것이다.

이 책을 저술한 강유문은 고운사 출신 청년 승려로 호는 墨堂이고, 중앙불전 출신으로 일본 대정대학 사학과를 졸업하였다. 불교청년운동에 매진하여 조선불교청년총동맹 준비위원, 총동맹 동경동맹 문교부장 및 집행위원장을 역임하였으며 일반 청년학생운동에도 관여하여 조선학생회 집행위원장을 역임하였다. 그는 고운사 출신으로 교무원의 평의원, 경북불교협회 서무주임,『경북불교』편집인, 중앙불전 강사를 역임하였다. 그는 불교청년

---

[1] 그 내용은 "姜裕文著 布敎法槪說 萬海題"이다.

운동을 주도하면서 항일불교 단체인 만당의 당원이었는데,[2] 이 당시 만해 한용운과 인연을 맺었던 것으로 보인다. 바로 이 인연으로 이 저술의 제목을 만해 한용운에게 받은 것으로 보인다. 당시 그는 이 책자를 집필, 간행하면서 서울에 머물렀던 것이 아닌가 한다.[3]

그리고 이 책을 발간한 해동역경원은 그 주소가 경성부 안국정으로 되어 있는데, 이는 현 선학원의 일제하의 주소이다. 그런데 일제하의 선학원에 해동역경원이 있었다는 사실은 지금껏 부재하였다. 그런데 해동역경원은 일제하 1935년 9월 경 경남3본산(통도사, 해인사, 범어사)이 창립한 역경 조직체가 있었다.[4] 이에 그 운영자금은 그 사찰이 공동 부담하였고, 그 운영의 책임은 그 사찰의 중견 승려 9인이 맡았는데, 주임 역경사는 허영호였다. 이 역경원은 1938년 9월 28일 3본산종무협회에서 역경사업을 당분간 중지한다는 결의가 있는 것을 보면 그 무렵부터 사업을 중단한 것으로 보인다. 그런데 3본산 중심의 해동역경원과 선학원에 있었던 해동역경원과의 상호 관계는 더 이상의 구체적인 내용은 알 수 없다.

이제부터는 이 책자의 개요를 주요 목차를 통해서 파악하겠다.[5]

緖言
제1편 能化
    제1장 의의

---

[2] 졸고, 「조선불교청년총동맹과 만당」, 『한국근대불교사연구』, 민족사, 1996 참조.

[3] 저작 겸 발행자 강유문의 주소가 경성부 명륜정 一丁目 二로 나온다. 그리고 이 책자의 序에는 "漢北 白岳山下 九笏方丈에서 姜裕文 識'라 하였다. 여기에 나온 구체적인 장소에 대하여 필자는 전혀 알지 못한다.

[4] 이에 대해서는 졸고, 「일제하의 역경」, 『대각사상』 5, 2002, 68~69쪽을 참조 바람.

[5] 책자의 목차에는 편, 장, 절, 항으로 내용을 분류하였다. 그러나 본 고찰에서는 편, 장의 목차만 제시한다. 전체 목차를 제시하기에는 내용이 다양하고 복잡하기에 주요 골격만을 제시하는 것이다.

　강유문은 이 책자를 집필하게 된 연유를 1930년대에 접어들면서 포교법이 필요한 것을 인식한 것에서 찾았다. 그래서 1937년 여름부터 1938년 1월까지의 기간에 원고를 작성하였다. 그는 10여 종의 관련 서적을 참고하였는데 특히 일본인 中野隆元의 『일반교화법』을 많이 참고하였다. 강유문은 이 책의 성격을 "될 수 있는 대로 포교법 연구 영역에 들어갈 문제를 많이 모아 개설한 것이 이 소편의 의도라 하노니"라고 표현하였다.

이제부터는 위의 책자 개요에 나온 순서대로 그 내용을 요약하고자 한다. 우선 서언에서는 포교를 "교를 선포하는 것"으로 정의하였다. 강유문은 부처가 성도후 녹야원에서 다섯 비구들에게 사성제를 설한 것을 불교 포교의 시초로 보았다. 그리고 석가는 포교의 주체인 能化, 비구는 포교의 대상 즉 객체로서의 所化, 사성제를 포교의 내용 즉 敎義, 이 교의를 신체, 의지를 통하여 전달한 것을 포교의 방법으로 정의하였다. 이를 포교의 구성요소로 보고, 이를 서술한 것을 포교법으로 제시하였다. 나아가서 그는 불교포교를 "대중의 도덕적 향상을 목적하고 사상을 선도하며 사회를 개선한다는 도덕적 교육적의 일반 교화성을 띠면서도 불교적 교화 독자성을 가지고 있는 것"으로 정의하였다.

제1편의 능화의 의의에서는 포교의 주체자를 직접 포교의 책임을 진자와 그를 보조하는 대상으로 구분하였다. 이에 전자를 포교사, 후자를 일반 승려와 신도라고 보았다. 이에 제2장에서는 포교사의 소질과 수양의 내용을 세부적으로 제시하였다. 포교사의 자질은 자비, 변재, 열성을 제시하였다. 그런데 이러한 포교사의 자질은 불교 고전에도 자세히 개진된바, 그 근거를 제시하였다. 예컨대 양고승전에서는 聲, 辯, 才, 博을 화엄경소에서는 善知法義德, 能說宜說德, 處衆無畏德, 無斷辯才德, 巧方便說德, 法隨法行德, 威儀具足德, 勇猛精進德, 心身無倦德, 成就威力德 등이다. 그러나 포교사가 되기 위해서는 일정한 교육, 사전 준비로서의 소양을 닦아야 한다. 이에 여기에서는 포교사 덕목으로 신앙, 자비, 학식, 변론, 건강, 열성 등 6개를 구분, 제시하였는데 이중에서 열성을 강조하였다. 특히 학식 분야는 그 구체적인 내용을 자세히 개진하여 일반상식을 형성하기 위한 것,[6] 교화 재료와 사상을 위한 것,[7] 포교 행동을 보조하기 위한 것,[8] 포교사로서 직접 필요한 것으

---

[6] 그 과목에 국어, 조선어, 한문, 영어, 천문, 지리, 물리, 화학, 동물, 광물, 수학, 생리, 위생, 사회, 법제, 경제, 정치, 실업, 국민도덕 등이다.

로[9] 대별하여 그 세부 과목을 제시하였다.

다음으로는 포교가 실시될 장소, 경제 등에 관한 조직의 기관의 문제를 다루었다. 구체적으로는 포교장소, 운영기관, 보조기관, 통제기관으로[10] 대별하였다. 교의로는 석가의 일대기인 통불교라 하였다. 이에 포교사는 근본불교, 통불교를 교의로 삼아야 한다고 하였다.

제2편인 所化에서는 우선 그 의의를 포교 받을 대상의 시대, 환경, 근기를 충분히 살핀 후에 포교해야 함을 강조하였다. 이에 여기에서는 그 대상을 농촌과 도시로 나누고, 포교 받는 대상자의 성격을 개인, 군중으로 나누어 설명하였다.

우선 농촌은 당시 불교계와의 관련은 매우 깊다. 즉 당시 사찰 재산의 대부분이 토지와 산림이기에 그 소재는 농촌이라는 것이다. 이에 농촌 포교에서 유의할 점 6항을 제시하였다. 그는 불교 포교와 농촌계발 두 정신을 함께 파악할 것, 청소년에게 자기 동리에 대한 자부심을 고취하고 봉사적 정신을 양성할 것, 부인에게 가정의 경제ㆍ위생 등 생활 개선에 대한 정신을 양성할 것, 일반에게 근로정신을 양성시킬 것, 동리 사람의 운동과 오락에 대한 시설을 잊어버리지 말 것, 항상 보살도로 회향할 것 등이다. 다음으로 도시 포교에 대해서는 농촌과는 포교의 특성이 질적으로 다르다는 전제를 갖고 특히 복잡한 시설을 필요하게 된다고 전제하였다. 이에 여기서는 도시 특성을 이용한 포교 방식을 세부적으로 제시하였다.[11]

---

[7] 그 과목에 조선문학 및 조선문학사, 일본문학 및 일본문학사, 한문학 및 한문학사, 현대문학, 어학, 역사, 철학 및 철학사, 윤리학 및 윤리학사, 심리학, 종교학 및 회회교, 사회학, 사회문제, 사회사업, 경제학, 경제문제, 농촌문제, 도시문제, 부인 문제 등이다.

[8] 미술, 음악, 연극, 영화 등이다.

[9] 불교교리, 불교사, 성전, 불조전기, 고승사적, 포교법 및 교화법, 변론학 및 실습, 수사학, 문법학, 윤리학 등이다.

[10] 강유문은 이를 당시의 본산으로 설정하였다.

[11] 그는 설교회, 강연회, 불전강의회, 경전독송회, 신앙좌담회, 문전게시판 포교,

포교 대상인 개인에 대해서는 다양한 내용(개성, 특징, 신념, 포교)을 갖고 상세한 설명을 가하였다. 우선 개인의 개성을 정신 심리학에 의거 知·情·意의 세 가지로 구분하고 나아가서는 각 개인의 기질, 성격을 설명하였다. 이어서 개인의 특징을 아동, 청년, 성인으로 대별하고 그 구체적인 특징을 설명하였다. 신념에서는 각 개인의 정신 상태가 신앙적 상태로 전환되는 상태를 상세히 서술하였다. 포교에서는 개인 상대의 포교의 실제를 구체적으로 제시하였다. 사찰, 가정, 기타를 나누고 특히 방문 포교의 내용을 상세히 제시하였다. 다음으로 군중을 상대로 한 포교에서는 군중의 상태, 심리, 특징, 배경, 지도, 포교로 대별하여 그 내용을 제시하였다.

제3편인 방법에서는 변론, 문서, 의식, 예술, 사업포교로 나누어 설명하였다. 변론에서는 설교, 설법, 법담, 법문, 歌詠, 연설, 강연, 강의, 동화, 좌담 등으로 구분하였다. 그 후에는 각 내용별로 세부 방법을 상세히 개진하였다. 그리고 이 변론에 필요한 교재로 법의(사상, 교리), 비유, 인연를 갖고 설명하였다. 다음으로는 변론에 필요한 조직으로 표제(제목), 원고안, 순서로서의 변론 진행인 3단(서론, 본론, 결론)을 제시하였다. 다음, 변론에서 검토할 聲音의 문제를 분석하였다. 여기에는 목소리(聲音), 발성, 발음, 음조를 검토하였다. 다음에는 언어의 문제를 제시하였는데, 이는 변론 포교에서 실제로 현장에서 구현되는 말에 대한 것이다. 여기에서는 말의 明晰, 優美, 莊重을 꼽았다. 그러나 무엇보다도 이러한 기초하에서 피나는 연습을 해야 한다고 강조하였다. 다음으로는 포교 현장에서 포교사의 태도를 중요하게 꼽았다. 태도는 단순한 동작이 아니고, 포교자의 威儀로서 제스처, 자

신문 포교, 기념포교, 특별포교, 불서출판, 포교문 반포, 잡지 발행, 간이 도서관, 불교 영험 참배, 신자댁 방문, 음악회, 영화회, 기념식, 수계식, 치성식, 장례식, 아동회, 이야기회, 유치원, 일요학교, 불교소년회, 소년근로자 교양, 불교청년회, 청년근로자 교양, 불교부인회, 불교처녀회, 여자청년회, 어머니회, 사찰 부인회, 부인근로자 교양, 호주회, 노년회, 경로회, 위안회, 교육포교(학교경영), 감옥포교, 금주회, 각종 사회사업, 각 官公私 단체 포교 등이다.

세에 그치는 것이 아니라 포교자의 정열, 자비, 자연적 태도 등을 총괄하는 것이다. 여기에서는 설교, 연설로 나눈 후에 각 내용별의 실제 상황을 상세히 정리하였다.

문서포교에서는 그 내용을 인쇄 문서, 육필문서, 회화 겸용문서, 기타[12] 등으로 나누고 형식으로는 신문, 서한, 포스터 등으로 나누었다. 인쇄에서는 신문, 잡지, 고전(번역), 팸플릿, 북클릿, 리플릿, 트랫트로 구분하였다.

의식포교는 사찰에서의 일체의식 전체를 지칭한다. 이 의식에는 전통적 의식과 일반적 의식으로 나눌 수 있다. 전통의식은 석가탄신일, 열반제 기념 행사, 조석예불 등을 말하고, 일반의식은 결혼식, 장례식을 말한다.

예술포교는 음악, 회화, 조각, 불상, 공예품, 미술품, 건축물, 시, 시조, 소설, 희곡, 연극, 영화, 라디오, 축음기 등을 통한 포교를 말한다.

사업포교는 사업경영을 통한 포교 효과를 내는 것이다. 구체적으로는 불교 신앙을 토대로 한 사업 정신을 구현하는 것인데, 그 내용 별로는 다양한 것이 제시되었다. 사업의 대상에는 救貧 사업, 防貧 사업,[13] 아동보호사업, 사회교화 사업이[14] 제시되었다.

부록으로는 강연회와 당시 일제가 제정, 선포한 포교규칙 19조 전체가 소개되었고, 그 규칙에 의거한 관련 행정서식이[15] 제시되었다. 강연회는 지금껏 제시된 포교법의 내용을 집회라는 하나의 표본에 적용하여 실제의 모든 절차, 검토사항을 분석한 것이다. 여기에서 검토한 내용은 강연회 목적, 사회자,[16] 강사 선정, 청중의 지식 정도, 성별, 개최시기, 시간, 會場 선정,

---

12 기타에는 게시, 안내판, 주의판 등이 포함된다.

13 여기에는 직업소개, 실업 보호, 보건, 위생, 소비절약, 저리금융, 부업 장려 등이 제시되었다.

14 여기에서는 성인교육, 사회 강연, 간이도서관의 강습회, 순회도서관, 청소년 교화, 부인 교화, 오락개선, 고급취미 보급, 박람회, 품평회 개최 등이 제시되었다.

15 그는 布教屆, 포교원, 포교관리자 設置屆, 포교소 설치계 등의 양식이다.

선전, 권유, 경비, 강연장 설비, 회원 역할, 회의 진행, 강연효과, 사후처리 및 주의, 강연회와 일반사회와의 관계 등이다.

2. 근대불교와 포교

지금부터는 위의『포교법 개설』을 분석하면서 필자가 생각한 근대불교의 포교에 관한 단상을 제시하고자 한다. 이 제시는 근대불교가 걸어온 흐름을 유의하면서 고려한 것이고, 추후 포교 문제를 연구함에서 참고 자료로 삼으려는 필자 스스로의 연구 초점이기도 하다.

첫째, 이『포교법 개설』의 序에서도 제시되었지만 왜, 1930년대 중반기에 와서 포교의 개설서가 필요하였는가에 대한 설명이 뒤따라야 한다. 오히려 포교의 활성화는 1920년대 중반에 활성화되기 시작하였음을 보면 1930년대 중반에 포교 개설서가 나올 수밖에 없었던 배경을 찾아내야 할 것이다.

둘째,『포교법 개설』에서 제시된 포교에 대한 인식의 폭과 깊이를 현대 한국불교에서 인식되고 있는 것과의 비교 고찰이 요망된다. 필자가 보기에는 강유문의 이 개설서가 현대 한국불교계에서 논의되고 있는 것보다 그 대상의 질과 양이라는 측면에서 더욱 심화된 성과물이라는 생각을 지울 수가 없다.

셋째, 이 저술의 당사자인 강유문은 불교청년운동을 수행하면서 한용운과 깊은 연계를 갖고 있었다. 이 저술의 집필에 기재되었을 한용운과의 연관성을 찾아내야 한다고 본다. 한용운은 불교 대중화, 불교민중화를 강력하게 피력하였으며, 포교에 관련된 글도 수편을 남겼다. 요컨대 한용운의 포교관에 대한 정리도 요망된다는 것이다.

---

16 이 책자에서는 사회자의 중요성을 매우 강조하였다. 즉 강사를 표면상의 책임자라면 사회자는 이면의 책임자로 표현하였다.

넷째, 한국 근대기에 포교에 관심을 둔 승려, 불교지식인들의 인식을 정리해야 한다. 일제하 불교 관련 잡지에는 이에 관한 다수의 글들이 전하고 있다. 이러한 글을 분석하여 근대불교의 포교에 관한 인식, 주장을 세밀히 점검해야 한다.

다섯째, 근대불교의 포교에 대한 정황은 당시 시대 상황, 불교계 동향과 연계되면서 일정한 변화를 겪었던 것으로 보인다. 이에 추후에는 각 시대별 포교의 움직임을 대별하여 이해할 수 있다고 본다.

여섯째, 추후 포교 연구를 수행할 경우에는 포교 자체의 문제에만 시선을 고정시키지 말고, 당시 불교계 전체의 동향과 연계하여 그 본질, 한계를 찾아내야 한다고 생각한다.

일곱째, 일제하 한국불교에 큰 영향을 끼친 대상은 일본불교였다. 지금껏 승려의 결혼문제에 대해서는 일본불교로부터 강력한 영향을 받았다는 것은 보편화되었지만, 포교 차원에서의 일본불교로부터 영향 받은 것에 대해서는 거의 검토되지 않았다. 이러한 측면이 세부적으로 그려질 때 포교 문제를 비롯하여 일제하 불교계의 연구 지평이 더욱 새로워질 것이다.

제2장

불교 근대화의

다면성

:

건봉사의
재일 불교유학생과
봉명학교

– 불교 근대화의 자생성 모색

1. 서언

　　금강산 乾鳳寺는 일제하 불교에서는 31본산의 일원으로 금강
산 불교와 관동불교를 대변하는 寺格을 갖고 있었다. 이 같은 건봉사의 사
격은 조선후기 이래 건봉사의 역사와 문화의 기반에서 나온 것이다. 그런데
건봉사의 이 같은 사격은 건봉사가 갖고 있었던 막대한 경제력과 무관한
것은 아니었다. 따라서 건봉사는 이러한 배경으로 인해 금강산 및 설악산
일대의 사찰을 대표하는 사찰이었다. 그러나 지금은 1950년 한국전쟁의 후
유증으로[1] 인하여 본사로서의 사격을 상실하였지만, 최근에는 과거의 역사
와 문화를 계승하려는 노력이 구체화되고 있다.

　그런데 위와 같은 건봉사의 역사와 문화를 조망함에 있어서는 다양한
접근이 요청되지만 교육 분야에 대한 분석도 간과할 수 없는 것이다. 건봉

---

[1] 그는 전쟁으로 인한 전소, 경제적 기반 상실, 38선 접경지역으로 인한 정상적인
　종교활동 미약, 본사 양보 등이다.

사에는 조선후기 이래 염불원, 강원, 선원이 있었다. 특히 건봉사의 만일염불회 수행 전통은 건봉사 문화를 대변하고 있었다. 건봉사는 이 같은 전근대기 수행 및 교육 전통의 기반하에서 근대에 접어들면서도 근대적인 교육 사업에 적극적으로 임하였다. 1906년에 신식학교인 鳳鳴學校의 개교와 다수의 승려들을 서울 및 일본에 유학을 보낸 것은 그 예증이다. 특히 건봉사 출신 재일유학생들은 유학을 마치고 귀국하여 건봉사에서 불교의 근대화에 매진하였다. 이런 결과로 건봉사는 여타 본사보다도 비교적 많은 재일유학생을 배출하였는데, 이는 건봉사가 근대 지향적, 문명적인 분위기가 짙은 본사임을 말해주는 단서이다.

본 고찰은 건봉사 출신 재일 유학생이 여타 본사보다 비교적 많았을 뿐만 아니라 건봉사에서는 근대문명 지향적인 활동이 다양하였음에 착안하여 그 전후사정을 건봉사 역사에 편입하려는 시도이다. 그래서 건봉사에서 재일 유학생이 많이 배출된 배경을 살펴보고, 건봉사 출신 유학생의 귀국한 이후의 활동도 조사하려고 한다. 그러나 그에 관련된 자료가 풍부하지 않아 논지 전개에 무리가 따를 것이 예상된다.

이 같은 건봉사 교육활동의 사례는 일제하 재일 불교유학생이 불교 근대화에 끼친 영향, 불교 근대화와 일본불교와의 상관성과도 연계시킬 수 있는 단서이다. 그런데 건봉사의 근대기에서의 교육 및 수행의 역사를 살펴보면 단선적으로 이해할 수 없는 사찰 내적인 고민을 알게 된다. 신식학교의 개교, 염불원의 존속과 중단 그리고 재 개원, 선원의 재 개설, 신식학교의 폐교 및 재 개교, 유학생의 파견 및 복귀 등 다양한 움직임이 부침을 거듭하였던 것이다. 필자는 이 같은 부침을 본 고찰에서는 자생적 근대화라는 관점으로 설명하려고 한다. 지금껏 불교 근대화에 대해서는 신식학교 및 포교당의 개설, 잡지 발간, 일본 유학, 일본불교의 영향, 불교 개혁론을 소재로 설명을 해 왔다. 이 같은 현상들은 불교 근대화 연구에 필수 불가결한 것이지만 실제 이런 내용들이 구현된 무대는 사찰이었다. 지금껏 불교 근대화를 검토함에 있어 구체적인 사찰에서의 생생한 복원이 미진하였으며, 나아가서는 사찰 내적인 고민 및 흐름 등에 대해서도 착안하지 않았다. 그래서 필자는 건봉사에서 전개된 근대화에 관련된 내용들을 상호 연결하여 검토하고자 한다.

필자의 이러한 모색, 설명은 불교 근대화의 자생성을 모색하려는 의도이다. 불교 근대화를 검토함에 있어서는 사찰 공동체 내외의 고민, 충격의 문제를 동시에 살펴야 되고, 그 흐름을 종합하기도 해야 한다. 어느 일방적인 요인, 흐름만으로는 설명이 미흡하다. 불교 유학생이 끼친 영향, 문제가 중요하지만 그를 가능케 하였던 사찰 내적인 요인, 배경, 활동도 동시에 탐구되어야 한다. 그럴 때에 불교 근대화의 전모, 성격이 그려질 수 있을 것이다. 그러나 그에 대한 자료발굴의 부진과 필자의 역량 부족 등으로 인하여 소기의 성과를 기하기에는 난점이 예상되지만 불교 근대화 연구에 초석을 놓는다는 심정으로 거친 글을 쓰려고 한다.

한편, 지금까지의 재일불교 유학생에 대한 연구는 재일 불교 유학생 단체의 분석과 개요 정리에 머물렀다.[2] 재일불교 유학생 문제는 교육사업, 불교개혁, 불교 근대화, 수행풍토 전환, 계율 문제, 승려 결혼, 근대불교학의 이식, 문명 전달의 매개체 등등 불교계 내부 다양한 현상의 저변에 있는 근본적인 주제이다. 필자는 위와 같은 전제에서 재일불교 유학생에 대한 인식의 지평을 확대하려고 하거니와 선학제현의 질정과 비판을 기다린다.

---

[2] 재일 불교유학생에 대한 기존 연구는 다음과 같다.
김광식, 「1920년대 재일 불교유학생 단체 연구」, 『한국근대불교의 현실인식』, 민족사, 1998; 김광식, 「1930~40년대 재일 불교유학생 단체 연구」, 『한국근대불교의 현실인식』, 민족사, 1998; 이경순, 「일제시대 불교 유학생의 동향」, 『승가교육』 2, 1998.

2. 건봉사의 재일 불교 유학생

1) 재일 유학생의 개요

일제하 한국불교라는 시공간에서 건봉사 출신 승려 중에서 일본 유학을 간 대상자는 누구이었으며, 그 숫자는 얼마나 되는가? 본 고찰의 연구 대상자인 일본 유학을 거친 대상자를 선학의 연구 성과[3]와 필자의 추가 조사에서[4] 찾은 내용을 제시하면 다음과 같다.

대상	유학학교/학과	유학 연도	비고
李智光	曹洞宗大學	1913~1918	중앙학림 학감, 向上會館 봉은사 포교사(1937)
朴聖權[5]	大正大學 불교학과	1931~1934	조선불교청년총동맹 동경동맹 검사위원장, 각황사(총본사) 포교사
朴鍾雲	駒澤大學 불교학과	1937 졸	보성고보, 대성학교 출신 건봉사 강원, 학인대회 참가 조선불교청년동맹, 동경동맹 회계장, 건봉사 교무, 영월 포교사
張元圭	駒澤大學 불교학과	1937~1940	보성고보, 중앙불전 졸업(1937) 조선불교 동경유학생회 간사 동국대 교수
鄭斗石	日本大學 종교학과	1933 재	학인대회 발기인, 대회 참여 중앙불전 졸(1931), 강릉포교당, 봉명학교 교무주임
	日本大學 문학부, 사학과	1940 재	조선불교 동경학우회 간사
		1942 졸	건봉사 경성 중앙포교소 포교사 동국대 교수, 총장

---

3 위의 이경순 연구 논문, 279~294쪽. 이경순은 「일제시대 재일본 불교유학생명단」을 일제시대 불교 잡지, 재일본 대학보, 연보와 연감 등을 분석하여 322명의 명단을 관련 자료에 근거하여 제시하였다.

4 「사원상황 조사 보고」, 『불청운동』 9·10호(1933.2), 45쪽의 건봉사 내용. 여기에는 당시 건봉사의 사세와 피교육자(旣現)의 내용이 나온다. 사세를 소개하면 재적자 103인, 세입세출액 34,334원(1933년), 貸借 無, 신도 409인으로 나온다.

趙靈出[6]	早稻田 第二高等學院	1937 재	건봉사출가, 봉명학교 출신
	早稻田大學 학부, 불문과	1938 재	보성고보 졸
		1941 졸	월북, 북한에서 문학활동
郭西淳	大成中學校	1937 재	백담사 출신
	日本大學 예과	1938 재	『금강저』 24호 발행인
	日本大學 본과	1942 졸	해방공간 불교혁신운동
黃永眞	日本大學 학부, 철학과	1938 재	簿記學校 수학, 건봉사 강원 학인대회 발기인, 대회 참가 동경 조선인유학생 반제사건(1941) 연루
	日本大學[7] 법문학부, 철학과	1940 재	
崔載亨	駒澤大學	1939 재	건봉사 출가
	駒澤大學 예과	1940 재	경성고보 졸
	駒澤大學 학부, 인문학과	1941 재	해방후 교직종사, 시인
金炳奎	東洋大學 예과, 불교학과	1938 입	용정 永新學校 수학 1937년 범어사 외과 강사
	日本大學 학부, 한문학과	1942 졸	
徐聖仁	中野中學	1937 재	용정 永新學校 수학
	東洋大學 예과	1940 재	
金東崑	岩倉鐵道學校	1939 재	
金喆雨	岩倉鐵道學校	1939 재	
金允澤	城西中學	1939 재	
金濟潤	日本大學 전문부, 종교과	1939 재	신흥사[8] 출신
朴容義[9]	世田谷中學	1939 재	봉명학교 출신
	駒澤大學 예과	1941 재	동경학우회 문교부 상무
全萬應	大正大學 전문부, 불교학과	1941 재	
方英植	駒澤大學 전문부, 불교학과	1942 졸	
金學哲	明治大學 전문부, 법학과	1942 입	
金三龍[10]	京都中學, 京都立命館大	1933 재	사회생활후 중앙불전 입학 1938년 2월 중앙불전졸
鄭明燦	京都 聖峰中	1933 재	
李喆雨[11]			혜화전문, 학병, 속초중 교장 건봉사 승려 진암의 양아들로 입양

---

[5] 朴保光으로도 불렸다.

이상과 같이 건봉사 출신 승려들의 일본 유학생은 현재까지는 22명[12]이 집계되었다. 이 통계는 현전하는 불교 관련 잡지 등에서 집약한 것이기에 추가될 가능성은 있다.

그러면 이제부터는 제시된 유학생을 기본 대상으로 유학 시기, 유학비용, 수학 내용, 귀국 후의 활동 등을 살펴보겠다. 이를 통하여 건봉사 출신 유학생들의 특성을 추출하고자 한다.

첫째, 건봉사의 유학생이 22명이라는 것에 대해서 우선 살펴본다. 이 22명이라는 숫자는 당시 일제하 31본사 가운데에서는 상위의 숫자로 볼 수 있다. 이경순의 연구와 필자의 추가조사로 찾아낸 본사별 유학생 대상 사찰 중, 상위의 숫자를 보면 다음과 같다.

---

6 필명 趙鳴嵒이다.

7 그런데 「여여회, 근대불교 생생히 전하는 증인들」(『불교신문』 1993.1.27)에서는 만해스님을 시봉했던 황영진(당시 84세, 보문사 평생강사)은 건봉사 종비생으로 일본 동경 대정대 유학승이었다고 나온다. 이는 오류일 가능성이 높으나, 추후 확인이 요청된다.

8 이경순은 이를 신흥사라 표기하였는데, 이 사찰은 건봉사 말사인 신흥사(현재, 속초시에 위치한 설악산 신흥사)라 보고, 건봉사 출신에 포함시켰다.

9 朴琦鎬로도 불린다.

10 『룸비니』 2집(1938.3), 78쪽. 이경순의 대상자에는 포함되지 않았다.

11 이철우는 김철우로 표기된 인물과 같은 대상으로 보인다. 일본 유학을 갔으나 수학한 학교는 파악하지 못했다. 그는 양양출신인데 건봉사 승려로 추정되나 관련 기록은 찾지 못했다. 그러나 신흥사 승려인 김수송과 의형제를 맺고 건봉사 후원으로 일본 유학을 갔다고 보인다. 즉 김수송과 의형제를 맺고, 그의 추천으로 일본 유학을 간 것으로 추측된다. 그는 진암(승려, 속가로는 작은 아버지)의 양아들로 입양하였는데, 그 시점은 알 수 없다. 이상의 내용은 만해마을 운영위원장을 역임한 이상국의 증언(2010년 7월 11일, 만해마을)에 의한 것이다. 이상국은 이철우의 형인 李眞雨(1904년생)의 아들이다. 그런데 이철우는 건봉사 출신으로 암창철도학교에서 수학한 김철우와 이름이 비슷한 것에 의아심이 간다. 즉 김철우는 본래 이철우인데 오기로 표기될 가능성도 있다.

12 이경순은 19명으로 제시하였다. 그러나 필자는 이철우, 김삼룡, 정명찬을 발굴하였다. 이철우는 승려로 추정되나 건봉사 후원으로 유학을 하였다. 추후에는 승려는 아니지만, 사찰 후원으로 일본 유학을 간 경우를 조사해야 할 것이다.

통도사: 33명

송광사: 22명

건봉사: 22명

유점사: 20명

범어사: 18명

석왕사: 16명

보현사: 13명

옥천사: 11명

월정사: 10명

해인사: 10명

이상과 같은 통계 수치에서 건봉사는 사찰 순위로는 두 번째에 해당된다. 이 유학생 통계는 당시 각 본사의 寺勢의 구도와 거의 유사하다고 하겠다. 일제하 교단은 전국 본사의 경제력을 중심으로 사세를 판단하였다. 그래서 1914~15년부터 중앙의 30본산 주지회의소 운영 경비를 조달하기 위한 분배금 확정, 그리고 중앙학림의 교육운영비 납부, 학생 파견 등에 하나의 기준치로 1등지부터 9등지로 구분하였다.[13] 그를 제시하면 다음과 같다.

1등지: 통도사, 해인사, 범어사

2등지: 유점사, 건봉사, 김용사, 석왕사

3등지: 용주사, 동화사, 송광사, 선암사, 보현사

4등지: 은해사, 봉은사, 마곡사, 대흥사, 고운사, 월정사

5등지: 법주사

6등지: 귀주사, 보석사, 패엽사, 전등사, 봉선사, 백양사

7등지: 기림사

8등지: 성불사, 위봉사

9등지: 법흥사, 영명사

---

[13] 『조선불교계』 1916.4, 96쪽; 한동민, 『사찰령 체제하 본산제도 연구』, 중앙대학교 박사학위논문, 2005, 191~192쪽.

이러한 본사별 等地 구분에 의하면 송광사와 월정사가 사세에 비해 일본 유학생을 많이 배출하였음을 알 수 있다. 그리고 옥천사가 개별 사찰임에도 불구하고 높은 수치로 나오고 있음이 주목된다. 그에 반해 해인사가 건봉사보다 등지가 높음에도 유학생 수치가 많지 않은 것은 전통불교의 유지라는 측면에서 설명할 수 있을 것이다. 이런 제반 상황을 종합하면 건봉사의 경우는 사세, 경제력에 버금가는 유학생을 배출하였다고 하겠다. 그러나 범어사와 대등하게 유학생을 배출하였음은 사찰이 있었던 공간을 고려하면 단순하게 넘길 것은 아니라 본다. 범어사는 건봉사보다 경제력이 우위였고, 일본과 가까운 지역이었지만 건봉사는 금강산에 위치한 궁벽한 곳이었다는 점에서 건봉사가 재일불교 유학생을 많이 배출한 것은 특별한 의미, 이를테면 교육열, 신문명 지향적인 문화가 있었음을 말해주는 것이라고 설명하고자 한다.[14]

둘째, 건봉사 유학생이 일본에 가서 유학을 한 시기는 주로 1930년대 중반 이후라고 보인다. 일반적으로 불교유학생이 1910년대 전반기에서 시작하여 1920년대, 1930년대로 점차 증가하는 추세를 고려할 때 건봉사의 경우 1920년대에는 기록상 나타나지 않는 것은 특이한 사례로 보인다. 그러나 현재로서는 그 연유를 말하기는 어려우나 후술할 건봉사 불교 근대화에 대한 노선의 성찰, 내적 갈등에서 기인한 것으로 보인다. 그리고 건봉사의 유학생들의 유학 비용은 현재는 대부분 공비 유학생으로 보인다. 그러나 전체 대상자에서 사비 유학생도 있었는지는 확인하기 어렵다.

셋째, 건봉사 출신 유학생들이 수학한 학문은 인문학 분야라는 점이 보인다. 수학 분야는 불교학, 종교학, 한문학, 철학, 법학, 철도 등이었다. 그러나

---

14 『불청운동』 7·8호(1932.10), 7쪽에는 1932년 무렵 각 본사의 교육비 책정 내용이 나온다. 당시 조사된 14개처 본사 중 건봉사는 통도사 다음으로 많은 교육비를 투입하였다. 당시 건봉사 공비생과 공비액은 일본 1인, 중앙불전 2인, 중학 2인으로 금액은 1,100원이었다. 통도사는 1,600원이고 여타 본사는 120~860원 사이였다.

대부분은 불교학이 중심을 이루면서 다양한 인문학이 골고루 분포되어 있었다. 여타 본사에서는 불교학 이외의 분야가 적지 않았지만 건봉사는 불교학을 포함한 인문학이 망라되고 있다는 점에서[15] 특별한 점을 갖고 있는 것으로 보인다.

넷째, 건봉사 출신 유학생은 귀국 이후에 포교사, 강사, 교사 및 교수, 시인, 불교개혁가 등으로 활동하였다. 이를 건봉사의 특징으로 단정하기에는 어려움이 있다. 그러나 건봉사 출신은 귀국이후 불교계에서 특히 인문분야에서 활발한 활동을 하였다고[16] 이해된다.

지금까지 건봉사 출신 재일 불교유학생의 개요에 나타난 제반 정황을 살펴보고, 그 특성을 가늠해 보았다. 이제는 건봉사 내적인 정황에서 유학생들의 배경, 기반을 구체적으로 살펴보고자 한다.

2) 재일 유학생의 기반, 봉명학교

건봉사가 비교적인 다수의 유학생을 배출한 것은 어떤 요인에서 찾아야할 것인가? 그것은 다양한 측면에서 찾아야 할 것이지만 우선은 건봉사의 사세 및 경제력을 지적할 수 있다. 현전하는 유학생이 대부분 공비 유학생이라면, 유학을 후원하고 뒷받침할 수 있었던 사찰의 경제력을 제외할 수는 없다. 다음으로는 건봉사만이 갖고 있었던 신문명, 신식교육에 대한 정서, 분위기를 찾을 수 있다. 금강산의 외진 공간이면서, 설악산 일대의 사찰을 관리하면서, 관동불교를 대변하였던 건봉사가 그처럼 신문명과 신교육에 남다른 열성을 보였음은 특이한 사례이다.

---

[15] 조영출은 자신은 인문학을 공부하였지만, 사찰(건봉사)에서는 불교를 공부할 것을 권유받았다고 한다. 그래서 자신은 사찰이 모르게 하고 인문학을 공부하였다. 이 내용은 윤여탁, 「모더니즘에서 리얼리즘에로의 선택 - 조영출의 문학과 삶」, 『만해학보』 창간호, 180쪽의 각주 4 참조.

[16] 환속하여 불교계를 떠났지만 인문, 문학, 교육방면의 일에 종사하였다.

필자는 건봉사의 이 같은 정서, 문화를 설명함에 있어 1906년에 건립된 신식 보통학교인 봉명학교의 존재를 주목한다. 즉 건봉사 출신의 재일유학생은 대부분이 건봉사에서 개설한 봉명학교 출신이었다. 이에 대해서는 건봉사 출신인 설산의 증언이 참고 된다.

> 그때 건봉사 봉명학교에는 관동일대에서 학생들이 많이 왔어요. 다른 학교가 없었으니까요. 관동지방의 박종운 같은 선각자들이 학교제도라든가 교과서라든가 학교의 체제를 갖추었어요. 봉명학교를 끝낸 사람들을 유학을 보냈는데 나가 있는 사람들이 20, 30명씩이 되었거든요. 그중 유명한 사람들이 정두석, 장원규 같은 분들이었죠. 그런 분들이 유학을 갔다가 돌아와서 학교의 선생노릇을 했죠.[17]

이렇게 봉명학교는 건봉사 재일 유학생의 기반, 보급의 근거 학교였다. 그러면 봉명학교에 대해서 그 전모를 파악해 보자. 봉명학교는 1906년에[18] 개교하였다. 봉명학교가 이때 개교하였음은 1906년 5월에 개교한 명진학교의 영향을 거론할 수 있다. 1906년 4월 명진학교[19]의 개교를 준비한 불교연구회는 각 지방의 수사찰에 공문을 보내 개교의 배경과 취지를 말하면서 학생들을 보내줄 것을 요청하였다. 이 같은 명진학교의 개교에는 불교에 대한 천양의식, 문명에 대한 적극적인 수용의식, 민족이 처한 현실을 극복하려는 동참의식 등이 어우러져 있었다.[20] 이러한 중앙 불교계의 명진학교 개교의 즈음에 나타난 근대 민족불교관의 형성은 자연적으로 전국 불교계

---

[17] 「설산스님, 의병의 자손으로 태어나」, 『22인의 증언을 통해 본 근현대 불교사』, 선우도량, 2002, 96~97쪽.

[18] 『건봉사 급 건봉사 본말사적』, 한성도서, 1928, 12쪽. 그런데 이 자료에는 1907년(쯪年)에 봉명학교를 폐하였다고 나온다. 이에 대해서는 신중한 해석이 요망된다.

[19] 명진학교의 개교에 대해서는 졸고, 「명진학교의 건학정신과 근대 민족불교관의 형성」, 『민족불교의 이상과 현실』, 도피안사, 2007, 294~300쪽을 참고할 것.

[20] 위의 졸고, 307~309쪽 내용 참조.

에 영향을 주었을 것이다. 그리하여 명진학교의 분교(支校, 기초학교)의 형태로 본사의 보통학교가 우후죽순과 같이 등장하였다. 요컨대 명진학교 개교에 일정한 영향을 받아 건봉사가 제일 빠른 시점인 1906년 8월 1일에 개교하였다.[21] 그러면 건봉사는 어떠한 입장, 현실인식하에서 신식학교를 개교하였는가? 이에 대해서는 봉명학교의 개교, 설립 취지서가 참고된다. 그 취지서 전체 내용을 번역하여 제시한다.

우리 大韓에는 오직 儒佛仙 三道가 있어 그 우뚝한 기세가 동쪽으로 몰려와서 마치 다리가 세 개 달린 솥발과 같다. 그러나 仙道는 그림자 같아서 더 말할 것 없고, 儒家의 六經에 있어서는 입으로 막힘이 없이 외우기는 하지만 변화 없는 고집을 부리는 경우가 얼마나 많으며, 佛家의 三藏은 드물기는 하나 마음으로 통함에 未擧하여 세상물정에 어두운지라. 그 누가 우리의 암담한 앞길에 등불을 밝힐 수 있겠으며, 그 누가 우리의 헤매는 나룻길에 뗏목을 놓아 건너게 할 수 있겠는가. 이렇게 까마득히 세상을 모르고 있어 우리 東方禮義의 나라가 하루아침에 외국사람들로부터 멸시당하고 억압당하게 된 것을 어리석은 부녀자나 어린 아이라 해도 널리 알지 못함을 스스로 부끄러워하는데, 하물며 갓 쓴 선비나 머리 깎은 승려들은 옛것을 지키다가 시세의 추이도 모르고 때나 기다리는 사람들 어찌 이 나라를 회복시킬 방법을 기약하지 않겠는가. 그러므로 지금 여러 곳에서 관립 혹은 공립, 사립의 학교가 더욱 많아져 젊은 남녀와 승려, 그리고 고아들이 앞 다투어 한결같이 학업에 힘쓰고자 하니 우리를 행복케 할 아름다운 운세여! 나라를 위하는 기초이자 국민을 위한 지침이 이렇게 위대하고 왕성할 줄이야! 어떤 이가 묻기를 무슨 학문을 가르칠 것이며 어떤 이익을 기대하는가 하면 이렇게 답변한다. "동서양의 新學問과 歷史를 모두 열람하면 어찌 漢記, 宋記의 通鑑 몇 편에 그칠 것이며 세계의 여러 나라 형편을 분명히 가릴 줄 안다면 모든 開化의 온갖 이치를 알게 되어 뛰어난 人才를 발굴함에 있어서도 상당한 비교가 될 것이고 거침없이 잘하는 웅변을 도모함에 있어서도 더불어 둘 다 편리할 것이다. 이제 그 누가 감히

---

21 김순석, 「통감부 시기 불교계의 명진학교 설립과 운영」, 『한국독립운동사연구』 21, 2003, 147쪽. 김순석은 봉명학교 개교가 『대한매일신보』 1906년 8월 1일자에 보도되었다고 서술하였다.

업신여길 것인가. 그리하여 임금께 충성하고 나라를 사랑하는 것과 민생의 산업이 교육을 버리고 어느 것이 적합하며 이를 미루고 어느 것을 하겠는가."

비유하자면 명약과 같아서 녹용 7푼과 산삼 3푼으로 보약을 달여서 우리 백성들을 치료하여 여윈 몸이 다시 건강하여진다면 대장부들이 세상에서 뽐내어 이 시대의 인재가 되리라. 그리하여 독립도 능히 해내고 자유도 능히 누리게 되리니, 어떤 敵인들 굴복하지 않겠으며 어떤 일인들 못 이루겠는가. 이런 연후에 新學의 敎育에 힘입어 聖學의 가르침에 힘쓴다면 두 날개가 달린 조화로운 새와 같을 것이고, 文明의 발달을 체험하여 다양한 불교에 뜻을 둔다면 두 바퀴가 달린 수레와 같은 것으로 이로써 일과 이치를 함께 닦아서 禪定과 智慧가 함께 넉넉하게 갖추게 될 터인데 어찌 舊學과 新學間의 차이를 구름과 진흙, 검은색과 흰색의 구분처럼 차이를 말하겠는가.

대개 이 건봉사는 관동지방의 큰 사찰인지라 옹기종기 치솟은 금강산의 남쪽 기슭에 드넓은 동해를 바라보고 있으며, 서쪽은 높은 산으로 普琳窟과 鳳巖이 있고 남쪽에는 香爐峯과 雪嶽山이 바라다 보인다. 그리고 수천 間의 堂宇와 수백 명의 승려가 있다. 이에 학교를 설립하고 鳳鳴이란 간판을 건 것은 풍악이 아홉 가락 끝날 때 봉황이 찾아 왔다는 데서 유래한 것이다. 같은 마음으로 서로 응하며, 의견을 같이해서 같은 소리로 서로 찾아서 불교의 큰 방법도 연구하고 신학문의 교육에 참여해서 나라에 충성하는 마음으로 정성을 다하여 티끌모아 태산의 은혜에 보답한다면 元曉大師와 普照國師가 짠 비에 목판을 내던지게 될 것이며 서산대사와 사명대사가 王室에 공들인 보람을 다시 보게 될 것이니, 간곡하게 청하고 바라는 것은 새로움을 바라는 君子나 세상 물정에 어두운 禪侶들이 재빨리 찾아와서, 심혈을 기울여 배우고 그리고 단체를 만들어 進步 開明하여 우리 임금님을 요, 순 임금 이상으로 만들 것이며 끝내는 동방에 없었던 태평시대가 오도록 할 것을 머리를 조아리면서 절하고 목탁을 치면서 기도하나이다.

발기인 秦學純, 金寶雲[22]

---

[22] 「강원도 금강산 건봉사 봉명학교 취지서」, 『황성신문』 1907.1.26. 이 취지서는 국한문 혼용으로 작성되었으나 『금강산 건봉사 사적』, 동산법문 전국만일염불회, 2003, 322~324쪽의 번역된 문장을 참고, 활용하였다.
그런데 『대한매일신보』 1907년 1월 19일자 「봉명학교취지서/金寶雲述」과 1907년 1월 20일자 「봉명학교취지/金寶雲述(續)」의 내용에 의하면 이 취지서는 김보운이 작성한 것으로 이해된다. 그리고 1908년 3월 원종 종무원을 발기하였던 13도 대표 각 사찰 總代 70여 명의 명단에도 김보운이 나온다. 「광고, 佛敎宗務局

그러면 여기에서는 위의 봉명학교 취지서에 나타난 현실인식, 개교의 배경, 취지 및 목적 등을 대별하여 제시하겠다.

첫째, 구한말의 현실, 문명의 도래, 급변하는 국제정세 등의 무지함에 대한 성찰의식이 나왔다. 이는 자기, 민족, 국가가 처한 현실을 냉철하게 바라보는 것이라 하겠다.

둘째, 그 당시 전국적으로 나타난 신식학교의 등장, 신식학교에서의 학업이 나라의 기초가 되고, 국민의 지침이 되고 있다는 자각을 하였다. 이에 건봉사에서는 이 같은 변화를 적극적으로 수용하게 되었다.

셋째, 그래서 신식학교에서 동서양의 학문을 다 배우게 된다면 자연적으로 당시 거세게 흐르고 있었던 개화의 내용을 파악하게 되고, 저절로 인재양성을 할 수 있다고 보았다. 그 결과 인재양성을 통하여 우리나라가 독립과 자유를 달성할 수 있을 것으로 이해하였다.

넷째, 결과적으로 봉명학교에서는 신학문과 전통적인 학문(聖學, 佛教)을 균형적으로 교육하겠다는 방향을 피력하였다. 이런 방향, 인식을 통하여 봉명학교의 개교, 설립은 원효, 보조, 서산, 사명이 추구하였던 불교발전, 호국불교의 구현이라는 민족불교의 전통을 달성할 수 있을 것으로 보았다. 그래서 그런 자신감으로 각처의 선비(군자)[23]와 승려들이 봉명학교로 와서

趣旨書」,『대한매일신보』1908.3.17 참조. 이 기록에는 김보운이 건봉사 승려라는 표현이 나오지 않지만 정황상 건봉사의 김보운으로 이해된다.
그런데, 김보운은 이회광(해인사 주지, 원종 종정 등 역임)의 법사인 김보운으로 볼 수도 있다. 김보운은 1929년 음력 10월 22일에 입적하였다. 「圓寂界」,『불교』66호(1929.12), 25쪽. 이회광은 강원도 양양출신으로 설악산 신흥사에서 입산 출가하였으나 여러 곳에서 수행한 이후에는 건봉사 주지를 역임한 寶雲 亘葉의 법맥을 전수받았다.
한편 봉명학교 학감을 역임한 이금암의 아들인 이영선이 작성한 이금암, 「공적사항」(이금암을 독립유공자로 만들어 주기를 국민고충처리위원회에 발송한 문건)에서는 진학순은 초빙된 교장이고, 김보운은 건봉사 수백 명 승려 중에서 가장 고령인 당시 107세인 상징적인 스님이라고 기재하였다. 그리고 봉명학교 취지서도 이금암의 작문으로 전해지고 있다고 서술하였다. 그러나 이런 주장은 객관적인 고증으로 재검토되어야 한다.

치열하게 배울 것을 권장, 호소하였던 것이다.

바로 이 같은 현실인식, 문명의식, 신구 학문에 대한 신뢰, 민족불교의 구현 등이 봉명사 개교, 설립의 이념이었다. 그리하여 봉명학교의 설립 이념은 1906년 무렵 건봉사가 갖고 있던 방향감각이었다. 그런데 봉명학교 취지서를 작성한 진학순과 김보운은 당시 건봉사에서 어떤 소임을 갖고 있었는지는 알 수 없다. 그렇지만 학교 개교를 추동한 승려로 보아야 할 것이다. 『대한매일신보』 1907년 4월 9일자에 보도된 국채보상 의연금 수입 광고 보도에는 건봉사 봉명학교 교직원 및 학생 일동, 그리고 만일회 염불계에서 낸 돈의 내역이 전한다.[24] 여기에 의하면 진학순은 교장, 김보운[25]은 교감으로 나온다. 즉 진학순과 김보운은 봉명학교 개교, 설립을 주도한 초창기 운영의 주역이라고 볼 수 있다.

이런 토양과 배경하에서 봉명학교는 개교하였고, 봉명학교는 1930년대 전반기까지는 약간의 부침은 있었지만 정상적인 교육사업을 하였다. 그 내용을 가늠할 수 있는 것은 위에서 잠시 소개한 국채보상운동 당시 의연금을 냈던 봉명학교 교직원, 학생들의 전모이다. 그 기록에 의하면 봉명학교는 단순한 보통학교 수준은 넘어선 것이 아닌가 한다. 그 의연록에 나오는 주요 직책을 제시하면 다음과 같다.

---

23 건봉사 봉명학교에서 선비, 유생들에게도 문호를 개방하였음은 특이한 사례로 이해된다.

24 당시 돈으로 146원 76전이었다.

25 「片雲猜月」, 『대한매일신보』 1907년 1월 26일자의 보도에는 김보운이 당시 시대는 개명시대로 山門에서 학교를 확장하고 인재를 교육하여야 할 때에 승려와 군문이 같지 않음을 들어 당시 중흥사(군문) 총섭을 맡은 홍월초를 비판하였다는 내용이 나온다. 이로 미루어 보면 김보운은 문명지향적인 교육 사업에 열성이었음을 알 수 있다. 그러나 「拒僧不納」, 『매일신보』 1911년 5월 14일자에는 각황사에 거주하는 노승 김보운의 활동이 나오는데, 그를 노승이라고 하였음을 보면 각황사 김보운과 건봉사 김보운은 同名異人이 아닌가 한다. 이 내용도 재고가 요청된다.

교장, 부교장

교감, 학감

평의장

간사

교사

서무, 회계[26]

贊成員

尼僧

召史

使喚

이런 직책에서 느낄 수 있는 것은 봉명학교가 단순한 보통학교라고 보기에는 어색한 감이 있다. 이를테면 건봉사의 사찰 차원에서 운영하는 수준 있는 신식학교가 아닌가 한다. 이런 점과 관련하여 1907년 6월에 있었던 봉명학교 운동회의 보도기사가 참고 된다.

杆城郡 乾鳳寺 鳳鳴學校에서 春期運動을 附近 十五里 팔음리 前評에셔 擧行하는대 國旗號와 虹電綠門이 極히 莊嚴하매 傍觀人이 三千名에 달하였다더라.[27]

봄의 운동회가 건봉사에서 거행할 수 없을 정도로 규모가 크고, 장엄하고, 구경꾼이 3천여 명에 달하였다는 것에서 학교의 위상을 짐작케 한다. 이 학교는 사찰 내의 적정한 공간에 자리 잡게 하고, 시류적으로 사찰의 부대사업으로 경영하는 학교가 아님을 알 수 있는 것이다. 요컨대 상당한 격이 있는 신식학교였다. 그래서 봉명학교 졸업생인 이설산의 증언을 토대

---

[26] 1907년 회계는 이금암이다. 이 내용은 이영선,『금강산 건봉사 사적』, 320쪽의 당시 교장인 진학순이 이금암에게 준 임명장 사진에 나온다.

[27] 「鳳校運動」,『대한매일신보』 1907.6.22.

로 기술한『건봉사 사적』에서 유치부, 초등부,[28] 중등부의 학제를 두었다고 설명한 것을 이해할 수 있다. 그렇기 때문에 위의 국채보상금 의연금 기부자 명단에 나오는 봉명학교 학생들이 170명에[29] 달하였다는 것도 수긍하게 되고, 여기에서 봉명학교가 다양한 과정을 개설하였음을 재인식 할 수 있다.

그러면 이런 전제에서 1930년대 전반기 출가 이전과 출가 직후에 봉명학교를 다닌 이설산이 자신이 겪은 봉명학교의 관련 내용을 살펴보기로 한다.

> 올봄부터는 보통학교 과정을 마치고 봉명학교에서 고등부라고 부르는 고등보통학교 과정을 배우게 되었다. 차츰 학문이라는 것이 무엇인지를 조금씩 알 것 같고, 넓고 깊은 이치의 길로 들어가는 같았다.[30]

> 출가 사미가 된 나에게 많은 변화가 있었다. 첫째 이교재 아저씨가 노스님이 된 것이다. 이교재 아저씨는 나의 은사인 의산스님의 수계스님이었기 때문에 아버지처럼 의지해 살던 교재 아저씨가 노스님인 금암(錦巖)스님이 되셨다. 강원에서는 경전을 배우고 봉명학교에서 공부를 계속했다. 매달 쌀 서 말씩을 사중(寺中, 절의 사무를 보는 종무소)에서 공비를 타서 생계를 이어갔다.[31]
> 공부와 수행만이 내가 가야할 길이었다. 쌀 서 말로 학용품과 책을 사고, 옷도 해 입으며 공부할 수 있었다.

---

28 1910년경, 봉명학교를 다닌 건봉사 출신 항일운동가(대동단)인 정남용은 일제와의 재판 과정에서 그는 16세경에 '소학교 정도인 봉명학교'에 다녔다고 진술했다. 그는 봉명학교를 졸업하고 서울에 와서 휘문의숙 중학부를 졸업하였다 (「정남용 신문조서(제1회)」, 『한민족독립운동자료집 6(대동단사건, 2)』).

29 이 숫자는 건봉사 사적, 321쪽에서 나온 176명에서 파악한 것이다. 그러나 이 숫자가 정확하게 모두 학생인지는 조심스럽지만 그 근사치에 가까운 것은 믿을 수 있다. 1930년대 전반기에는 학생이 100여 명이라는 회고가 있다(박설산, 『뚜껑없는 朝鮮 역사책』, 삼장, 1994, 98쪽).

30 박설산, 『뚜껑없는 朝鮮 역사책』, 삼장, 1994, 65쪽.

31 위의 책, 80쪽.

이 회고 내용에서 우선 세속인과 승려가 배울 수 있다는 내용이 주목된다. 그리고 승려는 강원에서 기본 과정을 익히면서 동시에 봉명학교에도 다녔음을 전한다. 봉명학교의 학제는 보통과정, 고등보통과정이었다고 한다. 그렇지만 봉명학교 출신인 이영선은 봉명학교의 전모를 정리한 글에서[32] 유치부, 초등부, 중등부의 구도로 기술하였다.[33] 이영선은 1930년대를 건봉사에서 생활하였기[34] 때문에 그의 증언은 참고할 내용이다. 그러나 여타 기록에서는[35] 초등과와 중등과로 나온다. 봉명학교의 학제는 초등과 중등과가 기본이라는 선에서 일단 정리한다.

이렇듯 봉명학교는 건봉사 승려, 건봉사 주변에 있었던 청소년들을 대상으로 신학문, 문명 등을 가르친 학교였다. 그런데 봉명학교는 단순히 신학문의 가르침에 머무르지 않고, 다양한 프로그램을 구현하여 학생들의 현실 인식, 문명사회의 대응, 인문학적 지식 등을 교육시키고 있었다. 이러한 내

---

[32] 이영선 편저, 「건봉사와 봉명학교」, 『금강산 건봉사 사적』, 동산법문 전국만일염불회, 2003, 319~320쪽.

[33] 엄경선, 「건봉사의 독립운동가 금암스님 이교재」, 『설악문화』 350호(1998.3.2) 참조. 여기에서도 유치부, 초등부, 중등부로 설명했다.

[34] 그는 봉명학교를 졸업하고, 간성초등학교를 졸업하였다고 자신의 이력을 밝혔다. 이영선은 건봉사의 감무, 봉명학교 학감을 역임한 이금암의 아들이다. 그는 1928년생이기에 그의 증언은 1930년대 전반기 봉명학교 상황을 참고할 자료이다.

[35] 이설산 회고록에는 봉명학교가 보통학교 과정과 고등부 과정으로 대별되었다고 하였지만 이에 대해서는 세부 검토가 요청된다. 『佛青運動』 7·8호(1932.10), 6쪽에 나오는 「乾鳳本末寺青年同盟 제1회정기대회록」의 일부 내용인 「徒弟引率養成의 件」에서는 승려는 恩法系를 막론하고 도제를 양성치 않으려는 풍조가 많아 그 대책을 강구하였다. 즉, 初等科는 師僧이 책임지고, 中等科 이상은 公費로 敎養하기로 정하였다는 내용이 나온다. 즉 봉명학교의 학제가 초등과와 중등과로 대별되어 있다는 것이다. 그러나 유치부도 없었는지, 있었는데 유치부 재학생 유아는 승려로서 볼 수 없어 언급치 않은 것인지는 단언하기 어렵다. 1920년대 후반 봉명학교를 다닌 조영출은 소학교와 중학교 과정을 마쳤다고 하였다. 엄경선, 『설악의 근현대 인물사』, 마음살림, 2009, 142쪽 참조. 그러나 유치부는 있었지만 그는 초등과, 중등과가 기본 골격이고 유치부는 부속적인 과정으로 볼 수도 있다.

용이 여타 사찰의 보통학교와는 큰 차별성이었다.

열여섯 살 되던 봄부터 학습행사가 활발히 진행됐으며 나는 모든 학습 행사에 열심히 참여했다. 토요일마다 토론회, 동화대회, 강연회를 하기로 하고, 봉서소년회원(鳳棲少年會員)은 번갈아 가며 꼭 참여하기로 하였다. 대학에 다니고 있는 선배인 정두석(鄭斗石, 전 동국대학교 총장, 태고종정), 조영출(趙靈出, 월북), 황영진(黃永眞) 그리고 일본에서 대학을 세 군데나 졸업한 박보광(朴葆光) 등이 주축이 되어 시작하였다. 우리는 선배들이 가르쳐주는 대로 열심히 따라했다. 토요일에는 회원이 아닌 금암스님, 교무이신 박종운(朴鐘雲) 스님 등도 참여하여 느낀 바를 평론해 주시며 학습 의욕을 고취해주셨다.[36]

학생들은 잠시도 쉴 틈이 없었다. 학과 외에도 시와 소설책을 많이 읽었다. 시조 100수 외우기 대회에서 나는 최재형(崔載亨)에게 지고 말았다.(중략)
나는 개울가 바위에 걸터앉아 시(詩) 외우는 재미에 해지는 줄 몰랐다. 소설이나 다른 책은 이불로 창문을 가려 불빛이 안 새도록 하고는 새벽 예불 종소리가 들릴 때까지 읽었다. 겨울방학 때 와세다 대학에 다니는 조영출이 독서반을 모아 독서하는 방법과 독서에 대한 여러 가지 이야기를 해주었다. 우리는 책이 없어서 읽고 싶은 책을 못 읽고 있었다.
이 사연을 안 조영출은 경성의 중앙도서관에 근무하는 박봉석(朴奉石)을 소개시켜 주었다. 그 분은 중앙불전(中央佛專) 출신으로, 우리가 책을 신청하면 사과상자만한 궤짝에 가득 넣어 우체국을 통해 보내주었다. 우리는 두 명씩 순번을 정해 우체국에서 책을 찾아 왔다. 그 후부터는 읽고 싶은 책을 한 달에 한 번씩 바꿔 읽었다.[37]

건봉사의 강원과 학교는 사월 십오일 결제와 더불어 다시 공부를 시작했다. 토요일 저녁 토론회, 강연회, 동화대회 그리고 모의대회 때마다 말은 잘 못하지만 조리있고 논리가 분명하게 말하는 김기대(金琦大)는 학교나 서당에는 다닌 적이 없는 사람이었다. 그는 신문을 처음부터 끝까지 읽는 사람이었다. 삼십 세에 백담사에

---

36 위의 책, 96쪽.
37 위의 책, 98~99쪽.

출가하여 대중밥을 지어 올리는 공양주 소임을 맡았다.[38]

조영출, 황영진 등이 창간한 『첫걸음』은 인쇄가 아닌 펜으로 써서 꾸며 놓은 단행본으로서 한 달에 한 번씩 발행하였다. 문예부장을 맡은 나는 좋은 교무스님께 자주 꾸중을 들었다. 토요일마다 진행되는 동화대회, 강연회, 토론회, 등단 법무는 내가 주축이 되어 진행한 행사였다.[39]

위의 회고에 나오듯 봉명학교는 정규 과정 외에도 토요일에는 토론회, 동화대회, 강연회를 개최하였다. 그리고 평소에는 독서반이 운영되었는데, 그 결과로 학생들은 다양한 시, 소설을 낭독하고 읽게 되었다. 그런데 이런 특활 활동은 일본 유학을 거친 선배와 유학중인 대학생들이 지도하였다. 그리고 나아가서는 사찰의 소임을 보고 있는 간부급 승려들도 동참하였다. 이를테면 건봉사 공동체 구성원들이 함께 참여하였다.

그런데 봉명학교의 특활 활동에는 대략 이원적인 이념이 흐르고 있었다. 그는 진보(좌파)적인 흐름과 민족주의(우파) 흐름이라고 말할 수 있다. 전자는 재일 유학생으로부터 유입되었다면 후자는 만해 한용운에 의해 전파되었다고 볼 수 있다. 이제 그 전자의 실례를 살펴보자.

우리들은 낙산사 근처 조산이라는 마을의 초가집에서 최용달(崔容達)이라는 젊은 청년을 자주 만났다. 그를 만나면서 『이러타』('이렇다'라는 뜻의, 당시 카프 계열의 문인들이 자주 읽던 잡지)라는 책을 읽기 시작했다. 기대를 중심으로 하여 공양주 방에서 창현, 해수, 두규와 자주 모임을 가졌다. 『자본주의와 프롤레타리아 혁명』 이라는 책을 읽으며 우리는 인류의 공존 원칙은 계급 없는 평등이어야 한다는 이론을 배웠다.[40]

---

38 위의 책, 101쪽.
39 위의 책, 115~116쪽.
40 위의 책, 102쪽.

나는 조석으로 만나던 김기대(별명을 '無産者'라고 했다)의 무산자 독서써클에 참
석을 했다.[41]

이러타 독서회에서는 방학 때 조영출(趙靈出)이 책과 팜플렛을 가져와 나눠보며
지식을 넓히는데 게으르지 않았다. 박태산 형도 독서회에 열성적으로 참여해 더욱
진지한 분위기를 만들어 나갔다. 한문을 모르는 공양주도 태산 형이 신문을 놓고
설명하면 쉽게 알아들었다.[42]

이렇게 건봉사, 봉명학교 학생들에게는 진보사상, 계급적인 이데올로기
가 유입, 수용되고 있었던 것이다. 그러나 이런 움직임도 있었지만 건봉사
(백담사) 출신인 한용운의 영향도 강력하였다.

한편 이날은 만일회에서 산중 대중이 함께 공양하는 큰 제삿날이기도 하다. 염불
만일회를 성취한 만화(萬化) 노스님의 제삿날이기 때문이다.
경성의 만해스님도 일부러 오셨다. 구월이라 좀 추웠지만 누마루에서 만발공양이
베풀어졌다. 이백 명 대중이 한자리에서 음식 씹는 소리, 숟가락 소리를 내지 않고
진행되는 이 여법한 절차는 평소에 닦은 수행력이 아니면 생각조차 하기 어려운
일이다. 다음날이다. 교무이신 박종운 스님의 주선으로 만해스님의 강연을 듣게
되었다. 낙서암 강당은 학생과 젊은 분들로 발 들여 놓을 틈 없이 꽉 찼다. (중략)
나는 강연 내용을 자세히 적었다. 청중은 만해선사의 말씀에 깊이 빠져 들었다.[43]

우리는 점점 진지한 독서회를 가졌다. 박종운교무의 강연이나, 주로 『님의 沈黙』
을 중심으로 이루어지는 선시(禪詩) 감상 시간에는 뼛속 깊이 파고드는 나라 잃은
슬픔을 딛고 잃어버린 것을 찾아야겠다는 생각을 했다. 나라도 찾기 전에 무슨
계급을 어찌 타파하랴?
(중략)

---

41 위의 책, 109쪽.
42 위의 책, 114쪽.
43 위의 책, 106~107쪽.

우리는 치근덕거리는 정중섭(필자 주, 고성경찰서 형사)의 눈을 피하면서 만해선사의 근본정신이 어떠한 것인지를 알기 위해『님의 沈黙』을 외우는 대회를 열었다.[44]

만해선사께서 오셨다. 소설『흑풍(黑風)』을 조선일보에 연재하실 때이다. 우리는 호롱불 밑에서 신문지가 닳아 찢어지도록 돌려 읽었다. (중략)

봉명학교측도 만해선생의 이야기를 듣고 싶어 했으나 만당 사건으로 고생하신 여독이 가시지 않아 등단 강연회는 하지 못하고 좌담으로 이야기를 듣기로 했다. 금암스님(필자 주, 건봉사 감무, 봉명학교 학감)이 만당의 취지와 전망에 대해 물으셨다. 만해선사는 부처님 파사현정(破邪顯正)의 준엄한 법에 근거하여 조선불교를 젊은이들이 짊어지고 나아가야 한다고 말씀하셨다. 임진왜란 때 사명대사가 이 절에서 의병을 조련하여 왜병을 무찌른 것처럼, 만당도 건봉사에서 시작했다고 하셨다. 십구 명 위원 가운데 금암스님은 활동을 도와주는 큰일을 하고 있다며, 우리 모두가 다 함께 하는 것이라고 말씀하셨다. 만해스님의 말씀에 박수소리가 끝날 줄 몰랐다.[45]

이렇듯이 건봉사 및 봉명학교의 정신과 문화에는 한용운의 사상, 독립정신이 깃들여 있었고, 그 영향력이 적지 않았다.[46] 그러나 한용운의 영향력이 있었지만, 그렇다고 해서 진보적인 흐름이 거세된 것은 아니었다. 위의 두

---

[44] 위의 책, 114~115쪽.

[45] 위의 책, 135쪽. 한용운은 당시 봉명학교 학생 자치회인 봉서소년회의 하는 일을 칭찬해 주었다. 그리고 학생들은 글 잡지인『첫걸음』을 갖고 지도를 받았다. 한용운은 잡지명을『글동산』으로 개명케 하고, 시는 마음으로 쓰는 것이라고 가르쳐 주었다. 당시 봉서소년회 회장인 이설산은 한용운이 건봉사에 왔을 때 한용운의 방으로 가서 카프 시집과 '이러타' 잡지를 갖고 가서 프롤레타리아 혁명에 대하여 질문을 하자, 한용운은 지금 형편으로는 가능하지 않다고 하면서 자신의 저술인『불교대전』을 읽는가를 확인하였다. 위의 책, 148쪽 참조.

[46] 한용운과 건봉사와의 관련에 대해서는 선학의 연구에서 그 개요 및 일단이 정리된 바가 있다.
한계전,「만해 한용운과 건봉사 문하생들에 대하여」,『만해학보』창간호, 1992;「만해와 건봉사 봉명학교」,『유심』4, 2001; 이홍섭,「『조선불교유신론』에 담긴 한용운의 세계관과 건봉사와의 영향관계」,『불교문학 연구의 모색과 전망』, 역락, 2005.

흐름을 보여주는 정서를 살펴보건대 이질적, 이원적인 그 흐름이 건봉사, 봉명학교에서 공존하고 있었음은 분명하다. 다만 어느 일방적이지는 않고 상호 보완적, 삼투적인 현실이 아닌가 한다.

지금까지 재일 불교 유학생의 기반으로 볼 수 있는 봉명학교의 제반 내용을 살펴보았다. 1906년에 개교한 봉명학교는 1936년 가을 일제에 의해 강제로 폐교당할[47] 때까지 건봉사 신식문화, 문명의 저변이 되었다. 이런 요인으로 인하여 건봉사에서 다수의 재일 유학생이 배출되었다고 본다. 자료가 부족하여 확인할 수는 없지만 건봉사 출신 22명의 재일 유학생 대부분은 봉명학교 출신이 아닌가 한다. 봉명학교가 이렇게 신학문, 신문명의 확고한 기초에서 운영되었음은 건봉사 사찰이 적극 후원하였던[48] 점도 있었지만, 봉명학교 출신인 재일 불교유학생들이 지속적으로 참여, 지도하였던 요인도 간과할 수 없는 것이다. 이런 상생적인 측면이 봉명학교와 봉명출신 재일 유학생의 성장을 가져왔다고 본다.

3. 건봉사 근대화, 전통을 재모색

건봉사는 천 년의 역사를 갖고 있는 고찰, 대찰이었다. 그러나 근대라는 새로운 시공간을 맞이하여 과거의 역사와 문화를 지키려는 수구적 자세에 머물지 않았다. 그를 예증하는 것이 앞서 살핀 봉명학교의 개교, 운영, 재일 불교유학생의 지원 등이었다. 즉 신학문,

---

[47] 이설산, 위의 책, 150~151쪽.

[48] 『불청운동』 7·8호(1932.10), 35쪽에 나오는 「선원 및 강원 개량 촉진의 건」을 보면 年來로 건봉사 청년동맹에서 선원과 강원을 개량하기 위한 조치를 종무소에 제안하였으나 完全의 期圖가 없음으로 今後는 실행 촉진하기로 가결하였다는 내용을 주목할 수 있다. 즉 건봉사 청년 승려들이 선원과 강원을 개량해야 한다고 건의하였으나 별 반응이 없었다는 것인데, 이는 구학(선원, 강원)을 신학문의 세례를 받은 청년학승들이 변용하려는 의도로 이해된다.

신문명의 적극적인 수용이었다.

그러나 건봉사는 이 같은 신학문, 신문명을 수용함에 머무르지 않고, 과거의 전통을 유지하고 나아가서는 그 전통을 변용하려는 내적인 고민, 실험을 하고 있었다고 보여진다. 이에 여기에서는 그 내용을 조망하고, 그 의미를 살펴보고자 한다.

건봉사의 수행, 교육의 전통을 가늠할 수 있는 대상은 건봉사 문화를 대변하는 만일염불회(염불원), 선원, 강원이다. 우선 강원부터 살펴보자. 1913년 중앙 불교계 차원에서 각 본말사의 普通學校 및 專門講堂을 조사하였던 통계에 의하면[49] 건봉사에는 보통학교 1개소, 전문강당 2개소로 나온다. 이 내용 중 보통학교 1개처는 전술한 바 있는 봉명학교를 지칭하는 것이다. 그러면 전문강당 2개처는 어디에 있는 것을 말하는지는 단언키 어렵다. 그러나 그 중 1개처는 건봉사에 있었던 강원을 말하는 것은 분명하다. 「乾鳳寺 及 乾鳳寺 末寺 史蹟」[50]에 의하면 1865년(고종2년)에 華隱 강백을 초청하여 강원을 설하였다는 내용이 나온다. 즉 1900년대에도 건봉사에는 강원이 있었음은 분명하다. 다음으로는 선원에 대해 살펴보자. 역시 1913년 중앙 불교계 차원에서 전국 본사의 선원을 조사하였는데, 건봉사(본말사)는 3개처에 선원이 있다고 나온다.[51] 이 세 곳의 선원은 건봉사, 백담사, 신흥사에 있었던 것을 칭하는 것으로 보인다.[52] 만일염불회는 1908년 9월 제4회 만일염불회를 회향하고, 바로 제5회 만일염불회를 개설하였기에 건봉사의 염불

---

[49] 『해동불보』 4호(1913), 81~82쪽.

[50] 이것은 『乾鳳寺 及 乾鳳寺 末寺 史蹟』에 수록된 연표를 말한다.

[51] 위의 『해동불보』 4호, 88쪽.

[52] 1928년 조선총독부에서 발간한 『朝鮮僧侶修禪制要』에는 백담사, 신흥사, 건봉사에 선원이 있었다고 나온다. 「건봉사 및 건봉사 말사 사적」에는 고종 31년(1894)에 萬化大師가 參禪室을 개찰하였다고 나온다.
그리고 『불교』 25호, 57쪽에서는 신흥사 내원암에 거주하는 김수영 비구니가 자기 소유 토지 50두락을 내원암에 헌납하여 선원을 개설하고 영원한 규모를 세워 납자로 하여금 活句를 제접케 하도록 하였다고 전한다.

원은 근대 초입기에도 지속되었던 것으로 볼 수 있다.

이렇듯 건봉사는 강원, 선원, 염불원이 존속하면서 전통을 이어가고 있었다. 그런 전통을 유지하면서 1906년에 신학교인 봉명학교를 개설하였던 것이다. 그러나 여러 정황을 세밀히 보면 건봉사 내적으로는 신학문, 신문명 수용을 하면서 동시에 과거의 전통을 유지하는 것은 간단한 것은 아니다. 이른바 전통, 근대 문명을 어떻게 조화시킬 것인지는 쉬운 문제는 아니었을 것이다. 이제부터는 건봉사의 내적인 근대화 추진, 조율에 대한 문제로 들어가 보자.

우선 그 단서로써「건봉사 사적」에 나오는 내용, 즉 1907년에 봉명학교를 廢하다는 것을 어떻게 보아야 할 것인가? 이는 한용운이 정리, 편찬한「건봉사 사적」에 나온 내용이다. 지금껏 이에 대해서는 한용운의 착오로 해석되었다. 그렇지만 여기에는 필시 말하기 어려운 곡절이 있었을 것으로 보인다. 물론 1907년 4월 봉명학교 국채보상 의연 기록이 있고, 6월에도 봉명학교 봄 운동회가 개최되었음이 보도되었다. 그러나 1907년 후반에 어떤 사정으로 인하여 봉명학교가 폐하였을 수도 있는 것이다. 그런데 1910년 6월경에 건봉사에 총을 든 괴한 39명이 건봉사 내의 봉명학교에 침입하여 승도에게 금화 40원을 빼앗아 도망갔다는 보도를[53] 참고하면 이 무렵에는 봉명학교는 존재하였음을 알 수 있다.

이렇듯 봉명학교는 어떤 사정에 의하며 부침을 거듭하였다고 보인다. 이와 유사한 내용을 간접적으로 엿볼 수 있는 기록이 있다. 그는『조선불교총보』8호(1917.3)에 나오는「30本山 付 末寺 僧尼 及 學生, 信徒數調」이다. 이 통계는 1917년 말 현재의 기록이다. 여기에 의하면 건봉사는 지방학림 생도는 전연 없고, 불교전문 강원 학생이 57명으로 나오며, 보통학교 학생도 전연 없는 것으로 나온다. 이를 신뢰한다면 1917년 말에는 봉명학교는

---

53 「乾鳳黃巾」,『대한매일신보』1910.6.14.

아직 재개교되지 않은 것이다. 불교전문 강원 학생은 57명이지만 지방학림 학생이 없다고 나오는데, 1930년대 전반기『불청운동』에서는[54] 건봉사 강원은 지방학림을 겸하였다고 나온다. 이를 신뢰한다면 건봉사는 자기 전통을 지키면서도 중앙 교단의 지침을 접목하는 형태로 운영한 것으로 보인다. 당시 중앙 교단에서는 기존 강원을 지방학림으로 전환시키라는 방침을 정하였다. 그래서 기존 강원을 그대로 두면서 지방학림을 설립한 본사도 있었지만 일부 본사는 강원을 유지하면서 지방학림을 개설하지 않은 경우도 있었다. 요컨대 1917년 말에는 건봉사의 보통학교 즉 봉명학교는 재개교하지 않았다. 그러다가 1918년 초에 가서 봉명학교는 다시 개교되었다고 볼 수 있다.

> 강원도 간성군 乾鳳寺에서는 夏期 休學期를 이용하야 當寺 留學生으로 東京에 四五 星霜을 留學중이던 李智光 和尙을 敎師로 하야 本寺 鳳鳴學校 內에 一個月間 國語 講習所를 設立하야 講習生이 五十餘名에 達하얏다더라.[55]

이 보도에 의하면 1918년 8월경에는 분명히 봉명학교는 존립하였다. 그래서 건봉사 출신의 재일 유학생이던 이지광이 방학을 맞이하여 귀국하자, 건봉사는 여름 방학기간에 일본어 강습소를 설립하여 50여 명에게 일본어 공부를 시켰던 것이다.

이렇게 봉명학교는 어떤 사정에 의해서 개교, 휴교, 재개교 등의 부침을 거듭했다고 이해하고자 한다. 그러면 '어떤 사정'은 무엇이었을까? 이는 추정하건대 건봉사가 추구하는 불교 근대화에 대한 노선상의 갈등이 아니었는가 한다. 그 갈등은 주도권 대립일 수도 있고, 근대화에 대한 강도 혹은

---

[54] 『불청운동』9·10합호(1933.2), 8쪽에 '專修 兼 學林'으로 기재되었다. 그 내용에는 교원 2명, 학년 2년, 생도수 32명, 1년 예산 2,000원으로 나온다.

[55] 「간성, 乾鳳寺의 國語講習」, 『매일신보』 1918.8.9.

이념을 둘러싼 대립일 수도 있다. 아니면 봉명학교와 봉명학교 출신들이 1919년 3·1운동에 관여하여 일제에 의해 강제로 휴교, 폐교당하였는지도 고려할 수 있다. 하여간 봉명학교가 1918년에 다시 개교하였으나 3·1운동 직후 문을 닫았다가 얼마 후에 재개교하여 1930년대 초반까지 정상적으로 운영되지 않았을까 한다.[56] 그러나 그 내적으로는 많은 난관이 있었을 것이다. 이런 정황에서 봉명학교의 문제를 엿볼 수 있는 것으로 건봉사가 1921년 인천에 능인포교당을 세우고, 그 해에 鳳林學校라는 신학교까지 세웠으나 1924년에 가서는 봉림학교를 폐하였다는 정황이 한용운이 찬한 「건봉사본말사적」에 나온다.[57] 지금까지 이 사료는 전혀 주목하지 않았다. 봉림학교가 봉명학교의 변화된 학교인지도 알 수 없다. 우선 1923년 『동아일보』에 나오는 그 내용을 살펴보자.

江原道 高城郡 梧垈面 乾鳳寺 現 住持 李大蓮 前 和尙 李雲坡 金永燦 等 諸 和尙은 寺內 靑年 及 附近 普通學校 卒業生 又는 學力 關係上 失學 彷徨하는 靑年 子弟의 前途를 愛惜히 思하야 萬餘圓 價格의 寺有 土地 年收益 白米 五千斗 假量되는 財産을 出資하야 高等普通 初等普通 混合制의 鳳林學校를 設立하기로 決定하고 設立願을 當局에 提出하얏는대 來 四月 頃에 生徒 二百名을 募集 開校할 豫定이라더라(고성)[58]

이 보도에 의하면 1923년 초반 건봉사 종무운영의 주역들이 상당한 학교 설립 재원을 마련하여, 당국에 봉림학교 개교 설립원을 제출하고, 거의 개교단계에 있음을 전한다. 이 정황에서 봉림학교가 개교한 것으로 볼 수 있

---

[56] 『불청운동』 9·10호(1933.2)의 45쪽, 건봉사 조사 보고에는 봉명학교를 사회사업에 포함시켰다. 이는 교육사업의 범위를 벗어난 것을 암시한다. 그리고 그 내용은 "鳳鳴學校(大正 五年 現在 廢止)"라는 단적인 표현이다. 이를 필자가 해석하면 1915년에 개교하였는데, 1932년 말 현재는 폐지되었다는 것이다.

[57] 「건봉사 급 건봉사 말사 사적」, 15쪽 참조.

[58] 「乾鳳寺和尙 敎育熱」, 『동아일보』 1923.3.24.

는 여지가 많다. 그러면 이 내용에 의해 그 이전 봉명학교가 '어떤 사정'으로 문을 닫은 것으로 보아야 하는가이다. 정황상 봉명학교는 문을 닫은 것으로 보인다. 그러면 「건봉사 사적」에 나온 1924년의 봉림학교를 閉하였다는 것은 신뢰할 수 있는 것인가. 현재로서는 그 폐교를 부정하는, 뒤집을 만한 자료가 없기에 일단은 믿어야 할 것으로 본다. 그러다가 언제인지는 모르지만 1920년대 후반에 또 다시 개교한 것으로 보아야할 것이다.

건봉사가 이같이 신학교의 개교, 폐교, 재개교를 거듭한 것은 그만큼 불교 근대화에 대한 이견, 난관 등이 간단하지 않음을 말해주는 것이다. 이를 상징적으로 대변하는 것이 천 년간 내려온 건봉사 萬日念佛會의[59] 거점인 念佛院을 일시 혁파하고 그 대신으로 '新設 禪院'을 세우게 된 것이다. 건봉사의 사상, 역사, 문화를 대변한다고까지 말할 수 있는 염불원을 혁파하고 선원을 세우게 된 그 내적인 구체적 사정, 정황은 전하지 않지만 신설 선원 방함록에서는 그를 다음과 같이 말한다.

辛酉 秋九月 上澣 乾鳳寺住持 李大蓮 監務李錦庵 前住持李雲坡 與一山僉衆 丹心協議 革舊萬日院念佛會 新設禪會招諸邦心學者 安居修道 以資福國祐世 實一代聖事也 余自 內山長安寺 亦赴是請濫主會席矣[60]

즉, 1921년 9월에 건봉사 주지 이대련, 건봉사 감무 이금암, 건봉사 전 주지 이운파가 건봉사 대중들과 협의하여 만일원을 혁파하고 새롭게 선회를 만들 것을 결정하였다. 이는 제방의 수좌(심학자)들을 초청하여 안거수도를 함으로써 나라와 시대에 기여를 하겠다는 취지에서 나온 것이다. 금강산 장안사에서 수행하던 방한암을 두 세 차례 찾아가서, 선원 조실로 초빙하여 시작되었다. 그런데 여기에서 기존 건봉사 만일염불회를 염불회 회주

[59] 한보광, 「건봉사 만일염불결사」, 『불교학보』 33, 1996.
[60] 『금강산 건봉사 사적』, 268쪽; 『한암일발록』 수정증보판, 민족사, 338쪽.

인 이금암과 건봉사 주지 및 산내 대중들이 중단시킨 연유가 무엇이었을까 하는 점이다. 현전하는 기록에는 다음과 같이 나온다.

新羅 景德王十六年 戊戌 發徵和尙 創彌陀禪院 與三十一人 結社安居後 至今千有餘年
諸大宗師 繼繼承承 闡揚佛化 而我等衆生 業識茫茫 無本可據 可勝嘆哉[61]

건봉사가 천 년간 염불을 통한 불법을 드날렸으나 1920년 초반에 이르러 가히 依據할 根本이 없음을 탄식함에서 나온 것이다. 이에 건봉사 대중은 인근 장안사에서 참선 수행을 하던 선지식인 한암을 삼고초려의 자세로 찾아가서 새롭게 등장한 선회의 주맹자로 초빙할 수 있었다. 이런 배경하에 나온 건봉사에서의 선결사는 비록 한철에 머물렀지만 상당한 의미를 갖게 되었다.[62] 이 결사의 성격,[63] 한암의 염불선에 대한 이해 등에 대해서는 선학의 연구에서 조명되었기에 더 이상의 설명은 하지 않겠다.

필자가 여기에서 관심을 갖는 것은 건봉사를 상징하는 염불을 왜 버리고 선회로 전환해야만 하였는가이다. 지금껏 선학은 이에 대해서 염불의 참뜻이 없어지고 단순히 고성염불만 유지되는 관행에서 찾았다. 물론 이런 측면도 있었을 것이다. 고성 칭명염불이 유심삼매로 나아가지 못하는 나태, 관행의 구태에 매몰되었을 수도 있다. 그러나 필자는 단순히 염불회 내적인 문제로만 이를 바라보지 않는다. 당시 건봉사에서는 보다 큰 내적 성찰, 즉 불교 근대화에 대한 진한 고뇌를 하지 않았을까 한다. 1921년 가을이라면 1919년 거족적인 3·1운동이 일어난 지 불과 2년 후이다. 즉 여기는 3·1운동의 여파, 불교의 자각이 있었을 것으로 보인다. 불교계 성찰, 민족의식

---

[61] 위의 『금강산 건봉사 사적』, 264쪽.

[62] 이 결사에 대해서는 김호성이 「『바가바드 기타』와 관련해서 본 한암의 念佛無二論」, 『한암사상연구』 창간호, 한암사상연구원, 2006에서 상세히 다루었다.

[63] 김호성, 「결사의 근대적 전개양상」, 『보조사상』 8, 2003.

의 등장, 민족불교 노선의 재검토 등 건봉사 내부에서 건봉사의 사상, 문화 등에 대한 전반적인 검토, 실험이 모색되었을 것이다.[64] 그렇기 때문에 천 년간이나 지속되어 온 만일염불원을 혁파하면서 선회 결사를 단행하였던 것이다.[65] 건봉사가 1921년에 인천에 봉서학교를 세운 것도 기존 건봉사 내의 봉명학교만 운영한 것에 비추어 보면 예사롭지 않다. 다시 말하면 1921년은 건봉사 내부에서 건봉사 정체성, 건봉사 불교 근대화 추구에 일련의 실험이 단행되었다.

그렇지만 한철 선회결사를 해본 직후 선회는 지속되지 않았다. 한철 선회 결사에 담긴 뜻은 고귀하였고, 한암을 비롯한 수십여 명의 수좌는 진지하게 수행을 하였다. 그러나 한철 수행만으로 천 년의 전통을 완전 중단시킬 수는 없었을 것이다. 이를테면 전통으로의 복구가 단행되었다. 그러나 염불원이 언제 재개되었는지는 알 수 없지만 얼마 후에 재개되었을 것이다.[66] 한편 건봉사 강원이 1910년대 후반까지 지속되다가, 언제 문을 닫았는지는 알 수 없지만 1927년에 재개원되면서 공비생 30명을 양성하였다는 점도 이런 구도하에서 설명할 단서를 갖는다. 즉 강원도 중단이라는 변화를 겪었지만, 전통 복귀 차원에서 재개원되었다.

지금까지 염불원, 강원, 인천 봉서학교 등의 부침에 대한 내용을 정리하면 다음과 같다. 즉 건봉사는 1921년 무렵 불교 근대화, 건봉사 노선 및 사업

---

[64] 1920년에 건봉사 불교청년회, 건봉사 조선불교유신회가 창립되었다.

[65] 1914년 중앙 교단에서는 당시 조선불교는 禪敎 명의가 분명하기에 건봉사 염불원을 제외한 각본말사에 있는 염불당을 禪堂 명의로 일체 변경하도록 결정하였다. 그리고 각 선원의 공통적인 禪林規則을 정하였다. 이럴 정도로 건봉사 염불원은 역사와 전통을 갖고 있었던 대표적인 염불당이었다. 『해동불보』 4호, 89쪽.

[66] 홍윤식, 「건봉사 가람의 성격」, 『건봉사 지표조사 보고서』, 고성군, 1990, 43쪽. 이곳에는 건봉사 출신 승려인 정두석이 회고한 건봉사 염불의 개요, 특성이 나온다. 이는 1920~1940년대 건봉사 염불원이 모습이다. 3~4명의 염불원에 있었던 승려가, 광쇠와 북을 치면서, 나무아미타불을 부르며, 오전(10~12시)과 오후(3~5시)에 4시간 정도, 만 일 동안 하되 염불승이 교체되면서 행하는 개요이다.

에 대한 근원적인 변화(실험)를 갖게 되었다. 그러나 1924~27년 무렵에는 성찰, 실험을 거친 결과로 염불원 및 강원, 선원은 재개원을 하였다.[67] 이런 구도하에서 봉명학교도 지속적인 운영 체제를 갖게 되었을 것이다.[68] 그래서 봉명학교의 지속 운영이라는 현실, 기반하에서 나온 인재가 1920년대 후반부터 일본 유학을 갈 수 있었던 것으로 본다. 앞서 살핀 건봉사 재일 유학생의 개요에서 1920년대에 재일 유학생이 거의 없었음은 이와 같은 1920년대 건봉사의 내적인 변화로 설명이 가능할 수 있을 것이다. 건봉사가 1927년 1월부터 공비생 30명을 선발할 계획을 수립하였다[69] 함은 이런 사정을 말해주는 것이다. 요컨대 건봉사는 1920년대 전반기 불교 근대화에 일련의 경험, 성찰을 거쳐 1920년대 후반기에는 기존 전통을[70] 유지하면서 문명 수용(재일 유학생 파견)이라는 재도약의 길을 가게 되었다.

4. 봉명학교는 근대화의 중심으로 존립

봉명학교는 건봉사의 근대화, 근대문명 수용의 중심에 있었다. 그래서 1906년부터 일제에 의해 강제 폐교되었던 1930년대 후반까지 봉명학교, 신학문과 일본문명의 세례를 겪은 청년 학생들은 건봉사가 관동불교의 중심으로서 그 지역사회의 문화 거점으로

---

[67] 『건봉사 급 건본사 말사 사적』이 1927년의 자료수집, 편집 작업을 하여 1928년 11월에 발간된 것도 이러한 사정과 연관해서 생각할 여지가 있다.

[68] 봉명학교도 1920년대 초반에 중단되었다가, 다시 개교되었을 가능성도 추정할 수 있다. 그러나 현재로서는 그에 대한 단서가 없어 지나친 추정은 할 수 없는 형편이다. 그런데 봉명학교 학감을 지낸 이금암의 아들인 이영선이 작성한 이금암 연보에는 1921년에 이금암이 봉명학교 학감에 취임하였다고 기재하였다. 이를 보면 1921년에는 봉명학교가 존립하였다고 보인다.

[69] 「건봉사의 교육」, 『불교』 33호(1927.3), 49쪽, 이 기사에는 공비생의 대상을 건봉사 재적승려 중 사미과 졸업 이상으로 한정을 하여 인재양성을 기획하였다고 전한다.

[70] 1920년대 후반기의 기준에서 보면 봉명학교도 전통으로 볼 수 있다.

서 역할을 하는데 견인차 역할을 하였다고 보인다. 아래의 사례들은 그를 이해함에 있어서 참고자료이다.

> 1932년 임신년(壬申年), 4월 8일 기념식 전날 남사당패가 들어왔다. 짐작하건대 사오십 명이 넘었던 것 같다. 사흘 전부터 거진, 간성에서 고개를 넘어 수둥까지 모인 구경꾼과 기도객은 천여 명이 넘고 큰방 세 개에 머문 안노인네만도 칠팔백 명이 넘었다. 오십여 개의 장국밥집과 국수집이 문수고개를 중심으로 노점 포장을 치고서 신도들에게 술과 생선, 쇠고기를 팔았는데 기념식이 끝나는 다음날까지 이레 동안 장사진을 쳤다.
> 북과 장구를 치면서 춤과 노래로 흥겹게 밤을 지새기도 한다. 그때만 해도 조선 사람들은 여럿이 모여 흥겹게 어울려 놀 수 있는 기회가 적었다.
> 그래서 사월 초파일에는 한 많은 이들이 모여 흥나게 노래도 하고 춤도 추며 슬픔 을 기쁨으로 달래곤 했다.[71]

건봉사의 부처님 오신 날 저녁에 들어온 남사당패 놀이의 풍경이다. 거 진, 간성에서 온 구경꾼 천여 명이 몰려드는 가운데 개최된 가운데 전야제 와 부처님 오신 날 행사가 지역축제로 승화된 것을 알 수 있다.

> 열일곱 살 되던 해 부처님 탄생 기념행사를 착실히 준비하여 연극도 하고 가장행 렬도 하게 되었다. 영동(嶺東)에서 큰 절이라 사찰 기념식 때면 많은 축하객과 놀이꾼들이 산중에 빽빽하도록 들어찼다. 낮에 가장행렬을 하고 저녁에는 연극으 로 팔상극을 했다.
> 가장행렬은 일본서 학교를 졸업하고 교사로 있던 정성봉 선생이 지도해주셨다. 성탄기념일 저녁 때에는 황영진의 연출로 많은 사람을 모아 놓고 팔상극을 공연했 다. 왕궁과 사랑하는 세자빈, 어린 라훌라를 두고 떠나는 싯달타 태자가 깊은 고민 에 빠지는 장면에서 관객들은 훌쩍였다.[72]

---

71 『뚜껑 없는 조선 역사 책』, 80~81쪽.

72 위의 책, 116쪽.

건봉사 부처님 오신 날에는 봉명학교 학생들이 주축이 되어 가장행렬과 부처님 일대기를 다룬 연극이 개최되었다. 그런데 그 행사를 지도해준 주역들이 재일 불교유학생 출신의 봉명학교 교사와 일본 유학생들이었다. 이렇게 봉명학교는 건봉사, 지역사회 문화의 주체였다.[73]

> 건봉사의 청년회에서는 동해안 도시와 함경도 원산, 청진까지 다니면서 여름 순례 포교를 벌이기도 했다. 정두석, 김병규, 최벽운을 중심으로 조영출, 황영진, 박종운 등이 연사로 불교교리에 대해 강연했다. 우리들은 옛것을 지키는 단오절 민속놀이와 광동축구대회를 즐겼다. 함흥 축구대회에도 석왕사 한영규(韓永圭, 건봉사 강원 대교과생)를 주장으로 출전하여 젊음을 발산하기도 했다.[74]

이렇게 건봉사 청년들은 건봉사 인근 지역, 즉 원산, 청진까지 나아가서 순회포교를 하였다. 이 같은 순회 포교의 연사로 나선 주체가 재일 불교유학생들이었다. 그래서 건봉사 재일불교 유학생들은 건봉사 포교사로, 연사로 활동하였다. 이런 측면에서도 재일 불교유학생은 건봉사 불교 근대화의 주역이었다. 다시 말하자면 봉명학교는 건봉사 불교 근대화, 교육사업의 핵심 대상이었다. 이 같은 위상, 의미를 갖고 있었던 봉명학교가 일제에 의해 강제 폐교당하였음은 민족적 비극이었다. 그래서 건봉사의 불교 근대화는 일본, 일본불교의 영향을 받았으면서도 일본 경찰에 의해[75] 중도에 퇴진하였음은[76] 역사의 아이러니라 하겠다.

---

[73] 이에 대해서는 건봉사 불교부인회장을 역임한 이관음행의 「추억의 건봉사」, 『금강산 건봉사 사적』, 388쪽 내용 참조. 그는 건봉사를 고성지방의 정신적인 본산으로 언급하면서 사월 초파일이 오면 건봉사 승려, 봉명학교 학생, 인근 청년들이 공동으로 행사를 준비하는 불가분의 관계를 회고하였다.

[74] 위의 책, 134쪽.

[75] 그 빌미는 수업 시간에 조선어를 가르쳤다는 사실이었다.

[76] 이설산은 1936년에 폐교당하였다고 기술하였으나, 이영선이 펴낸『금강산 건봉사사적』의 연혁 일람에서는 1939년 5월에 조선어 교습 사건으로 폐교당하였다고 기재하였다. 그런데 1940년 3월, 1941년 3월에는 봉서소년회 12회, 13회 정

건봉사는 교육열이 높은 사찰이었다. 물론 학생을 모아 교육을 시킬 정도로 부찰(富刹)이기도 했지만 만해선사의 사상적 힘과 금암스님의 정신적, 물질적 후원이 많았던 것이다. 그러나 이런 교육열도 왜제의 집요한 간섭에 견디지 못하고 그만 문을 닫고 말았다.

정중섭은 학교의 문을 닫게 한 다음에도, 이런 저런 트집을 잡아 당시 학교의 실질적 책임자였던 금암 스님을 고성경찰서로 몇 번씩이나 끌고 다니더니 끝내는 1936년 늦가을에 모든 것에서 손을 떼게 한 후 간성으로 낙향하게 만들었다.[77]

이렇듯이 건봉사는 탄탄한 사찰 재산과 한용운, 이금암의 민족정신에 힘입어 신학문 교육사업에 적극적으로 임하였다. 그 교육 사업의 중심에 봉명학교가 있었으며, 그 산물로 다수의 재일 불교유학생을 배출하였다.

봉명학교는 봉서(鳳棲)학교라고도 했는데, 건봉사를 서봉사(棲鳳寺)라고도 했기 때문이지요. 이 학교는 동해안 쪽에 근대적인 학교가 없던 시절에 생긴 학교로 여러 사정으로 있다 없다 하다가 1931, 2년에는 대단히 융성했어요. 그때 고마자와 출신이신 박종운 교무 주임 선생님이 계셨을 때이거든요. 여기에서는 많은 인재가 배출되었어요. 모두들 가난한 집안 자제들이었어요. 조영암, 황금선, 최재형 등 많은 인재가 나왔지요. 여기서 가르치는 과목은 내과 외과가 있었는데, 내과는 불교 과목이고, 외과는 국어, 영어, 수학 등 일반 학교의 과목이었어요. 국어 과목은 일본어를 지칭하는 것으로 어느 학교에나 개설되었지만 봉명학교에서는 우리 말을 가르쳤습니다. 그리고 여기에서 우수한 학생들은 서울의 혜화불교전문과 일본의 고마자와 대학으로 유학도 시켜 주었어요. 이 학교는 민족의식이 남달랐어요. 박종운 선생이나 금암스님, 만해스님의 영향을 받아 조국의 독립운동, 항일운동에 모두 관심이 많았어요. 그러다가 40년대에 들어 조선어 강습 때문에 폐교되었어요. 이 학교는 사찰에 소속되어 있었지만 강원도 지역의 대표적 학교라고 할

기총회를 개최하였고, 1942년 4월에는 봉명학교에 교사로 최재형과 최영준이 부임하였다고 기재하였다. 그리고 1945년 10월 봉명학교를 냉천인민학교로 개명하고 함흥조가 교장으로 부임하였다고 서술하였다. 이런 점으로 볼 때에 1936(1939?)년 폐교는 일시적인 조치가 아닌가 한다.
[77] 위의 책, 150~151쪽.

수 있습니다.[78]

이 회고는 봉명학교를 1930년대 초반에 다녔던 이설산의 발언이다. 이렇듯이 봉명학교는 많은 어려움을 겪으면서도 건봉사 및 관동지방의 신교육, 문명 전달의 선진적인 학교였다.

이렇듯 봉명학교 출신은 서울 등지에서 고등보통학교를 졸업하고 일본 유학을 거쳐, 건봉사로 돌아와서 건봉사 및 지역사회의 근대화에 기여하였다. 그리고 건봉사의 청년승려들은 조선불교청년회 건봉지회와 청년총동맹의 지부인 건봉동맹을 결성하여 활동하였다. 여기에는 건봉사와 건봉사 말사에 재적하는 청년승려[79]와 건봉사의 재정적 후원으로 근대적인 교육을 받은 학승들이 망라되었던 것으로 보인다. 즉 건봉동맹이라는 조직체를 결성하여 건봉사, 종단, 지역사회에 대한 개혁, 사업을 전개하였다. 이에 대한 검토는 필자의 후속 연구로 넘기지만 이런 거점 조직체에 대한 연구도 중요한 과제이다. 요컨대 이 조직체에도 봉명학교, 외국유학을 거친 대상자들이 활동하고 있었다.[80]

이런 배경과 구도하에서 봉명학교는 건봉사의 자생적 근대화의 근간으로 자리 잡게 되면서, 불교문화와 서구문명을 그 지역사회에 파급시키는 주역이었다. 이런 측면에서 봉명학교는 건봉사 불교 근대화의 출발지에 선 자명고였다.

---

[78] 「설산스님과의 대담」, 『만해학보』 4호, 2002, 137쪽.

[79] 이들 중에는 건봉사 강원 출신이 다수 포함된 것으로 보인다.

[80] 「건봉사본말사 청년동맹 제1회정기대회록」, 『불청운동』 7・8호(1932.10), 35쪽 참조. 이 내용에는 동맹 자체의 활동과 함께 사찰 인근지에 임시야학회를 설립해서 한글을 가르치자는 건의, 선원 및 강원의 개량을 촉진하자는 건의도 나온다. 이 동맹에는 정두석, 곽서순, 박종운 등이 활동하고 있었다.

5. 결어

　　이제부터는 맺는말을 대신하여 필자가 본 고찰에서 다루지 못한 분야, 미진한 분야를 제시하면서, 그에 대한 단상을 제시하는 것으로 대하고자 한다. 필자는 본 고찰을 연구하면서 불교 근대화의 자생성을 모색한다고 하였지만, 그 모색은 하였지만 그에 대한 적절한 역사적 평가는 하지 못하였음을 인정하면서 필자의 연구가 부족한 문제를 다음과 같이 개진한다.

　　첫째, 건봉사의 우수한 교육열, 일본 유학 등을 가능케 하였던 건봉사의 재산, 재정 등에 대한 문제를 거의 다루지 못하였다. 봉명학교 운영, 일본 유학 등의 저변에는 건봉사의 살림살이가 버티고 있었다. 즉 근대화도 재정적 뒷받침이 없으면 사실상 불가능하였다. 추후에는 이런 경제적 사정, 내적 문제를 교육문제와 연결시켜야 할 것이다.

　　둘째, 건봉사 출신 일본 유학생에 대한 치밀한 분석이 더욱 요청된다. 일본 유학을 가기 전과 갔다 온 뒤의 활동, 행적 등을 더욱 치밀하게 고증해야 한다. 그들의 이념, 활동 공간, 환속 여부 등 다양한 분석이 가능할 것이다.

　　셋째, 건봉사의 재일 불교유학생과 국내 유학생(서울 등지)과의 비교 검토가 요청된다. 건봉사 재원으로 서울로 유학을 간 경우,[81] 일본 유학을 간 경우 사이에는 어떤 차별성이 없는가에 대한 문제 제기도 가능하다. 이는 문명의 세례와 문명의 차별성이 어떠하였는가를 탐구하는 것이다.

　　넷째, 봉명학교와 일본 유학의 단행이 자생적인 불교 근대화였다면 의타적, 일본문명에 영향을 받은 근대화는 없었는가이다. 즉 자생적 근대화와

---

[81] 건봉사 출신으로 중앙불전, 혜화불전 혹은 경기고보, 중동고보 등에 입학하여 공부한 사례가 조사, 연구되어 한다. 예컨대 정두석, 황성민, 이원섭, 박설산, 이영선 등이다. 이에 대해서는 김광식, 「이구오팔회고」, 『한국근대불교의 현실 인식』, 민족사, 1998, 116~119쪽이 참고된다.

타율적인 근대화라는 구도를 이원적으로 설정할 수 있다. 자생적 근대화와 타율적 근대화의 동질성, 차별성은 무엇이었는가에 대한 탐구가 요청된다.

다섯째, 건봉사가 근대화, 문명화에 여타 사찰보다 앞섰다면 그 근본적인 요인은 무엇이었는가. 즉 그를 가능케 한 본질적 요인이 자각한 승려이었는가, 아니면 물적 토대였는가이다. 그리고 여타 사찰들도 근대화 추구에 나선 경우가 적지 않은데, 그렇다면 여타 사찰들과의 다른, 즉 건봉사만의 독특한 근대화 추진의 성격은 무엇으로 말할 수 있는가.

여섯째, 건봉사 출신으로 진보주의, 사회주의에 경도된 문학인, 지성인이 약간은 있었는데, 이에 대한 기초적인 정리를 치밀하게 하지 못했다. 추후 이에 대한 보완, 검토가 요청된다.

일곱째, 근대라는 시공간에서 행한 건봉사의 불교 근대화에 대해서는 어떤 평가, 의의를 부여할 것인가의 문제가 남아 있다. 봉명학교, 일본 유학, 서울유학, 다양한 불교문화와 문명을 파급한 주체가 건봉사였다면 건봉사의 근대화 프로젝트는 성공하였는가, 실패하였는가이다. 성공하였고, 불교사적으로 평가를 해준다면 어떤 가치를 부여할 것인가? 그리고 지금의 건봉사는 지난 100년 전부터 추진하였던 불교 근대화를 계승할 것인가, 아니면 변화된 현실에서 새로운 실험을 해야 할 것인가? 불교 근대화와 불교 현대화는 상호간에 어떤 문제, 간격, 차별성이 있는가. 이제 우리는 이런 문제에 답을 해야 한다.

지금까지 필자가 본 연구를 수행하면서 미진한 분야, 대상을 제시하여 보았다. 이런 문제는 필자가 다 감당할 수도 없거니와 이 분야 학자, 후학들의 동참을 요청하면서 글을 맺는다.

:

석전과
한암의
문제의식

– 불교 근대화 노선의 사례

1. 서언

한국 근대불교(1876~1945)는 중세불교와 현대불교를 이어주
는 가교의 시공간이다. 그러나 근대불교는 100년도 안 되는 시기이지만 가
교로만 머물 수 없는 독특한 역사와 성격을 갖고 있다. 근대불교의 공간에
서 전개된 개신교의 등장 및 도전, 일제 침략 및 국망, 서양의 문명 및 사조
의 유입, 사회주의 및 반종교운동의 도전, 일본불교 및 서구불교의 유입
등 그 어느 한 측면도 간단치 않았다. 때문에 그 당시 불교의 현실과 본질을
유의해서 살피면 불교인들의 다양한 의식, 고뇌, 행보, 갈등 등이 처절하게
노정되었음을 알 수 있다. 이와 같은 근대 불교의 실상 및 본질을 역사적
맥락에서 이해하고자 할 경우, 각 흐름별의 성격, 특징 등을 구체적으로
천착하고 그를 종합하여 살펴야 할 것이다.[1]

---

[1] 심재룡은 「근대 한국불교의 네 가지 유형에 대하여 - 論: 한국 근대 불교의 四大
思想家」(『철학사상』 16호 별책 1권, 2003)의 논고에서 경허(전통주의자), 용성

그러나 지금까지의 연구 동향 및 성과를 조망하면 연구의 접근, 관점이 너무 단순하였음을 부인하지 못할 것이다.[2] 이런 결과를 초래한 것은 근대불교에 대한 연구가 양적, 질적으로 심화되지 못한 것과 불교에 대한 연구 초점이 항일, 친일, 근대화, 대중화 등 지나치게 단순한 관점이 투영된 것에서 찾을 수 있다. 이와 같은 문제점을 극복하기 위해서는 다각적인 검토가 요청되지만, 내우외환의 격동의 현실을 걸어가야만 되었던 불교인들의 행보와 고뇌를 살피는 것도 의미가 있다. 지금껏 인물 연구에는 '생애와 사상'이라는 고전적인 방법이 활용되었다. 그러나 이제부터는 인물의 행적, 의식, 시대적 흐름, 관련사건 등에 대한 미시적인 검토, 분석이 정치하게 이루어져야 할 것이다.

본 고찰은 이 같은 배경하에서 근대불교의 고승·선지식으로 명망이 높은 石顚(映湖, 박한영)과 漢岩의 문제의식을 역사적 맥락하에서 살피려는 글이다. 최근에 접어들어 석전과 한암의 연구가 가시화 되고 있지만, 학계에 보고된 연구 성과를 보면 석전과 한암이 갖고 있는 개요, 명성, 성격 등에 대한 충분한 이해를 하기에는 미진하다. 필자는 이전에 한암 연구를 일부 수행한 바[3]가 있지만, 석전에 대해서는 본격적인 연구의 기회를 갖지 못하여 연구 역량이 부족하다. 그럼에도 필자는 근대불교의 성격 및 노선에 대한 연구가 절실함을 인식하고,[4] 그런 연구에 동참하겠다는 소박한 마음으

(개혁주의자, 대각교 운동), 한영(개혁주의자, 보편불교 교육론), 만해(혁명주의자, 사회참여적인 민중불교)를 근대불교를 대표하는 사상가로 내세웠다. 한편 필자는 「식민지(1910~1945) 시대의 불교와 국가권력」(『대각사상』 13, 2010)의 고찰에서 조선불교조계종(대처승), 조선불교 선종(선학원, 수좌), 만당(한용운, 진보개혁), 대각교(백용성, 온건개혁)라는 종단 및 단체를 기준으로 일제하 불교의 노선을 대별하였다.

2 김광식, 「근·현대 불교, 연구 성과와 과제」, 『한국불교학』 68집, 2013.

3 김광식, 「방한암과 조계종단」, 『민족불교의 이상과 현실』, 도피안사, 2007; 「한암의 종조관과 도의국사」, 『한국 현대선의 지성사 탐구』, 도피안사, 2010.

4 필자는 한암과 만공의 노선을 비교, 분석한 바가 있다. 김광식, 「한암과 만공의

로 본 글을 작성하게 되었다. 한편, 이 글은 불교 근대화 노선의 사례 연구의 성격을 갖는다. 불교 근대화 노선은 다양했는데, 본 연구에 나오는 석전은 중도적인 개량 노선을 걸었다면 한암은 보수적인 노선을 갔다. 이러한 이질적 노선을 비교해 본다는 것 자체가 흥미로운 것이다.

본 고찰의 서술은 석전과 한암의 행적을 통하여 이들의 문제의식을 추출하는 방법을 활용하고자 한다. 석전(1870~1948: 79세, 법랍 60세)과 한암(1876~1951: 76세, 법랍 54세)의 연령 차이는 6살에 불과하였다. 때문에 이들을 동 시대를 살았던 동년배의 고승이다. 이들은 근대불교 당대에 선지식 및 고승으로 명망이 높았고, 조계종단의 종정을 역임하였으며, 석전은 도회지에서 한암은 오대산에서 자기의 정체성을 극명하게 표출하였고, 그들의 입적 이후에는 각각의 문손들이 선운사 및 월정사에서 추모 및 계승의 활동을 하고 있다.

이와 같은 행적을 갖고 있는 이들의 문제의식을 올곧게 조망하기 위해서는 행적뿐 아니라 남긴 글과 사상적 성격의 분석을 통한 종합적인 분석을 해야 한다. 미진한 측면은 지속적인 연구로써 보완하겠거니와 제방 선지식의 비판을 기다린다.

2. 석전과 한암의 행적에 나타난 비교

인간의 의식, 문제의식, 현실의식은 어떤 형태로 표출된다. 그는 언어, 기고 및 편찬, 직임, 활동 등으로 외현화된다. 이를 통하여 인간은 자신의 존재성, 지향, 불만 및 대안을 표현한다. 행적이라 함은 이들이 남긴 구체적인 역사라 하겠다. 물론 그 행적에

同異, 그 행적에 나타난 불교관」, 『한암사상』 4집, 2011. 한종만은 석전과 만해를 비교하여, 이 분야 연구에 시사를 주었다. 한종만, 「박한영과 한용운의 한국불교 근대화사상」, 『논문집』 5집, 원광대학교, 1970.

잘 드러나지 않는 마음, 의식, 지성 등이 있을 수 있다. 그러나 행적과 의식은 전연 별개일 수도 있지만, 행적과 의식은 불가분의 상보적인 관계일 것이다. 이런 성격을 전제하면서 여기에서는 행적을[5] 중심으로 석전과 한암을 비교하고자 한다.

1) 수행

석전과 한암은 승려이었기에 입산, 수행을 거쳤다. 수행은 승려가 입산 직후 제일 먼저 행하는 이력이다. 때문에 이들의 행적과 성격을 이해하기 위해서는 입산 직후 어떤 수행을 하였는가를 제일 긴요하게 파악해야 한다. 이들의 수행과 관련된 것 중에서 중요한 내용을 적출하여 제시하면 다음과 같다.

석 전	한 암
전라북도 완주 출신	강원도, 화천 출신
서당에서 사서삼경 등 수학	부친 한학자, 서당공부
위봉사 태조암(완주)로 입산	금강산 장안사에서 득도(22세)
신계사에서 득도(17세)	신계사 보운강원에서 수학
백양사 운문암, 幻應에게 수학	청암사 수도암에서 정진(경허, 금강경 수학)
선암사, 擎雲에게 수학	해인사 선원, 정진(조실 경허, 1차 悟道)
구암사, 雪乳에게 嗣法, 건당(1896년, 26세)	통도사 선원, 정진(2차 悟道)
설유회상에서 염송, 율장, 화엄을 수학	해인사 선원, 경허로부터 인가
三藏 講說(구암사, 대원사, 백양사, 대흥사,	『전등록』 열람(3차 悟道)
해인사, 법주사, 화엄사, 석왕사, 범어사)	묘향산 내원암, 보림 정진
선원에서 수선 정진[6]	맹산 우두암에서 보림(4차 오도, 1912년)

---

5 석전의 행적은 이병주 외, 『석전 박한영의 생애와 시문학』, 백파사상연구소, 2012, 179~191쪽에 수록된 「석전 박한영스님 연보」에 의거하였다. 한암의 행적은 한암문도회, 『定本 一鉢錄』상권, 민족사, 2010, 495~513쪽에 수록된 「연보」에 의거하였다.

표와 같이 석전과 한암의 출가 이후의 수행의 요체를 제시하였다. 위의 내용에 의하면 석전과 한암은 입산 이전에 한학을 수학하였음이 공통적이다. 이런 요인이 이들이 한학, 동양사상에 대한 조예가 깊을 수밖에 없음을 이해할 수 있게 해준다. 나아가서는 이런 요인이 불교의 교리 및 사상에 대한 습득 및 이해가 투철하였던 여건을 알 수 있다.

석전은 幻應(1847~1929),[7] 擎雲(1852~ 1936),[8] 雪乳(1858~1903)에게 불교의 교학을 수학하였다. 석전에게 경학을 가르쳐 준 인물들은 당대 최고의 강백이었는데, 이중 환응과 경운은 1929년에 석전과 함께 교정에 추대된 고승이었다.[9] 이들은 지리산권 및 호남 불교권의 교학전통에서 수학하였고, 백양사[10] · 선암사 · 구암사 등을 기반으로 후학을 양성하였던 대종장이었다. 석전이 白坡 亘璇(1767~1852) 계열의 학맥을 이은 대강백에게 교학을 배웠다 함은 석전이 조선후기부터 근대기에 이르렀던 한국의 전통불교 사상을 온

---

6 김효탄은 석전이 15회 안거 수행을 하였다고 주장한다. 김효탄, 「석전 박한영의 생애와 불교사상」, 『불교평론』 44, 2010, 377쪽.

7 환응(禪雲寺 東雲庵)은 1929년 1월에 교정에 추대되었으나, 그 해 7월에 입적한 고승이다. 지금껏 석전, 백학명, 만암 송종헌 등은 주목하고 연구되었으나 환응은 그간 베일에 싸였다. 그러나 환응도 주목, 연구할 필요성이 있다. 환응에 대해서는 다음의 자료가 참고된다. 「圓寂界」, 『불교』 61호(1929.7), 38쪽; 백양사一記者, 「故 敎正 幻應大禪師의 百日을 臨하야」, 『불교』 64호(1929.10), 28~32쪽; 「故幻應鶴鳴兩大禪伯」, 『불교』 67호(1930.1), 73쪽; 안주봉, 「故敎正 幻應大禪師 哀辭」, 『불교』 68호(1930.2), 49~50쪽; 「故 敎正 幻應大禪師 追悼辭」, 『불교』 71호(1930.5), 11쪽(당시 종회의 추도식에서 낭독된 것). 그는 백양사 운문암에서 20년간 동구불출, 25년간 후학양성, 백양사 제1세 주지(1911~1914) 등의 행보를 갖고 있다.

8 김경집, 「근대 경운원기(擎雲元奇)의 교화활동」, 『보조사상』 40집, 2013; 차차석, 「근대 선암사와 그 학풍」, 『보조사상』 40집, 2013.

9 환응, 경운, 석전은 1929년 1월, 승려대회에서 7인의 교정으로 선출되었다. 7명 중 3인이 백양사, 구암사 계열의 고승이었다. 김광식, 『한국 근대불교사 연구』, 민족사, 1996, 331쪽.

10 김용태, 「조선후기 불교의 강학 전통과 白羊寺 강원의 역사」, 『불교학연구』 25호, 2010, 311~ 320쪽.

전히 수용, 응용할 수 있는 자질을 갖추기에 충분하였음을 말해준다. 요컨대 석전은 강학, 교학, 불교사상이라는 측면에서 투철한 수학을 하였다. 그러면서 석전은 강학을 하면서도 참선 수행도 이수하였다. 이는 그가 선사상도 체득하였음을 알려주는 것이다. 즉 선에 대한 이해도 간단치 않았을 것이다.

이에 반해 한암은 신계사 보운강원에서 일시적으로 경전을 보았지만 대부분은 참선 수행을 하였다. 청암사 · 해인사 · 통도사 · 범어사 등의 선원에서 오롯하게 참선정진을 하였다. 이 과정에서 오도를 하고, 경허에게 인가를 받기도 하였다.[11] 오도 후에는 보림과정을 거쳤다. 이와 같은 한암의 수행은 선 방면에 치중된 것이었다. 근대 선불교를 대표하는 한암의 명성은[12] 이 같은 수행을 통해 구현된 것이다.

이와 같이 석전은 경학 방면에서, 한암은 선학 방면에서 수행 정진을 하였다. 이런 성격은 후일 이들의 활동, 행적을 짐작케 하는 것이다.

2) 교육 활동

석전과 한암은 수행 후에 후학을 위해서 어떤 활동을 하였는가에 주목하고자 한다. 이는 상구보리, 하화중생이라는 전통적인 관점에서 이들이 무엇을 하였는가를 살피는 것이다. 이를 통해 이들이 불교 및 사회에 대한 문제의식이 어떠하였는가를 추출하려고 한다. 석전과 한암은 수행을 거친 직후, 즉시 후학 양성에 나섰다. 이는 일반적인 고승들의 행보와 유사하다.

---

11 한암과 경허에 대한 관계는 아래의 고찰을 참고하기 바란다.
윤창화, 「鏡虛의 지음자(知音者) 漢岩」, 『한암사상』 4집, 2011; 김호성, 「사효(師孝)의 윤리와 출가정신의 딜레마」, 『불교연구』 38집, 2013.
12 「在京城 各 敎會의 본부를 歷訪하고」, 『개벽』 48호(1924.6), 18쪽에는 "근래의 불교에 있어서 禪學 제일 치는 사람은 방한암 선사이라"는 내용이 나온다.

석 전	한 암
구암사에서 개강, 학인 교육(1895, 26세)	통도사 내원암 선원 조실(1904, 28세)
대원사(산청)에서 晉山, 講說	건봉사 만일선원, 조실(1921~ , 45세)
백양사·대흥사·해인사·법주사·화엄사·석왕사·	봉은사 조실(1923~)
범어사에서 강의	오대산 상원사 조실(1926~ , 50세)
백양사 廣成義塾 塾長(1910)	상원사, 삼본사연합수련소 조실(1936~1944?)
경성 高等講習會 회장 겸 강사(1912)	상원사 선원, 조실(洞口不出, 坐脫立亡)
高等佛敎講塾, 塾長(1914)	
中央學林 강사·교사·학장(1915~1922)	
朝鮮佛敎會 전무이사(1920~)	
개운사·대원암 불교전문 강원, 강사	
(1926~1945)	
불교전수학교 교수(1928~)	
중앙불교전문학교 교장(1933~1938)	
혜화전문학교 명예교수(1938~1940)	

이와 같이 석전과 한암의 교육 활동은 매우 이질적이었다. 석전은 건당 직후에는 구학적인 강원에서 후학을 양성하였다. 그러나 일제의 침략으로 인한 국권상실을 당한 이후에는 新舊 兼學을 하는 교육 기관에서 후학을 양성하였다. 이는 불교 근대화의 구도에서 교육 활동을 하였음을 의미한다. 그에 반해서 한암은 오직 전통적인 강원에서 조실로서 후학을 양성하였다. 더욱이 한암은 1926년 봉은사에서 오대산 상원사로 들어간 이후에는 洞口 不出의 자세로서 은둔적인 교육활동에 임하였다.

또한 석전과 한암이 행한 교육의 내용에서도 이들의 이질성은 나타난다. 즉 석전은 전통적인 강학 방법에 의거하여 불교를 가르치는 것에 주력하면 서도 유교, 장자, 동양학 등을 망라하였다.[13] 그러나 한암은 오직 선불교에

---

[13] 홍신선은 석전이 서구의 신지식과 사회사상, 유교, 도교, 기독교 등 동서의 종 교사상에도 막힘이 없다고 주장하였다. 그는 포광 김영수의 「영호화상행적」을 인용하면서 석전이 戒律論의 강설뿐만 아니라 유학과 노장의 학설에도 두루

주력하였는데, 부연하자면 한암은 전통 고수, 유지를 통한 불교 발전에 유의하였다고 볼 수 있다. 그리고 석전이 주관한 개운사 강원에서는 재가자들도 강학에 참여할 수 있었다. 그러나 한암이 주관하는 선원은 오직 승려들만의 전용적인 교육 공간이었다. 이는 그 현장을 목격한 제자들의 증언에서도 찾을 수 있다. 우선 개운사 강원에서 수학한 석전의 전강제자인 운성의 증언을 제시한다.

그리고 3년간 강원을 계속하다가 기사년(1929년) 3월에 대원암으로 옮겼다. 대원암 강원은 불교연구원이라고 하였다. 그래서 화엄경을 위주로 하여 전등록(傳燈錄), 염송(拈訟)도 강의하였으며 학인들은 대개 일대시교를 마쳤거나 강사를 지내던 분들이 모였다. 말하자면 연구반인 셈인데 거기에는 두 부류의 학인들이 모였던 것으로 기억한다. 하나는 석전스님의 높은 학력을 사모하고 그 문하에서 배웠다는 긍지를 갖고 싶었던 사람이며 또 한편에는 고등연구반에서 교학을 탁마하기 위해서 모였다. 그런 만큼 학인들은 그 기초 소양이 다양했고 제각기 독특한 전문분야를 가진 사람이 많았다.
한학에 깊은 조예가 있다든가 시문에 일가견이 있다든가 현대문학에 소양이 있는가 하면 법률학·정치학·철학 방면에 제각기 주견을 가진 사람들이 모여 있었던 것이다.
그 당시 대원암과 칠성암으로 나뉘어 거처하면서 한방에 무릎이 서로 닿을 만큼 좁게 모여 앉아 열렬히 토론하였다. 대개 80~100여 명이 지냈으니 한 방에 10여 명이 함께 지냈던 것이다. 아침 쇳송(鍾誦)하고 예불하면 모두 입선한다. 아침 공양하고 그리고 조실스님께 문강한다. (중략)
그런데 저때에는 스님들 학인 외에도 재가거사들이 강석을 함께 하였다. 조실스님의 학덕을 기려 준수한 청년들이 또한 모여 들었다. 지금 기억에 남는 이름으로는 김형태, 김동리, 이봉구, 서정주, 이종율 등 그밖에 또 있었는데 이종율 씨는 소식을 모르는지 오래다. 한때 범어사 승적이 있었고 영어에 능숙하고 중앙불전에 학

섭렵 정통하였다고 보았다. 홍신선, 「박한영스님의 인물과 사상」, 『석전 박한영의 생애와 시문학』, 백파사상연구소, 2012, 72·92쪽. 김영수는 석전은 삼장 강설을 주로 하는 외에 經史子集과 老莊學說을 無不兼攝하였다고 언급했다.

적을 두고 있었다.[14]

　이렇게 석전에게는 불경을 전문적으로 공부하려는 학인뿐만 아니라 한학, 시문, 문학, 철학 방면에 조예가 깊은 학인들이 모여들었다. 이는 석전의 학문적 성향을 은연중 대변하는 것이다. 인문학적인 소양을 갖고 있는 학인들이 석전의 회상에서 수학하였다. 그리고 개운사는 석전에게 불교, 인문학, 동양학을 배우려는 재가 지식인들의 사랑방 역할을 하였음도 중요한 사실이었다.

　　우리 스님에게는 세속의 명사들이 많이 출입하였고 저들이 스님을 존경하였거니와 스님도 잘 대해 주셨다. 당시 재주 있기로는 세 사람이라고 일컬었던 정인보(鄭寅普) 씨, 최남선(崔南善) 씨, 이광수(李光洙) 씨 등은 1주일에도 몇 번씩 찾아올 때도 있었다. 그밖에도 기억에 남는 분은 안재홍(安在鴻) 씨 홍명희(洪命熹) 씨 등 당당한 명사들도 있지만 그 밖에 각 분야 사람들이 많이도 찾아 왔다. 언론계, 예술계, 학계는 물론 일본인도 있었다. 일본인 가운데 제일 많이 찾아온 사람은 불교학자 다카하시(高橋亨)과 총독부 고등탐정이었던 나카무라(中村)가 있다.[15]

　위의 증언에 나오듯이 석전의 회상에는 인문학 분야의 저명한 사회 인사가 다수 있었다. 그들의 출신은 문학, 언론, 예술, 학술, 일본인 등 다양했다. 이와 같은 인물들의 來往은 곧 석전의 학문, 지성, 인품이 광대함을 말해주거니와 석전이 이들 교류의 중심적인 교량 역할을 하였을 것이다.[16] 그리고

14　운성,「노사의 學人시절: 우리 스님 石顚 朴漢永스님 / 50년 전의 大圓講院」,『불광』 83호(1981.9), 58~60쪽.

15　운성,「노사의 學人시절: 우리 스님 石顚 朴漢永스님」,『불광』 84호(1981.10), 60~61쪽.

16　석전의 문화 및 문학 방면에서 위상은 고재석의 글이 참고 된다. 고재석,「석전 박한영의 시선일규론(詩禪一揆論)과 그 문학사적 의의」,『석전 박한영의 생애와 시문학』, 백파사상연구소, 2012. 서정주도 이 정황을 회고하였는데,『미당 자서전』, 민음사, 1994, 11쪽의 내용이 참고 된다.

석전은 승가, 재가를 가리지 않고 지방 여행, 답사를 함께 수차례나 다녔다.[17] 이는 여행을 통한 인문학적 소양을 후학 및 지식인들에게 함양시켜주기 위함이었다. 이는 현장 교육을 통한 전인교육이었다. 또한 그는『조선어사전』편찬회(1929) 발기인, 진단학회(1934) 찬조위원 등을 역임하였는데 이런 행적도 그의 학문과 인문사상이 다양함을 말해 준다. 석전이 신구겸학의 교육기관인 중앙학림과 중앙불전에서 행한 것도 위에서 살핀 내용과 동질적이었다.

이에 반해 한암은 오직 승려 교육, 참선교육, 불교전통의 이수에 주력하였다. 그에게 있어서 후학 지도, 인재 양성은 불교에 근거한 것이었다. 당시 오대산 월정사, 상원사의 재정은 열악하였다. 그러나 전국적인 명성을 떨친 한암의 회상에서 한철 나려고, 참선 지도를 받으려는 수좌들의 발길은 상당하였다고 한다. 그래서 상원사에서는 잠자리가 부족하여 '칼잠'을 잘 수밖에 없었다는 저간의 이야기가 있다. 한암의 제자인 용명의 회고를 여기에서 살펴보겠다.

---

[17] 여행에 대해서 운성은 다음과 같은 증언을 남겼다. "또 우리 스님은 방학 때면 곧잘 여행을 다니셨다. 여행에는 당신 혼자가 아니다. 일행이 많았다. 누구든가 동행하고 싶은 사람은 얼마든지 함께 갔다. 또한 스님이 여행 떠나실 때는 재속 거사들도 대개 함께 했다. 그래서 어떤 때는 일행이 20여 명이 될 때도 있다. 스님과 함께 동행 한 거사로는 정인보 씨, 홍명희 씨, 최남선 씨, 안재홍 씨 그밖에 예술인 몇 명이 우선 기억에 남는다. 아마도 이분들과는 백두산에도 함께 오른 것으로 기억에 남는다. 지리산에도 가셨고 금강산에도 가셨다. 금강산에는 나도 두 번 모시고 갔었다. 여행하는 목적지는 대개가 산이고 절이다. 산에는 으레 절이 있으니 절이 있는 산으로 여행가는 것이다. (중략) 그런데 우리 스님이 여행을 즐기신 이유가 무엇일까? 나는 당신에게 수행의 의미가 있고 배움의 의미가 있고, 동시에 학인들에게 산 교육을 시키기 위한 뜻이 숨어 있다고 생각된다." 운성, 「노사의 학인시절: 우리스님 석전 박한영스님」,『불광』 85호(1981.11), 62~63쪽.
그리고 정인보는 여행, 답사에 대하여 "스님을 따라 국내명승지를 순방하며 산천, 풍토, 인물로부터 농업, 공업, 공업, 상업과 노래며 소설에 이르기까지 모두 평소에 익힌 바처럼 모르는 것이 없음으로 그 고장 사람들도 멍하여 말문을 열지 못한다"고 회고했다. 정인보, 「石顚스님 行略」, 『映湖大宗師語錄』(東國出版社, 1988), 21쪽.

우리 스님 회상인 오대산 상원사 선원은 오직 선(禪)을 할 뿐, 다른 것이 없는 순수한 선(禪) 도량이었지만, 점심 공양 후 차 마시는 시간은 또한 각별한 가풍이 있었다. 그 시간에는 조실스님의 법문을 듣는 시간이었다. 대중이 다 함께 큰방에 둘러앉아 그 텁텁한 마가목차를 마셔가면서 조실스님의 선문(禪門)강의를 듣는 것이다. 그때만 해도 수좌들이 한문에 능하지 못했다. 따라서 경전이나 어록을 자유로 볼 수 있는 사람이 그리 많지 않았다. 그런 중에 우리 스님은 점심 공양 후, 차(茶) 시간이면 조사어록을 들고 나와 법문을 계속하였다. 나는 이 시간에 정말 많은 것을 배웠다. 오늘날 사집(四集)이라고 하는 어록들을 그 때 우리스님에게 모두 배웠으며 사교(四敎)과인 법화경, 금강경, 기신론, 원각경 등은 그 뒤에 중대에서 스님 시봉하고 지내면서 배웠다. (중략)
우리 스님은 그렇게 차 마시는 시간에 조사어록을 강하시고 법을 설하셨지만, 참선하는 수좌들에게 경을 보라고 권하는 일은 없었다. 다만 두 가지를 허락하셨는데 수좌라도 불공의식을 익혀서 마지 올리고 내리는 법은 알아야 한다고 하셨고, 또 하나는 참선은 비록 스스로 공부를 지어가는 것이지만 불조의 어록은 혼자 뜯어 볼 정도의 글 힘이 있어야 한다고 말씀하셨다. 그러기에 수좌들도 놀지 말고 틈틈이 글자를 보아도 좋다고 하셨다.[18]

이렇듯이 한암은 오직 선수행만을 지도하였다. 불교 이외의 것은 거론조차 않았던 것이다. 그러나 한암은 고답적인 禪만을 지향하지 않았다. 한암은 간화선 우위의 禪敎兼修의 기조하에서 조사어록과 경전의 수학을 하도록 배려하는 것을 정체성으로 내세웠다. 이런 행보는 여타 선원에는 희박한 사례이다.[19] 이런 성격은 1936년, 강원도의 삼본산(유점사, 건봉사, 월정사)

18 한암문도회, 『定本 一鉢錄』, 오대산 월정사, 2010, 142~144쪽. 이 글은 『불광』 1980년 5~9월호에 기고된 「老死의 雲水시절: 우리스님 한암스님」의 내용이다.
19 백양사 선원에서는 禪院 規則을 정하고 오전부, 오후부로 나누어 정진하였는데 이는 여타 시간에 노동과 사무처리를 하도록 한 것에서 나왔다. 『불교』 63호 (1929.9), 54쪽. 그리고 백양사가 본사인 내장사(백학명) 선원은 오전 학문, 오후 노동, 야간 좌선으로 한 것도 참고할 소재이다. 요컨대 백양사권의 선원은 학문(경학), 노동이 兼行되었거니와 이에 대한 의미는 별도로 탐구되어야 할 것이다. 김광식, 『한국 현대선의 지성사 탐구』, 도피안사, 2010, 64~65 · 514~515쪽.

이 세운 삼본사연합수련소[20]의 교육 과정에도 동일하였다. 한암의 법제자이면서, 그 수련소의 중강 역할을 하였던 탄허의 회고가 주목된다.

> 수련원이 개설이 되던 날은 손 도지사와 당시 중추원 참의 몇 사람이 참석하였고 수련생은 약 30명이 되었다. 오늘의 古庵스님이나 西翁스님도 그 때의 일원이다. 수련소의 일과는 조석으로 참선을 하였고 낮에는 경을 배우고 외우는 것이었다. 그것 외에도 많은 경전을 배울 수 있었다.
> 나는 四集은 독학하였고, 그 밖의 경전은 스님으로부터 배웠는데 『傳燈錄』과 『禪門拈頌』까지 완전히 마치기까지는 만 7년이 걸렸다.
> 수련소의 정규 과정은 『금강경』과 『범망경』이었지만 나는 별도의 경을 배웠던 것이다. 그런데 화엄경을 볼 때에 이르러 문제가 일어났다. 그것은 『청량소』를 보느냐 이통현의 『화엄론』을 보느냐가 문제가 되었다.
> 그 무렵 나는 수련생들의 요청에 의하여 보조 선사의 「수심결」과 「원돈성불론」 등 普照선사 어록을 釋辭한 적이 있었다. 그때에 「원돈성불론」에서 화엄과 선의 차이가 분명한 것을 보았던 터라 다들 말하기를 통현장자의 『화엄론』이어야 한다고 주장하였던 것이다. 특히 그때 함께 지내던 炭翁스님이 더 역설하였다.[21]

한암은 수련소에서도 참선을 위주로 하면서도 경전 수학을 병행하였다. 즉 선교겸수의 전통을 확고하게 하였다. 이와 같은 한암의 교육 내용은 구학, 불교전통을 철저히 지키는 것이었다. 이에 대해서 그의 제자인 용명은 다음과 같이 회고했다.

> 스님은 고풍은 모두 존중하셨다. 행건치는 것만 하드라도 그렇다. 아침에 일어나 행건을 치면 잘 때만 풀으셨다. 혹 누가 행건을 매면 각기병(관절병)이 생기니 푸는 것이 좋다고 하면 "이것도 선왕지법(先王之法)이다" 하였다. 옛 고풍을 좀체

---

20 김광식, 「김탄허의 교육과 그 성격」, 『한국 현대불교사 연구』, 불교시대사, 2006, 475~489쪽; 월정사 · 김광식 엮음, 『방산굴의 무영수』 상권, 오대산 월정사, 2013, 276쪽.
21 탄허, 「화엄경의 세계」, 『방산굴 법어』, 오대산 월정사, 2003, 75~76쪽.

버리지 않는 것이다, 또 예불도 조석으로 각단 예불을 했다. 수좌들은 모두가 큰
방에서 죽비로 3배 할 뿐이었지만…….[22]

즉 한암은 전통주의자이었던 것이다. 다만 禪[23]에 매몰된 수좌는 아니고,
선교겸수와 삼학(계정혜)겸수[24]를 굳건하게 강조하고, 실천하였다. 또한 한
암은 승가5칙이라고 불린 참선, 간경, 염불, 의식, 수호가람을 지독스럽게
강조하고, 가르쳤다.[25] 한암은 단순히 참선과 경학을 겸수한 것에 머물지
않았고 이처럼 독창적인 승가교육의 방안을 수립했다. 자신이 제정하여 수
립한 승려의 행동지침을 마련하였던 것이다. 승가오칙은 조선후기 이래 승
가에 전승되어 온 승려가 해야 할 열 가지(十科) 직분을 당대 현실에 비추어
긴요한 것 다섯 가지를 추린 것이었다.[26] 여기에서 한암의 탄력적인 전통의
변용을 찾을 수 있다. 즉 전통을 계승하면서도 현실에 부합하는 승가교육에
방점이 찍혔다.[27]

그러나 이들의 공통점은 균형적인 수행을 강조하였고, 계율정신 수호 정
신이 남달랐다는 것이다. 특히 한암은 율사로 지칭될 정도이었고,[28] 석전은
무애행을 하는 수좌들의 행태를 강력하게 비판하였다.[29]

---

[22] 『정본 일발록』, 140쪽.

[23] 한암의 선사상에 대해서는 다음의 고찰이 참고 된다.
종범, 「한암의 선사상」, 『한암사상연구』 1집, 2006; 신규탁, 「南宗禪의 지평에서
본 방한암 선사의 선사상」, 『한암사상』 2집, 2007; 인경, 「한암선사의 간화선」,
『한암사상』 3집, 2009.

[24] 김호성, 『방한암 선사』, 민족사, 1995, 40~47쪽.

[25] 김광식, 「도원스님: 푸르른 산의 학과 같은 스님」, 『보문선사』, 민족사, 2012,
98쪽; 김광식, 『그리운 스승 한암스님』, 민족사, 2006, 83 · 210 · 271쪽.

[26] 이에 대해서는 졸고, 「한암과 만공의 同異, 그 행적에 나타난 불교관」, 128쪽의
각주 64 내용 참조.

[27] 신규탁, 「한암선사의 '승가오칙'과 조계종의 신행」, 『조계종사 연구논집』, 도서
출판 중도, 2013.

[28] 『그리운 스승 한암스님』, 384쪽.

이렇듯이 석전과 한암은 교육활동에서 이질성이 있었다. 석전이 강학 및 신구겸학의 교육기관을 중심으로 하는 인문학적인 불교교육에 유의하였다면, 한암은 선에 중심을 두면서 불교전통을 계승하는 승가교육을 유의하였다. 그러나 계율 수호 정신은 동일하였다.

3) 집필 활동

석전과 한암의 차별성은 집필 활동에서도 나타난다. 기고 및 집필은 서술자의 현실의식을 극명하게 대변하기에, 이들의 문제의식의 초점을 파악하기에 용이하다. 석전은 수행 및 승가교육의 초장기에는 산중에 있었지만 국망 직전 서울로 상경하여 불교의 개신, 불교의 포교 및 대중화, 승가교육, 인문학적인 지식인 교육을 담당하기 위해 전력질주를 하였다. 이 같은 행보는 1908년에 시작되어 해방직전까지 지속되었다.[30] 그러나 한암은 1926년부터 입적하는 그날까지 오직 오대산 상원사에서 27년간이나 칩거, 은둔을 견지하면서 자신의 사상에서 나온 승려의 길을, 후학 교육의 길을 갔다.

이와 같은 행보는 집필 활동에서도 찾을 수 있다. 석전은 도회지인 서울에서 불교의 유신 및 대중화를 위한 행보를 갔지만, 한암은 오대산 상원사에 머물면서 전통계승을 구현할 뿐이었다. 그러면 이런 전제하에서 이들의 집필 활동의 개요를 제시하고자 한다.

석전	한암
「佛敎講師와 頂門金針」 기고(1912)	「一生敗闕」(자전구도기) 저술(1912?)
『해동불보』 발간(1913), 발행인	「선원 規例」(건봉사) 찬술(1921)
「知行合一의 實學」(1913)	「參禪曲」 찬술, 「만일원 禪衆芳啣錄序」(1922)

---

[29] 홍신선, 「박한영스님의 인물과 사상」, 『석전 박한영의 생애와 시문학』, 백파사상연구소, 2012, 70쪽.

[30] 그는 1940년에 구암사로 내려갔고, 1945년경에는 내장사로 내려가 칩거하였다. 1945년 8·15 해방 직후에는 교정으로 추대되었으나 주로 내장사에 있었다.

「佛光圓編은 未來에 當觀」(1913)
「將何布敎利生乎아」(1913)
『精選 緇門集說』 발간(1914)
「불교의 興廢所以를 探究할 今日」 기고(1914)
「불교의 전체와 比丘一衆」 기고(1914)
「朝鮮佛敎와 史的 尋究」(1914)
『因明入正理論會釋』 편찬(1916)
조선불교회 발기인(1920)
「불교와 조선현대」 기고(1924)
『佛日』 편집인(1924)
『戒學約詮』 편찬(1926)[31]
「승려 肉食 娶妻論에 대하여」(1926)[32]
「知行合一의 實學」(1913)
『精選 捻頌及說話』(교재) 편찬(1932)
『佛敎史攬要』(교재) 편찬(1930년대?)
「근본교육과 명예사업」(1933)
「敎養徒弟는 紹隆三寶」(1913)
「新語新文은 胡不采聽」(1913)
「朝鮮佛敎의 精神問題」(1935)
「佛敎文學으로 靑年 諸君」(1935)
「敎是」(1937)
『石顚詩艸』(최남선 주선) 발간(1940)
『石林隨筆』(문집) 탈고(1943)

「불영사 수선사 방함록서」(1929) 찬술
「海東初祖에 對하여」 기고(1930)
「一塵話」(『禪苑』 창간호) 기고(1930)
『鏡虛集』 편집(1931)
「惡氣息」(『禪苑』 2호) 기고(1932)
「參禪에 대하여」 기고(1932)
「경허화상 행장」 기고(1932)
「揚於家醜」(『禪苑』 2호) 기고(1932)
「猫捕鼠」(『금강저』 22호) 기고(1937)
『금강경오가해』(현토) 重刊 연기서(1937)[33]
「보조선사법어」(현토) 編輯 간행서(1937)[34]
「송라사 칠성계서」 찬술(1939)
「설악산 五歲寺 禪院 獻畓略記」
『경허집』 발간, 발기인(1943)
「一鉢錄」(문집), 수습·편집[35]
「霽山淨圓禪師碑文·退雲圓日禪師碑文」
찬술(1943)
「吾人修行이 專在於決心性辨」(법어) 기고(1944)

---

31 위의 「석전 박한영스님 연보」에서는 1924년은 서술, 1926년은 편집, 1938년에 배포하였다고 하였다. 김효탄, 「해제」, 『계학약전 주해』, 동국역경원, 2000 참조. 그러나 이런 년대의 내용, 중앙불전의 강의용 교재 운운은 신중히 검토해야 한다.

32 『시대일보』 1926.6.20. 이 글에서 석전은 승려 육식, 취처론에 대하여 강한 비판을 하였다. 석전은 교단 내부에서 제기, 논의할 문제(육식, 취처)를 식민지 일제 당국에 허용을 건의한 자체도 극렬하게 비판하였다. 이에 대하여 운성은 "이른 바 음주식육(飮酒食肉)이 무방반야(無妨般若)라는 궤변이다. 물론 조실 스님이나 원로 학인들이 그것을 용납할 리 없다"고 하였다(『불광』 83호(1981.9), 62쪽). 또한 『불광』 85호(1981.11), 59쪽에서 "우리 스님은 그러한 선객을 빙자한 무애행을 신랄하게 비난하고 경계하셨던 것이다."고 하였다.
김광식, 「1926년 불교계의 대처식육론과 백용성의 건백서」, 『한국근대불교의 석전과 한암의 집필, 기고 활동의 주요 내용은 위와 같다. 우선 석전의 집필활동에 나타난 개요 및 성격을 살펴보겠다. 위에 제시한 글은 석전의 성격을 알 수 있는 대표적인 것만 필자의 관점에 의거하여 간추린 것이다. 이를 주제별로 대별하면 그는 우선적으로 강원 강사의 중요성, 불교인의 정신, 학인 자세, 비구승의 정체성, 계율 강조, 교재 편찬 등이다. 여기에 나타난 공통적인 것은 승려 및 불교지식인의 교육에 대한 강조이다. 이는 당대 불교의 改新·維新[36]과 불교의 발전을 위해서는 자각과 개혁을 하지 않으면 안 된다는 것을 호소한 것이다.[37] 다음으로는 불교 현실을 강력하게 비판하면서도[38] 불교가 조선·인류 문화에 공헌할 수 있다는 사상적 자부심,[39] 『해동불보』와 『불일』 발간에 투영된 불교의 대중화 및 포교의 강조 등이었다.[40] 그밖에 불교사 서술, 교재 편찬, 국학 관심 등에 나타난 것은 근대불교학과[41] 인문학에 대한 탐구라 하겠다. 즉 석전을 교육, 포교, 인문학이라는 코드로 설명할 수 있는 것이다.[42] 물론 이는 그가 갖고 있는 불교,

현실인식』, 민족사, 1998, 186~209쪽; 「용성의 건백서와 대처식육의 재인식」, 『한국 현대선의 지성사 탐구』, 도피안사, 2010, 534~540쪽.

33 발행은 월정사, 저작 겸 발행자는 원보산이었다. 한암은 발간 연기를 서술하였다.

34 오대산 상원사판으로 나왔다.

35 1947년 상원사 화재로 소실되었다.

36 이능화, 『朝鮮佛敎通史』하, 954쪽. 이능화는 석전을 불교의 改良을 자신의 임무로 삼았다고 평하였다.

37 노권용, 「석전 박한영의 불교사상과 개혁운동」, 『선문화연구』 8집, 2010, 267~272쪽.

38 「佛種을 紹隆하라, 佛敎學院 講師 朴漢永師談」, 『동명』 제2권 2호(1923.1.7). 이 글에는 박한영이 당시 불교계에 관념, 사상, 감각, 방침, 사상 등이 없다고 보면서 불교의 종자까지 단절되고, 간판만 붙어 있는 상황이라고 개탄한 소감이 나온다.

39 김상일, 「석전 박한영의 불교적 문학관」, 『불교학보』 56집, 2012, 229~230쪽.

40 「포교방법의 개선, 중앙학림강사 박한영 씨 談」, 『매일신보』 1919.1.1.

41 김상일, 「石顚 朴漢永의 著述 성향과 근대불교학적 의의」, 『불교학보』 46집, 2007 참조.

유교, 서양사조, 동양학 등에 대한 博覽的인 실력, 實事求是의 학문적인 자세에서 배태된 것이다.

이에 반해 한암의 집필 활동은 수행과 교육 활동에서도 나왔지만 오직 禪 중심적인 사고의 산물이었다. 참선, 선사 비문, 방함록 서문, 법어에 대한 집필은 그를 예증한다. 그가 『금강경』과 『보조국사 법어』의 간행에 관여한 것은 그의 삼학 강조 및 선교겸수적인 사고에서 나온 것이다. 근대기에서 보조국사에 대한 중요성을 강조한 것은 특별한 사례이다. 이는 보조국사의 정혜결사를 계승한 정신에서 비롯된 것이라 이해된다.[43] 그러나 한암은 단순히 선사상 이외에도 그의 법사인 경허 행장 집필에서 계율강조, 조계종단의 종조인 도의국사를 재인식케 하는 글도 집필하였다. 이처럼 수좌, 도인, 조실, 종정의 성격을 갖는 한암이 경허, 도의에 대한 글을 기고하였다 함은 특별한 행보가 아닐 수 없다. 한국의 근대선, 한국 선종에 대한 근원 및 정체성에 대한 고민을 하였다는 것이다. 요컨대 역사의식이 있었거니와, 한국 선 및 종단의 정체성을 고민하고 그에 대한 대안을 피력할 정도의 소양을 습득함은 간단한 것이 아니다. 더욱이 일제하의 공간에서 제시한 의견이 지금까지도 수용되고 있음은[44] 한암의 지성적 면모가 간단하지 않음을

---

42 이런 석전의 특성에 대하여 운성은 다음과 같이 회고하였다. 즉, 그는 "우리 스님은 80년의 생애를 오직 불법과 학문과 전법과 교화로 일관하셨다. 그리고 그 핵심은 믿음과 학문이었는데 그와 같은 탁월한 역량은 스님의 놀라운 지혜와 한결 같은 정진력과 투철한 총기가 함께 하였던 것을 나는 말하고 싶다." 운성, 「노사의 학인시절: 우리스님 석전 박한영스님」, 『불광』 86호(1981.12), 62쪽.

43 김호성, 「한암선사 - 보조선 계승한 종문의 선지식」, 『한국불교 인물 사상사』, 민족사, 1990; 김호성, 「결사의 근대적 전개양상」, 『보조사상』 8, 1995 참조. 그리고 한암의 법을 계승한 탄허가 불교정화운동의 성찰 및 인재양성의 차원에서 1955년 월정사에 세운 오대산수도원에도 정혜결사의 현대적 변용이라는 성격이 나타난다. 즉 이것도 한암이 보조국사를 중요하게 여긴 역사적 산물이다. 김광식, 「오대산수도원과 김탄허」, 『새불교운동의 전개』, 도피안사, 2000, 353쪽.

44 한암이 종단의 종조로 주장한 도의국사가 조계종단의 종조로 1950년대 중반에

단적으로 드러내는 것이다.

지금까지 살펴본 바와 같이 석전과 한암은 집필 활동에서도 이질성이 드
러났다. 석전은 교육, 포교, 인문학에 대한 강조를 통하여 후학 지도, 인재양
성을 의도하였다. 그러나 한암은 치열한 선수행, 선교겸수, 계정혜 삼학의
강조, 한국선의 정체성 인식을 통한 수좌 및 선종의 자각을 의도하였다.

4) 종단 활동 및 민족운동

석전과 한암은 치열한 수행, 개성적인 후학 지도, 불교 현실의 직시를
통한 대안 제시 등 다양한 행보를 갔다. 이는 시대정신에 투철한 승려 및
불교 지성인을 양성하기 위한 다양한 집필활동으로 구현되었음을 말해 준
다. 이 같은 행보는 여타 고승에서 찾기 어려운 사례이다. 이제 여기에서는
석전과 한암이 담당한 종단활동과 민족운동의 내용을 살피면서 그에 나타
난 성격을 도출하고자 한다.

석 전	한 암
항일불교, 臨濟宗 운동(1911)	
구암사·내장사·만일사 兼務 주지(1912)	
보우국사 다례제 참가(1914)	
흥국사 수계식, 갈마사(1914)	승려대회, 敎正(7인)으로 선출(1929)
한성 임시정부, 대표(1919)	오대산 釋尊頂骨塔讚仰會 회주(1930)
구암사 주지(1919)	朝鮮佛敎禪宗, 宗正(3인)으로 선출(1935)
독립 청원, 태평양회의서에 서명(1921)	朝鮮佛敎 曹溪宗, 宗正(1941)
朝鮮佛敎維新會 의장(1921)	대한불교, 敎正(1948)
寺刹令 철폐 건백서, 대표단(1922)	
조선민립대학기성회 발기인(1923)	
승려대회, 敎正(7인)의 일원으로 선출(1929)	
금강산불교회·불교시보 고문(1935, 1939)	

제기되었다가, 1962년 통합종단 출범시부터 현재까지 내려져 왔다.

| 개운사 수계식, 전계 아사리(1939) |
| 불교정화를 위한 遺敎法會, 會主(1941) |
| 대한불교, 敎正(1945) |
| 己未獨立宣言記念全國大會準備委員會, |
| 부회장(1946) |

　석전과 한암의 종단활동을 살펴보았다. 그러면서 석전의 경우 민족운동의 내용도 제시하였다. 석전은 대강백이면서도 종단의 말사 주지까지 하였음이 주목된다. 그리고 그는 종단 최고 책임자인 교정을 두 차례나 역임하였다. 이를 보면 그는 당대에서 최고의 지성, 고승, 선지식으로 인정받았음은 분명하다. 석전의 종단활동에서 유의할 것은 임제종운동, 조선불교유신회 대표, 사찰령 철폐운동, 유교법회 회주 등 종단수호 및 불교 개신·정화를 위한 활동의 최일선에도 나섰다는 것이다. 또한 한성 임시정부의 설립, 독립청원의 활동 등 민족운동에도 일정하게 관여하였다.[45] 이 같은 제반 행보를 보면 그는 불교 및 종단의 발전을 위한 역할을 온건하면서도 치열하게, 그러나 일면으로는 적극적으로[46] 수행하였음을 알 수 있다.

　그러나 한암은 석전과 대비되는 행보를 갔다. 한암은 교정·종정을 네차례나 선출·역임할 정도로 당대의 최고 고승으로 공인받았다. 그러나 그는 1929년은 교정, 1935년에는 종정으로 추대되었지만[47] 공명심과 명예를 경계하면서 실질적인 활동은 하지 않았다. 그리고 1941년, 1948년에도 종정, 교정으로 추대되어, 그를 수용하였지만 洞口不出, 不出山이라는 명분을 내

---

[45] 오경후, 「영호 박한영의 항일운동」, 『보조사상』 33집, 2010.

[46] 석전은 1929년 1월 22일, 개운사에서 교정 취임식을 하였다. 당시 7인이 교정으로 추대되었지만 이렇게 취임식을 한 사례는 석전이 유일하지 않은가 한다. 여타 6인이 취임식을 하였다는 문헌기록을 필자는 확인하지 못하였다.

[47] 그를 선종의 종정으로 기재한 것은 「年年更有新條在하야 惱亂春風卒未休라」(『선원』 4호(1935.10.15))의 글의 필자명이 '종정 방한암'으로 나오는 것이 유일하다.

걸고 서울과 종단 일선에는 단 한 차례도 나오지 않았다.[48] 1941년 불교정화를 위한 고승 유교법회시에도 서울로 하산하여 법문해 줄 것을 요청받았지만 끝내 나오지 않았다.[49] 이른바 은거, 은신의 행보를 견지하면서도 자신의 소신을 갖고 종정 역할을 하였던 것이다.[50]

이와 같이 석전은 종단 현실의 일선에서, 한암은 은거의 방편을 활용하면서 종단 활동을 하였다. 그러나 그들은 불교발전, 종단 수호에는 각자의 정체성을 갖고 치열하게 활동하였다.

3. 결어

맺는말은 지금껏 분석, 서술한 내용을 근간으로 하여 석전 및 한암의 문제의식의 同異한 측면을 필자의 관점에서 제시하려고 한다. 석전과 한암을 비교의 관점에서 거론하기는 이 글이 처음이 아닌가 한다. 그래서 이에 대한 설명 및 의미 부여에 대한 책임은 전적으로 필자가 부담한다.

석전과 한암은 각기 조선시대 불교가 남긴 유산, 서양의 문명 및 종교의 유입, 국권침탈이라는 현실에 직면하여 불교를 구해야 한다는 시대인식에서 활동하였다. 이들은 강학과 선원에서 각각 당대의 대강백, 대선승의 회상에서 치열한 수행을 하였다. 그 결과 이들은 강원, 선원 분야에서 일가를 이룰 수 있는 자질, 능력을 부여받았다. 석전과 한암은 자신들이 처한 시대가 한치 앞도 가늠할 수 없는 위기의 시대임을 자각하였다. 그래서 그들은

---

48 그는 27년간 오대산을 떠나지 않았는데, 단 3회만 오대산을 나왔다는 전언이 있다.

49 김광식, 「유교법회의 전개과정과 그 성격」, 『한국 현대선의 지성사 탐구』, 도피안사, 2010, 254~255쪽.

50 김광식, 「조선불교조계종의 성립과 역사적 의의」, 『새불교운동의 전개』, 도피안사, 2000, 80~85쪽; 「방한암과 조계종단」, 『민족불교의 이상과 현실』, 도피안사, 2007, 434~447쪽.

자기의 정체성을 구현할 수 있는 공간에서 후학 교육, 인재양성, 불조혜명의 계승에 나섰던 것이다. 그러면서 그들은 당대의 불교계가 부여받은 역사적 사명을 기꺼이 수용하였다. 그 역사적 사명을 수행하면서도 교정과 종정의 역할을 하였다.

그러나 이들은 이질적인 공간에서의 수행과 교육 활동을 통해 노정된 각자의 정체성을 구현했다. 그래서 처한 공간, 방편, 방법은 달랐다. 석전은 자신의 주된 정체성인 강학을 기본으로 하였다. 그래서는 강원 및 신구겸학적인 교육기관에서 후학을 치열하게 양성하였다. 그러나 그는 敎를 중심에 놓으면서도 禪을 배척하지 않는, 선을 배려하는 관점을 갖고 있었다. 그렇지만 그는 無碍行으로 대변되는 선풍은 엄격하게 배격하였다. 무애선은 정상적인 선수행도 아니고, 경학을 배척하는 것이기에 그는 절대 수용하지 않고, 경계하였다. 그래서 그는 계율 강조, 계행엄정을 철저하게 견지하였다.

석전은 이런 입론에서 자신이 할 일의 대상을 불교의 교육·포교·개신에 두었다. 그러나 석전이 제일 강조한 것은 시대 흐름에 맞는 교육 및 인재양성이었다. 그 교육의 노선은 구학인 강학을 기본, 중심으로 삼으면서 인문학(문사철)과 현대 학문을 융합하는 것에 있었다. 때문에 그는 구학을 배운 제자들에게 현대학문, 신학문, 근대불교학을 배우도록 배려하였다. 이른바 융합적인 교육을 구현하였다.[51] 이런 가풍과 교육이념이 실행에 옮겨졌기에 그의 회상에는 인문학적인 공부를 하고 싶은 학인들뿐만 아니라 재가불자, 엘리트, 저명한 사회 인사가 운집하였던 것이다. 그리고 그는 불교, 종단, 사회가 요청하는 일과 직임이 있으면 자기의 정체성에 부합될 경우 그를 수용한 적극적인 행보를 걸어갔다. 즉 知行一致를 구현한, 불교 지성인의 典範을 보여 주었다.

---

51 노권용은 「석전 박학영의 불교개혁사상과 개혁운동」, 273쪽에서 석전 사상의 관점을 兼學情神으로 표현하였다. 그는 겸학정신 바탕에서 계정혜 겸수, 무물겸섭의 학문세계, 신구겸학의 교육관, 지행합일 강조 등이 나왔다고 본다.

한편, 한암은 선원에서 수행을 하여 도를 깨쳤다. 그리고 그 연후에는 선원에서 수좌 지도에 나섰다. 그의 수행 및 후학 지도는 선을 중심에 놓는 것이었다. 그러나 그는 선을 중심에 놓으면서도 계정혜, 삼학 수행을 철저하게 견지하였다. 그는 이 원칙에 입각하여 수행, 교육 및 종단 활동에 나섰고 이를 후학들에게 매서울 정도로 가르쳤다. 그는 삼학수행이라는 전통을 올곧게 지키고, 이 전통을 후대에 전하는 것을 자신의 임무로 인식하였다.

그러나 한암은 불교전통의 고수에만 매몰되지는 않았다. 그는 삼학 수학의 전통을 고수하면서도, 당시에는 소홀하게 인식된 경학 및 조사어록에 대한 공부의 필요성을 환기시켰다. 이는 선을 중심에 놓으면서도, 일면으로는 선교겸수를 행하는 노선이었다. 그러나 그는 수행 및 사상에서는 전통적인 노선을 걸어갔지만, 후학 양성에 임해서는 현실과 유리된 후학을 길러내지는 않았다. 전통과 현실을 이어주고, 불교의 존립 기반인 사찰 운영에 필요한 승려를 배출하고자 하였다. 이런 구도에서 나온 것이 승가오칙이었다. 참선, 간경, 염불, 의식, 수호가람을 철저하게 교육시킴은 이런 배경에서 나온 것이었다. 한암은 이런 기조, 이념을 굳건하게 지키면서도 자신의 정체성을 관리하는 관건인 洞口不出, 不出山의 행보를 갔다. 27년을 오직 오대산에 칩거, 은신하면서도 자신의 정체성, 이념을 지켰거니와 이는 고답적, 고식적, 황폐화 된 전통고수가 아니라 전통의 변용과 응용을 통한 불교 살리기였다. 그는 파란만장한 격변의 시절을 직면하여, 자기가 처한 현실의 문제점을 철저히 판단하고 대안을 제시하면서도, 그가 결정한 자신의 길을 묵묵히 걸어갔던 것이다. 즉 그는 고독하게 자신의 길을 무소의 뿔처럼 걸어간 高僧이었다.

지금껏 석전과 한암의 문제의식을 필자의 관점에 의거하여 살펴보았다. 그들의 행보와 의식에 나타난 같은 점, 다른 점을 살펴보았다. 이는 필자의 시각에서 살핀 것이거니와 석전 및 한암에 대한 다양한 탐구의 대장정에 분야 동학, 후학들의 동참을 기다린다.

:

경봉,
자생적인
불교 근대화의 전범

1. 서언

　　한국 현대불교사에서 간과할 수 없는 큰스님이 있다. 그는 통도사의 선지식, 고승이었던 鏡峰(1892~1982) 선사이다. 그의 명망은 다방면에 걸쳐 있었지만 그 중심에는 통도사 극락선원의 조실로서 수많은 수좌, 신도들을 포함한 사부대중을 다양한 방편으로 지도하였던 역사가 자리 잡고 있다. 그렇지만 그의 행적, 통도사에서의 위상, 사부대중에게 끼친 영향, 근현대 불교사에 나오는 그와 연관된 사료 등을 주의 깊게 살피면 경봉이 갖고 있는 역사, 성격은 다 방면에 걸쳐 있다.

　　그럼에도 불구하고 그가 입적한지 30년이 되었음에도 불구하고 아직까지 그에 대한 학문적인 접근은 심화되지 않았고,[1] 어찌 보면 황무지와 같은

---

[1] 최근 경봉 연구가 시작되었는데, 그는 통도사 재적 승려이면서 경봉의 문도인 정도 스님의 연구이다.
정도, 「경봉선사의 선사상 일고」, 『보조사상』 30, 2008; 정도, 「경봉선사의 사상적 고찰」, 『보조사상』 32, 2009; 정도, 『경봉선사 연구』, 동국대학교 박사학위 논문, 2010.

실정에 있다. 물론, 그가 입적하기 이전과 이후에 극락선원에서는 그의 법어집, 일기, 서간문 등을 다수 간행하여[2] 그가 갖고 있던 사상, 법문, 역사, 체취 등이 널리 알려진 것은 주지하는 사실이다.

그러나 그가 점하였던 영향력, 역사성을 고려할 경우, 이와 같은 학문적인 미접근, 무관심은 이해할 수 없다. 이런 무관심은 곧 당대의 역사성과 무관할 수 없는 것이다. 당대의 역사성이라는 것은 경봉을 이해할 수 없는 나약한 불교계의 지성, 현실과 무관한 학문만을 질주하는 작금의 불교학의 편협성, 경봉이 갖고 있던 불교사상 및 수행과 떨어져 있는 수좌계 및 통도사의 빈약한 역사의식 등이 맞물려서 나온 것이라 하겠다.

필자는 근현대기 禪과 관련된 역사와 인물들을 연구하여 다음과 같은 잠정의 생각을 갖게 되었다. 즉, 근현대 불교를 밝힌 시대의 빛으로서의 수행자들은 당대를 직시하면서, 명리를 버리는 헌신의 자세로, 불조혜명을 지켜냈다는 것이다. 때문에 이 시대 수행자들은 앞서 간 고승 제현들의 고투를 溫故而知新으로 찾아야 할 것으로 본다. 필자가 근현대 선지식을 연구한 결과 한국 근현대기 선 분야에 중심에 있었던 수좌들은 종단과 현실을 등지지 않고, 선원 및 토굴 등지에서 자기만의 성불을 위한 은둔적 행보를 가지 않았다. 그런 수좌들은 자기가 처한 사찰, 종단, 불교계, 나아가서는 사회 및 중생의 문제에 대해서도 일정한 관심을 피력하였다. 그들은 자신의 공부를 중생 및 사회의 문제와도 연결시켰다. 필자는 이런 고뇌와 행보를 선의 지성사라 이름 지었다.[3] 바로 이런 대상에 경봉이 포함됨은 당연하다.

최근 이 시대 참선 분야의 수행자들의 모순을 비판적으로 연구한 성과에 의하면 이론과 실참의 양극화, 안빈락도에서 이탈된 승풍, 動中修行의 약화,

---

2 『法海』, 『續 法海』, 『圓光閒話集』, 『禪門黑一點』, 『야반 삼경에 대문빗장을 만져 보거라』, 『火中蓮華消息』『경봉스님 말씀』, 『삼소굴 일지』, 『삼소굴 소식』, 『니가 누고?』, 『산사에서 부치는 편지』 등이다.

3 졸저, 『한국 현대선의 지성사 탐구』, 도피안사, 2010, 6~7쪽.

생산성이 전무한 수행풍토, 수행과 인격의 불일치 등이 거론되었다.[4] 이런 수행 풍토하에서는 경봉을 찾지도 않았고, 찾을 수도 없었다. 그래서 경봉은 입적 이래 그의 존재, 지향, 지성, 고뇌는 계승되지 않았다.

이와 같은 제반 사정하에서 경봉은 학문의 장르에 포함되지 않았다. 이런 사정을 고려하여 필자는 본 고찰에서 경봉의 본질에 들어가기 위한 잣대를 신중하게 제시하고자 한다. 그는 경봉은 작금의 불교 현장에 유포된 깨달음 지상주의, 편협주의(선수행 최고), 명리추구, 생활과 불일치 등과는 거리가 멀었다는 점의 강조이다. 필자의 경봉 연구가 미진한 상태에서 단정하는 것은 어렵겠지만 경봉은 수행, 교화, 불법수호(사찰, 종단)를 개별적으로 분리시키지 않았다. 즉 자기가 처한 시공간에서 불법탐구와 중생구제의 우선 순위를 가리지 않았고, 깨달은 이후에도 다양한 소임을 보면서 불법을 수호하였고, 명리를 목적으로 수행을 하지 않았고, 일상생활에서의 참선수행을 강조하는 생활불교를 자신이 직접 보여주었다.

필자는 이와 같은 경봉의 성격을 '자생적인 불교 근대화'로 개념화 하고, 그의 삶속에서의 관련 내용과 성격을 설명하려는 것이 본 고찰의 초점이다. 불교 근대화에 대한 검토에서 외적인 충격(문명, 일본 등)을 필히 분석해야 하겠지만, 불교 내부에서 그런 충격, 변화에 유의하면서 당대의 시공간에서 불교를 존립시키려는 흐름도 검토해야 한다. 필자는 불교 내부의 고뇌 및 지향을 자생적인 불교 근대화로 칭한다. 이 사례로 경봉을 연구하거니와 미진한 점은 지속적인 공부로 보완하겠다. 선학제현의 비판을 기다린다.

1. 출가, 구도행

경봉은 1892년 4월 9일, 경남 밀양군 부내면 계수동에서 태

---

[4] 월암, 『간화정로』, 현대북스, 2006, 419~442쪽.

어났다. 그의 부친은 경주김씨 김영규이고, 그의 모친은 안동 권씨였다. 그는 4대 독자로 태어났다. 그의 속명은 용국이었다. 유년 시절에는 밀양군 서부리에 있는 한문서당인 竹下齋에서 강달수 선생 문하에서 한문을 공부하였다. 그의 나이 13세 때에는 사서삼경을 마쳤다고 한다. 그러나 그의 나이 15세(1906) 때에 그의 모친이 병으로 죽게 되자, 그는 충격에 빠졌다. 여기에서 그는 인간의 생사, 영원을 심각하게 고민하게 되었다. 그는 실존에 대한 고민을 불교의 입문으로 풀려고 하였다.[5]

마침내 그는 1907년 6월 9일, 누이의 권유로 불보사찰인 통도사로 입산 득도하였다. 통도사의 聖海禪師를 은사로 모시고 출가하였던 것이다. 그는 그해 10월 30일, 靖錫이라는 법명을 받았으며, 청호화상을 계사로 모시고 사미계를 받았다. 출가한 그는 승려로서의 기본을 익히다가, 1908년 3월에는 통도사에 설립된 신식학교인 明信學校에서[6] 신학문을 배우게 되었다. 1910년에는 명신학교를 졸업하고, 일본으로 건너가서 중학교 및 대학 과정을 배우고 싶었으나 은사와 사형인 구하로부터 통도사에서 공부해야 한다는 권유를 받아[7] 통도사 강원에서 수학하였다. 그는 1911년 4월 초파일에 율사인 해담에게 비구계를 받고, 통도사 불교전문 강원에 입학하였다. 강원에서는 서장, 능엄경, 기신론, 금강경, 원각경 등을 배웠으며 화엄경은 당시 화엄사 강사로 와 있었던 한용운에게 배웠다. 한용운으로부터 월남 망국사를 들으면서 나라와 민족에 대한 의식을 자각하였다. 이것이 그가 후일 민족, 종단, 중생을 등지지 않는 수행을 한 것과 무관할 수 없다. 1914년에 강원을 수료한 직후에는 통도사에서 행정 소임을 보게 되었다. 그러나 그는

---

[5] 이영무, 「경봉대선사탑비명」.

[6] 명신학교는 1906년 7월, 통도사 화엄전에 설립되었다. 서해담, 『통도사사적』, 1912, 14쪽.

[7] 그는 은사와 구하에게 유학을 가고 싶다는 뜻을 한문으로 편지를 썼다. 그러나 한문 편지 실력을 본 은사와 구하가 그 정도의 한문 실력이면 유학을 가지 않아도 된다는 권유를 받았다고 한다.

수행에 대한 관심이 치열해서 소임 살이에 싫증을 느꼈다. 그는 강원에서 경전을 보다가, "그물이 천 코 만 코라도 고기가 걸리는 것은 한 코"라는 구절과 종일토록 "남의 보배를 세어도 반 푼어치의 이익이 없다"는 구절에 촉발되어, 강원의 일과 속에서도 하루에 30분 이상 참선을 하였다.

그 이후 전국 각처의 선원에서 참선 수행을 하였다. 통도사 내원암, 해인사, 마하연, 석왕사 등지의 선원이 그가 거친 곳이었다.[8] 그러면서 그는 스님으로서의 일대사를 해결할 수 있는 참선 수행에 나서겠다는 결심을 하였다. 일대사를 마치지 못하면 부모와 스승에게 큰 죄를 면할 수 없다고 여겼기 때문이다. 그래서 그는 그의 의중을 은사에게 밝혔다. 그러나 은사와 사형들은 소임을 더 살고, 참선수행은 후일을 기다리라고 당부하였다. 그렇지만 타오르는 구도와 깨달음에 대한 열정은 그 누구도 막을 수가 없었다.

마침내, 그는 통도사 불사리탑에 나아가 자신의 결단 및 염원, 즉 일대사 해결을 하겠다는 뜻을 밝히고 통도사를 떠났다. 때는 1915년 3월 31일이었다. 그의 발길이 닿은 첫 번째 곳은 양산 내원사였다. 당시 그곳에는 천진도인 慧月이 주석하면서 선풍을 떨치고 있었다. 그러나 혜월과의 만남에서 특별한 가르침을 받지 못하자, 그는 즉시 해인사로 갔다. 해인사에는 조실인 霽山禪師가 주석하고 있었다. 해인사 선방에 방부를 들인 그는 치열한 정진을 하였다. 그러나 그는 졸음과 망상에 의해서 참다운 수행을 하지 못하였다. 혼침과 망상을 이기기 위해 그는 기둥에 머리를 박기도 하고, 얼음을 입 속에 물기도 하는 등 갖은 방책을 쓰기도 하였다. 더욱이 그가 해인사에서 수행하는 것을 알았던 은사가 통도사로 빨리 돌아오라는 독촉 편지로 인하여 불안에 처하였다. 그래서 그는 해인사를 떠날 수밖에 없었다. 그는 해인사와 떨어진 직지사로 가게 되었다. 직지사에서 남전선사로부터 지도

<hr />

8 경봉의 연보는 김현준의 『경봉대선사 일대기, 바보가 되거라』, 효림, 1993의 부록인 「경봉대선사 연보」와 「경봉선사 약력」, 『삼소굴 일지』, 극락호국선원, 1992을 참조.

를 받던 그는 금강산 마하연 선방, 석왕사 내원선원으로 다시 옮겨가게 되었다.

그러다가, 그는 1916년 여름 통도사로 돌아왔다. 돌아온 그는 은사인 성해에게 참회를 하였다. 당시 성해는 어떤 질책을 않고, 오직 안양암에서만 수행을 하도록 엄명을 내렸다. 그는 안양암에서 선, 화엄, 계율, 염불, 기도 등 다방면의 수행에 능통한 선사이자 율사인 서해담에게 지근거리에서 배웠다. 해담은 1929년 조선불교 선교양종에서 7인의 교정으로 뽑힌 당대의 고승이었다.[9] 이런 해담으로부터 참선하는 여가에 염불정진, 계율, 화엄경에 대한 개요를 구체적으로 이수하였다. 이런 인연이 그가 만일회에 참여할수 있는 계기가 되었다고 보인다.

그러나 그가 안양암에서 수행을 본격적으로 하기도 전에 통도사 사중에서는 그를 마산포교당 포교사(1917년)로 발령을 내었다. 그의 재주와 인품을 대중포교에 헌신하도록 하는 조치였다. 그는 포교사 소임을 보면서 최선을 다하자, 많은 신도가 몰려들었다. 그러자 그는 포교당에 선원을 짓고, 수계식을 열어 신도들을 불법의 세계로 인도하였다. 그로 인해서 마산불교는 새로운 진작을 맞기까지 하였다. 이때 그는 구한말의 민족지도자인 장지연과 교류를 갖게 되었다. 이런 연고도[10] 그가 민족과 중생과 더불어 수행, 교화하는 것을 체질화하는 것에 도움을 주었을 것이다. 그때 장지연이 떠나는 경봉을 위해 준 글에 그 정황이 잘 나온다.

경봉선사는 통도사의 큰스님이다. 그 성품은 단아하고 학식이 해박하여 시 잘 짓고 글씨 잘 쓰며 儒家의 선비와도 어울리기를 좋아하니 대개 혜원과 영철과 같은 분이다. 마산 포교당에 와 머물면서 설법하고 戒行을 지니니 모든 善男善女의 신도

---

[9] 해담에 대한 자세한 정보는 김현준, 『경봉대선사 일대기, 바보가 되거라』, 효림, 1993, 48~49쪽에 나온다.

[10] 그의 시화집인 『원광한화』에는 그와 장지연과 주고받은 시, 편지가 전한다. 여기에서 그 교류의 폭과 내용을 알 수 있다.

들이 신앙하고 귀의하여 계를 받지 않는 이가 없었다. 그래서 큰 원력과 큰 자비심을 일으켜 심력을 아울러 기쁘게 보시하여서 돌을 쌓아 탑을 만들고 장경을 각하여 기념하였다. 이 포교당에서 스님의 공덕은 헤아릴 수가 없다 하겠으며 선남선녀의 정신하는 이가 더욱 많아졌다.[11]

마산에서 공덕을 쌓고, 신도들의 가슴에 불법을 심어준 경봉은 1919년 음력 7월에 마산포교당을 떠나 내원암 주지로 부임하였다. 이때 마산을 떠나면서 읊은 시에서 그의 심정을 엿볼 수 있다.

報恩塔出人天讚 보은의 탑 세우니 사람과 하늘이 찬양하고
漏盡香初不宿鐘 향연 풍길 제 종소리 은은하네
佛地同功終作別 모두 함께 불법에 공덕 쌓고 작별하니
今霄悵月海中峰 오늘 밤 비창한 달 바다 속 봉우리에 걸렸어라

이 시의 구절에는 마산 포교당 시절, 포교에 대한 열정과 신도들과 함께 그리움이 절묘하게 나오고 있다. 그 후에는 양산 내원사 주지 소임을 보면서 선방 수좌들을 지극하게 외호를 하였다. 2년간의 주지 역할을 하면서 그는 자신의 수행에도 유의하였다. 이런 경험이 그가 참선수행에만 경도된 수좌의 외골수와는 무관한 길을 가게 되었을 것으로 보인다. 그는 내원사 주지 소임을 마치고, 통도사 보광선원으로 와서 참선 정진에 임하였다. 이렇듯이 그는 구도, 소임, 참선을 별개로 하지 않으면서 구법의 행로를 가고 있었다.

---

11 「위암 장지연 거사 和贈日」, 『경봉스님법어집, 야반삼경에 대문 빗장을 만져 보거라』, 82쪽.

3. 念佛萬日會의 운영, 원융수행으로 깨달음

염불만일회회는 1926년 10월경, 통도사 극락암에서 가시화되었다. 그러나 1940년 10월에는 백련암으로 이전하였다가 다시 극락암으로 옮겨져서[12] 1953년 1월 1일에 소기의 목적을 달성하고 회향되었다.[13] 이 같은 만일회의 중심에는 경봉이 있었다. 그런데 이 만일회의 출범시의 정식 명칭은 養老念佛萬日會이었다. 즉 승려 중심이라기보다는 노년층의 재가신도, 노년층의 승려를 위한 모임이었다. 이와 같은 모임에 경봉이 관여된 것이 의아스럽다. 경봉은 평생을 선을 수행한 선사이었고, 화두선을 통해 깨달음을 얻은 선지식이었기 때문이다.

만일회가 어떤 계기에 의해서 출범한 것인가를 전하는 문헌 기록은 분명하지 않지만 그 중심에 경봉이 있었던 것은 분명하다. 그럼 여기에서 그 출범의 사정을 전하는 기록을 제시한다.

> 경남 양산군 대본산 통도사에는 朴炫潭 외 五十人이 養老萬日會를 發起하야 位置를 極樂庵에 置하고 諸般 設備에 完全 進行中인데 化主는 金鏡峰 金龍惺 鄭普雨 三氏라 더라(양산)[14]

이렇듯이 1926년 3월의『불교』지면에 만일회가 발기되어, 그 제반 설비를 진행 중인데 化主가 김경봉, 김용성, 정보우였음이 나온다. 구전에 의하면 염불회는 정보우 즉 전강이 적극적으로 의견 개진한 것으로 나온다. 한편 만일회의 발기인은 박환담 외 50인이라고 나오지만 그 발기인의 전체 명부는 전하지 않는다. 이와 같은 내용에서 일단은 당시 통도사의 소임자를

---

[12] 『삼소굴 일지』 160쪽, "1940년 10월 27일에 극락암 萬日會는 창설 15년 만에 白蓮禪院과 이날 교환하다"로 나온다. 그러나 이렇게 교환된 사정과 언제 극락암으로 재이전 되었는지는 알 수 없다.

[13] 현재 통도사에서는 2008년부터 만일염불회가 백련암에서 재개되었다고 한다.

[14] 「불교소식: 通度에 養老萬日會」, 『불교』 20호(1926.3), 42쪽.

비롯한 다수 승려, 有志의 발기가 있었음을 추론할 수 있다. 1926년 초에 그런 준비를 하였다면, 만일회의 발기는 그 전해인 1925년으로 볼 수 있다.

그런데 『불교』 20호에는 「통도사 극락암 양노염불만일회 취지서」가 전한다.[15] 그 취지서 말미에는 1925년 10월이라고 나온다. 이로 미루어 보면 만일회는 1925년 10월에 발기되었음을 알 수 있다. 그렇지만 1925년 10월에 발기되었지만, 처음으로 누군가에 의해서 발의되고, 의견 수렴을 거치고, 통도사 종무회의에서 논의과정을 거친 것은 그 이전이라고 하겠다.[16] 취지서에서는 養老를 위주로 한다고 분명히 언급하면서, 염불이 노인들의 필수적인 수행 방법임을 제시하였다. 만일회의 개요와 성격은 「규칙」에 분명하게 나온다.[17] 그 개요를 요약하여 제시하면 다음과 같다.

- 명칭: 염불만일회(통도사 극락암)
- 목적: 道俗을 일치하여
  빈궁 고독인으로 청정심을 발하여 불교를 念佛修心으로 신앙,
  신심이 견고하고 원력이 있는 자를 운집케 하고
  念佛修心으로써 見性成佛케 하여 廣渡衆生함
- 기한: 萬日(10기로 분한, 1기를 3년으로)

---

[15] 위의 자료, 44쪽.

[16] 이와 관련하여 김현준은 위의 「양로염불만일회」, 『경봉 일대기』, 56~58쪽에서 1925년 3월 10일, 경봉이 만일회를 창설하고 회장직을 맡았다고 서술했다. 그리고 김현준은 만일회는 경봉의 도반이면서 수좌인 정보우가 경봉에게 염불당을 만들자는 제안을 해서 시작되었고, 이후 장소와 운영방법을 구체화 하여 통도사 산중회의의 허락을 거쳤다고 하였다. 그러나 당초 정보우가 나락 50섬을 내기로 하였으나 내지 않아 경봉이 통도사 승려들의 남는 양식의 저축과 통도사 노전의 책임자인 引頭를 자원하여 모은 재원과 재위답을 모아 나락 50섬과 답 120,000평을 모은 기반으로 시작하였다고 서술했다. 이상은 추정하건대 경봉의 구술 증언에 의한 것으로 이해된다.
그런데 여기에서 나온 1925년 3월 10일은 만일회를 시작한 일자로 보이고, 경봉이 회장이었다는 함은 실질적인 화주이었음을 말하는 것으로 보인다.

[17] 위의 자료, 45~47쪽에 나온다. 규칙은 9조로 구성되어 있다.

- 회원: 통상회원(매년 백미 1두 납입)[18]

　　　　특별회원(금 20원 이상을 납입하여 본 회를 유지케 하는 자)

　　　　결연 동참회원(금 1원 이상을 捐助하여 회를 유지케 하는 자)

- 의무: 임원의 선거권 및 피선거권[19]

　　　　회비 납부

　　　　불교사업의 찬조, 증진

　　　　주소 변경, 사고시 통지

　　　　규칙에 복종

- 임원: 內護法班 - 會主, 入繩, 副殿, 秉法, 鍾頭, 侍者, 看病, 知賓, 淨桶,

　　　　　　　　淨頭, 剃頭, 磨糊, 奉茶

　　　　外護法班 - 화주 약간인(본회 재정 처리의 유지에 관한 一切事를 掌理)

　　　　　　　　別監,[20] 米監, 書記, 園頭, 供司,[21] 菜供, 負木

- 수행: 본회가 확장되어 유지가 풍족할 시에는 회원의 志願에 의하여 參禪會를

　　　　增設

　　　　본 회원이 사망시에는 본 회에서 49재를 담당하여 영혼을 천도케 함

- 준칙: 회의 목적 달성을 위해,

　　　　매월 초1일에 설법회를 개최하고

　　　　평시에는 默言 시행과 洞口不出[22]

　　　　도량 내에서 五辛菜와 酒肉은 엄금함

　이와 같은 규칙에 만일회의 성격, 운영의 대강이 나온다.[23] 그 요체를 정

---

[18] 1회에 전부 납입하고자 하는 경우는 당시 돈 20원을 내도록 하였다.

[19] 그러나 결연 회원에게는 이 권리를 부여하지 않았다.

[20] 별감은 원주 보좌, 治産을 총괄했다.

[21] 대중의 炊飯 담당. 즉 후원, 식사 담당이다.

[22] 그러나 외호반원은 해당하지 않았다.

[23] 한보광은 「최근세의 만일염불결사」, 『불교학보』 34, 1997, 102쪽에서 통도사 염불만일회의 세칙(7조)을 제시하였다. 그러나 한보광은 그 근거를 분명하게 제시하지 않았다. 그 세칙의 내용은 다음과 같다.
입회절차: 입회자는 청원서, 호적초본, 승적초본 등을 제출하여 승낙을 받는다.

리하면 다음과 같다. 우선 道俗을 일치하는 전제에서 염불을 통한 견성성
불, 중생구제를 목적으로 하였다. 여기에서 사부대중의 일체감이 분명하게
드러난다. 다음으로는 염불수행 조직체가 조직화 되었다는 점이다. 선방
수행의 용상방과 같은 조직체도 눈에 띄며, 結社的인 성격이 나온다. 그리
고 수행의 생활이 아주 엄격한 것으로 나온다. 만일회의 이러한 수행조직체
가 정상화 되고, 재정 기반이 공고화되면 참선회까지 설치한다고 한 점이
특이하다. 이는 이 모임이 단순 염불결사에 머물지 않고 念佛修心에 보이듯
염불선 혹은 唯心淨土, 自性彌陀의 성격을 갖고 있는 것으로 보여진다.[24]
　　그러면 이상과 같은 내용에 나타난 것을 경봉의 수행과 연관 지어 살펴보
겠다. 그는 우선 경봉은 당시에는 보광선원에서 참선하는 수좌이었음에도
불구하고 염불, 염불선에 많은 관심이 있었음을 보여준다. 이는 그가 간화
선에 경도되지 않은 수행을 하였음을 말한다. 다음으로 그는 승려와 신도를
구분하지 않았다. 도속일치에 나타나는 것은 사부대중의 거리감이 나타나
지 않고, 특히 중생의 구제에 대한 자비심이 적지 않았음을 짐작케 한다.
이런 점과 관련하여 경봉, 그가 1921년에 통도사에서 발행하던 불교 교양잡
지인[25]『鷲山寶林』5호에 기고한 글,「道俗에 偉人」이라는 글은 그 무렵 경
봉의 사상을 파악함에 있어 귀한 단서를 제공한다. 이 글은 경봉이 신라의

　　회원자격: 출가자는 10계와 비구계, 보살계를 받아야 하고 거사는 5계와 보살
　　계의 수지자로 한다.
　　제　재: 정진 나태자와 규칙 문란자는 山門黜送
　　특별보시: 수행자중 私財가 있는 자는 매월 식량 2斗를 냄
　　징계: 회주가 주관
　　총회: 정기회는 내년 4월 10일, 임시는 필요시
　　기타: 규칙 미비사항은 총회, 회원의 결의로 시행
[24] 『법해』, 극락호국선원, 1978, 250~251쪽의 법문에는 경봉의 염불관이 단적으로
　　나온다. 그는 중생의 근기에 따라 나온 것이 염불임과 자성 부처를 찾으라는
　　것이었다. 경봉의 염불과 수행에 대한 문제는 별도로 연구할 필요성을 갖는다.
[25] 창간시에는 통도사가 발행인(발행소: 취산보림사)이었으나, 5호부터는 통도사
　　불교청년회(회장: 이종천)로 발간 주체가 전환되었다.

고승 원효에 대한 생애, 사상, 위상에 대한 이해를 단적으로 드러내고 있다. 경봉은 원효를 天下廣濟의 이상을 구가한 사상가로 보면서 그의 행적을 설법을 통한 중생 포교, 불교가사로써 중생에게 불교 전달, 무애사상으로 중생과 同樂, 개인들에게는 불도에 들어오게 권유, 奇事를 행하여 세상을 풍자한 것으로 보면서 그의 업적을 다음과 같이 정리하였다.

> 大抵 이렇게 社會에 대하여 宣敎, 立學, 著書로써 사회의 惡을 禁하고 善을 興하며 사회의 愚를 破하고 智를 闡한 功德이 있으며 또 意를 世務에 注하야 社會事業을 贊助한 功德이 있으며 또 이런 偉人이 出함으로 사회의 榮光을 天下古今에 顯輝한 功德이 있나니라. 師는 精神界에 功德이 있으며 道俗에 偉大한 功勞가 있도다. 我等은 항상 此를 記念하며 我等은 항상 此를 謳歌하리로다.[26]

이처럼, 경봉은 원효를 '道俗의 偉人'으로 높이 평가하였다. 이렇듯이 원효를 이해할 수 있는 인식, 도속을 不二的 관점으로 망라하여 바라볼 수 있는 현실의식이 바로 경봉에게 있었던 것이다. 이런 의식이 있었기에 극락암에서 도속(승속)을 망라한 수행결사체의 주체로 경봉은 나설 수 있었다. 여기에서 거듭 강조하는 것은 그 무렵 경봉은 결코 참선수행에 경도된 외골수의 수행자가 아니었다. 즉 원융적, 탄력인 수행자였다. 나아가서는 참선수행만을 통해서 깨달음에 도달하는 것이 아니고 대중외호, 염불선, 중생구제, 불공, 기도를 통하여 깨달음에 다가섰다. 이는 깨달음을 얻기 이전에는 중생구제를 하지 않겠다는 편협한, 소승적인 자세는 결코 아니었다.

3. 화엄산림, 중생구제와 경전회통

경봉의 수행 중에 특이점은 선수행을

---

[26] 「道俗에 偉人」, 『취산보림』 5호(1920.8), 30쪽.

하면서, 혹은 선을 통한 깨달음을 얻은 이후에도 다양한 경전수학, 조사어록의 열람을 하였다는 점이다. 이는 선교일치, 치열한 보림이라고 볼 수 있는 대목이다.

이러한 내용을 접할 수 있는 것이 통도사 화엄산림 법회의 개최이다. 화엄산림은 1927년에 시작되었는데, 그 당시는 극락암에서 시작되었다. 화엄산림 법회는 1927년 12월 8일부터 1928년 1월 3일까지 제1차로 시작되었는데, 여기에서 경봉의 선교일치의 수행과 사부대중과 더불어 수행하겠다는 개방적 자세를 엿볼 수 있다. 그런데 이 산림법회를 경봉 단독으로 준비, 진행하였는지 아니면 다른 주체가 있었는지는 확인할 수 없다. 경봉이 주체의 일원임은 분명하다.[27] 그러면 여기에서 화엄경 산림법회에 동참을 요청하는 글을 제시한다.

> 예로부터 지금에 이르기까지 聖賢의 가르침을 잇고 성현의 이치를 밝히고 성현의 실천을 본받아 행하여 성현의 경지에 이르나니 우리의 道는 바로 사람의 마음을 가리켜서 見性하여 成佛하는 것이며 자기도 깨닫고 남도 깨우치며 남도 이롭고 나도 이로워 두렷하게 이루는 道이다.
>
> 그러나 마음이 곧 부처이니 산은 푸르고 물은 맑으며 마음도 아니요 부처도 아니니 바람은 소슬하고 물은 냉랭하도다.
>
> 이러한 시절에 어떠한 것이 그르며 어떠한 것이 옳은가. 입을 열기 어려운 것이다. 비록 언어를 의지하지 않으나 말없는 곳에도 집착하지 않는다. 그러므로 알라. 문자의 성격을 떠나면 비록 하루 종일 말하더라도 말한 바가 없으니 어찌 입을 다물고 묵묵히 있기만 하겠는가.
>
> 세존께서 세상에 출현하여 49년간 설법하신 것이 또한 이와 같은 뜻이니 大方廣佛華嚴經 法門은 바닷물로 먹물을 삼아 글을 쓰더라도 다하지 못하고 海印三昧의 이치는 菩薩도 오히려 迷하며 聲聞도 오히려 측량할 수 없나니 오묘한 道의 심오한

---

27 『삼소굴 일지』 1927년 12월 7일에는 "화엄사림 불사를 하기 위하여 극락암에 와서 쉬다"로 나오고, 12월 8일에는 "오후 3시에는 세주묘엄품 법문을 듣다"로 나온다. 이로 미루어 보면 다른 설법자가 있었음을 알 수 있다.

경봉, 자생적인 불교 근대화의 전범 · 221

이치는 가히 생각하고 헤아릴 수 없는 것이라. 비유하자면 어둠 속에서 등불 없이는 보배를 볼 수 없는 것이라. 비유하자면 어둠 속에서 등불 없이는 보배를 볼 수 없는 것과 같이 불교를 말하여 줄 사람이 없으면 설사 지혜가 있더라도 능히 알 수가 없는 것이다.

금년 겨울 10월에 본사 극락암에서 큰 法會를 열어 현현하고도 현현한 이치와 오묘하고도 다함이 없는 法을 설할 준비를 하였으니 함께 원력을 세워 동참하기를 바라노니 有漏를 버리고 無漏의 일을 증득할지어다.

헤아릴 수 없는 功德과 이지러지지 않는 福田은 千秋에 영험의 자취가 너무 많아서 번거로이 기록하지 않으니 뜻이 같은 여러분께 청하노니 이 글을 읽어 볼지어다.

다만 원하노니 맑은 바람 힘을 같이 해서
일시에 이 문으로 불어 올지어다.
경오년 8월 상순 원광 근지[28]

이 동참 서문에서 경봉은 불교는 선현의 가르침을 배워서 견성성불을 하는 것이 근본인데, 그 성불을 추구함에는 自他를 구분하지 않고 있음을 우선 강조하였다. 그러나 견성성불을 하기 위해서는 문자, 언어에 의지하지 해야 하고, 불교의 진수를 일러줄 사람이 있어야 한다고 지적하였다. 이에 경봉은 화엄경의 오묘한 이치를 사부대중들에게 전하는 법회를 개최함을 알리면서 대중들의 동참을 요청하였던 것이다.

경봉이 이와 같이 대중들에 화엄경을 일러주려고 함은 대중들의 생활 속에서 불법을 구현하려는 것에서 나온 것이다. 이를 가늠할 수 있는 경봉의 어록을 제시한다.

법좌에 올라 주장자를 세 번치고 이르시되

---

[28] 『삼소굴 일지』, 80~81쪽. 이곳에는 원 한문과 번역문이 함께 수록되어 있는데, 필자는 번역본만을 제시하였다.

一二三四五六七
大方廣佛華嚴經

우리 얼굴에 두 눈과 두 귀와 콧구멍 둘과 입까지 합하면 일곱 문이 되니, 이것이
『大方廣佛華嚴經』이요, 우리의 일상생활이 화엄법문이요, 우주 삼라만상이 모두
『화엄경』을 항상 설법하고 있다. 손가락이 열이요, 발가락이 열이요, 얼굴에 일곱
구멍과 대소변 보는 데와 배꼽을 합하면 열이니, 이것이 곧 『화엄경』 가운데 十信,
十住, 十行을 설하는 요긴한 것이다.[29]

즉 경봉은 이렇게 『화엄경』의 본지를 일상생활이라고 단언하였다. 즉 일
상생활과 우주 삼라만상이 모두 『화엄경』을 설하고 있다는 것이다. 경봉이
화엄경 산림법회를 주관하고, 법사로 나서면서 읊은 시(깨침의 경지)에서
도 그를 재확인 할 수 있다.

華嚴山林 連吟[30]

온누리의 중생 백년을 살지라도	法界衆生過百年
이 마음 못 보면 한갓 꿈속의 잠이라	此心無見夢中眠
아미타불 어찌 멀리서 구하랴	阿彌陀佛何救遠
이름도 나와 같아 눈앞에 있는 것을	與我同名座目邊

又

사람마다 스스로 나갈 문이 있건만	人人自由出頭間
여러 생이 탐진치의 구름 속에 갇혔었네	三毒多生閉疊雲
잠깐 사이 마음 비어 옛집에 돌아가니	一刻心空歸古宅
산하와 범부 성현 어찌 따로 구별하랴	山河凡聖豈能分

---

[29] 경봉, 『니가 누고?』, 휴먼앤북스, 2003, 121쪽.

[30] 『야반삼경에 대문빗장을 만져 보거라』, 여원, 1982, 2~3쪽. 그런데 이는 경봉이
확철대오한 다음날(1927.12.14)과 확철대오 전날(1927.12.12)에 읊은 것이다(『삼
소굴 일지』, 10~11쪽).

위의 경봉의 시(오도송)에는 중생들이 백 년을 살지라도 탐진치에 물든 마음을 보지 못하면 꿈속의 잠에 지나지 않다고 보는 대자대비의 마음이 나온다. 탐진치에서 벗어나는 것은 일각에서도 가능한데 그는 산하, 범부, 성현에게도 차별될 수 없는 것임을 지적하고, 속히 견성해야 함을 읊고 있다. 경봉 자신은 이제 막 탐진치에서 벗어났지만 마음은 중생구제의 지극함에 가 있었다.

그런데 이런 마음(깨친 마음)을 낸 경봉은 최초의 화엄산림을 행하였던 즉 법회가 시작되던 다섯째 되는 날에 벽이 무너지듯 시야가 트이면서 천지간에 오롯한 일원상을 만났다. 그는 깨달음의 살림살이었다. 경봉은 극락암 무량수각에서 화엄설법을 하고, 삼소굴에서 용맹정진을 하던 1929년 12월 9일, 12월 12일의 체험견성을 거친 후 12월 13일 새벽 촛불이 흔들리는 것에 드디어 깨쳤다. 그의 깨달음은 여래선의 大道를 성취하고, 祖師禪義를 통해 確撤大悟한 것이다.

내가 나를 온갖 것에서 찾았는데	我是訪吾物物頭
눈앞에 바로 주인공이 나타났네	目前卽見主人樓
허허, 이제 만나 의혹 없으니	呵呵逢着無疑惑
우담발화 꽃 빛이 온 누리에 흐르누나	優鉢花光法界流[31]

경봉은 위와 같은 오도송을 읊었다. 그는 너무 기쁜 나머지 삼소굴 뒤에서 뛰고, 춤을 추었다. 그날 이후 그는 깨달은 경지에서 설법을 하다 보니, 거침없는 무애의 설법을 하였다.

그러나 그는 자신의 들뜬 마음을 조율하고, 예정대로의 설법과 정진을 지속하였다.[32] 경봉은 선수행을 통한 깨달음을 당당히 달성한 도인이었건

---

31 『삼소굴 일지』, 11쪽.

32 설법은 세 명 정도의 법사가 교대로 한 것으로 보인다. 1930년의 경우에는 서해담, 경봉, 영운 3인이 담당하였다.

만 그의 정진은 지속되었다. 깨침에 도달한 경봉은 화엄산림 법회를 그대로 주관하고, 자신은 설법과 정진을 지속하였다. 그리고 1930년부터는 화엄산림 법회를 통도사 백련암, 통영교당, 동래교당 등지에서도 개최할 수 있도록 권하고, 법사로 참여하였다.[33]

이와 같은 내용에서 필자가 우선 강조하려는 것은 즉 경봉의 깨침은 참선 수행과 화엄경 설법의 원융적인 수행 과정에서 나온 것이라는 점이다. 여기에서 화엄설법은 사부대중을 위한 헌신, 봉사, 대자대비의 마음을 쓰는 도중에서 나온 것이다. 아래 글은 경봉이 초기 수행과정을 회고한 내용이다. 여기에 경봉의 구법 과정이 잘 묘사되어 있다.

> 선원을 한 십년 다니면서도 견성의 의미를 잘 몰랐어. 중생과 부처란 分化된 공간 사이를 헤매이면서 방황을 했어 때로는 산과 들을 헤매이면서 부처를 찾아 다녔어. 그런데 부처는 산과 들에 있는 것이 아니라, 찾아다니는 그 자체가 부처란 것을 깊이 깨달았어.[34]

즉 그는 기존의 순례적인 선방참방의 수행, 중생과 부처의 이분법적인 고정관념에서 벗어났음을 말한다. 이런 극복 과정이 중생구제를 하면서도 구법, 오도를 할 수 있었던 바탕이 된 것이다. 이를테면 待機의 禪, 待機의 悟道가 절대 아니었다. 하화중생의 과정에서 깨달은 것이다. 이런 점은 근세 고승의 역사, 오도의 역사에서 흔하지 않은 사례이다.

다음으로 지적하려고 하는 것은 경봉의 경전에 대한 회통이 간단치 않음이다. 선사로서, 참선수행을 통한 깨달은 선지식으로서 경전에 대한 회통적인 이해가 경봉과 같은 경우가 흔치 않다. 경봉이 법어집에서 인용한 경전을 보면 화엄경, 반야경, 법화경, 금강경, 부모은중경, 아미타경, 보살계경,

---

33 위의 김현준 책, 124쪽.
34 「경봉, 해탈과 열반사이」, 『대한불교』 1980.7.20.

능엄경, 열반경, 원각경, 승만경, 요의경, 유마경, 반야심경, 십지론, 화엄경소 등이었다.[35] 경봉의 이와 같은 경전에 대한 회통적 이해, 경지는 그를 1932년 1월, 통도사 전문강원의 원장 취임에까지 이르게 하였다.[36] 깨달은 선사가 강원의 원장이 되었던 경우도 흔하지 않은 사례이다.

그러면서도 경봉은 강원 원장의 소임을 보면서도, 선사로서의 정체성을 유지하고 보임의 자세로서 선어록을 열람하였다. 그래서 그는 선어록 분야, 禪理에 대한 이해도 상당하였다. 다음의 사례는 그 내용을 짐작케 해 준다.

- 1930.4.12: 修禪하다가 옛 조사 어록을 읽다
-      4.24: 옛 조사의 어록을 열람하고 修禪하다
- 1940.8.1:   통도사 승려 수양정진회에서 『달마 혈맥론』 법문
-     12.4:   통도사 教學審理委員會에 참석
- 1941.5.10: 내원선원의 법상에서 古潭 祖師 법어를 법문
- 1943.7.18: 승려연성회에서 禪理 講話
- 1946.2.10: 선학원에서 『선문촬요』 설법
- 1947.1.24: 선학원에서 보조의 『修心訣』 법문
-      4.20: 선학원에서 『금강경』 설교

이상으로 경봉의 화엄산림법회 활동에 나타난 특성을 조명하여 보았다. 이런 경봉의 사례에서 나오는 내용을 지금껏은 捨教入禪, 教禪一致, 禪教兼修 등으로 개념화 하였다. 그러나 필자는 경봉의 경우는 경전회통에서 나아가 禪教圓融으로 표현해야 한다고 본다.

---

[35] 정도, 『경봉선사 연구』, 144~145쪽. 그런데 정도는 경봉의 법어집을 어떤 자료, 대상인지를 구체적으로 밝히지 않았다. 추측하건대 『법해』와 『속 법해』가 아닌가 한다.

[36] 『삼소굴 일지』, 109쪽. 1932년 1월 25일 주지(김설암)가 권하여, 1월 31일 취임하였다. 그러나 그는 1933년 1월 2일, 강원 원장을 사면하였으나 주지로부터 반려되었다.

4. 총림건설, 헌신적인 소임으로 불교발전에 기여

　　　　　　　　　　　　　　　현재 통도사는 佛寶寺
刹이라는 사격과 함께 叢林寺刹로서의 위상을 갖고 있다. 이런 사격과 위상
에는 간과할 수 없는 역사와 전통이 깃들어 있다. 즉 역사와 전통을 만든
통도사 선조사들의 피와 땀이 배어 있는 것이다. 조계종단의 총림사찰은
강원, 선원, 율원, 염불원 등을 갖춘 종합 수도도량의 사찰로서 그 사격과
위상이 상당하다.[37] 통도사가 총림사찰이 된 것은 1984년 6월 10일이었다.[38]
그런데 통도사가 총림사찰인 것은 당연하고, 보편적인 역사이지만 통도사
를 총림으로 처음으로 만들려고 노력한 당사자가 경봉임을 아는 경우는 흔
치 않다.

　경봉이 통도사를 총림으로 만들려고 하였음은 통도사를 수행사찰로 만
들려고 하였음을 말해주는 것이다. 그런데 경봉, 그는 왜 어떤 연고로 그런
마음을 가졌고, 어떤 자세로 그런 일에 임하였는가? 필자는 이를 헌신적인
소임살이로 보고자 한다. 명리추구로서의 소임과는 무관한 사찰, 불교, 교
단을 위한 소임을 경봉은 보았다는 것이다. 경봉은 앞서 언급한 바와 같이
수좌, 선수행자로 1927년 당시 속납으로 36세에 깨달음을 만난 도인, 선지식
이었다. 그렇지만 깨친 도인이었지만 그는 염불만일회의 주관자, 화엄산림
법회의 법사, 불교전문강원 원장, 보광선원 화주[39] 등의 소임을 보면서 통도
사에 헌신하였다. 물론 이는 통도사만을 위한 헌신은 아니었다. 중생구제를
기하려는 경봉의 대자대비, 원융적인 수행이었다.

　지금부터는 그 이후 경봉이 소임을 보았던 역사의 이면으로 들어가려고

---

[37] 고영섭, 「불교 조계종 종합수도장 오대총림 연구」, 『조계종 총림의 역사와 문화』,
　　조계종출판사, 2009.

[38] 「통도사에 총림 설치키로」·「불조혜명 잇는 도량 만들터, 영축총림 개원식」,
　　『불교신문』 1984.5.30 · 6.20.

[39] 그는 1932년 1월 28일, 보광선원(조실, 전강)에서 선원 화주로 추천, 권고하여
　　승낙하였다. 『삼소굴 일지』, 109쪽.

한다. 경봉이 통도사 전문강원 원장의 소임을 보면서 산중회의에서 감무 (총무) 소임까지 보게 된 것은 1933년 3월이었다.

> 오전 10시 원통방에서 산중공의를 열고 제반사항을 토의한 뒤 오후 1시에 금강계
> 단에서 삼직을 투표하니 내가 監務에 당선되다.(1933년 3월 2일)
> 감무소임을 사표를 내니 절대로 허락하지 않아 부득이 이날 인계를 받다.(1933년
> 3월 7일)[40]

이렇게 경봉은 산중공의에 의해 감무에 취임하였다. 지금과 같은 절집의 정서로서는 도저히 이해할 수 없는 결정, 취임이었다. 그러나 경봉은 대중 공의를 존중하여 그 소임을 수행하였다. 경봉은 그 소임을 보면서 농사조합 결성, 통도사 각 법당 불상 개금, 16나한과 미륵불 改彩重修 불사, 중앙교단 인 교무원 평의원으로 활동 등 다양한 일을 하였다. 그러다가 경봉은 1935 년 9월 19일에는 통도사 주지(속납 44세)에 취임하였다. 현재 경봉이 통도 사 제9세 주지로 선출되었던 과정을 전하는 기록이 없어 그 전후사정은 알 수 없다. 그러나 경봉이 다양한 소임을 보면서 성실하게 일을 한 것이 통도 사 대중들에게 신임을 받은 결과로 보인다.[41]

일반적으로 승려에게는 대본산 주지의 소임은 영광의 자리로 받아들여 진다. 그러나 수행자인 경봉으로서는 그 자리가 울어도 시원찮은 일이라고 여겼다. 수백 명의 대중들을 뒷바라지를 해야 하고, 수많은 잡일, 허드렛일, 갈등, 시비 등이 주지의 주위에 있는 것이 당연하였다. 그래서 경봉은 주변 의 소임을 함께 보는 승려들에게 지옥 갈 각오를 단단히 하고 일을 하자고 채근하였다고 전한다.[42] 그런데 당시 경봉이 주지 소임을 보면서 하였던

---

40 『삼소굴 일지』, 122쪽.
41 경봉은 1932년 8월 10일에 거행된 통도사 주지 선거에서도 79점을 얻었다. 주지
   는 92점을 얻은 황경운이 당선되었다. 『삼소굴 일지』, 119쪽.
42 위의 책, 140~141쪽.

일에 대해서는 많은 기록이 없다. 이는 우선 경봉의 그 시기의 日誌 중에서 일부만이 전하고, 아직까지 그에 대한 자료를 수집하지 않았기 때문이다. 다만 통도사 논에서 생산된 벼의 경매입찰 등을 비롯한 투명경영, 백련암 선원에 운봉을 조실로 추대하고 후원,[43] 야학교 설립,『불교』지의 후원, 총본산 각황사(조계사 전신) 공사 후원, 통도사가 범어사 및 해인사와 공동으로 설립하였던 해동역경원의 후원 등을 기록에서 찾을 수 있다.

경봉은 3년간 주지 소임을 성의껏 다하고, 1938년 10월 16일에는 후임 주지인 박운제에게 인수인계를 하였다.[44]

> 오전 10시에 원통방에서 산중회의를 개최하고 신임주지 禮辭와 장래 자기 사업계획을 설명한 뒤 나도 삼년간 주지에 대한 예사를 말하다. 보타암 안양암에 다녀오다.(1938년 10월 18일)[45]

이렇게 경봉은 주지 소임을 마쳤다. 주지 소임을 마친 경봉은 내원암에 주석하였다. 내원암에 머물고, 간혹은 통도사와 극락암을 왕래하며 지냈다.[46] 이렇게 지내던 경봉이 중앙 선학원의 무대에 등장한 것은 1941년 3월이었다. 경봉은 조선불교선종 제2회 정기 선회에서 의장으로 선출되어, 그 선회를 주관하였던 것이다. 그러면 경봉과 조선불교 선종은 어떤 관계가 있는가에 대해서 살펴보겠다.

1921년 12월, 선학원은 항일적인 저항불교, 전통의 선 수호를 기하기 위한 목적에서 창설되었다. 선학원은 전국 선원과 수좌들을 기반으로 선우공제회를 조직하면서 본격적으로 활동하였다.[47] 그러나 선학원은 재정 난관

---

[43] 명정은 경봉이 매년 쌀 200가마를 공급하였다고 증언하였다.

[44] 『삼소굴 일지』, 152쪽.

[45] 위의 자료, 153쪽.

[46] 그는 1941년 6월 4일, 내원사 주지도 사임하고 주로 극락암에 머물렀다. 후임은 朴大冶이었다.

등 여러 어려움으로 중도에 퇴진하였다가 1930년에 재기하였고, 1934년 12월에는 재단법인체로 성격이 전환되었다. 그리고 1935년 3월에는 조선불교 선종 수좌대회를 열어 宗規를 제정하고 기존 교단과는 별개의 종단 설립을 추동하였다.[48] 그 결과 조선불교 선종을 창종하고, 별도의 종무원을 설립하면서 전국 선원의 선원과 수좌들을 기반으로 하여 선, 선종, 선방, 선사들의 독자적인 살림살이를 추동해나갔다.

이런 선학원 활동에 경봉은 1935년 3월 7~8일, 선종 수좌대회에 참석하였음이 수좌대회 회의록에 전한다.[49] 즉 경봉은 통도사 대표로 金道洪, 鄭流水와 함께 대회에 참석하였다. 대회에서 경봉은 지방 선원 및 수좌계를 대표하는 禪議員에 선출되었다.[50] 그러나 경봉은 그가 통도사 주지로 선출되고, 주지 소임을 보았던 연고로 수좌대회 이후에는 선리참구원, 선종의 활동에는 참여할 여건이 되지 못하였다. 1939년 3월 23일, 선학원(중앙선원)에서 조선불교 선종 제1회 정기선회가 개최되었다. 통도사 백련선원에서는 玄一愚(대표)와 朴成學이 참가하였고 경봉은 참가자 명단에 나오지 않는다.[51] 이 선회에서는 선의원으로 박성학이 선출되었다.[52]

경봉이 참석하였던 선회는 1941년 3월 16일, 중앙선원에서 열린 조선불교 선종 제2회의 선회이다. 경봉이 참석하였음은 그 당시 회록에 전한다. 경봉은 양산 內院禪院의 대표로 참가하여 의장에 선출되었고, 통도사 선원의 대표로 참석한 수좌는 朴大冶이었다.[53] 이런 내용은 경봉의 일지에도 나온다.

---

47 졸고, 「일제하 선학원의 운영과 성격」, 『한국 근대불교사 연구』, 민족사, 1996.

48 졸고, 「조선불교 선종과 수좌대회」, 『한국 현대선의 지성사 탐구』, 도피안사, 2010.

49 위의 글, 168쪽.

50 위의 글, 174쪽.

51 졸고, 「조선불교 선종의 선회에 나타난 수좌의 동향」, 『한국 현대선의 지성사 탐구』, 도피안사, 2010, 201쪽.

52 위의 글, 207쪽.

오전 10시 조선불교 중앙 禪會 제2회 정기총회를 열고 내가 의장으로 추천되어서 회의 진행을 하다. 오후 9시에 마치다.[54]

경봉은 이처럼 의장으로 선회의 진행을 주관하고, 조선불교 선종의 中央 宗務院 부원장으로 선출되었다.[55] 경봉은 선학원이 1942년에 펴낸 『경허집』 발간에 관여하였다. 그러나 경봉은 일제말기에서는 선리참구원과 관련된 뚜렷한 행적은 없었다. 그러다가 1945년 8월 15일, 해방을 맞이하였다. 해방을 맞이한 그는 그 감격을 다음과 같이 피력하였다.

동해 반도에 새 가을을 맞아
만국전쟁이 이 날 모두 끝났네
길이 빛나거라 순국절사의 공명이여
와신상담한 충렬들 얼마나 근심스러웠나
매란의 은은한 미소 뭇향기 압도하고
강물과 바닷물 한 맛으로 흐르네
풍진이 다 지나가 국민이 즐거워 하니
이제부터는 응당 태평세월 누리리라[56]

---

53 위의 글, 212쪽. 그런데 경봉은 金田靖錫으로 나온다. 즉 창씨명으로 나온다. 정석은 경봉의 법명이고, 경봉은 법호이다.

54 『삼소굴 일지』, 167쪽.

55 졸고, 「조선불교 선종의 선회에 나타난 수좌의 동향」, 218쪽. 한편 대회에 보고된 '서무부 경과보고'에는 통도사 선방 수좌의 인원이 전한다. 즉 통도사 백련암은 1939년 하안거 24명, 동안거 27명, 1940년 하안거 27명, 동안거 15명이다. 그리고 내원암은 1939년 하안거 16명, 동안거 32명이고 1940년 하안거는 27명, 동안거는 36명이다. 이상의 내용은 위의 졸고, 223쪽 참조. 이런 내용을 유의하면 경봉이 주석하였던 내원 선원이 통도사 내의 백련선원 보다 많은 수좌가 있었음을 추론할 수 있다. 이는 경봉의 수행력을 간접적으로 예증하는 것이라 하겠다.

56 『삼소굴 일지』, 235~236쪽.

그 이후 그는 1945년 10월경에 선리참구원 이사장으로 추대되었다.

> 9월 23일부로 禪學院 理事長으로 당선되었다는 差任狀이 오다.[57]

그래서 경봉은 이때부터는 서울, 선학원을 주된 주석처로 하고 통도사 (극락암)를[58] 왕래하면서 소임을 보았다. 경봉은 정치적인 일은 관여치 않고, 불교혁신 노선에 유의하면서 이사장에 있었다.[59]

한편, 그 무렵의 종단과 선학원은 해방공간의 불교혁신의 방향 및 내용을 두고 갈등을 노정하였다. 종단은 점진적인 교단개혁을 추구하였지만, 선학원을 비롯한 다수의 불교혁신 단체들은 진보적, 본질적인 불교개혁을 원하였다.[60] 이런 구도하에서 경봉이 주도한 선리참구원은 종단 총무원에 불교개혁, 참선 수행 진작을 위한 건의서를 내면서 재야 혁신계열에 가담하였다. 이런 배경에서 선리참구원은 1946년 11월 25일에 종단에 건의서를 제출하였다.

> 오전 10시에 총무원 회의에 참석하다. 선학원으로부터 다음과 같이 건의서를 제출하다.
> 一. 대의원 3인 청구 건.
> 二. 모범총림을 佛祖淸規에 의하여 건설하는 건(財本 五百萬원 基本立).
> 三. 중앙선원 확장 건.

---

57 『삼소굴 일지』, 237쪽, 10월 13일. 경봉을 이사장으로 추대한 사정은 확실치 않다. 경봉 이전의 이사장인 김적음과 범어사 사이에 운영권, 재산 문제를 놓고 송사가 있었는데, 이런 갈등의 와중에서 온건한 경봉을 추대한 것이 아닌가 한다.

58 경봉은 1941년 7월부터는 내원암에서 극락암으로 이전, 수행하였다. 『삼소굴 일지』, 179쪽.

59 김현준, 『경봉대선사 일대기』, 160쪽.

60 졸고, 「8·15해방과 불교계의 동향」, 『한국 근대불교의 현실인식』, 민족사, 1998.

四. 지방선원 자치제 건.

五. 지금부터 도제를 양성하여 禪院에 3년 안거한 뒤 出身하도록 할 것.[61]

그러나 선학원의 이 건의는 수용되지 않았다. 선학원의 그 건의는 종단 교무회의(지금의 종회)에 대의원(종회 의원)으로 수좌를 파견하여 수행자들의 입지를 세우는 것과 선원에 대한 기반을 공고히 하는 데에 있었다. 모범총림은 당시 해인사에 설립하였지만 재정적 기반이 부족하여 수좌들의 많은 원성이 있었던 것을 개선하려는 차원에서 당시로서는 거금인 500만 원의 법인체를 기본으로 하였던 의도였다. 중앙선원 확장, 지방선원 자치제는 선원의 기반을 구축하려는 것이었다. 그리고 승려는 선원에서 무조건 3년 수행을 한 연후에 승려 자격을 주려고 하였던 것은 파격적인 제안이었다.

마침내 진보적인 불교혁신을 추구하던 7개 단체들은 연합하여 종단을 비판하고, 독자노선을 가기 위한 행동을 단행하였다. 1946년 11월 28일, 불교혁신총연맹 결성 준비회를 갖고, 11월 30일에는 결성 성명서를 발표하고, 12월 3일에 결성 대회를 선학원에서 가졌다.[62] 선학원에서 이런 모임의 공간이 된 것은 선학원에서 불교혁신을 위한 모임을 자주 가졌던 것과, 선학원 수좌로 불교혁신을 주도한 김용담, 강석주가 있었기 때문이다. 경봉은 그 결성대회에서 집행부의 의장으로 회의를 주관하였다.

> 결성대회는 12월 3일 상오 10시 선학원에서 前記 각 단체 파견 대표자의 운집하에 청년당 유성갑 씨 개회사를 비롯하여 임시 집행부 선거에 드러가서 의장에 김경봉 화상 서기에 곽서순 씨가 피선되어 선언 강령 맹규를 일부 수정하여 중앙집행위원 25명을 선거하고 하오 5시에 획기적인 革總의 결성을 마쳤다.[63]

---

61 『삼소굴일지』, 249쪽..

62 졸고, 「불교혁신총연맹의 결성과 이념」, 『한국 근대불교의 현실인식』, 민족사, 1998, 291~292쪽.

이렇게 혁신단체는 강력한 성명을 내고 불교개혁을 주장하였다. 그러나 교단은 혁신단체의 주장을 수용할 입장이 전혀 없었다.

당시 교단과 혁신단체 간의 가장 첨예한 갈등의 내용은 이른바 敎徒制와 사찰토지 개혁의 문제였다. 교도제는 명분상으로는 부처의 법을 믿고 따르는 모든 사람들을 교도로 통칭하고, 그 교도들은 평등하다고 보았다. 그러나 내용적으로는 교도들의 분한과 소임은 처한 상황, 능력에 맞게 배분되어야 한다는 것이다. 그래서 정식 승려인 수행자는 수행을 하고, 대처승 및 실력이 있는 신도는 포교사, 교사, 종무원 등을 역임해야 한다는 것이다. 또한 신도들은 직업을 갖고 교단 및 사찰, 승려들을 외호해야 한다고 했다. 이런 내용의 초점은 대처승은 정식 승려자격이 없기에 성직자에서 교단 외호자로 내려와야 한다는 것이었다. 때문에 당시 승려들의 대부분이 대처승이었던 상황에서 혁신단체들의 주장은 전혀 수용될 여건 자체가 없었다. 여기에 혁신단체에서는 사찰토지를 놓고, 토지개혁은 필연의 대세라는 이해하에 무상몰수 무상분배를 주장하였다. 그러면 사찰경제의 근간인 토지가 개혁되면, 불교가 생존하기 위해서는 가열한 불교개혁, 불교 대중화로 가야 한다는 논리를 갖고 있었다. 교단 대처승들은 이런 사찰 토지문제에 민감하게 반응하면서 혁신인사들은 이북불교 모방, 사회주의 노선에 경도되었다고 비판하였던 것이다.

요컨대 교단과 혁신단체 간의 갈등은 단순히 봉합될 성질이 아니었다. 그럼에도 불구하고 경봉은 자신은 혁신계열의 대표이었지만 양측이 화해, 타협하기를 기대하였다.

태고사에서 총무원 대표와 불교혁신총연맹 대표가 會集하여 打슴하다. (1947.1.30)
오후 5시 경성 昇京여관에서 許永鎬 주최로 총무원 및 불교혁신회원과 타합하기를
권함으로 타합케 하다.(1947.4.22)[64]

---

63 「불교혁총 결성대회」, 『대중불교』 1호(1947.1.1).

그러나 교단과 혁신단체 간의 갈등, 대립은 전혀 타협되지 않고, 혁신단체가 독자적인 단체 수립, 개별적인 종단 건설로 나아갔다.[64] 즉 혁신계열은 1947년 5월, 전국불교도총연맹을 결성하여 개별 종단(조선불교 총본원)을 건설하고 종단 집행부도 별도로 선임하였다.[66]

이런 와중에서 경봉은 교단 집행부 인사가 혁신인사들을 고소하는 데에 연루되어 1947년 5월 6일에는 경찰에 체포, 구금되었다.[67] 그날의 일에 대하여 경봉은 일지에 다음과 같이 기록하였다.

> 오후 6시에 종로경찰서 경관 4인이 선학원에 와서 총무원 惡分子의 誣告를 因하여 불교혁신 간부 8인을 연행함으로 일반 여론이 분분하더라. 16호가 일생 잊지 못할 일이다.[68]

경봉도 불교혁신의 중심부에 있으면서 고초를 겪었다. 그래서 경봉은 혁신계열의 총무원에 가담하여 불교개혁을 하고자 하였다. 경봉이 그런 노선을 선택한 것은 불교개혁, 선원의 개혁 및 발전, 총림건설을 정상화 하려는 것이었다.

> 조선불교 총본원을 새로 조직하였는데 그 즉석에서 自願金 9만 6천 원을 記載하였다 한다.(1947.5.12)
> 오전 9시 본사 교무회를 열고 총무원 地方敎區 脫退 聲明하기로 결의하다. (1947.6.6)
> 오전 9시 대중회의를 열고 총무원 탈퇴하고 경남교구는 재편성하기로 결의하다.

---

64 『삼소굴 일지』, 251~252쪽.

65 졸고, 「전국불교도총연맹의 결성과 불교계 동향」, 『한국 근대불교의 현실인식』, 민족사, 1998.

66 종정은 장석상, 총무원장은 송만암, 종회의장은 김구하였다.

67 위의 졸고, 「전국불교도총연맹의 결성과 불교계 동향」, 309쪽.

68 『삼소굴 일지』, 253쪽.

경봉은 이와 같이 불교개혁을 위한 길을 내딛었다. 그러나 경봉은 불교혁신의 길을 중도하차 하였다. 현재 그에 대한 문헌 기록, 증언이 없어 단언하기는 힘들다. 필자가 생각하기로는 1947년 6월 무렵, 미군정의 불교혁신 계열 인사들의 탄압과 불교혁신 계열의 내분이 작용한 것으로 본다. 내분이라 함은 당초 총연맹에서 미군정에 토지개혁에 대한 답신서에서 비롯된 것이다. 그는 총연맹은 이념에 의거하여 무상몰수, 무상분배의 의견을 미군정에 제출하였는데, 이는 다분히 진보적, 사회주의적인 성격을 배제하기는 어려운 것이었다. 이에 총연맹 계열의 인사 중에서 보수적, 중도적인 인사들이 그에 이의를 제기한 것으로 추론할 수 있다. 경봉은 보수적인 혁신인사이기에 자연 그 대열에서 이탈한 것으로 볼 수 있다. 혁신계열이 중도하차 것은 이와 같은 이유 말고도 1948년 4월, 김구의 북행 즉 평양에서 개최된 남북 제정당 사회단체 대표자대회에 혁신불교계인 불교청년당과 전국불교도총연맹의 대표 10여 명이 참가한 것이 결정적인 연유가 되었다. 김구의 북행에 동행한 혁신 승려 중 몇 명이 북한에 잔류하였기에 남한에서는 그들을 좌익인사로 매도하였다. 그들은 이후 6·25전쟁이 일어나자 서울에 진주한 인민군을 따라 내려와서 사회주의 체제 속에서 불교개혁을 주도하고, 종단을 접수하였다.[70] 이런 배경이 경봉이 혁신계열과 결별한 배경으로 볼 수 있는 것이다.

경봉은 지금껏 설명한 바와 같이 선리참구원 이사장, 혁신총연맹의 대표 등을 역임하면서 중앙에서 종단 차원의 불교개혁, 불교발전을 추진하였다. 그러나 정치적인 급변, 종단 내부의 반발, 이념 문제 등으로 인해 통도사로

---

[69] 위의 책, 254·257쪽.

[70] 이상의 내용은 졸고, 「한국전쟁과 불교계 - 북으로 간 승려들과 불교혁신운동」, 『불교평론』 43, 2010 참조.

내려왔다. 그렇지만 경봉은 그의 구상을 폐기시킬 수 없었다. 이제는 통도사에서 그의 꿈을 실현시키고자 하였다. 종단 차원, 전 불교계에서의 개혁은 하지 못하여도 자신의 근거지인 통도사에서는 그를 실현시키고자 노력하였다. 이런 전제에서 1948년 9월 26일의 해방 후 두 번째의 통도사 주지선거에 임한 것으로 이해된다. 일제하에서 이미 주지를 역임한 바가 있는 그가 57세의 나이에 또 다시 주지를 하겠다는 것은 이런 점을 말고는 설명하기 어려운 것이다.

> 오전 9시에 해방후 제2세 주지 후보자 선거하는바 추대식으로 결정하고 祕三望으로 투표하니 내가 98점 구송계 2점 김포광 3점 최대붕 1점 白票 4점 선거유권자 합 305명인데 비구니 10명이다. 출석인 2백 명가량인데 투표인 165명이다.[71]

즉 경봉은 투표자의 절대 다수결의 동의하에 주지로 선출되었던 것이다. 그러나 당시 통도사 내부의 일각에서는 경봉에게 주지 당선을 권고 사면하라고 하였다. 그 부류에는 당시 주지, 총무, 재무 등 사중 소임자들이 포함되어 있었다.[72] 이들의 이의제기, 반대의 사유는 알 수 없지만 경봉이 취임을 하면 불이익을 받을 대상자로 보인다. 그러나 경봉은 소신을 갖고 주지에 1949년 5월 27일에 취임하였다.

> 해방 후 제2세 통도사 주지 나의 진산식을 거행하다. 단기 4281년 10월 25일자 신청 5282년 4월 25일부 인가.[73]

그런데 1948년 9월의 주지 선거에서 당선되었으나 이렇듯이 1949년 5월

---

[71] 『삼소굴 일지』, 270쪽.
[72] 위의 책, 271쪽. 10월 23일, 11월 3일 내용 참조.
[73] 위의 책, 275쪽.

에, 즉 8개월 후에 취임할 수밖에 없었던 사정의 구체적인 내용은 전하지 않지만, 통도사 내적으로 많은 갈등, 내분이 있었던 것으로 보인다.[74]

그러나 경봉은 통도사를 총림으로 만들어 반듯한 수행도량을 만들겠다는[75] 의지로 그 난관을 이겨냈다. 주지에 취임한 경봉은 자신의 구상대로 사찰운영을 하면서 통도사의 개혁을 시도하였다. 그러면 경봉의 구상은 무엇이었을까? 그에 대한 문헌 기록은 전하지 않지만 필자가 보건대 그는 통도사를 수도도량으로 만드는 것으로 이해된다. 경봉은 해방 이전인 1941년 3월 29일부터 5월 4일까지 일본불교를 시찰을 하였는데, 그 당시의 심정을 전하는 기록에서 그를 추정할 수 있다.

> 오전 11시 반에 경도 淸平寺에 가서 산천을 관람하다가 조선불교의 부진과 부처님 은혜를 생각하며 비관하여 눈물이 흐르다.(1942.4.7)

> 오전에는 만수사에 叢林規定을 열람하고 오후 2시에는 경도 동물원을 관람하다.(1942.4.9)[76]

일본에서의 이런 경험, 충격이 경봉으로 하여금 중앙불교에서 개혁, 통도사에서의 개혁 시도에 하나의 계기로 작용하였을 것으로 보인다. 그래서 경봉은 주지에 취임한 후 1개월이 지나자 그의 구상을 피력했다.

> 오전 11시부터 밤 9시까지 본사 교무회를 열어 교육 포교 토지산림 수도원 건을 회의하다.[77]

---

[74] 김현준의 위의 책, 165쪽에는 그 정황이 자세히 나온다.

[75] 해방공간 당시에는 불교 및 교단 정화의 일환으로 총림 건설이 대안으로 제기되었다. 1946년 10월에 출범한 해인사의 가야총림, 1947년 1월에 출범한 백양사 중심의 고불총림, 1947년 10월에 등장한 봉암사결사 등이 그것이다. 그런데 지금껏 경봉이 통도사에서 시도한 내용은 간과되었다.

[76] 위의 책, 172쪽.

위의 경봉일지에 나오는 내용만 같고는 경봉의 구상, 세부적인 사정은 가늠하기 어렵다. 그러나 교육, 포교, 토지산림, 수도원 건이라 함은 통도사 내부의 모든 문제가 망라된 것으로 볼 수 있다. 특히 수도원은 가장 중요한 문제로 이해된다. 경봉은 수도원을 이끌 선지식으로 오대산의 선승이고 조계종단의 종정을 역임한 방한암을 종주로 초청하였다.

> 며칠 전에 呑虛 谷泉 두 스님이 와서 오대산 사정을 말하므로 谷泉과 大冶를 敎正 方漢岩 禪師를 海東修道院 宗主로 청하러 이날 보내다.[78]

경봉은 오대산의 방한암과 1930년대부터 편지를 통하여 지속적인 교류를 해 왔다. 경봉의 은사인 성해와 방한암과는 법형제이었기에 경봉과 한암은 절집 촌수로는 사숙이었다. 경봉은 깨달음 이후 보임의 단계에서 여러 의문점, 선수행을 놓고 한암과 서신 문답을 해왔다. 그러나 오대산의 한암은 경봉의 청에 응하지 않았다. 그는 27년간 산문을 나오지 않았던 자신의 원칙과 팔순에 가까운 연로함에서 나온 것이었다. 그래서 한암은 자신의 종주 취임을 사양하고, 자신의 상좌인 탄허를 수도원의 임시 首座로 추천하고, 수도원의 宗主는 경봉이 적임자라고 하였다.[79]

이렇듯이 경봉은 통도사를 수도도량(총림)으로 만들기 위한 기획하에 적지 않은 노력을 하였지만 통도사 내부의 저항, 반발, 모략 등으로 인하여 주지 역할을 할 수 없었다. 그 사정의 단서를 전하는 내용을 살펴보자.

> 양산군 경찰서에서 물어 볼일이 있다고 서영운과 나를 오라 하여서 가다.

---

[77] 위의 책, 276쪽. 이 기록에는 7월 29일 인편으로 보낸 것으로 나온다. 한편 『정본 한암 일발록』, 307쪽에서는 이 편지에 대한 한암의 답신은 8월 15일자로 나온다.

[78] 위의 책, 277쪽.

[79] 「서간(12)」, 『定本 漢岩一鉢錄』 상권, 월정사, 2010, 306~307쪽.

(1949.12.9)

양산경찰서장 이종구 사찰계 취조 고문자 김해수에게 오전10시 봉욕을 당하였다.
사유는 野山隊에게 10월과 9월 사이에 금 15만 원을 안 준 것을. 악인의 모략으로
인한 것이다.(1942.12.10)[80]

경봉은 모략으로 인하여 양산경찰서에 끌려가서 봉욕(고문 등)을 당하였
다. 모욕의 빌미는 빨치산을 막고, 공격하는 야산대의 활동자금을 제공하지
않은 것이었다. 그러나 그 이면에는 1946~47년에 경봉이 중앙에서 진보적
인 불교혁신 활동에 관여하였다는 모략이 개입된 것으로 보인다. 경봉은
경찰서에서의 모욕으로 신병을 얻었다. 그래서 그는 1949년 12월부터 1950
년 1월까지 부산에서 치료, 휴양을 하였다. 마침내 그는 주지에서 물러났다.
1950년 3월 6일이었다.

본사 교무회를 개최하니 인원 수가 반수가 되지 못하므로 대중회라 명칭하고 주지
를 사면하다.[81]

경봉의 자신이 수년간 꿈꾸었던 통도사의 수도도량화를 단념하였다. 인
연이 되지 않았음을 알았는지, 경봉은 더 이상 그 주지 소임에 미련을 두지
않았다. 그가 주지 소임에 앉은 것은 통도사의 수도도량화, 총림 건설에
있었는데[82] 통도사 내부의 대중들이 호응을 하지 않는 상황에서는 추진할
수 없음을 판단하고, 결단을 내린 것이었다.
경봉의 후임으로 주지 대리 역할을 누가 하였는지, 경봉의 기획을 반대한

---

[80] 위의 책, 277쪽.

[81] 위의 책, 280쪽.

[82] 김현준은 그의 책 169쪽에서 그 당시 통도사에 있었던 일타가 경봉에게 들은
증언을 소개하였다. 즉 그는 경봉이 주지를 하려고 한 것은 우리나라 제1사찰
통도사에 꼭 필요한 총림을 만들어야 한다는 원력 때문이었다는 것이다.

세력은 누구였으며, 그들의 명분은 구체적으로 알 수 없다. 그러나 통도사도 곧 이어 터진 6·25전쟁으로 소용돌이에 빠져 들어갔다고 보인다. 6·25전쟁 기간의 경봉은 밀양 무봉선원에서 수행을 하면서 지냈다. 추측하건대 경봉에게도 그 기간은 적지 않은 시련이 있었을 것이다. 경봉은 통도사에서 다양한 소임을 모두 거치면서 통도사의 발전, 불교발전, 수행도량화를 위한 헌신하였다. 이런 행적에서 원융적인 소임 자세를 엿볼 수 있다. 수행에서 뿐만 아니라 소임살이에도 원융적인 것이 나왔다.

5. 극락선원, 생활불교 구현

6·25전쟁을 겪으면서 경봉의 고뇌는 간단치 않았을 것이다. 그도 깨달은 도인이었지만, 인간이었기에 그가 통도사에서 겪었던 고뇌가 순조롭게 치유되지는 않았을 것이다. 1952년 환갑날에 읊은 아래의 시는 그의 정서를 대변해준다.

晬韻詩 私議[83]

어쩌지 못하는 公理 나에게도 다가 와	無私公理近愚人
六一 광음이 이 幻身에 이르렀네	六一光陰到幻身
세상살이 시끄러운 한바탕 꿈이라	世上情塵皆夢覺
겁전의 마음나무 봄이 와도 상관없네	劫前心樹不關春
도덕 깊은 스승 은혜 어이하여 갚으며	恩深道法難酬德
바다 같은 부모 사랑 일찍이 여의였오	愛重劬勞早別親
평생을 돌아보고 세 번 웃으니	回憶平生三笑看
꽃 피고 물 흘러 본래대로 천진일세	開花流水本天眞 ○光

경봉은 위의 수연에 즈음해서 읊은 시에 나오듯, 그가 60년간 겪은 것은

83 위의 책, 287쪽.

세상살이의 한바탕 꿈이라고 보면서도 세상사는 이미 여의었다는 소탈한 마음을 피력하였다. 그러면서도 그는 천진의 마음으로 자연을 대할 수 있는 경지에 다다랐다. 그를 단적으로 알 수 있는 것이 1953년 2월 30일, 좌선을 하던 경봉의 心佛放光處 체득이었다. 이는 마음의 부처를 자재로이 활용할 수 있었음을 의미한다. 여기에서 경봉은 중생들에게 불교의 정수를 전해주어야 한다는 절대적인 과제를 끌어안았다.[84]

6·25 기간에 통도사를 떠났던 그는 통도사에 행사, 법회만 있을 경우에만 내왕하였다. 그러다가 그가 다시 통도사로 돌아온 시점은 1953년 11월 3일이었다. 그는 극락암 조실로 초대받아 그의 인연처로 다시 돌아왔다. 이때부터 경봉은 극락암을 선원으로 만들고, 통도사의 제반 일에 관여하면서 그가 해야 할 일을 모색하였다. 경봉은 이후 입적하였던 1982년까지 30여 년간 극락암에 머물면서 그를 찾아오는 수좌들을 지도하고, 일러주고, 꾸짖었다. 그리고 극락암에서는 정기적으로 법회를 열어 찾아오는 사부대중들에게 불교의 진리를, 생활의 근본을 알려 주었다. 그런 사정을 가늠할 수 있는 경봉의 일지(1953.2.25)를 제시한다.

극락암에서 1. 경 번역 인쇄 2. 매년 법회 개최 3. 매년 친목 성지 참배, 이것은 불법의 은혜와 나의 설법의 은혜를 보답하기 위하여 법은회를 조직하여 특별회원은 입회금이 일만 원 이상, 통상회원은 일천 원 이상을 정하여 17인이 입회되었는데 금액이 34만 2천 원이 기재되었다.[85]

극락암의 사부대중들이 佛事(경번역 인쇄, 매년 법회 개최, 성지순례)를 추진하는 조직체인 법은회를 만들었다는[86] 것이다. 그런데 그 법은회가 만

---

[84] 김현준의 위의 책, 172~173쪽. 「解制 韻」, 『야반삼경에 대문빗장을 만져 보거라』, 여원, 1982, 121쪽에 "衆生과 더불어 苦樂을 같이 하겠다"는 내용이 그를 예증한다.

[85] 『삼소굴 일지』, 330쪽.

들어진 동기가 불법의 은혜와 경봉 설법에 대한 은혜에 보답하기 위함이었다. 이럴 정도로 경봉은 극락암에서 혼신의 힘을 다하여 진정한 불사를 일으켰다. 뭇 생명들에게 불교의 진리를, 불교라는 빛을 전달해서 그들이 참다운 삶을 살도록 해주었던 것이다.

> 수행대법회를 극락선원에서 개최하고 四部大衆 72명이 21일간 참회기도와 용맹참선 정진하고 4월 9일 음력 2월 24일에 원만회향하다.[87]

1961년 3월 20일, 경봉의 일지 내용이다. 법회에 참여한 사부대중이 다 함께 회향하였다는 것이 지금의 불교계와는 이질적이어서 눈에 새롭다. 그리고 그 수행이 참회기도와 참선의 용맹정진이었음도 특별하다. 이렇게 경봉은 대중을 위한, 대중에게 맞는 수행을 지도하였다. 명분만을 위한, 허장성세를 위한, 스님 위주가 아니었다. 위에서 제시한 법회를 지켜보았던 명정의 회고로 들어가 보자.

> 이 법회는 註者가 老師의 執侍를 처음 시작할 때 同參한 법회라서 근 25년이 지난 지금 생각하니 감회가 새롭다. 낮 10시부터 圓覺經 疏抄에 典據하여 참회기도를 沈香을 사루며 1시간 하고 오후에는 老師의 설법이 있었다. 그 외의 시간은 장군죽비로 경책을 하며 용맹정진을 하였다. 벚꽃이 막 피기 시작하던 佳節, 老師께서 평생을 벼루어서 차린 법회, 老師의 獅子吼. 이 법회를 끝내고 돌아가는 대중들이 너무 아쉬웠던지 엉엉 울며 가던 禪客들의 모습이 눈에 선하다.[88]

경봉이 심혈을 기울여 열린 수양법회의 모습이 극명하게 묘사되었다. 법회의 진지한 모습에서, 법회에서 감동을 받았던 대중들의 정서에서, 너무나

---

[86] 법은회의 출범은 1959년 2월 13일이다.

[87] 『삼소굴 일지』, 346쪽.

[88] 위와 같음.

인간적인 선객의 냄새에서 경봉의 가르침을 느낄 수 있다. 이런 경봉의 가르침은 그가 극락암에 머물던 내내 지속되었다.

극락선원 대중이 7일 용맹정진하는데 설법하다.(1963.1.1)

극락 호국선원 결제에 42명 결제하다.
오후 2시에 상당설법하다. 근래에 이 선원에서 수도인이 제일 많이 운집된 것이다.(1966.6.3)

극락암 살림살이를 제자들에게 맡기는데 권속들의 회의석상에서 都監에 碧山, 院主는 道明, 園頭는 明正이를 정하였다.(1972.3.14)[89]

위의 내용들에게서 경봉, 그가 진지하게 생활하였던 극락암의 정황이 선명하다. 그런 결과로 극락암은 1960년대 후반에는 선객들이 가장 많이 모이는 도량이 되었다. 그런데 이런 극락암의 살림살이를 경봉의 속납 80세 때까지 직접 주관하였음에서 경봉의 헌신, 정성, 절절함이 다가온다. 경봉의 이런 생활은 곧 중생에 대한 사랑에서 나온[90] 것임은 두말할 필요가 없는 것이다. 그는 극락암에서 이런 헌신을 하면서도 화엄 산림법회에도 지속적으로 관여하였다.[91]

그렇다면 위와 같은 경봉의 극락암에서의 지향은 무엇으로 말할 수 있는

---

[89] 『삼소굴 일지』, 356 · 391 · 433쪽.

[90] 이 점과 관련해서 다음의 경봉의 어록을 제시한다. 그는 『대한불교』 1980년 7월 20일의 「경봉: 해탈과 열반사이」에 나오는데 "선원을 한 십년 다니면서도 견성의 의미를 잘 몰랐어. 중생과 부처란 分化된 공간 사이를 헤매면서 방황을 했어 때로는 산과 들을 헤매면서 부처를 찾아 다녔어. 그런데 부처는 산과 들에 있는 것이 아니라, 찾아다니는 그 자체가 부처란 것을 깊이 깨달았어.(중략) 부처보다 가난한 중생을 귀하게 여기는 정신이 현대는 없는 것 같다. 오늘의 수행인도 중생을 사랑하는 고통 하나쯤은 가지고 있어야지"이다.

[91] 「광고: 화엄산림 법회 알림」, 『대한불교』 1974.12.1. 당시 그 법회의 법사는 경봉, 월하, 무불, 석암, 종범이었다.

가? 필자는 그를 생활불교의 구현으로 보고자 한다. 인간의 삶이 생활이고, 인간에게서 생활을 제외하고는 어떠한 다른 대상을 최우선적으로 거론할 수는 없다. 생활에서의 불교, 생활을 위한 불교였다. 그럼에도 불구하고 지금껏 불교학, 교리, 신앙, 선수행 등등에서 생활이라는 것은 가볍게 처리되어 왔다. 요컨대 경봉의 불교는 생활불교이었거니와, 이런 점이 극락암에서의 활동에서 극명하게 나왔다고 본다. 아래의 경봉의 어록에서 그를 찾아보겠다.

> 내가 하는 법문은 경전에 있는 것만 말하는 것이 아니라 일상생활에 대해서 말을 하니 참으로 좋은 것이다.[92]

> 우리의 일상생활에도 불교의 진리를 생산화해서 정신적으로 좀 더 향상되고 여유 있는 생활을 하자면 진리가 어렵고 요원(遙遠)하더라도 꾸준히 수행을 해서 생활 불교를 실천해야 하겠다. 그러니 진리는 물과 같이 우리 일상 생활에 뗄레야 뗄 수 없는 밀접하고도 중요한 것이다.[93]

이렇듯이 경봉은 생활불교의 실천을 강조했다. 그러면서 경봉은 일상생활에서 불교를 실천하는 구체적인 방법까지도 제시했다.

1. 겸손하고 부드럽고 사양할 줄 알아야 한다.
2. 모든 사물에 순응하고 일을 지낸 뒤에 그 마음이 편안해야 한다.
3. 입으로 고운 말을 쓰고 나쁜 말을 하지 말며 망녕된 생각을 하지 말아야 한다.
4. 너무 슬픔과 기쁨, 즐거운 정에 지나치지 말아야 한다.
5. 이익이 없는 일을 하지 말고, 해로운 일을 멀리 해야 한다.
6. 호흡을 정밀하게 고르고 위생을 여실히 해야 한다.

---

[92] 극락호국선원 신도회, 『鏡峰大宗師 法語』 제66집(1980.2), 7쪽.
[93] 경봉, 「수도인과 문화민족이 지닐 정신생활」, 『경봉스님 말씀』, 극락선원, 1992, 147쪽.

7. 정밀하게 *禪定*을 익혀서 마음을 편안히 하고 망녕이 없어야 한다.
8. 앉고 눕는데 시간을 지키고 게으른 습관을 들이지 말아야 한다.
9. 착한 공덕을 많이 짓고 남을 위하여 좋은 일을 많이 해야 한다.
10. 고생하는 사람, 재난을 만난 사람을 구하고 곤궁한 사람을 도와주어야 한다.[94]

경봉은 이렇게 불교를 쉬운 말로, 일상의 언어로, 대중들에게 가르쳐 주었다. 이것이 바로 경봉의 생활불교의 제창이다. 경봉은 생활불교를 하면 그것이 자연적으로 사회, 국가, 인류가 나아갈 길을 가게 된다고 보았다.

> 이것은 개인에게는 범부를 고쳐서 성인(聖人)이 되어 가는 길이요, 사회적으로는 악의 근본을 제거하고 바른 길로 이끈 산 표본이 되는 것이요, 국가적으로는 한 민족이 번영하고 문화가 발달할 상징이 되고 인류가 행해야 할 기본자세인 것이다.[95]

> 이 진리 정법을 일상생활에 화(和)하여 사용하면 참으로 문화민족이 될 것이며 세계적인 문명국가가 되고 복국안민(福國安民)이 될 것이다. 그 이유는 사람이 지혜가 있으면 잘 살고 지혜가 없으면 곤란을 받는 까닭이다.[96]

> 통도사 호국 극락선원의 조실이신 경봉대선사를 뵙기 위해 들른 날이 하필이면 5월 30일 일요일이었다. 부산과 대구에서 스님을 뵙고저 찾아든 신남신녀들로 방 안이 가득하여 겨우 자리 한 곳을 비집고 들어가 대선사의 크신 법해에 때 국물로 가득찬 기자의 업장을 조심스레 담구어 보았다.[97]

여기에서 필자는 경봉 생활불교의 지향을 명료하게 파악하였다. 이렇듯이 경봉의 불교는 생활불교이고, 그는 나아가서 사회적, 국가적, 인류적으

---

94 위의 책, 147~153쪽.
95 위의 책, 153쪽.
96 위의 책, 158쪽.
97 「극락호국선원 조실 경봉대선사」, 『불교신문』 1976.6.6.

로 인간의 삶을 희망차게, 인간답게 살게 해주는 것이라고 확신하였다. 그리하여 경봉은 그의 생활불교가 모든 인간이 활기차게 살 수 있는 길임을 확신하였다.

내가 늘 말하기를 이 사바세계에서 우리가 나왔는데 이 사바세계를 무대로 삼고 연극 한바탕 멋들어지게 하고 가자는 말이 그런 까닭이다.

늘 근심 걱정만 하고 살 바에야 무엇 하러 어머님으로부터 나오기는 나왔느냐 말이다. 좀 근심스럽고 걱정이 되는 일이 있더라도 더 털어 버리고, 우리 인생이 기껏 살아봐야 백 년을 더 사는 사람이 없다. 그러니 늘 쾌활하고 낙관적이고 활기찬 생활을 해야 한다.

근심 걱정은 물질 아니면 사람에 관한 것 외엔 없는데, 설사 좀 근심되는 일이 있더라도 우리 불교를 신앙하는 사람들은, 불타의 그 초월한 정신에 계합하여 인생의 노선(路線)과 인생관(人生觀)을 확립해야 한다. 여지껏 생활해 온 모든 사고 방식과 생활관념에 잘못이 있으면 영 비워 버리고, 바르고 참되고 활발한 산 정신으로 살아가야 한다.[98]

법문은 우리가 일상생활을 하는데 다 있으니 일상 생활하는 밖에서 진리를 찾지 말고 불교를 찾지 말아라.[99]

정법안장의 도리는 물이나 공기와 같아서 우리가 물을 먹지 않으면 못살고 나무와 풀들도 물을 먹지 않으면 못살고 물과 공기가 없으면 일체 생물이 살지 못하는 것과 같은 것이다. 이 도는 물이나 공기와도 같은 우리 무한생명의 원천인 것이다. 이 수행을 하자면 마음을 비워서 오만가지 망상을 버리고 천진난만한 동자시절로 돌아가야 한다. 여기에 무슨 걱정이 있을손가. 근심 걱정이 물질 아니면 사람인데 물질이나 사람 때문에 머리가 아프고 가슴이 아파서 어쩔 줄을 모르고 산대서야 어디 살아가는 의의가 있겠는가. 짐승도 먹을 것이 있으면 쫓아다니면서 즐겁게 뛰노는데 그렇게 근심 걱정을 할 바에야 무엇하러 사바세계에 나오기는 나왔는가.

---

98 「紅日同昇」, 위의 책, 18~19쪽.
99 「경봉대종사 특별설법, 달이 들물에」, 『대한불교』1978.4.30.

어머니 태중에서 나오지 말든지 할 일이지.[100]

경봉은 늘, '사바세계를 배경으로 연극 한번 멋들어지게 하고 가자'고 강조하였다. 경봉이 말하는 연극 한번 멋들어지게 하는 것은 무엇인가? 그는 불법에 계합하여 바르고, 참되고, 활발한, 생생한 정신으로 살아가는 것이다. 즉 주체적으로, 걸림이 없이, 활발하게 사는 것이다. 그는 극락암으로 온 대중들에게 "극락(암)에 길이 없는데 어떻게 왔는가?"를 물으면서 자성을 찾을 것을 주문하였다. 그리고 극락암을 떠나는 대중에게는 "극락선원의 대문을 나서면 돌도 많고 물도 많다. 돌부리에 채여서 자빠지지 말고, 물에 빠져서 옷을 버리지도 말고 잘 가거라, 똑 바로 걸어가라"고 말했다. 여기에서 경봉의 생활불교의 정수가 여실하게 드러났다.

한편 경봉의 생활불교는 선 수행이 기본이었다. 그가 대중에게 제시한 수행의 근원은 參禪이었는데, 이는 극락선원을 護國修道院으로 전환시킨 취지서에 잘 나와 있다.

> 우리 人生은 宇宙 萬物의 主人公이요, 우리 自性은 人生百事의 支配者이다.
> 그러므로 自性이 바르지 못하면 人生의 路線을 알 수가 없고 人生의 路線을 모르고는 宇宙의 造化에 參與할 길 없나니 이런 까닭에 自性을 알고 自性을 닦는 것처럼 第一 緊急한 일은 없도다. 돌아보건대 天地間에 萬物이 그 微物에 이르기까지 各各 살고자 하여 배움이 있거늘 하물며 宇宙의 主人公된 사람에 있어서랴. 實로 사람이 배우지 않고는 非但 그 한 사람의 生活이 混亂할 뿐 아니라 社會와 國家를 混亂케 하고 世界人類와 宇宙의 秩序까지도 混亂케 하나니 어찌 두려운 일이 아니리오. 옛말에 聖人이 나면 天地에서 氣運이 돌고 山中修道하는 道人없는 나라에 天下를 經綸하는 治家도 또한 없다 한 말도 한 가지 뜻이로다. 어찌 修養치 않으리오. 깊이 現今의 世相을 살피건대 蒼生의 塗炭이 이에 더 甚함이 없나니 무릇 蒼生을 濟度하고 國家를 守護하는 良策이 무엇이오. 오직 高尙圓滿한 人格者를 待望하는

---

100 「庚申 夏安居 結制法語, 경봉조실」, 『대한불교』 1980.6.8.

수밖에 없나니 大體 그 누구를 가리켜 高尚圓滿한 人格者라 하리오.

오직 修養으로 인하여 人生觀과 世界觀을 確立하며 오직 衆生을 濟度코자 하는 慈悲의 一片丹心으로 勇往邁進하여 진흙 속에서 피어 오르는 白蓮같이 紅塵中에 泊沒하되 自性의 眞面目을 毅然히 드러내어 如何한 煩惱와 逆境 속에 있을지라도 泰然不動하고 安心立命하는 그 사람일 것이니 自利와 利他의 이 聖道를 수행케 함이 어찌 民族精神을 振興하는 甘露門이 아니며 國家 隆昌의 原動力이 아니며 世界平和와 人類 幸福의 羅針盤이 아니랴.

여기에 뜻하는 바 있어 삼가 護國修道院을 創立하고자 하는도다.

이 趣旨에 참여하는 有志 諸位들이여 이 聖業에 物心兩面으로 積極的 援助를 切望하는도다.

要綱

-. 本院의 宗旨는 參禪으로 修心하되 救世佛陀의 聖道를 生活化하도록 함.

-. 本院의 修行人은 僧俗을 分別치 아니함.

-. 修行期限은 作定치 아니함.

-. 從來 禪院 修道에 不合理한 모든 制度는 丹鉛 刷新함.

-. 本院을 財團法人으로 하여 爲先 本部를 通度寺에 두고 順次로 各 地方의 村落까지 普及하기로 함.[101]

경봉은 위의 취지서에서 우주의 주인공인 인간이 수양해야 함을 우선 강조하였다. 그리고 경봉은 당시 혼란한 세상을 조망하고 나서, 창생을 제도하고 국가를 수호하는 양책은 오직 고상원만한 인격자를 기다릴 수밖에 없다고 보았다. 그런데 이 인격자는 인생관과 세계관을 확립하여 중생을 제도하고, 안심입명하는 자세로서, 自利利他라는 불교의 근원을 행하는 사람이라고 주장했다. 이런 길을 갈 수 있도록 수행하는 것이 민족정신의 진흥, 국가 발전의 원동력, 세계평화 및 인류행복의 나침반으로 이해하였다. 이런 전제하에 경봉은 호국수도원에서 참선수행을 통하여 구세하는 부처

---

101 이 자료는 통도사 극락암에서 제공한 것에 의지하였다. 그런데 필자는 이 수도원 전환 시점을 파악하지 못하였다.

의 가르침을 생활화 하는 것을 근본으로 삼았던 것이다. 그 방법으로 승속 분별, 수행기한의 한정, 불합리한 제도 등의 배척을 정하였다. 그래서 그는 호국수도원을 재단법인으로 하되 그 본부를 통도사에 두고, 추후에는 각 지방의 촌락까지 보급하겠다는 야심찬 포부를 피력하였다.[102] 그의 호국수 도원 요강에서 나오듯이 경봉의 선수행은 민족, 사회, 중생 등의 구세 및 교화를 하기 위한 근원적인 출발점이었다. 이는 그가 禪을 萬法, 萬行, 萬事, 萬物 그 자체임을 지적한 것에서도 찾을 수 있다.

> 禪은 자체가 空하여서 이름과 형상이 없으나 능히 모든 것을 이루는 것이니 이룩 된 모든 것이 그대로가 곧 선이다. 그러므로 萬法의 王이 되고 萬行의 으뜸이 되어 萬法, 萬行, 萬事, 萬物 - 그대로가 온전히 선의 妙用이며 선의 표현인 것이다.[103]

즉 경봉은 禪을 만법, 만행의 으뜸이라고 보았다. 이런 입론에서 그의 대중교화는 선원에서 출발하였던 것이다.

그러면 이와 같은 경봉의 불교사상은 어떻게 말할 수 있는가? 경봉의 불 교사상은 경봉 자료의 치밀한 분석 작업을 거친 연후에 서술하는 것이 온당 할 것이다. 그래서 여기에서는 본격적인 개념 정의는 후일로 미루고, 그에 대한 개요 및 성격만을 간략히 피력하려고 한다. 첫째, 그의 불교사상은 원융적이었다. 특정한 개별 사상 및 경도된 수행을 강조하지 않았다는 것이 다. 여기에는 선교일치적인 성격이 배어있음은 당연한 것이었다. 둘째, 그 의 불교사상의 중심에는 선사상이 있다. 선사상 중에서도 간화선이 중심이 었다. 셋째, 그의 불교사상에는 생활불교라는 성격이 자리 잡고 있었다. 구 태의연하게 조사어록, 경전을 중심으로 하는 사문화된 법문을 그는 하지

---

102 실제 호국수도원이 어떻게 전개되었는지, 실천에 옮겼는지 등등은 별도로 확 인할 내용이다.
103 『야반삼경에 대문 빗장을 만져보거라』, 1쪽.

않았다. 일상생활에서 드러난 소재로 하였다. 이런 성격에서 만일염불결사, 화엄산림 법회가 구체화되었던 것이다. 넷째, 그의 불교사상은 사부대중을 위한 것이었다. 승가, 승려 중심의 사상이 아니었다. 때문에 그의 회상에는 수많은 대중, 신도들이 운집하였다. 다섯째, 그의 불교사상은 사찰, 종단, 승속이라는 제도권 틀을 벗어난 광대무변한 것이었다. 지금껏 그의 삶, 사상은 불교권이라는 틀에서만 논의되었다. 그러나 그의 흔적, 남긴 자료를 유의해서 살피면 그의 폭과 깊이는 불교라는 구도를 넘어선 것이었다.

이 같이 한국불교사에 뚜렷한 족적을 남긴 경봉은 법랍 76세 속랍 91세의 일기로, 1982년 7월 17일(음, 윤5월 27일) 열반에 들었다. 입적 직전, 그는 "야반삼경에 대문 빗장을 만져 보거라"는 최후의 활구 법문을 남겼다. 그가 사바세계를 떠나는 날, 통도사에는 캄캄한 먹구름이 일고 일진광풍이 불었다. 5일장으로 치루어진 영결식에는 백만 명의 조문객이 다녀갔다. 그의 탑과 비는 1985년 6월 26일, 통도사 일주문의 부도밭에 세워졌다.

6. 결어

지금까지 경봉의 삶을 조망하면서, 그의 생애와 사상에 나타난 특성을 살펴보았다. 필자는 그의 정체성을 '자생적인 불교 근대화'로 피력하였다. 이는 상구보리, 하화중생이라는 대승불교 이념을 근대라는 시공간에서 투철하게 실천한 사례라는 뜻이다. 그러나 본 글은 경봉에 대한 글이 부족한 현실, 종합적인 자료집이 부재한 상황으로 인하여 적지 않은 한계가 있다. 맺는말은 추후 필자가 경봉 연구를 본격화하기 위한 방향, 그리고 경봉 연구의 공론화 지평을 여는 제언으로 대신하고자 한다.

첫째, 경봉에 대한 종합적인 자료집, 문집의 발간이 절대 요청된다. 지금껏 경봉에 대한 책자는 다양하게 발간되었다. 그리하여 경봉의 진면목이 널리 알려졌다. 그러나 추후에는 보다 종합적, 객관적인 분석에 의한 학술적인 자료집이 나와야 한다. 그래야만 경봉연구가 진일보 할 수 있을 것이다. 현재까지 나온 자료들은 분산적, 중복적이어서 적지 않은 한계가 있다. 통도사, 경봉 문도들의 관심, 동참을 요청한다.

둘째, 경봉이 행한 만일염불회, 생활법문에 대한 다양한 자료수집이 필요하다. 이는 경봉, 통도사 연구 차원에서 긴요하다. 그래야만 경봉의 중생구제, 생활불교의 본질이 생생하게 나올 것이다.

셋째, 화엄산림의 전승, 계승 문제에 대한 통도사 차원의 관심이 요청된다. 현재 통도사는 화엄산림 법회를 매년, 지속하여 개최하는 것으로 알고 있다. 법회를 지속적으로 개최하는 것에서 그치지 말고, 그에 대한 성찰, 분석, 미래 전망을 학술적으로 시도해야 할 것이다.

넷째, 경봉과 선학원 연구가 진일보해야 한다. 현재 선학원에 대해서는 일제하에 치우치고, 수덕사 만공 중심으로 연구된 성향이 없지 않다. 8·15 해방 전후, 해방공간에서의 선학원 연구가 활성화되어야 한다. 그래야 경봉이 선학원에서 행한 다양한 역할, 성격을 조망할 수 있다.

다섯째, 통도사 역사에서 해동수도원 즉 총림 건설에 대한 역사적 복권이 요청된다. 그리고 호국수도원의 창설에 대한 역사적 의미도 간과할 수 없다. 지금까지 통도사에서는 1980년대의 총림 지정만을 강조하고, 중요하게 여겼다. 그러나 역사를 회피해서도 안 되고, 역사를 배척할 수도 없는 것이다. 그래야만 경봉에 대한 심층적인 연구가 가능하다.

여섯째, 경봉 수행의 특성인 생활불교에 대한 보다 폭 넓은 연구가 요망된다. 생활불교는 다양한 승려, 계층에 의해서 주장되고, 실천되어 왔다. 이런 다양한 생활불교에 대한 비교 연구가 요청된다.

일곱째, 경봉연구를 불교권 밖으로 끄집어내야 한다. 물론 경봉 연구에서 불교, 사찰, 통도사 관점의 연구는 당연한 것이다. 그러나 그런 기성 관점의 틀을 벗어나야 할 것이다.

여덟째, 이 고찰에서 필자가 제안한 자생적 불교 근대화의 사례를 경봉이외의 인물에서도 추가적으로 찾아내야 할 것이다.

지금껏 필자가 생각하고 있는 경봉연구 활성화 차원, 그리고 현대기 통도사 연구의 진일보의 차원에서 몇 가지의 문제를 제언 형식으로 개진하였다. 이런 점이 이 분야 학자들이 공유되길 기대하면서 이만 글을 마친다.

:
만암의
禪農一致
사상

1. 서언

　　한국 근현대 불교사에는 불법의 발현과 불교의 대중화를 위해 고투한 고승이 적지 않다. 최근 이 분야 연구자들에 의해서 근현대 고승에 대한 자료 발굴, 분석, 의미부여 등의 학술적인 작업이 활발히 전개되고 있다. 그래서 고승이 갖고 있는 역사성과 성격은 서서히 조명되고 있다. 이러한 기초작업을 통해 근현대 불교사가 갖고 있는 다양성이 추출되고 있다.

　　그런데 위와 같은 현실에도 불구하고 아직도 제대로 된 평가를 받지 못한 경우가 적지 않다. 이와 같은 경우는 고승 당사자에 대한 직접적인 원인보다는 작금의 불교가 처한 상황에서 기인하는 경우가 많다. 그런 대상자 중에서 주목해야 할 인물이 蔓庵 宗憲(1876~1956)이다.[1]

---

[1] 만암의 연구가 공백지대로 남아 있었던 원인은 백양사(문도)에서 역사 정리 작업을 하지 않은 것이 우선적으로 거론된다. 그리고 불교정화운동을 강경노선 중심의 역사 위주로만 정리한 것도 거론할 수 있다. 즉 온건노선, 현실 인정을 고려한 만암의 노선은 배척받았다. 그러나 백양사는 『만암문집』(1967)을 발

만암은 일제시대 전라도 지역의 대표적인 본사인 백양사를 중창한 주역이었다. 그리고 그는 백양사에서 구학과 신식학문을 결합시킨 廣成義塾을 설립하였을 뿐만 아니라, 현재 동국대학교의 전신인 중앙불전의 초대 교장을 역임한 불교 교육분야에서도 간과할 수 없는 인물이다. 나아가서 그는 해방공간에서 古佛叢林이라는 자생적인 수행공동체를 결성, 운영하였다. 고불총림은 백양사와 전라도 일대의 사찰에서 동시에 실천된 불교정화를 지향한 결사체였다. 또한 만암은 불교정화운동이 일어나기 이전에도 종단적인 차원의 자생적인 정화를 주장하였다. 그러나 만암은 불교정화운동의 회오리가 거세었던 와중에서 태고보우국사를 종조로 고수하는 換父易祖論을 주장하여, 비구승측과 결별하였다. 이 무렵 만암은 비구승, 대처승이 다함께 추대한 조계종단의 종정의 직위에 있었다.

이와 같이 만암이 갖고 있는 역사성, 다양성은 필히 주목, 연구되어야 함에도 불구하고 지금껏 만암을 연구한 성과물은 희소하였다. 수년 전 필자는 불교정화의 개요를 정리하는 일환으로 고불총림의 개요 및 성격을 개괄적으로 정리한 고찰, 「고불총림과 불교정화」를 발표하였다.[2] 그렇지만 그 후속 연구의 기회를 잡지 못하였다. 이제 만암이 활동하였던 사찰인 백양사가 주최하는 이런 학술 현장에서 만암에 대한 연구의 결과를 발표하는 것에 많은 생각이 뒤따름을 부인할 수 없다. 필자는 이와 같은 현실에서 추후에는 만암 자체에 대한 연구뿐만 아니라 왜? 이렇게 만암 연구가 부진할 수밖에 없었던 저간의 사정을 밝혀내야 한다고 본다.

필자는 이와 같은 배경과 전제에서 본 고찰을 통하여 만암의 禪農一致 사상을 정리하려고 한다. 만암의 불교활동, 가람수호, 불교정화에는 다양한

간하고, 이를 수정 보완한 『만암문집』을 1997년에 발간하였다. 그리고 『고불총림 백양사』(1996)라는 약식 자료집을 펴내기도 하였다.

[2] 필자의 논고는 중앙승가대학교 불교사학연구소의 학술지인 『불교사연구』4·5 합집(2004)에 기고된 「고불총림과 불교정화」였다. 그 후, 이 논고는 필자의 저서인 『한국현대불교사연구』, 불교시대사, 2006에 재수록되었다.

사상과 이념이 내재하고 있지만 그 중심에 선농일치 사상이 있다고 본다. 그런데 만암이 남긴 자료 중에서 선농일치에 대한 자료가 충분치 않아서 논지 전개에 어려움이 적지 않다. 그러나 만암의 행적을 전하는 단편적인 자료 및 증언, 고불총림 규칙 등의 내용을 중점적으로 분석하고, 그 자료의 행간에 숨결을 불어 넣어서 그 편린들이 갖고 있는 역사와 사상을 추출하고자 한다. 필자의 이 고찰이 만암 연구 및 선농일치 연구 그리고 불교 근대화의 사례 연구에 활용되기를 기대한다.

2. 만암의 선농일치 내용

1) 백양사 역사에 나타난 만암의 자급자족, 반농반선

만암은 1876년 고창군 고창읍의 중거리에서 태어났다. 유년시절에는 私塾에 나아가 한학을 수학하다가, 11세(1886)에 이르러 백양사로 입산 득도하였다. 은사는 翠雲 道珍이었는데, 사미계를 받은 후 즉시 백양사 강원에서 幻應 강백에게 강학을 이수하였다. 16세(1891)에 접어들면서 龜岩寺의 전문강원으로 가서 교학을 더욱 이수하였다. 그후에는 해인사, 선암사 강원에서 강학을 이수하였다. 그후 만암은 23세(1898)에는 백양사 운문암에서 幻應 강백의 뒤를 이어 강사가 되었다. 만암은 국운이 위태롭게 되었음에도 불구하고 학인들을 이끌고 청류암, 백련암, 천진암 등지를 옮겨 다니면서도 후학을 양성하였다. 1907년(43세)에는 해인사 강원의 강사로 취임하였다. 국권을 일제에게 강탈당하자 만암은 1910년에는 청류암에 신구교육을 원용적으로 절충한 廣成義塾을 설립하여 학감으로 운영의 실무를 담당하였다. 이렇듯 만암은 청년시절에는 강원에서 교학을 수학하였고, 그 이후 중년에는 강사로 근무하였다.[3]

---

[3] 「年譜略記」, 『만암문집』, 1997, 고불총림, 332~347쪽과 『고불총림 백양사』(1996)

이런 강학 중심의 이력의 이외에도 만암의 참선수행 기록에 대한 구체적인 근거를 찾아내는 것이 중요하다.[4] 일부 기록에는 만암이 운문 선원에서 25세(1901)부터 32세(1908)까지 참선수행을 하였다고 나오고,[5] 『고불총림 백양사』(1996)의 생애편에서는 1902년 백양사 선원에서 5夏를 보내고 이어 운문선원에서 5하를 성취하였다고 기술되어 있다. 그러나 이에 대한 객관적 근거를 찾아내야 한다.[6] 그렇지만 만암은 敎는 佛의 말씀이요, 禪은 佛의 마음이라고 밝히면서, 禪이 곧 敎요, 敎가 곧 禪이라고 하였다.[7] 이러한 만암의 불교사상에 입각하여 만암 선농일치 사상의 본질을 조명하는 것이 본 고찰의 초점이다.

필자는 이와 같은 만암의 이력 및 불교관을 고려하면서도 만암의 선농일치 사상의 잉태는 전통적인 선원에서의 참선수행에서 비롯되었다기 보다는 백양사를 중창시키는 고투 속에서 나온 것으로 보고자 한다. 만암은 백양사의 5대 중창주라는 말을 들을 정도로 일제하의 불교에서 백양사의 사격을 진작시킨 인물이다. 사격을 진작시켰다는 함은 만암이 백양사 주지를 맡으면서 백양사의 중흥, 불사 등을 단행하였음을 의미한다. 만암은 1916년

의 생애를 종합하여 서술하였다. 그런데 백양사에서 발간한 이런 자료에는 만암에 대한 기본적인 정보, 이력의 내용에서 일관성 부재, 근거 부재 등이 심하다. 추후에는 착오, 오류를 수정하여야 할 것이다.

[4] 그런데 퇴경 권상로가 찬한 「大韓佛敎曹溪宗 第三世大宗正 大本山 白羊寺 第五回重創主蔓庵大宗師 舍利塔碑銘幷序」, 『만암문집』에서는 1901년 여름부터 面壁安居하여 禪旨를 참구한지 무릇 10년이었다는 표현이 있다. 그리고 이가원은 「大宗正 蔓庵大宗師 舍利塔碑銘幷序」(『만암문집』)에서 책을 짊어지고 諸邦을 유력하며 敎義를 연구하였고, 面壁觀鼻하면서 禪의 奧旨를 참구한 지가 거의 20년이 되었다고 서술하였다. 그러나 이런 내용은 비판적으로 재검토되어야 한다.

[5] 「만암 송종헌 대종사의 생애」, 『현대불교』 2호(1960.1).

[6] 『만암문집』에 수록된 「年報略記」는 만암의 自敍와 문도들이 그 외 기록을 참고하여 정리한 연보인데, 이곳에서도 만암의 공식적인 참선 수행 내용이 나오지 않는다.

[7] 「經截門」, 『고불총림 백양사』, 1996, 133쪽. 만암의 禪敎에 대한 입론은 『回光』 창간호(1929.3) 6쪽의 「寄學人諸君」에서도 찾을 수 있다.

부터 일제말기까지의 27여 년간 총 7차례의 주지로 근무하였다. 그 기간을
적시하면 다음과 같다.[8]

    1916.7 ~ 1920.12
    1920.12 ~ 1923.12
    1923.12 ~ 1927.10
    1930.11 ~ 1933.12
    1934.1 ~ 1937.3
    1939.11 ~ 1943.6
    1943.6 ~ 1945.8

일제하 36년의 백양사 주지의 대부분을 만암이 소임을 보았던 것이다. 만
암이 주지 소임을 보지 않은 것은 초대 주지인 환응의 기간(1911~1916), 유금
해가 보았던 기간(1927~1930), 전경충과 김만응이 보았던 기간(1927~1930,
1937~1939)에 불과하다. 만암은 이처럼 장기간의 주지 소임을 보면서 백양
사를 재건시켰던 것이다. 그러면 재건 불사를 가능케 한 결정적인 요인은
무엇인가, 바로 그것의 본질에 선농불교가 있었다고 본다. 필자가 말하는
그 내용의 단서는 『만암문집』의 「年譜略記」에서 다음과 같이 지적되었다.
그런데 이 자료는 만암의 自敍 이력에 근거하여 만암 문도들이 정리한 내용
이다. 즉 백양사 역사에 구현된 만암 역사의 요체이다.

> 지금으로부터 사십년 전 白羊寺는 荒凉한 폐허에 瓦家 一棟과 草屋 一棟만이 남아
> 있었다. 師는 백양사를 중건하고자 甚深한 願力으로 一絲不亂하게 精進하던 중 여
> 러차례 山中會議를 주관한 지 數十餘 星霜을 지나 師의 계획한 중건 불사가 서기
> 1917년 2월에 이르러서야 비로소 서막을 열었다.

---

[8] 이 근거는 『일제시대 불교정책과 현황, 上下』, 조계종총무원, 2001에 적시된 내
용을 정리한 것이다.

이는 물론 山中 諸德의 歸一한 願力과 信徒 諸位의 지극한 誠力이며 또한 社會 有志의 아낌없는 援助가 結集된 것임은 말할 나위가 없거니와 그 가운데는 師의 法力이 크다고 할 수 있겠다. 이는 師의 法力과 願力이 아니었다면 이 모든 緣化의 공을 이룰 수 없었을 것이다. 따라서 중건공사를 개시한 지 만 10년이 되던 서기 1927년에 이르러 제1차의 공사를 마쳤다. 그러나 앞으로 남아 있는 중건 불사를 이루자면 경제력의 결핍으로 난관에 봉착하지 아니할 수 없기에 師는 左記와 같이 관광안내에 중건 불사 희사수입의 계획을 세웠다.[9]

즉 주지에 취임한 다음해부터 10여 년간의 중건 공사를 개시하여 1927년에 1차 공사를 마쳤던 것이다. 이 같은 공사가 가능하였음은 만암의 법력, 원력에 산중 대중과 신도대중의 협조가 더해진 결과이다. 만암은 그 이후 8·15해방까지 주지 소임을 맡으면서 백양사 중창불사를 성사시켰다. 그러면 만암이 주지 소임을 27년간 보면서 백양사 재건불사를 가능케 한 구체적인 사찰공동체의 운영 원리는 무엇이었는가. 바로 그것이 自給自足의 이념과 半農半禪으로 표현된 禪農一致 사상이었다.

師는 自給自足의 理念을 내세워 寺內의 僧侶와 信徒로 하여금 草鞋·竹器의 製造와 養蜂의 講習 등을 奬勵하고 또 半農半禪으로 自耕을 實施하는데 全心血을 傾注하였다.[10]

즉 만암은 自給自足이라는 이념을 내세워 승려와 신도들과 함께 재건불사라는 목표를 향해 나갔다. 그리하여 만암은 사찰공동체의 구성원들이 草鞋·竹器의 제조, 양봉의 강습을 실천케 했다. 나아가서는 半農半禪으로 사찰의 농지를 자경하였다. 이런 모든 활동은 중창불사에 모아지고 있었다. 다시 말하자면 만암은 백양사 공동체 구성원들과 함께 자급자족, 반농반선

---

9 『만암문집』 336~337쪽.
10 위의 책, 344~345쪽.

의 자경으로 자립적인 공동체를 운영하였다. 그리고 여기에서 평등공양, 검소한 생활이 구현되었다. 그래서 만암은 이런 자급자족, 반농반선을 통해 나온 재원을 갖고 재건불사를 가능케 하였다고 볼 수 있다.

> 師가 오랫동안 駐錫해 온 白羊寺는 山內 寺庵과 함께 연중 수입이 양곡 四十石에도 미치지 못함에 師는 寺院을 유지할 財源을 조성하기 위하여 사찰 전답을 승려들이 직접 경작하게 하였다. 이 같이 하여 얻은 수입은 절대로 사사로이 쓰지 못하게 하고 寺中 재산으로 취합하게 한 결과 四十石에 불과하던 백양사 재산이 약 八百餘 石에 達하였다. 이같이 半農半禪 제도를 확립하여 師가 주지로 취임하였던 一九一 四년에는 수칸의 요사채밖에 없던 황폐한 사찰을 새롭게 重修하여 湖南 屈指의 巨刹로 一新하였다.[11]

그래서 만암은 백양사 중창불사를 달성할 수 있었다. 즉 자급자족의 이념, 반농반선의 활동으로 단합된 사찰공동체 구성원들의 합심으로 40석의 수입이 800석으로 비약적인 증가를 가져왔다. 지금까지 살펴본 바와 같이 만암이 백양사 중창불사를 가능케 하였던 역사의 이면에는 자급자족, 반농반선이 분명하게 자리 잡고 있었다. 따라서 이런 만암과 백양사의 역사는 최근까지는 백양사에 연고 있는 승려들의 보편적인 역사였다.

2) 일제하 자료에 나타난 만암의 선농일치

백양사 역사에 투영된 만암의 자급자족과 반농반선이 일제하의 경우에는 어떻게 나타나고 있는가를 살펴보고자 한다. 일제하의 대표적인 불교 잡지인 『佛敎』 79호(1931.1)에는 활발한 불교사가로 활동하고 있었던 안진호의 「白羊과 白羊寺」라는 기고문이 전한다. 이 글은 1920년대 후반 백양사를 현지 방문하여 쓴 글로 이해된다. 1920년대 백양사에 대한 다양한 정보

---

[11] 위의 책, 346쪽.

가 수록되어 있어 근대기 백양사 연구에 귀한 자료이다. 그 글의 내용 중에는 '白羊의 模範'이라는 단락이 있다. 그 내용은 看話로 本位, 齋式의 如法, 齋式에 美風, 生活의 統一 등이다. 이 중에서 재식의 여법과 미풍은 재(제사)를 지냄에 있어서의 법도, 절도, 전통 고수 등을 칭찬하고 높이 평가하는 내용이다. 그런데 필자가 주목하는 것은 '간화로 본위'와 '생활의 통일'이다. 여기에서 먼저 看話 관련 내용을 적시한다.

看話로 本位

當寺는 主客老少를 뭇지 안코 入寺 즉시로 看話 本位이다. 더욱이 冬夏安居에 末寺 住持 全部를 招待하야 一個月間 面壁 家風을 宣揚하니 누가 보던지 靈山威儀가 그대로 옮겨 왔다 할 것이다.[12]

백양사에 거주하는 주객, 노소를 막론한 승려들은 사찰에 들어가기만 하면 간화 본위로 수행하는 전통이 확립되었다는 것이다. 그리고 동안거, 하안거 시에는 백양사의 말사 주지들도 1개월간의 면벽참선을 하는 것이 가풍이 되었다. 이렇듯이 백양사가 간화선풍이 고양되었다는 함은 여타 본사에서는 찾아 볼 수 없는 특별한 사례이다. 이런 간화선풍의 중심에는 당시 주지이었던 만암의 영향을 배제하기는 어렵다. 이제부터는 생활의 통일을 살펴보겠다.

佛制에 僧伽는 乞食主義이다. 世降聖遠함으로 叢林自炊制가 생겼으나 十方檀施의 常主物로써 共同生活을 마련한 까닭에 支那는 아즉까지 個人 營計가 없다 한다. 우리 橲域은 각자 準備임에 斗池擊斂이 없는 寺院의 擊鼓收米할 時는 독갭이 斗量을 演出하지마는 白羊은 圓融制度를 採用하야 在寺人衆은 죄다 寺米로 粮道을 삼고 개인 自營은 그만 두어라 道場 菜田도 雇軍으로 共同饌需를 準備할테니 個人 設力은 아예 말어라 그 대신 活句提撕에 盡力하면 그만이다. 晨朝에는 죽도 쑤어먹고

12 『불교』 79호(1931.1), 86쪽.

正午에는 白飯齋供이며 夕供에는 時期를 딿아 麥栗豆太 等을 和米以食하니 經濟
衛生 等 어느 方面을 보와 아니 조흘 것이 없다. 爭之不足이요 讓之有餘라. 그러타
고 個人 살림살이의 寺院보다 粮米缺乏을 보지 안코 언제든지 盛況을 이루고 있
다.[13]

위의 내용은 백양사 생활을 묘사한 것이다. 그 요체는 백양사는 圓融制度
를 채용하여 생활한다는 것이다. 이런 생활하에서 寺中의 대중은 개인적인
경영을 일체 하지 않는다는 것이다. 그러면서 사찰의 대중승려들은 오직
活句 제접 즉 간화선 수행에만 전념하고 있었다. 그러므로 백양사의 공동경
작, 공동식사를 하는 관행은 경제와 위생의 측면에서도 높은 평가를 받을
수 있다는 것이다. 이렇듯 백양사는 모든 생활 자체를 공동적인 원융제도를
하였다. 이와 같은 1920년대 후반 무렵의 백양사의 원융생활도 만암의 주
관, 의지, 뜻과 무관할 수는 없다.

그러면 여기에서 1926~27년 무렵 만암이 백양사 주지로 근무할 당시의
정황을 전하는 기록을 제시한다. 이 기록은 위의 정황의 직전 내용을 말해
준다. 즉 1920년대 중후반 만암과 백양사의 움직임을 살필 수 있기에 중요
한 자료이다. 『불교』31호(1927.1)에 李能和가 기고한 「朝鮮佛敎의 三時代」
에서 백양사 및 만암에 대하여 다음과 같이 기술한 내용은 필자의 시선을
집요케 한다.

去年 冬間에 余는 全羅南道 長城郡에 在한 禪敎兩宗大本山 白羊寺를 巡禮하야 본
일이 잇다. 當寺의 淸衆은 住持 宋蔓庵和尙의 導率下에 在하야 和合一致되야 公同
心力으로써 一大 伽藍 法堂 寮舍 其他을 一新 建築하야 노코 그 淸規를 직힘에는
朝夕禮佛 · 一堂會食 쑨만 아니라 비록 小沙彌일지라도 法衣를 입지 안코는 朝夕供
養에 參與를 不許하며 工課를 함에는 晝參夜參의 禪風과 四敎 大敎의 淸規를 嚴格
으로 行함을 보고 余는 心中에 實地 所見이 表面所聞과 相異함을 늣것다. 그리고

13 위의 자료, 86~87쪽.

朝鮮 各寺가 이와 가튼 風規를 직히는 줄을 알겟다. 佛敎의 主人인 朝鮮僧侶의 現下 狀態는 上述과 如하니 이것으로 보아서 佛敎 前途의 發展되야가는 것을 確信한 다.[14]

이능화가 1926년 겨울, 백양사를 순례하여 쓴 이 기고문은 현지 실정을 정밀하게 묘사한 탐방기이다. 비록 압축된 내용이지만 여기에는 당시 백양사 사정, 만암의 뜻이 잘 나와 있다. 우선 주목되는 것은 주지인 만암을 중심으로 백양사 대중들이 일치단결되어 있다는 점이다. 그래서 백양사는 화합일치, 공동합심으로 가람불사를 성공리에 단행하였음을 전하고 있다. 나아가서 백양사에는 대중들이 지켜야 할 청규가 엄정하고, 철저하게 지켜 지고 있음도 알 수 있다. 또한 주야로 참선정진을 하는 선풍이 간단치 않고, 강원에서의 수학도 청규에 의하여 운영되고 있음을 전한다.

이와 같은 1926년의 백양사 상황은 주지인 만암을 중심으로 가람불사 재 건,[15] 수행풍토 진작이 여법하게 일어나고 있음을 말해 준다. 이런 상황은 『불교』36호(1927.6)에서 전하는 백양사의 부처님 오신 날의 성황과 유사하 다.

全南 長城郡 白羊寺는 湖南의 名勝일쑨 아니라 現 住持 宋宗憲師의 努力을 싸아서 中興의 大吉運과 大令聞이 喧藉한 곳인데 今年의 聖誕記念은 侍輦, 開式, 加持, 上供, 參拜, 回向 等 式順대로 擧行한 후 午正에 至하야는 一切 觀衆의 中食을 支供하얏는 대 飯米로 五十斗 以上을 消費하얏스며 午後에는 餘興을 開催하야 同寺 勞動獎勵會 의 角觗(씨름)이며 靑年信徒의 거행하는 八相劇이 잇서서 世尊의 一生의 聖蹟과 맛 一代의 敎理를 宏壯히 宣傳하야 遠近 觀衆의게 多大한 印象을 주엇더라(長城)[16]

[14] 『불교』31호(1927.1), 11쪽.

[15] 만암의 가람불사에 말사 및 신도들이 흔현하게 동참함은 「백양사 낙성식」, 『매 일신보』1922년 5월 11일자와 『불교』63호(1929.9), 50~51쪽에 자세히 나온다.

[16] 『불교』36호(1927.6), 34쪽.

즉, 백양사 부처님 오신 날을 성대하게 치룬 것은 만암의 사찰 중흥이라는 기반하에서 나온 것이라 이해된다. 백양사의 넉넉한 재정 여건으로 인해 부처님 오신 날의 행사를 거창하게 치룰 수 있었고, 그리고 행사에 동참한 신도 및 관중에게도 성의 있는 배려를 할 수 있었다고 보인다.

이처럼, 1920년대의 백양사는 만암에 의하여 가람불사 회향, 수행풍토 진작, 승속일체의 결속 등이 자연스럽게 어우러져 있었다. 그러면 이와 같이 백양사를 움직여 나가는, 백양사를 일신한 만암의 사상은 어디에서 찾을 수 있을 것인가? 즉 만암의 지도력과 불교사상은 어떻게 이해를 해야 하는가. 요컨대 만암 불교사상의 본질은 무엇인가이다. 이에 대해서 필자는 본 고찰의 초점인 선농일치 사상을 주목하려고 한다. 이런 필자의 관점을 설명해주는 기록으로 김소하(대은)가 『불교』63호(1929.9)에 기고한「南遊求道禮讚」이 있다.

나는 두 碑文을 어름어름 더듬어 읽어 마친 뒤에 다시 큰절(필자 주, 백양사)에 드러와서 본즉 三代威儀가 盡在此聞이라는 말을 腐儒로 하야금 곰發케 할만치 寺規가 嚴肅하고 僧風이 整然하다. 會僧堂 禪院에는 三十餘名의 禪客이 拄杖跏趺하야 禪三昧에 드러 잇고 香積殿 講院에는 十餘名의 學人이 義學을 캐고 잇다. 그리고 寺內에서는 어떠한 僧侶라도 法衣가 아니고는 出入을 不得케 한지라 事務員까지라도 法衣를 常着하고 잇는 모양이며 宋蔓庵禪師의 主義가 晝經夜禪 或은 晝耕夜禪의 主義라 어떠한 사람을 勿論하고 晝間에는 무슨 일을 하든지 간에 白羊山에 居住한 僧侶로는 朝暮 焚修시에 一時間 或은 二時間式 꼭 入定 坐禪케 한다며 그대로 꼭 實現한다. 그리고 宋禪師께서도 一髮만한 差違도 업시 낫이나 밤이나 禪定에 드러 잇스며 初學으로 하야금 至誠으로 參禪을 권한다고 한다.
그리고 寺內의 어떤 禪德은 宋禪師를 가르켜서 開心道人이라 하며 牧羊道人이라고 한다. 終日 痛哭에 不知何 마누라 喪事며 盡到 長安에 問長安의 格으로 覺皇寺에서 二個年이나 朝夕으로 親侍하며 同卓飯食하든 宋禪師께서 道人이시고 善知識이신 것을 모르다가 白羊山에 와서 새삼스럽게 알게 되엿다.
그리고 宋禪師의 功勳이 白羊山에 有功할 뿐만 아니라 朝鮮佛敎界에 有功한 것을 다시금 깨닷게 되엿다. (중략) 백양사는 僧俗간에 누가 와서 보든지 歡喜心이 날만

한 三寶住持의 大伽藍이며 善知識이 住할만한 大道場이다. 朝鮮寺刹을 다 보지 못한지라 輕輕히 말할 수는 업스나 나의 본 範圍 內에서는 確實히 白羊寺가 全朝鮮의 模範寺刹이라고 推薦하기를 躊躇치 아니 한다.[17]

김소하가 백양사를 탐방하여 기고한 이 글에도 위에서 살펴본 백양사 및 만암의 실상이 여실하게 나온다. 우선 백양사가 寺規가 엄숙하고, 僧風이 정연하다는 것이다. 그리고 만암의 주의를 "晝經夜禪 혹은 晝耕夜禪"으로 표현한 것이 주목된다. 백양사의 모든 대중은 낮에는 맡은 바의 소임이나 경학을 배우드라도 아침과 저녁의 예불시간에는 꼭 1~2시간의 입정 좌선을 해야 한다는 것이다. 이는 만암의 핵심적인 백양사 운영 방침으로 볼 수 있다. 참선, 입정을 함은 주지인 만암도 조금도 예외가 아니었던 것이다. 이 같은 정황에서 필자는 만암의 불교사상의 핵심, 바탕이 참선에 있음을 지적한다. 그런데 만암의 참선은 참선 지상주의, 참선 유일주의가 아니었다. 만암의 참선은 농사, 경학을 하면서 겸행하는 참선이었다. 요컨대 선을 하면서도 다른 일(소임, 경학)을 함께 하는, 일치시키는 것이었다. 요컨대 선농일치였다.

그런데 만암이 언제부터 이와 같은 晝經夜禪, 晝耕夜禪, 半農半禪을 정립하였던 것일까? 달리 말하자면 만암이 어떤 계기로 선을 수용하였고, 백양사 대중들에게 선을 권유하게 되었는가이다. 요컨대 만암선이 백양사 운영의 이념으로까지 실천되었는가는 중요한 측면이다. 만암은 청년시절에는 주로 강학을 이수하고, 40대에는 강원의 강사로 소임을 보았다. 그러나 1916년 이래로 10년간 가람불사에 나서면서는 자급자족, 원융적인 사찰 공동체를 구현하였다. 그런데 만암이 禪으로 경도됨에는 하나의 계기가 있었을 것으로 보인다. 필자는 그를 만암과 인연이 적지 않았던 선승인 백학명에게서 찾고자 한다. 백학명은 백양사의 말사인 불갑사 출신으로 내장사에

---

17 『불교』 63호(1929.9), 49~51쪽.

서 반농반선의 선농일치를 실천하던 선사였다.[18] 즉 백학명은 백양사 공동체 내의 고승, 선지식, 선사이었던 것이다. 그래서 만암은 자연적으로 백학명에게 영향을 받았을 가능성이 농후하다. 실제 그 정황을 전하는 기록이 있다.

> (백학명)禪師가 누구든지 보기만 하면 參禪을 勸하되 그 亦見機而勸이라 한다. 禪師와 莫若間으로 親한 이는 金萬應 宋宗憲 諸師인데 宋禪師가 七年을 두고 白羊寺를 成造할 時는 白禪師가 三四年 間을 同居修禪하엿스되 一次도 禪을 勸한 일이 업다가 成造가 끗난 뒤에 京城으로 오르나리게 되니까 이제부터는 어지간히 해두고 自家事나 닥가 보지 아니 하랴느냐고 하며 간절하게 禪學을 勸하엿스며[19]

즉 백학명은 만암이 백양사 주지가 되어 백양사 가람불사를 단행하던 1914년부터 6~7년간을 만암의 지근거리에 있었다. 즉 백양사 선원에 주석하였고, 1918년에는 운문선원의 조실로 추대되었음을 보면 만암과 함께 머물면서 同居修禪하였음을 알 수 있다.[20] 그러나 만암이 주관한 1차 불사가 완료되고, 만암이 중앙에 불교사업 관련으로 왕래가 잦아지자,[21] 학명은 만

---

18 백학명의 선농불교에 대해서는 다음의 논고들이 참고된다.
   김광식, 「백학명의 불교개혁과 선농불교」, 『불교평론』 25, 2005; 김광식, 「백학명의 선농불교」, 『학명집』, 성보문화재연구원, 2006; 김순석, 「백학명의 선농일치와 근대불교 개혁론」, 『한국선학』 23, 2009; 김호성, 「근대 한국의 선농불교에 대한 재조명 - 학명과 용성을 중심으로」, 『불교학보』 55, 2010; 김호성, 「학명의 선농불교에 보이는 결사적 성격」, 『한국선학』 27, 2010.

19 김소하, 「南遊求道禮讚(續)」, 『불교』 64호(1929.10), 50쪽.

20 「연보」, 『학명집』, 181~182쪽. 유금해, 「내장사고백학명선사 영골 급 사리통첩」, 『불교』 62호(1929.8), 50쪽에는 학명이 내소사 주지, 월명암 주지를 거쳐서 白羊禪院으로 移錫하였다고 서술했다. 그런데 여기에 나오는 백양선원이 백양사 내의 고불선원인지, 운문암의 운문선원인지는 명확하지 않다.

21 그 시점은 1919~1920년으로 보인다. 만암은 1919년에 30본사연합사무소 常置員으로 활동하였다. 상치원은 이사 격으로 본사연합사무소 운영위원의 성격의 소임이다. 「상치원 급 감사원의 개선」, 『조선불교총보』 14호, 54쪽.

암에게 간절하게 禪學을 권하였다는 것이다. 만암은 백학명에 대해서는 같은 본산에서 수행을 하였기에 학명의 선사상, 선농일치에 대해서는 익히 파악을 하였을 것이다. 더욱이 자신의 가람불사를 지근거리에서 외호하던 당사자의 사상을 모를 리가 없다. 그런데 만암은 가람불사의 1단계가 회향되자 학명이 자신에게 간곡하게 권한 참선에 대해서 깊이, 진정성으로 수용하였을 것이다. 그런 수용의 결과가 위에서 살펴본 1920년대 백양사의 가풍, 승풍, 만암의 선농일치로 나타났던 것으로 필자는 보고자 한다. 학명이 반농반선을 내장사에서 구현하였다면, 만암은 백양사에서 반농반선을 실천하였다. 이로써 필자는 1920년대 백양사의 가풍, 승풍, 혁신을 반농반선으로 나타난 선농일치 사상으로 말하고자 한다. 지금까지는 백학명의 개인적인 차원으로만 선농일치를 바라보았지만 이제부터는 백양사 본사 차원, 백양사 공동체 차원으로 이해를 해야 할 것이다.[22]

그런데 백학명은 1929년 5월 6일에 입적하였다.[23] 만암은 학명이 입적하자 영결식의 중간 路祭에서 애도문을 낭독하였고,[24] 1929년 11월 18일 백양사에서 거행된 추도식에서[25] 추도시를 낭독한 점으로 미루어 볼 때에 만암의 학명에 대한 소회는 남다른 것이었다. 이는 곧 만암이 학명에게서 영향받은 것이 적지 않았음을 말한다. 이로써 학명이 구현하였던 선농일치 혁신 및 사업까지도 이제는 만암이 떠안고 실천해야만 되었다. 그래서 필자는 만암이 학명의 선농일치 사상까지 포함하여 해방되던 그날까지 백양사에서는 선농일치 사상이 구현된 것으로 본다.

---

[22] 추후에는 만암과 학명의 선농불교, 선농일치 사상에 대한 비교 분석에 대한 연구가 요망된다.

[23] 「학명선사의 사려」, 『불교』 61호(1929.7), 84쪽.

[24] 유금해, 「내장사고백학명선사 영골 급 사리통첩」, 『불교』 62호(1929.8), 52쪽.

[25] 이 추도식은 백학명과 환응 대선사를 함께 기리는 행사였다. 「故幻應鶴鳴兩大禪伯 追悼式 奉行」, 『불교』 67호(1930.1), 73쪽 참조.

3) 고불총림에서의 선농일치

만암은 1947년 백양사를 근거로 하면서도 전라도 일대의 사찰에서 고불 총림을 운영하였다. 이는 만암이 의도한 자생적인 불교정화였다. 만암이 단행한 고불총림은 그가 일제하의 불교, 백양사에서 시행하였던 수행, 선농 일치 사상이 계승된 것이었다. 때문에 고불총림의 청규에는 선농일치적인 내용이 전한다. 그 단적인 예증은 대중(법중)의 자격, 대중의 일상생활의 원칙을 정한 근간에서 찾을 수 있다. 먼저 대중의 자격에 대해서 살펴본다.

法衆의 자격은 宗旨를 崇奉하며 淸規를 嚴守함에 僧尼 道俗을 물론하고 均一 정도 와 部衆을 隨하여 戒定慧 三學을 수련하며 濟世儀範을 作함에 遜色이 無케 함[26]

대중은 청규를 준수하는 것을 원칙으로 정하였다. 그런데 그 실천에 있어 서는 승니 도속을 물론 한다고 하였다. 여기에서 나온 청규는 사찰, 고불총 림 운영의 철칙이라 하겠다. 이 청규에 선농일치 내용이 나오는데, "법중의 日用은 均一함을 期圖하는 바 직원 일동과 定慧 兩衆이 左와 如히 實行함"이 라고 제시되었다. 그 法衆별 시간 운용의 원칙을 보면 다음과 같다.[27]

時間 法衆別	오전 4~7시	오전 9~12시	오후 2~3시	오후 4시	오후 5시	오후 7~10시
職員級	禮敬修禪	執務	執務	讀經	勞動	禮敬 講演
定學部	同	修禪	修禪	同	同	同
慧學部	同	看經	看經	同	同	同

위의 내용은 만암이 일제하의 백양사에서 행하였다는 "晝經夜禪 혹은 晝 耕夜禪"으로 표현한 청규와 거의 같다. 여기에서 직원은 종무소 직원을, 정

---

26 『만암문집』, 186~190쪽.
27 위와 같음.

학부는 선방 대중을, 혜학부는 강원 대중을 지칭하는 것으로 보인다. 요컨대 고불총림 청규에 의하면 해방공간 당시 백양사 대중은 선농일치로 생활하는 것을 원칙으로 정했다. 그런데 이 청규에는 수행(참선, 간경 등)의 여가에 노동하는 것을 당연하게 여기었다. 단순히 노동함에 머무르지 않고, 자급자족 및 사찰 수호의 의미까지도 담겨 있었다.

> 淨眼貯蓄은 僧侶의 正命生活이오니 淸淨乞食에 在하며 松落草衣와 菜根木果가 糊口遮身의 資가 아님은 아니나 如今에 風俗習慣이 도저히 此로 劃一의 制를 作기 難한지라 가급적 修養의 餘에 勞動의 所得으로 自力生活하며 隨分貯蓄하여 世財 法財가 兩足함을 期圖하는 義務가 有함

> 常主物의 管理는 此가 正法流通에 特殊한 資料가 됨으로 特別한 注意를 加하여 用途에 省略을 주로 하고 任司에 公直함을 택하여 徹底的 監督의 責任을 盡力하여 遺漏의 過失을 防止하고 所謂 上司로서는 直接 取扱을 避함[28]

위의 청규에 나오는 근간은 수행과 노동을 동일하게 인식하고, 노동의 소득으로 자력 생활하는 것이다. 나아가서는 선농일치에 의한 생산물(상주물)을 저축하고, 공적인 분야에 활용함을 원칙으로 정하였다. 요컨대 해방공간에서도 선농일치는 백양사, 고불총림의 근간이었다. 만암의 이 같은 해방공간에서의 선농일치 사상은 불교정화운동기 및 입적 직전까지의 기간에도 지속되었다. 그 편린을 제시한다. 1953년 가을, 조계종단의 종정으로 종단 간부들에게 제시한 문건, 「새로운 면목」에 다음과 같이 나온다.

> 옛날 우리 敎壇 생활은 안으로는 常主貤産의 集聚한 遺澤과 밖으로는 檀信 諸家의 臨時援助로 精神上의 活動에 不斷의 노력이 있었으나 육체적 노력은 혹 부족하다는 비난도 있었다. 今後로는 이 自耕農으로 因하여 半農半禪의 生活과 晝耕夜讀의

---

[28] 위와 같음.

古風을 遵守하여 自作自給의 美風을 발휘하고 또 옛 禪師의 「一日不作이면 一日不食」의 家風을 實踐하게 되는지라, 이도 우리 敎壇의 근로생활을 勸發하는 趣旨에 새로운 面目이라 이르겠다.[29]

즉 만암은 교단 구성원인 승려들에게 半農半禪의 생활과 晝耕夜讀의 미풍을 준수하여 自給自足을 실천해야 한다고 강조했다. 이는 一日不作이면 一日不食하였던 옛 선사들의 가풍을 실천하는 것임을 지적하였다. 즉 만암은 승려의 근로생활을 당연한 것으로 여기었다.

만암은 이런 기조를 불교정화운동으로 인하여 종단이 내우외환에 처한 위기의 상황을 타개하는 방편을 밝힌 소회에서도 개진하였다.

示衆(목포 교당에서)

今番에 比丘衆의 突起가 偶然한 事가 아님을 徹底히 覺悟하고, 그에 對한 方策을 講究함에 있어 本人의 意見으로는 寺刹의 淨化는 勿論이거니와 우리 僧侶가 自肅의 精神으로 半農半禪主義를 實踐하여, 世論에 寄生虫의 非難을 退治하는 同時에 吾敎 新生의 路線을 定함에 在하다.[30]

즉 정화로 인해 일어난 종단의 운영의 타개책으로 半農半禪의 실천을 강조했다. 그러나 만암의 이런 진지한 제언은 수용될 여건이 없었다. 그래서 만암은 고뇌하였다. 만암은 반농반선의 실천을 통한 내적인 정화, 종단 안정에 나설 것을 촉구하였다.

---

[29] 위의 책, 218쪽.

[30] 1967년의 『만암문집』, 115쪽. 만암은 이 글에 덧붙여 발표한 僧規에서 만암은 "韓國佛敎는 원래 大乘의 見地에 基因하여 자기의 修養에만 限함이 아닌지라, 半農半禪主義(修養 努力)을 一般的으로 普及케 하여 民族의 示範이 作할 事"라고 제시했다. 필자는 이 자료를 『만암문집』(불기 2541년)에 수록된 자료를 이용하지 않았는데, 이는 상당한 곳에서 문장을 수정하여 만암 글의 본래의 원형을 훼손하였기 때문이다.

自懷

餘年이 八十이라 무슨 計劃이 有할 것인가. 다만 空門에 入하여 外邊事에 馳走타가 晚年에사 宿志를 達成하려 하나, 神昏心暗에 純一之工을 難期하니 可謂 世事纏知白髮新이라 詩句가 記得되는데 다 然中 雪上에 加霜格으로 宗團의 分爭이 起하여 收拾기 難境에 處하여 爲先 各己 自肅自責하는 精神으로 宗團의 半農半禪主義를 喚起하여, 此를 實踐的 實行함을 獎勵함에는 各己 自己邊이나 公衆이나 每日 日記를 日課로 定하여 銘心不忘의 課程을 作하는 것이 곧 半農半禪의 目的을 達成함으로 自定하는 바로다.[31]

만암은 이렇듯 반농반선의 실행을 호소하였다. 종단 구성원들은 자숙자책하는 정신으로 半農半禪主義를 환기할 것을 강조하였다. 이것이 불교와 종단을 구하는 것임을 힘주어 개진하였다. 일과를 정하여 실천하고, 명심불망의 각오로 나아가야만 半農半禪의 목적을 달성할 수 있다고 호소하였다. 그러나 필자가 보건대 1950년대 불교의 상황은 만암의 선농일치 사상을 받아들일 여건 자체가 부재하였다. 아니, 받아들인 정신적인 체질이 없었다. 그래서 불교정화, 종단 안정은 기대할 수 없었다. 이로부터 한국불교에는 선농일치가 사라졌다고 봐도 과언이 아닐 것이다. 여기에서 만암사상의 토착화는 불가하였다.

3. 만암의 선농일치에 나타난 성격

만암의 선농일치에 나타난 성격을 전술한 바 있는 여러 내용을 유의하여 제시하겠다. 그러나 이런 제시는 가설의 성격을 갖는 것이기에 추후 다각적인 측면에 보완되어야 함은 물론이다. 만암의 생애, 만암의 불교사상 등을 조망한 연후에 선농일치 사상도 천착되

---

[31] 위의 책, 116쪽.

어야 한다는 것이다.

첫째, 만암의 선농일치는 만암이 백양사 중창, 가람불사를 추진하는 과정에서 자생적으로 나온 것이다, 요컨대 사찰재건 불사를 추진하면서 배태된 것이다. 그래서 만암의 선농일치는 여타 선사들의 경우와는 차별성이 적지 않다. 여타 선사, 여타 선농일치는 선원 개신책, 선원에서의 제한성이 있는 경우가 대부분이다. 그렇지만 만암의 선농일치는 본사 사찰이라는 백양사에서 구현되었으며 원융적인 제도로까지 승화되었다. 이런 성격을 갖고 있었기에 사찰 운영, 가람불사의 이념이 되었다. 즉 자급자족의 이념의 근원이었던 것이다.

둘째, 만암의 선농일치는 수행적인 성격이 나타난다. 즉 만암의 선농일치는 참선과 농사를 단순히 병렬적으로 행하는, 수행을 하면서 농사를 부수적으로 하는 운력 차원에서만 실행한 것이 아니었다. 백양사에 거주하는 모든 승려들은 경학을 하든, 참선을 하든, 종무소 직원들이 소임을 보든간에 모든 대중은 수행을 하면서 농사(근로)를 하는 것을 의무적으로, 전심전력으로 이행케 하였다. 때문에 만암의 선농일치는 수행적인 성격이 강하게 나타났다. 농사를 짓는 것에 마땅히 참여하면서도 모든 대중은 참선수행도 철저하게 했다. 여기에서 선농일치가 수행 차원에서 고착화되었다.

셋째, 만암의 선농일치는 대중적인 성격을 갖는다. 만암의 선농일치는 만암 자신의 일개인의 사상, 제창, 이론에만 그치지 않았다. 백양사라는 본사 사찰 구성원과 백양사 말사 승려들에도 파급된 이념이었다. 말사주지들도 의무적으로 참선에 동참해야 했고, 백양사를 찾는 객승들도 자연스럽게 백양사의 청규로 나타난 선농일치에 동참하는 것이 불문율이 되었던 것이다.

넷째, 만암의 선농일치는 백양사의 전통으로 토착화되었다. 이는 만암의 선농일치 사상이 1910~1950년 백양사를 움직여 나가는 준칙, 청규, 관행이 되었음을 말한다. 그리하여 이런 성격은 1970~1990년대 백양사 대중, 문도들이 공인하는 백양사 역사와 문화로 인식되었던 것이다.

다섯째, 만암의 선농일치는 불교정화의 성격도 갖는다. 만암은 1954년 본격적인 불교정화운동이 발발하기 이전, 백양사 및 전라도 지역의 사찰에서 자생적인 불교정화로서의 고불총림을 출범시켰다. 그런데 고불총림의 내용에도 선농일치가 들어가 있었고, 불교정화운동으로 종단이 파탄, 피폐된 그 상황을 극복하는 대안에도 반농반선주의가 포함되었던 것이다. 즉 불교정화의 일환, 대안의 성격도 나온다.

여섯째, 만암의 선농일치에는 백학명의 선농일치 사상의 영향, 교섭이 있었다. 백학명은 만암 문중(연담)과 연고가 깊은 白坡계열의 선승으로서 내장사를 근거로 선농불교를 실천하였다. 학명이 월명선원의 조실로 추대된 것도 만암의 권유에 의해서 나온 것이라는 정황을 볼 때에 만암과 학명은 친근한 사이였다.[32] 때문에 만암의 선농일치는 백양사 차원을 넘어선 것이었다. 백양사 본말사 차원, 전라도 차원의 성격도 있었다.

지금까지 만암의 선농일치에 나타난 성격을 살펴보았다. 추후에 다각적인 관점, 만암 불교사상의 관점에서 치밀한 탐구가 요청된다. 다만 여기에서는 시론적인 입장에서 필자의 입장을 개진하였다.

4. 결어

본 고찰의 맺는말은 지금까지 서술한 제반 내용의 핵심을 고려하면서도 추후 만암 연구, 만암의 선농일치 사상 연구에 참고할 점을 제시하는 것으로 대하고자 한다. 이런 점을 나열함은 본 고찰에서 필자가 해결할 수 없는 점을 개진함으로써 필자의 후속연구의 충실화, 후학들의 연구 동참 시에 도움이 되기를 기대하는 마음에서 온 것이다.

---

[32] 선운사, 『석전 정호스님 행장과 자료집』, 2009, 226쪽.

첫째, 만암의 선농일치 사상 연구에 도움이 되는 다양한 자료(문헌, 증언 등) 수집을 해야 한다. 필자가 활용한 자료는 일제시대의 만암 자료, 해방 이후 만암문도와 백양사에서 발간한 자료를 기본적으로 활용하였다. 그러다 보니, 만암의 불교사상, 선농일치 사상에 대한 객관성이라는 측면에서 한계가 노정된다. 즉 다양한 자료에 근거한 재탐구가 요청된다. 특히 문도[33] 뿐만 아니라 지역주민, 다른 문도들의 증언을 폭 넓게 채록해야 할 것이다.

둘째, 만암의 선농일치 사상이 계승이 되지 않은 연유를 찾아내야 한다. 특히 백양사, 만암문도들이 만암의 선농일치 사상을 실천적인 차원에서 계승하지 않은 것에 주목해야 할 것이다. 어떤 연유로 만암의 선농일치가 백양사라는 공간에서 실천되지 않았는가? 이에 대한 적절한 설명이 요청된다.

셋째, 만암의 역사, 만암의 선농일치 사상이 종단사, 근현대 불교사 등에서 그간 소홀, 배척받은 연유는 무엇일까에 대한 정리가 요청된다. 만암의 고투, 선농일치가 조계종단사에 왜 반영되지 않았는가. 그리고 연구자들은 만암의 선농일치를 주목하지 않았는가. 이에 대해서는 많은 가정이 필요하겠지만, 보편적인 설명이 필요하다.

넷째, 만암의 선농일치를 여타 선사들의 실례와 비교, 분석하는 작업이 요청된다. 즉 백학명과 백용성의 선농불교와의 비교는 가장 필요하다. 그리고 나아가서는 중국 선불교에서의 선농불교와의 비교도 흥미로운 작업이다.

다섯째, 만암의 선농일치 사상은 21세기 현대의 불교에서는 어떤 의미로 바라볼 수 있는지에 대한 검토도 요청된다. 백양사와 만암문도들은 만암의 행적에 나타나고 있는 선농일치를 단순히 역사로만 이해해야 하는가, 아니면 그를 지금 불교의 모순 해소에 활용할 수 있는가이다.

여섯째, 만암의 선농일치에 대한 연구는 불교학, 종교학, 역사학, 사회학

---

[33] 김지견, 「잊을 수 없는 스님, 송만암스님」, 『대한불교』 1979.2.4.

등 다양한 분야에서 접근, 해설이 필요하다. 그럴 때에 만암이 갖고 있는 다양성, 실체성이 분명하게 드러날 것이다.

　지금까지 필자가 생각하고 있는 만암의 선농일치 사상에 있어서 후속 연구의 내용을 제시하여 보았다. 이런 점이 만암 연구 및 근현대 불교 연구에 도움이 되기를 기대한다.

:

청담의
불교 근대화와
교육문제

1. 서언

　　　　청담은 한국 근·현대 불교의 개혁, 불교정화 운동사에서 간
과할 수 없는 대상이다. 이는 청담이 갖고 있는 특성을 말하는 것이다. 청담
의 특성을 이해할 경우에 청담은 왜, 어떤 연고로 승려로서의 일생 동안
불교개혁, 불교정화를 주장하고 실천에 옮겼는가? 한발 더 나아가서 청담의
불교개혁, 불교정화에 어떠한 의미를 부여할 것인가. 이러한 질문에 대하여
우리는 그에 적절한 응답을 해주어야 할 것이다. 이런 질문에 대하여 그동
안은 불교정화운동이라는 관점에서 설명을 해 왔다.[1] 그런데 필자는 여기
에서 청담의 행적과 고뇌를 불교정화운동의 관점 이외에는 설명할 여지가
없는가를 고민하였다. 달리 말하자면 청담은 분명코 불교정화운동을 추동
하고, 헌신하였음은 상식화된 견해이지만 청담의 이력과 고민은 보다 더
큰 개념으로 설명할 수 있지 않을까 하는 것을 고려할 수 있다.

　필자가 고려하는 보다 큰 개념은 불교 근대화이다. 불교 근대화에 대한

---

[1] 졸고, 「이청담과 불교정화운동」, 『한국 현대불교사 연구』, 불교시대사, 2006.

개념은 아직까지 보편화된 차원으로 개념의 정리가 되어 있지는 않다. 이는 근대화, 근대성의 개념이 다의적이고, 중층적이며, 정치·경제·사회·문화 등 각 분야에서 고려하는 개념도 개별적이기 때문이다. 그런데 이러한 근대화, 근대성의 개념을 불교에 적용할 경우에는 더욱 난해한 문제에 직면하게 된다. 때문에 불교의 근대화 혹은 불교의 근대성에 대해서는 추후 심층적, 종합적인 연구의 필요성이 제기된다. 그러나 적어도 불교 근대화는 근대라는 공간에서 불교가 주역, 중심으로 활동하려는 고뇌, 의식, 노력으로는 볼 수 있다.[2] 그렇지만 이러한 불교 근대화가 포괄하고 있는 양상, 의식, 성격은 워낙 다면적이기에 그 전체를 여기에서 정리, 분석하기는 지난한 작업이며 불가능 하다.

이러한 배경하에서 본고에서는 청담의 불교 근대화와 유관한 내용, 특히 교육과 관계된 내용을 요약, 제시하고 그에 나타난 성격을 추출하려고 한다. 즉 청담의 불교 개혁, 불교정화는 곧 불교 근대화를 기하기 위한 방책, 고투라는 것이다.

한편, 청담은 불교의 개혁 및 정화를 주장할 때에 막연히 한 것이 아니었다. 즉 그는 개혁 및 정화를 주장하면서 그 대안을 늘 강구하였다. 불교의 개혁과 정화는 당대의 불교가 본래의 불교, 부처의 가르침, 정통 및 전통과는 상당히 다른 길을 가고 있다고 여기고 그를 비판한 것에서 나왔다. 이렇게 청담은 출가 직후부터 입적하는 그날까지 기존불교에 안주하지 않고 불교정화, 개혁을 줄기차게 강조하였다. 그런데 그는 불교정화, 개혁을 주장하면서도 동시에 대안을 내놓고 실행하고자 하였다. 그런데 그 대안의 중심에 있었던 것이 바로 교육문제였다. 교육문제에 관심을 둔다는 것은 현실에 만족치 않고, 현실을 개혁하고, 미래에는 새로운 가치관이 반영될 수 있도록 하는 미래지향 고뇌의 산물이다. 교육에 철저하다는 것은 그만큼 기존

2 이런 기준에 의거하면 불교 현대화는 현대라는 공간에서의 노력, 의식, 활동이다.

현실에 대한 비판이 강렬함을 말한다.

필자는 본 고찰에서 우선 청담의 불교 근대화론을 점검하고, 이후에는 입산, 출가부터 연대기적으로 그가 주장한 교육의 내용을 총 정리하겠다. 이런 분석을 통하여 청담의 불교 근대화론과 교육문제와의 상관성 그리고 청담의 교육관 및 그 성격을 추출하고자 한다. 이를 통하여 청담 연구의 심화, 불교 근대화 연구의 촉진에 자극을 주고자 한다.

2. 청담의 불교 근대화론

청담의 불교 근대화에 관련된 교육문제를 설명하기 이전에 청담이 불교 근대화에 관하여 언급한 단면을 우선 살펴보자. 이에 대해서는 1960년대에 간간히 언급, 기술한 것에서 그 편린을 엿볼 수 있다.[3] 1960년대 청담은 불교정화운동을 일단락 하였으며, 조계종단의 종정 및 장로원장 등을 역임하였던 노년의 시기였다. 때문에 이 시절의 그의 입론은 그가 불교개혁, 정화라는 지난한 역정을 거친 이후이었기에 청담의 사상이 투영되었다고 보인다. 필자가 우선적으로 제시하는 아래의 자료는 1969년 11월 『여성동아』에 청담이 기고한 「나의 불교 현대화 방안」의 일부이다. 청담이 이 글을 기고할 때에는 다음과 같이 청담이 인생의 다양한 행적을 마친 이후이다. 우선, 1954년부터 본격화 한 불교정화운동이 1962년 4월의 이른바 비구, 대처가 합류한 통합종단을 등장케 하여 정화운동의 긍정, 부정을 모두 확인하였고, 조계종단 종정(1966~1967)으로서 종단의 총체적 실상을 여실히 보았으며, 조계종 유신 재건안을 제출(1969.7.5)하였지만 종단에서 미수용이라는 의외의 결과를 지켜보았고, 나아가서는 조계종단

---

[3] 청담은 30대부터 불교 근대화를 위해 정진하였다고 회고하였다. 이로써 청담이 그의 일생을 얼마나 불교 근대화를 위해 헌신하였는가를 상징적으로 보여준다. 李青潭, 「나의 삼십대, 佛敎近代化 위해 精進」, 『신동아』 1969년 5월호 참조.

탈퇴라는 방법을 강행(1969.8.12)하면서까지 그의 불교정화 의지를 구현하였던 직후였다. 때문에 이 글은 청담의 고뇌, 염원, 뜻이 집약되어 있다. 이 글의 말미에는 청담이 힘주어 강조한 불교 현대화의 의미가 극명하게 나오고 있다.

> 결국 불교 현대화란 불교 본래의 비본질적 요소를 퇴치하여 현현 묘묘한 부처님의 정법을 이 지상에 바로 펴서 대중과 더불어 울고 웃는 인류구제의 불교 본연의 자세로 되돌아가는 것이다. 이 점이 오늘 우리 불교인에게 주어진 시대적 사명인 동시에 역사적 지상 명령이다.[4]

청담의 불교 현대화란, 청담이 살아 있던 그 당대(현대)에 불교의 정법을 구현하려는 총체적 고뇌이자 지향이다. 그런데 불교 현대화를 저해하는 비본질적 요소가 있기에 불가불 그를 퇴치, 제거해야 한다는 것이 청담의 입론이다. 청담이 표현한 불교 현대화는 불교 근대화의 다름이 아니다. 청담은 자신의 그 입론을 불교 근대화라고 하였다. 예컨대 그가 종단 유신재건안을 내놓고, 그것이 수용되지 않아 종단을 탈퇴할 수밖에 없음을 설명하는 글에서는 종단을 떠나 '불교 근대화' 정화불사의 기치를 들지 않을 수 없었다고 하였다.

> 여러 가지 고민 끝에 1969년 7월 5일 大韓佛敎曹溪宗 中央宗會에 마지막으로 근대화를 위한 維新再建案을 내놓았다. 최후로 淨化理念을 실천할 기회를 다시 한번 얻어 보자는 생각에서 였다. 和同이란 명목아래 宗會議員 자격을 얻은 帶妻僧들과 야합한 현 佛敎總務院 무능 比丘僧들은 나의 維新再建案을 여지없이 묵살시키고 현 大韓佛敎曹溪宗 내에서는 그토록 애타게 염원하던 佛敎근대화 작업이 불가능함을 느끼고 지난 8월 12일 탈퇴를 감행하였다. 그리하여 모든 사태를 내 스스로의 잘못으로 깨닫고 뼈저린 참회의 마음으로 宗團을 떠나 佛敎 근대화 淨化佛事의

---

4 『여성동아』, 1969년 11월호, 150쪽.

기치를 또 다시 들게 됨은 불행한 일이 아닐 수 없다.[5]

여기에서 말하는 불교 근대화는 위에서 살핀 불교 현대화와 동일한 내용임을 알 수 있다. 그러므로 필자는 청담이 말하였던 불교 근대화나 불교 현대화는 같은 개념으로 보고자 한다.[6]

이렇게 청담은 불교 근대화를 강력하게 주장하고, 그를 실행에 옮겼던 것이다. 그런데 불교 근대화를 추진하려고 함에 교단 내에 비본질적 요소를 퇴치해야 한다고 청담은 여기었거니와 1969년 그 때에는 그를 무사안일주의, 문중파벌주의, 화동의 미명아래 고개를 쳐드는 대처승, 현대사회에 대한 무관심이라고 지적하였다. 그러나 일제하의 식민지 불교체제하에서는 대처승의 교권 장악이라고 하였다. 이러한 비본질적 요소의 제거 작업이 바로 불교정화운동이라고 청담은 보았다.

> 돌아 보건대 八 · 一五광복과 더불어 우리 겨레에게는 조국재건과 민족중흥의 대 과업이 지워졌다. 그리고, 우리 불교도에게는 천六백년 역사의 전통과 민족의 얼 이 깃들어 있는 불교를 정화현대화(淨化現代化)함으로써 상실되어 가는 자아인간 (自我人間)을 되찾고 무너진 국민도의를 재건하여 혼탁한 사회를 정화하여 구국제 세(救國濟世)의 역사적 과업이 지워졌다. 이것은 곧 우리 불도의 불교정화운동이 었다.[7]

불교를 정화하고, 불교를 현대화 하려는 것이 불교정화운동이었다는 것이다. 그런데 청담은 1945년 해방되기 이전인 1920년대 후반인 1927년부터 불교정화의 싹을 키우기 시작하여 1928년 3월에는 전국 강원의 학인 대표들

---

[5] 「나의 편력, 宪 -종단과 결별」, 『매일경제신문』 1969.9.3.

[6] 청담은 이 글에서, 자신이 종정에 추대되어 행하려던 것도 불교 근대화라고 하였다.

[7] 위의 『여성동아』, 146쪽.

을 결집하는 학인대회를 출범시켰다. 요컨대 1920년대 후반부터 청담은 불교정화의 일선에 서 있었던 것이다. 이에 대해서는 청담의 회고를 직접 들어 보는 것이 좋을 것이다.

원래 한국불교의 정화문제는 멀리 1920년대로 소급한다. 일제가 이 땅을 침략한 이래 불교를 말살시켜 민족정신을 아주 빼앗기 위한 수단으로 대처승제도라고 하는 불교의 비본질적 요소가 생겨나게 되었다. 뿐만 아니라 이 대처승 숫자가 점차로 증가됨에 따라 교단내 또 하나의 문제가 발생하였다. 그것은 곧 대처승의 교권 장악에 따르는 순수비구들의 열세내지는 감소라는 현상이었다. 「악화가 양화를 구축한다」는 「그레샴」의 법칙이 한국불교 교단에도 그대로 적용된 셈이다.
사태가 이와 같이 되자 한국불교의 전통적 교리를 부지하려던 청정납자(淸淨衲子) 들은 드디어 움직이기 시작하였다. 이 움직임이 가장 뚜렷한 형태로 나타나기 시작한 것은 지금으로부터 16년 전, 1954년 8월 24일 서울 안국동 선학원(禪學院)에서 제1차 「전국비구승대표자대회」를 개최하여 교단정화 방침 결정을 함으로써 비롯된다. 나는 이때부터 정화의 선봉장이 되어 순교(殉敎)를 각오하고 16년 동안 종단의 비본질적 제요소(帶妻僧)와 싸워왔다. 그 결과 현 대한불교 조계종단이 이룩되고 종권과 중요한 문화재와 전통적인 비구승단은 어느 정도 복원되었다. 그러나 그동안 망신창이가 된 교단 자체는 가진 병마에 신음 갱생의 길은 날이 갈수록 어둡기만 할뿐 오히려 정화이념에 역행하는 경향마저 보이고 무사안일주의, 문중 파벌주의, 현대사회에 대한 무관심 이 모든 풍조가 현 대한불교조계종을 운영하는 총무원에 휩쓸고 있음을 보고 개탄하지 않을 수 없었다. 이에 파멸직전에 있는 한국불교를 살리기 위해서는 첫째 승려교육의 현대화, 둘째 불경번역의 현대화, 셋째 포교(布敎)의 현대화를 성취함으로써 교단의 비본질적 제요소(대처제도, 문중파벌주의, 승려자질의 저하, 승려의 재산축적, 현대사회에 대한 유리감 등)의 제거가 시급히 요구되었다.[8]

청담은 불교정화를 위와 같은 관점에서 이해하고, 그 자신이 1954년부터 16년간이나 불교정화의 최일선에 서 있었던 연유를 강조하였다. 다시 말하

---

8 위의 「나의 불교 현대화 방안」, 147쪽.

자면 청담은 불교 근대화를 이루기 위한 불교정화운동을 학인대회를 주도한 1927년부터 「나의 불교 현대화 방안」을 기고하였던 1969년까지 일관되게 추진하였다. 그런데 위의 글 말미의 표현인 한국불교를 살리기 위해서는 승려교육의 현대화, 불경 번역의 현대화, 포교의 현대화를 성취함으로써 교단의 비본질적 요소를 제거할 수 있다는 단서가 주목된다. 요컨대 청담은 불교 현대화(근대화)＝불교정화운동＝승려교육의 현대화(현대화 방안)라고 인식하였던 것이다.

청담은 자신이 강구하였던 종단 개신안을 근대화라고 표현하였음은 그가 종정에 재임하였던 1967년 대담에서도 나온다. 『동아일보』 논설위원인 권오기와의 대담에서 다음과 같이 발언했다.

— 몹시 어려운 가운데에서의 宗正이신데 한국불교의 과제를 우선 무엇으로 꼽고 계시는지요.
— 한마디로 近代化입니다. 組織化입니다. 지금 불교도를 그저 5백만이라 합니다만, 병이 나면 절을 찾는 우리나라 사람이고 보면 3천 만이 모두 불교도라 해도 좋습니다. 그런데 그것이 전혀 조직이 안 되어 있기 때문에 불교는 아무 기여도 못하는 것이고 재정도 말이 아닙니다. 5백 만 신도가 한 달에 1원씩만 내어도 5백만 원이 되는데, 우리는 그냥 가난하기만 하니 어떻게 된 것입니까.

그러면서 임기 5년의 종정으로서 해야 하겠다는, 유행되는 표현으로 하면 「佛教 近代化 5個年 計劃」 같은 것을 펼쳐 보인다.[9]

자신이 강구한 과제를 「불교 근대화 5개년 계획」으로 성안하였음을 알 수 있다. 여기에서도 불교 근대화가 나오고 있는데, 그는 위에서 살핀 불교정화운동의 지속을 위한 방안임을 쉽게 파악할 수 있다.

바로 여기에서 본 고찰의 서술의 초점이 분명하게 자리 잡게 되었다. 청

---

[9] 『신동아』 1967년 2월호, 227~228쪽.

담의 불교 근대화론의 투영이 불교정화 사상이라는 것을 알게 되었다. 그리고 근대화의 내용에 교육의 문제가 깊숙이, 중요하게 자리 잡고 있음도 분명하다. 이제부터 청담의 불교 근대화, 정화운동에서의 교육문제의 단서를 살펴보자.

3. 청담의 교육문제에 대한 연대기적 사례

1) 조선불교 학인대회: 강원

청담은 1926년 5월 17일, 경남 고성군 옥천사에서 출가 득도하였다. 1926년 청담은 박한영이 강백으로 있었던 서울 개운사 강원에 입학하였다. 개운사 강원에 재학 중이던 이청담은 그 강원의 개강 1주년 기념식을 기해 조선불교학인대회의 개최를 주도하였다. 이 학인대회는 1927년 가을, 겨울의 준비를 거쳐 1928년 3월 14~17일 각황사에서 개최되었다.[10] 대회는 학인들이 '조선'을 구제하려는 자부심을 갖고 당시 불교계를 강렬하게 비판하면서, 불교계의 진로에 대안을 제시하기 위한 목적에서 개최되었다. 이에 당시 불교계를 自滅해 가는 현상, 背敎逆法으로 진단하였다. 그러나 학인들은 불교인들의 '一心'에서 해결할 수 있다고 보았다. 이러한 전제에서 학인대회는 전국의 강원 학인대표 40여 명이 참가한 가운데 개최되어 학인의 기본방향, 수학문제, 일상생활, 학인 조직 등을 토의하였다. 그 결과 전국 강원학인의 조직체인 학인연맹이 발족되었으며, 강원 교육체계의 개선 방안을 수립하였다. 그 후 학인들은 교단에 그 개선방안을 수용시키기 위한 노력을 지속적으로 전개하였다.[11]

---

[10] 학인대회의 개요 및 성격은 졸고, 「조선불교학인대회 연구」, 『한국근대불교의 현실인식』(민족사, 1998)의 내용을 참고할 것.

[11] 김광식, 「1930년대 강원제도 개선문제」, 『근현대불교의 재조명』, 민족사, 2000.

당시 이 대회를 주도한 청담은 대회에 관련된 그의 심정을 다음과 같이 회고하였다.

내 나이 27세이던가 나는 근세조선 5백 년 동안 천대받던 불교를 정화, 중흥시키자는 正統 佛法守護의 기치를 들고 全國學人大會를 열고 전국의 40여개나 되는 講院을 찾아 행각의 길에 올랐다. 이제도 그랬듯이 오늘도 결코 修行者들의 행각은 세속의 못된 인간들이 생각하던 만큼 평탄하지는 못했다.

그토록 많은 三寶淨財와 日人獨裁의 착취와 억압 앞에 이름도 자취도 흔적도 없이 사라질때 삼千年 正法과 佛祖의 혜명마저 깡그리 파괴될 때 나의 義憤은 용솟음쳐 방관할 수가 없어 난 많은 학인들을 거느리고 正法守護를 부르짖었다.[12]

즉, 청담은 대회의 개최를 불교의 정화와 중흥을 위한 불법 수호의 목적에서 찾았다. 여기에서 대회는 식민지 불교에 저항하는 성격을 띠게 되는 것이며, 나아가서 그 의식은 불교정화운동의 연원으로도 볼 수 있다.[13] 청담은 대회의 발기인 모집위원, 발기인 승낙서의 우편 발송시 수취인, 경과보고 담당, 강령 제정위원, 대회 순서 편성위원, 교육제도 및 교육기관 배치 그리고 교과서 의안을 심의하는 위원, 대회록 편집 겸 발행자, 대회 선언 및 강령의 제정위원 등이었다. 요컨대 그는 대회의 핵심적인 주도자였다.[14] 당시 대회에서 청담은 대회 개최의 취지를 발언하였다. 그 내용에는 그의 정화의식, 교육의식이 극명하게 나온다.

娑婆에 불교가 생긴 지 삼천 년에 우리 學人大會가 출생하게 되어 지금과 같이

---

12 이청담의 회고록, 「나의 편력」 9, 『매일경제신문』 1969.8.27.

13 청담은 그 대회를 한국불교 정화운동의 시초인 동시에 자신의 정화불사의 첫출발점이라고 보았다. 「자화상 입산 50년을 돌아보며」, 『이청담큰스님 법어집, 혼자 걷는 이 길을』, 상아, 1994, 245쪽.

14 학인대회와 청담과의 관련은 졸고, 「이청담의 불교정화 정신과 조선불교학인대회」, 『한국 현대불교사 연구』, 불교시대사, 2006 참조.

성대한 開會를 하게까지 이름에는 그간에 허다한 비난과 무수한 곤란이 있었음니다마는 비난과 곤란을 싸워 물리치고 고심노력한 것이 허사가 되지 아니하야 이와 같이 성대한 결과를 일운 것은 반듯이 그 속에 깊고 큰 因理가 없지 못할 것입니다. 조선불교학인대회가 일어나지 아니할 수 없는 것 -또 일어나야만 될 것은 무엇인가? 이것이 우리 대회의 가장 必要한 것이요 또 主要한 것임니다. 대회의 필요도 주요한 것은 한 거름 더 들어가서 조선불교의 필요 또 주요한 것이 되지 아니하면 아니되겠습니다. 그러면 조선불교학인대회가 부득불 일어나야 될 것 - 일어나지 아니하면 아니될 것은 무엇이겠음닛가? 여러분이 임의 다 - 感得하셨을바 「朝鮮佛敎의 現狀」이 그것이외다.

「조선불교의 현상!」「조선불교의 현상!」 이 말에 신경의 悚然함을 우리는 금할 수 없습니다. 「조선불교」라고 하는데 우리는 天定的으로 떼랴야 떼일 수 없는 愛着과 思慕와 憧憬을 늣기지 아니할 수 없음니다. 이러한 至高至上의 애착과 사모와 동경을 받이는 「조선불교 그것의 현상」이 그 補善할 바 있고 革新할 바 - 있다면 그 任에 당할 자 - 조선불교의 우리 학인이 아니고 누가 있겠음닛가? 조선불교의 불완전한 상태에 있음을 구하려는 것이 우리 대회의 趣旨의 要領이겠음니다. 만일 조선불교가 완전한 상태에 있다면 조선불교학인대회는 열릴 필요까지도 없는 것이외다.

그런데 학인대회에 대하야 명칭상 오해가 없지 안흔듯하니 某寺에서는 발기인 승낙을 취소한 일까지도 있음니다. 본회의 발기 취지서에도 명백히 낱아난 바이겠음니다마는 某寺와 같은 예는 아마 狹意的 熟語의 「學人」이라는 名詞上에 拘碍된 듯하외다. 훨신 더 광의적 일반적으로 三學의 徒이면 四部衆을 통하야 누구든지 학인이라 할 것이외다.

혹은 불교의 현상을 例하면 교육제도 같은 것을 학인이 토의할 수 있는냐고 범위상 제한을 말하는 이도 있는 듯하나 이 또한 그럴듯한 오해일 뿐이외다.

그러나 설사 한 거름을 양보하여 협의적 학인 곳 「講堂學人」만의 대회라 할지라도 또한 그 필연성이 胚胎되어 있다고 아니 볼 수 없습니다. 웨 그런고 하니 조선불교 현상이 衰頹不振한 것은 현 당사자가 適人이 아니라는 것만은 가릴 수 없이 엄연한 사실이겠음니다. 因하야 現下 교육자의 거의 전부가 敎育的 指導精神이 없다는 것이 또한 사실이겠음니다.

이 사실이 협의적 학인대회가 열릴 두 가지 필연성을 말하는 동시에 바루 광의적 학인대회의 필연성도 말하는 것이외다. 두 가지 필연성이란 무엇인가? 우리는 조선불교학인은 조선불교의 第二世 주인공임으로 現下 佛界의 부진은 내일 모레에 바루 우리의 머리 우에 걸칠 중대한 부담이 되지 아니할 수 없음으로 우리는 장래의 준비를 아니할 수 없음이 한가지이며 교육적 지도정신을 교육자에게서 얻어 볼수 없으면 피교육자로서나마 서로 걱정하는 바이 없지 못할 것이 또 한 가지외다. 그럼으로 廣狹 어느 意義로 보든지 이번 대회의 필연성은 가릴수 없는 것이외다. 대개 이만한 뜻으로 본 대회를 개최한 것이라면 그 취지에 近似할듯 하외다.[15]

이상의 대회 취지의 발언에서 청담은 대회 개최의 근본을 당시 불교계의 '現狀'에서 찾았다. 즉 불교계의 불완전한 현상을 '補善'하고 '改革'하는 현실에 처하였다고 보고, 그 임무를 담당할 대상이 학인이라고 했다. 나아가 대회가 개최될 필연성을 학인은 조선불교의 2세 주인공이기에 곧 불교계의 미래를 담당할 주체로서의 미래를 준비해야하는 것, 그리고 교육적 지도정신을 당국(교육자)에게서 얻지 못하면 피교육자 스스로 걱정하고 대안을 마련하는 것에서 찾았다.

여기에서 필자는 청담이 입산, 출가한지 불과 2년 후에 한국불교의 현실(현장)을 고민하였음을 알게 되었다. 그런데 당시 불교의 현실은 대처승의 독단, 불교 정법의 혼미, 원융살림의 파괴 등이 노정되고 있었다. 이러한 모순을 좌시할 수 없었던 청담은 그 개선, 불교정화를 위한 노력을 기하여 강당 학인들이 중심이 되어 그 대안을 모색하는 학인대회를 개최하였던 것이다. 이런 배경하에서 개최된 대회에서는 교육제도의 틀(초등과 3년, 중등과 3년, 고등과 4년)을 정하고, 교육기관의 위치와 장소를 정하면서, 교과목의 선정까지 단행하였다.

이에 필자는 학인대회의 실질적, 핵심적 주도자가 청담임을 인정하면서 대회의 의의, 성격은 곧 청담의 불교정화, 교육정신과 직결된다고 본다. 이

---

15 『조선불교 학인대회록』, 38~40쪽, 참조. 대회의 총괄 개요와 대회록에 대한 전모는 필자가 자료를 발굴하여 대회록을 분석한 졸고, 「조선불교학인대회록과 불교개혁」, 『불교평론』 18호(2004년 봄호)를 참고 바란다.

렇게 청담은 그의 최초의 불교정화에서 불교 교육문제로 그 대안을 찾고 있었다. 이는 앞서 살핀 청담의 불교 근대화=불교정화운동=교육문제라는 등식이 입산 직후부터 노정되었음을 말해주는 것이다.

2) 조선불교선종 수좌대회: 선원, 청규, 영산회상의 제안

청담의 불교교육과 관련된 것은 1935년 3월 7~8일, 서울 선학원에서 개최된 조선불교 선종 수좌대회에서도 찾을 수 있다. 전국 선원에서 올라온 70여 명의 수좌들은 선학원에 모여 선풍진작, 전통선의 계승, 수좌 및 선원의 조직체 결성 등을 결의하였다. 이 대회에서 수좌들은 조선불교선종을 창립하고, 선종 조직체의 규칙인 선종 종규, 선회 규칙을 비롯한 6종의 규약을 제정하였다. 이 대회는 1920년대 중반 무렵 수좌들의 조직의 거점 및 조직체였던 선학원, 선우공제회의 부진을 극복하기 위해 개최된 모임이었다.[16] 1930년대 초반 재기한 선학원은 기반 구축에 노력을 한 결과 1934년 12월에는 재단법인 선리참구원으로 전환하였다. 기반 구축을 성사시킨 수좌들은 그 기회를 이용하여 전국 수좌의 단결, 선풍진작, 조직체 재건을 기하기 위한 대회를 열었으니 그것이 바로 조선불교선종 수좌대회였다. 대회에서는 조선불교 선종의 종정으로 혜월, 만공, 한암을 선출하고 종무원의 간부진(원장, 이사, 선의원)도 선출하였다.

청담은 이 대회에 이올연의 이름으로 참가하였다. 그는 대회에서 서무부 이사로 추대되었지만 대회를 준비하는 단계에서부터 깊숙이 관여하였다. 즉 대회순서 작성위원, 종규·종정회 규칙·선회규칙·선의원 규칙의 기초위원, 의안 사정위원, 재단기성회 조직위원 등으로 활동하면서 대회를 실질적으로 주도하였다. 바로 이 대회, 3월 8일의 회의에서 청담은 다음과 같이

---

[16] 필자는 대회의 회의록을 입수, 분석하여 「조선불교선종과 수좌대회」(2006.9.1, 조계종 불학연구소 워크숍)라는 논고를 발표하고, 그를 『불교 근대화의 전개와 성격』(조계종출판사, 2006)에 기고하였다.

발언하였다.

中央에 模範禪院 設置에 關한 問題
京城은 朝鮮文化의 中心地인만큼 中央禪院의 內容을 充實히 하기 爲하야 淸規 數條
를 特定하야 一層 靜肅히 지내자는 李兀然씨의 意見에 滿場一致 可決되다.[17]

즉 청담(올연)[18]은 서울(경성)은 조선문화의 중심지이고, 서울에 있는 선
학원(중앙선원)은 전국 선원의 상징성을 띠고 있기에 淸規를 특정하여, 더
욱 정숙히 수행해야 함을 제안하였다. 당시 청담이 제안한 청규 내용은 다
음과 같다.[19]

제1조 본원 衲子는 무상출입을 엄금하고 매월 3, 8일에 목욕하며 교외에 산보함을
　　　득함
　　　단 개인산보는 불허함
제2조 본 선원은 閑人 출입을 엄금함
제3조 본 선원 坐禪衲子는 7인으로 함
제4조 본 선원은 賓客의 숙식은 別處로 함
제5조 본 선원은 음주, 식육, 흡연, 가요 등 일체 雜亂을 금지함
제6조 본 선원은 佛殿 作法시에 남녀좌석을 구별하야 混雜함을 不得함
제7조 본 선원은 坐禪 及 供養 應供시에 法服을 일제히 被着함
제8조 본 선원은 做工上 필요 없는 喧嘩와 戲談을 不得함

청담의 제안에 대하여 대회에 당시 참가한 수좌들은 만장일치로 가결하
였다. 이러한 의견을 제출한 청담은 대회가 거의 막바지가 되었을 무렵에
다음과 같은 제안을 또 다시 하였다.

---

[17] 회의록, 16쪽.
[18] 兀然은 청담스님이 송만공에게 인가를 받았을 때 받은 법호(당호)이다.
[19] 회의록, 21쪽. 이 청규는 청담이 초안한 것으로 추정된다.

昔日의 靈山會上과 갓흔 大叢林 建設을 理想으로 하고 模範禪院 新設에 努力키로 하자는 李兀然氏의 提意에 滿場一致 可決되다.[20]

즉 청담은 예전의 영산회상과 같은 대총림 건설을 이상으로 내세우면서, 우선은 모범선원의 신설에 노력하자는 의견을 제출하였다. 청담의 이 제안은 수좌들의 만장일치로 가결되었다. 여기에서 청담의 이상적인 세계가 영산회상으로 표출되었다. 그런데 그 영산회상은 총림건설이라는 즉 수행하는 도량의 건설의 성격을 띠고 있었는바, 이는 부처의 가르침에 근거하는 수행자의 양성을 강조하는 것이었다.

이렇게 청담은 선종 수좌대회를 주도적으로 개최하고, 그 세부적인 규약 제정에도 깊숙이 개입하였다. 이로써 이 대회의 의의 및 성격은 청담의 의식, 고뇌와 직결된다고 하겠다. 여기에서 필자가 주목하는 것은 이전 1927년 학인대회에서는 강원 교육제도, 내용, 교과서 등의 개혁을 고민하였다면, 약 8년이 지난 1935년에 와서는 선원 방면의 개혁을 주도하였다는 것이다. 달리 말하자면 청담 그는 이제 강원에서 선원으로 그의 고민, 불교정화, 불교개혁의 범위를 넓혀가고 있었다는 점이다. 강원에서 선원으로라는 것은 당시 전통불교의 모든 부문을 포괄하고 있음을 의미한다.

그리고 다른 면에서 주목할 내용은 청담 그의 고뇌 영역 및 세계가 영산회상 및 총림의 건설로 심화되었다는 것이다. 이는 그가 꿈꾸는 불교정화에 대한 모델이 영산회상이며, 현실적인 대안 및 초점으로 삼는 것은 모범총림의 건설 및 운영이라는 것이다. 그래서 그가 제시한 선원, 청규도 이 구도 안에서 수용되고 있음을 말해주는 것이다. 요컨대 수좌대회를 기점으로 그는 영산회상, 영산도라는 구도에서 불교정화, 불교개혁, 불교교육을 풀어가려고 하였다. 이처럼 그가 이런 구도를 구상하게 된 것은 수덕사 만공 회상에서 참선 수행, 그 후에도 유점사, 봉정암, 상원사, 불영사 등지의 선원에서

---

[20] 회의록, 20쪽.

수행하면서 구상한 이력과 무관한 것은 아니다.

3) 대승사 수행, 가야총림 동참, 봉암사 결사: 영산회상의 모색 및 실행

청담은 1935년에는 선원 청규를 통한 불교정화를 꿈꾸면서, 영산회상과 같은 총림건설을 제안했다. 그런데 그 단계에서 진일보하였음은 대승사, 가야총림, 봉암사 결사에서 찾을 수 있다.[21] 그가 대승사에서 이성철을 비롯한 일단의 수좌들과 공동 수행을 한 시점은 1945년 무렵이었다. 그는 이성철과 복천암에서 공동수행의 약속을 이행하다 독립운동 군자금 사건에 연루되어 일제에 피체되고, 1943~1944년경에 상주 포교당에서 곤욕을 치렀다. 일제에서 풀려난 그는 대승사에서 성철과 다시 만나 수행을 하면서 이전의 구상을 정비하였다. 이 사정은 그를 지켜본 묘엄에 의해 확인된다.

> 그러던 어느 날이었다. 묘엄이 큰절 대승사 쌍련선원으로 갔더니 아버지 순호스님과 성철스님께서 백지에 무엇인가를 그리고 쓰고 있었다. 옆에서 가만히 들여다보니 아버지 순호스님은 백지에다 부처님 당시의 영산회상도(靈山會上圖)를 그리고 있었다. 부처님께서 영취산에서 법을 설하시던 당시의 광경 그대로. 우리도 그렇게 살아 보자는 계획을 만들고 있었던 것이다.
> 조실(祖室)에는 효봉스님을 모시고, 선방은 성철스님이 맡고, 운허스님과 춘원 이광수선생에게는 경(經)을 맡기고, 율원은 자운스님이 맡고, 선원(禪院)과 강원(講院)과 율원(律院)을 제대로 갖춘 총림(叢林)을 해인사에 세워 제대로 된 수행생활을 하며 제대로 된 수행자를 양성하자는 원대한 계획을 세우고 있었던 것이다.[22]

이렇게 그는 영산회상도를 그리며, 부처님이 살았던 방식으로 수행하고, 공부하려는 원대한 기획을 하였다. 그런데 그는 단순히 그렇게 살아 보자는

---

[21] 청담의 영산도에 대한 전모, 성격 등에 대해서는 졸고, 「청담의 민족불교와 영산도」, 『마음사상』 4집, 2006을 참고할 수 있다.

[22] 『회색고무신』, 시공사, 2002, 150쪽.

것이 아니고, 그런 영산회상을 해인사에 세우고, 각 분야 최고 전문가를 초빙하여 수행자를 양성하는 교육적 차원으로 전환되어 갔던 것이다. 이는 곧 불교정화, 불교교육 차원을 의미하는 것이다. 그가 1935년에 말하였던 총림건설의 의미이다.

청담은 대승사에서 성철을 비롯한 수좌들과 수행하면서 불교정화, 불교교육의 의미가 담긴 총림 건설을 구상하였다. 그러나 그가 원하는 교단개혁은 즉각 이루어지지 않았다. 이에 그는 우선 1946년 가을 경 봉암사로 들어갔다. 동행한 수좌는 홍경, 종수, 자운, 도우 등이었다. 대승사가 선방을 못한다고 하여 불가피한 이동이었다. 성철도 대승사를 떠났다. 이 사정은 도우의 회고에 나온다.

> 그 계기는, 대승사는 이제 선방을 못하게 되니까, "가 가지고 우리끼리 능엄주도 하고 여법(如法)히 해 보자"고 하였지요. 홍경, 자운, 종수, 청담스님하고 내하고 다섯이 거기(봉암사) 들어갔어요.[23]

그런데 바로 그즈음 종단이 설립한 가야총림이 1946년 가을, 해인사에서 출범하였다. 伽倻叢林은 해방공간의 교단이 해인사에 설립한 수행 도량이었다. 교단 차원의 모범총림 창설의 문제는 1945년 9월 전국승려대회에서 검토되었다.[24] 그러나 총림 문제는 교단이 추구할 문제의 산적함으로 인해 조속히 가시화되지는 않았다. 이에 당시 수좌들은 모범총림의 건설을 시급한 문제로 인식하고 교단에 설립을 강력히 촉구하였다. 수좌들은 해방이 되었는데에도 불구하고 선풍 진작이 미흡함을 인식하고 교단에 모범총림을 불조청규에 의하여 건설할 것, 중앙선원 확장, 지방선원 자치제, 도제를 양성하여 선원에 3년 안거한 뒤 사회에 나가도록 할 것을 건의하였다. 이

23 김광식, 『아! 청담』, 화남, 2005, 41쪽.
24 졸고, 「8·15해방과 전국승려대회」, 『한국 현대불교사 연구』, 불교시대사, 2006.

건의에서 교단에서 수용한 것이 모범총림의 창설이었다. 당시 교단에서는 모범총림을 순수한 수행방면의 청풍납자와 도제의 양성을 기하기 위한 목적에서 설립하였다.[25]

이 같은 배경하에서 1946년 10월 경 모범총림인 가야총림이 해인사에 설립되었다. 해방공간에는 청정 비구로서 수행을 하는 승려는 약 300여 명으로 지칭되었는데, 이들의 수행 공간의 할애는 절실한 문제였다. 일제하에서는 세속화 풍조로 인해 선방이 폐쇄, 위축되는 등 수행공간이 부족했다. 그러나 가야총림은 단순히 선원 개설에 머물렀기에 종합 수도도량이라는 총림에는 미치지 못하였다.[26] 이에 해인사의 가야총림은 선원에 중점을 두어 시행을 하고 여타의 강원, 율원은 점진적으로 시행하도록 하였다.

이 같은 가야총림의 조실에 송광사의 효봉이 1947년 11월 6일자로 임명되었다. 당시 수좌계에서는 교단에서 총림을 한다는 소식이 전하여지자, 대부분은 큰 기대를 갖고 이에 동참하였다. 그러나 일부 수좌들은 그에 동참하지 않은 경우도 있었다. 예컨대 총림의 소식을 듣고 해인사로 갔던 성철과 청담은 총림의 책임자인 교단대표 최범술, 해인사주지였던 임환경과 총림의 운영을 상의하였지만 그에 만족치 않았다. 성철은 총림 경영에 대한 이견으로 해인사를 떠나 개인 수행의 길로 나섰지만, 청담은 교단이 주관하는 총림이라면서 동참의 뜻으로 잔류하였다. 당시 그들의 대화를 지켜본 도우는 다음과 같이 그를 증언하였다.

당시 성철스님은 "싹수가 노랗다, 우린 공부나 하러 가자"고 나보고 말했어요. 그 길로 양산 내원사로 갔지요. 석암스님도 가버렸지만 청담스님은 종단에서 하는

---

[25] 『조계종사, 근현대편』, 조계종출판사, 2001, 74~75쪽.

[26] 현전하는 가야총림의 규약에 의하면 가야총림은 불교계에 동량이 될 인재양성을 목적으로 중앙총무원의 직속기관으로 설립되었다고 규정하였다. 수행 연한은 3년이며, 수용인원은 50명이었다. 수행의 내용을 엿볼 수 있는 수행의 기구로 수선실, 강학실, 법패회, 금강계단을 둔 것에서 선 중심의 수행이었다.

총림이니 그래도 한철은 해보겠다고 남았어.[27]

　그렇다면 청담의 수행 도반이었던 성철은 교단에서 주관하는 가야총림의 운영 실태를 보고 불만의 자세로 가야총림에 참가하지 않았는데, 왜? 청담은 거기에 잔류하였는가. 이에 대한 설명은 두 가지 측면에서 가능하다. 청담의 분명한 종단관을 엿볼 수 있는 것이다. 종단에 대한 관심, 애정을 지칭할 수 있다는 것이다. 다른 하나는 청담의 총림설립에 대한 강렬한 의지이다. 요컨대 청담은 총림건설을 1935년부터 주장하였기에 그의 총림건설을 통한 영산도 건설, 불교정화, 불교교육에 대한 철저한 기획에 애착이 강했다. 그래서 청담은 가야총림에서 근 2년여를 보냈다. 그러나 당시 가야총림은 해인사 운영의 일부에 지나지 않았으며, 대처승과의 공존이라는 형태로 운영되었다. 이에 청담은 그런 실정에 만족치 않고 봉암사 결사의 현장에 합류하였다.

　봉암사 결사는[28] 본래 성철과 청담의 주도에 의해서 출범한 것이었다. 이에 성철은 1947년 가을 경부터 뜻을 같이 하는 수좌 20여 명과 새로운 실험에 들어갔다. 부처님 뜻대로 살아 보자는 슬로건과 그 세부 규칙인 공주규약을 근거로 하였던 그 실험은 다양한 분야에서 근본불교적인 수행, 선농일치적인 사찰 운영, 치열한 참선 수행, 율장 및 청규의 실천 등이 구현되었다. 봉암사 결사에 청담이 동참, 합류한 것은 불교계 현실을 극복하려는 의식, 청정한 수행 풍토 조성, 불교개혁운동, 불교정화라는 이념이 구체화 하였다는 점에서 특기할 내용이다. 특히 봉암사 결사는 청담이 이전부터 강력히 주장하고, 고뇌하였던 영산회상의 실행, 불교정화 차원의 불교교육이라는 점이 실천되었다. 청담에게서는 간과할 수 없는 역사적인

---

27 위의 『아! 청담』, 43쪽.
28 봉암사결사 전모 및 성격에 대한 것은 졸고, 「봉암사결사의 전개와 성격」, 『한국 현대불교사 연구』(불교시대사, 2006) 참고.

내용이었다.

지금껏 청담이 일제 말기, 해방공간에서의 대승사 수행, 가야총림 동참, 봉암사 결사 합류에 나타난 영산회상 구도의 기획, 총림건설 및 실행에서의 불교정화와 불교교육을 살펴보았다. 일제하에서는 영산회상과 총림건설을 꿈꾸었다면 이 단계에서는 그를 진일보한 단계에서 구상하고, 실행에 옮겼다는 의미를 파악하게 되었다.

4) 불교정화운동: 불교정화 실천, 영산회상 꿈의 지속

청담은 1954년 5월부터 1962년 4월까지 근 8년여를 불교정화운동의 일선에 있었다. 그리하여 도총섭, 총무원장, 대책위원장 등을 역임하여 정화운동을 진두지휘하였다. 청담 그가 정화운동의 일선에서 갖은 고투를 겪으면서 정화운동에 헌신한 것은 널리 알려진 바와 같다.[29]

그 결과 청담이 주도한 불교정화운동은 성공하였다. 그러나 그 정화는 외형적인 성공이었다. 종단 주도권, 사찰 운영권 등은 비구승단으로 거의 이전되었다. 대처승은 정통 승려에서 배척되었다. 그렇지만 그 과정에는 숱한 모순과 문제가 노출되었고, 잉태되기도 하였다. 그는 공권력 의존, 폭력 등장, 승려의 자질, 원융살림 파괴, 수행풍토 파탄 등 간단한 문제들이 아니었다. 그래서 청담의 고민은 깊었다. 그 모순과 문제를 해결할 방안은 간단치 않았다. 그렇지만 그 모순과 문제를 해소하지 않으면 안 되었다. 그래서 청담은 정화운동의 그 현장에서도 그 대안을 강구하였거니와 그는 영산회상의 구도였다.

그에 대한 구체적인 정황은 찾기가 지난하다. 다만 정화운동이 시작되었고, 겨우 일단락되었던 1954~55년경, 청담이 사용한 수첩의 일지에 다음과 같은 단편적인 메모는 전한다.

---

[29] 졸고, 「이청담과 불교정화운동」, 『한국 현대불교사 연구』, 불교시대사, 2006.

- 圓融제도(재산, 인사): 山中公事制 복구

  대규모 叢林 건설: 靈山圖

  역경불사

  포교사업

  比丘양성 五千~万名: 현대청년(英才人物)[30]
- 사무인계후, 叢林시설 比丘 양성, 譯經사업, 포교(사업), 교육(사업),

  국민정화, 세계정화 [31]
- 포교사업

  徒弟교양 ― 靈山圖 [32]

  교육사업
- 一道 一叢林制 계획 보고의 건[33]

이는 정화운동이 추진되는 그 현장에서도 영산도에 대한 그의 이상이 묘사되었음을 보여주는 것이다. 그런데 청담은 정화운동이 최초로 시작되었던 1954년 8월 24일 비구승대표자 대회의 말미에서 이미 영산도 설명을 하였다.[34] 이는 당시 회의 주제가 교단정화, 도제양성, 총림창설이었기에 그 대안의 방향으로 영산도를 설명한 것으로 보인다. 그리고 승려대회가 개최되기 이전인 1955년 3~4월, 정화운동이 전개되었던 조계사의 그 복잡다난한 현장에 조계종 중앙총림의 간판을 붙이고 비구승들은 천막에서 수행을 하였다. 그 총림의 원장이 청담이었음도[35] 우리가 간과할 것은 아니다. 이렇게 청담이 영산도를 총림건설, 도제 교육 차원으로 강조를 한 결과인지

---

[30] 『靑潭筆影』, 봉녕사승가대, 2004, 169쪽.

[31] 위의 책, 185쪽.

[32] 위의 책, 213쪽.

[33] 위의 책, 230쪽.

[34] 『한국불교승단정화사』, 민도광, 1996, 42쪽.

[35] 졸고, 「윤월하의 정화운동」, 『한국 현대불교사 연구』, 불교시대사, 2006, 464~465쪽. 월하는 입승이었다.

는 모르지만 1955년 8월 2일의 전국 승려대회에서도 영산도에 의거한 도제 양성 차원의 총림건설이 만장일치로 결의되었다.

> 이의장(필자주, 청담) 도제양성 건에는 대총림을 창설하야 영산도에 의거 급속히 인재를 양성하기로 통과되었습니다.[36]

이러한 결의는 청담의 사상이 투영되었음과 청담 사상이 보편적으로 토착화 되어 갔음을 의미한다. 그러나 정화불사가 진행되던 격정의 현장에서는 영산도와 같은 입체적인 대안을 진일보한 단계로 구체화시킬 수는 없었을 것이다. 그러나 정화운동이 어느 정도는 일단락되어 비구승단이 복원되어 가던 1950년대 후반, 1960년대 초반 청담은 자신이 불교정화의 이상적인 대안으로 내세운 영산도를 다시금 강조하였다. 그 무렵 선학원에서 청담과 함께 기거하였던 채인환의 목격기는 주목할 만하다.

> 지금도 가장 인상에 길이 남아 있는 것은 선학원의 큰방에 대중들을 모이게 하여 앞으로의 한국 불교계의 발전을 위한 청사진을 펼쳐 보이시던 일이다. 청담스님은 흑판까지 선방인 큰 방에 들여 놓고, 종단의 구조개혁, 교육문제, 역경문제 등 불교계의 미래상을 집약한 구상을 「영산도(靈山圖)」로서 그려 가면서 대중들에게 뜨겁게 설명하시던 모습이 바로 어제 일처럼 나에게 생생하게 기억되어 지고 있다.[37]

채인환은 운허의 『불교사전』 간행의 팀원으로서 실무 작업을 할 때, 선학원에서 5·16을 만났다 하니 그 시점은 1960~61년 무렵이다. 바로 그 때, 청담은 선학원에서 대중들에게 자신의 불교의 미래 청사진을 개진하였는

---

36 이 자료는 조계종 총무원 중앙기록관에 소장된 「전국승려대회 회의록」에서 발췌한 것이다. 이 안건은 양청우의 제안이었다.
37 채인환, 「청담스님의 수행과 교화행」, 『청담대종사와 현대 한국불교의 전개』, 청담문화재단, 2002, 386쪽.

데 그것이 영산도로써 표출되었던 것이다.[38]

한편 청담의 영산도를 보았다는 또 다른 증언자는 동국대학교 교수를
역임한 오형근이다. 오형근은 다음과 같이 회고하였다.

> 내가 학사불교회 회장을 2년 하였는데, 학사불교회는 지금 대불련 총동문회와 유
> 사한 것인데 그때인가, 박기종 어른이 총무원장을 할 때인가 확실치 않은데, 받기
> 는 선학원에서 받았지. 어느 날 혼자 선학원에 가니 스님께서 그림으로 도해해서
> 미리 준비해 놓았던 영산도를 등사판으로 복사한 것을 정리하고 계셨는데 마침
> 내가 들어가니 서너 장을 나에게 주시더라구.
> 스님은 혁명적인 기질이 있어. 그래서 종정이나, 총무원장을 하여도 늘 중앙에
> 계시면서 일선에 있었지. 스님은 학창시절부터 혁명기질이 있었고, 학인 시절에도
> 불교개혁을 하겠다고 생각하였으니, 이 분은 나름대로 정화는 다 되었어도 종단이
> 우왕좌왕하니, 불교개혁을 해서 종단을 이끌고 가야겠다는 원력으로 영산도를 작
> 성한 것으로 보아야지. 그 영산도는 큰 종이 한 장에 표시한, 이를테면 미래지향적
> 인 종단의 도해도이지.[39]

오형근이 학사불교회 회장을 하고, 박기종이 총무원장을 할 시기는
1967~69년 무렵이었다. 바로 이때에 청담은 선학원에 머물면서 자신이 생
각하는 종단 운영의 미래상을 영산도로서 정리하고, 그를 가리방으로 쓴
것을 주변에 배포하였다. 오형근은 청담에게 받은 등사본 영산도를 지면에
소개하였는데 그 내용에서 주목할 것은 "종단이 근대화하려면 혁신적인 조
직과 인사행정이 뒤따라야 한다고 주장하시며 영산도라는 조직표를 16절지
크기의 두 페이지에 적어 발표하신 적이 있다"는[40] 발언이다. 즉 영산도는

---

38 인환스님은 필자와의 대담에서도 그를 확인해 주었다. 인환, 「인간적인 어른으
   로 기억합니다」, 『아! 청담』, 화남, 2004, 122쪽.
39 오형근, 「스님의 마음법문과 포교상은 저에게 화두입니다」, 『아! 청담』, 화남,
   2004, 280쪽.
40 「청담큰스님의 큰 덕을 회상하며」, 『여성불교』 1982년 11월호.

청담의 꿈이요, 희망이라는 것이다. 그리고 그는 종단 근대화라고 하였으며, 실제 그 영산도 2면의 제목을 '종단 근대화안'이라고 표기하였던 것이다.[41]

그런데 1967~69년 무렵은 청담이 종정을 역임한 직후이며, 동시에 종단 개혁을 시도하기 위한 종단 유신재건안을 종단에 제출하였으나 수용되지 못하여 그에 분노한 청담이 종단의 탈퇴를 선언한 그 언저리였다. 이러한 배경을 말하는 것은 영산도에 청담의 불교정화, 불교교육, 꿈이 담겨 있었음을 말하는 것이다.

4) 실달학원, 해인총림 운영: 영산회상의 구현, 교육불사

청담의 교육문제에 대한 관점을 볼 수 있는 사례는 1965년 무렵의 도선사의 실달학원과 1968년 해인총림 운영에 대한 자신의 의견을 종회에 제출하였던 내용이다. 이 두 대상은 청담이 줄기차게 강조한 종단 근대화안에 영산도의 내용이 어떻게 투영되었는가를 가늠할 수 있는 자료이다. 도선사 실달학원은 종단과는 직접적인 연계 없이 자신이 주관하여 운영한 교육기관이었지만, 해인총림은 1960년대 후반 조계종단을 대표한 교육기관이었다. 이렇게 상반된 성격의 교육기관에 청담의 교육관이 어떻게 나타나고 있는가를 살피는 것은 그 자체가 흥미롭다.

실달학원은 1964년 11월 10일에 『불교신문』에 학인 모집 공고를 내면서 본격화 하였다. 『불교신문』의 전신인 당시 『대한불교』(1964.11.15)에는 그 학인 모집 요강이 자세히 전하고 있다. 그를 요약하면 학인은 40명을 모집하여, 6년 과정(교학이 3년, 참선이 3년)으로, 정법을 신봉하여 救世의 염원

---

41 청담은 1966년 8월 13일 도선사에서 열린 한국종교연구협회에서 발표한 「나와 우주와 그 核心」이라는 논문에서도 불교 현대화 작업을 영산도와 3대사업(도제 양성, 역경, 포교)으로 연결하여 결론을 맺었다. 「청담대종사 발표, 13일 宗敎協 共同研究會서」, 『대한불교』, 1966.8.7.

을 담당할 인재를 육성한다고 공고하였다. 특히 응모자격을 엄격하게 하였음이 이채롭다. 그는 불전 앞에서 7일간 단식을 할 수 있는 신심이 있는 자, 27세 미만의 남자로서 대자대비 정신으로 인류에게 헌신할 의지가 있는 자, 생명을 바치고 인간과 사회의 개조에 나설 선구자가 될 사람, 성직자의 자질을 갖추고 생사해탈을 기할 자세가 있는 대상자, 신체가 건강하고 일생을 누더기로 지내며 자립상이 강한 자, 출가 및 입산수도에 대한 동기와 목적을 국문과 영문의 논문으로 제출할 수 있는 대상자로 제시하였다. 청담이 이렇게 대상자를 승려로 제한하지 않은 것은 그의 불교교육에 대한 개방성을 보여준다. 여기에서 청담이 대학학력 대상자를 불교로 흡수하려는 것, 그리고 그를 통하여 불교가 사회와의 유기적 관계를 맺어야 한다는 그의 불교 근대화의 성격도 추론할 수 있다.[42]

한편 그 공고문에는 실달학원의 「修學要綱」이 전하고 있는데, 그 내용은 이 학원의 성격과 운영 방향을 극명하게 대변한다. 전체 요강을 제시하면 다음과 같다.

1. 日常修行은 오직 佛祖遺訓의 淸規를 遵守할 뿐이며 個人의 私見과 妄動을 絶對로 許容하지 않는다.
2. 每月 초하루와 보름마다 戒律(보살戒)의 修行을 다짐하며 團束한다.
3. 佛前의 禮는 아침에는 「대능엄주」를 외우며 저녁에는 「대참회법」으로 한다.
4. 佛前에는 必히 巳時中에만 마지를 올리고 其他 時間에는 佛供을 奉行하지 않으며 三寶 이외의 雜神들에는 禮拜供養을 一切 嚴禁한다.
5. 佛供과 祈禱는 참회法으로 奉行하며 靈駕의 遷度齋 등은 轉經으로 行한다.
6. 잘 때와 大小便時 및 特殊한 時間 以外에는 恒常 五條가사와 장삼(직탈) 法衣를 입고 있을 것이며 外出時에도 또한 그러하다.

---

42 「인터뷰: 종정 이청담」, 『신동아』 1967년 2월호, 229쪽에서 "청담은 이에 대하여 반드시 불교와 관련이 없더라도 大學을 나왔으나 生에 대한 苦惱로 방황하는 이들을 여기에 모아보고 싶다는 것이 그의 생각"이라고 하였다는 대담자 권오기의 서술 내용을 주목할 수 있다.

7. 公務 以外의 出他는 絶對不許한다.(許容되는 特殊事項에 觀하여는 例外로 함)
8. 參禪과 講經課程은 院規의 定하는 바에 의한다.
9. 衣食과 金品 等의 施物은 公的 獻納에 限하고 個人 去來는 一切 不許한다.
10. 其他 細則은 佛祖의 淸規 各章에 依해 行한다.

이 실달학원의 요강에 나오는 핵심 개념은 불조유훈, 청규이다. 그리고 세세한 요강의 내용에서는 봉암사결사에서 시행된 내용들이 일부는 그대로 나오고, 일부는 변형되어 나오고 있음을 느끼게 한다. 여기에서 청담의 봉암사 결사에 대한 향수, 그리고 공주규약에 대한 신뢰, 승속을 포괄하는 교육의 개방성을 확인할 수 있다. 봉암사 결사가 영산회상, 총림건설의 구현으로서 실행되었다면, 실달학원에서 봉암사 결사 정신의 지속은 곧 영산회상의 세간화를 조심스럽게 가늠할 수 있다. 달리 말하자면 세간의 불교화도 영산회상의 구도에서 추진하였던 것이 아닌가 한다.[43]

통합종단 이후 조계종단 내부에서 종단 차원의 총림의 당위가 문건화된 것은 1962년 12월에 제정된 교육법이었다. 그 법에 총림 조항이 있었다. 이에 1964년 7월의 종회에서는 지방 총림을 해인사에 둘 것을 결의하였다. 그러나 방장 문제로 인해 총림은 즉시 가동되지 않았다. 1966년 12월 청담이 종정에 취임하면서 본격화되었다. 마침내 1967년 7월 해인사에서 개최된 종회에서 총림법이 새롭게 제정되고, 성철이 방장으로 추대되었다. 이렇게 해인총림은 출범 당시부터 수많은 우여곡절이 있었다. 총림의 방장으로 추대되어 취임한 성철도 해인총림을 종합 수도도량으로, 참다운 교육 시설

---

[43] 그런데 실달학원의 수학요강은 당시 도선사에 머물렀던 성철의 개입도 상정할 수 있다. 그러나 성철의 개입, 영향이 있었다 해도 실달학원에 대한 운영, 책임은 청담임은 분명하다. 『아! 청담』(화남, 2002), 150쪽의 천제스님 증언, "성철스님이 도선사에 오셔서 청담스님과 같이 도선사를 한국불교의 최고도량으로 만들자고 실달학원의 기초를 다지신 것이 제일 생각납니다. (중략) 그 실달학원의 간판은 청담스님이 쓰신 것을 새긴 것이지만, 제가 알기로는 실달학원의 시행 요강은 성철스님이 서술한 것으로 알고 있습니다."를 참조.

로 만들려고 구상하였지만 재정의 어려움, 환경정리 등으로 인하여 그의
구상대로 운영하기에는 여러 난점이 있었다.[44] 이에 성철은 1967년 12월 15
일자로 종단에 해인총림 계획안과 승가대학 설치 계획안 그리고 「해인총림
운영에 대한 건의」를 하였지만 종단에서는 그를 진지하게 검토하지도 않았
다.[45]

바로 이럴 즈음 청담은 해인총림의 활성화를 위한 대책을 고민하고, 그를
17회 종회(1967.12.15~17)에 제출하였다. 지금까지는 이에 대하여 큰 주목을
하지 않았지만 필자가 보건대 이는 청담교육이라는 구도에서는 빼놓을 수
없는 사실이다. 당시 『대한불교』 229호(1968.1.11)에 보도된 그 내용을 요약
하여 제시하겠다. 청담이 제안한 안건 제목은 「총림교육제도와 종단 법제,
질서의 확립에 관한 안건」이었다. 청담이 이 안건을 제출한 목적은 종단
3대사업 완수와 해인총림의 건전한 육성이었다. 청담의 제안을 대별하여
제시하면 다음과 같다.

◎ 목적
- 해인총림은 조계종 종지를 선양하여 불법을 옹호하며 인류를 고해화택에서 구
  제하기 위해 종헌 종법에 규정하는 바와 같이 종합 총림으로 육성할 것
- 급속도로 팽창하고 있는 유물사상(영혼부정)으로 말미암은 종교 멸망의 위기에
  서 구하기 위해 승려교육의 근대화를 서둘러 총림제도를 현대화의 종합수도원
  으로 완성할 것을 목표로 추진할 것
- 이상의 목적 달성을 위하여 전종단 승려는 다 같이 힘을 합쳐 다음 사항을 실천
  한다.

◎ 실천 방안

---

[44] 「해인총림 방장 성철스님」, 『대한불교』 1967.9.3.
[45] 『수다라』 창간호(1986.2), 87~104쪽. 그런데 종회에서는 이에 대하여 해인총림
전주지가 보조는 자사에서 부담할 것으로 보조가 필요 없다고 하였다는 김서
운의 발언에 의해 수용되지 못했다. 『2대 중앙종회 회의록』, 135쪽.

- 전국사찰은 의무제로 반드시 1인 이상의 도제를 해인총림으로 보내어 수행시키되 그 식량 등 일체 학비는 당해 사찰의 公費로 할 것[46]
- 총림 학제에 의하여 대학이상의 수행을 마친 자로서 그 信願이 돈독하며 품행이 바르고 그 재질이 탁월한 자로서 장차 人天의 도사로서 그 덕망이 높은 자에 한해서는 종책에 의하여 그를 종비생으로서 종신 수행과 학업의 대성을 뒷받침할 것
- 이상을 실천함으로써 승려로 하여금 불조의 혜명을 상속하게 하여 상구보리 하화중생의 出家 本願을 이룩하게 할 것
- 본종 승려는 정복으로서 불타의 규제의 의하여 상시로 적, 청, 흑의 삼종색으로 合染한 壞色의 가사와 장삼을 입고 도량에서나 출타시에도 근신 수행할 것

◎ 법계
1. 초심 2. 행자 3. 사미 4. 대사 5. 화상 6. 대화상 7. 선덕 8. 선사 9. 대선사 10. 선교사 11. 종사 12. 대종사 13. 도사 14. 대도사 15. 應供

◎ 직위
1. 초심으로부터 화상까지는 아무런 직책없이 오로지 수행정진에만 전념
2. 대화상과 선덕은 「병」종 사찰 주지이며 초등 포교사
3. 선사로부터 선교사까지는 「을」종 사찰 주지이며 중등 포교사
4. 종사와 대종사는 「갑」종 사찰주지이며 상등 포교사, 종사의 직위는 素長老, 대종사의 직위는 副長老
5. 도사는 장로
6. 대도사는 副宗正
7. 응공은 종정
 * 종회의원 = 대화상에서부터 선교사
   원로의원 = 종사, 대종사, 도사(종정추대권 부여)

◎ 體證[47]

---

[46] 다만, 당해 사 주지나 그 밖의 동거자로서 자기 앞으로는 승려의 도제를 둘 수 없는 경우에는 그 선대의 승문 중에 독신 수행승 앞으로 도제를 양성하여 그 대를 이을 것이라는 단서 내용이 있었다.

1. 삼귀계 2. 오계 3. 십계 4. 250계 5. 보살대계 6. 삼취정계 7. 동정일여
8. 몽각일여 9. 오매일여 10. 노벨수상 11. 독진정견해 12. 보임 13. 향상
14. 견성성불 15. 조경론

◎ 수행이력[48]
1. 유치원(1년) 2. 국민교(8년) 3. 중학교(4년) 4. 고등학교(4년) 5. 대학교(4년)
6. 대학원(3년) 7. 좌선원(3년) 8. 수선원(3년) 9. 참선원(4년) 10. 불교논문
11. 정해원(3년) 12. 체득원(5년) 13. 제기원(5년) 14. 정각원(5년) 15. 적멸궁(5년)

이상의 내용은 해인총림의 목적과 실천방안 그리고 종단의 법계와 직위, 수행이력과 수행결과를 제안한 것이다. 당시 종회에서는 이와 같은 청담의 제안을 만장일치로 통과시켰다고 한다.[49]

청담의 제안에 나타난 성격은 두 가지 방향에서 주목할 내용이 있다. 우선은 해인총림을 현대화된 종합수도장으로 운용해야 한다는 것과 함께 그를 통하여 승려교육의 근대화를 추진해야 한다는 것이다. 여기에서 청담은 이전부터 그가 주장한 영산회상의 구도에서 나온 총림수행의 교육 중요성을 다시 한 번 분명하게 하였다. 나아가서 해인총림의 위상을 종단 차원의 수행도량으로 설정하였다. 이에 전 종도, 전 사찰이 적극 지원해야 하는 당위로 연결시켰던 것이다. 다음으로는 청담은 교육을 단순히 지식의 전달로만 이해하지 않고 수행＝교육＝법계＝직무와 연결시키고 있음이 주목된

---

[47] 체증은 수행의 결과에 대한 위상을 구분한 것으로 보인다. 그런데 독진정견해, 조경론의 내용에 대해 필자는 그 성격을 파악하지 못했다.

[48] 정해원, 체득원, 제기원 등은 청담 건의안 원안을 보지 못하여 그 내용을 알 수 없다.

[49] 「17회 종회에서 통과한 청담 전종정의 건의안」, 『대한불교』 1968.1.11. 그런데 『2대 중앙종회 회의록』 116쪽에서는 총림 건의안은 예결위에 위임키로 하였다고 전한다. 그렇다면 예결위에서 만장일치로 결의한 것으로 보이나, 종회 회의록에는 더 이상의 자세한 내용이 나오지 않아 통과 과정에 많은 의문점이 있다.

다. 이는 청담이 의도한 교육은 승려교육에만 머무는 것이 아니고 종단의 운영, 체제의 구도에서 기획되었음을 말하는 것이다. 이와 관련해서 청담의 교육관에는 전통의 이력 수행과 근대적인 신식학문을 조화시키려는 의식이 분명하였음을 엿볼 수 있다.

지금껏 살핀 바와 같이 청담의 교육에 대한 관심은 지대하였다. 실달학원, 해인총림 운영 방안에서도 나온 바와 같이 그의 교육관은 총림을 통한 수행도량의 구현, 교육과 수행을 통하여 종단 운영체계의 재편까지 의도한 것이었다.

4. 청담의 교육관 및 그 성격

지금부터는 위에서 살핀 청담의 교육과 관련된 여러 사례를 유의하면서 청담의 교육관을 종합하여 정리하고자 한다. 그 연후에는 청담 교육관의 성격을 대별하여 제시하겠다.

청담의 교육관은 앞서 잠시 제시하였지만 그는 불교 근대화라는 구도에서 수용, 분출되었다. 그런데 당시는 불교가 근본불교, 전통불교, 정통불교에서 이탈되었기에 그 근원으로 돌아가려는 불교정화운동과 불교 근대화는 서로 맞물려 있었던 정황이었다. 때문에 불교 근대화, 불교정화운동으로 가기 위한, 가려는 움직임 및 노력의 핵심이 바로 교육문제이었던 것이다. 그래서 청담은 입산 직후부터 입적하는 그날까지 전 생애 기간 동안 줄기차게 교육문제를 자신의 화두로 끌어안고, 그 대안 강구에 몰두하였다. 그리하여 그는 기회가 닿기만 하면 자신의 교육관을 피력하고 그를 실천하였다.

이렇게 그는 교육에 대하여 혼신의 정열을 기울였다. 그러나 그는 현실에 나타난 교육제도, 내용 등에 대해서는 만족하지 않았다. 이는 그가 염두에 둔 영산회상의 구도, 총체적인 수행의 분위기 등이 토착화되지 않기 때문이다. 이에 그는 입적 2년 전에 『여성동아』에 기고한 「나의 불교 현대화

방안」에서 당시의 교육에 대한 강한 불신을 드러냈다.

현재 본종단의 교육기관으로서 지방에 몇 곳의 선원, 강원과 동국대 불교과 등이
있으나 선원(禪院)·강원(講院)은 종(宗)의 근본 이념에 입각한 교육과 창조적 생
명력이 결여한 데다가 퇴영적, 보수적인 형태를 탈피하지 못하였고 강원이란 더욱
이 400여 년 전의 교과와 제도로서 현실과 많은 거리가 있다. 현실을 추종하라는
것은 아니지만 현실과 유리 퇴좌(退座) 되어서는 안 된다. 시대에 일보 전진하지
않으면 아니 될 종교교육이 시대에 버림받을 사물이 되어서야 되겠는가.
그러므로 금후 승려교육은 일대혁신을 하여 본종 근본(本宗根本) 이념에 입각한
정신교육을 바탕으로 정혜쌍수(定慧雙修), 지행일치(知行一致)의 수련을 거듭하여
이리행원(二利行願)에 헌신할 인물을 양성함을 그 주지로 한다.[50]

이렇게 그는 1960년대 중반 조계종 교육기관에 대한 강한 비판을 하였다.
그는 조계종의 근본이념이 부재하고 교육의 성격도 퇴영적, 보수적인 형태
를 벗어나지 못하였다고 인식했다. 즉 현실과 동떨어진 교육제도 및 교과목
은 불가하며, 교육은 시대와 유리되어서는 절대 안 된다고 하였다. 나아가
서는 교육기관의 위치, 교육 방향에 대해서도 자신의 견해를 밝혔다.

교육기관으로서는 지방의 적당한 사원에 불교전문학교를 一, 二개소 설립하고 그
학과는 宗學, 宗史, 일반교리와 그에 필요한 인문·사회 과학도 겸수하며 불교학은
이론과 지식 편중이 아니고 종시에 의한 정혜쌍수 지행일치를 그 원칙으로 하여
근본 불교의 기본 행목인 數息觀, 不淨觀, 因緣觀, 慈悲觀 등을 實修하고 철저한
신행 생활을 수련시킴으로써 견실한 종교인을 양성하게 한다.[51]

청담은 이처럼 교육의 방향과 교과목 배정에 있어서도 자신의 견해를
분명하게 밝혔다. 그는 宗學的인 노선이었다. 다시 말하자면 종단 정체성이

---

50 『여성불교』(1969년 11월호), 147쪽.

51 위와 같음.

살아 있는, 종단 정체성을 구현하는 교육인 것이다. 이런 구도하에서 그는 불교전문학교의 수료 후에도 專門禪院, 大律院, 大敎院에서[52] 3년간은 지속적인 수학을 하도록 하였다.[53]

요컨대 말년의 청담의 교육관은 종학·종사가 분명한 교육제도, 불교 교리와 일반 사회의 인문·과학을 겸수하는 교과목이 반영되어야 하며, 정혜쌍수와 지행일치가 반영되는 신행생활의 교육 내용, 현실사회와 유리되지 않는 노선을 취하면서, 교·선·율이 균형을 이루게 하는 것이었다. 나아가서는 교육이 곧 수행이기에 교육을 거친 대상자가 종단의 모든 기관에서 종사하도록 배려하였다. 그러면 이러한 청담의 교육관에 나타난 성격을 대별하여 제시하겠다.

첫째, 청담의 교육은 청담 그가 일생동안 고민한 불교 근대화론의 구도에서 나온 것이었다. 불교 근대화는 불교 현대화를 지칭하는 것이었는데, 여기에서 청담의 교육은 당시 현실, 사회, 시대에서 불교가 중심역할을 하고, 시대를 선도하려는 데에 근본 목적이 있었다.

둘째, 청담이 교육을 고민하고, 대안을 내놓고, 실천에 옮기려는 그 때의 불교는 모든 방면에서 불교의 근원에서 멀어진 때였기에 자연적으로 청담이 의도한 교육은 불교정화운동의 일부라는 성격을 갖게 되었다.

셋째, 청담은 입산 직후부터 입적하는 그날까지 교육문제에 대하여 투철하게 인식하고, 대안을 내놓고, 실천에 옮기려고 하였다.

넷째, 청담이 고민한 교육 분야는 처음에는 강원에서 시작되었지만 선원으로 그 범위가 확대되어 갔다. 그리하여 말년에는 교육의 포괄성이 매우 넓었는데 그는 교육과 신행을 일치시키고 종단의 법계, 직위, 운영 구도와

---

[52] 대교원에는 교학, 포교문서, 교과 편찬 등의 본부로 활용하고, 역경원도 여기에 부설하도록 하였다. 그리고 내국인, 외국인들이 불교에 대하여 연구하거나 알고자 할 경우에는 자연 이곳을 찾도록 교학 권위를 세워야 한다고 하였다.

[53] 이 기본 교육을 마치면 초급 선학자, 초급 율학사, 초급 교직자(교무원, 교강사, 포교사, 말사 주지 등)로 활동케 하였다.

연결시킨 것에서 비롯된 현상이었다.

다섯째, 청담 교육 대안의 연원은 부처님이 살아 있을 적의 구도인 영산회상에서 나온 것이다. 이는 청담이 구상한 영산도로 구체화되기도 하였으며, 마침내는 종합적인 수도도량인 총림 건설로 나타났다.

여섯째, 청담의 교육은 곧 수행을 의미하였다. 여기에서 청담의 교육이 여타 승려, 혹은 타종교와 일반사회에서의 교육과의 차별성이 드러나는 것이다. 수행을 강조하였다 함은 이론만이 아닌 신행을 강조함을 말한다.

일곱째, 청담은 전통불교, 근본적인 불교로의 복원이라는 성격을 갖고 있었지만 실제 운영에 있어서는 일반사회 및 속세를 배척하지 않는 탄력성을 갖고 있었다. 이는 청담의 교육이 세간을 지도하고, 불교가 중심이 되어야 한다는 노선에서 나온 것이다.

여덟째, 청담의 교육은 종지, 종사, 종시가 반영된 종학의 의미를 띠고 있었다. 이는 교육을 시키는 목적뿐만 아니라, 교육 및 피교육의 정체성 정비, 교육 종료 후 근무하는 기관 및 소임까지 고려한 현장 중심의 교육을 말하는 것이다.

이상 청담의 교육에 나타난 성격을 대별하면서, 그것이 갖는 의미를 요약하여 제시하였다. 추후에는 청담의 교육에 대한 다양한 접근이 요망되지만 본 고찰에서는 그에 대한 초보적인 조망을 하였다.

5. 결어

맺는말은 지금까지 살핀 청담의 불교 근대화와 교육의 문제에서 미처 다루지 못한 주제 및 대상을 제시하는 것으로 대하고자 한다. 이는 필자와 후학들이 추후 이 분야를 연구함에 참고할 대상으로 제안하는 차원에서 나온 것이다.

첫째, 본 고찰에서 나왔지만 최근 근현대 불교의 연구 주제로 부상하고 있는 불교 근대화에 대한 이론, 개념, 사상 등의 측면에서 정리가 요망된다.

둘째, 불교 근대화와 일반 분야의 근대화와 동질성과 차별성이 정리되어야 하겠다. 이는 간단한 문제는 아니지만 그래도 언제인가는 접근, 해석되어야 한다고 본다.

셋째, 불교 근대화와 불교 현대화는 어떤 차별성을 갖고 있는가, 아니면 같은 구도, 개념으로 볼 수 있는 것도 흥미로운 연구 주제이다.

넷째, 불교 근대화, 현대화는 불법에 근거하여 수행, 신행, 포교를 하고 있는 불교의 일상생활과 어떤 관련을 갖고 있는가이다. 이는 근대화, 현대화의 개념 정립에서도 나올 수 있는 것이지만 2천 년 전의 가르침을 지금 그대로, 원형을 손상하지 않고 지킬 수 있는가? 아니면 현실에 맞게 수정, 보완할 것인가의 문제와도 연결된다. 요컨대, 불법과 근대화는 어떤 연결고리를 가질 것인가의 문제도 냉정하게, 거시적으로 살펴볼 수 있다.

다섯째, 불교의 근대화·현대화와 불교정화운동과의 상관성을 다각도로 접근, 분석할 필요성이 제기된다.

여섯째, 청담이 강조한 불교 근대화, 불교 현대화 그리고 그 구도에서 나온 교육문제는 조계종단에서 착근이 되었나의 문제이다. 그리고 청담의 주장은 아직도 종단 차원에서 계승할 만한 가치가 있는가도 점검할 대상이다.

이상으로 추후 청담과 불교 근대화, 불교 현대화의 연구를 수행함에 있어 참고가 될 대상, 주제를 열거하였다. 제시된 내용이 이 분야 연구 활성화에 도움이 되기를 기대한다.

:

화엄사
승가대학의
어제와 오늘

1. 서언

　　화엄사 승가대학은 조계종 제19교구 본사인 화엄사 내에 있
다. 화엄사 승가대학은 조선후기 및 일제하 불교에서 명성을 떨친 화엄사
강원의 역사의 전통을 계승하고 있다. 그러나 한국 근현대 불교가 겪었던
파란만장한 고난의 세월의 속에서 화엄사 및 화엄사 승가대학의 지향은 간
단하지 않았다. 예컨대 화엄사는 조선후기 불교사에서 일정한 자기 정체성
을 유지해 온 사찰이었으나 1910년 일제에게 국권을 강탈당한 경술국치로
인해 나온 사찰령체제에서는 본사에서 누락되었다. 이에 화엄사는 10여 년
간의 본산 승격운동을 전개하여 1924년 11월에는 본사로서의 사격이 확립
되었다.[1] 즉 자기 존립이라는 냉엄한 역사를 유지하면서 예전의 명성을 지
키는 것은 간단하지 않았다.[2]

---

[1] 이에 대한 전개과정 및 성격은 한동민의 「일제 강점기 화엄사의 본산 승격운동」
(『한국민족운동사연구』 31, 2002)을 참고할 수 있다.

[2] 근현대 화엄사에 대한 역사, 문화, 지향 등은 화엄사와 화엄문도회가 2008년에
발간한 『화엄사와 도광대선사』 자료집이 참고된다.

일찍이 화엄사가 자리하고 있는 지리산 권내의 사찰들은 조선후기 교학의 터전이었다. 그러한 바탕하에서 화엄사 강원이 위치하고 있었으며, 陣震應이라는 대강백이 교학의 법석을 구현하던 곳이었다. 그러나 서구 문명의 유입, 일본불교의 침투, 불교 근대화의 도전 등 다양한 요인에 의해서 화엄사 강원은 문을 닫고 말았다. 더욱이 1954년부터 10여 년간 전개되었던 이른바 불교정화운동이라는 거센 격변으로 인해 화엄사의 교육 및 수행 전통은 곤두박질을 당해야만 되었다. 비구승과 대처승 간의 화엄사를 점유하려는 갈등이 거세게 전개되었으며, 비구승단이 재정비되고 통합종단이 등장한 직후인 1960년대 중반에도 화엄사의 안정은 쉽게 다가오지 않았다.

이 같은 근현대 불교사의 거대한 흐름과 요동치던 내분이 안정된 시점은 1970년대 초반 무렵이었다. 화엄문도회의 산파역이었던 김도광이 1969년 11월에 주지로 부임하면서 화엄사는 정상화의 기반을 다지기 시작하였다. 화엄사 주지에 취임한 김도광은 화엄사의 안정을 기하면서도 화엄사의 교육 전통을 복구하고 종단 미래를 책임질 인재양성이라는 목표를 구현하기 위해서 화엄사 강원의 문을 열었다. 이로부터 화엄사 강원, 화엄사 승가대학은 한국 현대불교 교육사의 한 페이지를 열면서 오늘에 이르렀다.

그래서 본 고찰에서는 위와 같은 조선후기 화엄사의 역사 및 일제하 강원 역사를 유의하면서 화엄사 승가대학의 어제와 오늘을 살펴보고자 한다. 이러한 측면에서 본 고찰에서는 화엄사 승가대학에 대한 자료의 제시 위주로 논지를 펴고자 한다. 이는 화엄사 승가대학의 역사적 성찰, 현실의 분석, 미래 지향, 비판 등에 필요한 기초적인 자료 제공이라는 성격을 갖기 위함이다. 자료수집의 미비함에서 집필되었기에 부족한 점이 상당함을 자인하면서, 미진한 점에 대한 보완은 후일을 기약하고자 한다.

2. 화엄사 강원, 화엄사 승가대학의 前史

화엄사 승가대학은 1971년 5월 9일에 개원하였다.[3] 그렇지만 화엄사 승가대는 개원 이전의 역사를 계승하면서 개원하였기에 가능한 범위 내에서 근대기 화엄사 강원의 관련 자료를 제시하고자 한다. 그래야만 화엄사 승가대학의 역사와 전통을 가늠할 수 있기 때문이다. 그러나 그에 대한 관련 자료가 산실되어, 그 개요를 가늠하기가 어렵다.

이제부터는 그 실마리를 잡아 화엄사 강원의 역사 속으로 들어가 보려고 한다. 그 단서는 현재 화엄사에 세워져 있는 「禪敎兩宗智異山大華嚴寺事蹟碑銘」에서 찾을 수 있다.

> 1901년에는 幻月禪師가 寶積庵에 禪佛場을 開設하여 後學을 指導하였고 이어 震應慧燦 講伯도 座主로 後學을 養成하였다. 같은 해 三月부터 僧俗 六十餘名이 九層庵에서 白蓮社를 맺고 發徽和尙이 乾鳳寺에서 行하였던 彌陀念佛萬日會의 遺風을 이어받아 念佛修行을 振作하였다.[4]

위의 지리산사적비명에는 화엄사 강원이 1901년 寶積庵에서 陳震應 강백을 座主로 하여 후학을 양성하였다는 내용이 나온다. 그런데 필자는 위의 사적비명이 어떤 자료를 근거로 그렇게 작성하였는지를 알 수 없다. 그렇지만 여기에서 일단 화엄사 강원이 1901년에 존재하였음은 분명하다고 본다. 이러한 화엄사 강원은 조선후기 화엄사가 교학이 성행하였던 전통에서 잉

---

[3] 「화엄사 강원 개설」, 『대한불교』 1971.5.16. 그런데 화엄사에서는 1969년 도광스님이 주지로 취임하고(1969년 11월경) 바로 강원을 개설하였다고 인터넷 홈페이지에서 설명하고 있다. 이에 대해서는 별도의 고증이 요청되지만, 화엄사의 실수가 아닌가 한다.

[4] 『화엄사와 도광대선사』, 화엄사, 2008, 12쪽. 이 사적비명은 지관스님(조계종총무원장 역임)이 지은 것으로 2008년 9월에 건립되었다.

태한 것임은 분명하다.[5]

그런데 일제하의 불교에서 '南震應 北漢永'이라는 지칭을 들을 정도로 화엄사 강원은 강백인 陳震應[6]을 제외하고는 논할 수 없다. 필자는 진진응의 修行履歷書를[7] 세밀하게 살피던 중, 화엄사 강원에 대한 실마리를 찾게 되었다. 그는 진진응이 1899년 8월부터 1900년 8월까지 만 1년간 화엄사의 산내 암자인 보적암에서 강사를 역임하였다는 것이다.[8] 이 이력서는 이력서 후반의 말미에 진진응이 사실과 다름이 없다는 도장을 찍은 것이기에 신뢰할 수 있다. 즉 1901년 직전에도 화엄사의 보적암에서 강원의 성격을 띤 교학 강의가 개설되었다고 볼 수 있다. 그리고 진진응은 1912년 4월, 화엄사 佛敎專修部 강사로 부임하였고, 1913년 2월에는 사직하였다.

이런 자료의 내용을 종합할 경우, 화엄사 강원은 1899~1913년에 존재하였음은 분명하다. 다만 그 무렵의 강원이 조선후기 이래부터 지속되어 온 것인지는 애매하다. 그리고 보적암 講席과 화엄사 佛敎專修部를 동일한 범주로 보는 문제도 간단치 않다. 그러나 필자는 여기에서 1900년 무렵의 화엄

---

5 이에 대해서는 김용태의 논고가 참고된다. 김용태, 「조선후기 화엄사의 역사와 부휴계 전통」, 『지방사와 지방문화』 12, 2009; 『다송문고』 권1, 「華嚴寺奉天菴重修文」, 『한국불교전서』 12, 600~601쪽 참조.

6 진진응에 대한 삶 전체의 개요는 「근현대 선지식의 天眞面目, 진응 혜찬」(『불교신문』 2008년 7월 2일)을 참고할 수 있다.

7 수행이력서는 정부기록보존소에 보관하고 있는 것이다. 일제하 불교에서는 본사 주지가 총독부에 주지 신청을 할 경우에는 호적 등본과 수행이력서를 첨부하여 제출하였다. 진진응은 1938년에 화엄사 주지 신청을 하였는데, 본 수행이력서는 그때에 첨부된 것이다. 본 자료는 불교신문 이성수 기자가 발굴하여, 필자에게 제공한 사본 자료이다. 자료를 제공해 준 이성수 기자에게 감사를 드린다.

8 진진응은 천은사 수도암 강사를 역임하고(1897.2~1899.8), 화엄사 강사로 부임(1899.8~1900.8)하였다. 그 이후 그는 수도암 강사를 다시 역임하였다.(1900. 8~1906.12) 그런 연후, 그는 대원사 강당 강사(1907.2~1907.11), 화엄사 사립 명신학교 교원 및 교장(1909~1924), 천은사 불교전문 강당 강사(1920.9), 범어사 불교전문 강당 강사(1923), 보현사 불교전문 강당 강사(1926) 등을 역임하였다.

사에는 강원이 있었음을 확인할 수 있었다. 1915년『매일신보』에도 화엄사에 불교전수부가 있었다고 나오는데, 이 전수부가 곧 강원이라고 볼 수 있다.

全南 求禮郡 大華嚴寺 住持 朴抱月氏と 當寺에 佛敎專修部를 一層 擴張ᄒ고 陳震應 和尙을 講師로 ᄒ야 大施門을 通開ᄒ고 靑年 僧侶를 敎育홈의 八方 納子가 雲集ᄒ 야 現今 海東 折床會라 稱홀만 ᄒ다더라.[9]

요컨대 1915년 무렵, 화엄사에는 강원이 존재하였다. 다만 1915년에 중앙학림이 창건되면서, 교단 차원에서 강원이 보통학교와 지방학림으로 분화, 전환되었다. 이런 추세에서 화엄사는 어떤 변화를 겪었는지는 알 수 없다.

한편, 화엄사는 이렇게 구학의 강원이 있었지만, 근대적인 식신학교의 성격을 갖고 있는 보통학교 수준의 학교를 설립하였다. 즉 1906년에 화엄사, 천은사를 비롯한 4개[10] 사찰이 연합하여 新明學校라는 明進學校의[11] 분교[枝校] 형태의 성격을 가졌던 신식학교를 개교하였다.[12] 그런데 1906년의 『萬歲報』의 기록에는 다음과 같이 나온다.

---

9 「大華嚴佛敎專修部」,『每日申報』1915.5.16.

10 태안사, 관음사를 포함해 4개 사찰인데, 이 사찰이 공동으로 하였다는 내용은 『한국불교최근백년사』제2권 교육편번 10쪽 참조. 이 네 사찰이 공동으로 신식 학교를 세운 연유에 대해 조선후기 불교사 연구자인 김용태는 이들 사찰이 조선후기 부휴계 계통의 사찰이었다고 보면서, 그 가능성을 신뢰하였다(구술 증언).

11 명진학교에 대해서는 아래의 고찰이 참고된다.
남도영,「구한말의 명진학교」,『역사학보』90, 1981; 김순석,「통감부시기 불교 계의 명진학교 설립과 운영」,『한국독립운동사연구』21, 2003; 김광식,「명진학 교의 건학정신과 근대 민족불교관의 형성」,『민족불교의 이상과 현실』, 도피 안사, 2007.

12 신명학교는 화엄사 내에 있었다고 하지만, 학교가 소재하였던 위치와 건물 등 이 분명하지 않다.

全羅北道 求禮郡 華岩寺의 僧徒들이 學校를 設始하엿다고 學部에 認許를 請하얏다
더라.[13]

이로 미루어 보면, 화엄사는 1906년에 신식학교인 신명학교를 설립 허가
를 내어 1908년 8월 20일에 정식 개교한 것으로[14] 볼 수 있다. 그러나 현재로
서는 화엄사 불교전수부(강원), 신명학교, 지방학림 등에 대한 상관관계를
명료하게 파악할 수는 없다.[15]

---

[13] 「華嚴寺設校」, 『萬歲報』 1906.10.19.

[14] 진진응 이력서에 명치 41년(1908) 8월 20일, 화엄사 내의 사립 신명학교를 설립
하였다는 내용이 나온다. 그리고 화엄사가 30본산 설립운동을 하였을 당시
(1921.5.14), 일본인(牛島潤期)이 당국자(山路忠夫)에게 보낸 화엄사 승격을 요청
하는 편지에서도 그 관련 내용을 찾을 수 있다.
"지리산 화엄사 사립 新明學校는 지난 1909년(명치 42) 설립되어 화엄사 및 인근
의 泉隱寺의 젊은 청년승려에게 보통교육 및 불교를 베풀기 위해 화엄사와 천
은사가 공동으로 출자하여 설립하였다. 현재 2회 졸업생을 배출하였고 內地人
교원도 거주하여 교편을 잡고 있다. 학교 경영에 대하여는 나도 화엄사와 항상
직간접으로 미력이나마 도움을 주고 있는 차제에 특별히 나와 화엄사와는 밀
접한 관계를 지속하여 왔다. (중략) 화엄사는 결연히 화엄사 승려협의의 결과
및 재류 官民과 여러 사찰의 후원도 받고 있다. 또한 전번 西本학무주임 겸 社寺
주임이 순시할 때 상경하여 권고의 속뜻도 있고 하여 화엄사의 본사편입 청원
을 화엄사 강사로서 특히 사립 신명학교 교장이었던 陳震應도 상경하여 (중략)
화엄사가 본사 승격이 된다면 (중략) 전례의 성가도 유지하는 일도 되고 따라
서 사립 신명학교도 자연 순조롭게 발전한다면 내 면목도 향상되는 것"이라는
내용이다. 이 편지는 총독부 화엄사 30본산 승격운동 관련 서류철에 나온다.

[15] 그런데 『조선불교총보』 8호(1918.3)의 72~74쪽에 나오는 「30本山 付 末寺 僧尼 及
學生, 信徒數調」(1917년 말 현재)에서 학생들을 지방학림 학생, 불교전문학생,
보통학교학생 등으로 대별한 것을 보면 당시에도 강원은 존속하였던 것으로
보인다. 그러나 화엄사는 당시 본산이 아니고, 선암사와 본사 독립을 두고 다툼
을 벌였던 연고로 자료상에는 그것이 분명하게 나오지 않는다. 선암사는 그
대상이 20명, 10명, 35명으로 나온다.
한편, 『해동불보』 4호(1914.2)의 81~83쪽에는 「대정2년도 각본말사 보통학교 급
전문강당 조사표」가 나오는데, 이 기록에는 선암사는 보통학교 2개처, 전문강
당 2개처로 나온다. 신명학교는 보통학교의 대상에, 화엄사 전문강원은 전문강
당에 포함된 것으로 보인다. 그러나 화엄사에 지방학림이 개설되었는지는 전
하는 기록이 없어 알 수 없다.

이렇게 화엄사에는 1910년대, 1920년대에는 강원이 있었다.[16] 그러나 1920년대 중반 이후의 침체, 재흥 등에 대한 내용은 알 수 없다. 1920년대 중반에는 여타 강원 대부분도 문을 닫았다가, 1920년대 후반에 가서 재기하였음을 볼 때에[17] 화엄사도 기본적으로는 그 같은 구도에 있었던 것으로 이해된다. 다만, 화엄사 강원이 언제 복구되었가를 구체적으로 전하는 기록은 찾지 못하였다. 참고할 것은 1937년 12월 15일 현재, 봉선사의 강원에서 발간한 잡지인 『弘法友』 제1집에는 全 朝鮮 강원의 학인 명부가 전하는데, 그 자료에는 화엄사 강원은 나오지 않는다.[18] 당시 강원의 전체가 수록된 것으로 보아, 화엄사 강원은 그때까지 복구되지 않았는지, 단순 누락된 것인지는 단언하기 어렵다. 다만, 백용성의 법제자인 변월주가 1933년 7월 15일, 화엄사 강원으로 추정되는 華山學林에서[19] 四敎科 능엄경 과정을 수료하였다는 수업증서가 전하는 것을 보면,[20] 화엄사 강원은 복구, 지속되지 않았는가 한다.

한편, 화엄사 강원에 대한 기록은 일제 말기, 1942년 6월호인 『불교』 신37

---

[16] 그런데 1910년대 후반, 화엄사에서도 강원이 지방학림으로 변모되었는지는 파악하지 못하였다.

[17] 김광식, 「조선불교학인대회 연구」, 『한국 근대불교의 현실인식』, 민족사, 1998, 54~55쪽.

[18] 그 자료에는 대원강원(개운사), 영진강원(봉원사), 범어사 강원, 전등사 강원, 법주사 강원, 마곡사 강원, 개심사 강원, 위봉사 강원, 보석사 강원, 백양사 강원, 선암사 강원, 송광사 강원, 쌍계사 강원, 청곡사 강원, 옥천사 강원, 기림사 강원, 은해사 강원, 동화사 강원, 파계사 강원, 고운사 강원, 김용사 강원, 대승사 강원, 남장사 강원, 월정사 강원, 건봉사 강원, 동국강원(유점사), 중향강원(표훈사), 화산경원(심원사), 석왕사 강원, 보현사 강원, 홍법강원(봉선사) 등의 강원 명단이 나온다.

[19] 1915년에 간행된 『靑梅集』에서도 화엄사 강원이 華山講院으로 나온다. 이 내용은 국립 순천대 지리산권문화연구원에서 발간한 『지리산권 불교자료 1, 간기편』, 2009, 심미안, 283쪽에 나온다.

[20] 위의 『화엄사와 도광대선사』, 132쪽의 수업증서 사진, 참조. 이 문건에는 강사가 진진응으로 나온다.

집의 「휘보」에서 찾을 수 있다. 즉 그 「휘보」의 조선불교 조계종 종보의 지면에는 華嚴寺 本末寺區의 포교소, 교육기관의 내용이 요약되어 전한다. 요컨대 화엄사에 '佛教專門 講院'이 있는데 강사는 金井榮烈,[21] 생도 수 10인으로 나온다. 이 자료에는 화엄사 출신의 寺費生이 4명으로 나온다.[22]

이렇게 일제 말기까지도 화엄사 강원은 존립하였다. 그러나 일제가 패망하던 1945년 8월 15일, 해방의 그날까지 화엄사 강원이 존속하였는지는 전하는 기록이 없다. 그리고 해방공간과 정화불교 공간에서 화엄사 강원의 존속, 활동 등에 대해서도 단언할 수 없다. 본고에서는 화엄사 강원을 대표하는 승려가 진진응이었다는 점만을 강조하고,[23] 이에 대한 자료 제시 및 풍부한 설명은 후일을 기다릴 수밖에 없다.

3. 화엄사 승가대의 개설

화엄사 승가대(강원)가 복구, 재개원되었던 시점은 1971년 5월 9일이었다.[24] 우선 개교를 전하는 『불교신문』 기사를 제시하겠다.

---

[21] 이는 창씨개명된 이름이다. 그는 1919년 경 항일승려인 백초월이 화엄사에서 군자금을 모집 관련 기록에 나오는 화엄사 승려인 김영열로 보인다. 진진응은 1941년에 입적하였다.

[22] 그 대상자는 다음과 같다. 松山騏三(臨濟中學部), 黃義順(中東學校), 松川秀吉(순천 공립중학교), 文淵永德(범어사 불교전수학원) 등이다.

[23] 진진응의 역할과 업적 등에 대해서는 「請華嚴寺震應和尙書」, 『다송문고』 권2 (『한국불교전서』 12), 734~735쪽 참조. 이 내용에는 진진응이 임제종지와 조계의 선을 떨쳤다고 하면서 진진응에 대한 높은 평가가 나온다.

[24] 「華嚴寺 강원 개설」, 『대한불교』 1971.5.16. 그런데 현재 화엄사의 인터넷 홈페이지에는 1969년 도광스님이 주지로 부임하고, 우룡스님을 초대강주로 초빙하여 승가대를 개설하였다고 적시하고 있다. 그러나 이는 신뢰하기 어렵다. 부임한 첫해부터 강원을 개설할 수 없는 여러 정황을 상정해야 한다고 본다. 이 문제는 더욱 추구할 문제이다.

19교구 화엄사에서는 5월 9일부터 강원을 개설 4집과 4교과 각반에 학인을 받아들인다고 한다. 화엄사 강원은 주지 金導光스님 주선으로 마련하였는데 교계 학인들의 입학을 바라며 신도 후원단체의 적극 성원을 바라고 있다.[25]

이러한 재개원에는 현재 화엄문도회를 정립케 한 주역인 김도광의 고뇌와 헌신이 자리 잡고 있다. 당시 화엄사는 경제 사정이 매우 열악하였으며, 정화운동 이래의 여러 후유증이 존재하는데도 불구하고 이렇듯이 조속한 시점에서 강원을 개설하였던 것이다. 즉 김도광의 불교 교육에 대한 지극한 원력으로 재개원을 단행하였다. 그러면 김도광은 누구인가?

김도광은 근세 선지식인 백용성의 상좌인 이동헌의 맞상좌로 대각사에서 1937년 10월에 출가하였다. 출가한 이후에는 부산 범어사의 강원에서 교학을 배우다가, 해방공간에서는 다보사, 범어사, 백양상, 해인사 등의 선원에서 참선수행을 하였다. 그는 6·25전쟁 직후에는 담양의 보광사 선원을 창설하고, 불교정화운동에 참여한 이후에는 강진 백련사 주지를 역임하였다. 통합종단 이후에는 범어사, 파계사, 용주사 등의 주지를 역임한 후, 1969년 11월 20일에 화엄사 주지로 부임하였다.[26]

김도광이 화엄사 주지로 부임하기 이전에는 여순반란 사건, 6·25전쟁의 후유증, 잦은 주지 교체 등으로 사찰 자체가 황폐화되었다. 비구승측이 종단을 주도하면서 정전강, 정금오 등이 주지로 부임하였으나, 대처승과의 갈등의 여파가 지속되었던 측면과 재정의 부족 등으로 인해 화엄사의 정상화는 어려운 상태이었다.[27] 김도광이 주지로 부임하면서 결과적으로는 화엄사가 안정을 취하게 되고 건물불사를 단행하여 사찰의 토대를 정비하였다.

---

[25] 「화엄사 강원 개설, 9일」, 『불교신문』 1971.5.16.

[26] 김도광의 이력은 위의 책, 『화엄사와 도광대선사』, 36~37쪽의 도광대선사 연보를 참고하였다. 김도광의 생애사에 대한 전반적인 내용은 졸고, 「도광의 구도와 보살행」(『선문화연구』 5, 2008)을 참고할 수 있다.

[27] 「5년 爭訟, 화엄사 勝訴」·「화엄사 완전 勝訴」, 『대한불교』 1968.7.21·10.6.

그동안 화엄사는 여순반란 사건과 6·25사변을 치르면서 거의 황폐 직전에 있었고 빈번한 주지의 교체로 불안정 상태였는데 1969년 11월 21일 도광스님이 부임하여 중수불사에 뜻을 두기 시작했다. 스님은 걸망을 지고 여러 고을을 찾아다니며 탁발도 하고 화주도 하여 도괴 직전에 놓인 여러 건물들을 차례로 중수해 나갔다. 이런 주지 스님의 원력을 높이 평가해 관민이 물심양면으로 협조하여 순조롭게 보수불사를 진행했다.[28]

그후 김도광은 화엄사의 전통을 구현하면서 도제양성을 하기 위해 강원 복구에 나섰던 것이다. 그 내용에 관한 아래의 보도기사를 살펴보겠다.

근대에 와서는 대석학인 진진응 강백이 50여 년을 주석하며 염송회를 結社하고, 많은 法侶를 배출하였던 것이 특기할 만하고, 해방 이후로는 줄곧 수난과 더불어 침체 상태에 놓였다가 4년 전부터 중흥의 싹이 트이기 시작하여 이제 찬란했던 옛 모습을 되찾아 가고 있는 중이다.[29]

화엄사의 강원이 안정적으로 자리 잡기 위해서는 그 터전 도량인 화엄사가 정상화되어야 함은 당연하다. 위의 보도기사에 나오듯 화엄사가 김도광이 주지로 부임한 이후부터 사찰이 안정을 찾아가면서, 즉시 화엄사에 강원을 개설하였음은 그를 예증하는 것이다. 도광은 상좌가 50여 명에 달할 정도로 많은 승려를 자신의 문하로 받아들였다. 그리고 그는 교육에 대한 열정이 상당한 것으로 전하고[30] 있는데, 이런 열정이 강원의 조기 개원으로 이어진 것으로 볼 수 있다.

한편 화엄사에 승가대(강원)가 설립된 직후의 상황의 내용을 전하는 기록은 찾기가 매우 어렵다. 이런 전제하에서 『대한불교』가 1978년 3월 12일

---

28 「화엄사 대웅전 중수불사」, 『대한불교』 1973.11.4.

29 「교구본사를 찾아, 화엄사」, 『대한불교』 1973.11.25. 여기에서는 1969년부터 중흥의 싹이 트이기 시작하였다고 진단, 보도하였다.

30 이에 대해서는 위의 졸고, 「도광의 구도와 보살행」을 참조할 수 있다.

자로 화엄사 강원을 보도한 기사, 즉 「교육현장을 가다, 湖南서 唯一한 華嚴寺 講院」의 내용은 자료가 희귀한 상황에서 아주 귀한 사료이다. 이 보도기사는 화엄사 강원(승가대)의 초기 역사를 말해 주기에 그 전문을 제시한다.

湖南에서는 唯一한 화엄사 강원을 찾았다. 智異山을 배경으로 유유히 흐르는 섬진강을 보고 앉은 화엄사는 유서 깊은 大伽藍이다. 정화 이후 전강, 금오스님 등이 주석했던 화엄사는 화엄학의 본산으로도 이름이 높다. 화엄사 강원에는 주로 호남지방의 학승들이 모여 白雲스님을 講師로 佛教의 教學을 익히기에 여념이 없다. 구례 화엄사는 백제 화엄종의 총본산으로 유명하다. 통일신라 이후에도 원효 의상의 華嚴 十刹중의 하나이다. 그 후 이조와 근세를 거쳐 많은 고승대덕을 배출한 화엄사 강원의 오늘을 본다.

현재 강원에는 30여 명이 수학 중으로 역시 사미과, 사집과, 사교과, 대교과로 분류되어 있다. 그동안 초대 강사 스님 圓應스님을 비롯 만우스님, 海雲스님, 효성스님, 雨龍스님, 龍隱스님, 효섭스님을 거쳐 현재는 白雲스님이 강원을 맡아 지도하고 계신다.

이런 오랜 전통을 지닌 화엄사 강원의 교육내용을 보면 재래의 강원 교재 외에도 佛教史를 중점적으로 가르치고 있는데 그 특색이 있다. 인도불교사 중국불교사 한국불교사 그리고 俱舍論과 고승전이 그 속에 포함된다. 이렇게 광범위한 불교사와 고승전을 살펴봄으로써 올바른 史觀과 폭넓은 안목을 키울 수 있다 하겠다. 그리고 또 오후에 1시간씩 축구나 구기운동을 하여 스님들의 체력 단련에도 힘쓰는 등 한 사람의 완전한 승려를 다듬기 위해서 만전을 기하고 있다.

현재 대중용의 큰방을 講堂으로 사용하고 있는데 여러 가지로 불편이 많아 장차는 學人 전용의 강당을 지을 계획이라 한다. 오래된 古刹이나 그리 형편이 풍족하지는 않은 화엄사 살림으로서는 가능한 한 강원에 많은 도움을 주고 싶지만 그게 뜻대로 잘 안 되는 실정.

그런 중 이번에 寂默堂을 重修하면서 도서실을 마련했다. 아직 學人들이 그곳에서 공부할 수 있는 시설을 갖추지는 못했으나 장서용 도서관으로 내·외전을 비롯한 많은 책자를 구비하고 있다. 헌데 신간서적과 학술지가 물밀듯이 쏟아지는 요즘, 외간서적이 많이 모자라 구입 예산을 세우고 있다 한다. 현대에 살고 있는 승려로서 알아야 할 여러 가지 새로운 사상과 학문을 마음껏 공부할 수 있도록 각계의 협조가 요청되는 것이다.

이것이 어느 정도 진척되면 나아가 도서실을 확장하여 크게 도서관으로 시설을 갖출 계획이라 한다. 이 모든 것이 學人들의 학업 정진과 수련을 위한 것으로 옛 화엄학의 도장답게 학구적인 분위기를 이어 전하고 있다.

이러한 것들이 조금 조금씩 강원이 현대화 되고 있다는 얘기도 될 것인데 실로 강원의 현대화는 시급한 문제라 아니할 수 없다.

물론 재래로 내려온 강원식 학습방법도 많은 장점을 갖고 있으나 또한 시대적 상황에 따라 개선되어야 할 여러 가지 어려운 점들이 있어 교육의 과학화와 조직화가 필요하다. 특히 교재문제 있어 현대화는 강사와 學人 모두가 원하고 있다. 그동안 많은 學人들이 同 강원을 졸업해 禪院으로 올라가거나 가람수호의 일에 종사하거나 아니면 동국대 불교대학에 진학하기도 했다. 그런데 여기도 他 강원과 마찬가지로 강원 졸업 후 장래 문제가 해결되지 않음은 學人들에게 역시 문제점으로 지적되고 있다. 이점을 타개하기 위하여는 강원교육을 보다 강화하여 일반 대학 졸업자와 동등한 자격을 인정받을 수 있는 제도적 뒷받침이 필요하다 하겠다. 또한 禪院에 들어감도 대체로 강원을 거쳐 入院하고 있지만 이를 성문화하여 규칙으로 정함이 좋지 않을까 한다고.

그리고 자칫하면 매임 없이 자유롭기 쉬운 學人들의 생활을 철저한 규칙과 엄한 전통으로 다스리고 있다. 대체로 승려들은 거처를 옮기기가 쉬운데 이는 지속적인 학업 정진과 心身修行에 있어서는 큰 난점이 되고 있다. 그래서 同 강원에서는 學人들의 이동을 엄격히 규제하고 있다 한다. 이것은 매우 바람직한 것으로 전국의 강원에서 실시되어 앞으로 學人들이 어느 한 강원에서 끝까지 정진하여 학업을 마치는 풍토가 되어야겠다.

여기서는 하루의 일과를 말없는 규율 속에서 질서 있게 진행하는 것을 첫째의 원칙으로 삼는다 한다.

智異山 화엄사 마당에는 오늘도 學人들의 경전의 외는 소리가 가득하다. 깊은 산중에서 풀과 나무와 새들, 그리고 부처님 경전 속에서 그 뜻을 배우며 탐구하는 學人들의 모습은 그 생활 자체가 수행이요, 참선의 길이라 할 수 있었다.

위의 보도기사에는 1970년대 중후반, 화엄사 강원(승가대)의 현실, 고민, 지향 등이 자세하게 드러나고 있다. 위의 기사에 나오는 화엄사 승가대 초기 상황을 요약하면 다음과 같다.

  - 학인 수: 30여 명
  - 과정: 사미과, 사집과, 사교과, 대교과
  - 강사: 1대 강사, 圓應
        초창기 강사, 만우, 海雲, 효성, 雨龍, 龍隱, 효섭
        1978년 강사, 白雲
  - 교육 내용 특징: 불교사와 고승전을 강조
  - 고민 및 과제: 강원 현대화
              졸업 후의 진로
  - 학칙: 규칙과 전통
  - 문제: 학인 타 강원으로 이동 통제
        졸업자의 대학 학력 인정 문제

이렇게 화엄사 강원의 현주소가 드러났다. 이 같은 화엄사 강원의 고민, 문제는 비단 화엄사만의 문제는 아니었다. 그 당시 조계종단 전체 강원의 구도, 모순에서 기인하였던 것이다. 그리하여 당시 종단에서도 강원에 대한 혁신을 강구하였던 것이다. 여기에서 종단 차원의 문제를 가늠할 여건은 아니지만 그 일단을 드러내 보자. 종단 기관지이었던 『大韓佛敎』1972년 6월 25일자의 사설, 「講院敎育의 問題點, 一大 革新을 試圖할 때는 왔다」에서 그 단서를 찾을 수 있다. 1972년 6월 초순 종단 교무부에서 전국 주요 강원을 상대로 실태조사[31]를 하였는데, 사설에서는 그를 다음과 같이 요약하였다.

  ① 講師의 절대적인 부족
  ② 性 · 相宗의 혼성 교재 편성의 필요

---

[31] 종단은 1972년 3월에 강원교재 편찬 위원회를 조직하였다. 이 위원회에서는 교재 편찬을 하기 위한 강원 전체를 조사한 것으로 보인다.

③ 學人들의 漢文實力 저조

④ 學人들의 자질 향상을 위한 입학자격의 규정과 동시
   學人들에 대한 자존심과 긍지 부여

⑤ 강원에 대한 교육적인 분위기 조성

사설에서는 종단 교무부에서 강원실태에서 드러난 문제점을 제시하면서, 강원 교육에 대한 해결 방안을 촉구하고 나섰다. 그는 강사 양성, 강원 교육 커리큘럼 수정(교육내용에서 외전의 추가 등), 학인들의 입학 규정 엄격히 시행,[32] 강원교재의 개편, 승가학원(초·중·고·大学)의 설립 등이다. 여기에서 주목되는 것은 '僧伽學院'의 설립의 제안이다. 당시 강원의 학인들은 졸업을 하면 대부분 동국대학교의 승가학과나 불교학과를 지망하여 대학교육을 받기를 원하고 있었다. 그렇지만 상당수 학인들이 대학교육을 받을 수 없는 실력이기에 중·고등부의 기초 교육을 철저히 이수시켜야 한다고 진단했다.[33]

이 같은 배경에 의거 1972년 9월에는 강원교육의 혁신안이 종단 차원으로 결정되었다. 그 내용의 요체를 정리하면 다음과 같다. 강원교재 편찬 전문위원회(위원장, 운허)[34]는 9월 19일의 4차 회의에서 강원의 명칭, 제도, 교과과정을 토의하여 1973년도부터 혁신안으로 시행키로 하였다는 것이다. 그 핵심은 강원의 명칭을 僧伽學院으로 통일하고, 학제를 6년으로 한다는 것이다. 즉 수행위주의 禪學科 3년, 내전 위주의 教學科 3년의 틀로 정하였다.[35] 이 제도가 1973년부터 어떻게 시행되었는가는 별도의 고찰이 요청된

---

[32] 주로 문제 삼은 것은 한문으로 된 교재를 위주로 하는 강원에서 한문을 모르는 학인들의 입학이었다.

[33] 당시만 해도 고등학교 졸업을 한 학력 이수자가 많지 않았던 현실을 반영한 것이다.

[34] 전문위원회에는 운허, 지관, 탄허 등 23명의 위원을 두었다.

[35] 그리고 승가학원의 예비단계의 과정도 설정하였다. 즉, 수계 이전 행자에게 가르치는 예비과정부, 고등과정부(3년), 전문과정부(3년)를 거친 후 승가학원

다. 그러나 승가학원으로의 이행은 간단한 문제가 아니었으니, 당시 봉선사 교무이었던 월운이 『대한불교』에 기고한(1973.8.26) 「이대로 좋을 것인가, 숱한 문제 안은 講院敎育」은 그 단적인 예증이다.

1970년대 강원의 개요와 문제점을 점검하는 것이 본 고찰의 주 과제가 아니기에 여기에서 그를 정리할 여가가 없다. 당시 종단에서 제정한 승가학원으로의 제도는 안착되지 않은 것으로 보인다.[36] 예컨대 1977년 6월 16일, 종단 차원에서 교육법에 의거하여 신설된 제1차 교육심의위원회가 열렸다.[37] 여기에서는 승가학원의 교육 기간을 3년 내지 4년으로 할 것과 교재도 새롭게 만들 것을 결의하였다.

이렇게 종단 차원의 강원(승가학원, 승가대)에 대한 원칙이 일관성이 부재하자, 강원 학인들의 불만, 종단에 대한 이의도 지속되었다. 여기에서는 그에 대해서 당시 강원의 학인과 입승이었던 글을 제시하는 선에서 이 문제는 일단락 한다. 즉 화엄사 강원이 아닌, 법주사 강원에서 펴낸 잡지 『버팀목』 2호(1979.1)의 「강원교육의 문제점」과 『버팀목』 3호(1979.10)의 「강원체제에 부쳐서」이다. 이들 내용에서 강원 학인들이 바라는 강원 현대화, 강원의 운영 문제, 강원의 교육제도에 대한 희망이 잘 나와 있다.

하여간 화엄사는 강원이 개설되었지만, 여타 강원들이 겪고 있는 것과 대동소이한 문제에 직면하였다. 따라서 화엄사 강원의 진로는 간단한 것은

을 가는 것이었다. 고등과정부에서는 율의, 의식, 참선실수, 경론 강독(육조단경, 금강경, 보조어록, 선가구감), 불교학(불교성전, 불교학개론, 종학개론), 불교사(한국, 세계불교사), 일반 교과(한문, 영어, 일어, 종무행정)를 배우도록 하였다. 그리고 전문과정부에서는 불교학(천태학, 화엄학, 구사학, 유식학, 정토학, 율학, 밀교학, 삼론학)과 경론강독(능엄경, 원각경, 기신론, 전등, 염송) 중에서 선택케 하고, 비교종교, 범어, 일반 사회과학을 배우도록 하였다. 그러나 이에 대한 강사 확보, 자금 마련 등이 간단치 않은 문제였다. 이상의 내용은 「大刷新될 僧尼敎育」, 『대한불교』 1972년 9월 24일의 보도기사 참조.

[36] 그렇지만 강원의 명칭은 일시적으로 승가학원으로 전환된 것 같다.

[37] 「僧伽學院 교육 문제점 논의」, 『대한불교』 1977.6.26 참조. 당시 위원장은 총무원장인 자운이었고, 위원은 월주, 지관, 암도 등 3명의 심의위원이 참석하였다.

아니었다.

4. 승가대학의 교육제도 및 운영

1) 교육과정, 과목, 강사

화엄사 승가대의 1980년대, 1990년대의 교육제도는 1997년에 출판된 자료집인『강원총람』화엄사 승가대편에 나오는 내용에 의해서 그 대강을 추론할 수 있다. 1997년에 제정된 화엄사 승가대 학칙의 머리말 격인「총칙」에서는 설립 취지와 교육의 목적을 분명하게 제시하였다.

> 본 승가대학은 불타의 가르침에 입각하여 경, 율, 론 삼장과 계, 정, 혜 삼학을
> 연구하여 올바른 승가상을 구현하고 상구보리 하화중생을 목적으로 한다.

이렇게 설립, 운영의 목적을 밝히고, 이어서 조계종 교육법에 의거한 기본 교육기관으로서, 의무교육을 실시하는 상설 교육기관임을 천명하였다. 정원은 12~50인으로 정하고, 대학은 화엄사 경내에 둔다고 하였다. 승가대학을 운영하는 주체는 운영위원회와 교무회의 그리고 부설 연구기관으로서 학인회를 두도록 하였다.

그런데 1997년 현재 운영되었던 학칙에는 수업연한은 4년제로[38] 규정하였다. 그리고 이어서 재학 연한은 5년(10학기)을 초과할 수 없다고 하였다. 학년도, 학기, 수업일수, 휴강일, 입학의 내용을 정하였다. 다음, 교과목은 치문, 사집, 사교, 대교의 전통 이력과목과 교무회의에서 정하는 교양과목으로 한다고 정하였다. 그밖에 이수 단위, 시험, 추가시험, 졸업, 휴학, 복학, 전학, 퇴학 등의 내용을 정하였는데 현재 여타 승가대학과 거의 유사하다.

---

[38] 자료에는 3년제로 나오지만 이는 오타로 보아 필자가 4년제로 수정하였다.

다음으로는 규율, 포상, 징계, 조직, 운영위원회,[39] 교무회의,[40] 학인회,[41] 재정 등의 내용을 규정하였다.

화엄사 승가대는 현재 4년제(치문, 사집, 사교, 대교), 2학기제로 운영하고 있다. 그리고 교육과목의 개요는 다음과 같다.[42]

◎ 공통 필수과목(전 학년)
    불타론
    계율학 개론
    육조단경
    불교통사(불교사 개설) – 특강
    불교학 개론
    수행과 포교실수 – 특강
◎ 필수과목
    대교: 범망경
    사교: 한국불교사
         유식 – 특강
    사집: 중국불교사
         중관 – 특강
    치문: 사미율의
         인도불교사
         불교 개론

---

[39] 10인 이내의 승려위원으로 구성되는 위원회를 두는데, 당연직 위원장은 주지, 부위원장은 승가대학장이 된다.

[40] 교무회의는 학장, 학감 등 교수로 구성한다고 정하였다.

[41] 학인회는 건전한 학풍을 조성하고 지도력과 자치능력을 배양하며 부처님의 화합정신을 생활화하기 위하여 입승, 찰중 등으로 구성하도록 하였다.

[42] 이는 2009 학년도, 화엄사가 조계종 교육원에 학사현황을 보고한 문건에 의거하였다.

다음 강사에 대하여 살펴보고자 한다. 일제강점기의 강사, 강백으로는 진진응 이외에는 알 수 없는 형편이다. 그리고 화엄사 강원으로 설립된 1971년 이후의 강사진의 대상이나 그들의 근무 내용도 소상한 자료가 없어 그 개요를 파악하기 힘들다. 활용할 수 있는 자료에 의거 그 대강을 적시하면 다음과 같다.

雨龍: 1대 강주
圓應: 제1대 강사
만우, 海雲, 효성 龍隱, 효섭: 초창기 강사
白雲[43]: 1977~1980
法空:
仁山:
지엄:
覺門: 1994~ 1997? 강주
頓惺: 1997~ 중강
宗谷[44]: 강주(2005, 2009)
黙山[45]: 학감, 강사(2009)
여명: 강사(2009)
玄林[46]: 강사(2009)
日雲[47]: 중강(2009)

---

[43] 「화엄사 광고」, 『대한불교』 1976.5.2에는 화엄사 강주로 백운이 나온다.

[44] 출가(1977, 화엄사에서 도광스님을 은사로), 범어사 강원 졸업(1980), 불국사 강원 졸업(1981), 화엄사 중강(1981), 화엄사 강원 강사(1988), 화엄사 강원 강주 (1999~, 2005~).

[45] 출가(1991, 화엄사, 종원스님을 은사로), 화엄사 승가대 수학(1991~1996), 실상사 화엄학림 수학(1998~2000), 법주사 승가대 강사(2002~2008).

[46] 출가(1994, 善行스님을 은사로), 해인사 강원 수학(1995~1999), 파계사 율원 수학 (1999~2001).

[47] 출가(2003, 활인스님을 은사로), 동화사 강원 수학(2003~2005), 백양사 강원 수

2) 운영 근간, 청규

화엄사 승가대학은 위의 승가대 학칙에 의거하여 제도적인 근간이 유지되면서, 실제 학인들의 생활은 학인 청규에 의해서 운영되고 있다. 화엄사는 1997년 『강원총람』이 편집, 발간되었을 당시에 「강원(승가대학) 학인 청규」가 있었다.[48] 그런데 2009년 현재는 「화엄사 승가대학 학칙(청규)」이 존재하고 있다. 두 청규를 비교한 결과 그 내용은 유사하지만, 현재의 청규가 이전의 것 보다 확충된 것이다.

1997년의 청규의 순서는 총칙, 세칙, 부칙으로 나누고, 그 세칙에서 자세한 내용을 규정하고 있다. 즉 세칙은 큰방 생활, 예불하는 법, 공양하는 법, 입방, 외출 및 휴가, 대중공사, 소임 선출, 위의 및 기타, 벌칙 등이다. 2009년에 추가된 청규 내용은 도량을 거니는 법, 운력, 상호존중, 지대방 사용, 간병실 이용 등이다. 삭제된 것은 대중공사에 관한 내용이다.

여기서 주목되는 것은 총칙이기에 1997년의 총칙[49]의 내용과 현재는 삭제되었지만 부칙의 대중공사 내용을 제시한다. 우선 총칙을 제시한다.

1. 우리는 불법승 삼보를 받들고 존경하며 안으로는 부처님의 가르침과 밖으로는 스승의 가르침으로 수행하고 정진하여 깨달음을 증득한다.
2. 우리는 승려로서 자질 향상과 선량한 수행 분위기 조성을 위하여 제반 율장과 청규를 성실히 엄수한다.
3. 우리는 하심, 겸손, 온순하며 일거일동이 법도에 합당하고 존장, 지도자 선배들을 존경하며 덕을 쌓고 지혜를 닦는다.

그리고, 부칙이었던 대중공사에 대한 내용은 다음과 같다.

학(2005~2007), 동국대학교 수학(2007~2009).

[48] 『강원총람』, 조계종 교육원, 1997, 338~341쪽에 수록되어 있다.

[49] 그런데 이 청규가 언제 제정되었는지는 알 수 없다.

대중생활에 있어서 청규 이외의 사항은 대중공사를 통한 의견수렴과 전통의 예의에 의거하여 행하고, 전 대중은 청규를 엄수하여 대중의 화합을 도모한다.

이제는 1999년에 제정된 청규의 총칙의 성격인 「청규 제정의 필요성」을 제시한다.

1) 우리는 華嚴寺 講院의 學人이다. 화엄사는 천육백여년 전 華嚴宗刹로서 창건된 이래 여러 大德 스님이 續出하시어 韓國佛敎의 中樞役을 담당하여 왔다. 따라서, 어떻게 하면 바른 修道를 그리고 바람직한 강원 생활을 營爲하는냐 하는 것은 시급하고도 절실한 문제가 아닐 수 없다.
2) 바른 수행은 戒定慧 三學을 연수하는 것을 넘을 수 없다. 다만 攝心으로 位階하고 또 讀經하되 항상 廻光返照하는 것이므로 여기서 마음가짐의 중요성을 강조하는 나머지 行主座臥 등 諸 威儀 중요성이 소홀이 될 염려가 있으나 當制五根하야사 도리어 마음이 가지런히 되는 면을 잊어서는 안 된다.
3) 이에 주로 生活의 外面을 規制함으로써 生活의 內面을 純化하는 것을 목적으로 우리는 종래의 講院 規程을 되새겨 강원생활의 軌道로 삼고자 한다.

이렇게 1997년의 청규와 1999년에 제정된 청규의 해당 내용을 검토한 결과 필자의 소견으로는 청규가 보다 세밀해지고, 상세하게 규정하는 방향으로 간 것으로 보인다. 예컨대 예전에는 대중공사의 방법으로써[50] 문제의 해결 방안을 도출하였다면, 이제는 대중공사라는 관행으로서의 전통을 고수하지 않고, 보다 실질적인 제재로써 문제를 해소하고 있다고 보여진다. 이렇듯이 규제, 제재가 세분화됨은 강원 운영의 내실이 그 만큼 진일보하였음을 말해주는 것이다.

하여간 화엄사 승가대학은 청규라는 명분하에 승가대의 내부에서 정한

---

[50] 1997년 청규의 대중공사는 찰중, 입승의 발의로 실시하고, 중대한 의결사항은 전 대중의 2/3 이상의 동의를 얻어 결정하고, 퇴방자에 대하여는 입승에 의하여 2회 이상 경고를 받은 자에 한한다고 규정하였다.

규칙을 갖고 승가대의 운영, 생활, 학습 등의 일련의 공동체 생활을 하고 있다. 이 점은 여타 승가대보다는 공동체 생활을 통한 교육의 강조라는 일정한 차별성을 갖는 것이 아닌가 한다.[51]

3) 졸업생

화엄사 승가대학은 2009년 8월 현재까지 31기 졸업한 것으로 되어 있다. 각 기수별의 졸업자 수는 다음과 같다.[52]

기수	졸업생 수	졸업 연월일
1기	6명	1972. 1. 15
2기	11명	1973. 1. 15
3기	9명	1974. 1. 15
4기	9명	1975. 1. 15
5기	8명	1976. 1. 15
6기	12명	1977. 1. 15
7기	7명	1978. 1. 30
8기	8명	1979. 1. 30
9기	8명	1980. 2. 5
10기	4명	1981. 2. 25
11기	5명	1982. 2. 25

---

[51] 현 강주 종곡스님은 필자에게 다음과 같은 운영의 소신을 개진하였다. 즉 경전을 통해 정립한 이론을 그냥 이론으로만 남아 있으면 그것은 힘이 없어 쓸모가 없다. 그러므로 그 하나하나를 몸으로 체험케 하여 실천을 통해 자기 것으로 만들지 않으면 그것은 사상누각에 불과하다. 그러므로 직접 부딪혀서 몸과 마음이 내 것이 아님을 반드시 눈으로 확인해야 한다. 그래야 무심의 마음이 확고해져 일체의 의문과 의심이 사라지고 만사에 두려움이 없는 자유가 생긴다. 그래서 화엄사 강원에서는 운력, 단체 생활 등을 철저하게 강조한다. 이런 점은 해인사 가풍과 흡사하다.

[52] 이 통계는 화엄사 승가대에서 제공한 것이다. 그런데 화엄사 강원이 1971년 5월에 개원되었다는 사정을 고려하면 1기, 2기의 졸업생은 정상적인 교육이라는 면에서는 문제가 있음을 파악할 수 있다.

12기	3명	1983. 2. 25
13기	4명	1984. 2. 25
14기	2명	1985. 2. 25
15기	4명	1988. 2. 25
16기	7명	1989. 2. 25
17기	6명	1990. 2. 25
18기	11명	1991. 2. 25
19기	6명	1992. 2. 25
20기	6명	1993. 2. 25
21기	4명	1995. 4. 1
22기	5명	1996. 4. 18
23기	4명	1997. 2. 22
24기	5명	2000. 2. 19
25기	2명	2003. 2. 15
26기	6명	2004. 2. 3
27기	7명	2005. 2. 21
28기	1명	2006. 2. 10
29기	6명	2007. 3. 2
30기	1명	2008. 2. 19
31기	1명	2009. 2. 8

이렇게 화엄사 승가대는 매년 지속적으로 졸업생을 배출하였다. 그러나 그 졸업 인원은 위의 통계에서 나오듯이 70년대에는 10명 정도였는데, 해가 갈수록 격감하여 최근에는 5명으로 떨어지고, 1명만 졸업하는 현상까지 나왔다. 2009년 현재에도 치문 2명, 사집 8명, 사교 3명, 대교 4명으로 총 17명의 학인이 수학하고 있다.[53] 승가대의 정원, 학인 숫자는 승가대의 존폐가 달린 문제이다. 조계종단은 94년 종단개혁 차원에서 학인 정원을 30명 이상을 강구하였으나, 출가자 감소 및 중앙승가대 진출의 증가 등으로 인해 그

---

[53] 이 자료도 화엄사에서 제공한 통계치이다.

하한선을 10명까지 인하하였다. 그러나 최근에는 학년 당 학인 수 5인 이상 40인 이하, 총 정원 20명 이상 160명 이내로 수정하려고 하였다. 이에 대해서 교구본사주지협의회에서는 현실을 무시한 결정으로 보고, 학인 하한선을 두지 말자는 의견을 제시하였다. 이처럼 승가대 학인의 정원 문제는 승가대의 존폐 및 정체성 문제와 직결되는 문제이다, 이런 문제가 화엄사에서 여실하게 드러나고 있다. 이 문제를 추후 어떻게 대응해 나갈지의 문제가 화엄사 승가대의 진로에 무거운 과제라 하겠다.

4) 미래 지향

화엄사 승가대는 현재 다양한 문제점을 안고 있다. 이는 화엄사 승가대만 갖고 있는 문제는 아니다. 이에 화엄사에서는 학인들의 자질 향상과 미래지향적안 승가대 운영을 위하여 지역의 대학인 여수 소재 한영대학과 위탁교육에 대한 약정을 하여 새로운 교육을 시행하고 있다. 즉 2007년 2월, 화엄사와 한영대학은 고등교육법, 시행령에 의거 전문대학의 산업체 위탁교육을 실시하기로 정하였다. 화엄사의 스님 및 직원에 대한 교육을 한영대학에 위탁하였던 것이다.[54] 이런 약정으로 화엄사 학인 및 스님들은 화엄사 구내의 강의실에서 전문대학 수준의 대학교육을 동시에 이수할 수 있게 되었다.[55] 화엄사 학인 및 승려들은 주로 사회복지학을 이수하여, 사회복지사 자격증과 보육교사 자격증을 취득케 될 것으로 기대된다.[56]

그러나 화엄사 승가대는 다음과 같은 내적인 문제점을 안고 있다. 추후에는 이런 문제점이 자연스럽게 극복될 때에 미래의 희망이 있을 것이다.

---

[54] 이런 제반 내용은 한영대학 학장과 화엄사 주지 간에 맺은 「위탁교육 약정서」에 근거한 것이다.

[55] 학비는 사중에서 전액 부담하고 있다.

[56] 장영섭,『절속의 절, 강원답사기 - 떠나면 그만인데』, goodbook, 2009, 118~119쪽. 그러나 이런 측면을 구체적으로 확인을 하면 명실이 상부하지 않은 내용도 나올 것으로 보인다.

첫째, 화엄사 승가대는 교학적 전통을 계승해야 된다고 본다. 일제하 지리산권 교학불교의 전통이 현재에는 묻혀 있다. 그 전통을 찾으려는 노력도 없고, 그 관련 자료도 찾으려고 하지 않는다. 진진응으로 대표되는 교학, 강원 전통을 찾고, 계승하려는 의식이 있을 때에 화엄사 승가대의 정체성은 구현될 것이다.

둘째, 화엄사 승가대는 현재 입학생의 부족이라는 문제에 직면하고 있다. 이는 기본적으로 출가자의 감소에서 비롯된 것이다. 그러나 그런 현실에서 나온 문제를 방치하고, 적극적인 유입책을 강구하지 않으면 화엄사 승가대의 존립 문제까지 야기할 수 있다. 이에 화엄사 승가대는 여타 승가대와는 차별적인 대안, 미래지향 방안을 수립해야 한다. 그렇지 않으면 화엄사 승가대는 존립 자체가 위험시 될 상황이 도래할 것이다.

셋째, 화엄사 승가대의 차별적인 방안으로 별도의 學林을 강구할 수 있다. 화엄사 출신 승려, 학승 중에서 학림을 운영, 교육시킬 수 있는 대안을 갖고 있다면 그들과 연계하여 다양한 교육사업을 추진할 수 있다.

넷째, 화엄사 승가대는 운영비에 대한 혁신적인 방안을 강구해야 한다. 예전보다는 재정 상태가 향상된 것으로 보이지만 사중에서 승가대에 대한 지원방안이 향상될 때 승가대의 교육의 수준과 질이 증대될 것이다.

다섯째, 화엄사 승가대 출신들이 다양한 자격증을 취득할 수 있는 조건을 제시해야 한다. 현재 한영대학과 협약하여 전문대 학력 이수 기회를 제공하고 있지만, 이를 더욱 특화시켜야 한다.

이상으로 화엄사 승가대가 나갈 수 있는 미래 지향의 방안을 제시하여 보았다. 이런 내용 이외에도 다른 방안이 많을 것이다. 이는 산중회의 혹은 사찰 내부의 공동체에서 협의를 통하여 다양한 방안이 도출될 수 있거니와 화엄사의 위상을 걸고 교육사업에 나서야 한다고 본다.

5. 결어

이상으로 화엄사의 역사를 활용할 수 있는 자료에 의거 제반 내용을 살펴보았다. 그러나 제한된 자료에 의거 분석하였기에 미진한 내용이 적지 않음을 인정하면서, 추후 화엄사 강원, 화엄사승가대 연구에 참고할 점을 제시하는 것으로 맺는말에 대하고자 한다.

첫째, 일제하 및 해방공간 등의 화엄사 역사 자료를 찾아야 한다. 우선 진진응에 대한 자료를 광범위하게 수집해야 할 것이다.[57] 이런 자료를 통하여 화엄사 역사 전통을 수립, 재정비하는 것이 급선무이다. 이런 자료를 갖고 조선후기의 지리산권 불교의 교학전통, 화엄사 전통과 연결해야 할 것이다.

둘째, 1970년대, 1980년대 강원 강사, 강주를 역임한 승려들의 인터뷰를 통해서 화엄사 승가대의 초기 상황에 대한 구술자료를 입수해야 한다. 문헌 자료를 부족한 현실에서 구술 인터뷰에서는 다양한 증언, 사실, 회고담 등이 수집될 가능성이 많다. 화엄사 내부에서 팀을 꾸려, 이에 대한 작업을 서둘러야 할 것으로 보인다.

셋째, 화엄사 승가대 역사는 당시 보편적인 강원, 조계종단의 교육사업 등과 맞물려 있었다. 때문에 1970~1980년대 조계종단의 교육사업, 강원 문제 및 현안 등에 대한 다양한 자료가 수집되어야 한다. 그래서 그 수집 자료를 분석하여 화엄사 승가대의 역사에 활용할 수 있는 것은 대거 편입시켜야 할 것이다.

---

[57] 「교구본사를 찾아서, 19교구 화엄사」(『대한불교』 1973.11.25)에서는 진진응에 대하여 다음과 같이 보도하였다. 즉, "근대에 와서는 대석학인 진진응 강백이 50여년을 주석하며 '염송회'를 결사하고 많은 法侶를 배출하였던 것이 특기할 만 하고, 해방 이후로는 줄곧 수난과 더불어 침체 상태에 놓였다가 4년 전부터 중흥의 싹이 트이기 시작하여"라고 서술하였다. 이처럼 화엄사 강원, 승가대의 역사에서 진진응을 제외할 수가 없다. 졸고, 「근현대 화엄사의 사격과 진진응·이동헌」, 『대각사상』 18, 2012 참조.

넷째, 화엄사 내부에 있는 다양한 교육 자료를 더욱 수집해야 한다. 필자는 이번 작업을 수행하면서 화엄사 내부 자료를 입수하였지만, 미진함을 인정한다. 사찰 공동체 구성원들의 협조를 얻어서 추가 자료를 더욱 찾아야 할 것이다.

이상으로 화엄사 승가대 역사 찾기에 필요한 대상 및 내용을 제시하여 보았다. 제안에서 적시된 과제는 적지 않은 어려움을 수반하는 것이다. 그러나 그런 노력도 없이 역사 창조는 불가함을 지적하면서 이만 글을 마친다.

제3장

불교 근대화와

불교 개혁론

:

근현대
불교 개혁론의
지평

1. 서언

　　한국 근현대 불교는 지난 130여 년간(1876~) 격동의 세월을 거쳤다. 격동의 세월이라는 말에 함축되듯 불교는 생존, 발전, 도전과 응전, 변화 등 다양한 행적을 노정하였던 것이다. 이런 근현대 불교에 대한 역사를 정리하고, 의미를 추출하고, 그를 미래의 자양분으로 삼기 위한 성찰 및 계승의 작업은 한시도 늦출 수 없는 이 시대 불교인들의 과제라 하겠다. 그러나 현재 불교계의 정서, 행보, 역사의식 등을 비추어 보면 그에 대한 기대는 아쉬움이 적지 않다. 그러나 불교의 현실이 그렇다 하드라도, 불교를 주 대상으로 하는 연구하는 학자들의 자세는 스스로 자신을 경책하면서 엄정한 학문의 길을 경주해야 할 것으로 생각한다.

　　그러기 위해서는 다음과 같은 기본 원칙을 철저하게 준수해야 할 것으로 믿는다. 우선은 근현대 불교 공간에서 전개되었던 역사적 사실을 있었던 그대로, 진실 위주로 자료와 내용을 정리해야 할 것이다. 이런 학문적인 작업에서 과대평가, 오해, 착종, 누락 등은 결코 용납할 수 없는 행태이다. 다음으로는 다양한 접근, 시각, 관점 등을 고려하면서 연구의 지평을 확대

하는 것이 좋을 것이다. 근현대 불교 공간에 대한 그간의 연구의 무대에서
는 항일과 친일, 민족과 반민족, 호교론, 발전론, 종단, 문중과 문도, 큰스님
만들기 등의 관점이 관철된 것을 부인할 수는 없다. 이제는 이런 기존의
관점을 성찰하면서 창의적, 다변적, 균형적, 인문학 시각에서의 연구 활동
이 요청되는 시점이다.

한편 본 고찰의 주제인 불교 개혁론은 격동의 불교사 현장에서 다양한
형태로 노정되었다. 요컨대 개혁론에는 불교의 모순과 문제점을 개선, 개혁
하여 불교의 발전을 도모하려는 불교인들의 고뇌, 열정, 대안, 실천 등이
내포되었다. 이처럼 개혁론이 근현대 공간에서 왕성하게 전개된 것은 이
기간에 불교의 외부에서 유입된 다양한 도전이 강력하였기에 그를 극복하
려는 응전에서 배태되었음을 간과할 수 없다. 그는 산중불교에서의 탈피,
한국 전통불교의 수호, 서구문명의 유입으로 인한 총체적인 사회의 변화,
일본불교의 유입 및 영향, 개신교의 유입 및 성장, 불교 근대화 및 불교
현대화의 추구, 사회문제에 참여 등이 바로 그것이었다.

그리하여 지난 100여 년의 불교사를 살피고 이해하려는 연구자들은 불교
의 현실을 직접적으로 말해주는 중요한 대상으로 개혁론을 인식해 왔다.
그리하여 수많은 연구 논문이 발표되었고, 그에 관한 연구서도 발간되었
다.[1] 그런 결과 근현대 공간에서 활동하였던 큰스님, 학자들의 상당수가 개
혁론과 무관한 경우가 없을 정도였다. 그렇지만 이 같은 개혁론 전체에 대

---

[1] 한종만, 「불교유신사상」, 『현대 한국불교의 사상』, 한길사, 1981; 이봉춘, 「근대
불교 개혁론의 이념과 실제」, 『석림』 26, 1992; 양은용, 「근대 불교개혁운동」,
『한국사상대계』 6, 정신문화연구원, 1994; 김광식, 「근대불교 개혁론의 배경과
성격」, 『종교교육학연구』 7, 1998; 이재헌, 「근대 한국 불교개혁 패러다임의 성
격과 한계」, 『종교연구』 18, 1999; 김경집, 「일제하의 불교혁신운동 연구」, 『대각
사상』 3, 2000; 김경집, 『한국불교 개혁론 연구』, 진각종 종학연구실, 2001; 김경
집, 「근대 개혁불교의 형성과 전개」, 『만해학보』 4, 2002; 김경집, 「한국 근대불
교 속의 실천불교」, 『실천불교의 이념과 역사』, 행원, 2002; 김경집, 「일제하
불교 혁신운동의 연구 현황과 과제」, 『선문화연구』 창간호, 2006.

한 객관적, 학술적인 접근과 평가 작업이라는 측면에서는 아쉬움이 적지 않다. 즉 개별적인 개혁론과 관련 스님에 대한 해설, 홍보, 의미부여, 상찬의 성격이 지배적이었다. 이제는 해당 개혁론에서 거리를 둔 상태에서 호흡을 가다듬고 개혁론의 성격과 본질, 정신 및 사상의 추출, 당시 상황과의 상관성 등을 면밀하게 살펴야 한다.

　이제 본 고찰은 이와 같은 필자의 생각에 의거 근현대 불교 공간에서 나타났던 불교 개혁론에 대한 연구의 지평을 넓히기 위한 의도에서 집필되었다. 그러나 이 고찰에서는 불교 개혁론에 대한 필자의 생각과 지난 100년간 나왔다고 이해되는 개혁론의 개요만을 제시하는 선에서 머물고자 한다. 이에 대한 보다 정치한 필자의 연구는 후일을 기다려야 하겠지만, 여기에서는 필자의 관점이라도 분명하게 제시하고자 한다. 이 분야 연구자들의 비평과 질책을 기다린다.

2. 개혁론의 대상

　　　　　　근현대 불교 공간에서의 개혁론은 어떠한 것을 개혁론이라고 할 수 있는가에 대해서 살펴보고자 한다. 지금까지 이에 대해서는 공통적인 개념이 미진하였다. 일반적으로 개혁론이라고 불렸던 것은 개혁을 지향하는 의식, 정신, 사상, 이론 등이 개입된 것을 지칭하였다고 본다. 그러면서 개혁적인 것에는 불교 현실, 현장을 개선, 개혁하려는 목적에서 그리고 불교인들의 자세 및 각성을 촉구하는 입장에서 전개된 저술 및 기고, 결사, 수행, 공동체 활동 등도 지금까지는 개혁론의 범주에 넣기도 하였다. 요컨대 지금껏 개혁론은 광의의 개념으로 인식되었다. 그를 정리하면 다음과 같다.

- 개혁론(유신론)이라는 제목의 저술

- 개혁(론)이라는 제목이 있는 논설
- 개혁적인 성격을 갖고 있는 글(기고문, 강령, 선언문, 청규, 결사문, 취지문, 원훈)
- 개혁적인 논리에서 나온 결사, 수행공동체, 조직체

그런데 개혁론이라고 하면 적어도 그 내부에 불교적인 가치, 이상, 사상 등이 있어야 할 것이다. 단순한 비판, 대안, 의견제시, 불만 등에 머무른 것을 개혁론이라고 지칭할 수는 없다. 즉 불교(불교계, 불교인) 개혁을 위한 논리, 생각, 사상이 개입된 것(문장, 표출, 흔적) 혹은 그런 관념하에 지속된 행동 등을 개혁론이라고 부를 수 있다.

3. 개혁론의 주체

불교 개혁론을 위에서 정리한 개념으로 전제하면서 이제는 개혁론을 표출한 주체에 대해서 살펴보고자 한다. 개혁론을 주장하고, 기고하고, 실천한 불교인들은 다양하게 나왔다. 그런데 개혁론을 주창한 주체는 한 개인에 머물지 않고 단체의 성격을 띤 대상도 적지 않았다. 그래서 여기에서는 개혁론의 주체를 개인과 단체로 대별하면서 그 대상들을 연대기적으로 일괄하여 제시하려고 한다. 그러면서도 개인은 성격별로 나누어서 제시하려고 한다.

1) 개인

◎ 학승

권상로: 「조선불교 개혁론」,[2] 『조선불교월보』 3~8호(1912.4~1913.7)

---

[2] 권상로의 개혁론은 그의 전집인 『퇴경당전서』 8권에서는 「조선불교혁명론」이라고 제목이 전환되었다. 그렇지만 학자들은 개혁론이라는 이름으로 연구를 진행하였다. 권상로의 개혁론에 대한 고찰은 아래의 논고를 참고할 수 있다. 양은용, 「권상로의 불교개혁사상연구」, 『진산한기두박사화갑기념 한국 근대종

박한영[3]: 불교인의 각성, 교육과 포교, 불교계의 시무 등의 다수 논설[4]

◎ 유학승

이영재: 일본 유학, 스리랑카 순례 중 요절

「조선불교혁신론」,[5] 『조선일보』, 1922년 11~12월

총 27회 중 현재 20회 전함

김태흡[6]: 일본 유학

「正統 正態의 불교」, 『불교』 21호(1926.3)~22호(1926.4)

「신시대의 종교」, 『불교』 50·51호(1928.9)

「재가불교와 출가불교」, 『불교』 94호(1932.4)

허영호: 일본 유학, 중앙불전 교수

「조선불교에 대한 雜感」, 『불교』 87호(1931.9)

「불청운동에 대한 신과제」, 『불청운동』 7·8합호(1932.10)

「불청운동과 이상확립」, 『불청운동』 3호(1931.12)

「조선불교교육제도의 결함과 개선」,[7] 『불교』 103호(1933.1)

교사상사』, 1984; 김경집, 「권상로의 개혁론 연구」, 『한국불교학』 25, 1999; 권기현, 「권상로의 생애와 불교개혁사상」, 『밀교학보』 6, 2004; 김종인, 「권상로의 조선불교혁명론」, 『불교 근대화의 전개와 성격』, 조계종출판사, 2006.

3 한종만, 「박한영과 한용운의 한국불교 근대화 사상」, 『원광대논문집』 5, 1970; 김창숙, 「석전 박한영의 '계학약전'의 역사적 성격」, 『한국사연구』 107, 1999; 김상일, 「석전 박한영의 저술 성향과 근대불교학적 의의」, 『불교학보』 46, 2007; 노권용, 「석전 박한영의 불교사상과 개혁운동」, 『선문화연구』 8, 2010; 효탄, 「석전 박한영의 생애와 불교사상」, 『불교평론』 44, 2010.

4 한종만 편, 『현대 한국의 불교사상』, 한길사, 1981, 144~163쪽에는 「한국불교현대화론」이라는 주제하에 박한영의 기고문 6건이 수록되어 있다. 김상일, 「근대불교 지성과 불교잡지」, 『동아시아 불교의 근대적 변용』, 동국대학교출판부, 2010, 325~326쪽에도 세부적인 논설 제목이 제시되어 있다.

5 김광식, 「이영재의 생애와 '조선불교혁신론'」, 『한국독립운동사연구』 9, 1995; 김경집, 「이영재의 불교혁신사상연구」, 『한국불교학』 20, 1995.

6 김기종, 「김태흡의 대중불교론과 그 전개」, 『한국선학』 26, 2010.

7 김광식, 「조종현·허영호의 불교교육제도 인식과 대안」, 『근현대불교의 재조명』, 민족사, 2000.

「조선불교와 敎旨 확립」, 『신불교』 3집(1937.5)

「조선불교의 入敎論」, 『신불교』 9집(1937.12)

김법린[8]: 프랑스와 일본 유학, 중앙불전 교수

「民衆本位的 불교운동의 제창」, 『일광』 2호(1929.9)

「政敎分立에 대하여」, 『불교』 100호(1932.10)

◎ 선승

경　허: 해인사, 범어사, 화엄사, 송광사의 선원 수행(1899~1903)시의 기록

「해인사, 修禪社 定慧楔社文」[9]

방한암: 건봉사 만일선원 결사(1921~1922)[10]

「선원규례」・「방함록서」(『한암선사 법어』에 게재됨)

백용성[11]: 「망월사, 만일참선결사회 결사문」(1925)

「대처식육 반대 건백서」(1926)

대각교 창설, 선농불교 실천(함양 화과원, 만주 연길)(1927)

「중앙행정에 대한 희망」, 『불교』 93호(1932.3)

8　김광식, 「만해, 불교청년들을 단련시킨 용광로: 한용운과 김법린」, 『유심』 16, 2004; 송진모, 「일제하 김법린의 불교혁신론과 범어사」, 부경대학교 석사학위 논문, 2007; 김상현, 「김법린과 한국 근대불교」, 『한국불교학』 53, 2009; 이봉춘, 「범산 김법린의 사상과 활동」, 『한국불교학』 53, 2009; 김광식, 『우리가 만난 한용운』, 참글세상, 2010.

9　고익진, 「경허당 성우의 兜率易生論과 그 시대적 의의」, 『한국미륵사상연구』, 1987; 김호성, 「결사의 근대적 전개양상」, 『보조사상』 3, 1995; 김경집, 「경허의 정혜결사와 그 사상적 의의」, 『한국불교학』 21, 1996; 고영섭, 「경허 성우의 불사와 결사」, 『한국불교학』 51, 2008.

10　김호성, 「바가바드기타와 관련해서 본 한암의 염불참선무이론」, 『한암사상』 1, 2006.

11　한보광, 「용성선사의 불교 개혁론」, 『회당학보』 2, 1993; 김광식, 「백용성의 불교개혁과 대각교운동」, 『대각사상』 3, 2000; 김정희, 「백용성의 이상사회와 불교 개혁론」, 『철학사상』 17, 2003; 덕산, 「용성문도와 불교정화운동」, 『동산대종사와 불교정화운동』, 영광도서, 2007; 김광식, 「용성의 건백서와 대처식육의 재인식」, 『한국 현대선의 지성사 탐구』, 도피안사 2010; 김정희, 「백용성의 생애와 불교 개혁론」, 『불교평론』 45, 2010.

백학명[12]: 「내장선원 규칙」, 『불교』 46·47합호(1928.5)

　　　　　「禪園曲」, 『일광』 2호(1929)

이청담[13]: 조선불교학인대회(1928), 조선불교 선종(1935), 유교법회(1941) 참여

　　　　　「靈山圖」(1960년대)[14]

　　　　　「조계종 유신재건안」(1969.7)[15]

　　　　　「나의 고백」(1969.9)[16]

이성철[17]: 「봉암사 결사 공주규약」(봉암사, 1947)[18]

　　　　　「실달학원 서원문, 수학요강」(1965)[19]

　　　　　「해인총림 계획안」·「승가대학 설치 계획안」(1967)

　　　　　「해인총림 결사 규약」(1970?)

　　　　　「한국불교의 전통과 전망」, 『불교신문』 2회(1980.12.21·28)

송만암: 고불총림(1947~1950)[20]

　　　　「결성 성명」·「호남 고불회 취지서」·「강령」·「청규」

---

12 김종진, 「학명의 가사 '선원곡'에 대하여」, 『동악어문집』 33, 1998; 김광식, 「백학
명의 불교개혁과 선농불교」, 『불교평론』 25, 2005; 김병학, 「백학명의 반선반농
운동을 통해 본 불교개혁이념」, 『종교연구』 47, 2007; 김순석, 「백학명의 선농일
치와 불교 개혁론」, 『한국선학』 23, 2009; 김호성, 「근대 한국의 선농불교에 대
한 재조명 - 학명과 용성을 중심으로」, 『불교학보』 55, 2010; 김호성, 「학명의
선농불교에 보이는 결사적 성격」, 『한국선학』 27, 2010.

13 김광식, 「이청담과 불교정화운동」, 『한국 현대불교사 연구』, 불교시대사, 2006.

14 김광식, 「청담의 민족불교와 영산도」, 『민족불교의 이상과 현실』, 도피안사,
2007.

15 김광식, 「이청담과 조계종 유신재건안 연구」, 『새불교운동의 전개』, 도피안사,
2002.

16 김광식, 「청담의 「나의 告白」과 불교 근대화」, 『마음사상』 8, 2010.

17 김광식, 「이성철의 불교 개혁론」, 『한국 현대불교사 연구』, 불교시대사, 2006;
신규탁, 「성철선사의 불교관에 나타난 개혁적 요소 고찰」, 『한국불교학』 49,
2007; 서재영, 「봉암사결사의 정신과 퇴옹 성철의 역할」, 『봉암사결사와 현대
한국불교』 조계종출판사, 2008.

18 조계종 불학연구소 편, 『봉암사결사와 현대 한국불교』, 조계종출판사, 2008.

19 이 글은 이청담과 함께 작성한 것으로 나온다. 때문에 공동의 산물이다.

20 김광식, 「고불총림과 불교정화」, 『한국 현대불교사 연구』, 불교시대사, 2006.

이효봉: 송광사 삼일선원, 정혜결사(1946.7)[21]; 「규칙」

김탄허[22]: 오대산수도원(1956~1958), 영은사수도원(1959~1962); 「원훈」

김지효[23]: 조령, 범어사, 법흥사에서 총림건설(1962~1975)

「재건총림회 정관」·「법흥사 재건수호 석명서」·「근본이념」·「3대 실천요강」

김서운[24]: 「釋明書」(1960)·「호소문」(1960)·「年頭辭」(1961)·「이임사」(1962)

「사찰운영의 쇄신안(강력한 중앙집권제 실시를 위해)」,

『대한불교』 56호(1964.9.6)

「본사 행정의 기본방침 - 사원경제 계획에 대한 하나의 제언」,

『대한불교』 1965.3.21

「종단재건을 위한 고찰」, 『대한불교』 1966.8.7

「불교 근대화의 기본자세」, 『법시』 29호(1967.8)

「實相을 깨우치는 교육」, 『법륜』 3집(1968.4)

「종무행정론- 종무행정지도위의 정책입안을 위하여」,

『대한불교』 424호(1971.10.10)

송서암: 「종단재건의 기본방향」(1993.11.30)[25]

◎ 개혁승, 사상가

한용운: 『조선불교유신론』,[26] 불교서관, 1913

21 김경집, 「효봉의 정혜결사와 시대적 의의」, 『보조사상』 33, 2010.

22 김광식, 「탄허스님의 생애와 교화활동」, 『탄허선사의 선교관』, 월정사, 2004, 김광식, 「오대산수도원과 김탄허: 정혜결사의 현대적 변용」, 『새불교운동의 전개』, 도피안사, 2002; 김광식, 「김탄허의 교육과 그 성격」, 『한국 현대불교사 연구』, 불교시대사, 2006; 김호성, 「탄허의 결사운동에 대한 새로운 조명」, 『한암사상』 3, 2009.

23 김광식, 「김지효의 꿈, 범어사 총림건설」, 『불교학보』 49, 2008.

24 김광식, 「김서운의 종단정화와 그 특성」, 『한국 현대불교사 연구』, 불교시대사, 2006.

25 김광식, 「송서암의 불교 개혁론」, 『한국 현대선의 지성사 탐구』, 도피안사, 2010.

26 한용운에 대한 개혁론은 다음의 논고를 참고할 수 있다.
정광호, 「한용운과 조선불교유신론 - 그의 개혁 사상을 중심으로」, 『법륜』

「조선불교의 개혁안」,[27] 『불교』 88호(1931.10)

박중빈(불법연구회, 원불교): 「조선불교혁신론」(1936),[28] 『불교정전』(1943)

상월(1966년, 천태종)[29]

손규상(회당, 진각종)[30]: 「3대 강령」·「불교정화에 대하여」 등 다수의 글

『진각교전』(1960)·『회당논설집』(2002)

태허(1965년, 일승불교현정회, 불입종, 관음종)[31]: 『불종대의』·『범성』

32~34호 · 49 · 50호, 1971~1972; 전서암, 「만해의 저항정신과 불교유신론」, 『씨
알의 소리』 79호(1978); 이영무, 「한국불교사상 한용운의 위치 - 조선불교유신
론을 중심으로」, 『인문과학연구』(건국대) 14, 1982; 전보삼, 「불교개혁을 위한
한용운의 화두」, 『회당학보』 2, 1993; 전보삼, 「한용운의 불교개혁사상에 대하
여」, 『한국사상과 문화』 2, 1998; 서재영, 「1910년 전후의 시대상과 조선불교유
신론의 의의」, 『의상만해연구』 1, 2002; 정광호, 「조선불교유신론의 집필의
배경과 개혁방향」, 『만해축전』, 2002; 김광식, 「조선불교유신론과 현대 한국불
교」, 『불교평론』 16, 2003; 서재영, 「한국 근대불교 개혁론의 전개와 교단개혁
- 조선불교유신론을 중심으로」, 『동아시아 불교의 근대적 변용』, 동국대학교출
판부, 2010; 김광식, 『우리가 만난 한용운』, 참글세상, 2010.

27 김광식, 「한용운의 '조선불교 개혁안' 연구」, 『유심』 24, 2006.

28 한종만, 「불교유신론과 불교혁신론」, 『현대 한국의 불교사상』, 한길사, 1981;
김낙필, 「소태산의 원불교 사상」, 『한국 근대 민중종교사상』, 학민사, 1983; 한
종만, 「소태산의 불교혁신론」, 『회당학보』 2, 1993; 김방룡, 「지눌의 정혜결사
운동과 소태산의 불교개혁운동론의 의의」, 『진산한기두박사정년 기념특집 원
불교 교화의 제문제』, 원불교사상연구원, 1997; 김방룡, 「원불교의 근대성과 변
혁사상」, 『동학연구』 9-2, 2005; 양은용, 「소태산 대종사의 「조선불교혁신론」과
불교개혁 이념」, 『원불교사상과 종교문화』 32, 원불교사상 연구원, 2010; 원영
상, 「소태산 박중빈의 재가주의 불교운동과 민족주의」, 『한민족문화연구』 23,
2007; 김방룡, 「소태산 박중빈의 불교개혁과 선사상」, 『원불교사상과 종교문화』
45, 원불교사상연구원, 2010.

29 이봉춘, 「근세 천태종의 전개와 동향」, 『천태학연구』 창간호, 1998; 최기표, 「상
월 원각대조사의 생애와 업적」, 『천태학연구』 5, 2003; 최동순, 「상월조사 행장
발굴과 연보 정정」, 『한국불교학』 54, 2009; 최동순, 『처처에 백련 피우리라: 상
월조사 구인사 창건기』, 운주사, 1999.

30 덕일, 「회당 대종조의 불교 개혁론」, 『회당학보』 1, 1992; 권영택, 「회당 대종조
의 불교 개혁론」, 『회당학보』 2, 1993; 장용철, 『불법은 體요 세간법은 그림자라』,
도서출판 진각종해인행, 1999; 김경집, 「회당 손규상의 사회사상 연구」, 『회당
학보』 5, 2000; 김경집, 「회당 손규상의 불교개혁사상 연구」, 『회당학보』 6,
2001.

신소천[32]: 「구국원력대의 취지」, 「웨침」, 「3만권 불사를 맞이며」

『한글 금강경』(1952.3, 마산) 『독송용 금강경』(1952.5, 부산)

『金剛經과 覺運動』(1956, 불교시보사)

법 정: 「이 수치를」, 『대한불교』 1965.6.6

「긴급동의」, 『대한불교』 1965.6.20

「우리를 슬프게 하는 것들」,

『대한불교』 1965.12.19, 1965.12.26, 1966.1.16

「부처님 전상서」,[33] 『대한불교』 1964.10(3회)[34]

황성기: 「한국불교 再建論」(1965)[35]

『불교생활』 창간사(1964.12),[36] 「불교사상연구회 취지문」

고광덕[37]: 「도제양성의 기본문제」, 『대한불교』 1965.6.13

「순수불교선언」,[38] 『불광』 창간호(1974.11)

31 이흥파 편, 『태허조사, 일대사 인연을 말하다』, 범성, 2010; 김광식, 「태허조사의 불교혁신론」, 『태허조사, 일대사 인연을 말하다』, 범성, 2010.

32 광덕, 「신소천스님의 구세호국사상」, 『불광』 45호(1978.7)

33 김광식, 「법정스님의 불교혁신론」, 『법보신문』 2010.3.17.

34 그는 1964년 10월 11일, 10월 18일, 10월 25일이다.

35 한종만 편, 『현대 한국의 불교사상』, 한길사, 1981, 291~335쪽에 수록되어 있다. 황성기의 이 글은 황성기(고봉)가 『불교생활』 5호(1965.4), 7호(1965.9) 등에 「우리의 주장-불교사상연구회의 취지에 입각하여」라는 제목으로 연재된 것을 「한국불교 재건론」이라는 주제로 편집한 논설문이다. 황성기의 불교개혁의 입장은 그의 글 「한국불교의 나아갈 길」, 『불교사상의 본질과 한국불교의 문제』, 보림사, 1989의 내용도 참고 된다. 이 글은 1962년 7월, 『불교사상』에 게재된 글이다.

36 창간사에서 "오늘의 한국불교로 하여금 구국제민의 대승보살의 사명을 다하도록 불교교리를 연구 보급하고 보살사상을 실천 수행하기 위한 모임이 '불교사상연구회'요, 그 기관지의 구실을 맡은 것이 곧 이 월간 『불교생활』이다. 그런데 이 『불교생활』은 사찰중심 승려본위 형식주의의 낡은 인습을 지양하고 교리중심, 신앙본위, 구제주의 불교로 발전시킴과 동시에, 불교의 현대화, 대중화, 생활화를 최후 목표로 했음"이라는 내용이 개혁론의 성격을 단적으로 말한다.

37 김광식, 「광덕스님의 구도행·보살행」, 『광덕스님 전집』 1권, 불광출판사, 2009; 김광식, 「광덕사상, 그 연원의 시론적 소묘」, 『정토학연구』 13, 2010.

38 광덕의 이 선언과 관련하여 그 이전 사상적 편린을 모색할 수 있는 글, 「영원의

「한국불교, 무엇이 문제인가」, 『불광』 1980년 1월호

「오늘의 보살, 무엇을 할 것인가」, 『불광』 1983년 2월호

이기영: 『다시 쓰는 한국불교유신론』,[39] 한국불교연구원, 1998

「한국불교연구원의 모토」,[40] (1974, 구도회 병설)

서경수: 세속의 길 열반의 길』, 원음각, 1966

이종익: 「한국불교 재건론」, 『불교계』 17호(1968.12)~21호(1969.5)

『대한불교 조계종중흥론』, 보련각, 1976.7

휴 암: 『한국불교의 새얼굴』,[41] 대원정사, 1987

2) 단체

◎ 조선불교유신회(1921)[42]

「강령」·「사찰령철폐 건백서」

◎ 선학원[43]

선우공제회(1922.3), 「취지서」

조선불교 선종(1935.3), 「선서문」

◎ 조선불교학인대회(1928)[44]

빛 순화된 불교 현대에 적응하는 불교의 자세」(『조선일보』 1963.5.21)가 주목된다.

[39] 이 책의 「불교는 새로워져야 한다」에 불교개혁에 대한 글이 집중적으로 수록되어 있다.

[40] 공동연구, 공동수련, 공동참여라고 한다.

[41] 휴암은 1980년 5월에 『한국불교의 새얼굴』을 비매품으로 제작, 배포하였다. 그리고 그는 1989년 10월에는 「승가의 양심과 불교탄압의 문제」라는 논설문을 제작, 배포하였다. 그의 불교관, 불교사상에 대해서는 『장군죽비』(전2권, 명상, 1994)가 참고 된다.

[42] 김광식, 「조선불교청년회의 사적 고찰」, 『한국불교학』 19, 1994.

[43] 김광식, 「일제하 선학원의 운영과 성격」, 『한국독립운동사연구』 8, 1994; 김광식, 「선학원의 설립과 전개」, 『선문화연구』 창간호, 2006; 김경집, 「선학원 활동의 사적 의의」, 『불교학연구』 15, 2007; 김광식, 「조선불교 선종과 수좌대회」, 『한국 현대선의 지성사 탐구』, 도피안사, 2010; 김광식, 「조선불교 선종의 선회에 나타난 수좌의 동향」, 『한국 현대선의 지성사 탐구』, 도피안사, 2010.

「대회 발기 취지서」·「강령」·「聯盟의 성립과 吾儕의 책임」

◎ 卍黨(1930)[45]

　「선서문」·「강령」

◎ 불교청년당(1945)[46]

　「강령」

◎ 혁명불교도동맹(1946)

　「당면주장」

◎ 조선불교혁신회(1946)

　「강령」·「지도이념」·「혁신3단계」·「혁신현안」

◎ 불교여성총동맹(1946)

　「선언문」·「강령」

◎ 불교혁신총연맹(1946)[47] 전국불교도총연맹(1947)[48]

　「석명서」·「선언 및 강령」·「당면주장 10개조」

◎ 남조선불교도연맹(1950.6~9)[49]

　「강령」·「당면주장 10개조」

◎ 전국신도회

　「조계종단 혁신재건안」(1963.11)[50]

---

[44] 김광식, 「조선불교학인대회 연구」, 『한국 근대불교의 현실인식』, 민족사 1998; 「조선불교 학인대회록과 불교개혁」, 『민족불교의 이상과 현실』, 도피안사, 2007.

[45] 김광식, 「조선불교청년총동맹과 만당」, 『한국 근대불교사 연구』, 민족사, 1996; 「만당과 효당 최범술」, 『민족불교의 이상과 현실』, 도피안사, 2007.

[46] 불교청년당, 불교혁신회, 혁명불교도동맹, 여성불교총동맹의 강령 및 성격은 졸고, 「8·15해방과 불교계의 동향」, 『한국 근대불교의 현실인식』, 민족사, 1998 논고에 상세하게 소개되어 있다.

[47] 김광식, 「불교혁신총연맹의 결성과 이념」, 『한국 근대불교의 현실인식』, 민족사, 1998.

[48] 김광식, 「전국불교도총연맹의 결성과 불교계 동향」, 『한국 근대불교의 현실인식』, 민족사, 1998.

[49] 김광식, 「한국전쟁과 불교계 - 북으로 간 승려들과 불교혁신운동」, 『불교평론』 43, 2010. 이 연맹 산하에 진보적(좌익)인 불교청년당도 설립되어 활동하였다.

◎ 영축회(1967)[51]

　　「취지문」·「실천 강령」

◎ 禪林會(1967)[52]

　　「회칙」·「선서문」·「강령」·「결의문」

◎ 민중불교운동연합(1985.5)[53]

　　「발기 취지문」·「창립 선언문」·「강령」·「민중불교운동의 이론적 과제」

　　「민불련운동, 그 성과와 과제」·「민중불교운동론」·「민중불교를 내면서」

◎ 정토구현 전국승가회(1986)[54]

　　「창립 선언문」·「전국승려대회 지지 성명서」·「정토구현의 길」

　　『부산 정토구현불교협의회 창립총회 자료집』

　　「9.7해인사 승려대회 1주년 기념 심포지움, 한국불교의 민중적 전개를 위하여」

　　「승가운동 제 단체에 대한 평가」

◎ 대승불교 승가회(1988.3.25)

　　「창립 선언문」[55]

◎ 선우도량(1990.11)[56]

　　「취지문」·「서원」·「실천덕목」·「청규」

◎ 대원회 대중결사(1989~1992)[57]

50　김광식, 「전국신도회의 조계종단 혁신재건안 연구」, 『새불교운동의 전개』, 도 피안사, 2002.

51　김광식, 「제2정화운동과 영축회」, 『정토학연구』 10, 2007.

52　김광식, 「선림회의 선풍진작과 정화이념의 계승」, 『한국 현대선의 지성사 탐구』, 도피안사, 2010.

53　여익구, 『불교의 사회사상』, 민족사, 1981; 여익구, 『민중불교입문』, 풀빛, 1985; 법성 외, 『민중불교의 탐구』, 민족사, 1989; 조성열, 「현대 한국의 실천불교」, 『실천불교의 이념과 역사』, 행원, 2002.

54　여기에서 실천불교전국승가회가 파생, 재조직되었다.

55　이 단체는 민족불교를 표방하였다.

56　이에 대한 연구는 부재하다. 승풍진작, 체제 내의 개혁 지향의 성격을 가졌다.

57　김경집, 「한국 근현대불교의 보조영향」, 『보조사상』 27, 2007, 117~120쪽; 『대중 불교』 81호, 94호, 117호, 128호.

「결의문」

· 참여불교 재가연대(1999.3.28)

『신대승불교운동 10년의 성찰과 새로운 모색』[58]

4. 개혁론의 실행

　　　　　근현대 불교 공간에서 개인 및 단체에 의해 제기된 개혁론은 위와 같다. 그렇지만 일부 개혁론은 필자가 간과한 대상도 있을 것이다. 이러한 개혁론은 불교현장에서 다양한 형태로 노정되었지만, 그 실제의 전개과정도 복잡하게 구현되었다. 그중에서는 강력한 사조로 현실에 구현된 것도 있고, 종단의 이름으로 나타난 것도 있었으며, 어떤 것은 하나의 대안으로만 제시된 것도 있으며, 일부의 안은 소리 없이 사라져 간 것도 있다. 이런 전제하에서 여기에서는 현실에 구현된 것을 시기별로 나누어 그 추이를 소묘할 수 있는 단서를 제공하고자 한다.

　그 시기는 일제하의 시기, 해방공간, 정화공간, 개혁운동 공간 등으로 나누고자 한다. 우선 일제하의 공간에서 주도적인 개혁론으로 등장한 것은 대략 한용운 조선불교유신론의 그룹, 선학원 계열, 백용성의 대각교 흐름으로 대별할 수 있다.

　일제하의 공간에서 가장 강력하게 전개된 것은 한용운의 입론이었다. 그의 입론은 대중불교론으로 지칭될 수 있다. 대중불교론은 '산간에서 도회지로, 승려중심에서 대중중심으로'라는 슬로건을 갖고 불교의 다양한 방면에서 구현되었다. 대중불교론은 한용운, 김법린, 김태흡, 허영호, 이영재, 조선불교유신회, 만당 등으로 나타났다. 그런데 내용상으로는 학교와 포교당의 설립, 잡지 발간, 불교 통일운동, 종단 건설, 승려의 결혼 허용, 서구문명

---

[58] 이 책자는 참여불교 재가연대가 창립 10주년을 맞이하여 개최한 평가 토론회 (2009.8.14)의 자료집이다.

영향, 일본불교 영향 등을 그 상징으로 볼 수 있다. 그렇지만 이 개혁론은 불교 현장에서는 보수와 진보라는 이원적인 노선으로 대립했다. 이 노선 간에는 일정한 갈등, 대립이 노정되었지만 기본적으로는 동질적인 성향을 갖는 것이었다.

보 수	진 보
원종(1908)	임제종(1911)
본말사 주지	신학문, 불교청년, 유학승
점진, 개선	급진, 개혁, 혁명
학교, 포교당, 잡지 등 주관	근대적 기관의 활성화 강조
교무원(재단법인1922)	총무원(1922), 만당(1930)
일제와의 공존	일제와의 비타협, 저항
현실 안주	민족운동(3·1운동, 상해 임정에 참여)
사찰령 수용	사찰령 철폐, 수정
사법 인정	사법 개정
결혼(대세 수용)	결혼(적극적)
승려대회(1929) 참여	승려대회(1929) 주도
종헌 실행, 미온적	종헌 실행운동, 종단건설 운동
조선불교조계종(1941) 주도	조선불교조계종(1941) 참여
온건 불교 근대화	급진 불교 근대화(민족불교, 대중불교론)

이렇듯이 한용운의 대중불교론은 일제하의 불교 현장에서 실천되었다.[59] 그러나 지금까지는 이런 현상을 주목하지 않고, 보수(온건, 주류)노선을 친일노선으로만 인식, 매도하였다. 그러면서 한용운 노선과의 관련성을 고려

---

[59] 김광식, 「불교의 근대성과 한용운의 대중불교」, 『한국불교학』 50, 2008; 김광식, 「한용운의 근대화 기획과 승려결혼 자유론」, 『대각사상』 11, 2008; 김광식, 「한용운의 대중불교·생활선과 구세주의·입니입수」, 『한국민족운동사연구』 54, 2008; 김기종, 「근대 대중불교운동의 이념과 전개」, 『한민족문화연구』 28, 2009; 김기종, 「근대 불교잡지의 간행과 불교 대중화」, 『동아시아 불교의 근대적 변용』, 동국대학교출판부, 2010.

하지 않았다.[60] 그리고 진보노선은 민족적, 항일적인 노선으로 인식하였다. 그러나 이제는 항일, 친일이라는 단선적인 역사 이해는 극복되어야 할 것이다. 최근 등장한 불교 근대화, 근대성, 합리성, 동아시아의 관점 등은 신중하게 검토되어야 할 것이다. 그렇지만 한용운의 대중불교론에 포함된(영향받은) 양 노선(보수, 진보)은 기본적으로 진보적 불교 개혁론과 불교 근대화(서구문명)의 수용이라는 관점에서는 광의의 진보적인 노선으로 볼 수 있는 것이다.[61] 그리고 급진적 불교 근대화 노선은 민족불교론[62]으로 볼 수 있다.

이에 반하여 선학원, 대각교 노선은 보수적(수구적)인 개혁론이라 하겠다. 여기에서는 일제하의 공간에서 나타난 보수적인 개혁론 중에서 복고적인 선학원과 중도적인 백용성의 노선의 성향을 보수와 진보로 대별하여 그 내용의 차별성을 제시하여 보겠다.

보 수	진 보
선학원, 선우공제회(1922)	대각교(1922, 1927)
송만공, 오성월, 백학명 등 다수	백용성
전국의 선원	대각사, 대각교 중앙본부
수좌대회(다수)	만일참선회(망월사)

---

[60] 필자는 일제하 주류노선(대처승, 조선불교 조계종)이 한용운의 불교 개혁론의 범주에 드는 것이라고 본다. 심재관은 '대처식육'을 불교 근대성을 이해하는 주요 기제로 본다. 심재관, 「근대 한국불교의 한 진경」, 『불교평론』 22, 2005 참고. 이는 한용운의 개혁론이 일제하 불교 공간에서 주류적인 개혁론임을 상징하는 말해주는 단서로 필자는 본다.

[61] 이에 대해서는 김정희, 「종단설립운동과 조계종의 근대적 의미」, 『불교학보』 49, 2008 논고가 참고 된다. 요컨대 1941년의 조계종은 근대적 의미가 다분한 운동이었는데 이 운동을 추동한 것은 진보적 승려들이었지만 보수적인 승려들도 이에 합류하였다. 이는 보수, 진보계열이 결혼을 하고 한용운의 개혁론을 대부분 수용했다고 볼 수 있는 예증이다.

[62] 필자의 민족불교론은 졸고, 「대한승려연합회 선언서와 민족불교론」, 『민족불교의 이상과 현실』, 도피안사, 2007, 71~83쪽 참조.

결혼 반대	결혼 적극 반대, 건백서 2회 제출
일제와 공존(사찰령 수용)	해체 당함(1936)
선리참구원(재단법인, 1934)	기존불교와 차별, 역경불교, 도회지 포교
조선불교 선종(1935)	재건(1938), 조선불교선종 총림 표방
참선 수행, 유일주의	선농불교(화과원, 선농당), 禪律 겸행
불교정화(유교법회)	불교정화
전통주의(불법수호)	전통주의와 근대주의의 결합(민족불교)

이렇듯이 보수적인 개혁노선인 선학원과 대각교에서도 일정한, 미세한 차별상이 나타났던 것이다. 그는 선학원의 노선이 수구적, 전통적인 노선이었다면 대각교 노선은 수구적인 노선을 가지면서도 근대적인 성격이 가미된 것이라 하겠다.[63] 물론 노선상의 기본 성향은 그렇다하여도 일제하의 공간에서 주류적인 것은 보수적인 선학원노선이었다. 선학원은 일제 식민통치에 억압을 받으면서도 해방 이후, 현재까지 존속하고 있다. 그러나 대각교는 일제의 외압, 자체 내의 한계 등으로 인하여 1930년대 후반에는 해소되었다가, 백용성 입적 이후에는 선리참구원(재)에 일개 선원으로 편입되는 변모를 겪었다. 그러다가 해방 이후 1960년대 후반에 가서야 재단법인 대각회로 재출범하는 우여곡절을 겪었던 것이다. 나아가서 대각교 노선도 민족불교론의 구도에 포함시킬 수 있다고 본다.[64]

그러면 이제부터는 해방공간에서의 개혁론 상황을 역시 동일하게 보수, 진보 노선으로 대별하여 살피겠다.

---

[63] 김광식, 「불교 근대화의 노선과 용성의 대각교」, 『대각사상』 10, 2007; 김정희, 「백용성 대각교의 근대성에 대한 소고」, 『불교학연구』 17, 2007; 김광식, 「식민지(1910~1945)시대의 불교와 국가권력」, 『대각사상』 13, 2010.

[64] 민족불교론은 졸고, 「대한승려연합회 선언서와 민족불교론」 참조. 대각교는 노선은 불법수호에만 머물지 않고 저항적인 민족운동 노선을 지향하였기 때문이다. 졸고, 「백용성의 민족불교」, 『민족불교의 이상과 현실』, 도피안사, 2007 참조.

보 수	진 보
대처승	비구승, 혁신 재가자
승려 결혼 인정	승려 결혼 불가
한용운의 대중불교 노선	전통불교 재건, 혁신불교 재건
사찰재산 수호(유상분배)	사찰재산 농민에게 제공(무상분배)
종단 장악, 해인총림	선원, 재가 혁신단체
본말사 주지	봉암사 결사[65]
식민지불교의 개선	불교의 시스템 혁신: 신 대중불교론
승려와 신도의 분리	출가중과 재가 중 역할 분한, 평등
보수적 정치권과 연결	사회주의 노선과 친연성, 김구 북행 동참
한민당 연계	미군정에 탄압 받음, 월북
대승불교 노선	비구불교, 수행불교, 정화불교
김법린, 최범술, 이종욱	청담, 성철, 자운, 향곡, 고암

이와 같은 배경하에서 진보적인 노선에 포함된 다수의 혁신단체는 강력한 개혁론을 주장하였지만 제도권, 기득권의 종단 집행부에서는 그를 거의 수용하지 않았다. 그래서 급기야는 총무원을 별개로 두는 분열까지 나아갔다. 그 후 여기에서 진보적인 그룹의 일단에서 주장하였던 개혁론(정화, 수행)이 6·25전쟁을 겪으면서 저절로 불교정화의 논리로 자리 잡게 되었던 것이다. 요컨대 선원 등지에서 불법대로 살겠다는 극단적인 비구승들이 이후 불교정화운동의 일선으로 나왔다. 그래서 자연적으로 해방공간에서는 그들의 논리, 주장, 영향이 소수자이었지만, 1954년부터는 강력한 개혁론으로 불교 현장의 전면에 등장하였던 것이다. 그 결과 비구승 중심의 근본 지향적인 개혁론이 신도, 언론, 국가, 공권력 등 다수의 지원을 얻으면서 1차적으로는 1955년 8월에 2차적으로는 1962년 4월에 비구승 중심 종단의

---

[65] 그런데 이 시기 백양사, 전라도 일대에서 전개된 만암의 고불총림은 중도 노선을 갔다. 즉 종단, 현실에는 비판적이되, 독자 개혁노선을 갔다. 김광식, 「고불총림과 불교정화」, 『한국 현대불교사연구』, 불교시대사, 2006 참조.

재편, 재건의 논리로 활용되었던 것이다. 불교정화과정에서 많은 문제가 나왔지만 그래도 정화이념은 1970년대까지는 지속되었다. 그러나 1970년대의 불교 내부는 정화세대들의 이전투구, 내분, 명리 추구의 결과로 인해 많은 모순이 나타나게 되었다.

그런데 1980년 이른바 10·27법난[66]을 겪으면서 불교계에서는 각성, 자주의 흐름이 강력하게 등장하였다. 그 흐름은 승가, 재가, 지식인, 신도 등 다양한 곳에서 자생적으로 분출하였다. 이런 흐름은 특히 불교계 외부에서 나타난 민주화의 영향을 받고, 민주화 운동에 참여하였던 경력자가 주도했다. 그들은 불교의 민주화, 사회의 불교화를 주장하면서 불교의 모순 해결에 적극적으로 나섰다. 그때 그들이 신봉한 개혁론은 민중불교론이었다. 진보적인 흐름에 있었던 승가인들은 불교 문제뿐만 아니라 사회의 민주화, 민중중심의 사회의 조성, 통일문제 등에 적극 개입하였다. 이런 구도는 자연적으로 보수적인 정화세대와 진보적인 민주(민중)세대로 대별되기에 충분하였다. 이런 흐름을 염두에 두고 1980~1990년대 상황을 보수, 진보로 나누어서 살펴보고자 한다.

보 수	진 보
정화세대	민주화세대
불교정화	민중불교, 불교개혁
정화이념 주장, 실천	불교의 자주화, 사회의 민주화
도제양성, 역경, 포교	참여불교, 실천불교
선원, 강원, 총림	중앙승가대, 동국대
참선 유일주의, 계정혜 삼학	선과 교의 균형, 계율 소홀
국가와 유화적	국가와 대결
호국불교	호국불교 비판, 재해석
불교재산관리법	불교 관련법 철폐, 불교제도 개혁

---

[66] 김광식, 「10·27법난의 발생 배경과 불교의 과제」, 『불교평론』 44, 2010; 김광식, 「10·27법난의 역사적 교훈과 사회적 과제」, 『정토학연구』 14, 2010.

불교 근대화	불교 현대화, 세속주의
문중, 문도	학연, 이념, 개혁, 결사, 명분, 다수
종정, 총무원장 제도	종단제도 개혁, 깨달음과 역사의 결합
청담, 성철, 서암, 월하, 휴암	월주, 지선, 청화, 도법, 현응

이렇듯이 불교계, 조계종단은 1980년까지는 정화세대에 의해 유지, 주도
되어 왔다. 그러나 1990년대에 접어들면서 점차 사회의 민주화운동에 영향
을 받은 소장파 승려들이 성장하면서 종단의 주도권은 점차 민주화 세대들
의 세력에게 전환되어 갔다. 특히 정토구현승가회, 실천불교승가회, 선우도
량의 행보는 주목할 만한 것이었다.[67] 1994년부터 현재까지 불교계 내부에
서 적지 않은 갈등, 대립, 문제 등이 존재하였지만 기본적으로는 민주화
세대의 이념이 주도하는 형세라 하겠다.

5. 개혁론의 성격

지금까지 살피고, 분석한 바와 같이 근현대 불교 공간에
서 나온 개혁론은 수없이 많았다. 그러나 그 내용, 전개, 성격 등을 보면
일률적으로 말할 수 없는 것이었다. 요컨대 개혁론에는 다면적인 성격이
개재되었던 것이다. 여기에서는 그에 관련된 모든 문제를 가늠할 여건이

---

[67] 선우도량의 이념, 행보 등은 별도의 고찰이 요청된다. 선우도량은 청규, 취지문
등에 의하면 민중불교론의 구도 및 흐름으로 단정하여 볼 수는 없다. 선우도량
은 발족 후 종단 내외에 적지 않은 영향력을 주었지만 결과적으로 자신들의
정체성을 수립, 유지, 계승하지 못하였다. 그리하여 구성원들은 해산, 해체하여
각기 이해관계에 따라 이합집산 하였다. 그러나 민주화, 민중불교 흐름이 종단
을 주도함에 의거 자연 종단(총무원, 종회 등) 내부로 편입되었다. 이런 의미에
서 선우도량도 진보, 민중불교권과 무관할 수는 없다. 그리고 선우도량의 구성
원들 중에는 수좌출신도 있었지만 정토구현승가회, 대승불교승가회 등 이른바
민중불교권에서 유입된 대상자들도 있었음을 고려해야 한다.

없기에 개혁론 그 자체의 탐구와 당시 사회에서 전개, 구현, 토착화되었던 측면의 문제를 살필 때 유의할 측면을 개괄적으로 제시하는 선에서 그치고자 한다.

우선 개혁론을 제기한 개인, 단체에 관련된 것에서는 다음과 같은 내용을 중점적으로 살펴야 할 것이다.

- 발표된 시점, 장소
- 발표된 형식(저술, 논설, 구술, 선언서, 강령 등)
- 생산 여건(준비 기간, 우연, 사전 준비 등)
- 조력자, 동의자, 동참자 등
- 존속 기간
- 영향, 파장
- 성과물, 결과
- 제도화(단체, 종단 등)

다음으로는 개혁론이 갖고 있는 이념, 사상, 노선 등에 대한 측면을 제시하고자 한다. 이는 개혁론에 대한 사상적 분석의 문제이다.

- 보수와 진보
- 관련 이념(민주주의, 사회주의, 자본주의, 공산주의 등)
- 실상과 허상, 진실
- 노선의 일관성, 노선의 변화
- 주체자와 동참자와 결합 관계
- 현실인식
- 대안
- 유사한 개혁론과 실험, 접목
- 이념을 보여주는 자료(보도자료, 문건, 증언, 녹취 영상 등)

이렇게 개혁론을 정리, 분석, 연구하기 위해서는 다면적인 접근, 다각적인 분석이 요청된다. 왜냐하면 개혁론은 그 자체로 고정적인 대상이 아니고 끊임없이 변화, 변신하면서 현장에 있는 구성원들과 지속적으로 합일, 분화, 이합되어 가는 생명체와 같은 것이기 때문이다. 때문에 개혁론에 대한 지평은 이런 개혁론의 성격을 충분이 이해할 때에 가능할 것이다.

6. 결어

이제 맺는말은 근현대 공간에서의 불교 개혁론을 연구함에 참조할 수 있는 내용, 즉 필자가 생각하는 것을 개진하는 것으로 대하고자 한다. 이런 제언은 필자 자신의 연구의 초점이지만 이 분야를 연구하는 학자의 관심과 동참을 요청하는 입장에서 개진하는 것이다. 이런 제언이 후일 연구자들에게 시사를 줄 수 있는 계기로 수용되면 다행일 것이다.

첫째, 개혁론의 다면적 측면을 충분히, 객관적, 실증적으로 분석해야 한다. 지금까지의 연구를 보면 이런 측면에서 미진한 점이 적지 않았다.

둘째, 근현대 불교사에는 아직도 연구되지 않은 개혁론이 적지 않다. 그런 내용들을 모두 정리하고, 분석할 때에 개혁론에 대한 전모, 성격 파악이 가능할 것이다.

셋째, 개혁론에 대한 비교 연구가 요망된다. 최근 개혁론에 대한 비교 연구를 일부 연구자가 시도한 경우도 있지만[68] 그런 성과를 타산지석으로 삼아서 진일보한 비교 연구가 나와야 할 것이다. 비교연구에는 비교하는 관점, 비교하는 이유, 비교해서 얻어지는 성과 등이 그려져야 할 것이다.

넷째, 개혁론은 절대로 일개인의 문제로 그치지 않는다. 개혁론을 동의하

---

[68] 정병조, 「한국 근현대 불교 개혁론 비교연구」, 『회당학보』 2, 1993; 김순석, 「한용운과 백용성의 근대불교 개혁론 비교 연구」, 『한국근현대사연구』 35, 2005.

는 다수의 문제, 개혁론을 받아들이는 시대흐름 그리고 단체 및 종단의 문제로 확장된다. 이런 문제들을 심층적으로 점검할 필요가 요청된다.

다섯째, 개혁론이 실제 현장에서의 수용, 거부, 변질, 왜곡 등에 대한 문제에 관심을 가져야 한다. 개혁론은 그를 쓴 당사자의 손에서 떠나 현장에 들어갈 때에는 또 다른 문제이다.

여섯째, 개혁론의 실상, 허상을 세심히 살펴야 한다. 기본적으로 개혁론은 대안, 제안, 유토피아적인 것이다. 때문에 거기에는 오류, 환상, 불가능의 성격이 개입되어 있다. 이런 것을 차분히 가려내야 한다.

일곱째, 개혁론과 시대성, 현실에 영향을 준 것 등을 철저하게 분석해야할 것이다. 예컨대 민중불교론은 현재 그 관련 단체, 사상가, 주장하는 인물은 찾기 어렵지만 아직도 민중불교론의 정서는 불교계에 살아 있다. 칼 마르크스가 죽었고, 그의 이론을 주장하는 사람들은 사라졌지만, 그의 이론과 문화가 아직도 생존하고 있음은 그를 예증하는 것이다.

지금껏 필자가 생각하고 있는 불교 개혁론의 연구 주안점을 제시하여 보았다. 이런 개진이 이 분야 연구자들에게 도움이 되기를 기대해 본다.

:

일본불교에
영향을 받은
근대불교의 다면성

1. 서언

　　　　한국의 근대불교는 한국불교사에서 간과할 수 없는 대상이
다. 근대불교는 근대불교의 자체가 갖고 있는 역사적 의미에서뿐만이 아니
라 조선후기의 불교와 현대불교를 연결해주는 교량의 역할을 하고 있다.
나아가서는 한국 현대불교의 본질, 성격 등을 이해할 수 있는 출발점이 되
기 때문이다.

　그럼에도 불구하고 한국 근대불교사에 대한 연구는 초보적인 단계에서
심화단계로 넘어가는 과도기에 머물러 있다. 아직도 근대불교가 갖고 있는
다양한 대상, 소재, 성격, 이념 등등에 대한 문제가 연구의 주제로 심화되지
못하고 있다. 그와 같은 연구의 방치 지대에는 일본불교가 자리 잡고 있다.

　한국 근대불교사의 전개에서의 일본불교는 역사적인 다양한 함의를 내
포하고 있다. 그러나 지금껏 한국의 역사학, 불교학 방면의 학계에서는 근
대기 재한 일본불교의 활동의 개요, 성격 그리고 일본불교가 한국불교에
끼친 영향, 일본불교를 선진불교로 인식한 한국불교의 현실인식 등에 대한

연구가[1] 미약하였다. 지금껏 수행된 연구는 일본불교의 유입 과정, 활동, 성격 등에 대한 기초적인 소재에 머물러 있다.[2] 그래서 필자는 이와 같은

---

[1] 본 고찰에서 '일본불교 연구'는 한국인에 의해 수행된 연구로, 한국 근대불교와 직접적인 연관을 갖는 것으로 제한하였다. 즉 일본 학자에 의한, 혹은 근대기 일본에서의 일본불교에 대한 것은 제외하였다.

[2] 지금까지의 관련 연구 성과를 제시하면 다음과 같다.

조동걸,「奧村의『朝鮮國布教日誌』」,『한국학논총』(국민대) 7, 1985; 정광호,「'明治'불교의 Nationalism과 한국침략」,『인문과학논문집』(인하대) 14, 1988; 김순석,「개항기 일본불교 종파들의 한국 침투 - 일본사찰, 별원 및 포교소 설치를 중심으로」,『한국독립운동사연구』8, 1994;「조선불교단 연구」,『한국독립운동사연구』8, 1994;「근대 일본불교 세력의 침투와 불교계의 동향」,『한국학연구』(인하대) 18, 2008; 최병헌,「일제불교의 침투와 '조선불교유신론'」,『진산한기두박사 화갑기념논총』1993;「日帝佛教의 浸透와 植民地佛敎의 성격 - 淨土眞宗 大谷派의 事例를 중심으로」,『한국사상사학』7, 1995;「일제침략과 불교 - 일본 조동종의 武田範之와 圓宗」,『한국사연구』114, 2001;「일본의 한국강점과 불교」,『불교평론』17, 2003; 강영한,「일본불교의 조선침투 과정과 한국의 불교개혁운동」,『종교연구』12, 1996; 김광식,「1920년대 재일 불교유학생 단체 연구」,『한국 근대불교의 현실인식』, 민족사, 1998;「1930~1940년대 재일 불교유학생 단체 연구」,『한국 근대불교의 현실인식』, 민족사, 1998;「한용운의 불교 근대화 기획과 승려결혼 자유론」,『대각사상』11, 2008;「불교의 근대성과 한용운의 대중불교」,『한국불교학』50, 2008;「건봉사의 재일 불교유학생과 봉명학교」,『금강산 건봉사의 역사와 문화』, 인북스, 2011;「한용운의 불교개혁사상과 동아시아」,『만해학보』12, 2012; 이경순,「일제시대 불교유학생의 동향」,『승가교육』2, 1998;「1917년 불교계의 일본시찰 연구」,『한국민족운동사 연구』25, 2000; 정혜정,「일제하 승가교육의 근대화론」,『승가교육』2, 1998; 표창진,「구한말 일본불교의 사상적 침투와 조선 불교계의 동향」,『외대사학』12, 2000; 채상식,「日本 明治年間 淨土眞宗의 추이와 그 특성 - 한말 불교침탈 배경과 관련하여」,『한국민족문화』16, 2000; 심재관,『탈식민시대 우리의 불교학』, 책세상, 2001; 명선,「일본불교의 포교 - 정토진종 대곡파의 한국 활동을 중심으로」,『대각사상』6, 2003; 성주현,「1910년대 일본불교의 조선포교활동」,『문명연지』5-2, 2004; 노동은,「일본불교 개교가 미친 유치원 음악교육 (1)」,『음악과 민족』29, 2005; 김경집,「開港初 韓日佛教 교류에 대한 연구」,『불교학연구』10, 2005;「일제하 불교시찰단 연구」,『한국불교학』44, 2006; 최인택,「개항기 奧村丹心의 조선포교의 활동과 이동인」,『동북아 문화연구』10, 2006; 임혜봉,「친일불교에 관한 연구성과의 동향과 과제」,『선문화연구』창간호, 2006; 한상길,「개화기 일본불교의 전파와 한국불교」,『불교학보』46, 2007;「한국 근대불교의 형성과 일본, 일본불교」,『한국사상과 문화』46, 2009;「近代韓國への日本佛教の影響」,『일본사상사』75, 2009; 조성운,「일제하 불교시찰단의 파견과 그 성격」,『한국

일본불교의 연구는 초보적인 단계에 머물러 있다고 평가하고자 한다.

　그러면 왜 이와 같은 현상이 노정되었는가? 그는 다음과 같이 대별하여 이해할 수 있다. 첫째, 근현대 불교에 대한 연구의 척박성이 있었다. 최근 한국 불교학계에서는 근현대 불교가 가장 왕성한 연구 분야로 주목받고 있지만 지난 수십 년간의 연구 성과를 회고하건대 불교계 및 관련 학계에서는 무관심의 대상이었다. 둘째, 근대불교는 한일 양국에서 정치적으로 민감한 소재였다. 때문에 지난 수십 년간 한일 양국의 급변하는 정치적 변동은 근대불교 연구를 제약하였다. 셋째, 한일 양국의 근대불교사에는 각각 치욕의 역사가 있었는데, 이를 극복할 성찰의식이 빈약하였다. 근대기 한일 양국의 불교사에는 불법에 어긋나는 노선과 행보가 적지 않게 있었는데 이를 정면으로 인식할 의식이 박약하였다. 넷째, 한국 불교학계의 경우 일본불교에 대한 사관이 편협한 관점에 머물렀다는 문제가 있었다. 항일과 친일이라는 역사적 사실이 분명하지만, 이 관점에 매몰되었다는 비판[3]이 바로 그것이었다.

선학』 18, 2007; 조아담, 「재일 조선불교유학생들의 활동」, 『불교학보』 48, 2008; 한동민, 「대한제국기 일본 정토종의 침투와 불교계의 대응」, 『한국독립운동사연구』 34, 2009; 안종철, 「식민지 후기 박문사(博文寺)의 건립, 활용과 해방후 처리」, 『동국사학』 46, 2009; 김영진, 「식민지 조선의 황도불교와 공(空)의 정치학」, 『한국학연구』(인하대) 22, 2010; 김기종, 「김태흡의 대중불교론과 그 전개」, 『한국선학』 26, 2010; 김용태, 「근대 한·일불교의 정교분리 문제와 종교성 인식」, 『불교학연구』 29, 2011; 김환수, 「불교적 식민지화 - 1910년대 한국 원종(圓宗)과 일본 조동종(曹洞宗) 연합에 대한 새로운 해석의 가능성」, 『불교연구』 36, 2012; 제점숙, 「植民地朝鮮における日本仏教の社会事業に関する一考察 -真宗大谷派の『向上会館』を事例として」, 『立命館史学』, 2007; 「식민지 조선 일본불교의 사회사업동향 -신슈오타니파(眞宗大谷派)의 사회사업을 사례로」, 『차세대 인문사회연구』 6, 2010; 「朝鮮(1897-1910)における淨土宗の動向」, 『일본연구』 14, 2010; 「일본불교의 근대인식과 개항기 조선 - 정토종(淨土宗)의 교육사업을 중심으로」, 『일본근대학연구』 32, 2011; 「개항기 부산 일본불교의 교육사업에 관한 연구」, 『비교일본학』 25, 2011; 윤기엽, 「開化期 일본불교의 포교 양상과 추이」, 『원불교사상과 종교문화』 54, 2012.

3 조성택, 「근대불교학과 근대불교」, 『민족문화연구』 45, 2006; 「근대한국불교사 기술의 문제」, 『불교평론』 49, 2011; 「한국근대불교 연구의 과제와 전망」, 『한국불교학』 64, 2012; 한상길, 「한국 근대불교 연구와 '민족불교'의 모색」, 『불교학

한국불교의 사찰령, 친일불교, 대처식육, 불교 근대화 등 일본불교와 연관된 연구를 수행하면서 일본불교를 악, 제국주의, 침략의 관점에서 재단하여 결과적으로 보편적, 객관적인 시야를 확보하지 못하였다.

이 같은 전제와 배경하에서 필자는 한국 근대불교사에서의 일본불교의 연구 토양을 진작시키려는 의도에서 일본불교가 한국불교에 끼친 영향 문제를 다면성의 관점에서 중점 거론하고자 한다. 그렇지만 일본불교 연구의 심화는 우선 재한 일본불교의 제반 활동, 내용, 성격 등이 우선적, 중점적으로 연구되어야 함은 당연하다.[4] 필자가 이처럼 일본불교에 영향을 받은 근대불교의 제반 내용이 적지 않다는 것을 지적하는 것은 근대불교에서 일본불교의 문제를 배제하고는 그 본질에 진입하기는 어렵다고 보는 것에서 기인한다. 필자의 이런 입론은 역사는 우선 실사구시적인 입장에서 정리를 하자는 것이다. 그 연후에 민족, 불교, 근대성, 보편성 등의 이념을 신중하게 바라보자는 제안이다. 그렇지만 지금까지의 접근, 연구는 감성적, 민족적인 흐름에서 자유롭지 못하였다. 물론 근대불교의 중심적인 본질에는 일제의 국권강탈, 식민지 불교 등의 흐름을 결코 배제할 수 없다. 그러나 이제는 지난 연구에 투영된 단면성, 일방성, 一國性, 주관성에서 벗어나 다면성, 보편성, 객관성으로 나갈 수 있는 연구의 시야를 넓히자는 것이다.

필자는 일본불교를 선진불교로 인식하고, 일본불교의 제반 활동을 보고 충격에 빠져 일본불교를 모방하여[5] 불교 근대화를 추진하였던 역사적 사실을 간과해서는 안 된다고 본다. 이와 함께 일본불교가 일제 첨병의 성격을 갖고 있었고, 조선총독부가 구현하였던 일제의 불교정책은 한국불교를 식

보』 54, 2010; 송현주, 「서구 근대불교학의 출현과 '부디즘(Buddhism)' 창안」, 『종교문화비평』 22, 2012.

[4] 물론 이는 재한 일본불교의 뿌리, 근원, 연고처인 일본지역의 근대불교 연구의 심화가 요청된다.

[5] 여기에는 개신교로 대변되는 서양문명의 충격, 영향도 간과할 수 없다.

민지 경영 차원에서 관리하였던 분명한 사실 또한 간과해서는 안 된다고 인식한다.

이런 전제하에서 필자가 근현대불교 연구를 해오면서 한국불교가 일본 불교에 영향을 받았다고 볼 수 있는 사례에 담겨 있는 정황들을 대별하여 정리하고자 한다. 그는 첫째 불교 근대화, 둘째 근대적인 관리 조직(법), 셋째 재일 유학생과 근대불교학, 넷째 한국불교 전통의 이완, 다섯째 세속 화의 가속 등이다. 필자의 이러한 분석이 이 분야 연구의 지평을 고양시키 는 데 기여되기를 기대한다. 그런데 이와 같은 분야에서의 불교 활동이 일 본불교의 영향이라고 단정할 수 없는 것도 있을 것이다. 때문에 필자의 관 점, 서술은 시론적이라는 한계를 갖는다. 미진하고, 명쾌하지 못한 서술에 대해서는 선학제현의 질정을 기다린다.

2. 불교 근대화

불교 근대화는 개항기, 근대기 불교가 전근대적인 불교, 산 중불교에서 벗어나 새로운 사회로 진입하였던 근대공간에 적합한, 생존할 수 있는 불교로 만들려는 총체적인 활동, 의식, 노선 등을 지칭한다. 그런데 佛敎 近代化를 추진한 불교인들의 고뇌, 지향, 구상 등을 전해주는 자료, 문헌 등이 빈약할 실정이다. 때문에 불교 근대화의 동력을 일본불교에서 찾을 때에는 여러 난점이 제기될 가능성이 있다. 그 당시 급증한 개신교 교세 및 활동에 대한 영향도 적지 않을 것으로 보기 때문이다. 그럼에도 불구하고 여러 정황, 기록, 연구 성과 등을 종합할 경우 일본불교의 영향이 제일 크다고 볼 수 있다.

불교 근대화의 문제를 검토함에 있어서는 불교 근대화로 가야 한다는 생각, 주장, 개혁론 등의 내재적 흐름과 그 결과로 나타난 활동, 운동 등의 성과물로 대별할 수 있다. 그런데 이와 같은 내재적 흐름, 성과물을 야기한 어떤 단초를 고려할 수 있다. 의식, 운동을 촉발케 한 자극이라는 측면이다. 필자는 그를 일본불교가 한국으로 유입된 사실을 통하여 우선 거론한다. 개항 직후 개항장, 도회지 등에 설립되기 시작한 일본불교의 포교당, 별원, 사원 등은 청일전쟁, 러일전쟁, 경술국치를 거치면서 전국적으로 확대되었다. 일본불교는 포교, 복지, 신기술 전달, 유학 알선, 교육의 측면에서 한국불교는 생각조차도 할 수 없는 방편을 활용하여 포교에 적극 나섰다. 일본불교는 처음에는 재한 일본인을 주된 대상으로 삼았지만 점차 한국인의 포교에 중점적으로 나서면서 일제의 전초기지 역할을 수행하였다. 이에 자연적으로 일본불교의 거점에는 한국인 승려, 개화파 인사, 유학자, 관리, 지방유지, 상인, 서민들이 모여들었다. 이런 결과 한국 승려들이 일본불교에서의 수계, 일본어 강습, 일본불교의 모방, 일본불교 종단에 말사로 가입(관리청원) 등이 시작되었다. 단언하건대 당시 일본불교는 한국불교에게는 선진, 문명적인 대상으로 인식되었다. 물론 여기에는 일본을 경유하여 들어오는 서구문명, 문물에 대한 우호성이 개재되었다.

그런데 이 같은 일본불교에 대한 우호성을 확고하게 한 것은 1895년 승려 도성출입 금지 해제령을 주도한 것이 일본승려였다는 사실이었다. 일본 승려가 해제 건의서를 제출하지 않았어도 한국불교가 자생적으로 문제를 제기하였으면 해금이 되었을 것이라고 볼 수도 있다. 그러나 결과적으로 일본 승려의 노력에 의해서 해금된 것은 한국불교에게는 일본불교가 外護者, 施惠者의 성격으로 다가왔다. 그리하여 불교계, 개화파, 관료, 황실 등에서 일본불교에 대한 友好性이 나타났다.

이렇듯이 일본불교의 우호성, 선진성으로의 인식은 일본으로의 見學, 視察을 통하여 더욱더 고착화되어 갔다. 일본 시찰을 하게 되면 일본불교뿐만이 아니라 공장, 우체국, 기차 등 선진 문명의 시설도 함께 견학하면서 일본, 일본불교는 선진적 문명, 모방하고 배워야 할 대상으로 인식되었던 것이다. 한국불교의 일본시찰은 경술국치 이전부터 시작되어 일제 강점기 내내 지속되었다. 일본시찰은 일제의 침투 및 식민통치 차원의 유화정책으로 실현된 방안이었지만 한국불교 내부에서도 자발적으로 응한 성격이 다분하였다. 그래서 일본불교에 대한 모방, 학습은 일제하 전 기간에 전개되었다.

일본불교에 대한 우호성, 모방성, 시찰 및 견학 등을 통해 나온 것은 한국불교의 개혁론이었다.[6] 그 대표적인 산물이 韓龍雲의 『朝鮮佛教維新論』이었다. 한용운은 일본 曹洞宗大學[駒澤大學]으로 유학을 떠난 것을 두고, 문명이 일본을 통해 들어오니 불교문화뿐만이 아니라 문명의 중심처인 일본의 본질을 알고 싶었다고 고백하였다. 그는 1908년 일본에서 불교와 신학문을 배우면서 일본 문명을 직접 체험하였다. 귀국할 때에는 일본 불교학자의 저서를 갖고 왔으며, 귀국 직후에는 측량강습소를 열기도 하였다. 그는 귀국한 즉시 일본 유학의 견문, 경험하에서 한국불교를 개혁해야겠다는 열의에서 1910년 여름에는 『조선불교유신론』을 집필하였던 것이다. 그는 기존 한국불교의 전통과 관행을 파괴, 유신을 통해 불교의 발전을 기하자면서 불교 각 방면의 개혁 방안을 구체적으로 피력하였다. 그리고 일본 유학을 하였던 법주사 출신인 李英宰는 1922년 일본대학 종교과에 재학 중 『조선일보』에 「朝鮮佛教革新論」이라는 논설을 27회에 걸쳐 연재하였다. 그는 사찰령 체제를 비판하면서도 혁신적인 교난을 건설해야 한다는 취지를 피력하였다. 또한 權相老는 1912~1913년 『朝鮮佛教月報』에 「朝鮮佛教改革論」을 연재하여 한국불교의 정체성을 유지하면서도 불교개혁을 단행하자고 주장하였다. 권상로의 이 개혁론이 일본불교의 영향을 받았는지는 단언할 수 없지만, 그는 1917년 일본시찰을 통하여 적지 않은 자극과 충격을 받았다. 이와 같이 일제하 한국불교에서 중심적인 개혁론은 일본불교의 영향을 받았던 것이다.

이처럼 일본불교의 영향, 모방, 시찰이 증대되어 가면서 나타난 불교 근

---

[6] 김광식, 「근현대 불교 개혁론의 지평」, 『일본불교사연구』 4, 2012.

대화의 산물에도 일본불교가 개입되었음은 당연하였다. 우선 1906년 불교계 최초의 근대식 학교인 명진학교를 설립한 불교연구회는 일본 淨土宗의 영향을 받은 단체였다. 불교사상과 신문명을 겸비한 인재양성을 기하여 민족불교로 나가야 한다는 입론에서 학교설립을 추진한 주체들의 사고에 일본불교에 대한 영향이 강하게 깔려 있었던 것이다. 그리고 명진학교의 후신인 중앙학림이 1915년에 설립될 때에도 일제의 개입이 있었음을 부인할 수 없다. 그리고 1910년대부터 등장한 불교 잡지의 발간, 각처의 포교당 설립 등에도 일본불교의 영향을 간과할 수 없는 것이다. 잡지, 포교당, 포교 방법의 심화, 계층별 포교(소년, 부인회 등), 유치원 등 다양한 불교 근대화의 산물에는 자생적 고민과 함께 일본불교의 영향이 개입되었다. 이와 같은 불교 근대화를 추진한 주체들은 대부분 일본 유학 및 견학을 거친 당사자들이었다.

한편, 불교 근대화 및 불교 혁신을 상징하는 슬로건이었던 "山中佛教에서 都會地 佛教로, 僧侶에서 大衆에게로"[7]도 일본불교의 영향을 일정하게 받은 것으로 보인다. 그 당시 일본불교에서는 '寺院佛教에서 街頭佛教'로 라는 슬로건 아래에서 불교 혁신이 이루어지고 있었다. 즉 산간 은둔불교에서 사회참여불교로, 귀족불교에서 서민불교로 급격하게 변화하였던 것이다.[8] 이렇듯이 동질적인 슬로건에서 한국의 불교 근대화는 일본불교에서 큰 영향을 받았음은 재론의 여지가 없는 것이다.

---

[7] 이 표현은 약간의 변용을 거쳐 다양하게 표현되었다. 山間에서 街頭로, 僧侶로서 大衆에, 산림불교에서 도시불교로, 승려불교에서 사회불교로, 산간의 불교를 도시불교로, 승려불교를 민중의 불교로 등등 다양하였다. 이에 대해서는 김광식, 「불교의 근대성과 한용운의 대중불교」, 『한용운연구』, 동국대학교출판부, 2011 참조.

[8] 上坂倉次, 「僧侶妻帶의 諸問題」, 東京 : 明治佛教研究會, 1939, 12쪽; 서재영, 「한국 근대 불교 개혁론의 전개와 교단개혁」, 『동아시아 불교의 근대적 변용』, 동국대학교출판부, 2010, 170쪽에서 재인용.

3. 근대적인 관리 조직

근대적인 관리 조직은 법 체계를 의미한다. 전근대 불교에서는 중세적인 운영의 틀, 관행이 있었을 것이다. 그러나 근대적인 법은 존재하지 않았다고 보인다. 근대 불교에서 일제, 일본불교의 영향으로 등장한 법 체계의 대표적인 것은 寺刹令이었다. 그리고 사찰령과 함께 나온 것이 寺法이었음은 잘 알려진 사실이다. 그런데 사찰령과 사법은 일제 조선총독부가 통치, 행정 차원에서 한국불교에게 강요하여 시행한 것이었다. 이런 법체계가 일본 본토에 있는 일본불교에서도 구현되었을 것이다. 그렇지만 일본불교가 한국에 와서 행한 주체가 아니었기에 본 고찰의 주제와는 직접적으로는 연결되지 않는다. 그러나 사찰령과 사법이 일제하 전 기간 동안에 한국불교에 관철되었기에 이에 대한 영향은 제일 강력하다.

1911년 일제가 사찰령과 사법을 제정, 공포하였는데, 이 법체계로 한국불교는 인사권, 재정권을 일제에게 강탈당하였다. 사찰령은 한국불교를 종교 및 신앙으로서 대하지 않아 종단 설립을 허용치 않았고, 그래서 일제는 한국불교를 통치대상으로만 인식했다. 물론 그 이전에도 한국불교는 국가 관리를 받고 있었지만 행정적, 법적으로 일제에게 완전 겁박 당하였다. 그럼에도 불구하고 그에 대한 강력한 저항은 시행 초기에는 희미하였다. 이는 지방토호들의 사찰재산 약탈로부터 보호, 일본불교에 대한 우호성, 사찰령 체계를 문명적인 조치로 이해한 결과였다. 그러나 1920년대 전반기 불교청년, 진보승려들이 사찰 주지들의 부정, 부패에 대한 반발로 인하여 사찰령 철폐운동이 드세게 일어났다. 이런 반발이 1920년대 후반부터 완화되었고, 일제 말기까지도 사찰령 체제 자체를 근본적으로 부인하지는 않았다고 보인다. 이는 은연중에 사찰령이 사찰재산을 보호한다는 인식과[9] 함께 사찰

---

[9] 김광식, 「백용성과 일제하의 사찰재산·사찰령」, 『새불교운동의 전개』, 도피안사, 2002.

령 체제에 안주하는 분위기가 지배적이었던 것에서 나왔다. 한국불교에서
는 종단건설운동, 총본산 건설운동을 통하여 조계종을 출범시켰지만 사찰
령 체제의 부정은 미약하였다. 이는 사찰령 체제를 근대적인 조치로 이해한
현실인식이 관통한 결과가 아닌가 한다. 즉 불교 근대화의 산물로 이해한
승려들이 다수였다.[10]

다음으로 검토할 것은 宗憲, 宗法의 체제이다. 이 종헌, 종법이 근대기
한국불교에 등장한 것은 1929년의 조선불교 선교양종 僧侶大會가 개최될
때였다.[11] 이 대회는 자주적인 불교운동을 추구한 불교청년, 중견승려들이
한국불교의 운용의 틀을 만들기 위한 목적에서 출발하였다. 당시까지는 일
제의 사찰령 체제로 인하여 31본산 전체가 종단적인 구도, 틀에 의하여 움
직여지지 않았다. 즉 종단이 부재하였던 것이다. 30본산의 연락 사무소가
있었다. 그리고 30본산의 공동적인 불교 사업을 구현하는 규약인 연합제규
에 의해 설립된 연합사무소가 있었을 뿐이다. 종단이 부재하였기에 종단
전체를 아우르는 종헌, 종법이 존재할 이유가 없었다. 그러나 1929년 승려
대회에서 종헌, 종법을 만들어냈던 것이다. 이런 종헌, 종법을 만든 주체는
일본 유학, 시찰을 거친 대상자들이었기에[12] 자연적으로 일본불교의 영향
을 받았음은 상식적인 이해이다.

그리고 1921년에 등장한 禪學院 산하의 禪友共濟會에서도 定款(규칙)의
제정, 법인 등기 문제를 검토하였다. 당시 선우공제회에서 그 정관을 조선
총독부에 제출하였다는 것을 보면 전통적인 수좌들도 법 체계에 의해서 조
직 관리를 시도하였음을 알 수 있다. 이런 성격은 1922년에 등장한 조선불

---

[10] 김광식, 「사찰령의 불교계 수용과 대응」, 『민족불교의 이상과 현실』, 도피안사,
2007.

[11] 김광식, 「조선불교선교양종 승려대회의 개최와 성격」, 『한국 근대불교사 연구』,
민족사, 1996.

[12] 그러나 일부 승려(백성욱, 김법린)는 서구 유학을 거친 대상자였다. 김영진, 「근
대시기 한국불교계의 유럽불교학 인식과 그 영향」, 『한국불교학』 64, 2012.

교 선교양종 教務院에서도[13] 나타났다. 당시 전불교적인 차원에서 운용되던 교무원이 법인체제로 운영되었다는 것은 곧 일제당국의 민법 체계에서 관리됨을 의미한다. 이런 성격은 1935년에 출범한 조선불교 禪宗의 宗規, 院規, 시행세칙, 법칙, 규칙 등에서도 찾을 수 있다.[14] 그리고 선종을 뒷받침하는 운영체로서의 禪理參究院이 재단법인으로 등장하였다. 이렇듯이 전통불교 수호, 식민지 불교에 저항의 노선을 가던 수좌들도 법 체계를 수용하였던[15] 것이다. 이런 흐름 속에서 1941년의 조선불교 曹溪宗에서 종헌, 종법 체계가 등장한 것은 당연한 귀결이었다.[16]

그런데 이와 같은 법체계가 한국불교에 토착화 되면서 부수적으로 나타난 것은 법을 관장하는 국가, 일제, 행정당국과 긴밀한 접촉이었다. 그리하여 사찰령, 사법이 관철되면서 동시에 종헌, 종법, 법인(민법) 등의 체계가 이원적으로 전개되면서 불가피하게 일제, 권력 및 행정을 담당하는 위정자, 관리들과 잦은 만남은 필연적이었다. 그리고 이런 구도하에서 행정 절차, 문서 서식, 법 상식에 대한 소양도 필요하게 되었다.

이처럼 근대불교에서의 특징적인 성격으로 나타난 근대적 법 체계는 그이전의 불교와는 전연 이질적이었다. 이런 근대적 법 체계가 관철, 구현된 것은 일제, 일본불교의 영향을 제외할 수는 없다. 물론 그를 수용한 진보적인 승려층은 일본 유학, 견학을 거친 당사자이었다. 그러나 보수적인 승려와 수좌까지 법 체계를 수용한 것은 근대불교라는 새로운 변화, 질서가 거

---

[13] 이 교무원은 중앙 차원의 포교, 교육사업을 하는 법인체로 출발하였다. 그러나 1942년에는 지금의 동국대학교의 전신인 혜화전문을 운영하는 학교 법인체(曹溪學院)의 성격으로 전환되었다.

[14] 김광식, 「조선불교 선종과 수좌대회」, 『한국현대선의 지성사 탐구』, 도피안사, 2010.

[15] 김순석은 국가 감독하에 편입된다고 지적하였다. 김순석, 「중일전쟁 이후 선학원의 변화」, 『선문화연구』 창간호, 2006, 328쪽.

[16] 김광식, 「조선불교조계종의 성립과 역사적 의의」, 『새불교운동의 전개』, 도피안사, 2002.

부할 수 없는 대세로 관철되었음을 말해주는 것이다.

4. 재일 불교유학생과 근대불교학

　　　　　　　　　　　　　일제하 불교의 개혁, 일본불교의 유
입, 근대불교학의 전수 등의 주역은 재일 불교유학생이었다. 불교계에서는
새로운 근대사회의 이해, 선진적인 문명 및 학문의 습득을 위해서 다수의
승려들을 1910년대부터 지속적으로 일본으로 유학을 보냈다. 그런데 그 유
학에는 신문명에 대한 계몽, 근대화의 동경, 불교를 근대화시키기 위한 인
재 양성의 성격이 개재되었다.[17] 즉 인재양성의 차원이었다. 이런 추세에서
일부 유학생들이 근대불교학을 배우고 귀국하였던 것이다.

　근대불교학은 비판, 합리, 객관, 실증적인 문헌학을 근간으로 하는 불교
학풍이라 하겠다. 즉 근대적 학문의 구도에서 불교 연구를 견지하는 것이
다. 그러나 전 근대기의 불교학[佛學]에서는 이런 성격이 드러나지 않았다.
전 근대기의 불교의 舊學에서는 강원, 선원에서 교학 습득, 수행, 체험이라
는 행보를 갔다. 여기에서 필자가 지적하는 근대불교학은 근대적인 학교,
근대적인 교육 시스템으로 움직이는 공간에서의 교육, 교육을 담당하는 학
자군을 포함하여 총칭한다. 이런 전제하에서 근대불교학은 1906년 명진학
교부터 일제 말기 혜화전문까지의 시공간에서 전개되었던 불교학을 의미
한다.

　이런 구도하에서 일본불교의 영향은 두 측면으로 지적할 수 있다. 첫 번
째 측면은 일본을 모방한 학제와 일본 학자들에 의한 전수 및 교육을 상정
할 수 있다. 두 번째 측면은 일본 유학을 거친 유학생들이 성장하여 국내
불교학계에 진입하는 것이다. 우선 첫 번째 내용을 살핀다. 명진학교를 비

---

[17] 심재관,『탈식민시대 우리의 불교학』, 책세상, 2001, 74~75쪽.

롯한 근대식 학교에서의 강의는 기본적으로 전통불교와 세속의 신학문을 접목, 융합시키는 교육이었다. 여기에서 자생적인 국내학자와 일본학자가 불교학을 전수하였지만, 본래적인 의미의 근대불교학의 전수에는 이르지 못하였다. 일본학자로서 국내에서 활동한 대상자는 『李朝佛教』(1929)를 지은 高矯亨, 『朝鮮禪教史』(1930)를 지은 忽滑谷快天, 권상로와 함께 『李朝實錄抄存』을 지은 江田俊雄 등이 대표적이다. 이제 두 번째 측면을 제시한다. 재일 불교 유학생으로 1920~1930년대의 일본의 제도권 대학에서 수학을 하고 귀국하여 중앙불전, 혜화전문에서 강의한 학자군이 다수 있었다. 처음에는 그들은 강사로 출발하였지만 점차 학문적인 성장을 하고 있었다. 그 대표적인 학자는 이지광, 김동화, 허영호, 김법린, 백성욱, 김경주, 김태흡, 최남선, 김잉석, 조명기, 강유문 등이었다. 이들 중 일부는 유럽에서 유학을 하고 다시 일본을 건너간 경우도 있지만 대부분은 일본의 대학에서 불교학, 인문학을 공부하였다. 그들은 오리엔탈리즘이라고 이해되는 서구 불교학의 영향을 강하게 받은 일본 불교학계에서 학문적 훈련을 받았다.[18] 그들은 불교학을 문헌학, 철학, 비교언어학 차원에서 교육을 받았지만 그들이 행한 연구는 과거에 대한 주제별 연구, 소략한 원전 연구, 현대사조와 불교의 연결, 현실을 배제한 연구 경향을 드러냈다. 근대불교학의 전개에는 오리엔탈리즘과 일제의 동화정책의 구현이라는 성격이 흐르고 있었지만, 이런 성격을 의식한 경우는 흔치 않았다.

비판적으로 보면 승려출신인 일본 유학생 대부분이 불교학, 인도철학을 수학한 것이 아니었다. 그들 중에서 극히 일부만 불교학을 수학하였다.[19] 그들은 근대문명을 배우려는 열망에서 유학을 갔기에 수학 분야도 철학, 역사, 종교학, 영문학, 지리역사, 법학, 정치경제, 사회사업, 농업, 체육, 의

---

[18] 조성택, 「박종홍과 김동화의 근대적 불교 연구 비판」, 『불교와 불교학』, 돌베개, 2012.

[19] 오봉산인, 「조선불교의 교육방침을 확정하라」, 『불교』 2호(1924.8), 2쪽.

학, 물리, 철도 등 다양하였다. 그들은 불교학을 공부하러 간 것이라기보다는 근대적인 학교에서, 근대적인 학문을 배워서 불교 근대화에 기여하겠다는 열망이 강하였다.[20] 일부 측면에서는 낙후된 승려 신분에서 탈출하려는 해방의식, 사회에 대한 도전의식도 개재되었다. 그들은 국내에서 전통적인 불교 교육을 받았기에 추가로 근대적인 학문을 익히면 불교 근대화의 자질, 소양을 체득할 수 있을 것이라 보았다. 이런 흐름이었기에 불교학을 이수한 당사자들의 연구 주제의 협소,[21] 근대불교학의 본질에 이르지 못한 것을 한계로 지적할 수 있다.[22]

일본 유학을 마치고 귀국한 이들은 일부는 제도권 학교에 정착을 하였지만 유학생 대부분은 강원, 포교당, 종무소, 고등학교, 기업체, 개인사업 등 다양한 곳에 자리를 잡았다. 이들은 공비유학을 보내준 사찰의 근대화 및 계몽 활동에 참여한 경우도[23] 있었지만, 교단 및 은사들과 불교의 현실에 대한 노선을 두고 갈등을 야기하였다.[24] 그들은 불교학을 공부하지 않아서 불교를 모른다는 비판을 들었고, 직장을 구하는 문제로 불교계의 기득권층과 갈등을 벌이기도 하였다. 그런 갈등의 후유증으로 세속화되고 還俗을 한 경우도 상당하였다.[25] 이들은 근대의 문명 및 학문이라는 측면에서는

---

[20] 심재관, 『탈식민시대 우리의 불교학』, 책세상, 2001, 25쪽.

[21] 그들의 연구 주제는 신라불교, 원효에 치중하였다.

[22] 위의 책, 26쪽.

[23] 김광식, 「건봉사의 재일 불교유학생과 봉명학교」, 『금강산 건봉사의 역사와 문화』, 인북스, 2011.

[24] 이경순, 「일제시대 불교유학생의 동향」, 『승가교육』 2, 1988, 273~276쪽. 갈등의 초점은 결혼, 취직, 교단개혁, 환속 문제 등이었다. 「背恩忘德」, 『불교』 23호 (1926.5), 31~32쪽.

[25] 재한 불교학자인 高橋亨은 한국승려들의 일본 유학은 수행과 종교성 측면(수행, 정조)에서 문제를 야기할 우려가 있다고 하면서 일본승려에게 배우면 스스로 무덤을 파는 것이라고 했다. 高橋亨, 「朝鮮佛敎의 歷史的 依他性」, 『朝鮮』 30호 (1936.3), 14~18쪽. 김벽옹, 「朝鮮佛敎杞憂論」, 『불교』 33호(1927.3), 23쪽.

일본에 우호적인 입장이었고, 민족적인 행보에서는 저항성이 약하였다. 일면에서는 일제의 동화정책이 투영된 존재들이었다. 일부 유학생은 학자, 교수로 자기의 정체성과 사명감을 확립하였으나 다수는 그렇지 못하였다. 수백 명의[26] 청년승려들이 불교의 財源으로 일본 유학을 단행하였지만 그들은 일본불교의 代辯者, 개혁을 빙자한 不滿勢力, 일제의 군국주의 불교를 전파한[27] 나약한 지식인, 非僧非俗으로 불리면서 정체성이 애매한 境界人이라는 비판을 벗어나기 힘들었다.

그러나 일본불교의 영향으로 근대불교학과의 접목이 있었지만 한국불교 내에서의 자생적으로 성장한 학자군이 있었음을 간과해서는 안 된다. 이같은 내적인 성장은 개화기, 1910년대의 불교계에 수용된 사회진화론에 영향받은 바가 적지 않다. 진화론을 수용한 결과, 세상과 종교도 경쟁과 무관하지 않을 것이라는 인식하에 불교는 생존을 위해서 개혁되어야 한다는 흐름이 불교 지식인층에 있었다.[28] 이런 추세는 저절로 불교에 대한 비판의식을 고양시켰다. 그러면서 개신교의 유입으로 다종교 사회가 대두되면서 각 종교를 비교 연구하는 풍토가 정착되었다.[29] 이 같은 비판의식, 비교 의식 자체가 근대적인 학문의 정신이었다. 이런 바탕하에서 자생적인 학자들이 성장하였으니 그 대표적인 인물이 權相老, 李能和,[30] 朴漢永, 金包光 등이었다. 이들은 구학인 강원에서 공부하고, 자득으로 불교를 연구하였지만 변화된 현실에 부응하면서 『朝鮮佛敎略史』(1917), 『朝鮮佛敎通史』(1918), 『戒學

---

[26] 이경순은 재일 불교유학생을 360명으로 추정하였다. 필자가 보건대 중퇴자, 탈락자, 조사에서 누락된 자 들을 고려하면 360명이 넘을 것으로 본다.

[27] 김영진, 「식민지 조선의 황도불교와 공(空)의 정치학」, 『한국학연구』 22, 2010.

[28] 김광식, 「1910년대 불교계의 進化論 수용과 寺刹令」, 『한국 근대불교사연구』, 민족사, 1996.

[29] 이재헌, 「근대 한국불교의 타종교 인식」, 『불교 근대화의 전개와 성격』, 조계종출판사, 2006.

[30] 이재헌, 『이능화와 근대불교학』, 지식산업사, 2007.

約詮』(1938),『朝鮮佛敎史稿』[31] 등을 발간하였는데 그는 문화사학, 종교사학, 민족사학, 전통사학의 기조하에서 근대불교학을 개척한 당사자였다.[32] 이들은 명진학교, 중앙학림, 중앙불전, 혜화불전에서 불교학을 강의한 주역이었다.

거시적으로 보면, 근대불교학은 한국의 내재적인 학자에 의해서 주도되었지만, 점차 시간이 지나면서 일본 유학을 거친 소장, 신진학자들이 성장하는 추세였다. 그러나 전통 불교학과 근대불교학이 조화를 이루어 우리만의 독자적인 불교학문으로 가지는 못하였다. 이 같은 전통불교학과 근대불교학의 접목이라는 측면에서 미진함, 실패에 대한 지적은 일제하 당시에도 있었다.[33] 그러다가, 8·15해방 이후 자생적인 국내학자(권상로, 김포광)와 일본불교 유학을 거친 주역(김동화)들이 점차 퇴진하고, 이기영으로 대표되는 제2세대 불교학자들이 등장하면서 본격적인 근대불교학이 성립되었다. 그러나 비판적으로 보건대, 일본 유학을 거친 학자들의 극히 일부만 제도권에 정착을 하였다. 다수는 정화운동이라는 불교 내부의 갈등, 혹은 정체성의 혼미로 인하여 자신이 일본에서 익힌 근대불교학을 전수하지도 못하였다. 또한 일본 유학을 거친 2세대 불교학자들도 일본 유학을 자격 획득의 수단으로만 여겼다. 여기에 역사의 아이러니가 있었다. 근대불교학의 세례를 받은 당사자가 근대불교학을 토착화시키지 못하였던 것이다.

---

[31] 이 책은 1956년에 간행되었지만 일제시대의 강원, 중앙불전 등에서 행한 강의 교재였다.

[32] 고영섭, 「대한시대 불교학의 지형도」,『불교 근대화의 전개와 성격』, 조계종출판사, 2006.

[33] 五峰山人이라는 지식인은 전통교학의 후퇴와 근대불교학의 문제점을 지적하면서 "자기 문화를 자기 독특한 방법으로 연구함"을 강조하였다.『한국 근세불교백년사』1권 69쪽.

5. 한국불교 전통의 이완

                             일본불교의 유입, 영향으로 인한 부정적인 문제
는 한국불교의 전통을 상실케 하였다는 것이다.[34] 여기에서 말하는 전통불
교는 전통불교의 관행의 기반이라 할 수 있다. 그 대표적인 것이 본말사제도
로 인한 사찰 고유의 불교사상 퇴진, 산중공의제 소멸, 권력 지향성이었다.

  本末寺 制度는 사찰령 구도에서 제정, 시행되었다. 전근대 불교에서는
생소하였던 본말사제도는 1911년부터 시행되어 현재까지 내려오고 있다.
그 결과 모든 사찰이 본사와 말사로 대별되고, 본사와 말사간의 위계질서가
생겼다. 또한 이 제도로 인하여 본사 주지의 권한이 막강하여졌다. 본사
주지의 증대된 권한은 일제로부터 부여되었기에 자연 국가권력, 위정자에
게 예속되는 현실이 노정되었다. 본말사제도의 시행 이전인 1902년 원흥사
의 사사관리서가 등장하면서 나온 國內寺刹現行細則(36조)의 大法山(원흥
사), 16中法山 제도에서도 본사 개념이 등장하였다. 그러나 본말사제도는
일본불교의 종파불교의 제도임은 분명하다. 여하간에 본말사제도는 근대
기 한국불교의 외형, 운용을 상징하는 제도였다. 전 근대기 종파, 사상별의
관리 시스템이 무너지고 지역적, 행정적 편의 제도에 의한 관리가 구현되었
던 것이다. 이 제도로 인하여 사찰의 전통, 사상은 후퇴하고 행정 위주로
사찰 및 승려들이 관리되었다. 이는 1600여 년의 역사와 문화를 갖고 있는
한국불교의 존재, 가치가 무너지는 결과를 가져왔다. 그러면서 본사 주지의
권한 강화, 국가권력에 의존, 주지 연임을 위한 부정부패의 속출 등이 부산
물로 나타났던 것이다.

  다음으로 검토할 것은 山中共議制의 후퇴, 미약이었다. 한국 전통불교에
서는 산중공의제라는 산중 공동체 구성원의 전체가 참여해서[35] 공동체 관

---

[34] 오봉산인은 이런 정황을 사찰령 반포로 寺有財産 보호, 승려인권 개선 등이 나
    왔다고 지적되지만, 불교정신은 점차로 萎靡不振해 가는 과정에 있다고 진단했
    다. 오봉산인, 「조선불교의 교육방침을 확정하라」, 『불교』 2호(1924.8), 1쪽.

련되는 모든 일을 직접 결정하였다. 이는 율장, 청규, 관행 등이 어우러진 전통이었다. 그리고 이 제도에는 장로, 어른, 선배를 존경하고 우선시 하는 관행이 있었다. 그런데 이런 전통, 관행을 소멸케 한 근원에는 주지 선거가 있었다. 정기적인 선거를 통하여 주지를 선출하는 제도가 생기면서 산중공의 전통은 후퇴하였다. 선출된 주지는 종무소, 협의회라는 일부의 구성원과의 상의를 통해서 사찰을 운영하였다. 문제는 그 일부 구성원은 주지와 이해관계가 동질적인 대상들이었다는 것이다. 그러자 자연적으로 주지 직임을 차지하려는 경쟁 구도가 가열되었다. 이런 분위기는 선거자금의 확보, 부정적인 재원의 모금, 사찰재산의 탐닉, 관청에 투서의 증가, 공동체 구성원 간의 대립, 원융살림의 파탄 등을 야기하였다. 또한 여기에는 일본 유학을 갔다 온 불교청년들이 각 연고 사찰에서 노장 승려층과의 대립이라는 현실이 부가되었다. 불교 및 교단개혁의 노선, 그리고 직임의 확보를 놓고 청년승려와 노장승려 간의 대립 등 불교 공동체 내부의 모순은 심각하였다.

이러한 본말사간의 수직적 구도, 본사 주지의 권한 증가, 산중공의제의 후퇴 등은 승가의 권력지향성으로 귀결되었다. 1920년대 초반 조선불교청년회의 창립 당시부터 公議 문제가 공론화되었다. 1920년 6월에 창립된 불교청년회가 1920년 12월 16일 불교유신협의회를 개최하여 30본산연합사무소라는 기득권적인 종단 기구에 건의할 8개항의 유신 내용을 검토할 때 제기되었다. 즉, 건의한 첫 번째 내용이 "朝鮮佛敎는 萬事를 公議에 付할 것"이었다.[36] 여기에서 불교계 전반의 反公議的인 문제점이 심각하였음을 가늠

---

[35] 김태흡은 산간 사원의 전용 숙어로 大衆公事, 大衆供養, 大衆運力, 大衆公論, 大衆佛供, 大衆祈禱 등을 예시하였다. 이는 산중 공동체 전원, 즉 대중 중심의 생활, 운영이 한국 승가의 고유적인 전통임을 말해주는 것이다. 김태흡, 「在家佛敎와 出家佛敎」, 『불교』 94호(1932.4), 7쪽.

[36] 根秀, 「統一機關의 總決算과 來頭」, 『佛靑運動』 9·10호(1932.2), 3쪽. 이 조항에 대한 토론 내용은 "조선불교는 萬事를 民衆的 公議에 依하야 決할 事"이었다고 나온다.

할 수 있다.

하여튼 이와 같은 새롭게 노정된 제반 문제점의 진원지는 사찰령, 일제였다. 그래서 저절로 일제라는 권력에 의존하는 풍조가 나타났다. 국가와 민족을 복구하는 독립운동, 민족운동에 나서야 하는 불교가 극복, 비판의 주체인 일제 권력에 기생하는 현상이 되었다. 이러한 제반 문제, 현상의 촉매제 역할을 한 것은 일본불교였다.

6. 승가의 세속화

승가의 세속화는 승단 고유의 정체성이 희박해지고, 그 운영 및 성격이 세속을 모방해 간다는 의미이다. 즉 승려가 세속사회에 사는 일반 대중과 이념과 생활에서 차이가 없어, 승가와 재가가 구별이 없다는 것이다. 물론 승가와 재가에는 동질성, 차별성이 있을 것이다. 그러나 세속화가 가속화된다는 것은 승가, 승려의 정체성이 모호해진다고 볼 수 있는 대목이다.

그런데 근대불교에서 말하는 승가의 세속화는 다양한 측면에서 접근, 이해가 가능하다. 그러나 가장 기본적인 주제는 승려의 結婚과 名利의 추구일 것이다. 승려의 결혼은 전 근대 한국불교에서는 승려의 자격 박탈을 뜻했다. 즉 계율 파괴이기에 승단에서의 축출을 의미하였다. 그러나 일본불교의 유입, 영향, 혹은 불교 근대화의 일환으로 여기었던 인식의 변화로 인하여 근대불교에서는 비구승의 대부분이 결혼을 하는 풍조로 변하였다. 그 영향으로 현대불교에서도 일부 종단은 그를 허용하기도 한다. 계율의 이완 풍조는 은처승이라는 개념이 나오는 현실이 되었다. 그러면 근대불교에서 어떤 요인으로 인하여 승려의 결혼이 보편화가 되었는가는 필히 분석되어야 할 주제이다. 여기에는 첫째 일본불교의 영향, 둘째 불교 근대화의 일환이라고 인식한 한국불교 내적인 문제가 있을 것이다.

우선 일본불교의 영향의 문제를 살펴보겠다. 개화기에 도회지를 중심으로 일본불교의 별원, 포교소의 설립이 급증하면서 일본불교의 신앙, 생활을 모방하는 풍조가 생긴 것을 우선 지적할 수 있다. 일본불교에 대한 우호성의 기조에서 일본승려의 결혼을 모방하는 분위기가 조성되었다. 그리고 1926년에 한국불교의 사법에서 비구계 수지자만이 주지가 될 수 있는 자격 금지 조항을 일제 당국이 해금시켜주었다. 비록 한국불교에서 제안한 사법 개정안을 묵인, 동의하는 형식을 취하였지만 거기에는 장려, 조장의 성격이 개재되었음을 부인할 수 없다. 이 조치는 그때까지 절반에 달하였던 대처승려를 공인해주고, 승가의 결혼 풍조를 강력하게 유도하였다.

이런 흐름하에서 한국불교 내부에서도 승려 결혼을 인정해야 한다는 주장들이 제기되었다. 그 대표적인 것이 한용운이 1910년에 구한국 정부와 통감부에 승려의 嫁娶를 허용해 달라는 건의서를 두 차례나 제출한 사실이다. 이는 불교 개혁론, 불교 근대화 차원에서 제기된 것이다.[37] 한용운은 불교의 중흥, 발전을 위한 방편 차원에서 승니 嫁娶의 자유를 주장하였다. 그 무렵 『매일신보』 논설에서는 승니의 가취 문제는 山門에서 협의가 있었다고 소개하면서, 승려는 교육 및 실업에 참여하면서 민족주의를 진흥해야 함을 역설하였다. 이렇듯이 승려의 결혼문제가 공론화되는 가운데 1920년대에 접어들면서 승려의 인권 고양 차원에서 승려 결혼은 당연하다는 주장이 나왔다. 즉 승려도 인간이기에, 인간으로서 누려야 하는 인권 차원에서 가능하다는 것이다. 食慾, 性慾은 인간의 본능이기에 인권을 가져야 하는 승려도 금욕주의는 부적절하기에 결혼을 인정해야 한다는 주장이 유일한 잡지이었던 『불교』지에 발표되었다.[38] 이는 불교가 인권을 누리면서 불교 본연의 역할인 사회의 문제에 참여함을 역설하는 가운데 제기된 주장이었다. 승려의 식욕, 색욕을 인정하는 것이 불교의 사회화, 대중화로 나감에

37 김광식, 「한용운의 불교 근대화 기획과 승려결혼 자유론」, 『대각사상』 11, 2008.
38 光明山人, 「心中의 戰爭」, 『佛敎』 46·47합호(1928.5).

도움이 된다고 보았다.[39]

이와 같은 불교 내부의 목소리에 힘을 더한 것은 재일 불교유학생들이었다. 그들은 유학생활을 하면서, 일본불교의 현장에서 결혼을 하고, 귀국하였다. 그들의 결혼은 그 시대의 승려 결혼의 풍조를 더욱 당연한 것으로 촉진했다. 일본 유학을 거친 당사자로, 결혼한 그들은 본말사 주지를 할 수 있도록 사법개정을 추진하였다. 그 결과 1926년에는 백용성을 비롯한 보수적인 승려들은 帶妻食肉을 반대하는 건백서를 총독부에 제출하는 등 강력히 반대를 하였다. 그 당시 불교계에서는 승려의 대처식육을 둘러싼 논쟁이 치열하였는데 대처식육을 허용하자는 측에서는 개인 차원으로 처리, 대처식육의 금지는 愚見·妄論, 인간의 본능 차원에서 인정, 인권의 내용 등을 강조하였다. 당시 한국불교의 단체에서는[40] 사법 개정을 통한 대처 승려의 주지 취임을 가능케 하는 결의가 있었고,[41] 이에 근거하여 일제 당국은 행정적으로 편의를 제공하는 등 은연중 장려를 했다.[42] 이런 조치는 조선 종교계에 일대 革命으로도 평가되었다.[43]

이와 같은 변화로 인하여 승려 결혼은 보편화 되었다. 그런데 그 변화는 승가생활을 근본적으로 변하게 하였다. 승려의 결혼, 즉 대처생활은 가정적 노예, 비승비속의 생활, 처자식의 생활 책임, 자리 확보를 위한 갈등, 사원경제의 위기 등을 노정시켰다. 그래서 당시 이를 帶妻毒이라는 비평도 있었

[39] 장도빈, 「고대 조선불교」, 『조선불교총보』 21호(1921.5).

[40] 교무원이었는데, 당시는 종단이 부재하였기에 이 단체가 종단 역할을 일정 부분 담당하였다.

[41] 「파계승의 주지운동」, 『매일신보』 1926.3.27.

[42] 김광식, 「1926년 불교계의 帶妻食肉論과 白龍城의 建白書」, 『한국 근대불교의 현실인식』, 민족사, 1998; 「용성의 건백서와 대처식육의 재인식」, 『한국 현대선의 지성사 탐구』 도피안사, 2010; 마이카 아워백(Auerback, Micha), 「친일불교 역사학의 재고: 조선불교단과 12920년대 조선에서의 승려결혼에 관한 논쟁」, 『아세아연구』 51-3, 2008.

[43] 「논설, 조선사법의 개정」, 『매일신보』 1926.11.27.

다.[44] 승려 결혼은 마침내 승가의 본질, 승려의 생활, 승려의 가치관 자체를 변화시켰다. 그리하여 일부에서는 대처제도는 인정되었으니, 그대로 두고 대처에 맞는 승가의 제도를 개신하자는 제안도 하였다.[45] 승려의 결혼은 승가의 생활변혁을 야기한 것은 분명하였다.[46]

이와 같이 한국불교 내부에서도 승려 결혼의 주장이 강력하였다. 그는 불교 대중화, 불교 근대화의 차원에서 허용되어야 한다는 것이었다. 그래서 이를 단적으로 일본불교의 영향, 일제의 강요만으로 볼 수는 없다. 그러나 한국이 일제에게 국권을 강탈당하지 않았으면 그런 풍조, 주장이 나왔을까를 고려하면 일본, 일본불교의 영향과 무관하다고 단언할 수 없다.

그리하여 일본불교 영향으로 인한 승가의 세속화는 승가 및 세속에서의 권력 추구로 이어졌다. 승가 결혼은 적지 않은 재원이 요구되었고, 그 재원 확보의 수단은 승가 직위의 확보 및 지속으로 이어졌다.[47] 그런데 승가의 직위는 세속권력이 보장해주기도 하고, 교체를 할 수도 있었기에 자연적으로 승려들은 승단내에서의 권력 유지, 세속 권력을 담당하는 정치인, 관료들과의 친연성이 강화되었다. 이런 세속화로 인하여 승가와 재가의 구별이 모호해졌던 것이다. 즉 승가의 세속화가 가속화되었고, 불교의 모순이 되었다.[48]

---

[44] 이용조, 「위기에 직면한 조선불교의 원인 고찰」, 『불교』 101 · 102 합호 (1932.12).

[45] 이용조, 「橫堅想華」, 『金剛杵』 24호(1940).

[46] 대처승 측의 1967년 문건인 「佛敎紛糾收拾方案」(불교조계종 총무원)에서는 이를 "생활 변혁은 필연적으로 허다한 부작용과 폐단을 동반하게 되었다는 것도 사실"이라고 서술하였다.

[47] 법주사 출신 승려인 지명은 한국 현대불교의 현실을 진단하면서 종단 정재의 횡령적 사용이 폭력, 은처, 막행막식의 근원이라고 보았다. 지명, 「조계종 제2정화(종단 자체정화)의 필연성」, 『한국불교 정화이념의 재조명 토론회』 자료집, 1989. 졸고, 「용성의 건백서와 대처식육의 재인식」, 2010, 552쪽 참조.

[48] 근대기 조선불교와 일본불교는 생활, 재산관리, 공동체 인식 등에 있어서 많은 차이를 갖고 있었다는 연구는 대처승 제도의 이해에 시사를 준다. 高橋亨, 「朝鮮寺刹の硏究」, 『朝鮮』 84호(1922.2).

7. 결어

지금까지 한국 근대불교에 끼친 일본불교의 영향을 다면적인 관점에서 살펴보았다. 이제 맺는말은 그 의미를 요약하고 추후 유의할 점을 제시하는 것으로 대하고자 한다.

첫째, 일본불교는 근대불교사에서 결코 간과할 수 없는 대상, 주제임이 분명하다는 것이다. 이는 본 고찰을 통해서 재확인되었다. 그래서 추후에는 그에 관련된 구체적, 미시적인 검토, 분석, 연구가 수행되어야 할 것이다. 필자는 당시 일본 유학생들의 고뇌, 행보 등에 대한 구체적인 분석이 제일 긴요하다고 본다.

둘째, 근대불교사에서 일본불교가 끼친 다면성을 어떻게 이해, 의미부여를 할 것인가의 문제이다. 지금까지는 일본불교에 대한 부정성, 식민성에 매몰된 경향이 없지 않았다. 이 문제에 대한 폭 넓은 접근, 관점이 요망된다.

셋째, 일본불교가 전해준 그 흐름, 영향 등에 대한 평가 문제이다. 이를 단순히 일본불교로만 지칭할 것인가, 아니면 불교 근대화 및 오리엔탈리즘 등과 연관된 해석은 어떻게 할 것인가이다. 최근 이런 문제에 대하여 조성택은 '근대불교'는 시간적인 접근으로만 볼 것이 아니라 세계사적, 동아시아적, 오리엔탈리즘 등의 보편적 관점에서 봐야 한다고[49] 주장하였다. 그렇다면 일본불교에 영향을 받은 한국불교의 독자성, 자생성은 없었는가? 있었다면 그에 대한 의미 부여는 어떻게 할 것이다.[50]

넷째, 일본불교가 한국에서 활동한 여러 내용을 보여주는 자료 수집의

---

[49] 조성택, 「한국 근대불교 연구의 과제와 전망」, 『한국불교학』 64, 2012.
[50] 필자는 민족불교론을 근대기 한국불교가 새롭게 정비한 정체성, 노선으로 보면서 민족불교론은 불교 대중화론과 불교사회화론의 이념적 결합이라고 이해하였다. 민족불교론은 새로운 사회가 도래하였다는 인식, 일본불교의 유입 및 충격, 자기 정체성의 고민 등의 산물에서 나온 것으로 주장했다. 졸고, 「대한승려연합회 선언서와 민족불교론」, 『민족불교의 이상과 현실』, 도피안사, 2007.

문제이다. 이 자료수집의 필요성은 그간 다양한 곳에서 제기되었지만 실질적인 성과로 이어진 경우는 희소하였다. 관련 기관, 학자, 후원처 등과 긴밀하게 연결하여 효과적인 성과로 이어지도록 해야 할 것이다.

다섯째, 한일 양국의 학문적인 교류의 필요성이다. 학문적, 문화적 교류 차원에서 근대불교를 주제로 한 학술 검토는 큰 의미가 있다. 지금껏 이에 대한 검토, 분석, 시도, 행보가 부진하였다. 아니 부재하였다. 이 방면에 대한 구체적인 검토가 요청된다. 그래야 근대불교의 학문 발전, 양국의 불교 발전, 양국의 선린 우호가 진전될 것이다.

이상으로 필자가 고려한 이 방면 연구에 있어서 고려한 측면을 제시하였다. 이런 제시가 이 분야 학자, 학계, 불교계 등에서 진지하게 검토, 수용되길 기대한다.

:

한용운의
불교개혁사상과
동아시아

1. 서언

　　만해 한용운의 연구는 그의 입적 이후 70여 년간 지속되어
왔지만, 이 땅에 불교가 존재하는 한 계속될 것이다. 만해는 불교라는 보편
적 진리가 한국이라는 시공간에서 존재하고, 변화하기 위한 고뇌, 모색의
상징이기 때문이다. 한용운을 대변하고, 20세기 한국불교를 웅변하였던 기
념비적인 저술『조선불교유신론』이 발간된 지도 어언 100년이 되었다. 지
난 백 년간 한국불교에서는 한용운과『조선불교유신론』을 수 없이 불렀고,
찾았다. 그리고 추후에도 그의 이름은 이 땅에서 계속 불릴 것이다.

　이렇듯 이 땅에서 한용운을 지속적으로 필요로 하는 것에 걸맞게, 그에
대한 연구가 수반되어야 할 것이다. 지금껏 한용운에 대해서는 문학, 불교,
민족운동 등의 관점에서 연구되어 왔다. 그러나 21세기 접어들면서 그 연구
관점도 근대성, 탈근대성, 생태, 생명, 콘텐츠 등이 나타나는 등 다양화, 심
화되었다. 그러나 필자는 이런 다양한 관점, 접근이 대두되는 것을 반기면
서도 기본적으로 한용운은 승려였기에 불교적인 접근의 연구를 결코 배제

할 수 없다고 본다. 요컨대 한용운의 불교사상, 불교계 활동, 불교 개혁사상, 불교관 등에 대한 연구가 지속되어야 한다고 본다.

본 고찰은 이와 같은 전제에서 집필되었다. 이 글의 초점은 한용운 불교 개혁사상을 '동아시아'의 관점으로 살피자는 것이다. 지금까지의 만해의 불교 개혁론, 불교개혁사상에 대한 연구 성과를 비판적인 관점에서 살피면 『조선불교유신론』 중심의 이해였다. 물론『조선불교유신론』의 내용, 가치, 위상, 영향 등을 고려하면 당연하다고 볼 수 있다. 그리고 또 다른 경향은 한국의 '국내적'인 측면에서만 접근되었다는 것이다. 만해의 출신, 활동, 연구자 및 필요성 등을 고려하면 이것도 당연하다고 하겠다. 요컨대 기존 연구가『조선불교유신론』및 국내적인 관점에 매몰되었음을 부인하기는 어렵다.

이제 필자는 이 같은 기존 연구에서 벗어나 '동아시아'의 관점으로 만해 불교개혁사상을 살피자고 제안한다. 여기에서 말하는 '동아시아의 관점'은 특별한 개념이 아니다. 만해의 사상, 불교 개혁론, 개혁사상과 동아시아(중국, 일본, 인도 등)와 관련된 것을 찾아내고, 그 의미를 추출하자는 것이다. 부연하자면 한용운 연구의 외연을 넓히자는 것이다. 한용운은 서구문명에 대한 관심이 지대하였고, 일본에서 가서 유학을 하였고, 양계초의 저술에서 영향을 받았음은 상식적인 이야기이다. 지금까지의 연구에 있어서 만해와 동아시아의 상호성에 대해서는 개별 연구자와 일부 세미나에서 검토되었지만,[1] 매우 미약하였다.

---

[1] 만해사상실천선양회는 1999년 8월, 만해축전의 일환으로 만해학 국제학술대회를 「만해문학의 세계적 인식」이라는 주제로 백담사에서 개최하였다. 그 후, 경희대 김재홍 교수팀(허우성, 이선이, 김광식 등)은 2007년, 학술진흥재단의 연구 지원을 받아 「만해사상과 동아시아 근대담론 비교 연구」를 수행하였다. 김재홍은 2008년 만해축전에서도 이 주제를 갖고 국제학술심포지움을 개최하였다. 이 당시 발제된 연구 주제는『만해학연구』 4호에 수록되었다. 그러나 이 연구는 문학 위주의 접근이었다. 김재홍 팀의 최종 연구 성과물은『만해사상과 동아시아 근대담론 비교 연구』(시학, 2011)로 발간되었다.

그래서 필자는 한용운 불교개혁사상, 개혁론에 대한 연구를 심화하기 위한 차원에서 동아시아와 관련 문제를 적극적으로 연구의 무대에 올리기 위한 기초적인 검토를 하려거니와 이 분야 연구자들의 동참을 바라고, 미진한 점은 냉철한 비판을 가해주기 바란다. 이를 위해 필자는 『조선불교유신론』과 한용운 불교 개혁론에 대한 연구 성향을 분석하려고 한다. 그 연후에는 만해와 동아시아와 관점에서 살필 수 있는 대상 및 내용들을 시론적으로 제시하고자 한다.

2. 기존 연구의 성향 및 문제점[2]

1) 『조선불교유신론』

한용운의 불교적인 측면에서 가장 두드러진 연구 성과를 보인 대상은 『조선불교유신론』이다. 이 저술은 만해가 1910년 여름 백담사에서 집필을 하고, 1913년 5월 25일 신문관에서 발간하였다. 발간 직후부터 당시 불교계에서 그 내용을 둘러싸고 찬반양론이 심하였다. 이에 이 저술은 근현대불교 100년간 불교인들의 필독서, 근대불교의 서적을 대표하는 대상이라고 칭할 정도였다.[3] 그러나 그에 걸맞은 연구가 수반되었는가에 대해서는 주저되는 바가 있다. 이 유신론에 대한 연구는 초창기에는 내용 소개, 분석으로 시작하였으나 점차 그 내용에 담긴 사상, 개혁적인 의의, 민족적 의미, 현대불교에 미친 영향, 근대성 등으로 연구의 관점이 확대되고 있다. 우선 이 저술과 관련된 연구를 제시하겠다.

---

[2] 본 장의 서술은 필자의 저술, 「한용운 불교 연구, 어디까지 왔나」, 『만해 한용운 연구』(동국대학교출판부, 2011)의 관련 내용을 수정, 보완한 것이다.

[3] 윤창화, 『근현대 한국불교 명저 58선』, 민족사, 2010, 104~111쪽. 윤창화는 이 책을 '신불교 운동의 개혁서'라 하였다.

정광호(1), 「한용운과 조선불교유신론 – 그의 개혁사상을 중심으로」, 『법륜』 32·
33·34·49·50호, 1971~1972

전서암, 「만해의 저항정신과 불교유신론」, 『씨ㅇ의 소리』 79호, 1978

안병직, 「조선불교유신론의 분석–사회사상적 측면을 중심으로」, 『창작과 비평』 52호,
1979

김영태, 「만해의 새불교운동」, 『법륜』 125호, 1979

한상철, 「한용운의 사회사상」, 『한국학보』 30·31, 1980

서경수, 「만해의 불교유신론」 『한용운사상연구』 2, 1981

이영무, 「韓國佛敎思想史上 한용운의 위치 –『조선불교유신론』을 중심으로」, 『인
문과학연구』 14, 1982

최유진, 「한용운의 불교개혁 이론」, 『철학논집』 2, 1991

최병헌, 「일제불교의 침투와 한용운의 '조선불교유신론'」, 『한국종교사상의 재조명』,
1993

김호성, 「조선불교유신론의 의례관」, 『불교학보』 36, 1999

김경집, 「한용운과 불교유신의 확립」, 『한국불교 개혁론의 연구』 진각종, 2001

서재영(1), 「1910년 전후의 시대상과 조선불교유신론의 의의」, 『의상만해연구』 1,
2002

종명, 「조선불교유신론에 나타난 만해의 계율관」, 『만해축전 자료집』, 2002

김광식(1), 「한용운의 민족의식과 '조선불교유신론'」, 『한국민족운동사연구』 35,
2003

정광호(2), 「조선불교유신론의 집필의 배경과 개혁방향」, 『불교평론』 16, 2003

서재영(2), 「조선불교유신론의 소회 폐지론과 선종의 정체성」, 『불교평론』 16,
2003

김광식(2), 「조선불교유신론과 현대 한국불교」, 『불교평론』 16, 2003

허도학, 「근대계몽철학과 조선불교유신론」, 『불교평론』 16, 2003

고명수, 「조선불교유신론과 만해의 문학관」, 『불교평론』 16, 2003

이도흠, 「조선불교유신론에서의 근대적 세계관 읽기」, 『불교평론』 16, 2003

유승무, 「사회진화론과 만해의 사회사상 – 조선불교유신론을 중심으로」,[4] 『만해축

---

[4] 이 논고는 『동양사회사상』 8집(2003)에 수록되었다.

전자료집』, 2003

김춘식, 「사회진화론의 유입과 『조선불교유신론』」, 『근대성과 민족문학과의 경계』,
  역락, 2003

이홍섭, 「조선불교유신론에 담긴 한용운의 세계관과 건봉사와의 영향 관계」, 『한국
  어 문학연구』 43, 2004

이선이(1), 「'문명'과 '민족'을 통해 본 만해의 근대 이해-조선불교유신론과 조선독
  립의 서를 중심으로」, 『만해학연구』 3, 2007

이선이(2), 「조선불교유신론을 통해 본 만해의 근대인식과 그 의미」, 『만해사상과
  동아시아 근대 담론 연구』, 시학, 2011

유승주, 「사회진화론의 수용과 『조선불교유신론』 – 한용운의 불교적 사회진화론」,
  『원불교사상과 종교문화』 41, 2009

전보삼, 「한용운과 『조선불교유신론』」, 『조선불교유신론 집필 100주년 낭독 및 토
  론회 자료집』, 2010

이병욱, 「조선불교혁신론과 비교를 통해 본 『조선불교유신론』의 특색·현대성·한계」,
  『만해학연구』 6, 2010

석길암(1), 「아직도 버릴 수 없는 화두, 『조선불교유신론』」, 『불교평론』 45, 2010

석길암(2), 「『조선불교유신론』, 반성과 전망」, 『만해학보』 11, 2011

김광식(3), 「근현대 불교 개혁론의 지평」, 『일본불교사연구』 4, 2011

이처럼, 『조선불교유신론』에 대한 연구 성과는 비교적 많이 축적되어 있
다. 그 연구자도 불교, 문학, 역사, 사회학, 종교학 등 다방면의 출신에서
나왔다. 이 연구 중에서 정광호, 김영태, 안병직, 서경수, 이영무의 연구들
은 대략 유신론의 내용을 분석하면서, 그에 담긴 불교개혁적인 특성을 조명
하고 있다. 이들의 연구는 1970~80년대에 생산된 것이기에 유신론의 초기
연구는 유신론의 개요와 내용을 소개하는 것이 주류를 이루고 있음을 알
수 있다.

그러나 그 세부 이해에서는 다양한 견해가 제기되었다. 이중 전서암(전
재성)의 연구는 만해의 정신의 근원에는 저항정신이 자리 잡고 있었으며,

그 정신이 불교의 민중화, 세속화를 밀고 나갔다고 본 연구이다. 즉 그는 만해의 저항정신은 전체성을 지향했기 때문에 민중의 마음으로 회귀될 수 있었다고 보았는데 그 실례가 『조선불교유신론』이라는 것이다. 이 같은 전 서암의 연구는 1980년대 초반 민중불교의 이념적인 모태가 되었다는 점에서 일정한 의의를 갖고 있었다. 안병직의 연구는 유신론의 해설보다는 그에 담긴 근대사상을 중점 탐구하였다. 그는 여기에서 만해의 세계에 대한 새로운 인식에 나타난 진보와 경쟁의식, 자아의 발견을 통한 자유주의 도입, 근대적 시민의식에서의 모험 · 경쟁 · 자본주의 경영 등이 배태되었다고 보았다. 나아가서 그는 만해는 위에서 지적한 새로운 흐름과 서구사상을 수용, 소화하여 그를 자신의 생활에 응용하였다고 하였는데, 이는 근대사상사에서 독특한 위치를 점한다고 평가하였다. 이러한 지적은 유신론을 이해할 수 있는 인식의 폭을 확대하였기에 의미 있는 연구이다.[5] 한상철은 유신론에 나타난 사회사상을 중점 탐구하였다. 그는 만해의 사회사상은 자유, 평등관(불교의 자아관), 구세주의(중생제도), 역사의식(진보사상), 시민의식(개인의 해방, 개인의 자율성)으로 구분하였다. 그는 만해의 사회사상과 유관한 논설 전체를 분석하여 형성기, 확립기, 심화기로 나누면서 사회사상의 변화, 진전을 조명하였다.

그리고 서경수는 만해가 유신론을 집필할 수 있는 배경과 관련하여 불교적 수도 歷程과 脫修道的 역정[6]에서 이루어졌다고 보았다. 즉 그는 수도적 역정이 유신론을 집필케 하였지만, 승려취처론과 같은 반계율적 이론을 제기한 것은 탈수도적 역정에서 나온 것으로 이해하였다. 나아가서 서경수는 만해의 일생을 수도인적 방향과 탈수도인적 방향을 함께 걸었다는 독특한

---

[5] 한편 그는 유신론의 한계도 지적하였다. 즉 그는 만해는 자유주의 내면성만을 주목하였으며, 독립운동의 단계까지는 나아가지 못하여 일제에게 승려대처를 청원하였기에 민족적 자각이 낮은 수준이었다고 보았다.

[6] 탈수도적 역정은 만해가 시베리아 여행, 일본 여행, 개화기 신사상에 몰두하였던 과정을 말한다.

관점을 제시하였다. 한편 이영무는 만해가 당시 불교를 구세주의 불교, 사회참여의 불교로 개편하려는 방법론을 제시한 것이 유신론이라고 보았다. 그러면서 그는 만해의 유신론은 글에서는 유신이라는 표현이 제기되었으나, 그 근본은 불교의 근본이념에 따라서 신라·고려시대와 같이 사회 참여와 민중지도의 지위로 다시 돌아가자는 복고주의적인 색채가 짙다고 주장한다. 또한 민족사 관점에서는 불교를 유신하여 조국을 되찾고 민족을 부흥하겠다는 민족사적인 과제도 개재되었다고 보았다. 그리고 만해의 유신론의 서술에는 비교종교학, 비교철학을 시도한 것을 주목해야 한다고 주장한다. 이런 분석을 통해 그는 유신론이 역사성(신라, 고려시대의 불교의 발전), 시대성(민족 당면 문제), 문화성(서구 종교철학에 대응) 차원에서 그 의미를 찾아야 한다고 강조했다.

이러한 연구는 유신론의 내용을 정리, 분석한 것이지만 그를 바라보는 관점이나 이해라는 구체적인 측면에서는 편차가 다양했다. 그 다양성은 연구자의 처한 입장을 은연중 드러내기도 하였다. 이들의 유신론 연구는 그 첫 발자국을 내디뎠다는 데에서 의미를 찾아야 할 것이다.

유신론에 대한 연구 시각의 다양성은 90년대에 접어들면서 본격화되었다. 이는 이 시기부터 근현대불교를 연구하는 연구 인력이 다양화되었던 것과 무관할 수는 없다. 특히 백담사에 만해사상실천선양회, 만해마을이 설립되었는데 그것이 만해 연구의 기반이 되면서 이 분야에도 연구 심화를 촉진하였다.[7] 최유진은 만해의 개혁론의 성격을 불교철학의 관점에서 분석하였다. 김호성은 유신론에서 만해가 주장한 의례의 문제를 집중적으로 정리하여 그 의미를 요약하였으며, 서재영(2)은 유신론에서 만해가 주장한 소회의 폐지를 선종의 정체성 정비와 관련하여 고찰하였다. 허도학, 유승무, 김춘식, 유승주 연구는 유신론에 스며 있는 서구철학, 사회진화론의 이념을

---

[7] 『불교평론』 16호(2001)에 게재된 『조선불교유신론』을 분석한 몇 편의 논고는 2003년 만해마을 개관 기념으로 열린 세미나에서 발표된 것이다.

집중적으로 정리하였다. 그간 만해가 서구철학에 영향을 받았으며, 특히 양계초와 진화론에 대한 사상적인 의타성은 적지 않게 지적되었지만 그를 집중하여 정리한 것이 미약하였는데 이들의 글은 그를 보충한다는 측면에서 일정한 의의를 갖는다. 그러나 이들의 연구에서는 논지 전개와 개념 정리에 일부 지나친 면[8]이 노출되었던 것이 아쉽다. 종명은 유신론에 나타난 승려의 결혼 허용 문제를 시대와의 조화(계율의 중도적 적용)이었는가의 관점에서 조명하였다. 그는 만해의 계율관은 근본계율관과 맥을 같이 하였다고 보면서도, 만해가 주장한 '僧尼의 선택적 嫁娶'는 승단과 사회의 발전을 위해 시급한 사항이었다고 주장하였다. 그런데 이 주제의 고찰에는 당시의 근대적인 관점과 현대적인 관점이 교차, 충돌될 가능성이 많은데 이를 어떻게 정리할 것인가의 문제가 제기된다.

이 시기 유신론과 관련된 연구에서 두드러진 이해는 만해가 유신론을 집필하였을 당시의 만해의 현실인식에 대한 문제이다. 지금껏 이에 대해서는 대부분의 연구자가 만해의 민족의식에 대해서는 긍정적으로 평가하였다. 이는 무엇보다는 만해가 유신론을 집필, 발간하였다는 자체에서 민족의식이 분명하다고 보았기 때문이다. 그러나 이런 통설에 대해 최초로 이의를 제기한 연구자는 최병헌이었다.[9] 최병헌은 만해가 불교의 사회적 역할, 승려의 지위 향상을 강조하면서도 일본의 정치적 침략과 일본불교의 침투에 대해서는 무감각하였다고 지적하였다. 그는 만해가 일본 통감에게 승려 결혼을 허용해달라는 건백서의 제출을 그 단적인 실례로 보았다. 이는 기존 견해, 통설의 한계를 환기시킬 수 있는 것이었다. 이 같은 최병헌의 견해에

---

8 예컨대 유승무는 "사회진화론적인 불교유신은 불교사상적 근거와 동시대의 사회적 조건을 동시에 충족시키는 방향으로 이루어지기보다는 사회적 조건에 부응하는 방향으로 이루어짐으로써 불교의 정체성과 멀어지는 한계성을 내포하였다"고 하면서도, 결론에 가서는 그 사상적 한계는 오늘날에 사는 우리의 관점에서 본 한계라고 표현하였다. 『만해축전 자료집』, 2003, 264~265쪽.

9 최병헌 이전에도 염무웅, 김영태도 이런 문제의식을 간략히 피력하였다.

대하여 서재영(1)은 유신론에 나타난 만해의 민족의식은 1910년대라는 시대적, 종교적 상황이라는 연결 고리를 갖고 보아야 한다고 주장하였다. 이에 그는 유신론이 외래종교 팽창에 맞서 불교중흥을 도모한 구체적 방안의 제시, 외래종교 이면에 숨어 있는 외세에 맞서기 위한 대응책, 민족 자주세력의 양성과 조직화라는 의의를 개진하였다.[10] 그러나 서재영의 이 관점은 새로운 접근 시각임에도 불구하고 일부 내용에서 논리의 비약, 근거가 불충분하여 설득력과 보편성이라는 측면에서 한계를 노정하고 있다. 특히 민족 자주세력의 양성과 조직화라는 내용에서는 납득하기 어려운 점이 두드러진다. 한편 이러한 논란과 관하여 김광식(1)은 만해가 유신론을 집필하였던 1910년대 전체의 행적을 정리하면서 유신론을 집필하였던 단계에서의 만해는 민족의식이 투철하지는 않았다고 주장하였다. 즉 그는 만해가 당시까지는 민족불교 지향에는 확연하게 도달하지 않은 것으로 보았는데, 그 근거로 일본불교의 침투로 야기된 문제의 몰인식, 국권강탈에 협조하였던 일본불교의 정체성 미파악, 국권상실 후 불과 1개월 후에 일제 통감에게 승려 결혼 허용을 주장한 건백서 제출 등을 제시하였다. 다만 그는 만해의 민족의식이 입산 직후부터 본격화된 것이 아니라 어떤 계기, 변동에 의해서 변화, 성숙되어간 것으로 보아야 한다는 논리하에서 만해는 1910년 말에 등장한 항일불교로서의 임제종운동 단계부터 질적인 변화를 거친다고 이해하였다. 여기에서 문제가 되는 것은 민족의식의 개념이 무엇인가와 투철한 민족의식이 아니었다면 미약한 민족의식이라도 있었다고 볼 수 있다는 반론이다.

그밖에 유신론에서 만해의 문학관을 찾으려는 고명수의 연구, 유신론에서 근대적 세계관을 읽어 내려는 이도흠의 연구는 그간 시도하지 않았던 참신한 연구 시각이라고 보겠다. 고명수의 연구에서는 그가 분석한 유신론

---

[10] 그는 그간의 만해 이해가 민족과 제국주의, 항일과 반일이라는 범주에서 이해되었다고 보았다. 이에 그는 항일과 친일이라는 범주를 넘어 서면 반외세, 민족 자주라는 큰 테두리를 형성할 수 있다고 주장하였다.

에 나타난 문학관이 문학분야에서 제기된 만해의 문학관과는 어떤 차별성을 갖는지가 누락된 것이 아쉽다. 이도흠은 이 연구에서 유신론에는 만해의 근대적 세계관이 형성되었다고 분석하였다. 요컨대 만해는 근대적 사유와 실천을 행한 인물로 보았다. 그러나 논란이 많은 탈근대성의 관점에서 만해는 어떻게 바라보아야 하는가에 대한 의문을 남겨 놓았다. 이흥섭은 유신론에 나온 세계관을 정리하면서, 그것을 만해가 공부하였던 건봉사와 연관하여 설명하였다. 일반적으로 만해와 백담사에 대해서는 주목하지만, 백담사의 본사였으며 만해가 불교 경전을 공부한 건봉사를 소홀하게 다루는 것에 대한 경종을 울리는 고찰이다. 그리고 이선이는 만해의 근대 이해는 만해사상과 만해 실천의 모태가 된다고 보았다. 이 전제에서 이선이는 만해의 근대 이해의 과정에는 문명에 대한 동경과 민족의 자각이라는 인식론적 변화가 혼재되어 있었고, 만해의 관념적(철학적 종교)이고 낙관적인 문명관이 『조선불교유신론』에 나온다고 보았다. 즉 이선이는 한용운의 불교의 근대적인 성격과 근대불교의 특징에 대한 인식이 유신론에 체계적으로 드러난다고 주장하였다.

한편 김광식(2, 3)은 유신론에서 제기한 불교개혁의 내용이 지금 현재에도 유효한가의 관점에서 유신론과 한국 현대불교와의 상관관계를 정리하였다. 그러면서 그는 근현대 불교 개혁론 전체의 개요와 성격을 짚어 봄으로써 만해 유신론의 이해를 근현대 불교 100년이라는 흐름에서 이해할 수 있는 기초를 제공하였다.

그리고 석길암(1, 2)은 유신론 그 자체보다는 유신론에 의해서 불교개혁이 지속적으로 제기된 것, 만해 유신론의 유효성, 그리고 만해 개혁론이 단절된 것에 대한 문제를 다루었다. 이는 유신론의 영향 및 계승에 대한 측면을 연구한 것이다. 이병욱의 연구는 만해의 유신론을 원불교 창시자인 박중빈 개혁론과 비교한 연구이다. 원불교와의 비교 차원에서의 연구는 이 연구 이외에도 다수가 있다. 이병욱은 만해가 1910년대 관점에서 서양철학을 수용할 것을 제시하였다고 보았다. 즉 만해는 서양철학을 주체적이고 비판적으로 수용하였고, 한용운이 수용한 서양철학에는 현대성이 있으며, 만해가 서양철학을 수용해서 그것을 현실문제에 적용한 점에도 현대성이 있다고 주장하였다.

2) 불교개혁사상

이제부터는 만해 불교 개혁론과 그에 담긴 사상을 논한 연구 성과를 살핀다. 만해 한용운은 승려로서 일평생을 불교개혁을 위한 행보를 멈추지 않았다. 그리고 그의 개혁 주장은 불교계 전체에 걸쳐 있었다. 이러한 만해의 불교 개혁론, 개혁사상은 어떠하였는가에 대한 문제는 만해 연구자들이 풀어야 할 숙제였다. 그러나 이에 대해서는 아직도 뚜렷한 연구가 부실한 실정이다. 만해의 불교개혁을 총체적으로 파악하기 위해서는 『조선불교유신론』은 말할 것도 없고 1920~30년대 그가 기고한 수많은 관련의 글을 함께 파악해야만 그 전모와 성격을 가늠할 수 있을 것이다. 나아가서는 만해사상에 담긴 근대성, 서구 문명 등과의 상관성도 검토되어야 한다.

한기두, 「불교유신론과 불교혁신론」, 『한국근대민중불교의 이념과 전개』, 한길사, 1983

조화수, 「불교유신론과 불교혁신론」, 『원불교학연구』 13, 1983

김춘남, 「양계초를 통한 한용운의 서구사상 수용」, 『한국학논총』, 1985

유원곤, 「조선불교유신론과 조선불교혁신론의 성립 배경 연구」, 『종교연구』 17, 1992

정병조, 「한국 근현대 불교 개혁론의 비교 연구」, 『회당학보』 2, 1993

전보삼, 「불교개혁을 위한 한용운의 화두」, 『회당학보』 2, 1993

김광식(1), 「근대 불교 개혁론의 배경과 성격」, 『근현대불교의 재조명』, 2000

김경집, 「한용운과 불교유신의 확립」, 『한국불교 개혁론 연구』, 진각종, 2011

윤세원, 「한용운의 자유 개념의 철학적 토대와 논리 구조에 관한 연구」, 『동양사회사

　　상』 9, 2004

김광식(2), 「한용운의 '조선불교개혁안' 고찰」,[11] 『코리아 저널』(유네스코) 45-1,
　　2005

김순석, 「한용운과 백용성의 불교 개혁론 비교 연구」, 『한국근현대사연구』 35,
　　2005

김종인, 「한국불교 근대화의 두 얼굴, 만해와 성철-전근대성과 근대성 간의 긴장과
　　갈등」, 『불교평론』 22, 2005

허우성, 「간디와 만해: '위정척사'와 '동도서기'」, 『만해학연구』 창간호, 2005

김재홍, 「만해사상의 구조와 특성」, 『만해학연구』 2, 2006

구모룡, 「만해사상에의 자유와 평등」, 『만해학연구』 2, 2006

유승무, 「근현대 한국불교의 개혁모델 비교 연구-만해의 유신모델과 청담의 정화
　　모델을 중심으로」, 『만해학보』 9, 2006

송현주, 「한용운의 불교·종교담론에 나타난 근대사상의 수용과 재구성」, 『종교문화
　　비평』 12, 2007

배병삼, 「만해 한용운의 사회사상과 실천에 대한 비판적 고찰」, 『만해학연구』 3,
　　2007

김광식(3), 「한용운의 불교 근대화 기획과 승려결혼 자유론」, 『대각사상』 11, 2008

김광식(4), 「불교의 근대성과 한용운의 대중불교」, 『한국불교학』 50, 2008

신진숙(1), 「근대 동아시아 사상과 '마음'-만해와 양계초의 근대 담론을 중심으로」,
　　『한국어문학연구』 53, 2009

신진숙(2), 「만해사상과 양계초의 『新民說』에 나타난 마음의 의미」, 『국어국문학』
　　152, 2009

고봉준, 「만해사상과 근대의 기획」, 『만해학연구』 5, 2009

유세종, 『화엄의 세계와 혁명-동아시아의 루쉰과 한용운』, 차이나하우스, 2009

윤종갑, 「한용운의 근대인식과 서양철학 이해」, 『한국민족문화연구』 39, 2011

한기두, 조화수, 유원곤의 연구는 만해의 불교 개혁론과 원불교 박중빈의

---

[11] 이 논문은 영어로 기고되었는데, 필자는 그 글의 우리말 저본 원고를 『유심』
　　24호(2006년 여름)에 기고하였다.

개혁론과 비교 분석을 시도한 연구이다. 원불교 교단 차원에서 이와 유사한 다양한 연구가 있음을 부기한다. 김순석은 불교 독립운동가라는 동일한 특성을 지니고 있으면서도 온건한 개혁을 추구한 백용성에 비추어서 만해 개혁론의 성격을 찾았다. 그리고 유승무와 김종인은 만해와 청담, 만해와 성철의 비교를 통해 만해의 개혁론의 성격 및 개혁론의 계승과 단절의 문제를 거론하였다.

전보삼의 연구는『조선불교유신론』의 내용을 중심으로 만해의 불교개혁의 성격을 분석한 논고이다. 전보삼은 시대 상황과 개혁의 필요성, 파괴의 당위성, 개혁되어야 할 대상(교육 · 포교 · 승니의 결혼문제)을 제시하면서 만해의 개혁론을 살펴보았다. 그러나 이 연구는 만해의 전체적인 개혁론을 그려낼 수 없을 정도로 연구 대상의 폭이 너무 협소하여, 일정한 한계를 갖고 있다. 다만 만해의 주장은 21세기의 불교에서도 유효한 방안임을 강조하였다.

김광식의 글(1)은 근대불교 개혁론의 배경을 점검하면서 만해 불교 개혁론의 역사적 맥락의 성격만을 정리한 고찰이다. 때문에 만해의 불교 개혁론의 총괄적인 이해에는 도달하지 못하였다. 다만『조선불교유신론』이 나온 배경을 자각이라는 관점에서 살피면서 당시 불교계가 비주체성에 젖어 있었다는 요인을 그 집필 배경으로 보았다. 이에 만해는 실질적인 자각과 개혁을 촉구하는 입장에서 유신론을 집필, 발간하였다는 사정을 제시한 것이다. 한편 만해는 1930년대에 접어들어서도 불교개혁을 지속적으로 제기하였는데, 여기에는 당시 불교계에 이슈가 되었던 통일운동과 불교자주화라는 흐름이 작용하였음을 분석하였다. 이는 만해의 불교 개혁론의 지속과 만해의 불교 개혁론이 변질하였음을 강조하는 주장이었다. 이 연구도 만해의 총체적인 개혁론의 소묘에는 도달하지 못하였다. 이후 김광식(2)은 1930년대 만해 불교 개혁론을 집약적으로 보여주는 글,『불교』지에 게재된「조선불교의 개혁안」을 집중 분석하였다. 여기에서 1910년대『조선불교유신론』

에서의 개혁론의 계승, 차별성 등을 정리하였다. 이 연구는 기존의 만해 개혁론 탐구가『조선불교유신론』에 경도된 것에 강한 이의를 제기하고, 1930년대 만해 개혁론 및 대중불교라는 관점으로 연구 시야를 새롭게 하려는 것에서 나왔다.

김경집의 연구는 만해의 불교 개혁론을 만해의 유신관, 유신론에 나타난 개혁방안으로 대별하여 살펴본 고찰이다. 김경집은 만해의 유신론을 만해 자신이 처한 시대의 모순을 척결하고 새로운 사회에 대응하는 제도를 모색하는 개혁이라고 강조하였다.

정병조의 연구는 만해를 비롯한 근현대 불교 개혁론의 비교 차원에서 만해의 불교 개혁론의 위상을 대비시켰음이 주목을 끈다. 비록 그 분석의 양이 소략하지만 그 관점은 많은 시사를 준다. 물론 이 연구는『조선불교유신론』중심의 분석이었지만 그는 여기에서 만해의 불교 개혁론을 1, 승가의 경제적 자립 2, 불교교육의 현대화 3, 계율의 재해석 4, 교단의 민주화 5, 불교의례의 간소화로 정리하였다. 그리고 그는 각론 차원에서 만해가 주장한 산신각 폐지나 승려 결혼 허용은 논리적 비약이 있다고 주장하면서 대체적으로 만해의 주장은 합리적이고 혁명적이라고 자리매김을 하였다. 아울러 그는 만해의 개혁론을 세계는 민주와 자유의 경향을 가진다는 점, 불교는 이러한 경향에 부합한다는 점, 그런데 한국불교는 현실적으로 답보상태를 면하지 못한다는 점, 따라서 불교개혁만이 현대사회를 계도할 수 있다는 당위성에 대한 제시라고 그 성격을 평가하였다. 이 평가는 세밀한 분석을 거친 후에 내놓은 것은 아니지만 만해 불교 개혁론에 대한 추후 연구에서 참고할 관점임은 분명하다.

최근 김광식은 위에서 소개한 글(3, 4)에서 한용운의 불교 개혁론과 승려 결혼 주장을 불교 근대화 기획의 일환, 근대성과 연관하여 고찰하였다. 그리고 만해의 개혁론을 대중불교론이라고 개념화하였다. 이런 주장에 대한 학계에서의 반응은 궁금한 대목이다. 또한 전보삼은 유신론이 선구적인 종교 이론, 개혁적인 논문이라고 그 위상을 정리하였다. 김재홍은 만해사상의 구조와 특성을 자유·평등사상, 민족·민중사상, 평화사상·사랑의 철학, 진보·통일사상 등으로 대별하면서도 생명사상이 핵심에 있다고 주장하였다.

송현주는 만해의 다양한 글에서 한용운이 근대사상에 영향 받았음을 추출하고, 그 성격을 종교적 관점에서 정리하였다. 그리고 윤세원, 신진숙, 구모룡, 고봉준의 연구는 만해의 개혁사상에 담긴 근대주의, 서구사상, 근대성 등을 폭넓게 조명한 연구들이다. 윤세원은 정치학의 입장에서, 신진숙을 비롯한 여타 연구는 문학의 입장에서 그에 접근하였다. 때문에 이들의 연구에서는 그 관점, 시각은 참고할 점은 많지만 불교, 불교 개혁론에서는 미진한 점이 적지 않다. 그러나 만해 개혁론에 대한 보편적 시야를 넓혔다는 점에서는 일정한 의의를 갖고 있다. 그리고 배병삼은 만해를 사회사상가로 설정하고, 그의 사회사상을『조선불교유신론』에서 찾았다. 그는 여기에서 만해의 사상, 실천, 운동의 본질을 비판적인 관점에서 추적하였다. 이 글은 역설의 프리미즘으로 만해사상을 조망하였다. 유세종은 한용운의 이해를 중국의 루쉰과 비교를 통해 분석하여 인식의 지평을 넓혔다. 이런 고찰도 만해개혁사상의 새로운 이해이다. 허우성의 글은 만해와 간디를 비교한 논고로 비교철학의 전형을 보여준다.

3. 동아시아의 관점에서 만해를 다시 보기

전장에서 지금껏 연구된 만해의『조선불교유신론』, 그리고 불교 개혁론과 그에 담긴 만해사상을 연구사 정리 차원에서 살펴보았다. 그를 비평적인 차원에서 단언하면『조선불교유신론』에 경도된 연구, 국내(한국불교) 차원의 연구였다. 이런 연구 경향은 만해 불교 개혁론에 담긴 사상을 추출하면서, 국내 불교계 개혁의 지향과 연관된 것을 정리한 것이라 하겠다. 그에 담긴 것을 정리하면 우선 만해 개혁론은 국내 불교의 개혁운동, 참여운동, 실천운동, 대중(민중) 중심 불교로 전환, 불교 근대화, 민족불교 등이었다. 그리고 만해의 이런 운동 및 지향에는 근대사상, 사회사상, 근대성, 근대주의, 서구철학, 진화론, 자유주의, 서구사상, 근대적 세계관 등이 수용되었다고 하였다. 이 같은 분석은 만해의 불교 개혁론 및 『조선불교유신론』에 수용된 것을 밝힌 것이다.

그러나 이런 기존 연구는 만해에게 수용된 사상, 이념만을 다루었지 정작 만해에게 영향을 준 대상, 영향이 온 곳에 대한 연구는 미진하였다. 즉 상호 융섭적인 접근 및 분석은 미약하였다. 나아가서는 영향을 주었던 대상과의 비교 분석도 투철하지 못했다. 여기에서 만해 연구의 편협성이 드러났다. 때문에 이런 문제점은 만해와 동아시아와의 상호 관련성을 연구해야 할 당위성을 강조하게 된다. 본 고찰의 초점은 여기에 있다.

그러면 지금부터 만해에게 영향을 주었던 동아시아와의 상호 관련성을 개괄적으로 제시하고자 한다. 먼저 동아시아에 대한 개념 설정부터 하고자 한다. 이 글에서 논하는 동아시아는 지역적인 성격은 아니다. 그는 한국의 외부에서 유입된 영향, 만해가 만났던 이념 및 문명을 총괄적으로 지칭한 것이다. 요컨대 만해와 대칭된 모든 것을 말한다. 구체적으로는 서구문명, 동아시에서의 새로운 흐름이라 하겠다. 만해는 서양을 가지고 않았고, 서양 문명을 직접적으로 만나지 않았다. 대부분은 동아시아를 통하여, 동아시아에서 굴절된 형태로 만났다. 만해가 외국에 머문 것은 일본에 체류한 6개월, 중국(만주)에 체류한 2개월, 러시아(블라디보스토크)에 체류한 10일 정도였다. 그러나 만해의 저술 및 기고문 등을 보면 만해는 당시 동아시아 및 세계 정세에 반응하고, 나름대로는 외국 종교계의 변화를 이해하고 있었다고 보인다. 이는 서적, 신문, 구전 등의 정보에서 나온 것이다. 그러면 여기에서 만해가 문명에 대하여 갈망하고, 궁금해 하였고, 그 본질을 알기 위해 분투하였던 정서를 제시한다.

그것이 나의 입산한지 몇 해 안되어서의 일인데, 나의 입산한 동기가 단순한 신앙만을 위한 것이 아니었던만큼 유벽(幽僻)한 설악산에 있은 지 멀지 아니하여 세간 번뇌에 구사(驅使)되어 무전여행으로 세계 만유(漫遊)를 떠나게 된 것이었다. 그때쯤은 나뿐 아니라 조선사람은 대개 세상에 대한 지식과 경험이 별로 없었으므로 아무 인연도 없고 외국어 한마디로 모르는 산간의 한 사미(沙彌)로 돌연히 세계 만유, 더구나 무전여행을 떠난 것은 우치(愚痴)라면 우치요, 만용(蠻勇)이라면 만용이었다.[12]

그러다가 반도 안에 국척(跼蹐)하여 있는 것이 어쩐지 사내의 본의가 아닌 듯하여 일본으로 뛰어 들어갔다. 그 때는 조선의 새문명이 일본을 통하여 많이 들어오는 때이니까 비단 불교문화뿐만 아니라, 새 시대 기운이 융흥(隆興)한다 전하는 일본의 자태를 보고 싶던 것이었다.[13]

전자의 기록은 만해가 입산 직후 백담사에 있다가 1905년 후반경[14] 러시아를 거쳐 세계일주를 떠날 당시의 정황을 전하는 기록이고, 후자는 만해가 1908년 일본에 가서 6개월간 조동종대학에 유학을 가던 심정을 전하는 기록이다. 한용운은 입산하여(1903),[15] 출가한 직후에는 백담사, 건봉사에서 전통적인 불교를 이수하였다. 그는 전통불교를 수용하여 행자생활, 강원에서의 공부, 전통적인 불경 수학을 하고 있었다. 그러나 그는 주체할 수 없는 열정, 새로운 시대에 대한 흥분, 문명에 대한 호기심 등으로 인하여 궁벽하고, 오지에 위치하였던 백담사에 마냥 머물 수는 없었다. 더욱이 그는 백담사에서 세계 지리의 정보를 전하였던 『영환지략』이라는 책을 읽고서는 조선 이외에도 넓은 천지가 있다는 것을 알고는 서울, 원산을 거쳐 러시아로 떠나는 세계여행을 단행하였다. 그래서 만해는 세계일주를 단행하였으나

---

12 「북대륙의 하룻밤」, 『조선일보』 1935.3.8.

13 한용운, 「나는 왜 僧이 되었나」, 『삼천리』 6호(1930.5).

14 그러나 이를 명확하게 입증한 문헌 기록은 없다.

15 이는 만해의 두 번째 입산, 출가의 시점을 말한다.

러시아의 블라디보스토크에서 친일파라는 오인을 받아 동포들에게 죽임에 이르렀던 불상사를 겪고, 국내로 귀국하였다. 그 직후 석왕사 선방에서 참선을 하였으나, 그 이후에는 불교계 최초의 근대식 학교로 서울에서 개교한 명진학교의 보조과 과정을 1908년 3월경 마쳤다.[16] 이로써 그는 근대문명의 경계에 있었다.

그러나 만해는 신문명의 도래지인 일본을 견문하고 싶은 충동으로 1908년에는 일본 유학을 단행하였다. 그 유학 기간은 불과 6개월에 불과하였지만 한용운이 보고, 듣고, 겪었던 문명에 대한 충격, 영향은 상당한 것이었다. 그리고 그는 승려로서 일본불교의 여러 정황을 보았기에 자연적으로 그가 속한 승가집단, 불교계에 대한 개혁 인식은 치열하였을 것이다.

한용운의 이러한 측면은 그가 근대라는 새로운 시공간에서, 새롭게 변화하고 있는 근대 문명의 충격을 받고, 그를 수용하려고 적극적인 반응을 하였음을 말한다. 즉 한용운은 근대적인 인간, 근대적인 승려로 변모한 것으로 보인다. 여기에서 한용운은 서서히 불교 근대화에 유의하였다. 자신은 근대적 승려로 변모하였지만, 그가 속한 불교계의 승단, 사찰, 그리고 동료들은 아직도 문명에 반응하지 못하였다. 그래서 그는 불교 유신 및 개혁에 눈을 뜨고, 그를 실행시킬 방법을 강구하게 되었다. 여기에서 만해의 불교 개혁사상과 이론이 움트게 되었다.

그러면 이런 전제에서 만해와 동아시아와의 상호 관련성을, 개괄적으로 제시하고자 한다. 우선 일본부터 살펴보겠다. 일본을 통한 문명에 대한 반응을 검토함에 있어서 우선적으로 검토할 것은 개화기 당시의 이동인, 탁정식 등 개화승에 대한 문제이다. 이동인과 탁정식이 활동을 할 무렵에는 만해는 출가하기 이전이었다. 그러나 만해는 명진학교와 백담사에서 문명에 대한 고민을 할 때에 개화승에 대한 정보를 접하였을 가능성이 있다. 이동

---

[16] 그러나 만해의 명진학교 입학, 수학, 졸업 등에 대한 문헌기록은 부재하다. 필자는 『동국대70년사』에 의지하여 논지를 전개한다.

인과 탁정식(무불)은 김옥균과 연계되어 조선의 개화에 큰 활동을 하였고, 그들이 일본까지 건너가서 활동하였다는 소식은 접하였을 것이다.[17] 더욱이 탁정식은 백담사 승려이었는데,[18] 그는 김옥균과 만나 의기가 투합되어 일본에 건너가서 활동을 하다 1884년 34세의 나이로 동경에서 입적하였다. 추후 본격적인 연구가 요망되지만, 백담사와 백담사의 본사인 건봉사는 개화기 무렵부터 문명지향에 적극적인 사찰이었다.[19] 이런 분위기에서 수학한 만해는 자연스럽게 탁정식에 대한 이야기를 들었을 것이고, 만해가 일본에 체류 중이었을 때에도 개화승에 대한 구전을 들었을 것으로 본다. 여기에서 필자는 개화승들의 고뇌와 만해의 문명 지향적인 것과의 상관성을 거론한다. 개화승과 만해의 고뇌, 지향, 활동을 동일한 연구 무대에서 검토할 수 있다고 본다.

다음으로 만해의 일본행, 일본 유학에 대한 문제를 거론한다. 이 문제는 만해가 어떤 연고, 계기로 일본에 갔는가이다. 즉 국내에 있을 때에 단순히 일본에 대한 문명의 호기심으로만 일본을 건너갔는가의 문제도 심화해서 이해할 필요가 있다. 필자는 명진학교 재학 중에서의 영향, 건봉사의 문명 지향성을 생각할 수 있다고 본다. 명진학교에도 일본인 선생이 있었고, 건봉사에 내왕한 일본승려의 도움이 있었다는 구전이 있다. 이런 요인들이 만해를 자극하였을 것이 아닌가 한다. 지금까지는 만해 개인적인 차원에서의 문명에 대한 열정으로만 설명하였지만 이런 명진학교, 건봉사의 문제도 이제는 궁리하는 것이 타당하다고 본다. 그리고 만해의 일본행에서는 만해

---

[17] 이광린, 「개화승 이동인」, 『개화당연구』, 일조각, 1973; 이광린, 「탁정식론」, 『개화기연구』, 일조각, 1994; 박용모, 「개화승 이동인연구」, 『한국불교학』 58, 2010; 한상길, 「개화를 향해 달려간 비운의 승려, 이동인」, 『불교평론』 46, 2011.

[18] 『조선불교통사』 권하, 신문관, 1918. 그는 법명이 覺地이었으나 후에 無不로 고쳤고, 속명이 梃埴이었다.

[19] 김광식, 「건봉사의 재일불교 유학생과 봉명학교」, 『금강산 건봉사의 역사와 문화』, 인북스, 2011.

의 일본에서의 행보, 견문, 수학 등을 더욱 구체적으로 살펴야 할 것이다. 만해가 조동종 대학에서 수학하게 된 과정, 수학한 내용, 당시의 만해 정서, 일본승려와의 교류, 만해의 견문 대상 및 사찰 등등이 검토 대상이다. 지금껏 만해가 조동종대학에 체류하면서 쓴 한시의 발굴과 일본에서의 영향 등의 대강만 연구되었을 뿐이다.[20] 그리고 만해가 귀국을 하여 설립한 명진측량강습소도 지금껏 크게 주목하지 않았는데, 이에 대한 연구 설정도 간과할 수 없다.

만해의 일본에서의 영향, 충격으로 나온 것은 아무래도 승려 결혼의 주장과『조선불교유신론』의 집필 및 발간이다. 만해가 본 일본불교는 문명의 상징으로 다가왔을 것이다. 그에 반해 한국불교의 후진성, 무감각성, 혼미성 등은 만해에게 급격한 계몽주의로 경도케 하였다고 보인다. 그런데 여기에서 만해가 일본불교를 어떻게 보았을까 하는 점은 그간의 연구에서 누락되었다. 이 점이 검토되어야 할 것이다. 그리고 만해가 1910년 5월, 9월 두 차례에 걸쳐 구한국 정부, 일제 통감부에 건백서를 통하여 승려 결혼을 그렇게 강력히 건의한 본질도 그간에는 민족의식의 여부, 미약성으로만 검토되었지 문명 및 일본불교라는 관점으로 언급되지 않았다. 이런 연구도 요망이 된다. 그리고 만해가 일본에서 보고, 가져온 일본의『불교성전』,『채근담』의 문제도 그간에는 연구에서 생략되었다. 이 점도 일본불교의 영향, 문명 및 불교 대중화 차원에서도 탐구되어야 할 것이다.

지금까지 만해 불교개혁사상 및 개혁론에서 일본(불교)에 대한 문제를 거론할 시에 유의할 측면을 제시하였다. 필자가 제시한 것 이외에도 더 있을 것이다. 지금부터는 중국의 문제를 거론하고자 한다. 만해연구에 있어서 중국의 문제는 지금껏 거의 주목하지 않았다. 그러나 만해가 백담사, 건봉사에서 양계초의『음빙실문집』,『영환지략』 등을 통하여 문명에 대한 첫발

---

20 권영민, 「일본 불교잡지『和融誌』 수록 한용운의 한시」,『만해학보』 4, 2002; 호테이 토시히로, 「일본에 있어서의 한용운」,『유심』 2004년 가을호.

을 내디뎠다는 점에서 볼 때 그간의 연구 누락은 납득하기 어려운 것이었다. 여기에서 필자는 한용운이 양계초의 영향을 받았고, 양계초의 저술을 통한 서양철학이 수용되었다는 일반론에 입각하여 만해 서구사상의 유입 루트를 조명할 수 있다고 본다. 양계초도 일본문명에 영향을 받았다는 연구성과를 고려하면 더욱 그렇다. 그리고 만해는 양계초 이외에도 태허를 비롯한 중국 근대불교 사상가와의 교섭 문제도 고려할 수 있다고 본다.[21] 또한 만해는 1911년 가을에 만주의 독립운동 활동지를 방문하였던 사실도 있다. 이 방문은 불교 개혁론과 직접적인 연계는 없지만 만해와 중국과의 교섭을 조망할 경우에는 간과할 수 없다고 본다. 만해의 중국불교와의 연관을 논할 경우, 고려해야 할 글은 만해가 1931년 10호인『불교』88호에 기고한「중국불교의 현상」이다. 만해는 이 글의 서두에서 조선 승려가 동양불교를 말할 때에 일본불교는 형식뿐이고, 중국불교는 부패가 심하여서 불교의 정법을 호지함에는 조선불교가 비교적 適宜를 얻었다고 자부한다고 지적했다. 그러면서 만해는 이렇듯 중국불교에 대한 단편적 이해를 비판하면서 중국불교에 대한 변화, 지향, 이념 등에 대해서 상세히 소개하였다. 이런 전제하에 만해는 일본불교, 중국불교에 대하여 다음과 같이 요약하였다.

불교교리의 운용 규정에 있어서도 조선과 일본에 比하야 큰 차이가 있나니 조선불교는 아직 寺刹佛敎를 免치 못하여 불교를 云謂할 때에는 매양 사찰 본위로 싸고돌아서 社會化 民族化까지도 아직 杳然하고 일본의 불교는 「일본불교」즉 불교와 國家를 연결하려는 가장 협의적인 國家主義的 佛敎를 형성하고 있다. 일본불교는 국가주의를 고조하는 정치적 일부분의 책무를 하고 있는 忠君愛國的 倫理化 한

---

[21] 만해의 태허에 대한 인식은『불교』94호(1932.4)에 태허가 만주사변에 즈음하여 「일본 四千 불교민중에게 보내는 서」와 그에 대하여 북경에 있는 일본 승려 光岡良雄이 답한 글을 소개한 「만주사변과 日中佛敎徒의 對轍」에서 볼 수 있다. 만해는 이들의 글을 소개하면서 이들의 글이 애국심에 발동하고 있지만, 그들이 국가와 민족을 초월하여 親疎와 愛憎에 我空이 되는 平等性智를 얻지 못하고 人相·我相을 갖고 있다고 비평하였다.

것이라고 볼 수밖에 없다.

중국불교는 世界的 佛教主義로 人類生活의 中心 標準을 건설코자 하여 그 표현 형
식으로는 세계불교연합회, 상해세계불교거사림, 寧波世界選佛場, 佛化新靑敎世界
宣傳隊, 세계불교도에 대한 通告文, 太虛法師를 중심으로 한 「三佛主義」 운동 等等
이 그것이다.[22]

이렇게 만해는 일본불교, 중국불교의 현상을 비평하였다. 그러고 나서
太虛의 三佛主義를 소개하였다. 그는 불승주의, 불화주의, 불국주의라고 그
를 상세히 소개하고, 이를 종합하면 불교의 度生 救世主義라는 불교의 本義
가 될 것이라 보았다. 그래서 이런 중국불교의 현상을 불교혁명이 될 것이
라고 평하였다. 나아가서 만해는 전 중국에서의 불교 유신운동은 비상히
진전되고 있다고 보면서 특히, 北平[23] 불교계의 활약을 개략적으로[24] 소개
하였다. 그러면서 만해는 중국불교의 개혁운동은 실현될 것으로 보고, 그
성공을 축하하였던 것이다. 이런 글을 보면 만해는 중국불교에 대한 정보,
이해가 충실하고 자신이 강구하는 한국불교의 개혁운동에 시사를 받을 수
있는 것으로 간주하였음이 분명하다. 만해의 중국불교에 대한 관심은 불교
90호(1931.12)에 기고한 「중국혁명과 종교의 수난」이라는 글에서도 찾을 수
있다. 이 글은 중국 혁명 이후의 불교계 제반 동향을 상세히 서술한 것인데,
만해의 중국불교에 정통함을 보여준다. 이 정도로 만해가 중국불교에 대한
관심이 지대함은 만해의 동아시아 불교 인식이 상당함을 보여주면서 동시
에 자신이 추구하는 불교 개혁론과의 연관성을 고려함이 간단치 않음을 역
설적으로 보여주고 있다. 그래서 필자는 만해의 중국불교에 대한 연구 지평

---

[22] 『불교』 88호, 16쪽.

[23] 北平 지역은 화북지방이 아닌가 한다.

[24] 그는 五帶山菩濟佛敎會, 三時學會, 華北居士林, 女子佛學院, 彌勒院 佛敎學校, 廣濟寺
弘慈佛學院, 栢林佛學硏究社, 中華佛學院의 계획, 各寺의 평민교육, 寺廟 및 信者의
통계 등이다.

을 확대해야 한다고 본다.[25]

이제부터는 만해와 인도와의 관련성을 서술한다. 만해의 인도와의 관련성은 그의 불세출의 시집인『님의 침묵』이 인도의 시성 타고르에게서 영향을 받았음에서도 단적으로 드러난다. 그리고 1910년대 계몽 잡지인『유심』에 타고르의 글,「생의 실현」을 게재한 것에서도 찾을 수 있다. 만해의 인도 불교에 대한 관심은『불교』87호(1931.9)에 기고한「인도 불교운동의 片信」이 주목된다. 이 글에서 만해는 인도는 불교도로서 갈망하고 연모하는 지역으로 전제하였다. 그리고 만해의 인도불교에 대한 것으로는 1913년경 인도 승려인 달마바라가 사리를 갖고 와서 기증한 것,[26] 재일 불교 유학생이었던 이영재가 인도 유학을 가기 전에 불적 순례를 하다가 스리랑카에서 요절한[27] 것을 알고 있었다. 그런데 만해가 근무하였던 불교사로 인도의 불교단체에서 보내온 公信의 전문을 다음과 같이 소개하였다.

忽然히 印度의 摩訶菩提會로부터 本社에 보내여 온 一片의 公信이 있다. 우리로서 가장 渴仰하고 戀慕하는 聖地의 印度 또는 朝鮮 과거의 같은 境遇에 있어서 서로 同情할 만한 印度 따라서 그러한 印度의 佛敎 現象을 알지 못하여서 그윽히 궁금하던 때에 部分的이나마 佛敎 現象에 對한 公信을 받아 보게 된 것은 程度에 지나칠만치 感激하고 多情하였다. 그 公信의 全文을 揭載하여 讀者에게 이바지 하고자 하는 微意를 表한다.[28]

---

25 이런 점에서 아래의 논고는 이 분야 시야를 넓힌 고찰이다.
   양정연,「태허 불교개혁운동의 실천원리와 전개」,『한국선학』20, 2008; 유세종,「화엄과 혁명 - 5·4의 루쉰과 3·1의 한용운」,『만해학보』11, 2011; 김진무,「근대 합리주의 인간관의 유입과 불성론의 재조명 - 양계초와 한용운의 불성론을 중심으로」,『한국선학』29, 2011.
26 이 사리는 각황사 교당에 보관되다가, 조계사 전신인 중앙교무원 건물 앞의 탑에 보관되었다.
27 김광식,「이영재의 생애와 조선불교혁신론」,『한국 근대불교사연구』, 민족사, 1996, 151~162쪽.
28 萬海,「印度佛敎運動의 片信」,『불교』87호, 36쪽.

이를 미루어보면 만해의 인도불교 및 인도의 식민지 상황에 대한 관심은 상당한 것이었다. 더 이상의 추정은 어렵지만, 추측하건대 만해도 타고르, 간디에 대한 제반 정보와 운동 등은 알고 있었을 것이다. 추후에는 이에 대한 상관성, 영향 등을 정리하는 것이 요청된다.

다음으로 검토할 것은 만해의 태국불교에 대한 것이다. 다행히 이에 대한 것을 알 수 있는 글로, 『불교』 89호(1931.11)에 「타이의 불교」라는 만해의 기고문이 전한다. 이 기고문에는 태국불교의 연혁, 승단생활, 사원 및 승려, 관리, 국민교육 등에 대한 정리가 일목요연하게 나온다. 이를 보면 만해가 태국불교에 대한 이해도 정통한 것으로 보인다. 필자가 보건대 이 글은 만해가 태국불교에 대한 관심에서 나온 것이다. 만해는 대승불교권의 한국불교의 사찰 및 승려 중심의 비구승단에 대한 비판을 통해 불교개혁을 주장하고 실천한 당사자이었기에 태국불교에 대한 관심을 가졌다고 본다. 왜냐하면 태국불교는 소승불교이었지만 계율준수, 삼보존중 등이 한국 전통불교와 유사하였기 때문이다. 만해는 태국불교의 그런 관행을 평가, 존중하는 입장에 서 있었다.

> 同國의 승려는 僧團에 있을 때에는 戒律을 嚴守하여 禁慾生活을 保持하고 만일 肉的 快樂을 要求하게 되면 곧 還俗하여 法을 聖潔을 冒瀆치 아니하고 努力하나니 實로 讚揚할 만한 精神이다. 그러므로 一般 民衆은 僧侶를 尊敬하며 王者도 僧侶를 對하여 合掌 拜禮하는니 同國人의 僧侶에 대한 尊敬을 알 수 있는 것이다.[29]

> 이러한 義務的 出家의 靑年은 短期間이라도 禁慾生活을 지내 보아서 佛敎生活이 容易치 않음을 아느고로 自然 三寶를 崇敬하는 信念이 堅固하게 된다.[30]

이렇게 만해는 태국불교의 금욕, 삼보 존중을 인정하였다. 즉 태국불교가

---

[29] 『불교』 89호, 2쪽.
[30] 위의 자료, 8쪽.

갖고 있는 소승불교, 비구승단의 전통을 역사적인 가치로 인정하였던 것이다. 여기에서 필자는 만해가 주장하고, 실천한 불교 개혁론에서 승려 결혼은 한국적인 현실에서 불교 중흥을 기하려는 방략이었음을 수긍한다. 즉 만해 불교 개혁론은 탄력적, 융통성이 수반되었던 것이라 본다. 요컨대 만해는 그 당시 동아시아 불교 전체에 대한 이해와 상식에서 불교 개혁론을 갖고 있었다.[31]

지금까지 만해의 동아시아와 연관된 내용을 일본, 중국, 인도, 태국의 사례에 비추어 보았다. 필자가 제시한 것은 그 단면에 지나지 않는다. 추후에는 각 나라별, 주제별의 심화된 연구가 요청된다. 한편 만해의 동아시아, 문명적인 차원의 검토에 있어서 만해의 각국의 관심은 동아시아에만 머물지 않았다는 것이다. 현전하는 만해 기고문에는 미국, 러시아, 독일의 종교 상황에 대한 글도 있음을 부연한다.[32] 이 정도로 만해의 세계 종교계에 대한 관심은 깊고 넓었다.

필자는 동아시아 관점에서 만해를 다시 보기 위해서는 만해가 불교 개혁론에서 고민한 본질이 무엇이었나를 살펴야 한다고 본다. 이런 물음에 있어서 아래의 만해 글은 많은 시사를 준다.

> 宗教라는 것은 時代와 根機를 맞추어서 衆生을 濟度하는 것이 本領인 以上, 資本主義니 社會主義니 하는 모든 主義와 制度의 拘束을 받지 아니하고 그 時代 그 衆生에 適應한 方便으로 衆生을 濟度하는 것이 가장 現實的 科學的의 實行을 하는 것이다. 그러므로 資本主義 時代에 있어서는 그 時代에 適應한 方便이 있고, 社會主義 時代에 있어서는 그 時代에 適應한 方便이 있을 것이다. 다시 말하면, 宗教라는 것은 人間 社會를 哲學的 倫理의 或은 政治的으로 어느 制度를 構成하려는 것이 아니라, 何地 何時 何人을 勿論하고 그의 機緣대로 濟度하여 마지않는 것이 宗教의

衿度오 本領이다. 資本主義를 擁護하는 뿌르조아의 遊戲物이 되어서 푸로階級의
害毒이 된다는 것은 그 論理의 不足은 姑捨하고 宗敎의 本懷를 認識하지 못하는
것이다. 宗敎는 制度에 拘泥하는 것이 아니오, 制度를 超越하여 거기에 拘泥되지
아니할 뿐 아니라 干涉도 하지 않는 것이다.
歷史는 變遷이오 相對다.[33]

요컨대 만해는 종교(불교)는 시대와 근기에 맞추어서, 그 시대 중생에 적
응하는 방편으로 중생을 제도하면 된다고 보았다. 여기에는 자본주의, 사회
주의라는 제도가 끼어들 여지가 없다는 것이다. 즉 종교는 어느 지역, 때,
사람들을 물론하고, 그의 인연이 되는대로 중생을 제도하는 것이 기본적인
정체성이라고 보았다. 이런 만해의 종교관이 어떤 과정, 영향을 받아서 정
립되었는가를 밝혀야 할 것이다. 여기에서 만해와 동아시아 문명 상관성의
초점이 있다.

4. 결어

지금부터는 본 고찰에서 나온 내용을 다시 한 번 정리하고, 추후에
연구할 초점을 제시하는 것으로 맺는말에 대하겠다.
첫째, 『조선불교유신론』이 지금까지의 연구에 중심이었음이 확인이 되
었다. 이는 당연한 것이었지만 추후에는 1920~40년대 만해 전체 저작을 연
구 대상으로 확장해야 할 필요를 느낀다. 특히 1930년대 초에 기술한「조선
불교의 개혁안」에 대한 연구의 심화가 요청된다.
둘째, 만해의 사상, 불교개혁사상은 주로 국내적인 관점에서 접근되었다. 즉
상호 융섭, 통섭적인 접근이 빈약하였다. 국내 불교개혁운동, 민족운동, 실천운
동 등이 바로 그것이다. 이제는 국외적, 동아시아적인 접근이 요망된다.

---

[33] 한용운, 「世界 宗敎界의 回顧 - 불기2958년」, 『불교』 93호, 1932, 6~7쪽.

셋째, 만해를 다시 보기 위한 프로그램하에서의 시도로 동아시아의 관점을 본 고찰에서 제안하였거니와 그 초점은 문명이다. 이를 통해 만해에게 영향을 준 대상, 영향을 준 지역, 원인을 제공하였던 당사자 혹은 그 당사자 등과의 관계를 조명해야 할 것이다.

넷째, 이런 전제에서 본 고찰에서는 그 대상 지역으로 일본, 중국, 인도, 태국을 제시하여 보았다. 만해의 세계종교계, 아시아의 동향 등에 대한 이해는 해박한 것으로 보인다. 그런 동아시아 문명, 동향, 정세 등의 바탕에서 만해는 그의 사상, 개혁론을 보충하고, 일신해 나갔다고 본다.

다섯째, 만해의 종교관과 동아시아, 문명, 세계 종교 등과의 상호성도 해명되어야 한다. 지금껏 연구에서는 만해 사상, 개혁론이 고정된 것으로 보았다. 그러나 그렇지 않거니와 만해가 표현한대로 역사는 변천하는 것이다. 때문에 만해의 사상도 변함의 산물이고, 상대적인 것이었다. 이 점을 유의해야 할 것이다.

지금껏 만해 사상, 개혁론에 대한 필자의 단상을 제시하여 보았다. 추후 이 분야 연구자들에 의해서 필자의 제안이 만해의 시, 「독자에게」에 나오는 "늦은 봄의 꽃수풀에 앉아서 가을날의 무른 국화를 비벼서 코에 대는 것"에 나오는 표현과 같이 군더더기가 되는 날이 오기를 고대하며, 이만 마친다.

:

불교 근대화의 노선과
용성의 대각교

1. 서언

　　최근 근현대 불교에 관련된 연구가 왕성하게 전개되고 있다.
이러한 현상은 그간 연구의 미답지대, 황무지 등으로 불리던 지난 10여 년
전과 비교해 보면 상전벽해와 같은 상황이다. 지금껏 근현대불교에 대한
연구는 일부 문중·문도의 차원에서, 소수의 연구자들에 의해 그 명맥을
유지해 왔다. 그런데 현재는 연구자의 층이라든가, 연구 활동을 주관하는
대상처인 연구원, 사찰, 문도회 등이 다양해 졌다. 이런 변동과 그 요인은
별도로 분석, 연구되어야 할 정도이다. 즉, 연구 환경이 양과 질적인 차원에
서 확대, 심화된 것은 분명하다.

　　이러한 변화를 추동하는 한 축에 조계종단의 불학연구소,[1] 동국대의 불
교문화연구원,[2] 고려대 민족문화연구원[3] 등 제도권이 자리 잡고 있음은 더

---

[1] 불학연구소는 『조계종사』, 『강원총람』, 『선원총람』, 『근대 선원 방함록』, 『불교
근대화의 전개와 성격』 등 최근 다양한 성과물을 내놓고 있다. 그리고 그를
추동하는 전문 연구자 그룹인 불교사연구위원회를 구성하여 연구할 수 있는
풍토를 조성하고 있다.

[2] 불교문화연구원은 학술진흥재단으로부터 한국, 중국, 일본의 불교 근대화에
대한 비교 연구를 수행하는 장기 연구 프로젝트를 수주하였다. 이 연구팀에는

욱 더 특이한 현상이다. 이렇게 제도권의 기관 및 대학교에서 근현대 불교에 관심을 갖고, 연구를 주관 혹은 활동에 참여하는 것에는 각각의 원인과 목적이 있을 것이다. 요컨대 근현대 불교의 연구 환경이 급변하고 있다. 그렇지만 필자가 보기에는 근현대불교에 대한 연구는 이제 본격적인 무대가 만들어졌을 뿐, 연구의 수준은 초보 단계에 불과하다.

이 분야의 문제점은 연구자 및 연구의 수요와 공급이 일치하지 않는 불균형과 모순, 그리고 연구 성과물을 활용치 않는 것에 있다. 조계종단의 경우 근현대불교를 근간으로 한『조계종사』가 간행되었지만, 중앙승가대를 제외하고는 그를 교재로 하여 교육, 강의하는 곳은 거의 없다. 동국대의 경우에는 학부, 대학원 과정에서 근현대불교에 대한 교육, 강의가 희박한 현실이다. 이런 현실은 그 분야 연구인력을 필요치 않는 기형 구조를 야기한다. 이런 현상 즉, 근현대불교에 대한 연구와 교육을 하지 않는 것은 여러 문제를 야기하지만 그중에 하나로 지적할 수 있는 것은 종단사, 불교사에 대한 무지와 거기에서 비롯된 왜곡된 현실의식, 나약한 역사의식이 고착화 된다는 것이다. 이런 문제점은 곧 자기 정체성 혼란으로 이어질 것은 분명한 것이다.

한편, 이런 연구의 분위기, 변화상은 일면에서는 다양한 학자군을 양성하고 있다. 그리고 동시에 이 분야에 대한 연구의 시각, 관점, 방법에 대해서도 다양한 목소리가 나오고 있으며, 이런 측면은 더욱 고조될 전망이다.

본 고찰은 바로 위와 같은 배경에서 용성의 대각교 노선, 성격을 재인식, 재평가하려는 목적에서 집필되었다. 용성의 대각교는 용성의 생애와 사상을 집약하여 보여주는 대상이다. 그래서 이에 대한 접근이 일부 있었지만[4]

20여 명의 연구인력이 소속되어 있고, 9년간 연구할 수 있는 재원을 확보하였다.

3 민족문화연구원은 2006년 12월 7일, 근대불교의 인문학적 재조명의 세미나를 기획, 개최하였다. 그 연구 성과는『민족문화연구』45호(2006.12)에 수록하였다.

아직은 초보적인 단계에 불과하다고 본다. 일제 식민통치 시대에 일제 당국은 대각교를 유사종교로 매도하였다. 그러나 해방 후 용성의 문도들이 용성의 정신을 계승, 구현하는 법인체인 대각회를 설립(1969)하고, 그 부설로 대각사상연구원이 설립(1998)되면서 이제는 용성의 행적에 대한 최소한의 자료, 근거는 집합되었다.[5] 이에 필자는 이러한 연구의 토대에서 용성의 대각교의 설립, 활동의 성격 및 노선을 불교 근대화의 관점에서 재검토하려고 한다.[6] 불교 근대화의 노선은 보수적인 전통주의 노선, 진보적인 근대주의 노선으로 대별하여 살필 수 있는바, 이런 구도에서 용성의 대각교 노선은 어떠한 입장을 갖게 되는지를 가늠해 보고자 한다.

2. 보수, 전통주의 노선

불교 근대화는 근대라는 새롭게 등장한 시공간에 불교가 그 사회의 중심부에 자리 잡으려는 일련의 의식, 활동을 의미한다. 따라는 불교 근대화는 기존의 체질, 관행에서 벗어나서 근대공간에 적응하려는 개혁 지향의 성격을 띠게 된다. 그런데 불교 근대화는 당시 한국에 유입, 침투한 일본불교와 불가분의 연관을 가졌다. 그 즈음의 한국불교보다는 일견 문명적이었으며, 근대공간에 적합하였던 일본불교는 한국불교에

---

4 필자는 대각교운동을 불교개혁의 관점에서 검토한 바 있다. 졸고, 「백용성의 불교개혁과 대각교운동」, 『새불교운동의 전개』, 도피안사, 2002.

5 『용성대종사 전집』(18권)을 대각회에서 발간하여, 보급하였다.

6 최근 김정희는 『불교학연구』 17호(2007.8)에 「백용성의 대각교의 근대성에 대한 소고」를 발표하여 대각교를 근대성과 연관하여 새로운 시각을 제시하였다. 즉, 그는 대각교는 기독교와 사회주의로 대표되는 서구 근대문명의 비판에 대응해서, 백용성이 불교를 근대적 종교로서 확립해 나가는 과정에서 재발견했던 전통사상으로 보면서, 백용성의 대각교는 근대 이전의 선불교전통의 단순한 답습이 아니라 조선의 근대화 과정에서 설립했던 근대적 산물이라고 평가했다.

다양한 측면에서 영향을 끼쳤던 것이다.

따라서 한국의 불교 근대화는 그 추진의 주체, 노선, 목적을 가늠해 보면 대략 두 조류의 흐름이 존재하였다. 그 하나는 기존 체질, 관행을 인정하면서 변화된 현실에 생존하려는 것으로 이를 보수적인 전통주의 노선이라 하겠다. 다음의 하나는 근대라는 변화된 공간의 체질을 더욱 흡수하여 불교의 운용 구도와 활동을 변화시켜서 현실에 존립시키려는 노선이다.

본장에서 거론하는 것은 전자인 전통주의 노선이다. 그런데 이 전통주의 노선은 기존의 시스템에 안주하려는 고식적, 구태의연한 행태는 이 범주에 포함시킬 수 없다. 그런 행태는 일체의 변화를 원하지 않기에 목적 지향적인 노선이라고는 볼 수 없다. 이런 배경하에서 일제하의 공간에서 전통주의 노선의 성격을 대변하는 것은 선학원의 설립과 운영이다. 때문에 본장에서는 선학원의 사례를 적출하고, 선학원 노선에 나타난 성격을 정리하려고 한다.

禪學院[7]은 1921년 12월에 창건되었다. 선학원 창설을 주도한 승려들은 백용성, 강도봉, 김남전, 김석두 등 서울에서 포교활동을 정력적으로 추진하던 인물들이었다. 이들은 당시 전통 선의 부흥에 큰 관심을 갖고 있었던 송만공, 오성월 등의 협의를 거쳐 선학원을 창건하였다. 이에 대한 정황은 선학원 상량문에서 찾을 수 있다.

> 六緯의 唱은 支那 宋元時로부터 始作됨이요, 自古로 有한 法은 안인 則, 足히 取할 바가 無하도다. 大抵 正法千年과 像法千年이 旣是過去하고 季法萬年中에도 亦是 九百四十八年이나 되었으니 世道와 人心이 漸次 複雜함으로 敎理의 通學과 宗旨의 宣傳이 實로 極雜한 中에 各種의 敎가 朝發而暮作하야 個個 自善自是로 鬪揚하니 邪正의 根과 眞膺의 端이 無異於鳥之雌雄이로다. 此時를 當한 佛子가 엇지 責任이 無하리오.

---

[7] 졸고, 「일제하 선학원의 운영과 성격」, 『한국근대불교사연구』, 민족사, 1996; 「선학원의 설립과 전개」, 『선문화연구』 창간호, 2006.

吾輩 六七人이 潛伏의 志를 打破하고 金剛心願을 公發하여 京城에 來居한 지 數星霜만에, 惱心焦思하난 中에 丁巳生 具氏智月化의 壇力이 有하고 梵魚寺에서 仁寺洞教堂 全部와 兼하야 千圓金額을 寄附하기 吾輩의 蛟力에 對하야는 可謂 虎가 山에處하고 龍이 海에 蟠함과 如하도다.

辛酉十月四日 卯時에 入住上樑하니 此 大願을 成就한 然後에는 敎理硏究하며 正法을 說示하야 佛法大海를 十方世界에 永遠流通하기로 하노라.

世尊應化 二千九百四十八年 辛酉十月 四日 大衆秩 白龍城 吳惺月 康道峯 金石頭 漢雪濟 金南泉 李景悅 朴普善 白俊燁 朴敦法[8]

이 상량문에 나오듯 근대라는 공간에서 세도와 인심이 복잡해짐에 따라 불교의 교리와 종지의 선전이 미약하고, 개신교를 비롯한 다양한 종교가 등장하는 현실의 위기감으로 선학원 설립의 주체들은 그 타개책을 모색하였다. 이에 그들은 불법을 수호, 발전시켜야 한다는 책임감을 갖고, 고뇌하여, 불교의 존립 및 발전을 도모할 수 있는 중앙 차원의 근거지를 마련하였던 것이다. 그들은 선학원을 창건한 이후에는 교리연구, 정법을 포교하여, 불교를 각처로 유통시키겠다는 다짐을 하였다. 이러한 현실의식은 변화된 현실, 근대라는 시공간에 불교를 적응시켜야 한다는 강열한 자각이다.

이런 배경하에 1922년 3월 31일~4월 1일, 창건된 선학원에서 80여 명의 선 수행자들이 모임을 갖고 불교의 존립, 발전을 강구하는 단체를 결성하였다. 그는 禪友共濟會의 출범이었다. 선우공제회의 지향, 성격은 선우공제회의 취지서에 잘 나온다.

去聖이 彌遠에 大法이 沈淪하야 敎徒가 曉星과 如한 中에 學者는 實노 麟角과 如하야 如來의 慧命이 殘縷를 保存키 難하도다. 多少의 學者가 有하다 할지라도 眞正한 發心衲子가 少할 뿐 아니라 眞贋이 相雜하야 禪侶를 等視하는 故로 禪侶 到處에 窘迫이 相隨하야 一衣一鉢의 雲水生涯를 支持키 難함은 實로 今日의 現狀이라. 그

---

8 이 상량문은 선학원에 보관되어 있다.

러나 人을 怨치 말고 己를 責하야 猛然反省할지어다. 元來로 生受를 人에게 依함은 自立自活의 道가 안인즉 學者의 全生命을 人에게 托하야 他人의 鼻息을 依함은 大道活命의 本意에 反할지라. 吾輩禪侶는 警醒闘侶하야 命을 覩하여 道를 修하고 따라서 自立의 活路를 開拓하야 禪界를 勃興하고 大道를 闡明하야 衆生을 苦海에 救하고 迷輪을 彼岸에 度할지니 滿天下의 禪侶는 自立自愛할지어다.

佛應化二千九百四十九年 三月 三十日 發起人 無順[9]

선우공제회를 발기한 수좌들은 불법의 쇠퇴, 발심납자의 퇴진, 수좌의 배척 등을 직시하고 그 해결 방안을 제시하였다. 그는 자립자활, 자립자애의 뜻에 의거하여 수행하면서 禪을 천명하는 것이다. 이로써 상구보리 하화 중생하는 승려의 본분을 다하겠다는 선우공제회의 취지를 밝혔다.

이렇게 선학원, 선우공제회는 출범하였다. 위의 상량문과 취지서에 나오듯 선학원을 추동하고, 그에 동참한 승려들은 근대라는 공간에서 불교가 퇴진하는, 존립이 어려운 상황을 타개하자는 목소리를 내었다. 그 목소리는 납득할 수 없는 현실을 타개할 수 있는 거점을 마련하고, 나아가서는 자립자활, 자립자애의 제창이었다. 이는 근대적 공간에 불교를 위한 운동, 선불교 부흥의 활동을 하기 위한 출발선상에 섰음을 의미한다.

이후 선우공제회에서는 취지서에 밝힌 대안을 실천하기 위한 구체적인 활동에 들어갔다. 그는 중앙 차원에서 공제회 본부(사무소)를 설정하고, 지방 차원에서는 전국 선원 중 19처의 선원에 지부를 두는 것이었다. 그리고 공제회의 의사 결정을 하는 의사부(평의원)를 두었다. 이런 조직을 설정하고 중앙에는 이사, 지부에는 간사를 두기로 정하였다. 나아가서는 운영방침(예산, 결산), 운영자금(분담금, 헌공금, 희사금 등), 규칙(정관)[10] 및 세칙의

---

[9] 『근현대불교자료전집』 권 65, 민족사, 1996, 3~4쪽. 발기인에는 오성월, 백용성, 이설운, 백학명, 김남전, 송만공, 한용운, 임석두, 강도봉, 한설제, 김석두, 정영신, 이춘성, 김초안, 윤상언, 기석호, 황용음 등 82명의 법명이 전한다.

[10] 법인 정관을 만들었다는 것을 보면 사단법인체 등록을 시도한 것으로 보인다. 그러나 1922, 23년경 총독부에 신청을 하였으나 반려되었다는 것을 보면 성사

틀도 정하였다.

이러한 선학원, 선우공제회의 활동의 근간은 그 이전 선원, 수좌들의 생활과는 판이한 것이다. 이는 근대적인 외피이자 지향인 것이다. 즉 근대라는 공간에 적응, 생존하기 위한 자구책의 산물이다. 선불교 생존의 방식은 기본적으로 선원에서 참선 수행을 철저히 하는 것이었음은 물론이다.

그런데 선학원, 선우공제회는 1924년 무렵부터 운영상의 문제로 주춤거리는 상황이 되다가, 1925년에는 그 본부가 직지사로 이전되고, 1926년에는 선학원이 문을 닫는 현상으로 귀결되었다. 즉 1926년 5월에는 선학원이 범어사 포교소로 전환되었던 것이다. 이런 상황은 선학원, 선우공제회의 노선이 현실에 착근되지 못하였음을 말하는 것이다. 즉 토착화의 실패였다.

선학원의 재건은 1930년대 초반에 가시화되었다. 선학원 계열 수좌들은 이전의 좌절 경험을 참고하여 선풍의 대중화, 선학원 기반의 공고화에 유의하였다. 그리고 당시 본사급 큰절과의 유대[11]도 재정 차원에서 강구하였다. 재기한 초기에는 예전과 같은 선우공제회를 조직화시키지는 못하였다. 대신 전국수좌대회를 개최하여 전국 선원 및 수좌들과 유대관계를 유지하였다. 그러다가 1933년부터 재정 기반의 공고화를 시도하여 선학원이 재단법인체인 조선불교 禪理參究院으로의 전환이 성사된 것은 1934년 12월 5일이었다. 이는 총독부로부터 법인체 인가를 받았음을 의미한다. 이는 근대적인 방편을 통해 전통 선의 수호를 기한 것으로 전통주의가 일면에서 근대와 결합하였음을 말하는 것이다. 이는 1920년대 초반 선학원이 등장할 때부터 조직, 운영에서 근대적인 시스템을 도입한 것을 보면 큰 변화는 아니다. 그러나 문명, 근대의 성격을 갖고 있는 식민지 일제 당국에 의해 존립을 보장받았음은 여러 의문이 나올 수 있는 대목이다. 요컨대 선학원은 근대적인 기반 위에 서 있었다.

되지는 않았다.

[11] 범어사와 긴밀하였다.

그러나 근대적인 운용 방법을 도입한 수좌들은 전통 선 수호, 불교정화 혹은 일본불교에 저항적인 노선을 포기한 것은 아니었다. 어찌 보면 그 측면은 더욱 더 강화되었다고도 볼 수 있다. 즉 선학원 계열 수좌들은 1934년 12월 중순부터 그들의 노선 및 정체성 재정비 차원에서 전국수좌대회를 준비하였다. 마침내 1935년 3월 7~8일 선학원에서 전국수좌대회가 열렸다.[12] 대회에서는 수좌가 걸어가야 할 길과 선학원의 노선을 결정하였다. 그래서 대회에서는 조선불교선종이라는 종명을 표방하고, 선종의 조직체(선회, 종무원, 선의원회)를 결정하고, 선종의 종정 및 간부진을 선출하고, 종규를 비롯한 규칙과 법을 정하였다. 대회의 진행과 결과에서 나온 것을 보면 근대적, 문명적인 시스템의 도입이 상당하였다는 것을 볼 수 있다. 이는 재단법인체로의 전환과 함께 그간 견지한 전통주의 노선의 성격을 극명하게 말하는 것이다.

이렇게 근대적인 운용 방법, 근대, 문명성을 수용하였던 수좌들의 현실인식은 어떠하였는가? 이에 대해서는 대회에서 반포된 선서문이 참고된다.

宣誓文

「우러러 告하옵나이다.」

「本師 釋迦世尊 및 十方 三寶慈尊이시여」

世尊께옵서 靈山會上에서 拈花하시오니 迦葉존자 - 微笑하심으로 붙어 以心傳心하신 祖祖相承의 正法이 일로붙어 비롯하와 卅三祖師로 乃至 歷代傳燈이 서로서로 繼承하와 今日의 法會를 일우웠나이다. 竊念하오니 世尊이 아니시면 拈花가 拈花 아니시며 迦葉이 아니시면 微笑가 微笑아니심니다. 拈花와 微笑가 아니면 正法이 아니외다. 正法이 없는 世上은 末世라 일넛나이다. 世尊이시여 邪魔는 날이 熾盛하며 正法은 時時로 破壞하는 이 - 末世를 當하와 弟子 等이 어찌 悲憤의 血淚를 뿌리지 아니 하오며 어찌 勇猛의 本志를 反省치 아니 하오리까 오직 願하옵나이다. 大慈大悲의 三寶께옵서는 慈鑑을 曲照하시와 弟子 等의 微微한 精誠을 살피시옵소서

---

12 졸고, 「조선불교 선종과 수좌대회」, 『불교 근대화의 전개와 성격』, 조계종출판사, 2006.

世尊의 弘願을 效則하와 稽首發願하오니 聖力의 加被를 나리시와 拈花와 微笑의 正法眼藏이 天下叢林에 다시 떨치게 하시오며 如來의 慧日이 四海禪天에 거듭 빛나게 하시옵소서 世尊이시여 獅子는 뭇 짐생에 王이외다. 그를 當適할 者 - 그 무엇이리까 그러나 제털 속에서 생긴 벌네가 비록 적으나 사자의 온몸을 다 먹어도 제 어찌하지 못하나이다. 天下無適의 大力도 用處가 없나이다. 그와 같이 이제 如來 正法이 그 목숨이 실끝 같은 今日의 危機를 當한 것도 그 누에 허물이겟습니까. 업디려 비나이다. 正法을 獅子라면 弟子 等이 벌네가 아니리까. 이제 天下 正法이 今日의 危機에 陷한 것이 오로지 弟子 等이 如來의 軌則을 奉行치 아니한 不肖의 罪狀은 뼈를 뿌시고 골수를 내여 밧쳐 올니여도 오히려 다 하지 못할줄 깊이 늣기와 이제 懺悔大會를 못삽고 弟子 等이 前怒을 懺悔 하오며 後過를 다시 짓지 아니코저 깊이 맹세하오며 發願하오니 이로붙어 本誓願을 등지며 三寶를 欺瞞하야 上으로 四重大恩을 저바리며 下으로 三途極苦를 더하는 者 잇삽거든 金剛鐵 槌椎로 이 몸을 부시여 微塵을 作할지라도 敢히 엇지 怨망을 품싸오리까. 차라리 身命을 바리와도 맛침내 正法에 退轉치 아니하겟사오니 오직 원하옵나이다.

「大慈大悲의 本師 釋迦牟尼佛과 밋 十方 三寶慈尊께옵서는 慈鑑證明하시옵소서」 갓이 업는 衆生을 맹세코 濟度하기를 願하옵나이다. 다함이 업는 煩惱를 맹세코 除斷 하기를 願하옵나이다. 한량이 업는 法門을 맹세코 배우기를 願하옵나이다. 우가 업는 佛道를 맹세코 成就하기를 원하옵나이다. 이 因緣功德으로 널니 法界衆生과 더부러 한가지 아욕다라삼약삼보리를 일우워지이다.

昭和 十年 三月 七日

朝鮮佛教禪宗首座大會 告白[13]

이 선서문에서는 邪魔가 극성하고 正法이 파괴되는 말세를 방치한 참회와 반성을 하겠다는 수좌들의 현실인식이 우선 개진되어 있다. 수좌들은 정법이 위기에 처한 현실에 대하여 정법과 여래의 궤칙을 받들어서 위기를 타개하겠다는 원력을 세웠다. 나아가서는 참회하는 정신으로 삼보를 기만하는 삿된 무리들을 제거하겠다는 굳은 서원을 다짐하였다. 이에 수좌들은

---

13 위의 졸고에 수록한 것을 재인용함. 필자는 그 수좌대회록을 발굴하여 불교계 신문지상에 공개하고, 위의 논문을 집필하였다.

신명을 바쳐 정법에서 물러서지 않겠다는 맹서를 하였다. 그 후에는 중생제도, 번뇌 단절, 불법의 수행, 불도의 성취를 하겠다는 다짐을 하였다.

이러한 선서문에 나오는 현실인식은 당시 불교 현실에 대한 완전 부정이었다. 수좌들이 완전 부정한 것은 승려의 대처식육, 선 및 수좌의 배척 등이라 하겠다. 그렇지만 역설적으로 보면 대처식육과 선의 배척을 추동한 배후 세력인 일제, 일본불교를 노골적으로 제기하거나 배척할 수도 없었던 것이 한계라면 한계였다. 선종의 존립기반을 유지케 해주는 시스템의 주관자가 바로 일제 당국이었던 것이다. 이러한 기묘한 타협, 결합이 바로 전통주의적인 불교 근대화의 성격이자 한계였다. 다시 말하자면 보편적인 종교성과 저항적인 민족주의의 성향을 담고 있었던 것이 선학원, 전통주의 노선이었다.

그렇다면 선학원 노선, 전통주의적인 불교 근대화는 일제가 패망할 때까지 자신의 정체성을 지속해 나갔는가? 선학원은 일제말기, 1937년부터는 일정 정도 일제 당국에 협조를 한 기록, 사실이 있다. 이는 재단법인체라는 외피를 갖고 제도권으로 들어간 이상 어찌할 수 없는 것이었다.[14] 그러면 제도권과의 결합, 근대적인 것의 수용은 그렇다 하고 선학원이 지키려고 하였던 전통 선의 수호와 그에 결부된 청정성, 계율 수호 등은 본래의 의도를 관철하였는가에 대한 의문이 제기될 수 있다. 이는 간단히 단정할 내용은 아니다. 이에 관한 단서를 찾아보자. 아래의 보도기사는 그에 대한 정보를 준다.

조선의 종교 통제문제는 다년간의 현안으로서 총독부 사회교육과에서는 이미 착착 실시하야 오는 중인데 우선 조선인 관계의 불교를 일원적으로 통제하야 불교의

---

[14] 이에 대해서는 지금껏 친일, 총독부의 간섭과 통제체제하로 편입의 시각에서 접근하였다. 김순석, 「중일전쟁 이후 선학원의 성격 변화」, 『선문화연구』 창간호, 2006.

내선제휴를 강화한 다음 국제본의 투철을 중심으로 하는 황민화의 힘찬 심전개발 운동을 일으킬 터이며(중략)

여기서 가장 문제되는 것은 조선인측의 불교엿다. 전선 각처에 잇는 사찰 총수 실로 이천수백에 그 교도는 삼십만 명이나 된다. 그러나 몇 해 전만 해도 이가튼 사찰과 각 종파를 일원적으로 통제 지도할 기관이 업섯다. 죽 중앙불교무원과 중앙선리참구원의 두 가지가 중앙에 잇서 가지고 제각기 지도적 역할을 해 왓든 것이다. 중앙교무원은 전선불교관계의 연락과 부내 혜화전문의 경영을 마터 보앗고 중앙선리참구원에서는 『선』(禪)을 하는 사람과의 연락 연구기관으로 각기 존재했지만 두 기관이 다가치 전 사찰에 대하야 관계를 가지고 잇섯다. 그래서 총독부에서는 작년 4월 사찰령의 개정과 동시에 조선불교도의 총의에 따라 『선』과 『교』를 일원적으로 통제하고 태고사를 맨들고 전선 31본산의 총본산으로 하야 전선불교의 중앙지도기관으로 햇다. 그러나 여전히 중앙교무원과 선리참구원은 존재하야만흔 폐해가 잇섯슴으로 금년 3월에 총독부에서는 이 두가지 단체를 통제하고자 결심하고 그 제일 착수로 금년 삼월에는 중앙교무원을 조계학원(曹溪學院)으로 개칭하는 동시에 총본산 태고사의 통제하에 두게 되엿다. 이와 동시에 혜화전문학교를 경영하는 재단의 역원도 태고사의 간부로 하야금 겸임케 하야 실질적 통제를 완성식힌 것이다. 여기서 남은 문제는 존립할 아모런 가치가 업는 중앙선리참구원을 어쩌케 하는 것이냐 하는 것이다. 통제가 완성되여 가는 현재 과정에 잇서서 이것은 당연히 발전적 해소를 해야 할 것이다. 더구나 이 선리참구원이라는 것은 법령상 사찰도 아니요 포교상 아모런 존재 이유를 가지지 못하는 것이다. 솔직히 말하면 정당한 불교를 하는데 암(癌)으로서의 존재밧게 안 되는 것이다. 그래서 총독부에서는 지금 그 내용과 구성 인원 등 자세한 상황을 조사하는 중이다. 조사가 끝나는 대로 이것도 그 통제될 단계에 이른 것만으로 명확한 일이다. 여기서 조선의 종교통제 문제는 불교의 일원적 통제로부터 시작하야 기독교 등에도 미치게 될 터이다.[15]

1942년 후반경, 일제의 불교계 통제의 단면을 알 수 있는 보도기사이다. 이 내용에서 주의할 것은 선리참구원이 당시 선원의 지도, 통제를 하면서 선을 연구하는 기관으로 인식되었다는 것이다. 즉, 전국 선원의 중앙기관으

---

15 「佛教서도 內鮮一體로 宗教報國에 新機軸」, 『매일신보』 1942.8.6.

로 일제 당국도 인정하였던 것이다. 그리고 일제 당국은 선리참구원은 불교 통제상에 있어서 골치 아픈, 껄끄러운 존재였기에 암적인 대상으로 표현하였다. 이에 일제는 선리참구원에 대한 자세한 조사를 하여 통제, 장악을 시도하였던 것을 알 수 있다. 통도사 선승인 김경봉의 일기에 선리참구원의 이사회, 감사회가 나온 것[16]을 보면 일제하의 선리참구원은 일제가 패망하는 날까지는 존속하였다. 즉 외형적인 존립은 유지된 것이다.

그러면 선원 및 수좌는 어떠하였는가? 1922년 경 선우공제회의 회원은 통상회원 203인, 특별회원 162명이었기에 합계하면 365인이었다. 그런데 재단법인체인 선리참구원으로 전환 이후에는 일시적으로 선원이 증가하고[17] 1940년에는 하안거 540명 동안거 482명, 1942년에는 하안거 505명 동안거 340명이라는 기록이 있다.[18] 선원 및 수좌의 숫자는 약간 증가의 추세, 혹은 현상 유지로 말할 수 있다. 그러나 만공의 증언에 좌선에 전념하는 수행자는 300여 명에 달하지만 진면목의 수좌는 극히 적다는 내용[19]을 보면 수좌가 증가하였고, 나아가서는 선수행 풍토가 발전되었다고 단언할 수는 없다.

그래서 지금까지의 분석을 종합하면 외형 유지, 수행자의 유지가 선학원의 일제하에서의 성적표이다. 다시 말하면 근대적인 제도의 수용, 타협을 통하여 현상유지는 하였다. 그러면 한계, 아쉬움 등 부정성은 전혀 없는가? 이에 대해서는 선학원에서 일제 침략, 일본불교 침투, 대처식육의 파급, 원융살림의 파괴, 공권력 의존, 세속화의 가세 등에 대해서 뚜렷한 입장 표명,

---

[16] 『삼소굴일지』, 극락선원, 1992, 226·237쪽의 1944년 2~3월의 일기 참조.

[17] 58처, 68처라는 기록이 있다.

[18] 졸고, 「방함록에 나타난 근·현대 선원」, 『근대 선원 방함록』, 조계종 교육원, 2006, 21쪽. 그런데 이들이 전부 청정비구인지, 선방 수행자 중에 결혼한 대상, 재가자가 몇 명인지도 모른다.

[19] 「송만공선사와 一問一答」, 『조선불교』 105호(1934.1). 만공은 여기에서 雲水의 형태로 지방 선원을 배회하기만 하는 수행자에 대해서는 비판적인 입장을 개진하였다.

선언이 없었다는 것을 우선 지적한다. 이는 식민통치 권력과의 정면 대결 혹은 저항성 표출이기에 간단한 것은 아니다. 그렇더라도 백용성의 건백서와 같이 문건으로 의견 표출을 구체적인 내용에 대한 현실 비판이 확연하게 나오지 않았음은 분명한 한계이다.[20] 선원 및 수좌의 존립은 성공하였고, 선불교 전통의 차원에서 불조혜명은 계승하였지만, 계정혜 삼학의 존속 등에서는 한계를 노정하였다. 더욱이 선원 및 수좌의 영역 외에는 이렇다 할 활동을 거의 하지도 않았고, 고민도 하지 않았다.

이렇게 선학원, 보수적인 전통주의 노선은 존립에는 성공하였지만 여타의 방면에서는 고민, 활동, 지향을 보여주지 못하였다. 그래서 이 노선은 절반의 성공이라고 말하기에도 곤혹스럽다.

3. 진보, 근대주의 노선

개항기부터 전래, 유입된 일본불교는 문명의 외피를 입고, 선진적인 위세를 띠고 한국불교에 적지 않은 파장을 가져 왔다. 당시 한국불교는 일본불교의 정체, 침투 목적 등에 대하여 거의 무지하였다. 단지 그 위세와 파장에 놀랐을 뿐이었다.

그러나 일부에서는 그런 영향을 받으면서 점차적으로 자각, 대응을 통하여 불교의 개혁, 유신을 하려는 세력이 등장하였다. 그들은 우선 산중불교에서 나와 도회지로 불교가 나와야 한다고 주장하면서 당시를 불교발전, 중흥의 호기로 인식하였다. 그런데 서양 제국주의, 일제 등의 침투는 국권 상실, 강탈로 이어지면서 불교도 민족운동, 독립운동 등에 호흡을 맞추어야 한다는 민족주의 노선에도 귀를 기울이게 되었다.

---

[20] 그러나 1935년 수좌대회 선서문이 있다고 볼 수 있다. 필자가 보기에 그 선서문의 의미, 지향 등은 대단한 의미를 갖고 있으나 현실성, 구체성에서는 박약하다.

이와 같은 배경하에서 불교계에서 기존의 시스템을 과감히 고쳐야 한다고 목소리를 높여가는 흐름이 있었다. 그 흐름을 주도하는 세력들은 불교의 체질을 근본적으로 고쳐야 한다는 것에 당위성을 갖고, 근대 공간에 불교가 적응할 수 있는 여러 대안을 제안하였다. 그 대표적인 제안이 종단 건설, 학교 설립, 포교당 설립, 잡지 발간 등이었다. 필자는 이러한 흐름, 주체, 세력들의 중심에 만해 한용운이 있었다고 본다. 그래서 진보, 근대주의 노선을 조망함에 있어 한용운의 불교 개혁론을 주 소재로 하여 살피려고 한다. 이 그룹에 포함된 승려들은 상당수가 일본에 건너가 문명, 근대적 제도, 일본불교의 선진성 등을 체험한 당사자들이다. 그들은 문명, 근대성에 영향을 받았을 뿐만 아니라, 불교를 바라보는 인식과 불교개혁의 구상에 있어서도 근대적인 관점이 강하게 배어 있었다. 이러한 관점은 기존 불교시스템에 안주하는 그룹, 전통 선불교 및 계정혜 삼학으로 대변되는 수행과 계율의 틀을 옹호하려는 그룹과는 근원적인 곳에서부터 차별성을 갖게 되었던 것이다.

필자는 이런 입론하에서 한용운의 노선, 한용운의 불교를 대변하는 대중불교론을 살피고 그의 노선이 갖는 의미와 한계를 조망하고자 한다. 한용운이 일본에 갔다 온 것은 1908년이었다. 그러나 그는 일본행 이전에 서울에 세워진 근대적인 학교인 명진학교의 보조과를 수료하고, 문명사회를 동경하면서 세계일주를 단행하여 시베리아행을 단행하였다. 비록 블라디보스토크에서 죽임으로 몰렸던 사건을 만나 되돌아왔지만 그의 문명사회에 대한 동경은 간단한 것이 아니었다. 그가 일본으로 건너간 명분도 문명사회의 집산지가 일본이기에 그 본부를 찾아간 것이었다. 6개월을 체류하면서 문명과 근대를 경험한 그는 귀국하여 측량강습소를 열었으니, 이것도 문명과 불교를 접목시키려는 것과 무관한 것은 아니었다.

문명, 근대의 체질을 수용한 한용운은 1910년 두 차례에 걸쳐 승려의 대처를 허용해야 한다는 헌의서(건백서)를 구한국 정부, 통감부에 제출하였다.

두 차례에 걸친 그 건의는 한용운의 불교 근대화론을 상징적으로 보여주는 것이다. 근대적인 노선으로 완전히 체질화된 일본불교의 핵심을 바로 한국 불교에 접목시키려는 대담한 프로젝트였다. 그러나 그의 제안은 구한국 정부의 중추원에서 긍정적으로 해석되고, 이어서 내각에 접수되었지만 최종적인 단계까지는 가지 못하였다. 그래서 그는 통감부에 자신의 의견을 재제출하였던 것이다. 그런데 한용운은 통감부에 승려 결혼을 자유롭게 허용해야 한다는 의견을 제출하기 전에 자신이 구상하는 불교개혁의 당위성과 방안을 정리하는 글을 서술하였거니와 그것이 바로 『조선불교유신론』이었다. 유신론의 목차를 보면 한용운이 구상한 개혁의 범위와 내용을 짐작할 수 있다.

서문
1장. 서론
2장. 불교의 성질(論佛敎之性質)
3장. 불교의 주의(論佛敎之主義)
4장. 불교의 유신은 파괴로부터(論佛敎之維新이 宜先破壞)
5장. 승려의 교육(論僧侶之敎育)
6장. 참선(論參禪)
7장. 염불당 폐지(論廢念佛堂)
8장. 포교(論布敎)
9장. 사원의 위치(論寺院位置)
10장. 불가에서 숭배하는 불상과 그림(論佛家崇拜之塑繪)
11장. 불가의 각종 의식(論佛家各樣儀式)
12장. 승려의 인권회복은 반드시 생산으로부터(論僧侶之克復人權이 必自生利始)
13장. 불교의 앞날과 승려의 결혼과의 관계(論佛敎之前道가 關於僧侶之嫁娶與否者)
14장. 주지의 선거방법(論住職選擧法)
15장. 승려의 단체(論僧侶之團體)
16장. 사원의 통할(論寺院之統轄)
17장. 결론

이렇게 그는 불교의 체질을 근본적으로 바꾸려고 하였다. 불교의 유신은 파괴로부터 시작하는 것이라는 그의 주장은 그를 상징적으로 말한다. 그래서 그는 교육, 참선, 염불, 포교, 의례, 숭배대상, 노동, 승려 인권, 주지 선거, 사원 관리 및 위치 등을 전부 개혁해야 한다는 강한 소신을 갖고 있었다. 그리고 나아가서는 불교의 미래, 불교의 발전을 위해서는 불가피하게 승려 결혼을 자유에 맡겨야 한다고 주장하였다.

그런데 그의 방안,『조선유신론』은 필자가 앞서 언급한 바이지만 근대성과 문명세계와 접목하고 그를 적극 수용한 구도에서 나온 것이다. 이러한 성향은 위의『조선유신론』의 불교의 성질, 불교의 주의라는 내용에서도 단적으로 나온다. 즉 불교의 성질을 종교적, 철학적인 관점에서 개진한바, 그 당시에 종교와 철학의 관점에서 불교를 이야기 한다는 자체가 파격이고 근대의 표상이다. 달리 말하면 한용운은 1910년 무렵에 근대적인 인식이 이미 체질화 되었다. 그리고 불교의 주의에서도 불교는 평등주의와 구세주의에 투철하다는 인식을 피력하였다. 평등주의와 구세주의도 당시 불교계에서는 전혀 사용하지 않은 근대적, 문명적인 개념이다. 이러한 개념을 갖고 불교의 체질, 성격, 이념을 논한다는 자체가 근대주의에 완전 경도된 것이다. 그러므로 필자는 1910년 여름에 서술된『조선불교유신론』집필 단계의 한용운을 불교 근대주의 상징, 대표로 부르려고 한다.

한용운은 이후 그의 입론을 실천하면서, 동시에 민족운동에 나섰다. 즉, 1910년대에 임제종포교당 개설,『조선불교유신론』발간,『불교대전』발간,『정선강의 채근담』발간,『유심』간행 등 그리고 3·1운동에 민족대표로 참여하였다. 서대문감옥에서 3년여의 수감생활을 마친 그는 역경을 하기 위한 법보회 창설, 불교 개혁의 지원 활동을 지속하였다. 1920년대에는 민족운동의 대열에서 이탈하지 않으면서도『님의 침묵』,『십현담주해』를 발간하였다.

그러나 그는 불교개혁에 대한 꿈을 저버리지 않았다. 그래서 한용운은 이전『조선불교유신론』에서 제기한 것을 보완하고, 일부에서는 새롭게 변화된 불교계의 현실에 맞추어 조율한 자신의 주장을 내놓았다. 그것이 바로 한용운이『불교』88호(1931.10)에 기고한 논설문인「조선불교의 개혁안」(이하 개혁안으로 약칭함)이다. 그 개혁안은 다음과 같은 주제로 구성되어 있다.

1. 緒言
2. 統一機關의 設置
3. 寺刹의 廢合
4. 敎徒의 生活保障
5. 經論의 飜譯
6. 大衆佛敎의 建設
7. 禪敎의 振興
8. 結論

이 개혁안은『불교』88호의 2~10페이지에, 국한문 혼용체로 기고되었다. 이 글을 집필하고 기고할 때 한용운은『불교』지의 책임자, 즉 불교사의 사장이었다. 이 개혁안은 급변하고 있는 불교 현실에 대한 즉각적인 답변의 성격을 갖고 있다. 이 개혁안은 한용운이 1913년에 간행한『조선불교유신론』이 80페이지 분량, 17장으로 구성, 한문체 서술, 단행본으로 출간된 것을 참조하면 비교적 간략한 개혁론이다.

이런 전제하에서 이제부터는 이 개혁안의 성격을 간략히 살피겠다. 만해는 서언에서 당시 불교가 개혁되어야 하는 당위성을 개진하고, 동시에 불교계가 처하여 있었던 실정을 요약하였다. 즉 한용운은 불교 개혁이 역사적 필연의 시기에 달하였음을 강력히 피력하였다.

조선불교의 개혁은 空想的 이론을 떠나서 역사적 필연의 실행기에 際會하여 있다. 아직도 산간에 있어서 시대를 이해하지 못하는 완고한 승려라든지 다소의 時務를 안다는 자의 보수주의로는 因循姑息 자연성장적 개량주의를 사수하고 있는 것이 사실이다. 그러나 方裝의 砲臺와 같이 動濫하는 四圍의 정세로 보아 조선불교의 개혁운동은 어떤 형식으로든지 폭발되지 아니하면 아니 될 것이다.[21]

그러나 그는 시대를 이해하지 못하는 승려, 보수적인 승려들이 개혁보다는 개량적인 입장을 취하고 있어 개혁을 방해하고 있다고 판단하였다. 그럼에도 불구하고 한용운은 불교의 개혁운동은 어떠한 형식으로 반드시 전개될 것으로 전망하였다.

한용운은 이러한 현실인식 하에서 불교개혁의 대상으로 불교 통일기관, 사찰 폐합, 역경, 선교의 진흥을 제시하였다. 이는 이전 유신론 단계에서 제기한 것이다. 그러나 통일기관의 문제가 제일 서두에 나온 것은 당시 불교계에서 그 문제를 놓고 논란, 격돌이 전개되고 있었던 사정이 작용한 것이다.[22] 필자는 이 개혁안 단계에서 가장 강조되었고, 우리가 주목할 것은 「대중불교의 건설」로 본다. 대중불교의 건설은 필자가 보기에 한용운의 불교관을 단적으로 말해 주면서, 동시에 한용운으로 대표되는 근대주의적인 불교 근대화 노선을 집약하여 말하는 것이다. 그러면 여기에서 한용운의 불교관, 그에 근거한 대중불교론의 주장을 제시한다.

불교의 대상은 물론 一切 衆生이다. 「一切衆生皆有佛性」 「有情無情悉皆成佛」 이것이 불교의 이상이므로 불교는 일체중생의 불교요, 산간에 있는 사찰의 불교가 아니며, 戒行을 지키고 禪定을 닦는 승려만의 불교가 아니다.(중략) 불교가 출세간의 道가 아닌 것은 아니나, 세간을 버리고 세간에 나는 것이 아니라 세간에 들어서

[21] 개혁안의 원문을 현대의 철자법으로 옮기고, 간단한 한문은 한글로 제시하였다. 이후의 개혁안의 인용도 이 같은 방법으로 처리하겠다. 『불교』 88호 (1931.10), 2쪽.

[22] 졸고, 「1930년대 불교계의 종헌 실행 문제」, 『한국근대불교사연구』, 민족사, 1996; 졸고, 「일제하 불교계 통일운동과 조계사」, 『새불교운동의 전개』, 도피안사, 2002.

세간에 나는 것이니, 비유컨대 蓮이 卑濕汚泥에 나되 卑濕汚泥에 물들지 아니하는 것과 같은 것이다. 그러므로 불교는 厭世的으로 孤立獨行하는 것이 아니오. 救世的으로 入泥入水하는 것이다.[23]

이렇게 한용운은 불교의 대상을 일체 중생으로 전제하였다. 그는 일체 중생이 불성을 가지고 있으며, 모든 중생(무정, 유정)이 성불할 수 있다는 것을 불교의 이상으로 피력하였다. 때문에 그는 불교가 산간에 있는 사찰의 불교, 승려만의 불교가 아님을 강조하였다. 이에 불교는 救世的으로 입니입수 하는 즉 세간 및 중생 속으로 들어가는 구세주의임을 단언하였다. 이런 전제하에 만해는 자신이 생각하는 불교를 '大衆佛敎'로 개념화하였다.

在來의 조선불교는 역사적 변천과 사회적 정세에 의하야 다만 寺刹의 佛敎, 僧侶의 佛敎로만 되어 있었다. 이것은 불교의 역사적 쇠퇴의 일시적 현상에 지나지 않는 것이니 어찌 이것을 불교의 敎義라 하리오. 佛敎徒는 마땅히 이러한 현상에 대하여 斷然 타파하지 않으면 아니 될 것이다. 「山間에서 街頭로」「僧侶로서 大衆에」가 현금 조선불교의 「슬로간」이 되지 않으면 아니 될 것이다.(중략) 그러므로 대중을 떠나서 불교를 행할 수 없고, 불교를 떠나 대중을 지도할 수 없는 것이다. 大衆佛敎라는 것은 불교를 대중적으로 행한다는 의미이니 불교는 반드시 愛를 버리고 親을 떠나 인간사회를 隔離한 뒤에 행하는 것이 아니라, 인간 사회의 만반 현실을 조금도 여의지 아니하고 煩惱중에서 菩提를 얻고 生死중에서 열반을 얻는 것인즉 그것을 인식하고 실천하는 것이 大衆佛敎의 建設이다.[24]

만해 한용운은 사찰의 불교, 승려의 불교에서 벗어나 마땅히 대중불교로 나아가야 된다고 주장하였다. 그러나 당시 불교는 기존의 사찰의 불교, 승려의 불교로만 존재, 기능한다고 보았다. 이에 만해는 1930년대 식민지 불교는 대중불교의 건설로 나아가야 한다고 강력히 역설하였던 것이다. 그래

---

23 위의 자료, 8쪽.
24 위의 자료, 8~9쪽.

서 그는 대중불교 건설로 나아가기 위해서는 이론만을 제기하면 안 되고, 사회교육적 시설[25]과 실행의 차원[26]이 뒤따라야 한다고 주장하였다. 그래서 최종적으로는 다음과 같이 주장하였다.

> 要컨대 大衆佛教를 建設하려면 山間巖穴에 淸淨自持하는 僧侶의 因習을 打破하고 諸佛菩薩의 方便力을 躬行實踐하여 佛教 教化로 모든 衆生의 幸福을 增進하지 않으면 아니 될 것이다.[27]

이는 이론에 그치는 것이 아니고, 기존 승려들의 정신적, 생활적 체질을 벗어나야만 한다는 것이었다. 그래서 불교는 교화로써 중생의 행복을 증진시켜야만 된다고 보았다.

이렇게 살펴보았듯이 한용운으로 대표되는 진보적 근대주의인 노선은 기존 불교의 체질, 관행, 의식을 타파하여 불교를 근대적인 관점으로 재정립하는 것이었다. 만해는 이를 근본적인 불교의 교의로 돌아가는 것이라고 하였지만, 현실적으로는 기존불교의 체질을 부인하고 불교를 재정립하는 프로젝트의 성격을 벗어날 수는 없다. 그러면 이런 진보적 불교 근대화는 토착화되었는가, 그리고 그에 대한 아쉬운 측면은 없었는가? 이에 대해서는 본 고찰에서 모든 설명을 다할 여건이 안 된다. 다만, 불교 근대주의의 명암을 일제하의 시공간에서 나타난 일부 문제를 갖고 그에 접근하려고 한다.

우선 불교 근대주의의 성공은 당시 승려의 상당수가 대처식육을 하였다는 점에서는 성공하였다. 그에 대한 통계가 정확하지 않아 단언할 수는 없

---

[25] 만해는 그를 불교 교화가 대중층에 파급시킬 수 있는 시설로 정의하였다. 그는 불교적 문예작품, 영화, 선전 삐라, 팸플릿, 불교도서관, 노동층에 사회적 시설 (복지) 제공 등이었다.

[26] 만해는 이를 불교도 스스로가 주역이 되어 대중과 교섭을 하는, 입니입수 하는 교화에 나서야 한다고 주장한다.

[27] 위의 자료, 9쪽.

지만 일반적으로 비구의 90%[28]가 결혼을 하였다는 것[29]은 동의할 수 있다. 한용운이 1931년『불교』지에 기고한 개혁안에서『조선불교유신론』에서는 강력히 주장한 승려 결혼의 자유를 거론하지 않은 것은 그 예증이다. 다음 으로 불교 통일기관, 역경, 포교당 설립, 학교 설립 등도 실천되었다는 점에 서 근대주의 노선은 어느 정도 현실에서 토착화 되었다.[30] 그러나 선교의 진흥, 사찰의 폐합, 예식 및 숭배대상의 간소화 등은 실천되었다고는 볼 수 없다. 더욱이 한용운이 강력히 주장한 대중불교론의 접목, 수용은 보편 화 단계까지 이르지는 못하였다. 한용운을 따르던 일부 불교청년, 청년승려 들에 의해 구체화되었을 뿐이다. 그 실례로 불교청년총동맹, 만당 등을 거 론할 수 있다.[31] 그러나 이들도 1930년대 후반에 가면서부터는 변질, 타협, 퇴장하였다.

그리고 한용운, 근대주의 노선의 문제로 지적할 수 있는 것은 근대주의, 대중불교론의 상징적인 제도로 구현된 승려 결혼으로 인해 불교 공동체의 이완과 파탄에 대한 책임의 문제이다. 불교의 전통이며 생활의 인습이었던

---

[28] 이 추정 통계도 구체적인 자료에 근거한 것이 아니라 선언적, 상징적인 수치이 다.

[29] 미결혼 대상자를 잠정적으로 10%로 설정한 것은 행자, 사미, 노승려, 선학원 계열 수좌들을 고려한 추정적인 통계치이다. 그리고 당시 전체 승려의 15%에 달하였던 비구니들의 문제는 논의에서 제외한다. 비구니들의 경우 속성, 체질 상 공개적인 결혼을 하면서 승려 생활을 하는 경우는 흔치 않았다. 그러나 이 면적으로 계율을 어기면서 비구, 재가자와 부적절한 관계를 맺었는지에 대해 서는 단정적으로 이야기 할 자료, 통계, 사실이 부재하기 때문이다. 이에 대해 서는 후학들의 연구를 기다린다.

[30] 이는 1921년 조선불교청년회에서 당시 30본산연합사무소에 제출한 불교유신을 위한 8개 항에서 찾을 수 있다. 즉 그는 만사를 공의에 부칠 것(통일기관), 연합 제규 수정(종헌 제정), 사찰 재정 통일, 교육의 주의와 제도 혁신, 포교방법 개 선, 의식 개선, 경성에 포교원 설립, 인쇄소 설치 등이었다. 졸고,「조선불교청 년회의 사적 고찰」,『한국근대불교사연구』, 민족사, 203쪽.

[31] 만당은 강령이 정교분립, 교정확립, 불교 대중화였다. 청년총동맹과 만당에 대 한 전모, 성격은 졸고가 참고 된다.「조선불교청년총동맹과 만당」,『한국근대 불교사연구』, 민족사, 1996.

원융살림, 공의적인 의사결정, 사찰재산 등이 파괴되었다. 그러한 파괴, 변질의 요인의 하나가 승려의 결혼이었다. 승려 결혼으로 인해, 결혼한 승려는 가정의 가사를 책임져야 했으며, 그 승려는 생활비를 사찰재원에서 가져가려고 하였으며, 그를 보다 지속적으로 유지하려는 소임 쟁탈전이 전개되었다. 그리하여 이는 자연적으로 주지를 비롯한 불교계 권력의 중심부에 들어가려는 현상을 노정하였고, 급기야는 사찰령 체제하의 총독, 도지사 등 일제 당국에 의존, 기생하는 구조를 만들었던 것이다. 이 같은 현상의 모든 요인을 승려 결혼에서만 찾을 수는 없지만, 그 주요한 원인이 되었음은 부인할 수 없다.[32] 그래서 한용운은 개혁안에서 교도의 생활 보장을 교단 차원에서 검토하고, 대안을 마련해야 한다고 하였다. 즉 한용운도 그 문제점을 소극적으로 인식하였다. 그러나 만해는 그 해결을 승려 결혼을 수용, 인정하고 불교도의 생계 보장을 해주면 해소될 것이라는 정도에서 미온적으로, 안이하게 대처하였다.

이러한 근대주의에 대한 분석을 조망하면서, 이에 대한 필자의 입장을 개진한다. 한용운의 근대주의 노선은 절반의 성공을 가져 왔다. 우선 당시 승려 대부분이 결혼을 선택하였으며, 한용운이 주장한 대안 및 제도가 상당수 현실에 적용되었다. 이는 성공의 측면이다. 그러나 역으로는 승려 결혼의 제도 수용으로 그 대가를 상당히 지불하였다. 불교의 전통이 상당수 유실되었고, 그 유실은 불교가 갖고 있었던 시스템을 와해시킬 정도였다. 운영 시스템의 와해, 공권력에 의존, 내적인 갈등의 지속, 불교세속화의 가속화 등이 그것이었다. 그리고 무엇보다도 만해 노선, 근대주의 노선의 요체

---

[32] 일제하 불교청년운동가이면서 이론가로 이름을 떨친 이용조는 1930년 초반의 불교 내 암적인 요소의 하나로 帶妻毒으로 표현하였다. 그리고 그는 1940년에 가서는 한국불교는 승려 결혼의 제도의 수용으로 인해 불교가 파탄되었다고 지적하였다. 이에 그는 승려 결혼 제도를 버리든가, 아니면 승려 결혼과 조화를 이룰 제도를 만들어야 한다고 주장하였다.
이용조, 「위기에 직면한 조선불교의 원인 고찰(속)」, 『불교』 101·102합호 (1932.12), 26쪽. 『금강저』 24호(1940)에 이용조가 기고한 「橫堅想華」 내용 참조.

인 대중불교론이 얼마나 토착화 되었는가에 대해서는 주저되는 바가 많다. 또한 대중불교론의 보편화라는 측면에서는 큰 한계성을 노정하였다.[33] 나아가서 이 노선의 주체세력들은 해방 이후 자기 정체성을 구현하지 못하였고, 이론화 단계에도 진입하지 못하였다. 비구, 대처의 갈등구도, 정화운동의 전개라는 현실에 즈음하여 대처승은 왜색승, 대처승은 친일파라는 감성적 등식을 극복하지 못하였다. 당시 이승만정권이 불교정화를 지지하고, 일반 국민과 언론들도 비구승 논리를 지원하였던 것도 한용운 논리를 계승한 승려, 그 논리에 무임승차한 승려들에게는 큰 부담이었다. 그러나 그는 근대주의 노선에 승선한 당사자들의 한계, 그리고 나약한 현실의식일 수밖에 없다. 정화운동이 일단락된 지 40여 년이 지난 지금에서 필자는 이 노선이 절반의 성공도 못하였다는 잠정적인 결론에 도달하였다.[34]

4. 대각교 노선, 그 평가

전장에서 살핀 불교 근대화의 두 노선, 전통주의와 근대주의라는 이질적인 흐름을 일제하 불교의 대세로 보는 전제하에서 용성의 대각교 노선을 살피려고 한다. 용성의 대각교 노선은 당시 불교계에서 주류가 아니었음은 상식적인 견해이다. 그러면 대각교 노선은 왜 주류가 아니었을까? 이에 대해서는 우선 일제당국, 기존 교단에서의 배척이란 측면

---

[33] 당시 비구승 90%가 결혼하였다면, 이들은 만해 노선을 적극 지지하였을 가능성이 농후하다. 그러나 만해 노선이 보편화 되지 못한 것이 일반적인 생각이라면 이런 괴리는 어떻게 설명한 것인가의 문제가 남는다. 이는 필자의 후속 연구 주제로 남긴다.

[34] 그러면 대처승, 근대주의, 한용운 노선을 긍정적으로 수용한 태고종에서는 이를 어떻게 인식하고 있는가는 흥미로운 주제이다. 현대 태고종측 이론가의 일원인 하춘생은 태고종을 보살승단으로 보고, 태고종은 추후에는 보살승단의 이념인 자리이타의 전개로 나가야 한다고 주장하였다. 하춘생, 『보살승단의 정체성과 실천이념』, 엔타임, 2006.

을 거론할 수 있고, 다음으로는 용성 스스로가 기존 교단과 거리를 두고 독자 노선을 걸었던 측면을 고려할 수 있다. 그렇다면 대각교 노선은 지금 현재의 입장에서는 어떤 가치를 부여할 수 있는가? 이것이 본 고찰의 초점이다.

이에 대한 답을 하기 위해서는 용성의 행적, 대각교의 대두 및 성격 등을 종합하면서도 당시 불교의 흐름을 아울러 조망할 수 있는 관점, 안목이 있어야 가능하다. 그런데 이를 전제로 대각교의 전반을 살피려 할 때에 대각교, 대각운동에 대한 내용을 단순히 대각이라는 표현, 혹은 대각교의 표방에 머물 것인가의 문제가 대두된다. 달리 말하자면 용성의 행적, 고뇌를 대각교의 독자적인 관점에서 볼 것인가의 여부이다. 필자는 그렇다는 입장에 선다. 즉 용성이 서울에 올라와 전개한 모든 행적을 대각교의 예비, 준비, 실천, 퇴장 등이라는 변화 관점에서 바라볼 수 있다는 것이다. 이런 행적의 정체성은 곧 불교 근대화를 달성하려는 용성의 고뇌의 치열상의 다름이 아니다. 필자가 이와 같은 개별적인 단계를 갖고 용성의 행적, 대각교의 성립을 다루려는 것은 용성의 지향이 우연적인 상황에서 나온 것이 아니라는 것을 설명하기 위함이다. 즉 대각교 노선도 역사적 산물이고, 역사적 상황에 반응한 결과라는 점을 말하려고 한다.

이런 배경에서 필자는 용성의 대각교 노선을 다음과 같은 4단계로 대별하여 이해하고자 한다.

1단계: 예비 단계 (적응)	상경(1911), 임제종운동, 임제종포교당 개교사 임제강구소 경영, 포교자금 모금차 금광 경영
2단계: 준비 단계 (개혁)	3·1운동, 서대문감옥 수감, 충격, 역경 및 포교 발원 삼장역회 설립, 저술 및 역경활동, 참선 결사
3단계: 실천 단계 (혁명)	대처식육 반대 건백서 제출, 대각교 선언 지부조직, 선농불교 실천, 만주 포교당 개설, 대각교 의식 정비, 기존 교단 이탈
4단계: 퇴장 단계 (조율)	대각교 재산 정비, 대각교에서 선종총림으로 전환 (한계, 부적응) 범어사 조실, 입적, 계승 미흡

여기에서 중점적으로 고려한 단계는 2, 3단계이다. 1단계에 대해서는 그
간 필자, 한보광에 의해서[35] 그 전모 및 성격이 간헐적으로 개진되었다. 다
만 여기에서도 용성은 불교 근대화를 해야 하겠다는 자각이 있었음은 분명
하다.

익년 신해(1911, 필자 주) 이월 회일에 경성에 들어와서 시대사조를 관찰한즉 다른
종교에서는 곳곳마다 교당을 설립하고 종소리가 쟁연하며 교중이 만당함을 보았
으나 우리 불교에서는 覺皇寺 하나만이 있을 뿐이고 더욱 우리 선종에서는 한 사람
도 선전함이 없음을 한없이 느끼어 탄식하고 즉시 임제선사의 삼구로 제접함을
본받아 종지를 거량하였을 따름이었다.[36]

外道教堂은 鍾聲이 錚錚然如林하되 吾道는 寂寞無人하니 是誰之過耶아 於是乎姜信
佛家에 留錫度生하니 時年이 四十八歲라. 未數 三月에 得信徒數百名하다. 又移居
康侍郎永均之家하야 與數十信士로 入參禪法規하며 擧唱宗乘하다.[37]

위의 기록은 용성 그가 1911년 처음으로 상경하였을 때의 회고, 활동의
내용이다. 불교가 처한 상황을 직시하고, 그를 타개하기 위한 禪布敎의 활
동을 하였다. 이는 불교가 근대라는 공간에 적응, 존립하려는 의식을 하고,
그 대안적 활동을 하였음을 말한다. 그러나 이 단계에서 용성은 고민, 고뇌
를 하였으되 아직은 종파적인 문제, 중세적인 인식에서 완전 벗어나지는
않았다. 예컨대 임제종에 대한 계승의식이 바로 그것이었다. 그러나 1911년
에 건립된 임제종 중앙포교당의 개교사로 3년여를 근무한 것은 일제불교의
저항성이 우선이기에 그렇게 즉자적으로 말할 수는 없다. 그러나 그가 선종

---

[35] 한보광은 그간『대각사상』1~4집에서 용성스님의 생애를 전반기, 중반기, 후반
기로 구분하여 세밀한 검토를 하였다.

[36] 용성, 「저술과 번역에 대한 연기」,『조선글 화엄경』, 삼장역회, 1928.

[37] 용성, 「만일참선결사회창립기」,『용성선사어록』권하 25쪽,

포교당을 나와서도, 독자적으로 포교당 활동을 하면서도 임제종을 표방하였음은[38] 중세적인 불교관에서 완전 이탈하지 않음을 대변한다. 즉 용성은 일제의 간섭이 관철되고 있는 선종포교당[39]을 떠나 1915년 5월부터는 서울 종로의 장사동[40]에 禪宗臨濟派講究所를 세워 임제종에 근거한 참선의 대중화에 나섰다. 용성은 이곳에서 참선 및 임제선풍을 강연하였거니와, 이는 1910년대 식민지불교에 대한 대응의식이었다. 그러나 용성의 그 곳에서의 활동은 2년여를 넘지 못하였다.

이때 용성은 식민지 불교정책에 대응적인 의식이 노정되면서 동시에 불교의 정체성, 불교의 현주소에 대한 고민이 심화되었던 것으로 보인다. 그 후 용성은 포교 자금을 확보하기 위한 차원에서 북청에 가서 금광경영을 시도하지만 실패하고 1918년 무렵에는 1916년부터 새로운 주석처로 마련한 종로구 봉익동 1번지에 머물렀다.[41] 이곳이 현재의 대각사의 모태가 되었다.

때문에 필자는 1911년부터 1918년까지의 용성의 활동을 적응, 모색의 단계로 보고자 한다. 이 당시 용성은 불교 근대화에 대한 명쾌한 자신의 입장, 논리, 대안을 구축하지 못하였다. 그러나 당시 현실에 대하여 반응, 자각, 모색을 치열하게 하였던 시기로 보고자 한다. 즉 그는 기독교의 발전상에 자극받고, 불교의 후진성에 분노하며, 일제 불교정책에 저항하고, 선포교에 적극성을 띠었던 것이다.

---

38 「吾宗은 임제선종/가지산문 백용성」, 『매일신보』 1915.7.7;「因總督府問朝鮮宗派□辯論」, 『용성선사어록』 권하.

39 이 포교당은 임제종포교당이 일제 압력으로 임제종을 삭제케 하자, 그 대안으로 바뀌었던 명칭이다.

40 지금의 종묘 앞의 세운상가 근처이다.

41 이 봉익동 1번지는 1916년부터 그의 주석처였다고 보인다. 이는 그가 3·1운동으로 일제에 피체되어 서대문 감옥에 있을 때 예심 판사에게 답변에 나온다. 즉 "53세(1916년, 저자 주)부터 봉익동 1번지에 단독으로 있었다". 이병헌 편저, 『삼일운동비사』, 시사신보사, 137쪽.

그러다가 1919년 3·1운동에 불교계 대표로 참여하였다. 그는 민족대표 33인의 일원으로 3·1운동의 중심부에 있었다. 이는 민족불교의 구현이었다. 그래서 그는 서대문감옥에 수감되었다. 여기에서 그는 커다란 충격을 받았다. 그는 개신교, 동학 등의 간편한 경전을 보고 불교의 현주소를 느낀 것이다. 이는 간단한 사건이 아니었다. 이는 불교 근대화에 적극 나서겠다는 절치부심의 결단이었다. 그가 이런 자각을 할 수 있었던 것은 1910년대의 다양한 경험을 이미 거쳤기 때문이라 하겠다. 그러면 그의 충격을 살펴보자.

> 대각응세 이천구백삼십육년 삼월 일일 독립선언서 발표의 일인으로 경성 서대문 감옥에서 삼년간 철창생활의 신산한 맛을 테험하게 되었다. 각 종교신자로서 동일한 국사범으로 들어온 자의 수효는 모를 만치 많았다. 각각 자기들의 신앙하는 종교서적을 청구하며 기도하더라. 그 때에 내가 열람하여 보니 모다 조선글로 번역된 것이오 한문으로 된 그저 있는 서적은 별로 없더라. 그것을 보고 즉시 통탄한 것을 이기지 못하야 이렇게 크고 큰 원력을 세운 것이다.
> 내가 만일 출옥하면 즉시 동지를 모아서 경 번역하는 사업에 전력하여 이것으로 진리의 나침반을 지으리라 이렇게 결정하고 세월을 지내다가 신유년(1921) 삼월에 출옥하여 모모인과 협의하였으나 한사람도 찬동하는 사람은 없고 도리어 비방하는 자가 많았다.[42]

즉, 용성은 옥중에서 타종교의 서적 대부분이 한글로 되어 있음에서 큰 충격을 받았다. 용성은 한문에 대한 소용, 민중들의 한문에 대한 이해도, 시대사조 등을 종합적으로 고려한 결과 마침내 역경에 나설 결심을 하였다. 출옥 후, 그는 자신의 결심을 실천하기 위해 준비를 하였다. 그는 자신의 뜻을 널리 알리고 동참자를 구하였으나 큰 성과를 얻지 못하였다. 오히려 비방의 목소리만 듣게 되었다.

---

[42] 용성, 「저술과 번역에 대한 연기」, 『조선글 화엄경』, 삼장역회, 1928.

余가 此로 인하여 장래를 憂慮타가 不得已 譯會를 설립하고 其 진행방법을 연구하
여 全鮮 사찰에 선전하였으나 水泡 終歸할 따름이로다.[43]

그 반대의 목소리란 승려만이 아는 불교를 왜, 한글로 번역하여 승려의
권위를 하락시키는가였다. 그리고 당시 승려들은 역경에 나서야 하는 당위
성도 이해하지 못하였다. 이는 한용운이 지적한 승려만의 불교에 젖어 있었
음을 말한다. 당시 승려들은 세상사조에도 무감각하고, 점차 결혼을 하면서
처자식 봉양에만 유의하고, 사미 학승들은 세간의 신학문에만 정신이 나가
고, 주지들은 사찰재산을 탕진만 하면서 경전 번역에는 전혀 뜻이 없었다고
용성은 평가하였다.

이에 용성은 고독하지만 역경사업을 혼자만이라도 추진할 수밖에 없었
다. 용성이 역경을 위해 조직한 것은 三藏譯會였다. 당시『동아일보』[44]에서
도 용성의 삼장역회의 등장을 「불교의 민중화운동」이라는 취지로 그 출범
을 긍정적으로 평가하였다. 삼장역회는 그가 출옥후 거주처로 마련한 서울
봉익동의 대각교당에 두었다. 마침내 그는 자신의 구상을 서서히, 그리고
강력하게 밀고 나갔다.

이렇게 용성이 감옥에서부터 삼장역회의 설립에 이르렀던 일련의 과정
을 단순한 역경의 차원에 머물게 해서는 안 된다. 그는 곧 불교 근대화의
행보로 나섰음을 말한다. 그래서 필자는 이를 용성, 대각교의 2단계인 불교
개혁으로 나갔다고 보고자 한다. 이때부터 용성은 수십 권의 역경, 저술을
펴내기 시작하면서, 불교개혁을 위한 실천적 행보로 나갔다.

2단계에서 용성이 행한 대표적, 상징적 불교개혁은 1925년에 시작한 망
월사에서의 만일참선결사회이다. 이 결사회는 참선, 수선의 차원에서 접근
하는 것이 기본이다. 그러나 그런 차원 말고도 본고에서 접근하는 불교 근

---

43 「변언」,『대불정수능엄경』(『용성대종사전집』권 11).
44 1921년 8월 28일.

대화, 불교가 근대라는 공간에 적응하기 위한 고뇌의 산물로 볼 수도 있다. 그즈음 용성은 당시 불교계를 비판하면서도 그를 극복할 대안을 모색하였다. 당시 선원, 수좌들은 선불교 퇴보, 일본불교 유입, 대처식육 파급 등이라는 흐름에 효율적으로 대처하지 못하였다. 오히려 그 근거처의 기능을 하기 위해 만든 선학원, 선우공제회가 퇴장하였다. 용성의 불교수호의 움직임이 구체적으로 드러낸 것은 1925년 6월부터 모습을 드러낸 망월사에서의 만일참선결사회였다. 이 결사회는 용성이 당시 불교의 정황에 강한 불만을 드러내고 자신이 구상하였던 즉, 불교가 가야할 길을 구체적으로 제시한 것이다. 특히 선종 계열의 입장을 정리하였다. 이는 결사회의 목적을 活□參禪, 見性成佛, 廣度衆生이라고 표방한 바에 극명하게 나온다. 그리고 결사회에 입사하려는 자는 범망경과 사분율을 준수하려고 결심한 자와 범행이 청정한 자라고 강조되었음에서 그 지향은 분명 한국 전통의 선을 부흥시키려는 것과 무관한 것은 아니었다.

특히 이 결사회에서 주목되는 점은 공동체의 생활이 철저하였다는 것, 계율을 함께 지킬 것이었다. 이 실행을 용성은 禪律의 균형적인 실천이라고 보았다. 용성은 이를 실행하기 위해 午後不食, 長時黙言, 洞口不出이라는 견고한 방안을 내세웠다. 그리고 용성이 이 결사를 추진한 시기가 1925년 중반이라는 점도 세밀히 살펴야 한다. 위에서 살핀 선학원의 선우공제회가 이때에 접어들면서 퇴장의 단계로 가고 있었는데 반하여, 용성은 오히려 새로운 결사를 등장시켰다.

그런데 이러한 새로운 결사는 막연히 선학원 측에서 내세운 선종 전통을 수호하고, 지키고, 산속의 선원에서 수좌들만의 고립적인 절속의 형태로 수행하는 것이 아니었다. 용성이 망월사에서 결사를 한 것은 그가 1910년대에 산간에서는 도인을 배출하고, 도회지에는 선종포교당을 세워서 대중들과 교섭해야 한다는 논리에서 나온 것이었다.

禪宗 本寺은 淸淨山間에 建造하야 道人을 養成하고 禪宗布敎堂은 各 都市中에 設置
하야 天下大衆으로 公益을 得케 할지로다.[45]

　그래서 용성은 산중의 망월사, 도회지의 대각사를 두는 이원적인 운영을
하였다. 이렇게 용성은 불교 근대화의 일환으로 불교개혁을 추진하였다.
1920년대 전반기, 2단계에서의 개혁은 역경불교, 참선불교의 결사가 그 요
체였다. 그런데 이때까지의 활동은 제도권 내부에서의 개혁이었다. 그러나
1927년부터는 제도권을 이탈, 독자적으로 나아갔거니와 그것이 바로 대각
교선언이었다.

　용성은 1926년 5월, 9월에 승려의 대처식육을 반대하는 건백서를 두 차례
나 총독부에 제출하였지만 거절당했다. 당시 일제는 사법 개정을 통해 결혼
한 승려도 주지 취임이 가능하도록 조치하였다. 처음에는 법의 개정이었지
만, 점차 승려 결혼을 장려하였다.[46] 이는 한국불교의 전통이 붕괴되는 것이
었다. 전통주의적인 입장에서는 결사반대였지만, 근대주의 입장에서는 옹
호, 찬성이었음은 물론이었다. 그러나 용성은 극력 반대하였다. 불교의 존
립, 정체성이 무너진다는 판단을 하였던 것과 당시 불교 현장에서 대처식육
으로 인한 모순, 폐해가 엄청났기 때문이었다. 그래서 용성의 충격은 매우
큰 것이었다. 그래서 용성은 기존 제도, 틀에서 불교개혁, 발전을 도모할
수 없었다. 이에 그는 1927년에 대각교, 대각교 중앙본부를 내걸고 자신이
생각하는 불교를 내세웠던 것이다.[47] 이어서 그는 대처식육의 공인, 사찰재

---

45 「만일참선 결사회 창립기」, 『용성선사어록』 권하, 24쪽.

46 졸고, 「1926년 불교계의 대처식육론과 백용성의 건백서」, 『한국 근대불교의 현
　실인식』, 민족사, 1998.

47 김태흡은『불교시보』59호(1940.6.15)의「고백용성대선사의 추모」에서, "육십사
　세(필자 주, 1927년)에 대각교당을 짓고 불교를 사회적으로 향상시키기 위하여
　또는 일반사회 사람들의 불교에 대한 멸시적인 나쁜 관습을 고치기 위하여 大
　覺敎를 선언하고 불교의 異彩를 내게 하였다"고 서술하였다.

산 망실을 방치하는 기존 교단을 떠날 수밖에 없었다. 그는 경봉에게 보낸 아래의 편지에서 단적으로 나온다.

> 선원의 宗主 문제는 본 大覺敎의 일이 번다하여 부탁하신 청을 들어 드리지 못하오니 양해하시옵소서.
> 敎生(용성)은 僧籍을 제거하였는데 그 까닭은 조선승려는 畜妻를 하고 고기를 먹으며 사찰재산을 없앰에 대하여 僧數(사찰, 승려들이 모여 있는 기존 단체)에 처할 생각이 없기 때문입니다.[48]

> 보내온 편지의 말씀은 일일이 절실하여 사람으로 하여금 감복하여 저절로 숙여지게 합니다만, 나는 이미 除籍한지 오래되었으므로 다시 상속할 생각이 없습니다. 그러나 老漢은 大覺聖前에 大戒를 버린 것은 아니니 본래 받은 戒를 몸과 마음에 굳게 짊어지고 있으므로 대각성존께서 나를 버릴 이치가 없기 때문입니다. 다만 현재 僧籍만 제거한 것이니 다시 괘념할 필요를 느끼지 않을 뿐입니다.
> 노한은 현재 寺利의 制度와 또 2백만 원의 종단 債務를 볼 때 도저히 승려들의 무리 속에 함께 할 생각이 없어져 스스로 除籍한 것이요, 대각의 聖訓을 버린 것은 아니며, 이미 大覺敎를 세운 뒤에 새로 교를 믿는 사람 數萬人을 얻어 부처의 최상 진리를 선포하니 大覺敎나 佛敎나 둘이 아닌지라 둘이 서로 방해롭지 않은 것 같습니다.
> 經에 이르기를 佛을 大覺이라 이름하는 것은 일체의 지혜를 갖추었기 때문이라 하니 스스로 外道가 아닌 것입니다. 그리 알아주십시오.[49]

이 편지에서 보이듯 용성, 그가 이처럼 기존 불교의 타락과 모순에 강력히 반발한 것은 불교에 대한 애정뿐만 아니라 불교를 식민지 통제의 수단으로만 활용하는 일제에 대한 저항의식도 개재되었다.

그러나 그의 대각교 선언은 우연히 나온 것이 아니다. 그는 이미 3·1운

---

[48] 명정, 『삼소굴소식』, 극락선원, 1997, 176쪽.
[49] 『삼소굴소식』, 177쪽.

동으로 옥중에 수감되었을 때부터 이에 대한 고민을 하였다. 그 단적인 예가 그가 1922년에 현재의 대각사 자리에 포교당을 다시 내었을 때의 간판을 대각교당으로 표방한 것이다. 즉 그 무렵부터 대각이라는 명칭, 개념을 빈번하게 사용하였음에서 그를 간파할 수 있다. 그런데 그가 1926년 승려 결혼 반대를 위한 건백서 제출이 좌절로 나타나자 마침내 그는 이전부터 그가 구상한 자신의 노선을 더욱 공개적으로 표방하였다. 이에 그는 서울의 대각교당에 대각교중앙본부라는 간판을 부착하였다.[50] 나아가서 그는 대각교의 교리서인 『대각교 의식』(1927), 『吾道의 진리』(1937), 『吾道는 각』(1937), 『대각교 원류』(1937)을 집필, 간행하여 대각교의 신앙 및 의식도 독자적으로 개편하였다. 이는 기존 불교와의 완전 단절을 의미하는 것이다. 때문에 그의 대각교 선언은 그가 식민지 불교체제를 정면으로 부정하는 것이었다. 그리고 이런 결단은 불교 근대화의 노선을 홀로 개척하겠다는 의사 표시였다. 결과적으로 이런 행보는 혁명적인 것이었다. 혁명적인 성격은 그 자신도 인정하였다.

生은 北間島 龍井市에 新設 大覺教하고 方今 布教而 革命的 民衆教로 爲務耳[51]

이러한 그의 대각교의 추진은 승려중심의 불교를 고려한 것으로 볼 수는 없다. '革命的 民衆教'를 위주로 하였다는 것은 기존 체제에 안주하지 않는 혁명적인 근대화 노선임을 말한다. 이런 민중적인 형태는 선농불교를 행한 화과원의 생활, 의식에서도 나오는바, 당시 용성은 그를 민중에게 適合한 것이라 하였다.[52] 민중적이라 함은 기존 불교에 대한 과감한 혁명을 전제로

---

[50] 이 간판은 1998년 무렵 대각사 총무 청청스님 방에 보관되어 있었다. 그래서 필자는 그를 육안으로 확인하였다. 그런데 지금은 소재가 행방불명이다. 그 사진은 『한국불교 100년, 사진집』, 민족사, 2000, 160쪽에 수록되어 있다.

[51] 『삼소굴소식』, 175쪽.

[52] 백용성은 화과원에서의 의식도 일반 민중에게 '適合'한 것을 시행하였다. 예컨

한 것이다. 그의 과감한 불교혁신은 선농불교에서 정점에 달한다. 이에 대한 용성의 의도, 이념을 살펴보자. 이에 대해서는 용성의 글이 참고 된다.

아 - 우리는 괭이들고 호무가지고 힘써 勞動하여 自作自給하고 他人을 依賴치 말자, 余는 此를 覺悟한 제가 二十年 前이나 勢 부득이 하지 못하고 잇다가 五六년 前에 中國 吉林城 瓮聲砮子 龍山洞에 數千日耕 土地를 買收하여 吾敎人으로 自作自給케 하여 쓰며 또 果農을 五六年間을 勞力중이다.[53]

그는 승려의 노동을 통한 自作自給의 실천을 위해 선농불교를 실천하였다. 그 대상처는 중국 길림의 연변과 경남 함양의 백운산이었다. 중국 연변의 명월·룡봉촌 일대의 28,000여 평[54]의 토지에서 半農半禪하였는데, 이곳에는 1927년 3월에 시작하여[55] 9월 11일에 설립한[56] 大覺敎堂을 두었다. 또 다른 선농불교의 구현지는 경남 함양군 백전면의 백운산에 있었던 華果院이다. 그곳에서는 주로 과수원 농사를 하였는데 산림, 황무지 수만 평을 개간하여 그 곳에 과수, 감자, 야채 등을 재배하고 인근 촌락의 아동을 가르쳤다.[57] 백용성은 화과원에 간혹 주석하며 선농을 실천하고, 그곳에 마련한 선원[58]에서 수행을 하면서, 저술 작업을 하였다.[59]

대 기존 불교의식 거부, 불상 배제, 승려의 가사 미착용 등이었다(심두섭,「백용성 師를 찾아서」,『조선불교』89호(1933.6), 31쪽).

[53] 백용성,「중앙행정에 대한 나의 희망」,『불교』93호(1932.3).

[54] 어느 기록에는 수천일경의 토지라고도 한다. 28,000여 평에 대한 근거는 당시 70여晌이라는 근거를 현대적으로 환산한 것이다.『대각사상』2집, 101쪽 참조.

[55] 『연변문사자료』제8집, 80쪽.

[56] 「불교 휘보, 대각교당 봉불식」,『불교』40호(1927.10).

[57] 심두섭,「백용성 사를 찾아서」,『조선불교』89호(1933.6).

[58] 백용성은 이를 '작은집'으로 표현하였다. 당시 그 선원은 6·25전쟁으로 소실되어, 현재는 용성문도가 그 복구 작업을 하고 있다. 일제 말기에도 이 선원은 화과원선원으로 지칭되고, 수좌들 10여 명이 참선수행을 하였다. 이는 정광호,『한국불교최근백년사편년』, 인하대학교출판부, 1999, 266~ 271쪽 참조.

이처럼 그가 선농불교를 추진한 것은 1차적으로는 승려의 자급자족이고, 2차적으로는 그를 통하여 불교의 개혁을 시도하려는 것이었다. 나아가서는 당시 기존불교, 식민지불교의 상황에서 벗어나 불교 본연의 자세로 회귀하려는 혁명적 의식의 발로였다. 선농불교를 시작하였던 1927년은 그의 나이 64세였다. 고령의 나이에서 수많은 어려움을 극복하고, 자신이 그 일선에 있으면서, 농사를 지으며 수행을 하였던 그의 실천성은 불교 근대화에 대한 강렬한 행보였다.

용성은 이렇게 대처식육과 재산 망실을 인정하는 기존 불교교단을 거부하고 선농불교, 자립불교, 민중불교를 지향, 실천하였다. 여기에서 그의 불교 근대화의 성격이 확연하게 드러난다. 그는 일면에서 불교의 근본과 전통을 지키면서도, 다른 일면에서는 선농일치, 승려의 자립을 실행하였다. 이는 보수와 진보가 조화된 것이다. 그 내적인 이념에서는 불법, 율장, 계율, 청규에 근거하는 보수이었지만, 그 여타의 행보는 진보였다. 즉 용성은 그 외부, 외피에 있어서는 근대주의적인 것과 결합하였다. 1932년『불교』지에 기고한 글,「중앙행정에 대한 희망」을 보면 그가 근대적 제도를 철저하게 수용하려고 한 의식을 엿볼 수 있다. 그는 여기에서 승려가 신도들의 보시에 의지하는 관행, 승려들이 결혼을 하고 생존을 위한 생활비를 사찰재산에 기대는 것을 비판하였다. 그래서 용성은 승려나 종단이 실업공장의 건설, 생산·소비조합의 운영, 사원의 삼림제도 개선을 통한 식료품 생산까지 주

---

59 1935년 무렵, 승려로서 화과원에 있었던 김달진은 그 정황을, "다음해(1935)에는 白龍城스님이 창립한 항일불교 단체인 大覺敎가 운영하는 華果院(함양 백운사)에서 半禪 半農의 수도생활을 하면서 용성스님이 번역한 화엄경의 운문에 전심전력하였다"고 회고했다. 김달진,「나의 인생, 나의 불교」,『山居日氣』, 세계사, 1990, 235쪽.

· 김달진은 "용성스님이 화과원이라 이름 지어 백운산에 禪農을 竝行하는 항일불교단체인 大覺敎를 창시하고, 경제적 자립상태에서 莊果 = 華果의 참뜻인 因果相卽 無碍를 몸소 후진들에게 교시하신 것은 불교사뿐만 아니라 역사적으로도 높이 평가되어야 할 것이다."고 그 의의를 위의 자료에서 개진하였다.

장하면서 불교 및 승려의 자립을 강조하였다.[60]

그러나 용성의 대각교 노선은 1937, 38년 무렵에 자체내의 한계, 일제의 외압[61] 등의 요인으로 대각교 간판을 내렸다. 그리고 그 재산은 일시적으로 해인사와 범어사와 이전을 논의하였고, 실행 단계까지 나아갔다.[62] 그런데 용성은 대각교를 왜 중도 퇴진시켰는가, 그리고 그 대안으로 朝鮮佛敎 禪宗叢林이라는 명칭을 내세웠던 이유는 무엇이었을까? 이에 대해서는 추후 세부적인 연구가 필요하다.[63] 본 고찰에서는 용성 대각교노선의 이해, 계승을 일제하로 제한하기에 해방 이후, 대각회 설립을 전후한 문제는 다루지 않기로 한다.

지금까지 용성의 대각교 노선을 불교 근대화의 관점에서 살펴보았다. 전

---

[60] 백용성, 「중앙행정에 대한 희망」, 『불교』 93호(1932.3).

[61] 이는 임도문의 주장이다. 용성의 문하에 있던 친일파 안모씨가 대각교단에 들어와 여러 비밀을 일제에 밀고하여 결과적으로 용성의 독립운동, 만주 대각교당의 비밀이 일망타진되었다고 한다. 그 결과로 만주 대각교당, 선농장이 절단났다는 것이다. 그러나 이것은 2차 자료, 구전에 기초한 것이기에 6하원칙에 입각한 고증이 요망된다. 도문스님은 대각사가 1936년에 범어사 경성포교당으로 개칭하였고, 1938년에 일제가 대각교를 해산시켰으며, 1939년에 조선불교선종총림으로 개편하여 활동하였다고 한다. 그런데 1944년, 용성이 입적한 지 4년 후에는 용성 제자들에 의해 선종총림이란 간판을 없애고 범어사 경성포교당 대각선원으로 개칭하였다고 한다. 『죽림』 230호(2004), 174~181 · 204쪽.
한편, 1939년 4월 18일에 발간된 용성의 저술, 『지장보살 본원경』의 판권에는 발행처가 경성부 봉익동 1번지 조선불교선종총림 삼장역회라고 표기되어 있다. 그리고 『불교시보』 42호(1939.1)의 근하신년란에도 '경성부 봉익동 2 조선불교선종총림'이라고 나온다.

[62] 그런데 만주 용정에 있었던 선농당 농장은 용성이 입적한 직후에도 존속하였다. 그러나 그 존속의 성격은 추후 재해석되어야 한다. 화과원에서 용성스님과 함께 화엄경 윤문을 하였던 김달진은 8 · 15해방 직전에 간도 생활을 하였는데, 그는 당시에 대각농장을 지켜보았다. 그는 이를 "용정스님이 입적하신 뒤, 북간도 대각교 농장은 운영상 어려움이 많았다"고 회고했다. 위의 『산거일기』, 240쪽.

[63] 김태흡은 『불교시보』 59호(1940.6.15)의 「고백용성대선사 추모」에서 이를 "시대에 맞지 아니한 점도 있고 하야 칠십오세 시에 대각교를 해체하고 朝鮮佛敎 禪宗叢林을 창설하였다"고 하였다.

장에서 살핀 선학원노선과 한용운노선과의 비교를 통해 대각교 노선의 성격을 드러내보고자 하였다. 전통주의와 근대주의라는 대응적인 노선의 흐름에 비추어 보면 대각교 노선은 전통주의와 근대주의 정반합적으로 결합한 것이었다. 내적인 이념과 지향은 전통주의였지만, 외적인 면에서는 근대주의가 나타나고 있었다. 그 근대주의 내용은 역경, 대각교의 의식정비 및 운용 근간, 불교 및 승려의 자립을 위한 조합운영과 공장 경영을 제시한 것에서 찾을 수 있다. 즉 전통주의와 근대주의가 균형적으로 절충되었다. 그렇지만 용성, 대각교 노선에서 나온 전통주의와 근대주의는 선학원이나 한용운 노선에서 나온 것과는 차별성이 있다. 즉 전통주의이었지만 수구적, 고식적인 것이 아니었으며 전통의 핵심은 지키면서도 그 운용과 범주에서는 탄력성, 개방성이 있었다. 그리고 근대주의에서는 불교의 근간, 정체성을 유지하는 선에서 채택하였다. 율장, 전통을 손상치 않고, 불교 및 승려의 존립을 기하기 위한 범주에서 수용하였다. 그래서 근대주의에서도 탄력성, 개방성이 나타났다.

현 시점에서 필자가 대각교를 거시적으로 이해할 경우에는 당시 현실과 공존할 수 있으면서, 근대라는 공간에서도 적응할 수 있는 타당한 노선을 정립한 것으로 보고자 한다. 다만 교단과의 결별, 대각교단 내부의 조직화 미약, 외호세력의 미흡, 대각사상을 실천할 수 있는 조직력의 미약 등이 모순 및 한계로 지적된다. 역사에서 가정은 성립되지 않지만 일제하 교단이 용성의 노선을 채택하였다면 지금의 불교는 많은 분야에서 다른 측면이 적지 않을 것이다.

5. 결어

맺는말은 추후 용성 노선, 대각교 행적 및 성격을 더욱 연구함에 필요한 대상, 관점 등을 제시하는 것으로 대신하고자 한다.

첫째, 용성의 행적, 수많은 사업 등에 대한 정밀한 검토가 요구된다. 지금까지의 연구에서 적지 않은 연구 업적이 축적되었지만, 이러한 분석은 더욱 더 치밀한 작업이 요구된다.

둘째, 용성의 번역 경전, 저술에 대한 서지학적, 사상적 접근이 요망된다. 이제까지의 연구는 연대기적 사실, 신문 및 잡지에 나온 내용 등을 근간으로 한 것이다. 우선 『용성어록』부터 철저한 검토가 요망된다.

셋째, 용성 연구에 있어 새로운 관점이 요망된다. 지금까지의 연구 경향은 비판적으로 말하면 무관점이라고 할 정도로 선명한, 타당한 관점을 내세우지 못하였다.

넷째, 용성, 대각교의 역사에 드리워져 있는 구전, 증언에 대한 객관적이면서 냉정한 접근, 분석이 요청된다. 구전, 구술에는 장점이 있는 반면, 단점과 한계가 있는 것은 분명하다. 장단점을 가리면서도 당시 그러한 구전이 나올 수밖에 없었던 정황을 살펴야 할 것이다.

다섯째, 인간, 사상, 사건, 단체는 어찌 되었든 역사의 산물이다. 용성과 대각교를 한 단계 높은 차원에서 이해하려면 당시 시대상, 불교계 변동, 승려들의 고민 등을 종합하여 살필 수 있는 안목이 요청된다.

이상으로 필자, 후학들이 생각해 보아야 할 것을 대별하여 제시하였다. 이 분야에 연고가 있는 다양한 분야 학자들의 연구가 심화되길 기대한다.

:

해방공간의
불교

1. 개관

8·15해방공간의 불교는 한국 근대불교와 현대불교의 가교 역할을 하였던 무대이자 연결 고리이다. 일제 식민지불교 체제를 거쳤던 근대불교와 근대불교의 모순과 문제점을 극복하면서 새로운 지향으로 나가려 하였던 현대불교는 해방공간에서 운명적으로 만났다. 그런데 그 만남은 화해와 상생의 만남이 아니라, 갈등과 대립의 양상으로 전개되었다. 때문에 이 시기의 불교는 다의적, 중층적 문제를 잉태하고 있었다. 그 문제의 저변에는 전통적인 불교를 회복할 것인가, 아니면 근대적 기획, 경험을 거친 근대주의적 불교를 보완할 것인가의 조류가 대응하고 있었다. 전통주의와 근대주의 대응은 그 자체의 명분·정체성이라는 측면에서 이질적이었지만, 현실적인 이해관계, 종권, 사찰 관리권, 승려 정체성이라는 측면에서도 결코 양보할 수 없는 대결 양상을 띠고 있었다. 이는 불교의 발전, 불교의 대중화, 불교의 사회화를 놓고도 상이한 현실인식을 드러내는 것이었다.

이와 같은 성격을 갖고 있었기에 해방공간의 불교는 연구할 대상이 산적하였다. 그리고 학문적인 분석, 정리, 해석에서뿐만 아니라 현재 불교계 종단의 정체성을 해명함에서도 연구가 요청되는 분야였다. 그럼에도 아직 이 분야는 불교학, 역사학, 종교학, 사회학 등의 분야에서는 학문적인 심화 단계에 이르지 못하였다. 지금까지는 이 분야에 관심 있는 소수의 연구자들에 의하여 그 일단, 부분만이 해명되었을 뿐이다.

해방공간 불교에 대해서는 8·15해방이라는 정치적 변동에 의하여 나타난 교단의 변화상이 연구 과제로 우선적으로 손꼽힌다. 여기에서는 교단의 주류와 집행부는 누구이며, 그들은 어떠한 관점으로 해방공간의 불교를 이해하고, 교단을 어떤 방향으로 가도록 하였으며, 그들의 불교사상은 무엇인가 등이 해명되어야 할 것이다. 다음으로는 교단과는 이질적인 현실인식을 갖고 불교 및 교단의 혁신을 강력히 주장한 재야의 불교혁신단체의 개요, 활동, 성격, 사상 등을 연구 주제로 설정할 수 있다.

교단과 혁신단체 간의 상이한 현실인식은 승려의 정의, 종권 및 사찰관리권의 주관, 불교 대중화의 방법을 둘러싼 이질적인 이해관계에서 비롯되었다. 그러나 그들은 공히 불교발전을 기해야 한다는 것과 일제강점기와는 다른 방법으로 불교 대중화를 추진해야 한다는 것에는 공감하였다. 그렇지만 불교발전과 불교 대중화를 위한 내부 준비, 교육, 수행에서는 적지 않은 차별성을 띠고 있었다. 이런 차별성은 저절로 자기 혁신, 추진 방법에서도 차별성을 내재하였다. 그래서 교단, 재야승려, 지방 승려들은 그에 대하여 각각의 노선을 경주하였다. 요컨대 이런 배경에서 나온 기획·프로그램·수행과 연관된 가야총림, 봉암사 결사, 고불총림, 불교정화 운동 등의 전모와 성격, 사상 등을 해명할 과제가 제기되었다.

한편 불교계 내부의 이와 같은 변화, 고뇌, 실험은 불교 외적인 환경에서도 영향을 받았다. 즉 일제의 패망, 38선 등장, 민족의 남북 분단, 이념적인 대응, 군정실시, 정부수립 등이 바로 그것이다. 그러므로 이 분야 연구의 대상에는 불교에 영향을 주었던 정치적, 사회적 움직임과 그에 영향을 준 대상이 포함되어야 한다. 예컨대 미군정의 불교정책, 이승만정부의 불교정책, 분단과 건국이 불교에 미친 영향, 적산사찰의 향배 및 관리, 사찰재산 변동과 농지개혁, 북한으로 넘어간 승려 등이 바로 그것이다.

지금까지 제시된 주제와 대상들에 대한 기초적인 연구가 수행되고, 나아가서는 해방공간의 불교와 식민지 불교, 6·25전쟁 이후의 불교가 어떠한 역사적 맥락에서 연결되었는가를 거시적으로 살필 때에 이 시기 불교의 전모와 성격은 명쾌하게 드러날 것이다.

2. 연구동향과 성과

해방공간의 불교가 연구의 대상이 된 것은 1990년대 중반부터라고 볼 수 있다. 그 이전에도 이 시기 불교를 대중적인 글로서 발표한 경우는 회고, 증언, 단편적인 정리 수준에 지나지 않았다. 그래서 1990년 중반 이전의 글들은 학문적인 섭렵, 과정을 거친 것이라고 보기에는 어려운 실정이다. 따라서 이 글에서는 90년대 중반 이후부터 나온 연구 성과를, 앞에서 연구대상으로 인정하였던 주제대로 그 내용을 요약·소개하려고 한다.

우선 8·15해방으로 나타난 교단의 변화상은 대략 일제 패망 직후의 교단의 변화상과 승려들의 자각적 대응의식으로 나온 승려대회가 연구되었다. 그러나 이러한 연구는 매우 소략하고, 그 변동 및 승려대회의 전모를 소개, 정리하는 정도에 머물고 있다. 해방과 불교계 동향에서는 교단정비, 불교혁신단체의 개요 및 주장, 그리고 교단과 혁신단체 간의 상이한 현실인식과 그 갈등을 집중적으로 소개하는 정도였다. 다시 말하면 교단과 혁신단체의 움직임을 개괄적으로 정리하였던 것이다. 그리고 혁신단체의 강력한 교단 개혁의 주장으로 교단이 분열되었던 동향을 분석·정리하는 수준의 연구가 수행되었다. 이런 연구를 거쳐 해방공간에서 불교의 흐름, 전개과정, 성격을 가늠할 수 있을 정도의 기초적인 연구는 이루어졌다고 하겠다.

이런 교단 변화상과 관련하여 승려들이 모임을 갖고 그 당시 불교, 교단,

승려가 처하였던 문제를 해결하려는 승려대회를 정리한 연구 성과가 집중적인 조명을 받았다. 1945년 9월 22~23일 서울 태고사(현 조계사)에서 개최된 전국승려대회, 1945년 12월 2~3일 제주시 관음사 포교당에서 개최된 제주불교 혁신 승려대회, 1945년 11월 10~11일 전북 부안의 내소사에서 개최된 부안불교 승려대회 등에 대한 개요, 전개과정, 성격 등이 소상하게 연구되었던 것이다. 이로써 해방공간 당시 승려들의 고뇌, 지향, 문제점 등을 파악할 수 있었다. 이런 승려대회의 전체 내용은 중앙 차원의 변화상을 더욱 구조적으로 이해할 수 있는 단서를 제공한다는 점에서 특기할 내용들이다. 승려대회에서는 공통적으로 일제 식민지 불교의 요체인 사찰령을 부정하고, 수행풍토의 개선, 교육제도의 혁신, 교단 운영의 대안 등이 제기되었다.

이렇게 해방된 공간에서 승려대회와 교단의 동향을 대략적으로 파악할 수 있을 정도의 연구 바탕은 마련된 셈이다. 그리하여 이런 연구와 짝하여 교단 외부에서 불교 혁신을 강력하게 주장한 혁신단체, 혁신단체의 주장, 혁신단체의 총연합체인 불교혁신총연맹과 전국불교도총연맹의 등장 과정, 주장, 성격도 아울러 조명되었다. 그 결과 해방공간 혁신 단체로 선리참구원, 불교청년당, 혁명불교도 동맹, 불교여성총동맹, 조선불교혁신회, 선우부인회, 재남 이북승려회 등의 전체 모습도 밝혀진 것이다. 교단과 대응적인 혁신단체의 활동을 조명한 결과 그들의 주장·논리도 정리되었을 뿐만 아니라, 그들의 인적 구성도 어느 정도는 드러났다.

이러한 연구 결과, 교단과 혁신단체 간의 이질성, 갈등, 대립의 초점이 분명하게 정리되었다. 무엇보다도 승려의 정체성, 교단의 주도를 누가 할 것인가, 사찰재산을 어떻게 처리할 것인가 등의 문제에서 확연한 입장 차이가 있었다. 승려 신분 정체성의 핵심은 이른바 대처승을 승려로 인정할 것인가의 여부이다. 대처승을 승려로 인정하지 않는다는 것은 일본불교의 영향에서 벗어나고, 불교 근대화의 일환으로 수용되어서 상당 부분 토착화되었던 관행을 근원에서부터 부정하는 것이었다. 이에 교단은 기존 제도와 관행을 고수하는 입장에 처하여 있었던 반면에 혁신단체는 대처승은 승려로 볼 수 없다는 인식이 깔려 있었다. 이에 혁신단체와 그 인사들은 教徒制라는 새로운 제도를 도입·관철하려고 하였다. 교도제는 승려와 신도 등 불교를 신행하는 대상자들은 다 평등한 교도로 보고, 다만 그 능력 및 소임에 따라 다른 권리와 위상을 부여해야 한다는 것이다. 이 구도에는 대처승은 주지, 설법자가 될 수 없고 종무원, 포교사, 교사로 근무해야 한다는 논리가 깔려 있었다. 이런 문제였기에 교단은 혁신단체의 주장을 극력 배척하였다고 보인다. 그에 반해서 혁신계열에서는 대처승들은 교단의 주역이 될 수 없다는 논리로 나갈 여지가 다분한 것이었다.

사찰재산의 문제는 남북한에서 농지[토지]개혁이 실시되고, 실시되는 그 즈음에 불교가 어떤 입장을 갖느냐의 문제이다. 교단은 사찰재산은 지켜져야 하고, 유상몰수 유상분배의 입장을 가졌다. 그러나 혁신단체는 무상몰수 무상분배의 입장에서 토지개혁은 반드시 될 것이라는 예견하에 소작농민들에게 과감하게 토지를 제공할 것을 주장하였다. 그 연후에는 대중들에게 포교를 적극적으로 하고, 소작농민을 포함한 다수의 교도를 조직화할 것을 강조하였다. 이런 혁신단체의 주장을 극력 부정한 교단측 인사는 혁신단체의 주장을 이북노선, 혹은 빨갱이 노선이라는 비판도 서슴지 않았다. 이런 제반 상황을 보건대, 교단과 혁신단체는 의견의 조율이나 일치를 이룰 여지가 부재하였다.

이제부터는 교단과 교단 노선에 비판적인 승려, 교단과 무관하게 독자성이 강렬한 승려 등이 추진한 불교의 변화, 개혁, 미래 준비 차원에서 추진한 수행, 개혁 프로그램을 살피고자 한다. 그 대상은 해인사의 가야총림, 봉암사 결사, 고불총림 등이었다.

가야총림은 수좌들의 조직체였던 선리참구원이 모범총림을 세우고, 그를 교단에서 주관하여 운영해야 한다는 건의에서 비롯되었다. 이에 교단은

1946년 10월경, 해인사에 총림을 세웠으나 단지 선원만 개설하는 정도였다. 그것은 교단의 후원 미약, 해인사의 대처승들의 비협조 등이 작용하였기 때문이다. 더욱이 6 · 25로 인해 가야총림은 중단되는 운명을 맞이하였다. 그럼에도 조실로 효봉이 송광사에서 왔고, 50여 명이 넘는 수좌들이 집단적으로 모여 수행을 하였다. 그러나 가야총림에 대한 개별적인 연구는 최근에 가시화 되었을 뿐이었다.

고불총림은 교단과 이질적 노선을 펴고 있었던 백양사의 송만암이 1947년 2월부터 백양사를 거점으로 하여 전라도 일대 사찰 22개 곳에서 실천한 개혁을 칭한다. 비구승과 대처승의 병행 존속을 일시적으로 인정하면서도 대처승이 나온 현실을 비판하고, 비구승 중심의 교단 운영을 고려한 대안적인 실험이었다. 이에 대한 개요, 성격 등을 정리한 연구가 이루어졌다. 고불총림은 교단이 식민지불교의 극복, 불교정화에 대하여 너무 미온적이라는 불만에서 나온 것이다. 그리하여 송만암은 현실인정, 점진적 정화, 단계별 정화를 위한 대안을 실천하였다는 역사성을 갖게 되었다. 이는 그가 6 · 25 전쟁 기간에 교단 책임자인 敎正에 취임한 이후, 수좌의 수행도량 확보라는 건의를 받아 자생적 정화를 추진한 것과 연결해 이해할 때에 독특한 실험임이 밝혀졌다. 간혹 불교계에서는 송만암의 실험이 채택되어 불교정화가 추진되었다면 지금의 불교는 많은 차이와 변화를 가져왔을 것이라는 가정을 하는 경우가 적지 않았다. 세간의 좌우합작위원회와 같은 성향을 띠는 역사적 가정인 것이다.

봉암사 결사는 연구자나 조계종단 차원에서 상당한 관심사가 되었던 대상이었다. 봉암사 결사는 1947년 10월부터 1950년 3월까지 봉암사에서 진행된 수행 결사였다. 교단 운영의 기조에 반발하고, 가야총림의 운영에 이의를 제기하였던 일단의 수좌들이 '부처님 법대로 살아보자'는 슬로건과 수행 청규인 共住規約을 제정하고, 율장에 근거하여 수행을 하였다. 이성철, 이청담, 김자운, 이우봉, 신보문 등에 의해서 추진되었던 이 결사는 한때에는 수십 명이 모여 공동 수행을 통한 생활을 하였다. 이들은 백장청규와 총림을 모방하고, 율장에 의거하여 참선, 운력 등의 생활을 하면서 근본주의적인 불교로의 복귀를 지향하였다. 이러한 결사의 실행에는 현재 불교계에서 익숙한 신행, 관행이 상당 부분이 있다. 반야심경의 보편적 신행, 승려들에 대한 공경, 괴색가사와 보조장삼의 보편화 등이 그것이었다. 이는 이 결사가 조계종단으로 대표되는 한국불교에 끼친 영향이 상당함을 의미하는 것이다. 이 결사에 참여하였던 수행자들이 조계종단의 종정, 총무원장을 역임한 경우가 많았으며 결사 수행자들은 조계종단의 재건을 추동한 불교정화운동의 일선에 나섰음도 같은 사례이다.

이러한 봉암사 결사에 대해서는 결사의 배경, 전개, 성격 등 그 전모가 상당 부분 분석, 정리되었다. 특히 2007년 10월 18~19일에는 봉암사 결사 60주년을 기념하는 학술세미나와 대법회가 조계종단 차원으로 개최되는 등 결사를 조명하는 다각적인 연구가 진행되었다. 그는 결사의 재조명, 결사의 의례, 결사 개념, 결사를 주도한 이성철과 이청담에 대한 전모와 특성, 사상이 연구, 발표되었다. 봉암사 결사는 학술적인 접근뿐만 아니라 그에 연관된 자료 발굴, 구술 증언의 채록, 해당 문도들의 회고, 계승 활동이 지속되고 있다는 점에서 결사는 지속적인 재생산 구도에 자리하고 있다. 그러나 일부에서는 봉암사 결사는 절반의 성공으로만 인식해야 한다는 목소리도 나왔다. 즉 봉암사결사는 일제하의 근대적 기획, 실험을 하였던 근대주의 계열의 고민과 개혁은 전혀 검토하지 않았으며, 결과적으로 불교계에서 전통은 공고해졌지만 근대주의는 존립의 기반이 상실되었음과 무관할 수 없다는 것이다. 지금까지 봉암사 결사의 연구는 조계종단 중심, 정화운동의 구도, 문중 문도 중심의 접근, 긍정적 해석 위주, 한계 및 계승의 관점 미약 등이 그 핵심이 되었음을 부인하기는 어렵다.

이제는 이와 같은 동향, 수행, 지향 등의 움직임과 관련된 해방공간 불교 정책의 문제를 조망하려고 한다. 지금껏 이 분야에 대한 것은 거의 학문적인 주목을 받지 못하였으나 최근에 들어서 일부 연구자의 고찰이 나왔다. 그런데 이에 대한 연구 경향은 기독교에 대한 피해의식, 차별대우 등이라는 관점이 강하게 노정되었다. 그럼에도 한편으로는 그간 전혀 알려지지 않은 사실, 내용 등이 상당 부분 제기되었다.

우선 미군정의 기독교 중심 共認敎制度와 그에 따른 차별대우가 해방공간에서 이루어졌음을 밝혀냈다. 결과적으로 그런 불리한 여건을 극복하지 못하고, 바로 그즈음에 나온 불교계 분열로 말미암아 불교개혁은 실패하였다는 성찰적인 내용이었다. 이는 곧 불교 교단이 해방이라는 조건이 만들어 낸 종교지형의 변화에 적극적으로 대응하지 못한 결과이며, 나아가 불교가 자기 정체성 확립에 실패하였다고 보았다. 이러한 미군정의 종교정책, 불교정책의 구도는 자연 이승만정권의 불교정책에도 영향을 미쳤다. 이에 이승만정권 제1공화국의 불교정책이 미군정의 정치 구도와 지형에서 기인하였다는 이해가 제기되었다. 물론 여기에서도 차별적인 대우, 기독교 중심적인 이해가 개진되었음은 물론이다.

해방공간의 불교 재산과 관련된 뜨거운 논란은 농지개혁법으로 인한 사찰재산의 변동의 문제였다. 불교 재산의 기반이 되었던 농지는 1,600년이 넘는 기간 동안 불교 재정의 버팀목이었다. 그런데 이런 관행적인 경제 기반이 한꺼번에 사라질 운명에 놓였다. 교단과 재야 혁신단체는 사찰재산 변동에 대한 인식, 접근방법, 대안을 놓고 대립하였던 것이다. 불교가 갖고 있던 농지는 대부분 자경하는 것이 아니었기에 농민들에게 분배되었다. 이에 교단 내부에서는 사찰경제의 기반 확충, 공고화를 위해 사찰유지대책위원회를 조직하여 정치권에 대책 강구를 요청하였다. 이것은 사찰의 자경농지 보유를 허용, 귀속(적산)사찰·기업체의 불교계에 불하 요구였다. 그 결과 이승만대통령의 불교계 후원, 자경농지의 기준 재검토에 대한 발언이 나왔다. 전국적으로 공권력이 개입하는 가운데 소작농은 이미 받은 토지를 사찰에 돌려주는 일이 발생하였다. 이는 농지개혁의 근본이 사찰 일부에서는 왜곡되었고, 사찰의 지주적 속성이 잔존하였음을 말하는 것이다. 이 같은 농지개혁은 1950년 10월 19일의 농지개혁 실시 및 임시조치 건에 의해서 본격화되어, 해방공간보다는 6·25전쟁 기간과 전쟁 직후에 본격적으로 전개되었다. 농지개혁은 불교 활동의 위축, 수행의 기관인 강원과 선원의 존립 문제, 사찰 유지 심지어는 승려의 생존적 차원에서 큰 문제를 안고 있었다.

한편 사찰농지 반환에 있어서의 공권력의 불교 지원은 해당 농민들의 반발을 가져와서, 소송을 제기하는 경우도 있었다. 초기의 판결은 사찰의 자경농지를 인정해 주는 방향에서 나왔으나 경작자가 누구인가, 강제력이 동원되었는가의 관점에서 점차 소작인들의 입장을 옹호하는 판결이 나왔다. 불교는 농지개혁으로 전답의 농지 대부분을 상실하면서 경제기반의 대변동을 겪었다. 일부 사찰, 법인, 단체에서는 농지개혁으로 받은 자금으로 공장, 회사 등을 인수하여 경영에 나선 경우도 적지 않았다. 그러나 그에 대한 전모는 아직 파악되지 않고 있다. 그리하여 해방공간 불교의 재산, 경제적 기반에 대해서는 이제 첫 발걸음을 내딛는 정도에 지나지 않는다.

해방공간 불교와 정치에 관해서는 일부 승려들이 진보적인 입장에서 불교 활동을 한 것이 소묘되는 정도로 취급되었다. 그래서 김구의 북행에 동행한 단체와 개인도 있었으며, 그들 중의 일부 승려는 남하하지 않은 경우도 있었다. 승려의 진보성은 보수적인 교단에서 혁신계열을 비판하는 대상으로도 이용된 것은 사실이다. 그러나 당사자들은 불교의 혁신을 과감하게 하는 입장이라고 강변하면서, 이념과는 무관하다고 그 지적에 반발하였다. 이러한 사실에서 그에 연관된 일부의 단체 및 승려의 대상이 확인되기도 하였으나 본격적인 연구 대상화까지는 이르지 못한 아쉬움을 남기고 있다.

3. 과제와 전망

　　　　　지금부터는 위에서 살핀 연구사 검토에 나타난 문제를 정리하면서, 추후에 연구되어야 할 대상과 그에 연관된 자료적인 측면에서 고려할 것도 아울러 제시하고자 한다.

　우선 해방공간 불교에 대해서는 아직 이렇다 할 연구의 흐름이나 연구방법론을 논하지 못할 정도로 연구 성과가 빈약하다. 연구자의 수도 그러하고, 연구가 본격화된 기간이라는 면에서도 그러하다. 지금껏 소수 연구자들에 의해 이 시기 불교에 관련된 사실, 동향, 움직임 등을 소개, 발굴, 정리하는 수준에 머물러 있기 때문이다. 이 분야 연구자는 역사, 종교, 불교철학의 분야에서 나왔지만, 그 연구는 역사적인 접근이 주된 흐름이었다.

　해방공간 교단의 동향에 대해서는 개요, 전개과정 등은 정리되었다. 아울러 그를 추동한 승려대회, 교단 내부의 지향 등도 아울러 조명되었다. 그러나 교단 집행부의 노선이 무엇을 지향하였는가, 그 지향이 불교사상적인 측면에서는 어떤 의미를 갖고 있었으며, 교단 집행부 내적인 갈등 구조는 어떠하였는가 등등에 대해서는 더욱 관심을 기울일 분야라 하겠다. 이 시기 불교사상과 연관하여 임제종과 태고 보우국사 계승의식의 문제도 반드시 짚어야 할 과제이다. 아울러 건국수립 전후 중앙 교단 집행부는 공금 유용의 문제, 적산사찰 독점 등의 문제와 같은 청렴성 문제로 퇴진하였는데, 이에 대한 전후 관계에 대해서는 거의 정리되지 않았다. 그리고 혁신단체가 등장하고, 중앙 교단이 분열될 때에 일부 지방에서는 혁신단체에 경도된 경우도 있었는데, 이처럼 각 지방의 교단, 본사 등의 향배도 흥미로운 연구 과제이다. 나아가 중앙교단 집행부에서는 그들의 노선과 사상이 만해 한용운 노선이라고 자인한 기록이 있다. 이렇게 교단 집행부는 한용운 노선을 추종하였던 것으로 보여지거니와 이에 대한 정밀하고도 치밀한 분석이 요망된다.

　교단의 동향과 대응적이었던 혁신단체는 그 동안의 연구에서 윤곽, 동향,

성격 등이 정리되었다. 추후에는 각 혁신단체에 대한 구체적인 등장 과정, 인물, 추이라는 측면에서 진일보한 연구가 필요하다. 그러기 위해서 각 단체의 관련 자료가 발굴되고, 그 인물들의 후손을 찾아서 구술 증언을 청취한다거나 미군정기의 비밀 자료의 분석 등의 다양한 방법이 요청된다. 그리고 혁신단체와 그 단체의 주요 인물들의 이념, 불교사상이 반드시 분석되어야 한다. 이들의 활동, 사상의 근거는 무엇이었으며 그들이 지향한 불교노선은 어떠한 가치, 의의, 평가를 받을 것인가에 대한 냉정한 정리도 연구 무대로 올려야 한다. 해방공간의 불교계 신문을 보면 그 단서를 파악할 수 있다.

나아가 일부 승려들은 월북한 경우도 있었고, 6·25 기간에 남하하여 서울에서 남조선불교도연맹의 결성을 주도한 경우도 있다. 이런 인물들은 이념적 대립이라는 민족적 비극에서 남북한 불교에서 모두 잊힌 인물로 방치되었다. 이에 대한 복권, 역사로의 편입 작업도 흥미로운 연구과제이다. 그런데 진보적인 승려들의 출신, 영향과 연관하여 일제하 불교에서 일본 유학생 동향의 주제도 주목할 대상이다. 진보적인 승려들은 강원, 선원에서 수학한 경우도 있겠지만 추정하건대 일본 유학을 거치고, 일본에서 사회주의나 민주주의 등 새로운 이념과 문명을 지켜보고 그를 불교 사상에 접목하려고 하였던 승려도 생각해 볼 수 있는 것이다. 이렇게 불교계 내부에 사회주의, 공산주의에 영향을 받은 진보성향의 승려가 있었다 함은 구전, 경찰의 해석, 증언 등의 다양한 채널에서 흘러 나왔다.

한편, 해방공간 혁신단체의 동향과 관련해서 앞으로 더욱더 관심을 기울일 주제는 선리참구원이다. 선리참구원은 일제하 선불교, 수좌. 선원 계열을 대표하였던 중앙의 재단법인체로서 선학원으로 널리 알려진 기관이었다. 일제하에서는 일본불교 유입, 계율 파괴, 원융살림 파탄 등에 대하여 강한 비판의 날을 세웠던 당사자들이었던 수좌들은 어떤 고뇌, 지향, 대안을 갖고 있었는가를 주목할 필요가 있다. 일제하의 불교에서는 강한 저항성을 표출하였지만 오히려 해방공간에서는 그 색깔이 퇴색된 느낌을 받게 되거니와 이에 대한 설명이 요망된다. 일부 기록에는 이념을 둘러싼 내적인 갈등도 있었으며, 무상몰수 무상분배라는 혁신 단체의 주장을 인정하는 가의 여부를 놓고 수좌들 내부에서 갈등을 겪었다는 증언도 있었음을 고려할 때에 더욱 그렇다.

다음으로는 이 시기 수행, 교육, 개혁, 실험 등 미래를 준비하고, 개혁을 실천한 내용을 제시하려고 한다. 지금껏 이에 대해서는 봉암사결사를 중심으로 관심, 연구가 집중된 감이 적지 않다. 그 결과 봉암사 결사에 대해서는 불교사, 조계종단사 차원에서 개요, 의의, 성격 등에 대한 일정한 연구가 축적되어 있다. 그러나 봉암사 결사는 이제 그 열기를 식히고, 보다 냉정한 관점에서 재검토될 시점에 와 있다. 그러기 위해서는 수사적인 과도한 해석과 특정 승려를 과도하게 평가하는 큰스님 살리기의 역사이해는 잠시 접어 두어야 한다. 한국불교사, 근현대 불교사라는 거대한 흐름하에서 그 역사성을 객관적으로 보아야 한다. 아울러 그 결사에 담긴 불교 사상도 지금까지는 공주규약을 중심으로 보면서 백장청규, 율장을 강조하는 선에 머물러 있었지만 결사에 담긴 사상을 차분하게 정리해야 할 것으로 본다.

이와 달리 고불총림은 그 주관자인 송만암이 걸어간 노선이 조계종단과의 불편성함으로 말미암아 연구 무대로 올려지지 않았다. 특정 연구자가 역사의 공백을 메운다는 차원에서 연구하였을 뿐이다. 그 결사에 담긴 사상과 전라도 사찰의 현장에서 벌어진 일에 대해서는 거의 주목하지도 않았고 밝혀낸 것도 극히 미약하다. 그리고 송만암은 교정에 취임하여 자생적인 불교교단 정화를 시도하였음은 간헐적으로 전하고 있으나, 그에 대한 연대기적 정리, 관련 사찰 및 그 내용 등은 입체적으로 정리되지 못하였다. 이러한 접근은 고불총림의 지속성, 역사성, 만암의 사상, 불교정화의 내재성이라는 측면에서 중요한 의의를 담보하는 것이다. 그러기 위해서는 만암의 문도들과 밀접한 연계를 갖고 다양한 자료, 증언을 확보한 뒤에 그 총림의 진행과정, 추이 등의 관계를 철저히 분석하고, 정리해야 할 것이다.

해인사의 가야총림은 그 규약이 소개된 정도에 머물러 있고, 1967년 해인총림의 전 단계였다는 이해의 수준이다. 가야총림을 연구할 경우에는 당시 해인사에서 수행하였던 관련 승려들 중에는 생존자로부터 다양한 자료를 확보할 필요성이 제기된다. 최근 그들의 증언을 청취한 구술 증언록이 발간되었거니와, 그에 근거하여 더욱 세밀한 증언 확보에 나서야 한다.

해방공간 불교정책 분야도 연구의 시작이라고 할 정도로 걸음마 수준이다. 현재 이 분야는 교단동향에 나타난 것을 준거로 하여 그 관련 사실을 정리하고, 그를 확대 해석하여 성격과 한계를 정리하는 선에 머물러 있다. 이 분야 연구가 진일보하려면 우선적으로 미군정과 교단 사이에서 오고 간 공문과 미군정의 정책 자료를 입수하여 정치하게 정리하는 작업이 선행되어야 할 것으로 보인다. 미군정과 이승만정권이 기독교적인 색채가 강하였고, 기독교 우호적인 정책이 구현되었다는 선입견을 떨쳐 버리는 것이 자료 해석과 국가권력과의 상관성을 해석함에 있어 유익한 시야와 바탕을 제공할 것으로 기대된다.

이러한 수행, 결사, 사상과 연관되어 유의할 대목은 해방공간에서의 개혁, 대안이라는 이름에서 나온 각종 실험을 불교정화(운동)와는 어떻게 연결 지을 것인가의 문제이다. 즉 해방공간에서의 혁신활동이 불교정화의 계기성, 원인과 결과, 배경이라는 것과 직접적으로 연계되는가 하는 점이다. 즉 해방공간의 활동도 불교정화운동의 구도를 가는 것인가 하는 것이다. 이에 대해서는 다양한 관점, 해석이 나올 가능성이 농후하다.

미군정 불교정책과 연관하여 살필 대상은 해방공간 불교의 경제적 기반, 변동 등의 문제이다. 지금까지는 미군정, 이승만정권의 불교정책과 사찰재산 변동의 문제를 격리하여 접근한 감이 적지 않았다. 불교정책과 사찰재산 변동은 분리해서 볼 수 없는 주제이다. 해방공간 사찰재산은 무엇이었으며, 그는 어떠한 형태로 경영되었고, 그 경제력은 누구에 의해서 분배·관리되었으며, 교단은 그를 통제하였는가도 주요한 연구 초점이다. 일본불교의 사찰, 포교당, 재산은 어느 정도였으며, 전국적인 분포는 어떠하였고, 교단으로 들어와 관리된 것은 얼마였고, 기독교 등 불교계 외부로 넘어간 경우는 얼마나 되는가에 대해서도 관심을 기울여야 한다. 이것과 관련해서 농지개혁, 농지를 소작인에게 제공한 대가로 받은 자금은 얼마였고, 그 자금으로 수많은 기업체와 공장 등의 인수에 연관된 통계는 있는지도 전혀 밝혀지지 않았다. 그런데 이런 것과 관련한 직접적 자료는 입수하는 것 자체가 어렵다. 때문에 이를 타개하기 위해서는 자료가 풍부한 특정한 사찰, 기업체, 승려를 선택하여 분석하는 사례 연구를 고려할 수 있다 하겠다. 이 문제는 불교의 수행, 교육문제뿐만 아니라 사찰의 관리권, 비구승과 대처승 사이의 갈등 구조, 농지개혁 이후 사찰경영의 변동을 해명함에서도 유익한 주제이다.

:

태허의
불교혁신론

– 관음종의 정체성 추구와 관련하여

1. 서언

　　대한불교 관음종은 한국 현대 종단의 중심부에 있는 종단이다. 그럼에도 불구하고 지금껏 관음종에 대한 정체성, 성격, 역사 등에 대해서는 불교계에서 집중적인 조명, 분석은 미진하였다. 이에 본 고찰은 관음종의 정체성 추구와 관련하여 관음종(불입종)을 창종한 태허의 불교혁신론을 살피려는 논고이다.

　관음종의 정체성과 성격은 관음종을 창종한 태허의 불교관, 불교혁신론과 밀접한 관련을 맺고 있음은 상식적인 입장이다. 그래서 필자는 태허가 관음종의 전신인 불입종을 창종한 배경의 기점으로 볼 수 있는 1945년 8·15해방부터 1957년 일승불교 현정회의 창립까지의 기간, 그리고 불입종이 등장하였던 1965년 전후의 당시 불교계의 제반 동향 그 자체가 불입종 창종의 배경이 된다고 본다. 나아가 일제하 식민지 불교체제의 불교의 제반 모순도 불입종이 대두하게 된 역사적 배경으로 볼 수 있다. 요컨대, 근현대 불교의 질곡과 모순이 불입종(관음종)의 창종 배경, 동시에 태허 불교혁신론의 대두 요인이라 하겠다.

그래서 필자는 본 고찰에서 태허가 1945년 해방부터 1965년에 불입종을 창종하기까지의 기간에서의 불교계의 문제와 모순을 집약하여 제시하고, 그를 불입종과 태허 불교혁신론 성립의 타당성으로 보려고 한다.

태허 대종사는 일제하인 1930년(26세) 선암사로 입산, 출가하였다. 태허는 선암사에 주석하였던 대강백인 김경운 회상에서 경전 수학을 하였다. 그러나 1년 후(1931, 27세)에는 일본 경응대학에 유학을 가서 공부하였다. 그러나 유학을 마치고 귀국한 그는 중국의 유람을 거쳐 1940년경에 서울로 돌아와서 묘각사를 창건하였다. 그러나 이때까지도 불교를 개혁하겠다는 입장에서 수행, 고민, 대안 창출은 본격적으로 기하지 않았다. 태허가 불교 현실을 고민하고, 그에 대한 집중적인 대안을 내놓기 시작한 것의 계기는 1945년(31세) 8 · 15해방이었다. 이러한 고뇌의 산물로서 1950년대에는 상주 백화암에서 6년간 치열한 수행과 대안 모색을 거쳐, 1957년(53세)에는 새로운 불교의 지향을 위해 一乘佛敎顯正會를 창립시켰지만 종단 창종까지는 나가지 않았다. 그러나 마침내 새불교운동에 대한 원력을 구현하기 위해 1965년(61세) 12월 5일에 불입종을 창종하였다.[1]

그래서 필자는 본 고찰에서 태허의 불교혁신론이 불입종의 종단 창종과 정비 작업에 투영되었고, 현재 관음종의 이념적 기반이 되었다고 본다. 이 전제에서 태허 불교혁신론의 성격을 지도자를 강조하는 불교, 대중불교, 겨레의 불교, 생활불교로 대별하여 살피려고 한다. 미진한 점은 지속적인 연구로 보완해 나가려고 하거니와 제방의 눈 밝은 님들의 질정과 비판을

---

[1] 관음종, 「태허 홍선 대법사 행장기」(『태허대종사 유문집, 成佛圖』, 불기 2525년)와 「태허 홍선 대법사 연보」 참조. 「머리말, 고희를 맞는 태허당 종정스님」, 『범성』 8호(1973.9), 6쪽.
그런데 『범성』 창간호(1973.1), 37쪽에서는 1966년 10월 21일 대한불교 불입종 포교원으로 불교단체 명칭이 등록되었다고 전한다. 추정하건대 1965년 12월 5일에는 단체 등록을 신청한 것이 아닌가 한다.

기다린다.

2. 태허 불교혁신론의 배경

태허는 불입종을 창종하면서 당시 불교 현실을 강하게 비판하였다. 여기에서 나온 불교현실은 조선시대의 불교, 일제하의 불교, 해방공간의 불교, 1950~60년대의 불교가 다 망라된다. 이러한 그의 입론은 아래의 글에서 확인이 된다.

> 그중 이조 五백년에 생생이 남을 기억들이 있다면 四백년 동안이나 승려를 장안에 입성시키지 않았고 정치적으로 배불숭유(排佛崇儒)의 일변도로 나감으로서 사실상 불교 법맥이 흐터지고 말았든 점이다.
>
> 요컨대 지도자 없는 법통에서 개인 신앙으로 전락되고 산발적인 수행자들에 의해 겨우 오늘의 한국불교를 가지게 된 것이다. 또한 오랜 기간을 과거에 파묻혀 새 시대의 감각과 민중의 요청을 도외시 하여 증상만인들의 재산분규로 크나큰 시련의 와중에 휩쓸린 것이다.
>
> 그러나 역사적인 회전 속에서도 불타의 가르침은 꺼지지 않고 더욱 활활 타올라 인간의 심중에 간직되어 있기에 바람직한 내일이 기대되는 것이다.
>
> 따라서 한국불교는 유해무신(有解無信)의 소승적 지난날의 때 묻은 옷을 벗어 던지고 새 역사에 발맞추어 새로운 길을 탐색하지 않으면 안 될 것이다. 이러한 시대적 요청에 의하여 창종된 것이 대한불교 불입종(佛入宗)이니 과연 어떠한 모습으로 불타의 가르침을 나타내 보일 것인가 하는 물음을 스스로 대답하기를 주저 않음으로서 창종의 뜻은 더욱 큰 것이라 하겠다.[2]

---

2 『불종대의』 3쪽. 이 내용은 『범성』 창간호(1973.1), 35쪽의 「불입종 안내: 종명, 연혁, 종기」의 창종의 뜻에도 동일하게 나온다.
『불종대의』는 태허 연구, 불입종 및 관음종 연구에 있어서 가장 중요한 자료이다. 이 책자가 언제, 어떠한 목적으로 서술, 편집, 발간되었는지에 대한 보다 폭넓은 조사가 요망된다. 관음종에서는 이 책자가 1974년 5월에 처음으로 나왔다고 필자에게 고지하였다. 그런데 이 책자의 간기에는 불기 2516년 10월 15일에 발행되었고, 불기 2519년 12월에 20일에 재발행하였다고 나온다. 이 책자의

이렇게 불입종 창종의 뜻을 밝힌 글에서 그 대강의 성격이 분명하게 나온다. 조선왕조의 불교 배척, 일제 식민지 불교의 잔재, 50년대 불교계 내적 갈등의 후유증 등등이 결합되어 시대의 감각과 민중의 요구에서 벗어나고, 심지어는 재산 분규라는 시련에 직면하였다는 것이다. 그래서 불교는 지난날의 모순에서 벗어나 새로운 역사, 새로운 길로 나서야 되었는데 이것이 곧 불입종의 창종과 태허 불교혁신론의 입론인 것이다. 이는 불입종 창종 10년을 기하면서 정리한 글에도 나온다.

> 회고컨대 실로 한국불교는 이조 500년의 기나긴 시간 속에 억류와 배척으로 인하여 잔영화되었으며, 일제 36년 동안 일본불교의 상륙으로 혼돈을 거듭하였고 엄청난 박해를 감수해야만 하였다.
> 또한 해방과 동시에 밀어닥치는 이교도들의 기승을 받아 찌들고 초토화된 와중에서 정화라는 미명하에 극을 달리는 자체의 분쟁으로 새 시대의 감각과 역사의 조류에서 낙오된 채 기운을 차리지 못하였던 것이다.
> 그러나 그러한 상황하에서도 분명한 것은 흩어진 참행자들의 뜻에 의하여 불교중흥의 헌신적인 노력이 역사와 사회의 요청으로 태동되기 시작하였다.
> 그와 때를 같이 하여 불타의 정법(正法) 교화기관으로써 교계에 그 모습을 드러내 놓은 것이 다름 아닌 본 불입종인 것이다.
> 불입종은 사회의 시대적 요청에 따르는 한국불교의 사명감과 호국의 사도로써 낡고 병들은 이 나라 불교계의 망집을 깨고, 불타의 일대사 인연법(一大事因緣法)을 오직 일불승법화문(一佛乘法華門)으로 개창하여 파사현정(破邪顯正)의 행원을 일으켰으며, 이에 나아가도록 걷고, 이에 합치도록 모이며, 이에 신명을 바칠 수 있도록 노력하여, 구경에는 이에 머물게 하고져 참 불교의 생활 신조를 선포하였던 것이다.[3]

그러면 이런 전제에서 태허가 불교를 새롭게 혁신하지 않으면 안 되겠다

저자는 태허 이홍선, 발행처는 대한불교 불입종 호법원이다.
[3] 「창종 10주년의 의미」, 『범성』 28호(1975.8), 6~7쪽.

고 결심한 불교 현실의 모순과 문제점을 요약하여 살펴보자. 일제하의 불교에 대한 문제점, 모순 등은 그간 여러 학자들에 의해서 제기되었다.[4] 그러나 그를 일목요연하게 제시함은 간단하지 않다. 그럼에도 그 시대 불교를 연구하였던 필자의 관점에 의거 제시하면 다음과 같다.

- 승가 공동체의 이완, 파괴
- 계율정신 후퇴
- 수행풍토 혼미
- 공권력에 의존
- 불교 노선의 혼란
- 주지 선거 등장으로 인한 승가공동체 분열
- 주지에게 권력 집중
- 전통불교(청정승단)와 대중불교(승려 결혼)와의 갈등
- 승려상에 대한 혼미

이상과 같은 문제점 이외에도 다른 관점에서 문제점은 지적될 수 있을 것이다. 그러나 대략 필자가 제시한 범위 내에서 동질적으로 바라볼 수 있을 것이다. 그런데 1945년 8·15해방을 맞이한 해방공간의 불교에서도 이러한 문제들은 해소되지 않았다. 해방을 맞이한 불교계에서는 이상과 같은 문제점을 해소하기 위한 불교 및 교단의 개혁을 강력하게 추진하였다. 그러나 불교혁신에 대한 교단과 재야 인사간의 이질적인 현실인식으로 합의된 개선, 개혁은 추구되지 않았다. 교단과 재야인사는 대처승과 비구승간의

---

4 이에 대해서는 아래의 저서들이 참고 된다.
임혜봉, 『친일불교론』, 민족사, 1993; 정광호, 『근대 한일불교 관계사 연구』, 인하대출판부, 1993; 김광식, 『한국 근대불교사 연구』, 민족사, 1996; 『근현대불교의 재조명』, 민족사, 2000; 김경집, 『한국 근대불교사』, 경서원, 2000; 김광식, 『새불교운동의 전개』, 도피안사, 2002; 김순석, 『일제시대 조선총독부의 불교 정책과 불교계의 대응』, 경인문화사, 2003; 김광식, 『민족불교의 이상과 현실』, 도피안사, 2007; 박재현, 『한국 근대불교의 타자들』, 푸른역사, 2009.

대립으로도 나타났다. 그래서 불교개혁의 이면에는 승려의 정체성, 그리고 정치적으로 나타난 농지개혁에 대한 입장을 불교에서는 어떻게 수용할 것 인가의 문제가 초점으로 떠올랐다. 전자는 교도제로 표현되었는데 그 내용 은 대처승을 승려로 인정할 것이냐의 여부이었고, 후자는 불교 재산의 대부 분을 점하고 있는 사찰토지를 국가에서 추진하는 농지개혁에 응할 것이냐 의 문제였다. 이러한 문제들은 뜨거운 감자와 같았다. 이 문제 이외에도 식민지 불교에서의 모순과 문제점을 놓고도 다양한 해법이 제시되었지만 이 두 문제에 가려서 정상적인 논의조차도 개진되지 못하였다. 이렇듯이 교단이 혁신의 대상과 성격을 놓고 대립하자 일부 승려들은 지방에서 독자 적으로 결사와 총림을 추진하기도 하였다. 그 대표적인 것이 봉암사 결사와 고불총림이었다. 그러나 불교개혁에 대한 갈등, 대립이 전개되면서 제기된 혁신의 문제들은 당시 불교가 처하였던 실상을 대변하고 있다. 이는 태허의 불교혁신론의 발생에 자극을 주었다고 보기에 당시에 논란되었던 혁신의 내용을 제시한다. 이런 혁신의 내용들이 논란되었다는 자체가 당시 불교의 모순, 문제점이었기 때문이다. 혁신론을 해방공간기 재야 혁신단체별로 구 분하여 제시한다. 여기에서 나오는 내용은 일제하 식민지 불교의 모순이 해방공간까지 지속된 것이었다.

◎ 불교청년당
  - 조선불교의 혁명
  - 교단 내 미신적 요소 배격
  - 시대에 적응한 교학수립
  - 신앙 자유의 확보
  - 사찰토지 소유 반대
  - 교단 반역자 민족 반역자 숙청
  - 조국 완전 독립

◎ 혁명불교도동맹

- 승니와 교도를 구별하자
- 사원을 일반에게 제공하라
- 사찰토지는 국가사업에 제공하라
- 석가불을 본존으로 하라
- 종래의 의식을 폐파하고 간소 엄숙한 새 의식을 실시하라

◎ 조선불교혁신회
　· 강령
- 참다운 불교를 세우자
- 참다운 생활을 꾀하자
- 참다운 사회를 만들자
　· 지도이념
- 眞 인간의 창조 = 인간개조
- 覺 생활의 건설 = 생활개조
- 불국토의 실현 = 사회개조
　· 혁신 3단계
- 제1단계 교단 혁신
- 제2단계 민생 혁신
- 제3단계 사회 혁신
　· 혁신현안
- 석존의 根本佛教로 돌아갈 것
- 조선불교의 史的 전통을 살릴 것
- 外政內敎의 이념을 확립할 것
- 불교를 사회에 개방할 것
- 교단은 比丘, 大衆 양 교도로 구성함
- 사원은 修道, 弘化 양 도량을 획정함
- 재단은 통일하야 수도, 홍화 2종 기관에 제공함
- 교도의 信仰과 職業을 분리시킴
- 교조 釋尊 이외의 신앙 대상을 철폐함
- 일체 賣佛的 행동을 금단함

◎ 불교여성총동맹
  - 우리는 불타의 弘願에 의하야 대중불교를 건설함
  - 우리는 불타의 자비에 의하야 사회사업을 진흥함
  - 우리는 불타의 화합주의에 의하야 민족단결을 촉진함
  - 우리는 불타의 평등주의에 의하야 남녀동권을 확립함

◎ 불교혁신총연맹
  · 강령
  - 우리는 현 교단을 혁신하여 大衆佛教 실현을 기함
  - 우리는 無我和合의 정신을 體하여 민족통일 완수를 기함
  - 우리는 大慈平等의 이념에 即하여 균등사회 건설을 기함
  · 당면주장 10개조
  1. 教徒制를 실현하여 대중불교를 수립하자.
  2. 寺有土地를 개혁하여 교도는 生業에 근로하자
  3. 사찰을 정화하여 수행도량을 확립하자.
  4. 사설 포교당을 숙청하여 전법도량을 통일하자
  5. 일제잔재인 계급독재의 教憲을 배격하자.
  6. 교도는 모든 기관에 있어서 권리와 의무를 균등히 하자.
  7. 賣佛的인 법회와 의식을 철폐하자.
  8. 친일파와 교단 반역자를 타도하자.
  9. 교화운동에 전력하여 국가대업에 공헌하자.
  10. 불편부당을 盟旨로 하여 민족통일을 기하자.

◎ 전국불교도총연맹
  · 강령
  - 우리는 대중불교를 실시하여 조선문화 발양을 기함
  - 우리는 무아화합의 정신을 체하야 민족통일 완수를 기함
  - 우리는 대자평등의 이념에 즉하야 균등사회 건설을 기함
  · 당면주장
  1. 진정한 수도자만이 僧尼의 권한을 향유케 한다.
  2. 수계 수도를 不肯하는 승니는 教徒로 전입하여 수도자를 옹호하자

3. 교도는 법계에 따라 布敎, 敎政, 寺務에 대한 권리와 의무를 가지게 하자.

4. 조선 민족의 생활 원리될 敎學의 체계를 확립하자.

5. 수도 전법도량 이외의 사찰에는 교육 보건 사회사업 등 기관을 부설하자.

6. 승니 및 교도는 古祖師의 誠訓에 의하여 근로 생활하면서 수도하자.

7. 허위무실한 현행 승적과 법계를 개정하자.

8. 법요 의식을 간소 엄숙히 하자.

9. 불교대학, 불교중학, 尼僧학교를 강화하자.

10. 교단 반역자를 숙청하자.

이렇듯이 다양한 불교혁신의 내용이 제기되었다.[5] 그러나 다양하고, 치열한 문제의식으로 불교개혁에 대한 논란이 있었지만 해방공간이라는 짧은 기간, 정치 사회의 동향과 맞물린 이념 문제 등으로 인해 해방공간의 불교혁신은 이렇다 할 합의는 도출하지 못하였다. 봇물처럼 의견, 대안이 나오기만 하였던 것이다. 여기에 교단(대처승) 입장, 봉암사 결사, 고불총림의 대안까지도[6] 함께 검토를 하면 그야말로 백가쟁명 그 자체였다.

이렇게 해방공간 불교혁신의 추진이 유야무야되는 가운데 6·25전쟁이 일어났다. 전쟁이 일어나자 진보적인 승려들이 또 다시 불교혁신을 주장했지만 성과를 기하지는 못했다.[7] 그렇지만 국가 주도의 농지개혁은 진행되어, 사찰토지는 점차 농민에게로 넘어 갔다.[8] 그러나 전쟁이 종료되면서 불

---

[5] 이에 대한 배경, 단체의 성격, 혁신론 등에 대한 자세한 정보는 필자의 다음 논고가 참고된다.

김광식, 「8·15해방과 불교계의 동향」, 『한국근대불교의 현실인식』, 민족사, 1998; 「8·15해방과 전국승려대회」, 『한국 현대불교사 연구』, 불교시대사, 2006; 「불교혁신총연맹의 결성과 이념」, 『한국근대불교의 현실인식』, 민족사, 1998; 「전국불교도총연맹의 결성과 불교계 동향」, 『한국근대불교의 현실인식』, 민족사, 1998.

[6] 조계종 불학연구소, 『봉암사결사와 현대 한국불교』, 조계종출판사, 2008; 김광식, 「고불총림과 불교정화」, 『한국 현대불교사 연구』, 불교시대사, 2006.

[7] 김광식, 「한국전쟁과 불교계 - 북으로 간 승려들과 불교혁신운동」, 『불교평론』 43, 2010.

교는 즉각 불교정화운동 혹은 법난이라고 불리는 내적 소용돌이에 빠졌다. 그는 식민지 불교의 잔재 청산, 한국불교 전통의 재정립, 수행풍토 정비를 위한 목적을 갖고 추진되었지만 결과는 불교 전체에 상당한 파탄, 문제, 모순을 야기하였다. 1954년 5월부터 시작된 정화운동(법난)은 1962년 4월 이른바 통합종단이 출범하기까지 무려 8년간 지속되었다. 그 기간의 불교는 비구승, 대처승으로 나뉘어서 갈등, 대립, 폭력전, 소송 등 수많은 불상사를 야기하였다. 이런 행태는 불교의 위상을 매도하는 것이었다. 이 시기에 기독교, 천주교가 급성장을 하였음은 불교정화에 대한 비판, 문제점이 한두 가지가 아님을 반영한다. 이런 배경에서 불교정화운동이 전개되었던 그 시기의 불교 문제점을 요약하여 제시하고자 한다. 이런 요약도 간단한 것이 아니지만, 불입종의 창종과 태허의 불교혁신론의 이해의 직접적인 계기로 볼 수 있다.

- 정화운동에서 불교적인 방법보다는 공권력에 의존
- 해결 방법에 폭력이 등장
- 자주성 상실(사법부에 의존, 재판 속출)
- 승려의 정체성 논란(대처승)
- 승려의 자질 문제(급조승, 행정승) 대두
- 선 우선주의, 수좌 중심주의 팽배
- 교학불교의 후퇴
- 신도의 배제, 사부대중의 후퇴
- 대처승과 연계된 불교문화(염불, 의식, 포교사, 법사, 불교미술 등)의 퇴진

이러한 불교정화운동에 대한 비판, 문제점은 필자의 기존 연구에서 이미 제기되었다.[9] 바로 이 같은 문제점에 대한 성찰이 태허 불교혁신론, 불입종

_____

8 김광식, 「농지개혁과 불교계의 대응」, 『한국 현대불교사 연구』, 불교시대사, 2006.

의 대두 배경이라 볼 수 있는 것이다.

3. 태허의 불교혁신론의 이념과 성격

　　　　　　　　　　본장에서는 태허의 불교혁신론의
내용과 성격을 대별하여 살펴보고자 한다. 이러한 불교혁신론은 일제하 불
교, 해방공간 불교, 정화공간의 불교에서 나타난 문제점을 태허가 철저하게
인식하고, 그를 극복하려는 것에서 나온 것이다. 이를 단적으로 예증하는
태허(불입종)의 어록을 제시한다.

- 고식적인 전통불교에서의 탈피와 진취적이고 한국적인 새로운 불교 이념의
  발아를 기원하는 본 대한불교 불입종은 (중략)
- 형식적인 재래적 인습과 인용방법을 탈피한 우리 불입종의 종명은
- 시대에 적합한 새로운 교화방법을 채택함으로써 (중략)
- 시대의 요청으로 재래의 산간불교를 지양하고 승속을 초월하여 온 국민을 똑
  같은 불자가 되게 하자는 모임이 바로 불입종이다.
- 창종과 더불어 승속 혼연일체 속에 발전을 거듭한 불입종은 고식적 전통불교에
  서 탈피한 진취적인 신흥종단으로 그 틀을 잡아 마침내 오늘에 이르러 50여만의
  신도와 200여 문도를 배출해 내게 된 것이다.

이런 어록에서 나오듯이 불입종의 창종은 곧 불교혁신과 직결된다 하겠
다. 그러나 태허의 불교혁신, 불입종의 창종은 위에서 살핀 당시 불교상,
전통불교를 비판하면서도 그런 전통에 의지하면서 동시에 그 모순을 넘어
서려는 새로움을 받아들이는 변증법의 회통에서 나온 것이다.

---

[9] 필자의 아래의 졸고가 참고된다.
　　김광식, 「불교 '정화'의 성찰과 재인식」, 『근현대불교의 재조명』, 민족사, 2000.

오늘의 불교신앙의 실상과 교계의 안팎을 들여다보면 전시대의 낡은 유물과 비시대적 잔재 위에 피어난 샤머니즘과 정법의 참된 이치를 몰각한 거짓과 온갖 사행을 발견할 수 있으니 오탁 악세의 제도자로써 그 맡은 소임을 다하기에는 참으로 어려운 실정이며 탈궤도적인 따라서 방향이 없는 진행이며 질주라 하겠다. (중략) 이와 같이 제거, 내지는 시정되어야 마땅한 교계의 현실 속에서 그렇다고 무조건 전통적 가치체제를 무너뜨리자는 것도 아니며 시대의 요구에 부응하는 창조적 신앙질서를 거부해 버리자는 것만도 아님을 밝혀두거니와 종교가 인류 사회에 무엇을 할 것인가를 자각하고 그 자각적 내용의 실현을 위하여 우리는 어떻게 이것을 제도화 할수 있는지 예의 검토해보고자 한다.[10]

이렇게 불입종은 전통불교의 극복, 새로운 시대적 요구를 제도화하려고[11] 하였다. 이제부터 태허(불입종)의 불교혁신의 요체를 대별하여 그 성격을 추출하고자 한다.

1) 지도자를 강조하는 불교

태허의 불교혁신에서 제일 우선적으로 강조하는 것은 지도자상이다. 여기에서 말하는 지도자는 물론 승려를 지칭하는 것이다. 태허는 조선후기부터 한국 현대에 이르기까지의 불교상을 비판하면서 지도자 없는 법통에서 개인 신앙으로 전락되고, 산발적인 수행자들에 의하여 근근이 한국불교가 명맥을 이어왔다고 그 역사상을 단정하여 이해하였다. 이렇듯 태허는 지도자, 즉 승려에 대한 중요성을 강조했다.

그런데 승려들은 개항기, 근대, 현대라는 격변의 세월을 거치면서 수많은 문제에 직면하고, 일시적으로는 그에 좌절하고 쓰라린 고통을 겪었다. 그런 과정을 거치면서 승려들은 세속화에 휩쓸리고, 종권에 물들고, 재산관리에 내몰리고, 명리에 탐착되고, 국가권력 혹은 공권력에 예속되고, 종권 추구

---

[10] 「머리말: 한국불교의 계승과 불입종의 역할」, 『범성』 16호(1974.7), 6~7쪽.
[11] 위의 글에서 그 제도화를 종조, 종지, 종풍, 종통으로 구분해 요약하였다.

를 위해 승려들끼리 싸움을 지속적으로 전개하였다. 이런 지난한 불교사 속에서 승려는 세속사회로부터, 신도들로부터, 지성인들로부터, 타 종교인들로부터 승려로서의 명예, 자존심, 신망, 존경에서 멀어졌다. 이는 승려에 대한 정체성이 혼미해졌음을, 불교의 명예가 후퇴하였음을 말한다. 승려는 어떤 가치, 의미를 갖게 되는가에 대한 근원적인 질문을 던지는 것이었다.

그래서 태허는 불교혁신, 불교발전의 1차적 과제를 지도자다운 승려를 배출하는 것으로 잡았다고 보인다. 이에 대한 주장은 『범성』 2호(1973.3)의 권두언에 실린 「바람직한 지도자상」이라는 글에서 분명하게 나온다. 이 글에서는 불타가 인류 최초의 완성자요, 인간 초유의 체험자라고 정의했다. 1600년간 한국에 불교가 전래된 이후 불교라는 진리 자체는 변함이 없었지만, 傳教者(승려)들에 의해 그 시대의 사람들에게 적절한 문화적 유형으로 전해졌다는 것이다. 때문에 진리의 전달자, 전교의 구현자인 승려의 사상과 신앙이 매우 중요하다고 보았다. 그러므로 현대사회에서의 이상적인 지도적 인간상은 체험적 사상을 갖춘 신념자로 보았다. 이런 소양을 갖춘 승려가 급변하는 현실 사회에서 종교에 대한 욕구에 부응할 수 있는 것이라고 보았다.

> 왜냐하면 신앙의 힘은 사상과 신념을 올바로 가름하고 인간 두뇌 이전의 행위로서 사회적 정신 영역이기 때문이다. 따라서 종교의 위대성은 적어도 현실을 통한 훗날의 안목이 갖추어져야 하며 이제는 보다 바른 현실을 직시하고 민중의 소리를 들을 줄 알아야 하겠다.
> 불타사상은 숭고한 지혜력을 다듬어 깨달음의 세계를 건설하자는 이상에 있는 것이다.
> 또한 그 이상의 실현은 오늘날 한국불교가 지니고 있는 병폐를 과감하게 제거하는 데 있다 하겠다.

이렇게 태허 불교혁신론에서는 지도자다운 지도자, 참다운 승려의 신앙의 힘, 승려의 현실 극복의 안목, 승려의 현실 직시의 자세를 강조하였다. 이런 전제하에 지도자(승려)가 불교혁신에 나서야 된다고 보았다. 여기에서 불교 혁신은 구현되어야 할 당위성이 수립되었다. 근대, 현대기에도 다양한 불교 개혁론이 제기되었지만 그 내용은 불교 제도, 포교, 학교, 강원 및 선원 등등이 주류를 이루고 있었다. 간혹 승려에 대한 체질 개선, 근본 개혁을 강조한 경우가 전혀 없었던 것은 아니지만 태허의 경우처럼 승려가 지도자가 되어야 한다는 입장에서의 입론은 없었다.[12]

그렇지만 태허가 지도자상에 대한 중요성을 강조하면서도, 그에 대한 구체적인 입론은 애매하다. 그는 승려의 중요성을 지도자상으로 제시하면서도 후술한 신도(교도)와의 혼연일체, 승려와 평신도의 일체감에서 새로운 승가를 모색하였기[13] 때문이다. 그럼에도 조선후기, 근현대 불교의 문제점을 지도자상에서 찾은 것은 특이한 사례라 하겠다.

2) 대중불교

태허의 불교혁신론에서 강조되고, 불입종에서 종단의 정체성으로 구현된 것은 신도에 대한 배려이다. 이는 기존 종단의 승려 중심주의를 벗어나려고 한 강력한 의지이다. 즉 불타의 가르침을 믿고, 실천하는 승려와 신도에 대한 평등성을 말하는 것이다. 이러한 지향은 일찍이 한용운에 의해서 대중불교라는 이름으로 강조되었다. 불교는 대중을 위한, 대중의 행복을 위한 종교라는 것이었다. 한용운은 1931년에 집필한 「조선불교개혁안」이라는 논설문에서 대중의 중요성을 강조했다.

재래의 조선불교는 역사적 변천과 사회적 정세에 의하여 다만 寺刹의 불교, 僧侶의

---

[12] 최근 김응철, 유승무, 김영란이 공저로 펴낸 『불교지도자론』(솔바람, 2002)이라는 책자 발간을 주목할 수 있다.

[13] 「머리말: 한국불교는 전통에서 새로운 길을」, 『법성』 17호(1974.8), 7쪽.

불교로만 되어 있었다. 이것은 불교의 역사적 쇠퇴의 일시적 현상에 지나지 않는 것이니 어찌 이것을 불교의 教義라 하리오. 佛教徒는 마땅히 이러한 현상에 대하여 단연 타파하지 않으면 아니 될 것이다. 「산간에서 가두로」, 「승려로서 대중에」가 현금 조선의 슬로간이 되지 않으면 아니 될 것이다.

(중략)

요컨대 大衆佛教를 건설하려면 산간암혈에서 淸淨自持하는 승려의 인습을 타파하고 諸佛菩薩의 方便力을 躬行 실천하여 불교의 教化로 모든 衆生의 幸福을 증진하지 아니하면 아니 될 것이다.[14]

한용운은 이렇게 불교에서의 대중을 강조하고, 대중불교의 실천을 자신의 불교혁신의 요체로 강조하였다.[15] 즉 불교는 중생(대중)의 행복을 위해서 존재하는 것이라 하였다. 이러한 대중불교론은 해방공간에서도 제기되었다. 당시 그는 教徒制라는 이름으로 대두되었는데, 이는 승려와 신도는 모두 불타의 가르침을 따르는 教徒라는 전제에서 나왔다. 그러나 수행하는 승려와 수행하지는 않은 대처승은 구분해야 한다는 논리로 변용되면서 당시 승려 대부분을 차지하고 있는 기득권적인 대처승, 교단 집행부에 의해 실현되지는 못하였다. 그 후 10여 년간의 정화운동이라는 격변을 치르면서 종단 주도권을 차지한 승려들에 의하여 신도들이 종단의 중심부에서 배제되었다. 사부대중이라는 구호만 요란하였을 뿐이다. 그래서 불입종이 등장하였던 1965년 무렵에는 교단, 종단에서의 신도들의 권한은 미약하였다. 이런 배경에서 태허는 다음과 같이 주장했다.

따라서 고식적인 전통불교에서의 탈피와 진취적이고 한국적인 새로운 불교 이념의 발아를 기원하는 본 대한불교 불입종은 승려중심의 종단이 아니라 승속 혼연일체가 되는 종도 대중의 종단으로서 불(佛)의 지견(知見)을 계발하고 실천 수행함으

---

14 『불교』 88호(1931.10), 8~9쪽.

15 김광식, 「한용운의 '조선불교의 개혁안' 연구」, 『유심』 봄호, 2006; 「불교의 근대성과 대중불교」, 『한국불교학』 50, 2008.

로서 극락천당을 찾기보다는 자아완성(自我完成)을 추구하자는데 더 큰 서원을 세우고 있는 것입니다.[16]

그래서 태허는 불입종은 승속이 혼연일체가 되는 종도 대중의 종단이 되어야 한다고 주장했다. 태허의 이 같은 판단은 기존의 종단이 과거라는 전통에 파묻혀 새 시대의 감각과 민중의 요청을 도외시 하여 많은 문제점이 일어났다는 현실인식에서 나온 것이다. 그 결과 이런 태허의 대중불교론은 불입종에서 창종 후 10년간 구현되었다.

> 그동안 승려(僧侶)와 신도(信徒)라는 한계선(限界線)을 지워 버리고 혼연일체(渾然一體)가 되어, 사원(寺院)과 가정(家庭)이라는 관념을 떠나서 교회(教會. 寺庵)를 중심으로 뭉쳐 보자는 생활불교(生活佛教), 대중불교(大衆佛教)의 기치(旗幟)를 들고 우리나라에서 유일무이(唯一無二)한 신앙도량(信仰道場)으로 발족(發足)한지 十一주년이란 성상(星霜)이 흘렀습니다.[17]

이렇게 태허의 대중불교론은 불입종에서 실천되고, 구현되었다고 볼 수 있다. 그래서 그를 불교혁신의 요체라고 본다. 불입종에서는 이 같은 태허의 관점을 수용하여, 그를 종단의 정체성으로 내세웠다.

> 불입종의 구성은 승려와 교도의 일체성을 갖춘 생활인의 신앙, 신조있는 생활인으로 통칭하여 종도라 한다.[18]

이런 불입종 정체성에 의거 불입종에서는 정식 수도하는 수도승과는 별도로 독실한 신도들에게 교화승이라는 제도를 두었음이 특이하다.

---

16 『불종대의』, 1~2쪽.
17 「머리말: 교계가 가야할 방향」, 『범성』 33호(1976.3), 6쪽.
18 「불입종 안내: 종도, 법계, 제도」, 『범성』 3호(1973.4), 25쪽.

교화승(敎化僧)의 제도를 두어 승속일체의 법계로 향유받는다. 그러나 교화승은 수도승의 법계를 종법사(宗法師)의 위치까지 오를 수 있고 그 위의 법계는 수도승만 오를 수 있게 구분하였다. 또한 수도승은 장삼, 가사, 낙자를 수할 수 있고 법요식 집행할 수 있으며 교화승은 설법, 포교의 분한으로 장삼과 낙자만을 수하게 하고 있다.[19]

이와 같이 수도승과 교화승을 병렬적으로 제도화하였음은 불입종이 신도에 대한 배려가 상당함을 은연중 말하는 것이다.[20] 그런데 이런 대중불교론, 승려와 신도의 일체성 추구에 있어서 나온 '敎會中心體制'[21]는 태허(불입종)에게서만 볼 수 있는 특이한 대안이라고 하겠다.

3) 겨레의 불교

태허 불교혁신론에서 주목할 내용은 기존 호국불교를 새롭게 하였다는 점이다. 호국불교에 대한 개념은 논란이 적지 않지만 한국의 불교전통으로 인식함은 공통적이다. 불교가 국가로부터 많은 후원, 지원을 받고 불교는 그에 상응하는 입장에서 국가를 수호, 외호하였다는 것이다. 이런 호국불교는 한국불교 및 각 종단의 정체성으로도 그간 이해되어 왔다. 그러나 1980년대 중반에 들어와서 호국불교의 개념을 재해석하려는 움직임이 있었지만, 아직도 호국불교의 이해는 지속되고 있다.

그러나 일제하에서는 국가(나라)를 상실하였기에 민족운동, 독립운동의 영향 아래에서 불교도 그 같은 추세에 합류하는 것을 당연하게 여기었다.

---

[19] 「법계와 제도」, 26쪽.

[20] 조계종은 1983년 이른바 비상종단시 6부중이라는 구도에 의해 이와 유사한 교법사 제도를 두려고 하였으나 보수층의 반발로 제도화하지 못했다.

[21] 위의 자료, 7쪽에서 "더욱이 시대의 요청하는 교회중심제를 확립하여 누구나 신앙할 수 있는 생활불교로서"라고 나온다. 이에 대해서는 더욱 세밀한 검토가 요청된다.

그래서 불교도 민족운동에 참여했고, 항일승려와 저항승려가 나타나기도 했다. 이런 움직임을 민족불교라고 부르기도 하였다.[22] 그러나 민족불교라는 것은 후대의 학자들이 부여한 개념이지 정작 운동의 당사자들이 민족불교라고는 하지 않았다. 다만 서산대사, 사명대사의 전통을 잇고 국가를 위해 헌신해야 한다는 입론은 있었다.

그런데 태허는 이런 호국불교의 전통에서 한발 더 나아가서 불교가 겨레의 불교가 되어야 한다고 주장하였던 것이다. 물론 태허의 이런 입론은 기존 호국불교에 대한 일정한 비판에서 나온 것은 두말할 나위가 없는 것이다.

> 어떤 시대나 지역의 차이에 따라 그 사상적 배경은 국가의 흥망성쇠와 생명을 같이 하였던 호국적 교단이 대부분이었다. 그로 인하여 개인 신앙보다 국가의 호국적 신앙이 앞을 서고 승려나 사찰의 번창이 점철되었으며 이러한 결과 법맥(法脈)을 고집하여 구법태도를 평가받기에는 너무나 큰 모순에 빠져드는 현상도 없지 않았다.[23]

이렇게 태허는 호국불교, 호국신앙으로 인하여 구법, 즉 수행에 차질이 많았음을 지적했다. 그래서 태허는 자신이 이끄는 불입종의 종도(승려, 신도)들은 불교도로서의 정체성을 분명히 하고, 수행을 철저히 할 것을 제시했다.

> 불입종 종도 삼보례[24]
> - 내가 무엇을 할 것인가

---

[22] 졸고, 「승려독립선언서와 민족불교론」, 『민족불교의 이상과 현실』, 도피안사, 2007, 71~72쪽.
[23] 위의 책, 5쪽.
[24] 『범성』 2호, 3쪽.

부처를 생각하라(우리의 뜻)
- 내가 무엇을 말할가
불법을 말하리라(우리의 행)
- 내가 무엇을 행할가
불도를 행하리라(우리의 원)

이렇게 불교도, 종도로서의 분명한 정체성, 생활 수칙을 가진 불입종 종도는 다음과 같이 겨레의 불교로 나가야 한다고 주장했다.

> 겨레를 위하여 눈이 되겠다.
> 겨레를 위하여 등불이 되겠다.
> 겨레를 위하여 길잡이가 되겠다.
> 이는 불입종의 종도들의 행원(行願)인 동시에 다생다겁의 인행(因行)으로서 부처가 될 성종(聖種)을 육성하여 부처를 이룰 혁범성성(革凡成聖)을 궁극의 목적으로 우선 우리 민족이 다 같이 부처님 이름아래 모이게 하여 원력(願力)과 법력(法力)과 불력(佛力)으로 부사의(不思議)의 묘익(妙益)을 받아 모든 사람의 눈이 되고 등불이 되어 길잡이로서 한사람이라도 남김없이 법화묘리(法華妙理)의 지상극락을 누리고자 함이 석가세존의 사도(使徒)로서 원행을 닦는 것이다. 이러한 점에 있어서 불교의 정수를 지귀(至貴) 지요(至要)하게 파악해 나가는 선봉장이 「불입종도」의 사명인 것이다.[25]

태허는 불입종의 정체성으로 겨레의 불교를 강조하였다. 호국불교는 국가의 수호, 보존을 위한 불교의 활동을 내세웠다. 그러한 호국불교가 국가라는 공동체를 우선적으로 전제하였다면, 태허의 겨레의 불교는 국가 공동체 구성원의 별칭인 겨레라는 개념을 도출하고, 거기에 정신을 불어 넣었다는 것이 독특하였다. 이는 호국불교와 중생을 재해석한 태허의 개념이라 하겠다.

---

25 『불종대의』, 24쪽; 『범성』 2호, 17쪽.

그런데 불입종도들은 겨레를 위하여 눈이 되고, 등불이 되고, 길잡이가 되겠다고 하였다. 그러나 이는 불교가 겨레를 위한 무조건적인 희생, 봉사, 당위로 상정한 것은 아니었다. 여기에는 겨레가 부처님 이름아래에 모이게 하기 위해서, 불입종도들이 겨레를 부처님 앞으로 오게 할 수 있도록 눈, 등불, 길잡이가 되고, 그래서 결과적으로 모든 겨레가 불교(법화 묘리)를 통한 지상극락을 누리게 하자는 것이다. 이는 희생적, 강요적인 것이 아니다. 신앙적, 불국토적, 사상적으로 겨레에게 불교를 심자는 것이다. 한마디로 말해 이는 전법, 신앙의 불교를 구현하자는 실천사상이다.

그런데 이러한 태허의 겨레관은 국가와 개인에 대한 연계를 배제한 것은 결코 아니었다. 즉 태허는 개인과 국가와의 연관을 강조하였다.

> 국가(國家)가 천하를 도외시(度外視) 할 수 없는 것과 같이 개인(국민)은 결코 국가를 떠날 수 없다.
> 즉 개인(個人)의 성불(成佛)을 쌓아서 국가의 성불로 하는 것이다. 국가(國家)의 성불(成佛)을 기하는 이유(理由)는 기필코 천하(天下)의 도의(道義)안에 통일(統一)하여 진리정도(眞理正道)의 실현경이 되지 않으면 안 된다고 말함이 불종(佛宗)의 개삼현일(開三顯一)의 파사현정(破邪顯正)주의이며 행지행원(行持行願)인 것이다.[26]

즉 개인과 국가의 대등한 입론이다. 개인의 성불을 통해 국가의 성불로 나아가자는 것이다. 여기에서 국가의 구성원이라는 개념으로서의 겨레가 등장하였던 것이다. 이러한 입론은 불교는 사회를 결코 이탈할 수 없는 관점에서 나온 것이다.

> 사회와 중생을 떠난 종교는 존재할 수 없다. 종교를 발생시킨 근원이 바로 중생이요, 사회이기 때문에 종교와 국가 사회 가정 개인은 바로 하나인 것이다. (중략)

---

[26] 『범성』 3호(1973.4), 22쪽.

사회와 불교인, 그것은 분명 둘이 아니다.[27]

때문에 태허는 개인의 성불을 통해 국가가 성불(불국토)되도록 해야 한다는 실천관을 수립했다.

이에 나가도록 걷고
이에 합치도록 모이며
이에 안심되게 행하고
이에 머물도록 노력한다.

이것이 불종(佛宗)의 이념(理念)이며 이상(理想)이고 신앙(信仰)이라, 이 의의(意義)를 충족할 수 있게 법화경을 믿는다. 이 의의(意義)를 발휘할 수 있도록 행한다. 이것을 떠나서는 신앙(信仰)도 수행(修行)도 증오(證悟)도 성불(成佛)도 없다. 이 일대원(一大願)을 생명으로 하고 정신으로 한다. 이 활기정력(活氣精力)에 의하여 조금이라도 세상을 이도(利道)하여 같은 동포를 구제(救濟)해야 한다. 자신은 어찌 되든지 불석신명(不惜身命)으로 홍법망구(弘法忘軀)한다. 왜냐하면 나라를 떠나 국민이 없고 국민을 떠나 나라 없듯이 법화경을 떠나 우리들은 없다. 이 법화경 정신(精神), 이것이 우리들의 정신(精神)이다. 법화경의 목적이 곧 우리들의 목적(目的)이다.[28]

그래서 나아가서는 그것을 자신과 불입종의 이념, 이상, 신앙으로까지 상향시켰다. 바로 여기에서 그의 신앙, 수행, 종단 존립의 당위성을 설정했다. 마침내 그는 나라와 국민, 국민과 나라를 대등하게 설정했다. 여기에서 기존 호국불교와 판이한 그의 관점이 나왔다.

태허와 불입종은 위에서 소개한 겨레를 위한 눈, 등불, 길잡이를 우리들의 맹서와 염원이라 보았다. 즉 세 가지의 서원(誓願), 강령이라고 했다.[29]

---

27 「권두언, 사회와 불교인」, 『범성』 3호(1973.4), 3쪽.
28 위의 자료, 22쪽.

그리하여 태허는 이 같은 겨레의 불교를 구현하기 위해서 일불승의 법화사상을 계발할 당위성을 찾게 되었던 것이다.

4) 생활불교

태허 불교혁신론의 특성은 자신이 강구한 새로운 불교의 이론, 수행, 사상을 철저히 확립하고, 그 전제에서 그를 일상생활에서 실천하자고 강조함에 있었다. 요컨대 자신의 불교혁신론을 구현하는 무대로서의 불입종에서는 이를 일관된 철학, 사상으로 무장케 하였던 것이다.

위에서 살핀 바와 같이 태허는 겨레의 불교로 나아가야 한다는 당위성을 수립한 연후에는 일불승의 법화사상을 계발할 과제에 직면했다. 그래서 태허는 다음과 같이 법화로 들어가는 불교사상과 신앙의 구도를 정비했다.

1. 부처님께서 세상에 출현하심은 오직 부처님의 본회(本懷)를 밝혀 설교하시기 위함이며
2. 부처님께서 사바세계에 오시기 이전에 이미 부처가 되신 구원성불(久遠成佛)임을 밝히기 위함이며
3. 시방 법계의 신령스러운 지견(知見)의 본체(本體)이며 부처님의 증오(證悟) - 〈성불〉한 내용을 알리고자 함이며
4. 일체중생의 선심(善心)과 도심(道心)으로서 아름다운 마음 참된 진심(眞心)의 근본 종자(佛性)를 보이고자 함이며
5. 시방삼세(十方三世)의 모든 부처님과 보살들과 천룡팔부(天龍八部) 신중이 이 법을 보호함을 설하심이며
6. 사물의 근본성을 규명하여 그 참된 성품을 인간 회복의 궁극으로 삼을 것을 가르치기 위함이며
7. 진리의 통일성은 원융(圓融)한 가치로서 하나의 세계를 건설하는 데 있음과
8. 원융일여의 인심(人心)은 정화(淨化)의 동심에서 부터이며
9. 향상일로(向上一路)의 무한 절대성은 자비법성(慈悲法性)에 안주케 함이 신앙문

---

[29] 위의 자료, 23쪽.

(信仰間)의 특성이며

10. 이와 같이 법화경(法華經)의 사상과 신앙으로 수행력을 정립시킨다면 불타 이상의 최후 목적인 현신묘각을 얻을 것이다.[30]

이렇게 태허는 자신의 불교혁신론에 입각해서 불입종 종도들에게 자신이 생각하는 수행관을 구현시키기 위한 신앙의 단계를 설정했다. 이는 불입종의 불교관, 수행관, 신앙관이라 하겠다. 그래서 태허는 이런 단계를 통하여 수행을 한다면 새로운 '낙토건설'이 이룩될 것이고, 종교적 인생관, 민족관, 국가관, 세계관, 우주관이 확립될 것이라고 보았다.

이런 전제하에서 태허는 위의 10단계의 수행을 통해 불교의 이상에 도달시킬 수 있는 경전이 법화경이라고 강조했다.

경전 가운데 최고위인 이 법화경은 또한 철학적 사상적 위치를 가지고 있으며 우리 인생의 목표를 자상하게 가르치고 신앙태도의 새로운 면모를 밝힌 점으로 경(經)중에 제일이라 할 수 있는 반면 위의 논한바 부처님의 출현하신 본회가 가장 잘 밝혀진 경전으로 널리 알려져 있다.[31]

그래서 태허는 법화경을 자신이 생각하는 불교혁신에 가장 근접케 할 수 있는 경전이라고 확신하였다. 그 이후 태허는 법화경과 법화경의 구경문을 통하여 불교의 진실, 깊이로 다가가기 위한 연구를 하고, 실천하는 수행문을 제창하였다.

이러한 면에서 넓이의 횡적 불교를 연구하여 그 결과 법화경의 높고 심오한 곳에서 불교 전체를 내려다보는 자세가 현명하고 빠른 길이며 정확한 길이라 하겠다.

---

30 『불종대의』 24~25쪽. 이 내용은 『범성 』 2호, 17~18쪽에도 나온다. 그런데 제10항의 내용에 "불타이상의 최후 목적인 현신묘각을 얻을 것이다"에서 『범성』에서는 "보살정신의 현신묘각을 얻을 것이다" 고 나온다.

31 『불종대의』, 25쪽.

그리고 불교를 넓이로 보는 방법은 학문적(學問的)이요 깊이로 보는 방법은 신앙적인 것이라 원래 불교는 논리적이나 이론적으로 아는 것이 아니라, 깨달음의 각(覺)의 종교인 까닭에 우리 범부중생(凡夫衆生)은 신앙적으로 봄으로서 체득하는 방법밖에 다른 도리가 없는 것이다.

다만 믿음의 한길만이 좁은 것 같으니 앞으로 정진(精進)의 진가에 따라 길고 멀게 관통되어서 「부처님의 경계」까지 다다를 수 있는 것이다. 이 길은 항상 부처님의 경계로부터 광명을 비추고 있다. 그러므로 어둠속에서 헤매는 우려가 없다.[32]

요컨대, 태허는 법화경을 통한 신앙문, 불입종의 신앙체계를 수립하였다. 이와 같은 수행문, 신앙문은 곧 일상생활을 통한 생활불교로 나갈 수 있는 토대를 구축한 것이었다. 이런 전제에서 불입종의 종지, 종풍, 종기, 교학 등이 성립될 수 있었다고 이해된다.

본 고찰에서 태허의 교학체계, 법화종지, 불입종의 종학구조에 대해서는 상론할 기회가 없지만, 필자가 보건대 태허와 불입종은 생활불교를 정체성으로 심화시켰음은 분명하다고 본다. 그렇지만 불입종에서 불타의 가르침을 "알면서 실천하고, 실천하면서 알아 가야 된다"고 강조하였음을 보건대 불교 전체에 대한 이해를 하고 그 연후에 법화경을 통한 믿음의 수행이라는 2원적인 구조로 설정되어 있다. 이런 교학, 수행의 구조에 대한 이해를 위해서는 별도의 연구가 요망되거니와 필자는 태허(불입종)의 불교혁신론, 창종의 저변에 생활불교라는 특성이 분명하게 나타남만 제시한다. 태허가 『범성』창간호(1973.1)에서 불입종은 현실과 직결되는 신앙의 자세가 구현되도록 하겠다는 의지도 이런 성격을 반영하는 것이다. 이런 전제에서 생활불교의 성격을 찾을 수 있는 관련 자료를 제시한다.

그러면 불교도 종래의 케케묵은 念佛이나 供養의 行脚 打令에서 脫皮하여 國民의 生活에 直接 關係되는 生活佛教를 傳播하는 時代 感情과 方向 感覺에 맞는 布教를

---

[32] 위의 『범성』 2호, 18~19쪽.

市民生活에 부각시키기 위하여[33]

　○ 불입종의 특기할 목표
　- 승려중심의 종단이 아니라, 승속이 혼연일체가 되는 종도 대중의 종단
　- 佛의 지견을 신형(新型)하는 불교로서 일상생활을 종교적으로 실천 수행하는
　　불교
　- 극락 천당을 찾는 불교가 아니라 자아 완성을 추구하는 불교
　- 복을 빌자는 마음에 앞서 복될 일을 하자는 불교
　- 개인적인 포교활동을 넘어선 유기적인 새생활 운동을 전개하는 불교
　- 재래 인습적인 염불 종교가 아니며 타율적 아닌 자율적인 종교로서 自悟,
　　自覺, 自證의 불교신앙[34]

　이러한 자료에서 나오듯이 태허(불입종)의 정체성에는 생활불교에 대한
주안점이 분명하게 드러난다. 그런데 이런 생활불교의 구체적 전개, 즉 생
활불의 내용(수행, 신앙 등)에 대해서는 또 다른 검토가 요청된다.

5. 결어

　　지금까지 불입종, 관음종을 창종한 태허의 불교혁신론의 개요와 성
격을 살펴보았다. 태허에 대한 연구가 전무한 현실에서 태허의 불교혁신론
을 분석하고, 그에 적절한 의미를 부여한다는 것은 간단하지 않았다. 그러
나 추후 이 분야 연구의 초석을 놓는다는 입장에서 필자가 생각하는 관점에
의거 태허의 불교혁신론의 일단을 들추어 보았다. 본 고찰에서 개진한 내용
은 전적으로 필자의 책임이다. 약간의 문제점이나 지나침이 있다면 그에
대한 비판은 필자가 받게 될 것이다.

---

[33] 『범성』 9호(1973.10), 44쪽.
[34] 위의 책, 35쪽.

이에, 맺는말은 태허 연구 및 태허 불교혁신론을 연구함에 있어 고려할수 있는 몇 가지 문제를 제시하는 것으로 대하고자 한다.

첫째, 태허에 대한 전체적인 연구 즉 생애사가 요망된다. 태허의 삶 자체를 잘 모르면서 그에 대한 연구, 단면 연구 등을 전개하는 것은 상당한 문제점이 대두된다는 것이다.

둘째, 태허의 수행에 대한 계기별, 단계별의 내용이 점검되어야 할 것이다. 여기에는 태허에게 영향을 주었던 은사, 선지식, 도반 등에 대한 검토가요청된다.

셋째, 태허의 사상에 대한 전체적인 도해가 요망된다. 왜 태허는 법화경을 그토록 신봉하였으며, 법화경에 의지하여 수년간 토굴수행을 하였는가이다.

넷째, 1957년 일승불교현정회에 대한 검토가 요망된다. 어찌 보면 이 현정회 단계에서 태허의 불교혁신이 개진되었을 것이다. 태허는 기존 종단(조계종, 태고종 등)에서 이탈하였는가? 이에 대한 물음에 답을 해야 한다.

다섯째, 1950년대에 상경한 태허가 서울, 종로의 탑골공원에서 대중들에게 불교를 알려주는 법사 역할을 하였던 것도 조사해야 할 것이다. 당시태허가 그렇게 하게 된 동기, 고뇌의 내용, 발언 내용과 성격, 태허의 법문을들었던 대중들의 반응 등이 궁금하다.

여섯째, 태허 및 불입종에 대한 보도기사를 수집하고, 그를 분석해야 한다. 태허의 생존시에 태허에 대한 활동, 이념 등은 어떻게 보도되었는가이다. 본 고찰에서는 『불종대의』, 『범성』에 의지하여 논지를 전개하였지만, 관음종 종단 차원의 또 다른 자료도 찾을 수가 있을 것이다. 요컨대 태허에대한 보다 폭 넓은 자료 수집, 분석이 요청된다.

일곱째, 태허의 불교혁신론과 동 시대의 여타의 불교혁신론, 개혁사상과의 비교 연구가 요청된다.

이상으로 필자가 생각하고 있는 태허 연구의 추후 전망을 제시하여 보았다. 태허 연구는 이제 첫발을 내딛은 것이라 보여지거니와 이 분야 동학, 후학 여러분의 동참을 기대한다.

:

광덕사상,
그 연원의
시론적 소묘

1. 서언

　　　　한국 근현대불교사를 유의하여 살펴보면, 다른 시대보다 고승(큰스님)이 다수 등장하였다. 이는 그 당시 한국사의 전개에서 수많은 위인, 독립운동가, 지사, 지도자 등이 나타나서 국가와 민족을 위한 대열에서 헌신한 내용을 생각하게 하는 대목이다. 고승과 위인들이 이렇게 많이 나온 것은 그 당시 시대적 상황과 무관할 수 없다. 그들은 자신이 태어나고, 활동한 시점이 국권을 강탈당하여, 국권을 회복하기 위한 민족운동이 다양하게 전개되었으며, 공동체 구성원들도 자유와 평등을 보장하기 위한 새로운 제도를 만들기 위해 고투를 하였던 환경에 큰 영향을 받았던 것이다. 이런 역사적 배경을 체질적으로 떠안고 있었던 위인, 고승들은 현재 우리들의 삶, 지향과는 근본적으로 다른 삶의 행보를 갔다.

　　근현대 고승들은 국가의 회복과 민족의 보존이라는 일반적인 고민과 함께 진리탐구, 불법의 발전 및 수호라는 남다른 고뇌를 해야만 되었다. 따라서 그들의 고뇌는 보편성과 특수성이라는 관점에서 해석될 여지가 다분한 것이다.

이 같은 전제하에서 근현대 고승의 대열에서 간과할 수 없는 대상자로 필자는 광덕을 주목하고자 한다. 그는 입적한 지 불과 10년밖에 안 되었고, 그에 대한 연구는 이제 그 출발선상에 서 있다고 평할 정도이다. 그렇지만 필자는 근현대 불교를 공부하면서 광덕에 대해서는 적지 않은 관심을 갖고 있었다. 이는 필자가 광덕의 은사스님(하동산),[1] 노스님(백용성)의 연구자였기[2] 때문이다. 달리 말하자면 용성문도의 제반 문제를 학문의 대상으로 삼아 왔던 저간의 사정에서 광덕에 대한 관심은 뜨거웠다.

그러다가 최근에는 광덕의 상좌 및 광덕과 연고가 깊은 사찰에서 요청한 광덕에 대한 논문[3] 집필, 강연,[4] 일대기 집필[5] 등을 수용한 이력이 있다. 특히 일대기 집필을 준비하면서 필자는 광덕에 대한 자료수집, 분석, 탐구를 해야만 되었다. 그래서 광덕의 어록, 기고문, 발간 책자, 법어 등 다양한 자료를 읽었다. 필자는 이런 연고, 이력의 바탕하에서 광덕에 대한 연구는 다음과 같은 입장에 서 있음을 고백한다. 필자의 입장은 어디까지 필자의 관점이지만, 여타 연구자들에게는 하나의 정보일 것이다.

광덕의 사상은 그의 철학(사유, 고뇌 등), 실천, 보편성 등 적어도 세 측면을 고려해야 한다고 본다.[6] 광덕의 사상은 그가 승려로서 일생을 마쳤고,

---

[1] 필자의 그 연구 작업은 다음과 같다.
김광식, 『동산대종사와 불교정화운동』, 영광도서, 2007; 『범어사와 불교정화운동』, 영광도서, 2008.

[2] 필자는 백용성의 생애와 사상을 연구하는 대각사상연구원(재단법인, 대각회 운영)의 연구부장을 1999년부터 현재까지 맡고 있다. 그리고 1999년 6월에는 용성의 일대기인 『용성』(민족사, 1999)을 발간하였으며, 현재까지 용성에 대한 논고 10여 편을 집필하였다.

[3] 졸고, 「광덕연구: 출가, 수행, 종단재건」, 『시봉일기 6』, 도피안사, 2003.

[4] 도피안사와 불광사에서 요청하였다.

[5] 불광사에서 2009년 2월 6일, 입적 10주년을 기념해 출간한 『광덕스님 전집』 제1권 「광덕스님의 구도행, 보살행」이라는 제목하에 광덕의 출생부터 『불광』지를 통한 순수불교 선언을 할 때까지 기간의 일대기를 집필하였다.

그의 활동 무대는 기본적으로 사찰 및 조계종단이었으며, 그의 어록과 발간 책자를 보아도 불교임이 분명하다. 때문에 그의 사상은 불교사상이었다. 그렇지만 광대무변한 불교사상 중에서도 그는 주로 어떤 분야의 사상에 심취하였으며, 나아가서는 그 불교사상을 어떻게 재창조, 변용하였는가에 대한 불교철학적인 정리가 요망된다. 그의 불교사상은 일 측면일수도 있고, 다양한 측면으로 볼 수도 있을 것이다.

다음, 그에 대한 사상적 검토를 함에 있어서는 그의 실천적인 면모를 주목해야 한다고 본다. 그의 사상 검토에 있어서는 운동적인 내용을 정리, 분석해야 한다. 즉 그는 단순한 철학, 사유에 머물지 않고 자신의 사상을 갖고 일반대중 및 사회에 구현시키려 한 운동을 치열하게 전개하였다. 마지막으로 필자는 그의 사상을 정리, 의미부여, 이름 짓기를 함에 있어 불교적인 관점을 벗어난 언어, 표현, 개념을 고려해야 한다고 강조한다. 즉 불교권 밖에서도 읽을 수 있고, 이해되고, 전달되는 언어로 광덕사상을 정리, 해석되어야 하지 않을까 한다. 요컨대 보편적인 해석을 해 보자는 것이다. 이에 대해서는 필자도 뚜렷한 방법, 대안은 아직 없다. 그러나 최소한 이에 대한 문제의식이라도 갖는 것과 그렇지 않은 것은 큰 차이가 있다고 본다.

이에 필자는 이 같은 광덕사상 연구의 제언을 하면서 본 고찰에서는 지금껏 필자가 광덕 자료를 읽으면서 느끼고, 생각하였던 단상들의 나열을 통하여 광덕사상 연원을 소묘하려고 한다. 보다 치밀한, 객관적인 정리, 해석, 연구는 후일로 미루려고 한다. 『광덕스님 전집』 발간을 기념하고, 광덕연구를 본격화 하려는 출발선상에서의 의견 개진으로서 많은 한계가 있음을 자인하면서, 제방의 눈 밝은 선지식의 질책을 기다린다.

---

6 송암은 『광덕스님 시봉일기 10』, 77쪽의 「약전」에서 광덕을 불교사상가로 자리 매김을 하였다. 그는 광덕을 철학자, 도심포교의 성공자가 아니라고 강조하였다. 이는 연구자들이 유의할 측면을 지적한 것이라 보인다.

2. 광덕 사상의 지평

1) 불교 사상: 반야바라밀

광덕의 불교사상은 반야바라밀 사상(般若波羅密 思想)으로 단적으로 정리할 수 있다.[7] 이는 광덕의 어록, 광덕이 지은 여러 책의 내용에서 무수히 나온다. 반야바라밀이라 함은 마하반야바라밀을 의미한다. 그러면 우선 광덕 자신이 '마하반야바라밀'을 어떻게 표현하였는가를 제시하겠다.

> 우리들의 믿음의 기초는 마하반야바라밀이며 믿음의 실천 또한 마하반야바라밀입니다. 즉 믿음의 전부가 마하반야바라밀입니다.[8]

> 부처님 법은 세계의 영원한 광명이며 일체 중생의 생명의 근원입니다. 부처님 법이 능히 일체 중생을 고뇌에서 해방하여 자유와 원만을 성취시키고 일체 세계 위에 진리에 의한 질서와 번영을 성취시킵니다. 그러므로 부처님 법을 태양으로 비유하고 혹은 감로묘약이라 하는 바입니다.
> 부처님 법의 핵심은 반야바라밀입니다.
> 이 법문에서 삼세제불이 출현하시며, 일체 중생이 성불하며, 일체 국토가 불국장엄을 성취하는 것입니다. 이 최상법문이 능히 국가를 진호하며 세계를 평화 위에 확정시키는 것입니다.
> 불광법회는 마하반야바라밀의 법문을 받들어 이 법문을 행하고 펴는 것이 본의입니다. 이러한 불광의 신앙이 능히 오늘의 우리 국가와 사회에 안녕의 토대를 붙들어 가고 조국의 영원한 번영을 형성하는 것을 확신합니다.[9]

---

[7] 김재영도 광덕의 깨달음 및 사상을 반야바라밀로 해석하였다. 김재영, 『광덕스님의 생애와 불광운동』, 불광출판부, 2000, 104쪽. 김영태는 불광회의 사상과 실천을 "전통성과 창조성이 잘 갖추어지고 멋지게 조화된 정법구현의 불교운동"이라고 표현했다. 김영태, 『불광운동의 사상과 실천 그 총괄적 조명』, 불광출판부, 2001, 88쪽. 그리고 99쪽의 「붙임말」에서는 불광운동을 "이 시대에 맞는 정법구현의 실천불교로, 희유한 깨달음의 운동(覺佛事)"이라고 피력하였다.

[8] 광덕, 『만법과 짝하지 않는 자』, 불광출판부, 1997, 140쪽.

부처님은 진리의 몸이시고 법신입니다. 이 부처님을 우리는 반야바라밀이라고도 합니다. 진리 전체가 반야바라밀입니다. 그렇기 때문에 부처님의 본체는 반야바라밀입니다. 일체의 부처님은 반야바라밀에서 나왔고 그래서 반야바라밀은 모든 부처님의 어머니라고 하는 것입니다.[10]

삼세제불이 무엇이냐 하면 마하반야바라밀입니다. 절대성이 근원적인 진리로 나타나는 분이 삼세의 제불입니다. 과거의 모든 부처님은 이 마하반야바라밀이라고 하는 절대성이 부처님이라고 하는 상대적 화신으로 나타나는 것입니다. 일체 제불이 마하반야바라밀에서 나옵니다. 그래서 마하반야바라밀이 삼세 모든 부처님의 어머니라고 그러는 것입니다.[11]

마하반야바라밀을 바로 알자. 항상 마하반야바라밀을 염하자. 마하반야바라밀에서 일체 장애와 재앙이 즉시 소멸되며, 일체 불보살의 위신력이 자신에게 충만한다. 일체 불보살과의 거리가 없어지기 때문이다. 마하 반야바라밀을 생각하는 곳에 불보살의 위덕과 은혜는 넘쳐나고 일체 소망은 성취된다. 마하반야바라밀을 생각하며 나의 생명의 바라밀상을 관하자. 환희와 용기는 넘쳐나고 끝없는 조화와 창조는 힘 있게 펼쳐진다.[12]

마하반야바라밀, 이 반야바라밀의 법문만큼 참으로 귀하고 더 큰, 더 수승한 법문이 없습니다. 반야바라밀이 바로 부처님 세존이시다. 세존은 바로 반야바라밀이다 하는 법문은 이미 여러 차례 배웠습니다. 부처님이 아니고서는 더 큰 지혜도, 자비도, 위덕도 평화의 은혜도 주실 분이 없습니다. 오직 반야바라밀뿐입니다.[13]

---

[9] 광덕, 「불광법당 건립 모연문」(1981.10).

[10] 광덕스님 설법 제1집, 『메아리 없는 골짜기』, 불광출판부, 1991, 239쪽.

[11] 위의 책, 303쪽.

[12] 『반야심경 강의』, 불광출판부, 2002, 173쪽.

[13] 『광덕스님 법어총람 1, 정법광명이 영원하여지이다』(이하 호법총람으로 약함), 불광출판부, 2005, 147쪽.

저는 불광을 다른 말로 하라고 하면 마하반야바라밀 그 한마디입니다.[14]

이렇게 광덕, 그는 자신의 불교의 믿음, 수행, 불광운동, 부처님, 삼세제불, 불법 등을 반야바라밀로 확고부동하게 피력하였다. 즉 불교사상의 핵심, 골수로 설정하였다. 따라서 우리는 광덕사상, 불광사상을 논함에 있어 반야바라밀이 사상의 중심부에 굳건하게 자리 잡고 있음을 간과해서는 안 된다.

그러면 광덕 그는 어떤 시점에, 어떤 연유로, 불교(불법)를 반야바라밀로 등치시켜 그를 자신의 사상으로 만들게 되었을까? 이에 대해서는 그의 생전 고백이 있어 우리의 시선을 집요하게 한다.

저도 금강경을 대하고 마하반야바라밀 가르침을 대한 것이 6 · 25 나던 그해입니다만 어렴풋이나마 그 뜻을 이해하게 된 것은 사뭇 오랜 세월이 흐른 뒤였습니다. 아마 5년 세월이 더 걸리지 않았나 생각됩니다.

마하반야바라밀 법문을 머리로서 이해하고 철학적으로 이해하였지 이것이 참으로 나의 생명의 원 모습이다. 이것은 부처님의 진실이고 바로 나의 진경계이다 이렇게 이해하고 말해 온 것은 그리 오래되지 않습니다. 반야바라밀을 염하고 반야바라밀에 관한 경전을 읽을수록 우리가 알고 있는 것이 지식이라는 것을 새록새록 인식하게 되기도 합니다.[15]

즉 광덕은 마하반야바라밀 법에 대한 최초의 접촉을 한 시점이 그가 출가하던 1950년 겨울이었으나, 그에 대한 뜻을 이해하게 된 것은 그로부터 5년이 지난 시점인 1955년 무렵이었다고 언급하였다. 그러면 그 5년간 (1950~1955), 광덕에게는 어떤 일이 있었던 것일까? 그는 신소천이 부산, 마산 일대에서 전개하였던 금강경 독송운동에 동참한 것을 말한다. 이에 대한

---

14 위의 책, 78쪽.

15 『메아리 없는 골짜기』, 273쪽.

광덕의 회고를 경청해 보자.

6·25가 일어난 지 3년 뒤 53년 무렵에 신소천(申韶天)큰스님을 모시고 『금강경』을 번역해서 널리 퍼트리고 독송하는 불사를 했습니다. 그때만 하드라도 번역된 『금강경』이 없었습니다. 경을 번역한다고 하면 경도 번역하느냐고 반문하던가, 또는 번역하면 경의 존엄성이 깨진다든가 뜻이 바뀐다든가 하면서 이해하지 않던 시절입니다. 그러나 그때 제가 모시고 배운 소천큰스님께서는 "나라와 세계 평화를 위해서 『금강경』을 독송하자"라는 구호를 내걸고 이렇게 말씀하셨습니다. "진리는 말이나 문자에 있는 것이 아니라 깨달음에 있는 것이 아니냐? 깨달음, 이것은 만인의 마음에 함께 하고 있는 진리다. 인도 말에도 진리가 있고 중국 한문에도 진리가 담겨 있는데 우리 한글에 진리가 담겨 있지 않다는 말이냐? 만인의 마음이 진리의 마음이기 때문에 진리를 움직이고 운영하는데 인도어인 산스크리트어로 해야 된다느니 한문으로 해야 된다느니 하는 그런 법은 없다. 오히려 우리는 우리나라에서 일어난 전쟁의 종식과 세계의 평화를 위해서 우리말로 된 『금강경』을 읽자."
지금의 선덕암입니다만, 그 당시에 마산 추산동에 있는 선도장이라 하던 곳에서 일주일 동안 번역을 하여 한글 『금강경』 5만 권을 만들었습니다.
그 후 목욕탕집 이층의 넓은 공간에 모여서 금강경 법문을 설하고, 금강경 독송운동을 시작했습니다. 금강경을 독송해서 나라를 구하자는 원을 세워 금강경을 읽고 배우고 가르침을 행하는 모임을 만들었습니다. 그 독송회의 이름이 '금강경 독송 구국 원력대'였습니다. 금강경의 진리를 굴리는 대불사를 하자. 이 땅에 평화가 오고 전쟁이 종식되도록 기도하자. 정말 번영된 국토를 만들자는 원을 세웠던 것입니다.
스님께서 그 경을 번역하실 때 제가 가까이에서 원고도 쓰고 인쇄도 하고 스님 모시고 다니면서 법문을 듣고 했는데도 금강경을 읽으라고 노사님이 저한데 서약서를 받으시더군요. 그때 저는 이런 생각을 했습니다.
나라를 구하기 위해서 금강경을 읽자. 이 세상의 전쟁은 물질적인 것, 육체적인 것, 감각적인 것에 집착해서 견해를 일으키고 대립하는 데서부터 수많은 파괴와 죽음과 불행이 양산되는 것이다. 이 중생의 대립감정 미혹한 감정을 깨뜨려서 모두가 참으로 평화롭고 진리로써 하나가 되고 진리가 가지고 있는 공덕을 한 결 같이 누리자면, 육체에 물질에 감각에 타성에 매달린 관념들을 다 깨버려야 한다.

그것은 반야(般若), 반야사상밖에 없다. 반야의 진리가 능히 일체 대립, 일체 고난, 일체 투쟁, 일체 악의 요소를 뿌리부터 무(無)로 돌려서 모두를 소멸시켜 버린다. 그래서 이 땅에는 전쟁의 불이 꺼지고 평화가 오고 세계평화로 이어진다.

이렇게 해서 금강경 독송을 시작하고 절에 찾아다니면서 법문을 하고 금강경을 읽게 하였는데 마산에서 처음 시작하여 부산, 진주, 대구, 울산 등은 물론 서울에서도 대각사 등 여러 군데를 다녔습니다. 1955년 불교정화불사가 일어나기 전이었습니다.

저는 오늘 법당에 들어오면서, 형제들이 이 같이 모여서 호법발원을 하신다고 하는 것은, 53년도에 시작했던 『금강경』 독송운동, 『금강경』의 반야사상을 가지고 세계 평화를 이루고자 하는 그 당시 큰스님의 원이 끊어지지 않고 지금 여기에 이어져서 피어나고 움직이는 있는 것이 아니겠느냐는 그런 생각을 하면서 마음속에서 흐뭇하고 여러분에게 새삼 감사한 생각이 들었습니다.[16]

위의 회고담에 나오듯, 광덕은 소천이 주도한 금강경 구국원력대의 금강경 독송운동에 동참하여 원고정리, 인쇄 작업, 시봉을 하였다. 그래서 그는 금강경의 독송 운동을 전개하는 신소천의 원력과 반야사상을 체득할 수 있는 기회를 얻었다. 나아가, 자신이 부산에서 금강경 가정법회를 직접 열기도 하였다.

그때 이모가 부산에서 포목점을 하고 있었는데, 우리 어머니도 생계유지를 위해서 포목점을 하게 되었어요. 우리는 집에서 염색을 해서 시장에 다 내다 팔고 그랬어요. 어머니가 장사를 잘 했나 봐요. 좌천동에 집을 하나 샀어요. 그 집에 제법 큰 사랑채 하나를 치워서 법당을 만들었어요. 그 때 소천스님께서 오셔서 법회를 열게 된 거죠. 광덕스님이 고처사로 계시면서 소천스님과 함께 다니셨는데, 광덕스님이 인쇄소 다니면서 손수 책으로 만드신 『금강경 강의』로 사촌 이모님들과 동네 사람들이 모여서 금강경의 강의를 들었어요.[17]

---

[16] 『법어총람』 92~94쪽.

[17] 위의 김재영 책, 199쪽에서 재인용. 김정희(정법성) 회고 녹취록(1999.1.26).

1954년 여름에 정법성(김정희) 보살 부친이 금정사 옆산이 그네들 땅이어서 둘러보러 왔다가 나를 만나게 되어서 서로 이야기를 주고받았어. 그때 거사님이 문득 제안하기를, 우리 집 사랑채에 사람들을 모아 놓을 테니 스님이 오셔서 법문을 해 주십시오.

이렇게 해서 시작된 내 생애 최초의 가정법회가 1955년 여름(8월)까지 꼬박 1년 동안 열심히 그리고 순수하게 열렸어.[18]

광덕은 이렇게 소천의 영향을 받아, 자신이 금강경 독송운동을 직접 추진하기까지 하였던 것이다. 그러면서 자신의 법, 마하반야바라밀 사상은 소천의 『금강경』 독송운동, 『금강경』의 반야사상에서 온 것임을 개진하였다. 그리고 그는 월간 『불광』의 발간도 『금강경』을 독송하며 100일간의 기도를 마친 직후에 나온 것도 고백하였다.[19] 나아가 그의 여러 글에는 소천과의 돈독한 인연, 소천의 가르침이 자신의 마음속에 새겨져 있으며, 소천의 사상을 높이 평가하였음을 전하는 내용이 있다. 특히 광덕은 소천의 사상을 覺 사상, 행동주의, 깨달음을 救世·救國·救人의 처방으로 활용한 사상으로 정리하면서 구세, 호국사상으로 요약하였다.[20]

이 같이 광덕의 사상이 소천의 사상, 금강경 독송운동에서 영향을 입었음은 쉽게 수긍할 수 있는 대목이다. 그렇지만 광덕의 사상은 소천의 사상에 영향을 받았지만, 그에 연원하여 자신의 독자적인 사상의 세계로 나갔음을 주목해야 한다. 그래서 소천사상과 광덕사상의 공통점과 차별점, 혹은 역사성을 찾고 그에 대한 적절한 의미를 부여해야 한다고 본다. 이런 점과 관련하여 광덕의 覺의 실체는 무엇인가에 대한 것을 정리, 분석, 성격 부여 등을 해야 할 것이다.

---

[18] 「회상(6)」, 『광덕스님 시봉일기 1』, 도피안사, 2008, 290~291쪽.

[19] 위의 『법어총람』, 96~97쪽.

[20] 광덕, 「신소천 스님의 구세호국 사상」, 『불광』 45호(1978.7); 「소천선사 문집 간행에 부치는 말」, 『소천선사문집』 1권, 1993.

한편 소천은 1952년 범어사에서 출가하였는데 백용성의 위패상좌로 승가에 입문하였다. 그는 일제말기에 이미 금강경 해설서를 낼 정도로 재가자의 신분으로 불교에 정통한 인물이었다. 그가 승가에 입문할 당시에는 56세였다.[21] 즉 소천은 백용성의 사상에 동감하였지만, 용성은 1941년에 입적하였기에 불가피하게 위패상좌라는 형식으로 범어사에 입산, 출가하였다.[22] 그런데 근대불교의 최고 선지식의 일원이었던 용성의 사상 및 활동은 곧 大覺으로 귀결되었던 것이다. 용성은 불교를 대각으로 보고, 기존 불교와의 철저한 차별의식으로 1927년에는 대각교를 개창하였다. 그는 선, 교, 염불 등 다양한 수행을 거쳐 깨침을 얻고는 도회지로 나와 불교 대중화에 헌신하였다. 그의 행적은 3·1운동 민족대표, 만일참선결사회의 설립 및 운영, 선농불교, 불교 음악, 어린이 포교, 역경 포교, 불교출판 등 다양한 분야에 걸쳐 있으면서 기념적인 업적을 갖게 되었다.[23]

광덕의 사상은 소천의 각 사상에서 연원하지만, 그를 거슬러 올라가면 광덕의 노스님인 백용성의 대각에서도 그 연원의 뿌리를 찾을 수 있다. 광덕은 그의 출가 초기에는 이에 대한 자각이 분명하지는 않았지만, 점차 그의 문도 가풍에 대한 계승을 의식하고, 자신이 용성문도임을 자각하였다고 보인다. 예컨대 그가 1956년에 주도한 최초의 신행단체가 대각회였으며, 용성의 사상을 계승·구현하기 위해 1969년에 재단법인 대각회를 설립할 당시에 광덕의 헌신이 상당하였으며,[24] 말년에는 대각회의 이사장을 역임하

---

21 『소천선사 문집』 연보.

22 그에게 수계를 해주고 승려로 활동케 할 수 있도록 배려한 승려가 바로 광덕스님의 은사인 하동산이다.

23 위의 졸저, 『용성』 참조.

24 『광덕스님 시봉일기 7』 혜총 회고, 도피안사, 2002, 111~112쪽. 혜총의 증언은 다음과 같다.
"그 후 재단법인 대각회를 설립하던 당시를 돌이켜 보면, 그때 사숙님이 계시지 않았으면 아마 어림도 없는 일이 되었을지 모르겠다. 그 당시 문중의 여러 노스님들께서 용성조사님의 대각사상을 선양하기 위한 구체적인 사업을 염원

였고, 그가 이사장 재임 시절인 용성의 사상을 연구하는 대각사상연구원이 1998년 3월에 출범한 것도 예사롭게 넘길 것은 아니다. 더욱이 광덕 그는 자신의 반야바라밀 사상으로 전법운동을 한 것을 새불교운동으로, 최상최고의 수행으로, 특이하고 유일한 사상임을 자주 언급하였음을 주목할 수 있다. 그는 자신의 새불교운동의 역사적인 연원을 소천,[25] 용성으로부터 연결시키려는[26] 고뇌가 있었음을 볼 때에 광덕 사상의 연원은 소천, 용성에게로 소급됨은 당연한 이해라 하겠다.[27]

여기에서 필자는 추후 광덕 연구에 있어서 광덕의 覺(깨달음)을 어떻게 바라보고, 이해할 것인가에 대한 정치한 분석의 필요성을 제언하는 바이다. 그래야만 용성의 대각, 소천의 각운동과 광덕의 각사상 운동[28]과의 동질성, 차별성, 계승성 등이 이해된다. 동시에 광덕사상을 불교의 근본사상인 사성

하고 있는 터에 사숙님과 동헌 노스님이 나서신 것이다. 용성 문중회의가 열렸고, 그 자리에서 어른들이 참석한 가운데 사숙님은 예의 바르게 자운노스님과 선사께 뚜렷한 어조로 말씀하셨다.
'우리 문중에 나라의 독립을 위해 구국의 횃불이 되신 33인 중 한분을 모시고 있음에도 불구하고 그 어른에 대한 업적을 기리는 단체가 없어서야 되겠습니까? 우리 불가(佛家)뿐만 아니라 전 국민에게 조사(龍城)의 대각사상을 널리 펼쳐서 이 민족과 우리 불교의 앞길에 등불로 삼아야 할 것입니다.' 사숙님의 확고한 이 말씀으로 당시 선사의 명의로 되어 있던 사설 감로사를 범어사에서 분리시켜 용성문도의 핵심인 재단법인 대각회를 설립하는 법인 기본재산으로 편입하기로 결의했고, 그 결과 오늘의 대각회가 탄생해 용성 조사의 유지를 구현하고 정신을 계승하게 되었던 것입니다. 이는 우리 문중의 위상은 말할 것도 없거니와 용성문도가 한국불교의 중추적 역할을 하는 초석을 놓은 불사이니 사숙님의 혜안이 마냥 놀라울 뿐입니다."

25 송암, 「법상의 스케치」, 『광덕스님 시봉일기 10』, 627쪽.

26 광덕, 「용성선사의 새불교운동」, 『새로운 정신문화의 창조와 불교』, 동국대학교 불교문화연구원, 1994.

27 용성, 소천의 계승, 재인식의 문제에 대해서는 김재영도 『광덕스님의 생애와 불광운동』, 불광출판부, 2000, 55~64쪽과 73~81쪽에서 언급하였다.

28 김재영은 위의 책 238쪽에서 광덕이 말년에 "나는 각사상운동의 중추적 핵심이야. 불광운동이 이 운동의 과정이지."라고 발언하였음을 소개하였다. 그런데 김재영은 위의 책 247쪽에서 '불광의 각운동'이라는 표현을 하였다.

제, 무아, 연기법 등의 관점에서도 해석되어야 함은 당연한 수순이라고 본
다.

2) 사회 사상: 전법 / 호법

광덕의 불교사상의 핵심에는 반야사상이 있음은 분명하다. 그런데 광덕
의 반야사상의 해석을 주의 깊게 살피면 의외의 측면을 살필 수 있다.

반야는 진리의 뒷받침이 된 대행(大行)의 전개를 의미한다. 이것이 반야행이며 창
조행이다. 거듭 말해서 대행이 반야의 내용이라는 것이다. 그런데 오늘날 필자가
보기에는 이러한 반야의 의미는 크게 등한시 되어 있어 보인다.
반야에서 공을 관(觀)하며 실교(實敎)에서 보살도를 염하되 이것이 관념화(觀念化)
되고 있는 것이다. 각(覺)이 관념화 하고 명상이나 반야삼매 속에서 파악되거나
또한 그것이 파악되어야 할 대상으로 인식될 때 거기에서 불교는 명상이나 삼매를
거쳐 파악되는 종교가 되고 만다. 동시에 그것은 아직 범부와는 거리가 있는, 마땅
히 앞으로 얻어질 진리로 남아 있게 된다. 이런 종교는 행동이 결여된 하나의 '수도
하는 종교'로 그칠 수밖에 없게 되는 것이다. 이러한 삼매 속 진리를 파악하기
전에는 오직 고결한 수도인의 규율이나 생활이 있을 뿐이다. 거기에는 진리를 구
체적으로 전개하는 행(行)은 없게 된다.
원래 행은 즉시 역사를 창조하는 것이며 역사적 현실을 움직이는 실질인 동시에
동력(動力)이다. 그러므로 행은 역사성 사회성과 직결된다. 행이 없다는 것은 곧
역사의식의 결여를 의미한다. (중략)
그러므로 반야를 올바로 이해한다는 것은 역사와 사회를 광명화(光明化)하고 활력
을 부여하는데 결정적 의의를 갖는 것이다. 동시에 개인의 생활자세를 긍정과 부
정(不定), 피동(被動)과 능동, 소극(消極)과 적극, 행동과 관념, 낙관(樂觀)과 비관
으로 결정하는 관건이 된다.
만약 오늘날의 한국불교가 소극과 회피로 역사적 현실을 외면하거나, 안이(安易)
한 현실긍정으로 구체적이며 창조적 열의가 결여했거나 또는 영예로운 국가와 민
족을 건설하고 나아가 세계 평화 번영을 위한 적극적인 책임감과 행동이 저조하다
면 그것은 반야에 대한 그릇된 인식이 그 일반(一半)의 이유가 된다고 보지 않을
수 없다.

그리고 불교로 하여금 행이 없는 종교로 전락시킬 수 있는 요인은 이밖에 또 하나 있다. 그것은 불공(不空)의 진리는 오도(悟道)한 특별한 사람에게만 있는 경계라고 자굴(自屈)하는 점이다.(중략)
우리는 마땅히 반야의 참뜻을 바로 알아 '바라밀'의 대행을 전개할 것을 명심하여야 하겠다.[29]

위의 광덕의 반야사상에 대한 이해에서 필자는 광덕이 반야행을 지극한, 절절한, 강력한 당위로 인식하였음을 발견한다. 반야행, 반야의 대행, 반야의 바라밀행이 역사의식, 사회의식으로 나가는 명분이자, 행보의 이념이라는 것이다. 광덕의 이러한 반야사상, 바라밀 사상은 곧 광덕 사회의식의 출발이다.

그런데 사회에는 사회 구성원으로서의 다수의 재가자(신도, 중생)가 있으며, 세간으로서의 사회 공동체가 있으며, 구성원의 삶의 터전인 국가가 존재하고 있다. 그러므로 광덕이 반야의 바라밀행을 고뇌하였다면 광덕은 당연히 중생, 공동체, 국가에 대한 의식이 충만하였다는 것이다. 그래서 필자는 여기에서 광덕의 구세, 구국으로 향하는 사유에 대한 전개를 찾을 수 있다. 광덕의 이와 같은 사회의식은 반야, 부처님, 개인, 조국, 겨레가 하나라는 전제에서 나온 것이다.

우리 불자들은 마하반야바라밀 신앙을 기초로 합니다.
반야의 지혜로써 본 부처님과 자기와 진리와 세계를 믿는 것입니다. 이 바라밀이 본 생명과 개아(個我)는 단순한 개아가 아닙니다. 진리와 더불어 하나인 개아이고 조국과 겨레가 하나인 개아입니다.
이런 점에서 우리는 이 반야바라밀 신앙이 개인의 완성과 사회의 발전과 민족의 번영과 국토의 완성을 한꺼번에 이루는 진리인 것을 알아서 자랑스럽게 생각하고 이 믿음을 힘써 행하고 널리 펴 나가야 하겠습니다. 우리 믿음의 생활이 진리의

---

29 『반야심경 강의』, 29~32쪽.

생활인 까닭에 이 믿음과 행에서 개인이 잘 되고 민족이 번영하고 국토의 완성을 가져오는 것입니다. 이 모두가 바라밀 신앙의 행으로써 이뤄진다는 말입니다.[30]

그런데 광덕이 이 같은 사회의식, 즉 민족과 국가 차원까지 불법을 전파시켜야 하겠다는 반야의 대행을 고민하게 된 것은 그가 입산, 출가한 그 시절부터 시작된 것이다.

제가 불법을 만난 후 얼마 되지 않아 '불법이 이렇게 큰 뜻을 지니고 있는 것인가, 인간 완성만이 아니라 국토 완성, 역사 완성을 지향하는 근본적인 진리로구나. 내가 구했던 것이 바로 이것이다' 하는 생각이 들었습니다.
중생무변서원도(衆生無邊誓願度), 중생을 다 건지겠다고 말로만 할 것이 아니라 실질적으로 어떻게 해야 될 것인가 하고 구체적으로 연구를 했습니다.
거기에는 개인 대 개인의 수행도 있고, 불교 교단의 조직도 있고, 정치권력과의 관계도 있고, 국가 제도 및 국제 관계의 문제도 있습니다. 따라서 그 동안에 읽었던 사회과학 방면의 책들을 바탕으로 해서 여러 방면에서 불법을 어떻게 실현할 것인가 하는 문제에 대해서 꼼꼼하고 진지하게 생각을 했었습니다.[31]

이렇게 광덕, 그는 사회와 국가, 그리고 역사를 불법으로 만들겠다는 진지한 고민, 검토를 하였던 것이다. 그리고 그는 30대 초기에 이를 불법에 의거한 국가질서의 확립이나 사회제도의 변혁, 경제 사회, 문화, 교육 등 모든 것에 대한 기본적인 체제의 원리가 불법에서 나올 수 있다는 생각을 하고 그 생각에 완전히 빠져 있었다는 회고를 보면[32] 1956년 무렵부터는

---

[30] 『메아리 없는 골짜기』, 95쪽.

[31] 『법어 총람』 31쪽, 1990.11.7.

[32] 위의 책 103~104쪽 참조. 그리고 그는 그가 호법에 대해 인식을 한 것은 정화운동이 일어난 1954년이었으며, 1955년 9월경 그가 해인사 정화 실무에 관여할 때 함께 활동한 호법계의 실체를 목격한 것으로부터 비롯되었다고 회고하였다. 그 무렵에 『열반경』 금강신품을 보고, 호법의 이론적 근거를 찾기도 하였다는 것이다.

그에 대한 이론적 검증을 한 것으로 보인다. 그 후, 그가 1974년 월간『불광』 창간호에 기고한 순수불교선언의 단계에서는 다음과 같이 역사와 생활 속에서 불법을 전달하겠다는 의식이 뚜렷하였다.

이에 本誌「佛光」은 감히 우리의 역사와 생활 속에 부처님의 威光을 전달하는 使命을 自擔하고 나선다. 이로써 조국의 발전이 기초할 정신적 基盤과 動力을 공여하기를 기도하며, 前進하는 민족사의 方向과 底力을 부여함에 보탬이 되기를 기약한다. 오늘을 사는 佛子로서 祖國과 형제 앞에서 진실을 바치고자 함에서이다.

그런데 광덕이 고민하고, 선언한 불법의 사회화, 불법의 국토화로 상징되는 것은 곧 불교(반야바라밀)를 사회 구성원의 존재의 근본 및 삶의 원리로 나타나게 하고, 동시에 사회 및 국가의 제도에 구현되는 것을 말한다. 이에 대해서 광덕은 다음과 같이 그를 피력했다.

지금도 소망이 있다면 형제들과 마찬가지로 개개인의 가슴에 모두 진리의 등불을 달아 주고 이 세계를 밝혀서 궁극적인 부처님의 원이 실현되는 일에 조금이라도 참여하는 것이 하나이고, 또 하나는 이 체제와 사회를 인간을 키울 수 있는 제도로 바꾸어야겠다는 것입니다.[33]

그렇지만 광덕은 그가 고뇌를 하던 시절에는 이런 고뇌를 더불어 할 도반, 학자가 없어 자신의 독백, 아쉬움으로 갖고 있었다. 그러다가 순수불교선언, 불광법회를 시작할 무렵에는 자신만이라도 그 깃발을 들겠다는 서원을 하였다.[34] 그러면서 점차 광덕은 그에 대한 자신의 생각을 정리, 의미

---

[33] 『법어총람』 104쪽. 1989년 1월 4일 어록.

[34] 그런데 광덕은 자신의 그 고뇌에 대해서 독백을 하듯이 혼자 말하였고, 그에 대해 말할 사람도 없어 덮어 두었지만 1989년경에는 그런 생각을 자주 하였다고 한다. 이런 것은 추후 그의 사상 변천 연구에 있어 참고할 측면이다. 위의 책, 105쪽 참조.

부여, 실천으로 나갔다고 보인다. 이런 배경 하에 광덕은 일반 개개인에게 불법을 전하는 것과 사회 제도에 불법을 구현하는 것을 傳法 / 護法이라고 명명하였다.

> 모든 생각을 놓아 버리고 저의 근원적인 소망을 말하자면 이 호법의 실현이라고 할 수 있습니다. 우리들 한 사람 한 사람이 불법을 깨달아서 내 생명 가운데 진리의 태양이, 부처님의 은혜의 태양이 빛나고 있음을 알게 됩니다. 내 생명, 이것은 범부의 생명이 아니라 부처님의 생명, 큰 우주의 생명입니다.
> 이것을 깨닫고 희망과 용기를 갖고 부처님의 공덕을 누리는 사람으로 바뀌어서 한 사람 한 사람이 기뻐지고 성공합니다. 또한 그 말씀이 이웃 사람들에게도 서로 전해져서 모든 사람들이 부처님의 진리광명을 깨닫고 자기 생명 속에 빛나는 부처님의 위신력을 써서, 그 생활과 시대가 함께 밝아지기를 바라는 소망들은 불자라면 원칙적으로 누구나 가지고 있는 소망입니다. 내가 밝아지고 온 누리 일체 중생이 모두 밝아지면 전법이 완성되기를 바라는 소망은 누구나 다 가지고 있을 것입니다.
> 또 하나의 바람은 전법은 한 사람 한사람에게만 하는 것이 아니라 우리가 살고 있는 이 사회와 환경, 국토에 흐르고 있는 모든 정치, 경제, 문화, 등 온갖 체제를 불법(佛法)으로 바꾸는 일입니다.
> 우리는 개인적으로 살고 있으므로 내가 생각하고 믿는 대로 결단하고 자신이 결과를 거둡니다. 그렇지만 내가 생각하고 선택하고 결단하는 것이 정말 내 힘만 가지고 되는 것일까요? 내 주변에는 수많은 얼룩진 일들이 있습니다. 거친 바람도 있습니다. 사회가 거칠고 어둡고 힘들게 되어갈 때, 나 혼자 밝은 등불을 가지고 지켜간다는 것은 정말 힘든 것입니다. 그래서 더욱 이 사회와 국토, 체제, 제도가 불법으로 바뀌어야 합니다.[35]

광덕은 이렇듯이 호법을 두 가지로 대별하였다. 요컨대 개인(중생)에 대한 전법과 사회 체제를 불법으로 바꾸는[36] 전법이다. 그렇지만 광덕이 제시

---

[35] 위의 책, 100~101쪽. 1989년 1월 4일 어록.

[36] 그는 그를 사회와 국토와 세계에 진리의 질서를 심는 것으로 표현하였다. 인간

한 호법, 전법의 구체적인 활동에 들어가서는 간단한 것이 아니었다. 이에 대해서 그는 호법의 적극적인 의미를 다음과 같이 두 측면으로 개진하였다. 그는 부처님의 호법의 가르침은 외부로부터의 도전의 극복을 하기 이전에 정법(불법)을 구현해야 한다는 것에서 나온 것이었다.

> 첫째로 외부로터의 정법에 대한 침해를 방어한다는 것은 정법과 정법교단의 안전과 그 위용을 선양하는 것이 본뜻입니다. 그래서 정법과 교단으로 하여금 정상적으로 정법활동을 전개하게 하는 것이 그 내용이라 하겠습니다.
> 이렇게 볼 때 호법의 첫째의 의미는 교단의 자주와 안전과 자유로운 활동에 두어야 하며, 동시에 불법을 전하여 개인이 빛나고 사회에 실현하여 국토에 평화 번영 내지 청정 실현에 있는 것입니다. 부처님의 호법 법문에서 우리는 이점이 강조되고 있음을 발견하는 것입니다. 거듭 말해서 교단수호와 전법과 정법의지의 사회적 실현이 호법법문의 첫째 의지라 하겠습니다.
> 둘째로 정법의 질서와 교단의 청정성 확보입니다. 대개 정법의지의 사회적 실현은 그 바탕에 청정한 교단체제의 존재와 청순한 교단기풍, 여법한 수행 규범 등 순수한 믿음의 체계, 그 건재가 문제입니다. 만약 이것이 허물어지고서는 교단도 전법도 국토실현도 아무 것도 없게 되는 것입니다.[37]

광덕은 호법, 전법의 전제 조건으로 정법과 교단의 정상적인 활동이라 설명하였다. 즉 교단의 수호, 전법과 정법의지의 사회적 실천이다. 그런데 이를 달성하기 위해서는 교단의 청정성, 규율, 수행 등에 대한 믿음 체계가 굳건해야 한다는 것이다. 이는 자연적으로 교단에 대한 적극적인 관심을 의미한다. 전법, 호법, 불법의 사회화는 교단을 통해서 갈 수밖에 없다는 것이다. 그래서 광덕이 교단 문제에 혼신의 힘을 다하였던 것을 이해할 수 있다.

생명을 고귀하게, 아름답게, 기쁘게 키울 수 있는 제도로 바뀌는 것으로 말하였다. 위의 책, 102쪽.
[37] 위의 책, 110~111쪽; 광덕, 『빛의 목소리』, 불광출판부, 1987, 132~133쪽.

나는 종단(조계종)을 영예롭게 하기 위해서 밤낮없이 노력했던 때가 있었다. 종단을 발전시키는 것은 종단이 이 시대에 짊어진 사명(개인과 사회와 세계를 구제)을 추구하는 것이고 완수하기 위한 종도들의 일치된 노력을 말하는 것이다.[38]

그렇지만 그가 혼신의 힘을 다해 일했던[39] 교단(조계종)은 그가 의도한 대로 나가지 못하였다. 1970년대 초반 무렵부터 서서히 드러난, 교단 내부의 갈등이 바로 그것이었다. 그래서 그는 교단내부에서 그가 고민하였던 문제를 해결하는 것을 접고 자신 혼자서라도 그를 해결하기 위한 길을 종단 제도권의 외부에서 갔으니, 그것이 바로 불광의 선언이었다. 이에 대해서는 그의 고백을 들어보자.

그때 여건과 상황으로는 월간 『불광』을 만들지 않을 수가 없었지요. 1954년부터 시작된 불교정화운동은 1962년 통일종단의 시작으로 10여 년 동안 우리 불교계는 안정을 찾아 갔습니다. 그 일이 1972년에 끝나자 그 다음에 해야 할 일은 불교 포교와 교육이었습니다. 하지 않을 수 없는 상황이었지요. 떳떳하게 내놓고 이렇다 하게 포교하는 사람이 없었지요. 그 당시 불교 월간지가 2개가 있었는데 그것도 내다 말고 했지요.
불교정화가 한국불교의 정맥을 찾고자 한 일이었는데 만약 자체의 내실화와 포교가 확충되지 않으면 그동안의 불교정화가 한낱 종권탈취였다는 지탄을 면키 어려웠습니다. 불교의 존재 이유가 이 땅의 빛이 되고자 하는 것인데 그것의 당위성만 있어서는 안 될 것입니다. 그 만큼 포교와 교육이 절실했던 때였습니다. 그래서 시작된 것이 월간 불광을 만드는 것이었습니다. 그리고 그 후 1년쯤 뒤에 불광법회가 생기게 되었지요.[40]

---

[38] 송암, 「나의 일기 속에 만난 스님」, 『광덕스님 시봉일기 5』, 176쪽, 1988년 5월 5일.

[39] 졸고, 「광덕 연구: 출가, 수행, 종단재건」, 『광덕스님 시봉일기 6』, 도피안사, 2001.

[40] 「월간 불광 창간 20주년 대담, 내 생명 부처님 무량공덕생명 전법으로 무상공덕을 삼겠습니다」, 『불광』 231호(94년 1월호), 29~30쪽.

월간 『불광』의 발간, 불광법회의 등장이 당시 시대상황, 즉 불교정화운동의 계승, 한국불교의 정맥을 찾는 것, 불교가 마땅히 해야 할 포교와 교육에 대한 사명감의 자각에서 나온 것이라는 것이다. 광덕의 이 같은 자각, 실천은 곧 한국불교가 사회, 조국, 역사, 시대상황(현실)에 대한 책임을 져야 한다는 각성에서[41] 나온 것임은 두말할 나위가 없다. 예컨대 1975년 10월 16일, 불광법회 창립 당시에 광덕이 "행동으로 뛰어 나오지 못하는 불법은 불법이해의 지식 이상의 아무것도 아니다. 불법은 지식이 아니다. 불광은 행동을 통하여 인간 본성의 무한성을 소리 높여 외쳐왔지만"이라고 강조하고, 반야바라밀 결사에 나섰음은 그를 상징적으로 말한다.[42]

그러나 그도 불광법회 실천성의 미진을 고백하였다. 즉 1987년에 발간한 시론집 『빛의 목소리』에서 자신도 그 문제에 부족한 것이 있다고 인정하였다.[43] 즉 한계를 인정하였다. 광덕 그는 1982년에도 다음과 같이 자각했다.

> 이 점을 돌이켜 볼 때 이 땅에 반야광명을 드러내어 인간과 역사를 광명화(光明化)한다는 기치를 든 「불광」 역시 그 책임을 다하지 못한 부끄러움을 금할 길이 없습니다. 그래서 불광 창립 8주년을 맞아 오늘의 한국불교, 무엇이 문제인가를 종단체제 문제를 제외한 신앙적 측면에서 별견(瞥見)하고자 합니다.[44]

그러나 이는 광덕이 다 떠안을 문제는 아니었지만 그는 솔직히 당시 한국불교의 내적 갈등, 본연의 자세 미흡, 사회와 역사에 다가서지 못하는 불교현실 등에 대한 문제점[45]을 인정하였다.[46] 그렇지만 그는 이미 1976년 5월,

---

41 위의 책, 114쪽.

42 『불광』 1975년 12월호, 96쪽.

43 『빛의 목소리』, 129~134쪽.

44 『법어총람』, 115쪽.

45 그 당시 조계사파, 개운사파 간의 갈등이 수년간 지속되었으며, 나아가 이른바 10·27법난이라는 불교계 최대의 치욕스런 외부 개입을 당하였다.

불광법회 초기 시절에 이미 「法燈五誓」를 작성, 인쇄하여 불광법회 회원들에게 배포하였다.[47] 자신만으로도 홀로 그 길을 가겠다는 다짐이었다.[48]

전법으로 바른 믿음을 삼겠습니다.
전법으로 정정진을 삼겠습니다.
전법으로 무상공덕을 삼겠습니다.
전법으로 최상의 보은을 삼겠습니다.
전법으로 정토를 성취하겠습니다.

그래서 그는 그 자신이라도 그에 철저하려고 고뇌하였다. 또한 1983년 8월 3일에는 活空救國救世運動을 위한 正法護持를 발원하기에 이르렀다.[49] 이러한 제반 내용은 그가 이끄는 불광법회의 구성원들과 함께 그 길을 갔음을 말해주는 것이다.

반야바라밀법문, 부처님의 진실한 깨달음의 직설이 이 땅에 영원하도록 우리 모두 마음을 가다듬어서 정법을 호지하자. 그리고 이웃이 남이 아니요, 모두가 하나의 진리광명, 진리생명 공동체임을 이해해서 법등(法燈)수행에 철저히 힘쓰자. 그리고 나 자신은 범부가 아니요 육체적 존재가 아니요, 죽거나 병들거나 죄악에 때 묻은 존재가 아니라, 부처님의 빛나는 진리 광명이 충만한 진리 자체다. 이것을

---

46 그는 신앙적 차원의 문제를 다음과 같이 개진하였다. 믿음의 문제, 믿음에 의한 새 생명으로의 전신(轉身)을 못한 것(언행일치 부재), 불법을 역사에 실현하는 전법 책임, 교단과 사회 국가에 대한 책임감, 보시 수행의 실천 등을 지적하였다. 위의 책, 115~116쪽.

47 『광덕스님 시봉일기 10』, 도피안사, 2008, 593쪽. 이 기록은 불광법회 회원이었고 후일에는 법회 부회장까지 역임한 신영균 거사의 일기에 나온 내용이다.

48 송석구는 광덕의 불광운동은 종단의 벽을 뚫고 나가지 못하였다고 평하였다. 위의 김재영, 「특별좌담」, 380쪽.

49 그를 선언한 것은 호법발원 법회였는데, 이때부터 불광법회에서는 매월 첫째 주 수요일에 호법발원 법회를 현재까지 해 오고 있다. 당시 그 최초의 법회에서 배포된 인쇄물을 보면 그에 대한 사상, 고뇌, 지향 등을 볼 수 있을 것이다. 『광덕스님 시봉일기』 9, 255쪽의 연보.

끊임없이 잊지 않고 닦고 발휘하는 반야바라밀염송 정진을 항상 놓치지 말고 힘쓰자.

이 부탁을 형제 여러분들께서 힘써 행해주시고, 반야바라밀신앙, 호법정진, 그리고 법등 수행 이 세 가지 법문이 이 땅에 오래 머물 때, 정법광명이 만인의 생명에서 빛나고 온 국토가 진리 광명이 충만한 국토라는 깨달음의 실상이 드러나게 될 것이라고 저는 믿습니다.[50]

마침내 그는 교단 현실을 고려하지 않고, 그가 발원한 길로 나아갔다. 그는 護法發願이었다. 그는 그를 한국불교의 새 운동, 새 물줄기로 자부할 수 있었다.[51]

돌이켜 보면 호법에 대한 자각과 발원이 없었기 때문에, 불법이 있었다 하면서도 믿는 사람들 사이에만 있었지 사회와 역사에 기여할 수 있는 힘으로 나타나지 못했습니다. 사회와 역사 가운데 나타나지 못했다면 부처님의 뜻을 실현하지 못한 것입니다.

저는 이 호법 발원을 하기까지 신중히 오랫동안 생각했습니다. 그 결과 믿음을 키우는 것을 첫째로 삼았고, 그 다음에는 법등(法燈)을 통해서 이웃 간에 서로 돕고 힘을 기르는 믿음의 기초적인 조직구성 활동을 해오다가, 마침내 뜻이 있는 분들을 만나 호법발원을 시작했습니다.

호법발원의 출발과 지속적인 성장은 한국불교에 있어서 새 싹이고 새 운동이고 새 물줄기입니다. 해가 뜨면 전부 밝아지고 따뜻해져서 싹이 트는 것처럼, 호법운동이 전적으로 성장하고 전개됨으로써 불교의 싹이 자라나고 사회에 불법이 퍼져나가게 됩니다.[52]

이렇게 그는 자신 혼자서라도 그를 묵묵히 실천에 옮겼다. 믿음을 키우고, 법등을 통해서 조직구성을 하고, 그 연후에 호법발원을 하였던 것이다.

---

[50] 『법어총람』, 143쪽. 1991년 7월 3일 어록.

[51] 그는 호법발원을 진리운동, 평화운동으로도 표현하였다.

[52] 위의 책, 27쪽. 1984년 12월 5일 어록.

그는 자신을 따르는 불광법회 회원들과 무소의 뿔처럼 사회적 전법을 실천하였다. 그는 곧 호법의 길이었다. 그래서 불광법회에서는 "우리는 햇불이다, 스스로 타오르며 역사를 밝힌다."고 서원하였다. 그런데 광덕의 이와 같은 사회의식, 전법관, 호법관에는 강력한 기반으로 떠받치고 있는 사상적 토대가 있었거니와 그는 보현행원 사상이었다.

3) 실천사상: 보현행원

광덕의 바라밀행, 호법의 저류에는 보현행원의 사상이 흐르고 있었다. 이는 광덕의 실천불교, 행동불교의 근원이다. 주지하는 바와 같이 부처님의 뜻을 실천하여 일체 중생을 고루 제도함을 내용으로 하는 보현행원은 보현행원품에서 나온 것이다. 보현행원품은 화엄경 80권 외의 별행본으로 화엄경 법문의 총결이라 할 수 있는 화엄사상의 진면목이다. 그러면 여기에서는 우선적으로 광덕이 보현행원을 어떻게 인식하였는가를 제시하겠다.

> 이 점에서 보현행원은 과연 원왕(願王)이다. 부처님의 한량없는 공덕을 성취하는 결정적 행이기 때문이다. 보현행원을 통해서 제불여래가 출현하고 정불국토가 열려 간다. 보현행원을 통해서 부처님을 이루고 불국토를 이루거늘 그 밖의 것이야 말해 무엇하겠는가.
> 이처럼 보현행원은 일체를 이루는 불가사의의 방망이다. 가정의 평화를, 사회의 번영을, 국토의 안녕을, 역사의 광휘를 그리고 필경 성불하는 대도인 것이다. 어째서 그럴까. 보현행원은 그 본질이 법성신(法性身)의 윤리이며 법성신의 전일적 자기실현 방식이기 때문이다. (중략)
> 비록 지혜가 태양처럼 빛나고 서원이 수미산 같이 지중하고, 자비심이 바다같이 넉넉하다 하더라도 하나의 바라밀행이 없다면 무슨 소용이겠는가. 결단적 각행이 필경의 대도를 굴리는 것이다.[53]

---

53 광덕, 「머리말」, 『보현행원품 강의』, 불광출판부, 1989.

우리는 보현행원에서 오늘의 현실에 영원을 실현하며 낱낱 행에 완전무결한 진리를 창조하여 필경 정불국토로 나아가는 대법을 배워야 할 것이다. 보현행원품을 읽고 배우고 행하여 오늘의 인류세계를 평화와 번영의 영원한 보살 국토로 바꾸기를 기약하여야 할 것이다.[54]

보현행원은 나의 영원한 생명의 노래이며, 나의 영원한 생명의 율동이며, 나의 영원한 생명의 환희이며, 나의 영원한 생명의 위덕이며, 체온이며, 광휘이며 그 세계입니다.
나는 이제 불보살님 전에 나의 생명 다 바쳐서 서원합니다. 보현행원을 실천하겠습니다. 보현행원으로 보리를 이루겠습니다. 보현행원으로 불국토를 성취하겠습니다. 대자 대비 세존이시여, 저희들의 이 서원을 증명하소서.[55]

이렇듯이 광덕은 보현행원을 불국토를 이루게 하는 서원의 왕으로, 실천되어야 할 당위로, 생명으로 인식하였다. 그래서 광덕과 불광법회는 "보현행원을 실천하고, 보현행원으로 보리이루고, 보현행원으로 불국토를 이루겠다"는 서원을 하였다. 이 같은 보현행원에 대한 강력한 다짐, 실천이 있었기에 전술한 그의 불교사상, 사회사상이 실천에 옮겨질 수 있었던 것이다. 즉 그의 바라밀행은 이 같은 보현행원이라는 사상적 지원을 받았기에 가능하였던 것이 아닌가 한다.

그러면 광덕은 보현행원의 사상을 언제부터 접하였던가? 이에 대해서 그는 다음과 같이 회고하였다.

필자는 다행히 일찍이 수승한 인연을 만나 행원품을 근친하였고, 여러 번 번역 출판도 하였으며 법회에서 형제들과 함께 행원을 공부한 것도 여러 차례다.[56]

---

54 위의 책, 15쪽.
55 「序分: 보현행자의 서원」, 위의 책, 187쪽.
56 위의 책, 머리말.

그렇지만 위의 글에서는 그 연유, 전후사정이 분명하지 않다.[57] 증언에 의하면 광덕은 그가 봉은사 주지로 있던 시절, 대학생수도원에 입사한 대학생들을 지도할 때에도 그는 보현행원품을 필사하여 몸에 지니고 있었다고 한다.[58] 요컨대 보현행원품으로 대학생을 지도하였던 것이다.[59] 이 같은 보현행원품에 대한 이해는 1968년 해인사판으로 나온 『보현행원품』을 광덕이 번역하였다는 사실에서 확인이 된다. 이는 보현행원품을 완전 이해하여, 자신의 것으로 만들었음을 예증한다.

마침내 그는 1977년에는 「普賢行者의 誓願」[60]을 발표하고, 『菩薩聖典』도 펴냈다.[61] 광덕의 보현행원에 대한 자신의 입론을 분명하게 개진한 것은 1978년에 간행된 『보현성전』서문에서 찾을 수 있다.

---

[57] 김재영은 위의 책 176쪽에서 소천의 금강경 독송구국운동 당시부터로 그 계기를 잡고 있으나, 뚜렷한 근거에 의한 이해는 아니다.

[58] 위의 김재영 책, 178쪽.

[59] 당시 수도원의 지도교수였던 박성배는 그 당시 광덕스님이 자신에게 부디 보현행자가 되어 달라고 당부하였다고 회고했다. 박성배, 「광덕스님을 기리며」, 『광덕스님 시봉일기 9』, 도피안사, 2007, 42쪽. 그런데 그 당부가 언제, 어디에서 있었는지는 밝히지 않았다. 박성배는 학부시절부터 자주 찾아뵙던 큰스님이라고 한 것을 보면, 박성배가 학부시절 즉 동국대학교 인도철학과에 입학한 시점이 1956년이고 그가 대학원을 마친 시점은 1960년임을 고려하면 1950년대 후반 경이 아닌가 한다. 그렇다면 그 무렵에 광덕은 보현행원에 대한 사상적 탐구를 본격화 한 것이 아닌가 한다.

[60] 이것은 『보현행원품 강의』에 부록으로 실린 「보현행자의 서원」으로 보인다. 이에 대해서 광덕은 그 책의 머리말에서 "원래 이글은 불광법회에서 행원을 공부하면서 행원의 가르침을 받드는 행자로서의 마음가짐을 적어 본 것인데 원래가 널리 보이고자 한 것은 아니었지만 어쩌다가 여러 행원 동지에게 읽혀지게 되었다. 이것 역시 부끄러운 일이지만 뜻을 함께 하는 벗들의 권고를 물리치지 못하고 한 책에 묶었는데 거기에 담긴 나의 자그마한 뜻의 소재를 거두어 주었으면 한다."고 언급하였다. 『보살성전』이 1977년 10월 30일 간행되었음을 보면 그 시점에 시작된 것으로 볼 수 있다.

[61] 위의 『시봉일기 10』, 641쪽. 『보살성전』은 1977년 10월 30일 간행되었는데 얼마 후 『보현성전』(1978)에 합류되었다고 한다. 이 점은 추후에 자세히 밝힐 내용이다. 이 『보현성전』에 보현행자의 서원이 수록되었다.

우리는 현대가 안고 있는 이 거대한 위기와 함정 속에서 몸을 일으켜, 나라를 구하고 역사위에 평화를 건축할 사명을 안고 있다. 우리는 인간 명예를 걸고 이 위기에서 벗어나 인간의 권위, 대지의 평화를 이루지 않을 수 없는 것이다. 여기에서 우리는 다행히 보현을 만났다. 우리는 보현보살을 배워서 자신을 회복하고 인간복권을 성취하여야겠다. 그리하여 인간의 운명에 길을 부여하고 인간 진실을 개혁하여 인간 권위를 회복하고 무한창조의 평원을 열어가야 하겠다.

필자는 불법이 인간을 그의 실존 차원에서 확립시키고 무한한 긍정의 평원으로 해방시키는 지혜이며 힘이라고 믿고 있다. 그것은 마하반야바라밀이라는 무상법(無上法)의 현전에 대한 믿음에서 온 결론이다. 그리고 '보현'이야말로 마하반야바라밀의 개현자이며 실천자인 것이다.[62]

여기에서 그는 사회와 역사에 불교가 담당해야 할 사명을 실천하기 위해서는 보현보살의 정신으로 나가야 함을 역설하였다. 그리고 불법(마하반야바라밀)이 사회와 역사를 해방시키는 지혜이고, 그 지혜를 실천시킬 수 있는 것이 보현이라고 단언하였다. 이로써 보현행원은 광덕사상, 불광사상에 있어서 우뚝한 사상적 버팀목으로 존재하기에 이르렀다.[63]

드디어 광덕 사상은 보현행원의 사상적 기반에서 바라밀행, 대행으로 나갈 수 있는 명분과 근거를 확보하였다. 이로써 광덕사상은 마하반야바라밀 사상과 짝을 하는 또 하나의 사상적 도반을 갖게 되었다.

행원이 바로 그러한 참 자기, 거짓되고 허망한 자기를 벗어나서, 그 자기의 내면을 그대로 내어 쓰는 것입니다. 내가 진리 광명인 까닭에 진리 광명을 토하는 것이고, 내가 끝없는 사랑인 까닭에 식을 수 없는 사랑의 체온, 사랑의 향기가 그냥 퍼져 나가는 것이며, 내가 태양 같은 지혜인 까닭에 지혜를 쏟고 살아가는 것입니다. 내가 영원한 생명 그것인 까닭에 그러한 밝음도 지혜도 사랑도 끝없이 주고 또 주고 세상이 다하고 허공이 다할지언정 나의 생명이 가지고 있는 끝없는 표현은

---

62 광덕, 『보현성전』, 대각출판부, 1978, 3~6쪽.

63 김재영은 위의 책, 127쪽과 177쪽에서 반야바라밀은 正見, 보현행원은 大行으로 보고, 이를 광덕의 사상체계, 광덕 사상의 골격으로 규정하였다.

다할 날 없는 것입니다.[64]

행원의 실천은 우리가 자기의 생명의 문을 여는 일입니다. 나의 생명 가득히 부어
져 있는 부처님 공덕을 발휘하는 거룩한 기술입니다. 나의 생명을 부처님 태양
속에 세우는 일이며, 내 생명에 깃든 커다란 위력을 펴내는 생명의 숨결이며, 박동
(迫動)입니다. 그렇기 때문에 행원에는 목적이 없습니다. 어떠한 공덕을 바라거나,
부처님의 은혜를 바라거나, 이웃이 알아주기를 바라지 않습니다. 행원 자체가 목
적입니다. 행원은 나의 생명의 체온이며 숨결인 까닭에 나는 나의 생명껏 행원으
로 살고 기뻐하는 것뿐입니다.[65]

우리 모두 나의 사업, 나의 직업은 보살도라고 하는 신념을 굳게 갖자.
그리고 보다 순수한 양질의 봉사, 무아의 헌신으로 보살국토를 이룩해 가자.[66]

광덕은 행원을 인간의 생명으로 보았다. 인간의 생명이기에, 생명이 있을
때까지 행원은 결코 머물지 않는다는 것이다. 생명은 그 자체가 목적이듯
이, 보현행원도 그 자체가 목적이라는 것이다. 이에 광덕은 행원이 생명,
숨결이기에 행원으로 살고, 행원으로 삶을 기쁘게 누려야 한다는 것에 도달
하였다. 그래서 광덕은 보현행원을 실천하는 그 자체로써 보리를 이루겠다
는 서원을 하였다. 보현행원이 바로 깨달음의 발로임을 웅변적으로 선언한
것이다. 그래서 그는 주체할 수 없는 정열을 노래하였다.

보현행원은 나의 진실 생명의 문을 엶이어라.
무량위덕 발휘하는 생명의 숨결이어라.
보현행원은 나의 영원한 생명의 노래
나의 영원한 생명의 율동

---

[64] 『만법과 짝하지 않는 자』, 불광출판부, 1997, 128~129쪽.
[65] 광덕, 『지송보편행원품』, 불광출판부, 1999, 101~102쪽.
[66] 『반야의 종소리』, 도피안사, 2006, 77쪽.

나의 영원한 생명의 환희
나의 영원한 생명의 위덕
체온이며 광휘이며 그 세계이어라.
내 이제 목숨바쳐 서원하오니
삼보자존이시여 증명하소서
보현행원을 수행하오리
보현행원으로 불국 이루리
보현행원으로 보리 이루리
나무 대행 보현보살 마하살
나무 마하반야바라밀[67]

지금껏 광덕의 반야바라밀 및 호법운동의 설천사상의 근거를 정리하였다. 그는 보현행원이었다. 그의 보현행원은 그의 실천사상의 정수이자,[68] 그의 반야사상과 짝을 하였던 사상적 버팀목이었다.

3. 광덕사상 연원의 모색

지금부터는 위에서 살피고, 분석한 광덕사상의 연원(영향, 계통, 자생 등)에 대하여 살펴보고자 한다. 이에 대해서는 광덕이 생존하였고, 활동하였던 터전(한국, 범어사, 조계종단, 불광사 등)이 주목되어야 할 것이다. 광덕은 그 터전에서 삶을 영위하고, 출가하여, 포교하고, 사상을 고민하고, 사상을 실천하였던 것이다. 여기에서는 이 같은 전제와 배경을 유의하여 다음과 같은 세 측면에서 그에 대한 전망, 참고점을

---

[67] 위의 『보현행원품 강의』, 214쪽, 「보현행원송」. 보현행원송은 1992년 창작 국악 교성곡의 발표된 것으로 광덕의 동의, 윤문이 있었을 것으로 보인다. 이는 『지송 보현행원품』, 불광출판부, 1999, 172쪽에도 나온다.

[68] 광덕의 행원사상의 구체적 전개에 대해서는 김재영 「광덕스님의 반야행원사상과 노동관」, 『노동의 가치, 불교에 묻는다』, 도피안사, 2007 참조.

개진한다. 이는 하나의 시론 혹은 필자의 단상에 지나지 않는다. 그에 대한 구체적인 분석과 설명은 필자의 추후의 연구로 삼고자 한다.

필자가 생각하는 개념의 초점, 그는 지평성, 역사성, 독창성이다. 우선 지평성이라 함은 광덕이 불법의 체득, 불법의 깨달음, 사상적 개안을 한 무대를 말한다. 그 무대에서 광덕은 자신의 가야 할 길을 찾고, 그 길에 의미를 부여하여, 자신의 사상적 틀을 고민하였다. 그 무대는 범어사 선방이었다. 광덕은 자신은 범어사 선방에서 10여 년간 수행을 하였다고 회고하였다. 그는 입산 직후 바로 범어사 선방에서 그의 은사인 하동산으로부터 불교의 근원으로 바로 들어가라는 채근을 강력히 받았다.

> 가끔 출가동기를 묻는데 제게는 특별한 동기가 없습니다. 건강상 문제, 선생님의 권유도 있고 해서, 선방에 구경 갔다가 거기서 훌륭하신 지도자를 만나고 생활하는 가운데 새로운 세계, 인간이 범범한 인간이 아닌 위대한 세계가 있다는 것을 알게 되고, 이 문을 한번 열어봐야겠다, 물러설 수 없다 해서 그 생활을 한 것이 3년, 30년, 40년이 되어 갑니다.[69]

> 선은 인간의 근원적인 주체성, 우주의 근원적 실재성을 주체적으로 파악하게 만듭니다. 그러니까 그 문제를 알게 하기 위해서 맞대면 하자마자 들이댄 것입니다. 이게 꿀이다. 이런 식입니다.
> 그래서 일주일 동안 하루 한 번씩 인사를 드리고 쫓겨나곤 했습니다. 비참했지요. 그때만 해도 건방져서 세상에 안하무인으로 고개를 들고 다녔을 때입니다.(중략) 그러니까 건방질 대로 건방졌었는데, 거기 와서 말을 할 수가 없어요. 모두들 생각 갖고 살지 않습니까? 그런데 생각도 없고, 꿈도 없고, 생각이 끊어졌을 때, 너 자신이 무엇이냐? 들이대라 하는데 말이 소용없어요. 말은 생각이 아니냐, 말은 논리이자 개념의 조합이나 분석내지 그런 이론의 전개인데, 그걸 가지고는 안 먹혀들어요.(중략)
> 큰스님께서는 처음부터 실물(實物)을 가지고 저를 닦달해 주셨습니다. 일주일 만

---

69 『불광』 1999년 5월호, 138쪽.

에 저도 한마디 할 말이 있을 거 같아요. 그때는 나도 그 뜻을 몰랐거든요. 아침에 청소를 하고 들어가니, 그때는 큰스님께서 일정한 시간에 붓을 들고 쓰시는 게 있었습니다. 그때도 글을 쓰고 계셨습니다. 절을 막 마치고 한마디 입을 벌리려고 하는 찰나에 붓을 딱 들고 눈앞에 확 들이댔습니다.

"일러라, 일러." 말해라 이거에요. 저는 진땀이 확 났습니다. 너 말로 꾸며대서 이론으로 이러쿵저러쿵 하려는 것, 그것 가지고는 안 된다는 뜻입니다. "말과 이론 이전에 너의 생명 자체, 참으로 있는 것, 궁극적인 너의 생명을 생명이라고 하는 그 물건 내놔라" 이거에요. 저는 그 말 한마디에 완전히 깨져 버렸어요. 쫓겨났어요.

아 내가 이제까지 생각으로 알려고 했구나. 이론으로 꾸며 대려고 했구나. 그래서 집에 있는 책을 가져 왔으면 책을 보고 해명했을 텐데 하는 생각까지 했구나. 그때 부터 선방에 들어가서 공부를 했습니다 - 참선하는 방을 선방이라고 합니다. 그때 6·25사변 나던 해, 그 해에는 30년쯤 참선하는 스님들도 있었습니다만 거기서 명예롭게도 한자리를 주셔서, 거기 들어가서 참선을 하고, '정말 생각하지도 않는 생각'이라고 하는 것의 내용이 되는 참선생활을 하기 시작했던 것입니다.[70]

이렇게 그의 사상적 첫 출방은 선방이었다. 이로써 그의 사상적 지평선, 인식의 무대에는 禪이 있었던 것이다.

> 제가 불법을 만난 후 얼마 되지 않아 '불법이 이렇게 큰 뜻을 지니고 있는 것인가, 인간 완성만이 아니라 국토 완성, 역사 완성을 지향하는 근본적인 진리로구나. 내가 구했던 것이 바로 이것이다.' 하는 생각이 들었습니다.
> 중생무변서원도(衆生無邊誓願度), 중생을 다 건지겠다고 말로만 할 것이 아니라 실질적으로 어떻게 해야 될 것인가 하고 구체적으로 연구를 했습니다.[71]

광덕은 위에서 나오듯 선방에서 불법을 만난 직후에 불법의 본질에 접하였다. 이러한 내용은 아래의 회고에서도 나온다.

---

[70] 위의 자료, 141~142쪽.
[71] 『호법총람』, 31쪽.

저는 당초 절에 들어갔을 때 참선하는 선방에 갔습니다. 참선은 불립문자(不立文字)라고 해서 문자를 배우는 것이 아니고 직접 진리를 봐서 체득하는 것입니다. 즉 문자를 보지 않는 것이 선방입니다. 참선해서 불교의 실지를 체득해야 하는 선원에서 10여 년을 보내면서 믿음을 얻은 것이 바로 이 불멸의 부처님입니다.[72]

저는 원래 불법을 알고서 절에 들어간 것이 아닙니다. 참선 구경하는 것이 남자로서 해볼 만한 일이라고 권하는 분이 계셔서 석 달 예정으로 선방 구경 간다고 절에 갔습니다. 그런데 지나다보니 한 40년 되었습니다. 그 가운데 느낀 것이 첫 번째로는 바로 "불법은 종교적인 특수한 계층의 사상이나 철학이 아니라 인간 생명을 키우는 가르침이다. 인간 개개인의 생명을 키우는 가르침이다."라는 사실이었습니다.[73]

이렇게 그는 선방에서 불법, 불교의 생명성 등을 체득하였다. 그러므로 필자는 광덕사상의 무대는 선방이었고, 광덕사상의 지평은 선의 세계임은 분명하다고 본다.[74] 이런 연고로 그는 1959~61년 범어사 선방에서 수좌들과 선어록의 간행, 강의, 간행 등을 하기 위해 숙의하였고, 그 결과로 현대선학연구회가 출범하였다. 광덕은 물론 그 주역으로 활동하였다. 그의 선에 대한 인식은 광덕이 집필한 것으로 전하는 현대선학연구회의 취지서에서 찾을 수 있다.

無限과 自在! 이것은 本來生命의 自己形式이요 汎人間의 久遠의 希願이기도 하다. 우리의 이 希願은 畢竟 釋迦牟尼佛에 依하여 開顯된 禪에 있어서 그 畢竟 窮極이

---

[72] 위의 책, 50~51쪽.

[73] 위의 책, 103쪽.

[74] 『선관책진』(불광출판부, 1980)의 머리말에서 "선은 그릇된 이기적 눈을 돌려 자기 본분지에 사무치게 세계와 역사를 자시 생명 속에서 관통하는 눈을 열어준다. 이런 점에서 선은 영원한 인간회복의 바른 길이다. 영원한 평화와 번영의 지혜를 여는 길이다. 세계와 중생 위에 진리의 꽃을 가득 피우는 보살의 땅인 것이다."고 한 내용이 그를 예증한다.

開明되었다. 그후 數多의 先賢에 依하여 이 大光燈은 不斷히 繼承되었고 光輝되었으나 그러나 今日에 있어 그 몇 사람이나 生命의 精髓 眞理의 窮極을 窮盡하였으며 세계의 光輝를 爲한 法幢이 되었을가 끊일줄 모르는 黑運雲 뭉팅이는 暗黑과 怒濤 波狀으로 이 세계를 넘나보고 不安 混沌은 人心의 槪要를 휘여잡고 있는 것이니 가히 時代는 眞實한 勇者의 活舞台를 임히 完成하고 있는 것이라 하겠다.

정히 徹底한 自己喪失, 極限으로 떠러진 人間權威와 暗黑과 混沌 不安의 밑바닥에 선 現世像이 끊임없이 비저대는 衆生惡夢을 廻轉하는 妙諦 무엇이 될 것인고…. 그것은 窮極的으로 生命의 本源의 把握, 萬有의 窮極的 開明에 있는 것이며 이것은 實로 禪에 依한 無限 創造의 主體的 把握에서만이 그 可能性이 있다고 믿는 것이다. 여기에 있어 吾人은 菲才를 不顧하고 오직 巨壑에 던진 一滴水로 自處하고 감히 法燈의 一滴油를 志願하는 것이다. 그리하여 于先 禪學의 硏修, 古典의 出版 및 禪學의 現代的 開拓을 試圖한다. 생각건대 無能한 吾人에게 있어 이 企圖는 하나의 蠻勇에 그칠지 모른다. 그러나 吾人은 法海의 一滴水가 되는 榮光을 버릴 수 없다. 우리는 生命을 태울 곳을 발견한 것이다.

諸賢 同志여 徹志를 諒하라.[75]

이 취지서에는 선학연구회의 취지, 선을 통해 인간 생명의 본원적 파악, 근원적 개명을 추구하려는 광덕의 사상적 편린이 오롯하게 나온다. 그래서 작성자인 광덕은[76] 그와 뜻을 같이 하는 동지들에게[77] 선학 연수, 선적 출판, 선학의 현대적 모색이라는 새로운 길로 나설 것을 호소하였던 것이다. 광덕의 선사상의 견해를 오롯이 전하는 『선관책진』에 수록된 「선 입문」[78]

---

[75] 이 취지서는 1962년 2월에 발간된 『벽암록』에 수록되어 있는 것을 참조한 것이다. 그런데 김재영은 위의 책, 218쪽에서 1959년 대각출판부에서 『벽암록』이 간행되었다고 서술하였다.

[76] 문체, 문투, 내용을 종합해 고려할 때, 이 글은 광덕의 글이라고 필자는 확신한다.

[77] 이 동지는 범어사 선원에서 처음으로 논의하였던, 광덕의 글에서 '몇몇 禪和'라고 불린 그들이라고 본다. 여기에 이능가는 포함되지 않았다고 본다.

[78] 그가 진수당에서 번역, 출간을 할 때에는 「선 입문」이 없었으나, 1980년 불광출판부에서 재출간할 때에 수록한 것이다.

에는 그에 대한 정수가 나온다. 광덕은 선이 "반야안(般若眼)이 밝혀낸 최상의 인간회복의 길"[79]이라고 하면서

선이란 무엇인가? 이에는 여러 말이 당치 않다. 선은 언어와 사량이 끊긴 것이기 때문이다. 그러나 구태여 말한다면 선은 근원에 사무쳐 절대적 주체를 자각한 행이라고 말하겠다. 인간 진면목을 자각하여 참된 주체성을 확립한다는 말이다.[80]

광덕은 자신이 정의한 바와 같이 범어사 선방에서 10여 년간 참선 수행하면서 자신의 사상적 입각점을 찾았다. 물론 그 사상은 불광사상, 마하반야바라밀 사상, 보현행원 등이었다. 그래서 광덕은 바라밀은 참선을 통해서 밝혀진 진리임을 강조하였다.

반야바라밀은 참선을 통해서 밝혀진 세계입니다. 참선을 통해서 밝혀진 궁극적인 진리의 세계, 원천적인 부처님의 세계, 그것이 반야바라밀입니다.[81]

여기에서 필자는 광덕사상과 참선과의 관련의 결정적 단서를 보는 것이다. 광덕의 선적인 이해, 해석, 사유, 철학적 내용 등에 대한 정리는 후일로 미루거니와 여기에서는 광덕 사상의 무대와 지평이 선이었음만 개진하는 것에서 그치고자 한다.

다음으로는 광덕사상의 역사성에 대하여 살피려고 한다. 광덕의 역사성은 광덕에게 역사적으로 영향을 주었던 인물, 사건, 운동 등을 말한다. 인간은 사회적 동물이라는 말에서 시사되듯이 인간의 행위, 사유, 사상 등은 당시 사회로부터 무관할 수 없다. 때문에 광덕의 사상에는 당시 사회의 과

---

[79] 「증보판에 부치는 말」, 『선관책진』, 불광출판부, 2008.

[80] 위의 책, 29쪽.

[81] 『호법총람』, 150쪽.

제였던 국권 회복, 국가 재건, 불교재건, 불교정화운동, 파란만장한 근현대사의 격랑 속에서 살아가야만 했던 민초들의 고통 등이 존재하고 있었다. 때문에 그의 사상에는 구세, 구국이라는 명제가 자리 잡고 있었다. 이는 그의 사상이 불교라는 테두리를 벗어났음을 대변하는 것이다. 한편 그의 불교 사상의 저변에는 불교재건, 순수불교의 지향이 강하게 나온다. 이는 당시 불교가 일제 식민지 불교, 세속화된 불교, 근본을 잃어버린 불교, 사회성을 망각한 불교, 종단 내부 갈등에 함몰된 불교 등 부정적 현상에서 자유스러울 수가 없었음에서 기인한다. 정화운동의 일선에 참여하였고, 정화운동의 후유증을 해소하고 정화이념을 계승하는 종단 간부였던 그로서는 불교의 정상적 회복에 남다른 고민을 하였음은 당연한 행보였다.

이는 그에게 영향을 주었던 당사자들의 삶과 지향에서도 쉽게 파악이 된다. 그의 은사였던 하동산, 그의 반야사상의 눈뜸에 결정적 계기를 주었던 신소천의 삶의 궤적도 위에서 지적한 범주에 있었다. 이들은 수행, 포교뿐만 아니라 독립운동, 불교의 민족운동, 불교재건으로서의 정화운동 등에 일생을 바친 당사자들이었다. 특히 그의 은사인 하동산은 조계종단의 종정을 역임한 고승으로서 그는 불교정화운동을 최일선에서 추동한 이력이 있다.[82] 광덕은 그를 보필하면서, 정화운동의 이면, 고뇌, 지향을 너무나도 잘 알고 있었을 것이다. 그리고 광덕이 정화운동의 이념을 계승하려는 구도에서 나온 선림회와 영축회의 간부로 참여하였던[83] 것도 간과해서는 안 될 내용이다. 광덕이 범어사 선방에서 10여 년간을 수행함으로써 자기 사상 계발을 할 수 있었음에서도 당시 그 선방의 조실이었던 하동산에게 받은 다양한 훈육을 간과할 수 없다. 이에 그는 하동산을 추모하는 『석영첩』의

---

[82] 졸고, 「하동산의 불교정화」, 『범어사와 불교정화운동』, 영광도서, 2008.

[83] 이에 대해서는 졸고가 참고된다.
    김광식, 「선림회의 선풍진작과 정화이념의 계승」, 『승가교육』6, 2006; 「제2정화운동과 영축회」, 『정토학연구』10, 2007.

서문에서 그를 다음과 같이 표현하였다.

> 스님은 너무나 크셨기에 저희들은 스님 잃은 생각을 무엇인가로 메꿔야만 했습니다. 스님의 빛은 너무나 혁혁하셨기에 가신 뒤의 어둠에서 무엇인가 허둥대어야만 했습니다. 스님의 입김은 너무나 훈훈하였기에 스님 없는 살림은 무엇인가로 축여져야만 했습니다.
>
> 동산노사 - 스님은 현대 한국불교의 母像입니다.
>
> 이념이었고 안목이었으며, 또한 동력이었습니다.
>
> 지중하신 원력과 불퇴전의 용맹, 부단한 정진, 투철한 종지, 무차의 대비, 무애의 방편… 현대 한국불교에 남기신 스님의 발자취는 너무나 위대했습니다. 여기 누가 있어 이 크나 큰 影像을 그릴 수 있겠습니까?
>
> 하건만 저희들은 감히 이 일을 저질렀습니다. 이 보잘 것 없는 작은 책자가 스님의 거룩하신 이름을 욕되게 할까 주저됩니다. 이 눈먼 어린 것들의 장난이 스님의 큰 그림자를 지워버릴까 두렵습니다. 그러면서도 태양을 향한 저희들의 간절한 합장이 이 일을 저지르고 말았습니다. 여러 어지신이여! 너그러운 살핌을 드리옵소서.

그리고 하동산의 영향 이외에도 앞서 잠시 소개하였지만 신소천의 금강경 독송운동에 대한 영향은 두말할 나위가 없는 것이다. 신소천에 대한 계승의식은 1990년 5월에 행한 아래의 광덕 어록에서도 찾을 수 있다.

> "『금강경』 반야의 진리가 참으로 일체의 어둠과 불행과 장애를 다 쓸어버리고 온 세계를 밝히고 따뜻하게 일체 생물을 성장시키는 진리의 근원이다" 하는 소천스님의 가르침을 지금도 제 마음속에 새기고 있습니다. 나만이 아니라 우리 3천여 명의 호법발원 형제들이 반야의 가르침을 가지고 부처님의 법으로 생활하고 원을 발하고 정진하는 것은 바로 이 땅을 지키는 것입니다.[84]

---

84 『호법총람』, 97쪽.

한편 하동산, 신소천에게 강한 영향을 주었던 인물인 백용성에 대한 광덕의 계승의식은 이와 같은 연고로 너무나도 당연한 것이었다. 백용성의 민족운동과 대각교 설립(운동) 그리고 정화운동, 신소천의 각운동, 하동산의 정화운동 등은 너무나 흡사한 사상적 연결 고리를 갖고 있었던 것이다. 이에 광덕의 사상의 한 측면은 이 같은 역사성의 흐름에서 찾아야 할 것이다.

마지막으로 검토한 측면은 광덕 사상의 독창성이다. 광덕사상의 선과의 연계, 역사성도 중요하지만 여기에서 살핀 독창성도 배제할 수 없는 내용이다. 광덕사상의 독창성은 추후 다양한 측면에서 접근이 되어야 할 것이다. 본 글에서는 그에 관련된 몇 측면만을 개진한다. 요컨대 필자가 생각하는 광덕사상의 독창성을 살핌에 있어서는 반야 유일성, 사상적 회통성, 민족불교의 성격을 고려해야 한다.

반야 유일성은 광덕 사상에 있어 반야사상의 경도가 상당하다는 것이다. 요컨대 그의 마하반야바라밀 사상은 어찌 보면 불광사, 불광법회, 광덕의 상좌 및 신도 등에서만 통용되는 것이 아닌가 하는 측면이다.

> 반야바라밀 공부 외에 따로 더 할 것이 없는 것입니다. 최고 최상승의 법문입니다.[85]

> 우리들의 믿음의 기초는 마하반야바라밀이며 믿음의 실천 또한 마하반야바라밀입니다. 즉 믿음의 전부가 마하반야바라밀입니다. 경에는 삼세제불이 마하반야바라밀에서 나왔으며 제불의 어머니는 바로 마하반야바라밀이라고 말씀하셨습니다. 반야바라밀이 삼세의 제불을 낳았고 또한 시방국토의 장엄한 불국을 성취하는 것입니다.[86]

위와 같은 광덕의 어록은 그를 단적으로 말한다. 여기에서 필자는 광덕

---

[85] 『만법과 짝하지 않는 자』, 81쪽.
[86] 위의 책, 140쪽.

사상의 보편성을 추구, 분석, 해석해야 한다고 본다. 광덕 및 성철과 인연이 많았던 뉴욕주립대 교수인 박성배는 그가 미국에서 10년간 공부하다 일시 귀국하였던 1979년 무렵, 광덕의 사상노선에 대한 회고를 최근에 하였다. 그는 성철이 광덕의 마하반야바라밀의 지상주의를 '天然外道'라고 비판하였다는 것이다.[87] 이 같은 비판을 어떻게 볼 것인가의 문제는 지금도 존재할 가능성이 있다. 그래서 광덕연구에서는 이에 대한 설명을 해야 한다. 광덕사상을 불교사상, 대승불교, 한국불교, 근본(초기)불교 등과의 동질성, 차별성을 해석하고, 그를 통한 보편성 추구는 이제 연구자들의 앞에 놓여 있는 것이다.

다음으로는 광덕사상의 회통성이다. 광덕사상은 반야 유일주의도 강하지만 그 내면에는 보현행원의 화엄사상, 금강경 및 반야심경의 공사상, 선사상 등 다양성이 혼재되어 있다. 그리고 광덕 사상에는 그 다양성을 활용하면서도 그를 일정한 관점에서 회통하는 측면이 분명하게 나온다. 예컨대 다음의 어록은 그를 예증한다.

> 이 '마하반야바라밀', 이 『화엄경』의 일심 도리에는 부처님의 깨달음, 진리 그 자체가 완전 구족한 것입니다. 닦아서 그렇게 된 것이 아닙니다. 깨달으면 그렇다는

---

[87] 『광덕스님 시봉일기 10』, 도피안사, 2008, 41쪽. 그는 다음과 같다. "10년 만에 한국에 돌아와 보니 그동안 한국은 많이 변해 있었다. 광덕스님이 만든 불광법회는 잠실에 터전을 마련하고 있었고, 사찰의 규모도 어마어마하게 컸으며 신도들도 엄청나게 많았다. 모두 광덕스님의 법력이라고 칭송이 자자했다. 그러나 절이 커지고 신도들이 많아지면서 여러 가지 예기치 않은 문제들도 함께 생긴 것 같았다. 그 가운데 하나가 광덕스님의 지도 노선이었다. '마하반야바라밀' 일곱 글자만 외우면 된다는 광덕스님의 가르침이 성철스님의 귀에 들어갔다. 성철스님은 '천연외도(天然外道)'라고 일언지하에 광덕스님의 노선을 비판했다. 성철스님은 '출가하고 화두를 받아 오매일여의 경지를 거쳐 확철대오하지 않으면' 아무도 깨쳤다는 말을 할 수 없는 것이라고 잘라 말씀했다. 이에 대한 광덕스님의 답변을 나는 듣지 못했다. 나는 그 뒤에도 거의 매년 한국에 나와 광덕스님을 찾아뵈었지만, 나는 그 질문을 광덕스님께 여쭈어 보지 못했다."

것을 알게 됩니다. 부처님의 법을 믿는 것이 『화엄경』의 기초이고 이 『화엄경』 믿음이 믿음의 출발입니다. 나는 경을 공부할 때 『금강경』에서 「보현행원품」을 보고 「보현행원품」에서 반야바라밀을 보아야 한다고 생각하고 있습니다. 반야를 공부한다고 하는 것은 우리의 생명의 원 모습이 부처님이 깨달은 바 그 진리 자체라는 것을 확실히 믿고 실천하는 것이라고 한 말씀으로 요약할 수 있으며 이것이 또한 『화엄경』의 말씀인 것입니다.[88]

위와 같은 사례는 광덕의 어록에서 다수 찾을 수 있다. 요컨대 광덕사상에 나타나고 있는 사상적 회통성을 추출하고, 그에 대한 적절한 의미를 부여해야 할 것으로 본다. 다음으로는 광덕사상에 나타난 민족불교의 성격을 조명해야 한다. 광덕은 여타 승려와는 달리 국가, 민족을 무척 강조하였다. 이런 성격은 필자가 위에서 살핀 바에 의하면, 그의 사회의식에서 기인하는 것이다. 그러면서도 민족, 국가에 대한 강한 의식은 그의 사상적 특징으로 보아도 좋을 것이다. 예컨대 다음의 어록에서 그를 확실하게 느낀다.

> 불교는 당연히 사회와 조국과 역사와 시대상황에 대하여 전적으로 책임을 져야 합니다.[89]

> 거듭 말해서 국가 민족과 인류와 사회에 봉사하고 자기 활동의 모든 성과를 국가와 사회에 환원시키는 정신자세일 때 참된 개아의 부와 행복과 존경과 찬탄과 생의 보람이 있다는 점이다.[90]

> 필자는 비록 배움이 없고 닦음이 옅음을 돌보지 않고 글로 혹은 말로 거리에서 횡설수설대고 외람되게도 각세구국에 한 몫 거들고 불자 본분에 이바지할 것을 생각해 왔다.[91]

---

[88] 『만법과 짝하지 않는 자』, 39쪽.

[89] 『호법총람』, 114쪽.

[90] 『보현행원품 강의』, 148쪽.

광덕의 이 같은 사상적 저류는 그의 불국토관과 밀접한 연계를 갖는다고 이해된다. 불광사, 도피안사의 홍보물에 나오는 구국, 구세, 대각구세구국 등이 그런 산물이다. 하여간 그의 사상, 발언에는 민족불교적인 성격이 강렬하게 나옴은 분명하다. 이는 그의 삶이 국권상실, 민족분단, 6·25전쟁, 남북 대치 등이라는 한국 현실에서 영향 받았던 것으로 이해된다. 하여간 그의 민족불교[92] 성격을 조명해야 한다.

지금까지의 그의 사상적 독창성을 고려함에 유의할 내용을 대별하여 제시하였다. 이는 어디까지이나 필자의 소견에 불과하다. 추후에는 다양한 학자들이 이에 대한 참신하고, 예리한 관점을 제시할 것으로 믿는다.

4. 결어

본 고찰의 맺는말은 추후 광덕 연구에 유의할 측면으로 생각되는 필자의 견해를 제시하는 것으로 대하고자 한다.

첫째, 광덕에 대한 자료수집을 일층 더 강화해야 한다는 것이다. 이제 『광덕스님 전집』이 나와서, 추후 광덕연구는 본격화 될 것이다. 그렇지만 광덕에 대한 자료는 더욱 수집될 수 있다. 이는 그의 활동의 폭을 고려하면 그러하다. 그리고 구술사의 방법을 접목하여 광덕과 인연 있는 승려, 신도 등 다양한 사람들에게서 광덕에 대한 일화, 사상, 증언 등 다양한 이야기를 채록하는 것이 좋을 것이다. 광덕에 대한 자산은 무궁무진할 것이다. 광덕의 전법, 호법, 기도, 수행, 불광운동, 불교 대중화, 불교 현대화, 정화운동, 조계종단사, 용성문중사, 범어사 역사, 도회지 포교, 진리운동, 사상운동 등 다양한 분야의 내용이 나올 것이다.

---

[91] 광덕, 『메아리 없는 골짜기』, 불광출판부, 1991, 5쪽.

[92] 필자의 민족불교에 대한 개념은 졸저, 『민족불교의 이상과 현실』(도피안사, 2007)의 「머리말」과 「대한승려연합회선언서와 민족불교론」을 참조할 수 있다.

둘째, 광덕연구에 있어서 자료 및 광덕의 삶과 사상을 입체적으로 접근해야 할 것이다. 자료, 생애, 사상, 불광운동 등을 이해함에 있어 시간과 공간, 그리고 종으로 횡으로, 주제별 등등 다면적 해석을 시도하는 것이다.

셋째, 광덕연구는 광덕의 영향으로 수행하고, 움직여 나가는 승려, 신도, 사찰, 법회가 있는 만큼 이러한 특성을 고려해야 한다. 요컨대 광덕연구에는 신앙성이 깊이 개재되어 있다. 근대불교학의 연구에서 배제된 신앙성, 현장성을 복구, 보완할 수 있는 대상이다.[93] 광덕연구는 살아 있는 연구가 되어야 할 것으로 본다. 이점과 관련하여 광덕이 말하고 있는 각(깨달음)의 성격을 생각해야 한다. 그리고 광덕이 불광법회에서 강조한 수행의 구조, 내용도 분석되어야 한다. 즉 광덕은 염송, 독송, 염불, 기도, 독경, 참선 등에 대한 수행을 어떻게 이해하였는가도 중요한 연구 과제이다. 그는 신도들에게 반야바라밀 수행을 어떻게 권하였는가, 나아가서 자신은 어떤 수행을 하였는가의 문제이다. 요컨대 광덕의 수행관을 연구해야 한다.

넷째, 광덕 연구에 있어 광덕에 대한 정체성을 따져 보아야 할 것이다. 광덕, 그는 누구였는가? 그는 어떤 삶을 살았는가이다. 그는 큰스님이었는가, 고승이었는가, 사상가이었던가, 보살이었는가, 아니면 위대한 교사였는가이다. 광덕 연구는 불교, 사찰만의 연구로 제한두지 말자는 것이다. 그의 연구를 인문학, 인간학의 지평에 올려놓아야 한다.

다섯째, 광덕 연구에 있어서 보편적 언어로 해석하고, 전달할 수 있는 개념을 활용하자는 것이다. 불교 용어로만 하지 말고, 불교권 밖의 언어를 동원해야 할 것이다. 그래야만 광덕이 위대한 한국인이 되고, 동아시아의 보살이 되고, 20세기 인류 역사를 빛낸 거목이 될 수 있다.

지금껏 필자가 생각하였던 광덕 연구의 주안점, 추후 연구의 참고점 등을 제시하였다. 이런 측면의 연구에 필자도 지속적인 참여를 하겠지만, 후학

---

[93] 심재관, 「중간지대 없는 불교학계」, 『禪苑』, 선학원, 160호(2008년 12월호).

및 타 분야 연구자들의 동참을 기대하면서 이만 줄인다.

:

대학생불교연합회의
求道部와
봉은사 大學生修道院

1. 서언

　　　　한국 현대불교를 그 이전의 불교와 구분하여 설명하는 객관적인 현상은 다양하다. 그중의 하나는 지식인 불교신자의 증가라고 말할 수 있다. 지식인 재가불자의 등장은 불교사상 및 교리의 이해, 전수, 설명을 주관하였던 불교 엘리트의 외연을 확대케 하여 불교 대중화, 불교 현대화에 큰 영향을 끼쳤다. 한편 재가 지식인들이 교단 및 종단에 끼쳤던 영향도 상당하였다.[1]

　그런데 지식인 불자의 성장, 발전의 토대의 견인차 역할을 하였던 것이 대학생 불교신자였다. 대학생 불교 신자들은 각 대학별로 자치적인 불교학생회를 결성하여 신행활동을 하고, 나아가서 전국적인 연합회를 조직하였거니와 그것이 대학생불교연합회이다. 흔히 대불련으로 약칭되었던 그 단체는 1963년에 발족되어 현재까지 존속, 활동하고 있다.

---

[1] 예컨대 민중불교의 등장, 94년 종단개혁은 그 예증이다. 이런 측면은 추후 심층적, 객관적으로 정리할 필요성이 있다.

한편 대불련의 창립, 활동은 당시 조계종단의 재정비, 그리고 그와 짝을 하여 가시화되었던 종단 3대지표에 관련되어 있었다. 즉 조계종단은 비구, 대처간의 내적인 갈등인 이른바 정화운동을 거치면서 정체성 혼란을 겪었다. 그러다가 1962년 4월 비구, 대처의 통합을 가져온 통합종단이 등장하면서 외형적으로는 안정을 기하였다. 그러나 얼마 지나지 않아 대처승의 반발이 있어, 종단의 불안은 지속되었지만 그 이전과는 현저하게 다른 종단의 견고성은 구축되었다. 그리하여 당시 정화운동을 이끌었으며, 종단을 추동하였던 승려들은 종단3대 지표의 하나로 설정된 포교 분야에 주력하였다. 특히 당시까지는 불교의 신자들은 여성들이 주축을 이루고 있어 보살불교, 기복불교라는 별칭을 듣고 있어, 포교의 새로운 바람을 일으켜야 한다는 자각을 하였다. 이런 구도에서 관심을 기울인 계층이 대학생이었다. 또한 당시 종단을 주도하였던 승려들은 불교의 중흥 및 발전의 주역으로서 대학생 불자를 인식하였다. 이는 대불련의 지원을 불교의 인재양성 차원에서도 바라볼 수 있는 것을 말한다.

그런데 당시 대학생 불자들도 4·19, 5·16을 거치며 민족주의의 영향을 받으면서 불교를 통해 당시 사회의 문제점을 인식, 개선하려는 의식이 자생적으로 움트고 있었다. 그는 대학생불교연합회의 이념에 민족주의, 호국불교, 민족불교의 성격이 담보되었음을 말한다. 이는 대학생불자와 종단 지도부를 이끌던 승려들간의 동질적인 현실인식이 결합되었음을 의미한다. 그 승려로 대표적으로 꼽을 수 있는 대상자는 이청담, 이성철, 김탄허,[2] 고광덕, 이능가, 김홍도[3] 등이었다. 이들은 대불련의 창립, 활동 등에 적극적인 지원을 하였으며, 대불련에 소속된 회원들에게도 큰 영향을 미쳤다.

---

[2] 김탄허의 이 측면은 오대산수도원의 사례에서 찾을 수 있다. 졸고, 「오대산수도원과 김탄허」, 『새불교운동의 전개』, 도피안사, 2002.

[3] 「佛日村 외치며 굳건한 巨步, 한국불교사회봉사회 南山에 開基」(『대한불교』 1965. 4.25)에는 "스님은 한국대학생불교연합회 발족을 막후에서 도왔고"라 한다.

이와 같은 대불련의 핵심 간부들과 대불련을 후원, 추동하였던 승려들 간의 동질적인 현실인식에서 태동된 것이 대불련의 求道部와 學生 修道院 의 설립이었다. 대불련 구도부는 대불련을 이끌던 핵심적인 학생들이 단순한 불교의 신행 생활에 머무르지 않고, 求道를 실행에 옮긴 조직체를 말한 다. 그리고 학생수도원은 구도부 학생들이 봉은사라는 사찰 내부의 별도의 공간에 머물면서, 집단적인 수행과 생활을 하였던 특별한 수행시설이었다. 봉은사의 학생수도원은 1965년 9월 22일에 설립, 운영되어 약 7년간 존속되었고, 50여 명의 학생들이 그곳에서 수행하였다. 이 같은 내용은 1960년대 불교를 설명하는 흥미로운 역사이다. 필자는 이 내용을 정리하는 것이 1960 년대 불교사뿐만이 아니라, 여기에 연관된 승려들의 행적 조명, 구도부와 학생수도원 출신들의 행적 파악에 중요하다고 판단하고 있다.

본 고찰은 바로 이 같은 배경하에서 나온 대불련 구도부와 봉은사에 설립된 학생수도원의 성립, 전개, 활동 등의 전모를 역사적인 관점에서 정리하려고 한다. 여기에 나타난 이념, 사상, 특히 적극적인 후원을 해준 승려들의 포교이념, 포교사상 등은 필자의 후일 연구로 남겨 두고자 한다. 선학제현의 질정과, 비판을 기다린다.

2. 대학생불교연합회의 발족과 구도부

대학생불교연합회(이하, 대불련으로 약칭)는 1963년 9월 22일, 동국대학교 중강당에서 발족되었다. 대불련은 1963년 7월 초, 각 대학불교학생회에 소속된 학생들의 수차례의 회합을 통해[4] 본격화되었다. 이들은 당시 학생들의 정체성 상실과 서구문화에 함몰

---

[4] 그런데 이기영은 "학생 자신들이 오래 전부터 구상하여 오던 중"이라고 표현한 것을 보면, 그는 추정하건대 1962년 초반이 아닌가 한다.

되고 있는 현상을 비판하면서, 본래적 자아와 진아의 자리를 발현하여 실상 본연의 이상세계를 건설하기 위한 조직체를 만들 것을 고민하였다. 당시 대불련 결성을 위한 준비 소위원회에 참가한 대상자는 다음과 같았다.

서울대: 신호철, 김영만, 김윤권
고려대: 이세규
동국대: 오형근, 최동수
외국어대: 서영자
경희대: 이현상
성균관대: 김복성
숙명여대: 설영자
한양대: 서승남
수도사대: 박명순
공사: 김원인
육사: 정송우
룸비니학생회: 김승

이상, 서울시내 대학의 불교학생회를 대표하였던 15명이 바로 그들이었다.[5] 이들 중에 육사, 공사, 룸비니학생회도 포함된 것이 이채롭다. 이들은 그해 8월 28일, 조계사 학생회관에서 후속 모임을 가졌다. 즉 각 대학의 불교학생회 대표 25명[6]은 대불련 출범에 대한 기본 문제인 발기인 선정, 헌장 심의, 발기 대회 및 창립대회 일자, 창립 준비위원 선정 등을 논의하였다. 그 결과 발기준비는 9월 8일 이전에, 발기대회는 9월 15일에, 창립 총회는 9월 22일에 갖기로 합의하였다. 그리고 정식 발족에는 서울 시내 17개교의 대학[7]이 참가하고, 3군사관학교 나아가서 지방대학과도 제휴를 갖기로 하

---

[5] 「한국불교도, 대학생연합회를 발기」, 『대한불교』 1963.8.1.
[6] 그 25명의 명단은 전하지 않는다.

였다.[8] 이러한 준비를 거친 후, 드디어 1963년 9월 22일 대불련은 공식으로 출범하였던 것이다. 그 사정을 전하는 보도기사를 살펴보자.

그들의 강령이 말하고 있듯이 진리의 벗과 얼이 되어 東方의 등불이 될 것을 스스로 다짐하는 대학생불교연합회가 지난 9월 22일 동국대학교 중강당에서 그간 꾸준한 검토와 준비과정을 거친 끝에 드디어 새로이 발족을 보았다.

전국 각 대학과 三軍士官學校의 불교학생회와 불교연구회 불교학생 '써클' 기타 학생불교 단체가 연합하여 민족문화의 근간이 되어 왔으며 또한 지도 이념이기도 했던 한국불교의 전통을 바르게 이어 받아 다시 이 땅에 꽃피움으로서 佛敎를 大衆化와 現代化 하여 인류 평화에 기여코저 하는 전위가 될 것을 그들은 목적하고 있다.

이날 창립대회는 각 지방의 대의원 六十여 명과 在京 代議員을 포함한 五백여 명의 회원 그리고 종교계와 교육계의 많은 내빈이 참석하여 격려하는 가운데 채택된 강령에 ① 우리는 진리의 벗 참다운 구도자가 되려다 ② 우리는 진리의 얼 참다운 생명가치를 구현하려다 ③ 우리는 진리의 벗 참다운 복지사회를 건설하려다고 다짐하면서 한국의 주체성 확립을 제고하는 한편 불교중흥의 광장을 모색하고 있다.

이날 선임된 임원은 회장에 신호철(서울法大), 부회장 이순규(전남醫大) 강혜정(이대) 求道會長 金潤權(서울文理大)이며 사업계획으로는 ① 모범 法會 및 수련대회 ② 전국대학생불교회 조직 ③ 교양강좌 개최 ④ 사회봉사 및 국민계몽 ⑤ 마을법회 운동을 통한 포교활동 ⑥ 민족문화의 보호운동 ⑦ 각종 연구발표와 문예, 체육대회, 좌담회 등 개최 ⑧ 국제교류 ⑨ 회관 건립 등을 추진할 것이라는데

이청담 스님은 격려사에서 "五천년을 자랑하는 우리 문화이면서도 우리는 실상을 잃고 암흑 속을 아직도 헤매고 있다. 또한 인류를 보다 행복하게 하고 있는지 의문이다. 문명의 이기가 오늘 인류를 멸망의 문턱에까지 밀어 올리고 있는 이때에 대학생들은 모름지기 불타의 가르침에 따른 횃불이 되기를 바란다"고 하였으며

---

[7] 참가 대학으로는 서울대, 고려대, 연세대, 동국대, 이대, 숙대, 경희대, 중앙대, 수도사대, 건국대, 서강대, 서울여대, 한양대, 동덕여대, 서라벌예대 등이 있었다.

[8] 「한국대학생불교연합회, 결성준비회」, 『대한불교』 1963.9.1. 당시 황산덕(동아일보 논설위원)과 서돈각(서울대교수)는 『대한불교』(1963.9.1)지에 대불련의 창립에 대한 격려, 소감을 기고했다.

김법린 동국대 총장은 한국불교에 새로운 의미를 주는 새로운 원력으로서 새로운 사상적 풍토를 조성할 것을 바라며 청신한 마음으로 탐진치 三毒의 제거운동을 세계적으로 전개하고 앞장 설 것을 당부하였으며 이외에도 많은 인사의 격려와 앞날의 축복리에 역사적인 한국 대학생불교 연합회가 탄생하였다.[9]

이 기사에 나오듯이 불교 대중화, 불교 현대화를 통한 불교의 중흥을 기하면서 불교 신행활동을 철저히 할 것을 다짐하며 대불련은 1963년 9월 22일, 동국대학교 중강당에서 발족하였던 것이다. 회장, 부회장, 구도회장을 포함한 임원진을 선출하면서 출범한 대불련은 당시 조계종단의 종회의장이었던 이청담이 격려사에서 부탁한 바와 같이 불교의 횃불이 되어야 한다는 주문을 받았다. 대불련의 강령에서도 확인되거니와 대불련은 그 출발부터 신행활동의 조직체 이상의 목적을 갖고 있었다.

① 우리는 眞理의 벗 참다운 求道者가 되련다
② 우리는 眞理의 얼 참다운 生命價値를 具顯하련다
③ 우리는 眞理의 벗 참다운 福祉社會를 建設하련다[10]

즉 신행에 머물지 않고 진리의 동반자로서 구도자가 되겠다고 하였으며, 생명가치와 복지사회를 구현하고 건설하겠다는 것을 강령으로 표방하였다. 이를테면 선구자적인 자의식이 충만하였던 것이다. 그 당시 대학생에 대한 엘리트의식, 선민의식을 고려하면 납득이 될 수도 있지만, 그 성향이 매우 강렬함을 느낄 수 있다. 바로 이런 점을 당시 종단, 종단 지도급 승려들도 인정하고, 그들의 활동의 지원을 통한 포교, 불교발전 나아가서는 불교의 정체성 수립과 정비까지도 당부하는 인상을 주었다. 그리고 임원진에 구도회장이 있었음을 보면, 대불련의 지향·이념에서 구도회는 상당히 중

---

[9] 「한국대학생 불교연합회 발족」, 『대한불교』 1963.10.1.
[10] 이 강령은 대불련의 강령으로 지속적으로 이어져 왔다.

요한 부서임을 알 수 있게 한다. 이는 대불련의 사업의 첫 번째로 모범법회 및 수련대회를 내세운 것에서도 더욱 드러난다.

발족한 대불련은 점차 후원기구를 두고, 조계종단에 지원을 요청하는 건의서를 제출하는[11] 등 점차 그 외연을 넓혀 나갔다. 대불련은 그해 겨울에 제1차 수련대회를 속리산 법주사에서 가졌다.[12] 전국의 각 대학에서 39명이[13] 참가한 그 대회는 1963년 12월 26일부터 1주일간 진행되었다. 새벽부터 밤 9시 취침에 이르기까지 승려들과 또 같은 생활을 하면서 참선, 강의, 신앙고백 등으로 진행되었다. 수료식이 거행될 때에는 이청담, 김법린이 참가하여 학생들의 구도에 대한 열의를 격려해 주었다. 그런데 이러한 수련대회는 단순한 수련이 아니었다. 승려와 또 같이 생활하였다는 것에서 나오듯이 학생들은 주체할 수 없는 열정에 사로 잡혀 있었던 것으로 보인다. 당시 이들의 지도교수로서 학생들의 지근거리에 있었던 이기영은 다음과 같은 증언 기록을 남겼다.

> 불교청년회의 활동이 열을 띠기 시작할 무렵 지난해 二學期初에 서울 시내 각 대학의 불교학생들의 발기로 純全히 그들만의 손으로 전국대학불교연합회가 발족되었다. 내가 그들과 접촉을 가진 것은 그 창립대회의 말석에 참여할 기회를 얻었을 때부터이다. 그 학생들의 젊은 氣魄과 求道意欲이 완전히 나를 사로잡고 말았다.

---

[11] 자문위원회를 두었는데 그 대표위원은 동국대학교 총장 김법린이었고, 간사는 서울대 교수인 서돈각이었다. 중앙종회에 건의서를 제출한 바, 그는 총무원에 학생포교 전담기구 설치, 예산지원, 사암과 포교당이 학생운동 지원, 도시의 사암과 포교당이 해당 지방의 학생회를 선정하여 육성 등이었다. 「한국대학생불교연합회, 자문위를 구성」, 『대한불교』 1963.11.1.

[12] 지도교수는 이기영, 서경수였다.

[13] 그 명단은 확보하지 못하였는데, 이중에는 여학생도 6명이 있었다. 추정하건대, 이 대회는 구도회장인 김윤권이 추진한 것으로 보인다. 김윤권은 1963년도에 대학 4학년이었는데, 졸업에 즈음하여 대불련 창립 이후 대불련 발전의 공로로 종정의 표창장을 받았다. 김윤권과 함께 졸업한 대상자는 11명이었는데 이들은 명예 회원으로 추대되었다.

精神文化의 自主性을 標榜하고 나선 學生들의 純粹한 마음의 웨침을 들은 사람이라면 누구든지 多少간 感動을 받지 않을 수가 없었을 것이다.

대학생불교연합회의 간부들은 우선 핵심적 일꾼의 輩出을 목적으로 傘下에 求道會라는 核心的인 組織을 가지고 방학을 이용하여 일정한 기간에 걸쳐 名山大刹을 찾아 修鍊大會를 가지기로 하였다. 그리하여 그 第一次大會로 수련대회가 겨울 방학을 이용하여 일주일동안 속리산 법주사에서 了細한 모습에 관하여는 따로 소개될 줄 알지만 나는 이 第一次大會에 참가하고 無限한 기쁨을 감출 수가 없었다. 내가 佛敎學徒의 한사람으로서 내가 특히 믿음직스럽게 생각하는 것은 여기에 참가한 학생들의 질이 매우 卓越하다는 점이다. 먼저 그들은 순수한 마음의 소유자들이다. 티끌이 없다시피 맑은 심성을 접할 때 아무도 그 심금을 막을 길이 없을 것이다. 또한 그들의 대부분이 총명하고 제 각기 전공하는 학문분야에서 著實한 기초를 쌓고 있는 우등생들이다. 그들에게는 불교에 대한 관심이 아무런 물질적 이해와 관련되어 있지 않고 있다.

다만 배우지 않을 수 없어서 그냥 배우는 환희심의 소지자들이다. 큰소리는 안 치지만 은밀히 마음속으로 옛 花郞의 氣槪를 본받는 快心을 간직하고 있다.

나는 이러한 젊은이들이 해마다 사회에 배출되어 각계에 침투해 들어가 그 꾸준한 정진을 계속할 때 이 나라의 앞날이 무척 밝아질 수 있으리라고 확신하여 마지않는다.

그리하여 불교청년운동은 참으로 실질적인 民族的 精神革命의 기반을 이룰 수 있게 되리라고 본다.[14]

이기영의 회고에는 대불련의 성향, 정서, 초기 정황 등에 관련된 정보가 다수 전한다. 여기에서 필자가 주목하려는 것은 대불련의 간부들은 핵심적인 일꾼의 배출을 목적으로 회의 산하에 求道會라는 핵심적인 조직을 두었다는 것이다. 그리고 방학에는 그 구도회가 명산 대찰을 찾아가서 수련을 가지기로 결정하였다는 내용이다. 요컨대 대불련의 최우선적인 사업이 핵심 일꾼 배출을 위한 구도회라는 점이다. 그렇다면 이 구도회는 단순하고, 사찰 순례적, 일반적인 수련을 하는 것과는 질적으로 다른 모임인 것이다.

---

[14] 이기영, 「불교청년운동의 회고와 전망」, 『대한불교』 1964.1.1.

542 · 불교 근대화의 이상과 현실

일꾼 배출이라 함은 대불련을 발족시킨 주체들과 같은 현실인식과 이념을 갖고서, 대불련 활동을 해 나갈 인재 양성을 염두에 둔 것이라 하겠다.

이 같은 노선하에서 대불련은 1차 수련대회를 법주사에서 갖고, 2차 수련 대회는 1964년 6월 15일부터 6월 24일까지 오대산 월정사에서 개최하였다.[15] 구도회원 42명이 참가한 그 대회는 법주사와 경우와 같이 참선, 강의,[16] 특강[17]의 기조하에 사찰의 승려생활과 유사하게 진행하였다. 그런데 이 같은 구도회의 수련이 사찰에서 행해짐으로써 은근히 사찰, 승려의 이해뿐만 아니라 당시 불교의 실상을 보다 구체적으로 파악케 해주는 계기가 되었다. 이는 곧 대학생 불자, 구도회 회원들이 불교 중흥을 위한 사명감을 각인케 해주는 동기로 작용하였을 가능성이 있다. 이에 대한 단서로 서경수의 생각이 주목된다.

이 나라에 대학생불교연합회가 발족을 보게 됨으로써 한국불교는 비로소 젊은 지성인들의 세계에 접근할 수 있는 계기를 얻었다고 할 수 있다.

동시에 젊은 지성인들에게는 이질적으로만 느껴지던 「불타사상」(佛陀思想)을 가까이 할 수 있는 길이 열렸다. 불타의 교리는 언제나 젊은 세대와 서로 교통할 수 있는 길을 마련해 놓아야 한다. 그 교통의 길(communication)이 막히고 있는 한 불교는 무거운 과거의 역사를 지니고 있는 채 역사적 현실에서는 소외된 죽은 종교가 될 것이며 또 젊은 지성인은 언제나 불교를 이질적으로만 느끼고 말 것이다. 그 「교통의 길」을 열어 놓고 불교와 젊은 세대 사이에서 교량적 역할을 하는 것이 대학생불교연합회의 사명이다.

대학생불교연합회는 지니고 있는 위치적 사명을 다하기 위하여 작년(1963년) 9월에 발족한 이후 두 번 대학생만이 참가할 수 있는 수련대회를 가졌다. 연합회가 지니고 있는 교량적 사명을 집약적으로 발휘하고 위한 정신적 수련기간이었다. 감각이 지나치리만큼 예민한 젊은 대학생들에게 불교적 분위기에서 불교를 직접

---

15 「대학생불교연합회, 제2차수련대회」, 『대한불교』 1964.7.11.
16 서경수, 박성배, 이기영의 강의가 있었다. 박성배는 지도교수였다.
17 월정사 조실인 탄허는 학생들에게 불교특강을 하였다.

적으로 체험할 수 있는 기회를 주기 위함이다. 승단(僧團) 밖에서 불교를 얘기하는 안이한 자세를 버리고 직접 각자가 승단 속으로 들어가 짧은 기간이나마 승단의식과 계율을 엄수하고 가장 순수한 상태에서 불도(佛道)를 수행해 보자는 것이다. 이것은 새 歷史의 창조를 위한 태동이며 첫 巨步이며 전교계의 편달이 있어 유종의 미를 거두어야 할 것이다.[18]

즉, 구도회원의 사찰에서의 수련은 불교의 직접 체험을 제공하는 것인데, 나아가서 그런 과정을 거친 학생들이 불교와 젊은 세대 간의 교량역할을 해야 한다고 강조하였다. 이런 교량 역할이 대불련의 사명이라는 것이다. 이 같은 서경수의 생각과 위에서 제시한 이기영의 민족적 정신혁명의 기반이라는 것은 대불련이 불교의 재흥, 민족불교의 구현이라는 구도에서 움직이고 있음을 말하는 것이다.

이와 같은 대불련의 노선, 성향은 대불련 창립 1주년 기념 좌담회에서도 개진되었다. 좌담회는 1965년 9월 22일, 조계종 총무원 회의실에서 80여 명이 참가한 가운데 진행되었다. 젊은 세대의 불교 활동 전개, 시대적 요청에 부응할 수 있는 불교의 자세, 불교의 일신책 등의 주제로 열린 이 좌담회는 대불련 간부, 종단측의 이청담, 이행원, 이석호와 지도교수인 이기영, 서돈각과 『대한불교』의 사장인 이한상이 참여했다.[19] 대불련의 총무였던 김금태는 다음과 같이 발언했다.

대학생연합회는 작년 이맘때 창립된 이래 많은 고난을 겪어 왔다. 천여 년 동안 우리 문화의 바탕이 되어 온 불교가 지금에 와서 한낱 미신에 가까운 기복(祈福)불교로서만 일반에게 오해(誤解)되고 있음은 무슨 연유인가? 그리고 우리가 불교활동을 하는데 있어 일반이 의아한 눈초리로 바라보게 되는 것은 도대체 어떠해서 그런 것일까? 이러한 것을 생각할 때에 교계의 각성이 그 어느 때보다도 절실함을

---

18 「韓國大學生 佛敎運動 - 수련대회를 중심으로, 현대인에게 이질적인 느낌을 주지 않는 불교로」, 『대한불교』 1964.8.23.

19 「대학생연합회, 창립1주년 기념좌담회」, 『대한불교』 1964.9.27.

느끼지 않을 수 없다.

활동을 활발히 하기 위해서는 종단(宗團)측의 적극적인 뒷받침이 있어야 할 것이다. 이제까지는 우리 학생연합회에 대한 종단의 뒷받침이 너무나 미약하였다. 또한 명심할 것은 오늘날 불교가 이조시대의 표면화된 배불정책과는 달리 음성적으로 방해받고 있음이다. 특히 이런 것은 교육계에서 더욱더 심각한 것으로 생각된다.[20]

김금태는 대불련의 활동과 지향이 불교의 중흥에 있음을 전제로, 조계종단의 적극적인 지원이 요청된다고 언급했다. 이에 대하여, 종단을 대표하고 있는 이청담은 대불련 회원들에 대한 관심이 적지 않음을 다음과 같이 피력했다.

나는 이러한 승려를 말하자면 신심이 깊고 경(經)도 알며 과학적인 현대 지식도 갖춘 승려를 종단에서 기르려면 먼저 승려적 자질이 충분하고 건강한 학생들을 이끌어 키워야 한다고 주장한다.
또 경(經)을 읽히고 교리를 연구시킨 후 한 10년쯤 입산(入山)하여 참선(參禪)을 시킬 필요가 있다. 도시 이론만 알고 선(禪)의 경지에 들어 보지 못한 사람을 어떻게 승려라고 할 수 있겠는가? 그리고 불교를 믿으려면 불타(佛陀)를 믿을 것이지 중을 믿지 말라고 강조하고 싶다. 또 불교 대중화 한다고 하지만 그 이전에 대중이 부처님을 따라야 할 것이다.
앞으로 종단 산하의 여러 단체가 조직적으로 체계 있게 움직여 이런 모든 문제를 해결해 나가 주기 바란다.[21]

이청담은 그가 이상적으로 생각하는 승려상 즉, 경학도 배우고, 교리도 알고, 10여 년의 참선 수행을 거친 대상자를 제시하면서, 그에 부합할 수 있는 학생들을 양성하자고 제안했다. 그 학생들이 대불련의 학생들임을 파

---

[20] 위의 신문, 「좌담, 한국불교의 진로」.

[21] 위와 같음.

악하는 것은 어려운 것이 아니다. 청담이 이런 구상을 개진함은 기존 승단의 승려로는 새로운 시대에 걸맞은 인재로 활동할 수 없음을 인식하고 대불련 학생들을 승단으로 유입케 하려는 복안에서 나온 것으로 보인다.[22] 그리고 청담은 학생들에게 불교 대중화 이전에 대중(학생)들이 우선 불타를 믿어야 한다고 강조했다. 이 같은 대불련의 김금태와 종단의 이청담의 발언에서 곧 불교 중흥을 기한다는 공통적인 인식을 갖고, 종단이라는 매개체로 서로를 필요로 하였던 연결 고리를 갖게 되었음을 알 수 있다.

한편 대불련은 발족 1주년을 기념하는 좌담회를 개최한 직후, 부서 확장[23] 및 회칙 개정을 단행하였다.[24] 그 결과 회지 발간을 검토하고, 求道會는 회장 직속으로 두어 원활한 포교 사업을 할 수 있게 하였다. 그리고 1964년 9월 26일, 조계사에서 창립 1주년 기념 법회를 갖기도 하였다.[25] 그 이후 대불련은 서울지역 7개 대학의 조직을 정비하였고, 부서 확장을 기해, 포교 사업의 활성화를 추진하였다. 서경수를 초청하여 금강경 강좌를 조계사에서 시행한 것은 그 예증이다.[26] 그 밖에도 전국의 각 대학에서 불교 강연의 추진,[27] 서울지역 대학의 불교학생회의 조직 정비 등을 통해 포교 분야에서

---

[22] 청담의 이러한 인식은 그가 도선사에 세운 실달학원의 분석을 기하면 보다 상세히 조명될 수 있을 것이다.
「실달학원 학인 모집 공고」, 『대한불교』 1964.11.15 참조.

[23] 당시 부서와 그 책임자는 다음과 같다.
회장 양근하(동대), 부회장 김태ㅇ(전남의대), 장미자(이대). 사무장 김금태(경희대). 총무부장 김영규(서울대) 총무차장 조성회. 재무부장 김기중(경희대) 재무차장 문은숙(숙대). 조직부장 이용부(동대) 조직차장 박ㅇ균(동대). 사업부장 전준근(고대) 사업차장 정인택(고대). 국제부장 박명순(수도사대) 국제차장 민건홍(동대). 구도회장 장미자(이대), 교화부장 이천ㅇ(성대). 도서출판부장 김종화(서울대), 교리연구부장 홍기표(서울대).

[24] 「한국대학생 불교연합회, 임원개편, 회칙개정」, 『대한불교』 1964.10.4.

[25] 위의 신문, 「창립 2주년 기념법회」. 당시 조직구성은 서울시내 7개 대학, 지방 10개 대학안의 '수천 명'의 회원이 있었다고 한다.

[26] 매주 토요일 오후 4시 30분에 개최하였다. 「금강경 수강, 대학생연합회」, 『대한불교』 1964.10.25. 금강경을 주해하여, 프린트 하여 제공하였다.

의 역할도 강화하였다.[28] 이렇듯이 1964년은 대불련에 있어서 중요한 해로 기억되었던 것이다.[29]

1965년을 맞이한 대불련은 다양한 사업을 검토, 결정하였다.[30] 그 중에서 본 고찰의 초점이 되고 있는 구도회는 구도회원 중심으로 春秋의 계절로 경전 강의를 갖고, 참선 정진법회를 春秋로 2회한다는 기획을 세웠다. 이런 구도하에 대불련은 제3차 수련대회를 해인사에서 개최하였다. 즉 1964년 12월 28일부터 1965년 1월 8일까지, 해인사 홍제암에서 30여 명의 회원이[31] 참가한 가운데 진행하였다.[32]

한편 대불련은 1965년 3월 28일, 조계사 구내 학생회관에서[33] 제2차[34] 전국대의원대회를 개최하였다.[35] 대의원 총회에 참석하기 위해 서울로 모인 회원들은 총회 직전인 3월 27일, 조계사 대중실에서 간담회를 가졌다.[36] 김

---

[27] 「대학생불교연합회 후원, 불교강연회 성황」, 『대한불교』 1964.11.15.

[28] 「대학생불교연합회 布教에 盡力, 젊은 知性층 적극 호응」, 『대한불교』 1964.11.22.

[29] 「졸업 환송 대법회」, 『대한불교』 1964.12.27. 12월 19일, 조계사 법당에서 졸업생 환송 법회를 가졌다. 이 자리에서는 대불련 간부를 역임한 인물들은 총무원장에게 감사장을 받았다. 그들은 다음과 같다. 신호철(전 회장), 최동수(전 사무장), 전창열(전 임원), 이채영(전 임원), 송정희(전 임원), 이순제(전 지회장) 등이다.

[30] 「1965년 젊은 意志」, 『대한불교』 1965.1.3. 이 보도에는 65년도 사업이 상세히 전하고 있다.

[31] 이중 여학생이 4명이 있었다.

[32] 「한국대학생불교연합회, 3차 冬季修鍊大會 盛了」, 『대한불교』 1965.1.10. 이 때 지도교수는 홍정식, 이영무였다. 해인사에서 지도해 준 승려는 지월, 일타, 법정, 혜암, 지관, 지원 등이었다.

[33] 실제 총회는 총무원 회의실에서 하였다는 기록도 있다. 이 장소 건은 추후 확인이 필요하다.

[34] 그런데 1차 대의원대회는 발족식 당시의 모임이 1차인지, 다른 별도의 대회가 있었는지는 필자는 가늠할 수 없다.

[35] 「전국대의원대회 총회 소집 공고」, 『대한불교』 1965.3.21.

[36] 「창립기념 좌담회」, 『대한불교』 1965.4.4.

금태의 사회로 진행된 간담회에서는 지난 1년을 회고하고, 대불련의 65년도 사업 검토와 함께 나갈 방향을 논의하였다.[37] 간담회를 마친 회원들은 다음날 정식으로 대의원 총회를 개최하였다. 25개 대학의 지부에서 참가한 66명의 대의원들은 65년도 사업을 결정하고, 집행부 임원진을 개선하였다.[38] 그렇지만 회의 진행, 결과를 자세히 전하는 기록이 없어 구체적인 내용은[39] 알 수 없다.

그런데 이와 같은 행보를 가던 대불련, 구도회에 일정한 변화를 가져오게 한 계기가 있었으니 그는 기존 구도회를 구도부로 전환시킨 것이었다. 이는 대불련 발족 초기부터 있었던 구도회의 활동을 보다 강화하면서 나온 것으로 보인다. 간혹 자료에는 구도회와 구도부를 구분하지 않은 경우도 있지만 그 당사자의 회고에는 분명 구도부라고 칭하였다. 우선 그 사정을 전하는

---

[37] 주된 논의는 대불련의 주체성 확립, 재정 확보, 비전 등이었다.

[38] 위의 신문, 「보살의 문」, 「한국대학생불교연합회 임원명단」. 개선된 임원은 다음과 같다.
집행위원회: 회장 이무웅(동대), 부회장 허귀임(수도사대), 박기홍(청구대), 장호준(경북대)
상임위원회: 의장 이윤우(고려대), 부의장 권헌장(건국대), 한재환(제주대)
전국대의원: 이무웅, 허귀임, 박기홍, 장호준, 이윤우, 권헌장, 한재홍, 변득수, 정충호, 송성헌, 조희양, 유동욱, 황귀철, 최진화, 국일호, 이승재, 장미자, 최진석, 신정자, 유민성, 이현태, 조성희, 김용철, 강종진, 강언식, 권경일, 한승자
그런데, 대불련 전국대의원 총회는 『대한불교』 1965년 6월 13일자의 하단 광고에 대의원총회 의장(이윤우) 이름으로 「공고」를 내고 대의원 총회에서 선정된 임원을 공지하였다. 이렇게 늦게 공지한 연유는 알 수 없다. 그 내용은 다음과 같다.
회장 이무웅(동대), 부회장 허귀임(수도사대), 장호준(경북대), 박귀홍(청구대), 사무장 이용부(동국대). 총무부장 황귀철(중앙대) 총무차장 홍애련(경희대), 재정부장 민건홍(동국대). 사업부장 이상순(건국대), 사업차장 ○만식(서울대). 조직부장 송인식(건국대), 조직차장 이혜경(이대). 국제부장 최종길(서울대), 국제차장 김성애(수도사대). 구도회장 김금태(경희대). 교화부장 미정. 문화출판부장 미정
전국대의원 총회: 의장 이윤우(고대), 부의장 권헌장(건국대), 한재환(제주대).

[39] 예컨대, 회칙 개정, 회의 명칭 전환 등이 그 대표적인 것이다.

자료를 보자.

한국대학생불교연합회가 발족한 지 二年. 그 안에 求道會가 성립된 것은 지난 五月
이었다. 우리의 종전 태도인 敎養佛敎 내지 學問佛敎에서 탈피하여 信仰佛敎로 나
아가서는 格外佛敎로 비약해 보려는 것이 구도회를 발족시킨 목적이었다. 우리는
그동안 일요일마다 도선사에서 普賢行願을 바탕으로 하는 법회를 가져왔다. 이번
여름방학에는 약 일 개월에 거쳐 구도회 特別 수련대회를 가질 계획이었다. 그러
나 여러 가지 사정으로 수련대회 대신 善知識 親見 求道行脚을 하게 되었다.[40]

1965년 5월경, 구도회를 발족시켜 그간의 교양, 학문불교에서 벗어나 신
앙불교, 격외불교로 비약하려는 대불련 내적인 변화가 있었음을 알 수 있
다. 이에 그들은 매주 일요일, 도선사에서 보현행원을 중심으로 하는 법회
를 가졌다는 것이다. 당시 구도부의 일원으로 도선사 법회에 참가하였던
당사자인 김선근의 회고를 살펴보자.

대학생불교연합회가 창립된 이래 2년여에 걸쳐 매주 토요일 정기 법회 및 3차에
걸쳐 수련대회를 가졌고 1965년 5월에는 본회의 목적을 보다 투철히 실현하기 위
하여 구도부를 부활하여 정진에 박차를 가해왔다. 우리의 종전 태도인 학문불교
내지 교양불교에서 탈피하여 신앙불교로 나아가서는 격외불교로 비약해 보려는
것이 구도법회를 발족시킨 목적이었다. 우리는 그동안 일요일마다 오전 정각 9시
에 도선사에서 청담대종사를 지도법사로, 박성배 선생님을 지도교수로 모시고 보
현행원을 바탕으로 하는 법회를 제4차 범어사 수련대회까지 해 왔다.[41]

제가 불교에 관심을 보이자 대불련 선배들이 저를 구도부로 들어오라고 권해 구도
부 회원으로 가입해 활동했지요. 그래서 1주일에 한 번씩 도선사에 가서 보현행원
품 독경, 108참회, 강의 청취, 운력 등을 했습니다. 도선사 뒤의 산중턱에 모여

---

[40] 「求道行脚記」, 『대한불교』 1965.8.29.
[41] 김선근, 『김선근 교수 에세이집, 모든 이웃을 부처님처럼』, 민족사, 1999, 194쪽.

우리는 자신의 수행과정, 미래의 서원을 이야기하기도 했지요.[42]

이렇게 김선근은 구도부를 부활하였다고 표현하였다. 요컨대 기존 구도
회의 나약성을 극복하고 새롭게 재정비되었음이 분명하였다. 이에 구도부
를 재정비함과 동시에 그때부터 매주 일요일, 도선사에 가서 보현행원을
배우는 등 치열한 수행을 하였던 것이다. 이런 회고는 이용부의 증언에도
나온다.

> 대불련에 별도의 모임으로 구도부가 있었는데, 1주일에 한 번씩 토요일에 불교강
> 좌를 들었는데 그것으로 부족하다 해서 불교공부를 더 해보자고 해서 만든 것이
> 구도부이고, 그 구도부의 수련장소로 모인 곳이 도선사이지. 저녁에 우이동에 모
> 여 청담스님과 함께 1시간 정도를 걸어서 도선사에 가는데

> 마애불 밑에서 우선 108참회를 하고, 청담스님의 법문을 듣고, 그리고 우리끼리
> 경전공부도 하고 그랬지.

> 도선사에서는 보현행원품을 주로 공부하였는데, 여름에 산등성이에 가서 불모지
> 를 정리하여, 삽과 곡갱이로 터를 만들어서 참회도 하고, 기도도 하고, 행원품을
> 한품 한품을 듣고 지도교수님 박성배 교수에게, 각자가 돌아가면서 참회를 하였
> 지.[43]

이용부의 증언은 김선근의 증언과 거의 유사하다. 여기에서도 불교공부
를 더 해보자고 해서 만든 것이 구도부라 하였다. 이용부와 김선근은 대불
련의 창립 회원이 아니었기에 기존에 구도회가 있었지만 유명무실하였다
는 것은 굳이 강조할 입장은 아니었다. 그래서 구도부를 부활하였다, 구도

---

42 「인간적인. 너무나 인간적이셨던 청담스님」, 『아! 청담』, 화남, 2004, 211쪽.
43 「청년의 열정으로 학생불교운동에 뛰어 들어」, 『아! 청담』, 화남, 2004, 320~321
쪽.

부[44]를 만들었다고 발언한 것이다. 그리고 당시 대불련의 지도교수였던 박성배도 구도부가 조직되었고, 자신에게 구도부의 지도교수 소임을 맡아 달라고 했다는 증언을 하였다.

> 이들은 대불련 산하에 따로 구도부(求道部)를 조직하고 나더러 또 지도교수를 맡아 달라 했다. 나는 구도부 학생들과 자주 만났다. 그리고 한번 만나면 시간 가는 줄을 몰랐다. 우리는 일요일이면 삼각산 도선사에 모였다. 이른바 구도법회를 시작한 것이다. 먼저 청담(青潭: 1902~1971) 큰스님에게 인사를 드리고 마애불 앞에서 백팔배의 참회를 비롯한 참회정진을 했다. 점심공양을 마친 다음 절 근처 숲속의 빈터를 찾아갔다. 숲속에서 가진 우리끼리의 시간은 정말 좋았다. 둥그렇게 원을 그리며 둘러 앉아서 목탁소리에 맞추어 큰소리로 독경을 하기도 하고 묵묵히 참선을 하기도 했다. 때로는 각자 자기의 공부를 털어 놓고 법우들의 비판을 청하기도 했다.[45]

이렇게 구도부라는 새로운 조직체에서 이청담을 지도법사로 모시고 진일보 하는 수행을 하였던 구도부 학생들은 1965년 6월 20일, 도선사에서 수계식까지[46] 하기에 이르렀다. 수계식에 참석한 대상자 30여 명은 이청담에게 계를 받고, 법명도 받아 새로운 불자로 재탄생되었다. 청담은 그날, 참석한 학생들에게 立志戒를 설명하고, 참석자 33명[47]에게 일일이 법명을

---

[44] 당시 구도부 지도교수였던 박성배도 '구도부'라고 회고하였다. 박성배, 「미국에서 강의한 화엄경 보원행원품」, 『광덕스님 시봉일기』, 도피안사, 2008, 47쪽.

[45] 박성배, 「뚝섬 봉은사의 '대학생수도원' 시절을 회상하며」, 『몸과 몸짓의 논리, 박성배교수 불교철학 에세이』, 민음사, 2007, 137쪽.

[46] 이 수계식은 대불련 사무국이 사전 공지한 가운데 진행된 것이다. 「대학생연합회 금년도 수계식」, 『대한불교』 1965.6.13. 회원들을 대상으로 사전에 신청서를 접수하여 준비했다.

[47] 33명은 교수(박성배, 이항배) 2명과 남학생 13명, 여학생 18명이다. 남학생은 구도부원이면서 후일 수도원 입사생으로 이어졌기에 그 대상자를 밝힌다. 김금태, 김기중, 이진두, 이용부, 김선근, 황정원, 이무웅, 임일부, 박인성, 황기철, 최종길, 최진석 등이다. 이용부는 이를 구도부를 '강화'한 결과라고 회고했다.

주는 연유를 알려 주었다.

이날 수계법회에는 이한상 대한불교사장, 서경수, 박성배 동대 교수, 심상준 거사 등을 비롯하여 많은 내빈이 참석했는데 박성배, 김항배 양씨도 계를 받았다. 청담 스님은 계를 내리며 다음과 같은 법문을 설하고 입지계(立志戒 - 自從今身全佛身 堅持禁戒不毁犯 唯願諸佛作證明 寧捨身命終不退 立志大願를發己歸命三寶)를 말씀 한 다음 수계자들에게 일일이 해설을 덧붙였다.

이채롭게 동회 지도교수인 박성배(동대교수) 거사에게 공해(空海)라는 불명을 주 며 오온개공(五蘊皆空)을 들었고 김항배(대학선원 간사) 거사에게는 석봉(石峰)이 라고 일러 주며 "이 우주라 한 것은 하나의 분산 봉마다" 불법의 서광을 해설하였 다. 다음은 김금태 동회 사무장에게 성해(性海)……. 모두에게 추상같은 다짐을 받고서야 법명을 주는 것이었다.

구도복(求道服)에다 만字의 빼씨를 단 그들은 장장 三시간 지루한 줄도 모르는 듯 합장, 무릎을 꾼 모습은 경건(敬虔) 그대로였다.

고요히 왼팔에다 증득(證得)의 상징으로 연비(적은 심지에 불을 달아 살을 태움)의 의식을 갖추는 모습도 불법 수호라도 불사하려는 진지한 태도였다. 한국대학생불 교연합회는 1963년 9월 22일 전국 불교도 학생들을 망라하여 물질문명의 현혹(眩 惑) 속에 부동된 인류를 구원하고 대중불교의 생활화와 자성을 탐구를 목적으로 조직되었다.

행동강령으로서는 진리의 벗, 얼, 빛을 내세우고 참다운 구도자(求道者)되며 생명 가치(生命價値)를 구현하고 복지사회(福祉社會)를 건설할 것을 다짐하고 저간 수 련 교화 봉사로 많은 업적을 쌓은 바 있다. 오랜 불교의 침체된 구각을 탈피하고 아카데믹한 젊은 지성들의 모임으로서 그 기대는 자못 크다.[48]

이렇게 도선사에서의 수계식은 엄숙히 거행되었다. 31명의 학생들에게 청담은 일일이 불명을 지어주고, 그 연유를 언급함으로써 학생들이 불교 신행에 굳건하게 나설 수 있는 자신감을 고취시켰던 것이다. 그날 수계식에

위의 『아! 청담』, 323쪽.

[48] 「대학생불교연합회, 20일 道詵寺서 受戒式」, 『대한불교』 1965.6.27.

서 학생들이 구도복을 입었다는 것에서는 구도와 불법 탐구, 나아가서는 불교 중흥의 최일선에 서겠다는 발원이 간단치 않았음을 알 수 있다. 지금까지는 구도회를 대불련에 두고, 사찰에서의 수련대회를 하는 정도였지만 수계를 함으로써 구도부에 소속된 대학생들의 사명감, 구도적 자세는 진일보한 단계로 나갈 수 있는 정신, 사상의 토양을 받은 것이다.

요컨대 구도부를 재정비하고, 도선사에서 매주 일요일에 공부를 하고, 도선사에서 수계까지 하였음은[49] 구도부의 활동이 점차 본격화 되고 있음을 의미한다. 이런 바탕하에서 대불련은 제4차 수련대회를 7월 12일부터 열흘간 범어사에서 거행하였다. 참선, 강의, 수계식으로 이루어진 그 대회는 회원 62명이 참가하였다.[50] 도선사에서 수행을 하였던 구도부원들도 범어사 수련대회에 대부분 참여했다. 수련대회를 마치고, 각 지방에서 참가한 회원들이 귀가를 한 다음날부터 구도부원은 아래의 김선근 회고에 나오듯이 선암사(부산), 통도사, 석남사, 불국사, 김용사 등의 사찰에 주석하고 있는 선지식을 친견하는 구도행각에 나섰다.

여름방학에는 구도부 특별 수련대회를 가질 계획이었다. 여러 가지 사정으로 수련대회 대신 전국에 주석하고 있는 선지식 친견(親見) 구도행각을 하기로 했다. 구도부 14명은 4차 수련을 마치고 설봉, 석암, 경봉, 월하, 인홍, 벽암, 효봉, 향곡, 서운, 구산, 지월, 자운, 성철, 추담스님 등 전국의 큰스님을 친견하고자 선암사 - 통도사 - 석남사 - 동화사 - 해인사 - 김룡사 - 법주사 등을 순례하였다.[51]

이러한 구도부의 선지식을 친견하는 구도행각에 참여한 대상자는 다음

---

[49] 대불련은 제 2차 수계식을 5월 27일 대구 보현사에서 거행하였다. 수계법사는 구산이었다.

[50] 당시 지도교수는 서경수, 박성배였고 지도를 한 승려는 석암, 일타, 광덕 등이었다. 「하계수련대회 성료」, 『대한불교』1965.7.25; 「제4차 대학생수련대회를 보고」, 『대한불교』1965.8.8.

[51] 김선근, 『김선근교수 에세이집, 모든 이웃을 부처님처럼』, 민족사, 1999, 194쪽.

과 같다.

김금태(구도회장, 경희대) 이무웅(회장, 동대) 이진두(서울대) 김기중(경희대)
이용부(사무장, 동국대) 민건홍(동국대) 황귀철(중앙대) 김선근(동국대)
이상화(경희대) 박명순(수도사대) 홍애련(경희대) 조길자(서울대)
김명자(적십자간호학교)[52]

이상 13명이었다.[53] 그런데 구도행각을 마친 구도부원들은 새로운 도전, 열정에 사로 잡혔다. 그는 새로운 탈출구가 요청되었음을 말하는 것이다. 그 내적인 심정은 김선근과 이진두의 회고에 잘 나와 있다.

비록 이렇게 13일간에 걸친 우리의 구도행각은 끝났지만 구도행각은 이제부터 시작된다고 생각하면서 귀가했다. 구도행각을 하고 나서 불자로서 어떻게 살아야 할 것인가 결심을 갖게 된 우리는 구도에 대한 열의에 비해 사회생활이 주는 여러 가지 장애는 그 결심을 무디게 한다는 것을 절감하게 되었다. 구도의 자세를 가누어 갈수록 념념상속(念念相續)이 있어야 할 것을 절실히 느꼈다.[54]

이렇게 여름 수련대회와 구도행각을 끝내고 각자 자기 집으로 뿔뿔이 헤어진 부원들은 그 열화 같은 구도심을 흐트러뜨리지 않기 위해 합숙 수행을 간절히 원했다. 이러한 구도부원들의 한결같은 염원이 마침내 그 해 가을 이루어졌다.[55]

이런 생각은 김선근과 이진두에게만 있었던 것이 아니었다고 본다. 그래

---

[52] 이 명단은 위의 「구도행각기」(『대한불교』 1965.8.29)에 나온 것을 정리한 것이다.

[53] 그런데 김선근은 14명이라고 하였다. 이 중 이상화는 김용사에서부터 합류하였다.

[54] 위의 김선근 책, 194~195쪽.

[55] 이진두, 「대학생불교연합회 지도법사」, 『광덕스님 시봉일기』 7, 도피안사, 2002, 234쪽.

서 구도부원들은 새로운 도전을 강구하였다. 지속적인 구도의 자세를 유지할 대책이 요청되었던 것이다.

3. 봉은사 대학생수도원의 발족과 초기의 상황

대불련 구도부의 본격적인 변신은 1965년 9월 12일, 봉은사 대학생수도원의 입주로 구현되었다. 사찰에서 수련대회와 구도행각을 통하여 사찰과 젊은 지성 간의 교량역할을 하던 구도부원들은 이제 사찰의 중심부로 들어가 수행을 하기에 이르렀던 것이다. 이에 대한 사정은 그를 상세히 보도한 『대한불교』에서 찾을 수 있다.

> 지난 12일 하오 五시, 뚝섬 봉은사에서는 한국대학생불교연합회 구도부 학생 四명과 지도교수의 入寺式이 엄숙하게 봉행되었다. 사원에서의 승려와 똑같은 수도생활을 통하여 종교와 실생활 사이에 놓인 거리를 좁힐 것이며 특히 현대교육이 갖는 결함과 모순을 극복하여 진리를 몸소 體得하고 體驗을 통한 신知識과 人格의 함양 등 普賢行願을 다하고자 하는 이들의 의욕은 자못 크다.
> 이날 식은 삼귀의에 이어 반야심경 독송, 入定, 경과보고, 지도교수의 말, 入寺生의 선서, 戒銘, 법어, 격려사, 四弘誓願의 순서로 시종 경건한 감동속에 진행되었는데 이날 入寺한 학생은 金基中(경희대 3년), 李鎭斗(서울법대 3년), 李勇夫(동국대 2년), 金善根(동국대 1년)과 지도교수 朴性배다.[56]

구도부원 4명과 지도교수 1명이 최초로 대학생수도원에 들어갔던 것이다. 입사한 4명인 김기중, 이진두, 이용부, 김선근 등이 1차로 입사하였고, 이들의 지도교수인 박성배도 함께 입사하였다. 그러면 이들은 왜, 어떤 연고로 봉은사에 들어갔는가? 이에 대해서는 앞에서 살펴보았지만, 입사식

---

[56] 「한국대학생불교연합회, 求道部員 入寺式」, 『대한불교』 1965.9.19.

당일 입사생을 대표하여 발언한 김기중의 의중을 소개한다.

> 경과보고에서 김기중군은 재가 신도로서 불법을 배우고 그것을 실천하기 위하여
> 창립을 본 한국대학생불교연합회가 창립 이래 二年餘에 걸쳐 매주 토요일의 정기
> 법회 및 四차에 걸친 수련대회를 가졌고 지난 五월에는 동회의 목적을 보다 투철
> 히 관철하기 위하여 구도부를 창설하여 정진에 박차를 가해 왔다. 특히 지난 하계
> 수련대회를 마치고는 선지식을 찾아 구도행각을 하였다. 그러나 구도의 자세를
> 가누어 갈수록 求道精神의 念念相續이 있어야 할 것을 절실히 느꼈고 그것은 주위
> 환경의 도움이 없이는 불가능 하여 봉은사에 교섭한 결과 이날의 입사식을 갖게
> 되었다고 밝혔다.[57]

즉 입사한 그들은 구도부 창설 이후의 본격적인 정진, 그리고 선지식의
구도행각을 거치면서 대두된[58] 구도정신 지속의 필요성에서 입사를 결심하
였다. 그러면 어떻게 해서 봉은사에 입사하였는가? 달리 말하면 봉은사에
대학생수도원을 둘 수 있는가이다. 이에 대해서는 그 정황을 지켜보았고,
최초 입사자인 이용부의 증언이 참고된다.

> 그러니깐 아예 먹고, 자고, 수도할 수 있는 장소를 마련하자. 그런 의견들이 나왔
> 지요.

> 그때 박성배 교수님이 그럴 수 있는 장소가 있다. 학생신분으로 절에서 수행을
> 하고 학교 다니면서 그럴 수 있는 장소가 있다. 강 건너 봉은사다. 너희들 어쩔래
> 하였지요.

> 그 대학생수도원을 만들기 위해서 청담스님, 광덕스님, 박성배교수하고 우리가 일

---

57 위와 같음.

58 이는 구도부를 지도하였던 박성배가 "구도행각을 하고 나서 佛子로서 어떻게
살아야 할 것인가 決心을 갖게 된 것이 결정적인 동기"라고 언급한 것에도 잘
나와 있다. 「현대문명에 대한 挑戰者」, 『대한불교』 1965.9.19, 3쪽.

치가 되어서 주지를 교체하고 청담스님을 조실, 광덕스님을 주지로 발령을 냈지. 그래 총무원에서 자리를 내고 학생들이 들어간 것이지.[59]

이용부는 그 장소 마련은 박성배, 이청담, 고광덕의 상의에 의해서 이루어진 것으로 보았다. 이청담은 당시 조계종단을 상징하는 큰스님이었기에 청담의 의사 결정은 종단 내에서 쉽게 구현되었을 것이다.[60] 그리고 대학생 포교에 관심이 있었고, 학생들의 뜻을 이해하였던 고광덕을 주지로 발령을 냈다는 것이다.[61] 그리하여 고광덕을 지도법사로, 청담을 조실로 모시고 수행을 하였다. 이런 정황은 김선근의 회고에서도 확인된다.

이 구도행각이 끝나고 우리는 그해 9월 12일에 봉은사에 마련한 대학생수도원에 들어갔습니다. 더욱 본격적으로 불교를 배우고 실천하자는 결의에서 그렇게 하기로 한 것이지요. 그 때 처음 입사한 인물이 이용부, 이진두, 김기중, 황귀철과 저 이렇게 5명이었지요. 그때 박성배 교수는 지도교수, 광덕스님은 지도법사이고 청담스님은 우리들의 정신적인 지주로서 조실로 모셨죠. 그때 저는 불교를 위해 생명을 바치겠다는 생각도 했어요.[62]

불교를 더욱 본격적으로 배우고 실천하자는 결의가 입사를 촉진케 하였던 것이다. 그런데 의문이 드는 것은 왜 입사생은 4명[63]뿐이었는가? 더 많은

---

[59] 『아! 청담』, 322쪽.

[60] 수도원에 대한 종단적인 지원은 「좌담회, 현실참여와 순교정신」(『대한불교』 1965.7.18)에 나타난 승려, 지도교수 등의 발언에서 감지된다.

[61] 그런데 박성배는 봉은사 주지였던 광덕에게 부탁을 하자, 광덕은 흔쾌히 승낙하였다고 한다. 한편 광덕의 봉은사 주지의 취임 일자가 1965년 9월 16일이었다. 따라서 이용부의 주장이 신뢰성이 있다. 다만 수도원 개설 이전에 광덕에게 봉은사 주지 취임과 수도원 개설을 동시에 제안, 납득한 것으로 보는 것이 타당할 것이다. 여기에는 주지 발령을 가능케 한 청담의 일정한 영향력을 고려해야 한다. 광덕의 봉은사 주지 취임일은 김재영, 「금하광덕 스님 년보」, 『광덕스님의 생애와 불광운동』, 불광출판부, 2000, 참조.

[62] 『아! 청담』, 211쪽.

학생이 지원은 하였지만 사정에 의해서 제외되었는가 하는 문제이다. 몇 명이 지원하였는지는 알 수 없지만, 보현행원품 암송, 3000배, 1주일 기도정진 등 철저한 검증을 거쳐 입방이 결정되었다고[64] 한다. 이에 대해서 이용부는 다음과 같이 회고했다.

> 수도원에는 간판도 있었고, 강령도 있었는데. 우선 그것은 첫째로 보현행원품을 다 외워야 하고 둘째, 3,000배를 해야 하고, 셋째, 수도원의 규칙을 지키고 수행을 잘하겠다는 선서를 하였지. 그래서 우리는 오나가나 그 행원품을 외우느라고 고생도 많이 하였지.[65]

그런데 이러한 회고는 수도원이 정상적으로 진행되었을 때의 상황으로 보인다. 수도원의 규칙은 있었다고는 하나, 그 전모 혹은 일부 내용도 전하지 않는다. 다만 입사를 할 때에 하는 선서문은 남아 있다. 그를 보면 다음과 같다.

> 우리는 大學生으로서 本 修道院에서 佛教 本然의 求道的인 思想에 立脚하여 徹底히 憲章과 戒銘을 遵守하고 修道生活에 專念할 것을 宣誓함[66]

이 선서문에 나오는 헌장이 이용부가 말하였던 강령으로 보인다. 이렇게 그들은 구도, 신앙불교에 대한 철저한 자각, 나아가서는 한국불교를 중흥하겠다는 서원에 불타 있었다. 그런데 여기에는 향후 그들이 출가하여 불국토 건설에 순교할 수 있는 능력 함양도 내재하였다고 보인다.

---

[63] 위의 김선근 회고에는 5명이라고 발언하였으나, 필자와의 대화중 황귀철의 입사 시점을 착각한 것으로 보인다.

[64] 「42년 만에 다시 모인 '봉은사 대학생수도원' 수행자들」, 『법보신문』 2007.4.18.

[65] 『아! 청담』, 324쪽.

[66] 『봉은사지』, 사찰문화연구원, 2006, 296쪽. 이는 1968년 당시의 것이다.

수도원에 들어올 자격 요건은 불교적 신행이 투철하고 대학교 성적이 모두 B학점 이상을 취득한 자로서 아래와 같은 목적에 찬동하고 선서와 소정의 절차를 거침으로서 자격을 획득케 한다.

ㄱ. 수도생활을 계속하기 위하여 앞으로 출가할 것을 목적으로 한다.
ㄴ. 불교의 심오한 진리를 연수하며 교리의 성취 탁마에 투신함을 목적으로 한다.
ㄷ. 불법의 홍포 또는 한국불교의 증흥을 위해 불교활동에 전적으로 종사할 것을 목적으로 한다.
ㄹ. 불교적 사회활동을 각 전문 분야에서 영위하여, 조국사회 건설에 이바지함을 목적으로 한다.

이중의 어느 한 목적에 찬동하고 소정의 절차를 거침으로써 자격을 획득한 수도생의 자세는 보현행원(普賢行願)을 근간을 지극한 마음으로 목숨 바쳐 삼보(三寶)에 귀의하고 이를 외호하며 진리만이 우리의 생명이란 신념으로 삼학(三學)을 연수함에 불퇴전의 의지와 정진으로 임하며 중생을 제도함에 몸과 목숨을 바쳐 진력할 자세를 갖도록 교육케 한다.[67]

이렇게 수도생들은 불교중흥, 조국사회 건설을 위한 최일선에서 순교, 헌신할 것을 다짐하고 구도에 임하였다. 그러면 여기에서 구도부, 대학생수도원 등에 일관하여 흐르고 있는 이념, 사상은 무엇인가에 대하여 살펴보자. 이 내용은 입사식 당일 지도교수였던 박성배의 발언에서 찾을 수 있다.

이어 박성배 지도교수는 그들의 오늘의 입사식이 하나의 행사가 아님을 다짐하면서 특히 대학 재래의 사명에서 떨어져 있는 현대교육의 결함을 이곳에서 보충할 것이며 그것은 크게 普賢行願의 구현에 있다고 말하였다. 또 보현행원의 실천은 모든 현실에서 이루어질 것이며 이를 위하여 조용히 수도정진할 것이라고 다짐하였다. 뒤이어 지도교수와 학생들의 선서에서 그들은 보현행원의 광대한 行願에 살고 되풀이 되는 참회의 생활은 '침묵과 복종'의 의미를 깨쳐 승가의 순결을 배운

───────────
67 위의 김선근, 「대불련의 입사생들」, 201~202쪽.

無我의 헌신을 다짐하며 자기의 본래면목을 그곳에서 찾겠다고 선서하였다. 그들은 한결같이 五戒를 지킬 것을 다짐하며 戒銘은 一擧手一投足 한마디의 말까지도 스스로 규제하는 전혀 自律的인 意思에 의했다.[68]

그는 화엄경에 나오는 普賢行願의 사상이었다.[69] 즉 구도부가 출범하면서 도선사에서 수행을 하였던 시절부터 본격적으로 탐구, 신행의 대상으로 삼았던 보현행원의 사상이 대학생수도원의 지도이념이자, 운영의 근간이었던 사상이었다.

그러면 대학생수도원은 봉은사 구내의 어디에 있었는가. 초창기에는 봉은사의 심검당[70]과 운하당이었다. 그러나 1968년에는 판전 옆의 명성암으로 이전하였다.[71] 구도부 학생들은 봉은사 구내에서 수행하고, 학교를 다니면서 당초 그들이 서원하였던 목적 달성을 위해 승려들의 일상생활에 근사하게 생활하였다.

우리 입사생의 일상 일과는 오전 4시에 기상해서 예불, 보현행원품 독경을 4시 30분까지 마치고 5시까지 30분 동안 좌선을 한다. 5시에서 6시까지는 학교공부를 하고 6시에 조공이 시작되어서 6시 30분에 마치면, 도량청소를 한 후 오전 7시부터 자기의 학교생활에 들어간다.
학교생활을 마친 후 저녁예불 시간(오후 7시)까지는 정확히 귀사해서 7시 30분부터 8시 30분까지는 학교공부를 하고 8시 30분부터 30분 동안 하루 일과를 정리하는 좌선에 들어간다.
이런 생활의 반복을 통하여 신앙의 자세는 한층 굳어졌다. 이 입사의 생활에서 영원한 의미를 찾을 때 입사생의 인격에는 질적 전환이 일어나리라고 믿기 때문에

---

68 위의 『대한불교』, 1965년 9월 19일 기사.
69 박성배는 구도부의 사원생활의 지도이념과 방법은 온전히 보현행원에 입각하였다고 설명했다. 「현대문명에 대한 도전자」, 『대한불교』 1965.9.19, 3쪽.
70 이진두는 위의 글, 「대학생불교연합회 지도법사」에서 심검당에 대학생수도원 현판이 걸렸다고 증언했다.
71 봉은사 주지였던 김서운의 배려로 가능하였다.

생활하고 있는 것이다.[72]

　위와 같이 구도부 학생들은 공부, 구도를 동시에 추진하였다. 새벽 네 시부터 저녁 아홉 시까지 그들은 일정한 규율에 의거하여 철두철미한 구도 생활에 임하였다. 운력을 하고, 보현행원송을 암송하고, 주말에는 철야정진 도 하였다.

　한편 대불련은 1965년 9월 22일, 조계사 법당에서 창립 2주년 기념 법회 를 가졌다. 32개 대학 대표가 참가한 가운데 열린 법회에는 총무원장도 참 여해 축사를 하였고, 이청담은 1시간 동안 법문을 하였다. 그리고 9월 23일 에는 조계사 대중실에서 기념 좌담회가 열렸다. 시대적 요청에 부응하는 한국불교의 일신책이라는 주제로 열렸는데, 박성배는 학생들에게 실천적 行, 보현행원을 제시하였다.[73] 이러한 대불련의 행보와 봉은사 학생수도원 에 입사한 구도부와는 동질적이었음을 음미케 하는 것이다.

　그리고 1965년 10월 7일, 제2차의 入寺生이 등장하였다. 이날 봉은사 수도 원에서는 구도부생들의 7일간의 보현행원 기도 회향식과 함께 새로 입사하 는 학생의 입사식이 거행되었다.[74] 주지인 고광덕, 지도교수인 박성배가 참 여한 가운데 전창렬(서울법대), 김춘성(동국대), 황귀철(중앙대)이 바로 그 들이었다. 이제 입사생은 8명으로 증가하였다.

　대불련은 이렇게 수도원까지 세우면서 점차 내적인 안정, 제도적인 도약 을 시도하였다. 그 예증이 대불련의 가사와 휘장을 현상 공모한 일이다.[75] 그리고 1965년 12월 18일에는 졸업생 환송식을[76] 총무국장 고광덕, 대한불

---

[72] 위의 김선근의 글, 195~196쪽.

[73] 「한국대학생불교연합회, 창립 두돌 기념법회, 기념 좌담회」, 『대한불교』 1965.9.26.

[74] 「대학생불교연합회 求道部 入寺生: 끊임없는 시작의 回廻 普賢廣大願 다짐하는 精進 마치고」, 『대한불교』 1965.10.17.

[75] 「알림」, 『대한불교』 1965.11.7.

교 신문사 사장 이한상이 참가한 가운데 총무원 강당에서 갖기도 하였다.[77] 대불련의 제 5차 수련대회는 1965년 12월 29일부터 1966년 1월 6일까지 통도사에서 개최되었다.[78] 전국에서 모인 42명의 학생들은 열흘 간 수련을 하였는데, 통도사에서는 선 중심의 수련을 하였다. 그는 선승인 김경봉의 절대적인 지도에 의해서 가능하였다.[79]

통도사 수련대회에 동참하였던 수도원의 입사생들은 통도사 수련을 마치고 바로 김용사로 떠났다. 그는 김용사에 주석하였던 이성철의 지도하에[80] 특별한 수련을 하기 위함이었다. 김용사에 전개된 50일 간(1966.1~2월)의 수련은 대불련, 구도부, 수도원 및 수도원 입사생 등의 역사에서 간과할 수 없는 것이다. 당시 『대한불교』 기자가 취재한 내용에는 그 수행의 내용이 잘 나온다.

> 50일간의 구도기간 그들은 때 묻어 생활하는 속가의 잡심을 씻어 버리고 김용사 성철스님의 가르침에 자기 자신을 승화시키고 있었다. 엄격한 백장청규(百丈淸規)의 승율로 하루하루 살아가는 수도자의 일과는 김용사에 도착한 1월 8일부터 시작되었다고 한다. 새벽 2시 30분에 깨어나면 '세면', '선서', '우리는 지극한 마음으로 목숨 바쳐 삼보에 귀의한다', '우리는 지극한 마음으로 목숨 바쳐 삼학을 연수한다', '우리는 지극한 마음으로 목숨 바쳐 중생을 제도한다'를 마치고 3시에 예불 4시 - 5시 30분까지 참선, 승가에서 하는 운력(노동)도 하여 이러한 승규의 생활이 오후 9시에 끝난다.[81]

---

[76] 「지성들 불사에 기대: 한국대학생불교연합회 졸업생환송회」, 『대한불교』 1965. 2.28.

[77] 이날 양근하, 김금태, 장미자, 박명순은 대불련의 공로로 총무원장 표창장을 받았다.

[78] 「한국대학생불교연합회, 修練會 回向」, 『대한불교』 1966.1.16.

[79] 지도교수는 박성배, 서경수였다.

[80] 구도부가 이성철을 찾은 것은 수도원의 조실인 이청담의 권유가 작용한 것이라고 김선근은 증언했다.

[81] 「한국대학생연합회 求道部 50日 安居精進」, 『대한불교』 1966.2.27. 이 기고는 목

이와 같은 구도부원 7명은 김용사에서 당대의 선지식인 이성철의 지도하에 엄격한 수련을 하였다.[82] 김용사 수련에 참가한 대상자는 전창렬, 김금태, 이진두, 김기중, 황기철, 김선근, 이철교 등 7명[83]과 지도교수인 박성배였다.[84] 50일간 그들은, 이성철에게 받은 화두 공안을 참구하고, 이성철에게서『신심명』,『증도가』,『돈오입도요문』,『육조단경』을 배우면서 3000배 혹은 1만 배의 예참을 통해 증득한 환희심으로 죄업을 소멸하는 수행을 하였다. 당시 구도부원들은 봉은사 수도원에서의 구도 못지않은 자각을 하였으며, 특히 학생들 전용의 별도의 수행 정진 도량이 필요함을 느끼기도 하였다.[85]

이렇게 대불련의 사업은 지속되는 가운데, 수도원에 입주한 구도부의 수행도 지속되었다. 그러나 1966년 봄 무렵부터는 서서히 수도원 내부에서부터 문제점이 등장하기 시작하였다. 그러나 문제는 이미 발족 몇 달 후부터 드러나기 시작했다는 지도교수인 박성배의 증언도 있다.

화려한 출발 뒤에 너무나 많은 난관이 복마병처럼 도사리고 있었다. 무엇 하나도 뜻대로 되는 일이 없었다. 그렇게도 강조했던 조석예불과 새벽정진을 빠지는 경우

정배(철우)의 글로 추정된다. 이 내용은 위의 김선근의 책에도 나온다.

[82] 이진두는 위의 글,「대학생불교연합회 지도법사」, 235쪽에서 성철의 지시대로 모두 머리를 깎고 행자복을 입었다고 회고했다. 그리고 강의할 교재는 김기중과 김금태가 철필로 원지에 써서 등사기로 밀었다고 증언하였다. 후일 이진두는 원기라는 이름으로 성철 회상에서 출가하였다. 이진두는 1973년 말 환속,『부산일보』에 재직하다 정년퇴임하고, 최근에는『불교신문』논설위원으로 활동 중이다.

[83] 위의『대한불교』의 보도기사(1966.2.27)에 참가자, 7명의 사진이 나온다. 그런데 이철교는 수도원생은 아니었으나 통도사 수련법회에 동참하고 자연스럽게 김용사 수련에도 동참한 것이다.

[84] 위의 박성배 책, 52쪽 참조.

[85] 이는 구도부 50일간의 수행을 보도한『대한불교』기사에 나온다. 이는 구도에 참가한 학생들의 발언을 정리한 것이다.

가 잦아지고 학생들의 성적은 떨어지고 나의 연구는 제자리걸음이었다. 오랜 숙원을 이룬 듯한 기쁨은 흔적도 없이 사라져 버렸고 대학생활도 수도생활도 모두 다 실패라는 참담한 심경에 사로잡히게 되었다. 몸은 고달프고 마음은 어둡기만 했다. 이렇게 한 달이 지나고, 두 달이 지나고, 석 달이 지나자 무시할 수 없는 근본적인 문제가 우리에게 있다는 것이 증명되었다.[86]

발족 두세 달[87]이 지나면서 학생들에게서 문제가 발생하였다는 것이다. 박성배는 고민 끝에 수도원에서 이탈하였다. 즉 박성배의 퇴진이었다.[88] 또한 당시 조계종단 12회 임시 중앙종회에 봉은사 대학생수도원의 학생 수도에 큰스님들이 윤번으로 지도해 주기를 바라는 삼보학회의 건의가 들어왔던 것도 수도원의 어려움을 말하는 것이다.[89]

때마침 1966년 6월 20일, 『대한불교』 사무실에서 구도부학생, 지도교수, 봉은사 주지, 대한불교 사장 등이 수도원 생활을 주제로 좌담회를 가졌다.[90] 이 좌담회에서 나온 발언은 그 당시 수도원의 여러 문제점을 살필 수 있다. 그 중 구도부 학생들의 발언부터 살피자.

---

[86] 박성배, 『몸과 몸짓의 논리, 박성배 교수 불교철학에세이』, 민음사, 2007, 29~30쪽.

[87] 박성배는 위의 책 138쪽, 「뚝섬 봉은사의 '대학생수도원' 시절을 회상하며」에서 두 달쯤부터 학생들이 불평을 털어 놓기 시작하였다고 증언한다.

[88] 박성배는 김용사에서의 구도부 학생들과의 수행 과정에서 성철에게 뿌리를 튼튼히 할 줄 모르고 남의 눈에 뜨이는 것만을 꾸미고 다니는 것으로 보현행을 삼는다는 지적을 받았다. 이에 그는 "오랜 고민 끝에 대학생수도원을 떠나기로 결심했다. 교수직도 버리고 가족도 버리고 오직 눈에 안 보이는 뿌리를 튼튼히 하기 위해 출가할 것을 결심했다. 1965년 봄, 나는 대학에 나가지 않고 또 김용사로 내려갔다. 성철스님께 출가하겠다고 말씀드렸다."고 하였다. 위의 글, 52~53쪽.

[89] 『제1대 중앙종회 회의록』, 중앙종회, 1999, 403쪽. 삼보학회 회장은 이한상이었기에, 대한불교 사장으로서 수도원을 적극 후원하였기에 종단 차원에서 관심을 갖고 지도를 해 달라는 것이었다.

[90] 「한국대학생불교연합회 구도부, 入寺生의 말을 듣는다」, 『대한불교』 1966.6.26.

김기중: 벌써 9개월이나 되었다 하니 어이없습니다. 수도원에서 생활하여 왔지만 뚜렷한 생각이 정리되지 못한 것 같고 이와 같은 좌담회를 왜 갖는지 또 도움이 될 것인지 의심스럽습니다.

수도원생이 되기까지 우리의 각오는 대단하였습니다. 그리고 입사 선서문을 생각하면 눈물이 앞을 가립니다. 수도원의 처음 3개월은 충실하게 지속되었고 또한 수도생활의 환희를 느끼게 되었습니다. 3개월이 지난 이후부터 시행착오를 발견하게 되었습니다. 학교와 수도원의 이원적인 울타리에 매인 우리들은 착잡한 감정이 감돌기 시작했습니다. 수도원생이 되었지만 상호 이해의 부족, 각자의 원력이 다르기 때문에 오는 차질 등은 괴로웠습니다. 그러나 이런 것도 김용사 수련으로 완화되었습니다만 수도생 이전에 대학생이라는 것은 우리를 번민케 하였습니다. 지도교수도 없는 수도원에서 환경 불비 욕구 불만은 이루 말할 수 없습니다. 9개월을 살아보면서 대학생수도원의 불가능을 느꼈습니다. 대학생활을 희생하면서 수도 생활을 전념하는 것은…… 예불 정진 시간에 참석하려면 학교 모임과 중복되는 수가 많았습니다. 학교생활도 종교생활 못지않게 인격 완성에 중요한 계기를 주고 있습니다. 특히 이성의 교제, 술, 담배 등에 대한 근본적인 해결이 없고는 어렵다고 봅니다.

김선근: 한국의 현 시점에서 불교가 바로 서려면 수도원이 있어야 한다는 사명감에서 봉은사에 있게 되었는데 여건으로는 바로 설 수가 없습니다. 못자리가 나려면 씨앗이 썩는다는 우리를 이끌 스님이 몇 분이나 있는지…… 가르침을 받고 싶은 스님은 가르쳐 주지 않고, 수도와 학교생활을 이원적으로 하기는 곤란합니다. 일원적이어야 합니다. 조절할 방법이 없다고 합니다.

이진두: 요구나 건의할 시기가 지났다고 봅니다. 내면의 요구이니 밖으로 보이지 않아서 실효는 거두지 못하였지만 원시적인 구도는 오늘에 와서 탈피하여야 한다고 봅니다. 방학 전까지는 학부생활에 몰두하고 방학 동안은 알찬 정진을 하였으면 실효가 있을 것이라고 봅니다.

황귀철: 수도원을 잘 하여야 한다는 이론이 앞서지만 치밀한 계획성이 연구 검토되지 않고는 좋은 불심이 줄어들 가능성이 있습니다.

한상수[91]: 이론보다는 실천하는 것이 구도자의 자세를 확립하는 것이라고 봅니다. 저는 참다운 불교인이 되기 위해 대학에 들어가면 봉은사에 입사하여 승가생활을 통한 불제자가 됨이 소망이었습니다.

이 같은 발언에서 학생들은 학교생활과 수도원생활과의 조화에 고민하였음을 알 수 있다. 이제는 수도원의 관련자인 봉은사 주지, 지도교수의 발언을 들어 보자.

고광덕: 수도원을 봉은사에 두게 된 것은 참으로 기쁜 일이었습니다. 그러나 대중 스님과 수도원생이 거리감을 두고 한 절집에서 생활하는 것은 충격적인 사실입니다. 봉은사 주지로서 어느덧 주무적인 책임을 느껴 뒤치다꺼리를 하였으나 불교중 흥의 수도원이 되자면 먼저 호랑이가 자랄 숲을 이루어져야 하고 숲을 이루려면 나무를 심어야 한다. 그 나무를 지금이라도 심어야 하겠습니다. 봉은사수도원은 너무나 안이한 사고로서 출발하였습니다. 잘 할 수 있어야 한다는 것은 생각 이전 의 여건이 갖추어져야 합니다. 당초 봉은사 주지가 면밀한 계획을 세워야 했습니다. 남이 하지 않는 일을 출발시켜 놓고 보자는 생각이었습니다. 정상적인 수도원 이 될 때까지는 모든 것을 희생하여야 하리라 봅니다.

서경수: 작년 8월 구도행각에서 돌아온 구도부원들은 구도를 영원히 계속할 수 있는 방법을 모색한 것이 수도원 문제였는데 9개월을 하여튼 지금 생각하면 시행 착오가 없는가 한번 반성하여 봄도 가치 있는 일이 될 것입니다. 종교는 외형적으 로 보이는 것이 아니라 보이지 않는 내면세계의 승화운동입니다. 또한 전통 속에 자라온 수도원이 아니고 새로운 수도원을 만들어 보자는 의욕만이 앞서고 청년기 의 발랄한 자유성을 무시하고 덮어 놓고 종교생활에 참입시키는 것은 지나친 것이 아니었는가 합니다. 설계 없이 시작한 것이 시행착오의 원인이라고 하겠습니다.

---

[91] 한상수는 기본선원장을 역임한 동화사의 至歡인데 그는 광덕 문하로 1969년에 출가하였다. 그의 출가, 수도원의 인연은 「영원한 대자유를 위하여 일체를 버 려라」, 『가야산 호랑이를 만나다, 성철스님의 인연이야기』, 아름다운인연, 2006 참조.

박성배: 학생을 대변해서 말하면 학생들은 말도 많았고 외형적인 신앙이 나타났으나 이제는 생활화 되어 어떤 불만 이를테면 경제적인 것에 대한 불만이 있다고 해도 말하지 않는 묵수자가 되었습니다. 대학생수도원의 성립은 학생과 수도생으로 양립하는 원칙이 있어야 합니다. 대학생신분을 갖고서 학문하고 대학생수도원생으로서 응분의 의무를 느끼는 것과 같은 것입니다.

이와 같은 봉은사 주지인 고광덕, 지도교수였던 서경수와 박성배의 발언에서 수도원의 기획과 운영에 대한 사전 준비 소홀, 학생 신분과 수도원생 신분의 조화를 기할 수 있는 원칙의 부재와 함께 봉은사 대중과의 불편성, 경제적 후원 미약 등이 노정되었음을 알 수 있다. 이런 좌담회에서 나온 문제점은 단숨에 해결될 것은 아니었다. 그래서 수도원은 지속되면서 차선의 대책을 강구해야 하는 내적인 문제가 남게 되었다.

그래서 수도원에 입사한 구도부원들은 내적 문제를 안고, 1966년 8월 3일부터 23일까지 21일간의 특별 수련을 가졌다.[92] 그는 김용사에서 이성철의 특별 지도하에 화두참선으로 가행정진, 7일간의 철야정진까지 포함된 수행이었다.[93] 그런데 김용사 수행에 동참자가 5명이었다는 것에서도[94] 위에서 제기한 수도원, 구도부원의 내적 문제를 가늠할 수 있다.[95] 한편 그 즈음의

---

[92] 「대학생불교연합회 특별수련과 구도정진」, 『대한불교』 1966.8.7.

[93] 「구도부 용맹전진 회향」, 『대한불교』 1966.8.28; 「7일간 철야정진」, 1966.9.11. 당시 지도법사는 성철이었고, 지도교수는 그곳에서 출가한 박성배와 전준열이라고 한다. 구도부원은 새벽 3시에 기상하여 밤 9시에 이르기까지 승가생활에 버금가는 수행 정진을 하였다.

[94] 당시 김용사 수행에 참여한 김춘송(당시 대불련 회장)은 『대한불교』에 구도일지를 써서, 3회로 나누어서 기고(9.4, 9.11, 9.18)하였다. 김용사 수행에 참가한 대상자는 5명이었다고 한다. 그 대상자는 김춘송, 박세일(서울법대 1년), 雪峰(경희대 4년) 등이었다.

[95] 왜 5명만 참여하였는가이다. 한편 1966년 12월 17일 제4회 졸업생 환송법회를 전국적으로 일제히 거행하였다. 서울지부는 조계사 법당에서 거행되었는데 여기에서 구도부원인 이무웅, 조길자, 김기중, 이윤우, 이진두 등 5명은 총무원장의 표창장을 수여받았다. 「사회에 佛音 전할 역군 배출」, 『대한불교』 1966.12.25.

대불련은 보다 확대된 사업을 경주하고 있었다. 대불련 지도교수회의 발족이었다.[96] 이런 구도하에 대불련은 1967년 4월 23일, 봉은사에서 명예회원 추대 및 간부 고불식을 거행하였다.[97] 이 행사에는 종정인 이청담과 총무원장인 손경산도 참여하였는데 1967년 12대 사업계획도 수립하였다.[98] 명예회원은 스님과 재가의 교수 12명[99]이었는데 이는 대불련의 위상을 증대시킬 수 있는 것이었다.[100] 그리고 사업은 각 지부의 법회의식 통일, 본부와 지부의 사무식 환경정리, 집행부의 행정 통일 등이었는데 구도부의 변화도 포함되어 있었다. 그러면 여기에서 구도부 내용을 제시한다.

> 본부 직속 구도부를 두고 각 지부에도 구도부를 두어 그 조직체계를 통일한다.
> 각 지부 구도부원 중에서 불교를 더욱 연구코자 하는 자는 대학생수도원(奉恩寺)에 입사시킨다.[101]

---

[96] 「한국대학생 불교단체 지도교수회 발족」, 『대한불교』 1966.10.9. 전국 17개 대학 불교학생회 지도교수 24명이 참가한 가운데 회장은 조명기(동국대), 부회장은 서돈각(서울대)과 정주동(경북대)이었으며, 상임간사는 서경수(동국대), 간사는 이영무(조선대)였다. 한편 그간 대불련의 지도교수였던 박성배는 성철 회상에서 출가(圓照)하였기에 대불련의 지도 사업에는 불참하였다.

[97] 「67년도 12대사업 계획 세워, 23일 각지부장 중앙간부 회의」, 『대한불교』 1967.4.30.

[98] 행사는 간사장 이무웅과 회장인 김선근이 주도하였다. 대불련은 3월 20일경(?) 봉은사에서 제4차 대의원 총회를 갖고 예산 책정과 간부를 선출하였는데 이때 김선근이 제5대 회장에 선출되었다. 「한국대학생불교연합회 총 2백 26만 원 책정」, 『대한불교』 1967.3.26.

[99] 그 대상자는 탄허, 광덕, 행원, 능가, 홍도 등 5명의 승려와 서돈각, 이기영, 김영두, 홍정식, 이종익, 서경수, 덕산(이한상) 등 7명이었다.

[100] 그런데 이 명예회원을 저변으로 하는 대불련 외곽, 후원회는 학사불교회의 조직으로 전개되었다. 이에 대해서는 아래의 『대한불교』 기사가 참고 된다. 「명예위원회 조직」, 『대한불교』 1967.7.2; 「명예위원회 준비위원회 구성」, 1967.7.23; 「학사불교회 발기인 총회 공고문」, 1967.9.3; 「한국학사불교회 발기 총회」, 1967.9.17. 학사불교회 창립은 발기 준비위원회(서돈각, 전창렬, 명호근, 최동수)가 담당하였다.

[101] 위의 『대한불교』와 같음.

이렇듯이 각 지부에도 구도부를 두고, 그 중에서 불교 연구를 희망하는 자는 봉은사의 대학생수도원에 입사시킬 수 있는 근거를 마련했다. 그런데 각 지부의 구도부가 실제로 설립되어 활동한 추이는 알 수 없다. 한편 1967 년도 대불련 정기 수련대회는 1967년 7월 23일부터 열흘간 범어사에서 개최 되었다. 전국에서 모인 회원 127명이 참가한 가운데 수련대회는 정상적으 로 완료되었다.[102] 그런데 이 수련대회 종료 후에 즉시 행할 예정이었던[103] 구도부 수련대회는 거행되었는지에 대한 후속 내용이 전하지 않는다. 만약 거행되지 않았다면 구도부는 내적인 문제에 직면하였음이 분명하다. 이런 가운데 1967년 10월에는 수도원이 위치하였던 봉은사의 주지인 고광덕이 퇴진하고, 새로운 주지로 문정영이 취임하였다.[104] 이 무렵 대불련을 적극 후원하고, 수도원의 조실로 추대된 이청담이 주석하고 있는 도선사에서 대 불련 회원 60여 명이 수계를 하였다.[105] 그러나 수도원에 대한 활동은 특별 하게 전하지 않는 것을 보면 수도원은 일종의 관행적 타성에 처하였던 것이 아닌가 한다.

3. 대학생수도원의 고뇌 및 재정비

　　　　　　　　　　　　대학생수도원은 1967년 후반기부터는

---

[102] 「여름 수련대회 회향」, 『대한불교』 1967.8.6.

[103] 「제8차 하기 수련대회 공고」, 『대한불교』 1967.7.16. 여기에서는 장소는 해인 사, 기간은 1주일이라고 회장인 김선근의 이름으로 공지되었다.

[104] 「오직 젊은 불교중흥위해, 정영총무부장 대학생수도도장인 봉은사주지에 취 임」, 『대한불교』 1967.11.5. 그런데 문정영은 그 이듬해 3월에는 봉은사 주지 에서 해임되었다. 그런데 문정영은 재임중 봉은사의 임야를 불법으로 매각하 였다고 한다. 「공고」(『대한불교』 1967.3.24) 참조. 이 같은 봉은사 내적인 문제 는 결과적으로 수도원에도 적지 않은 영향을 미친 것으로 보인다.

[105] 「60명 도선사서 수계」, 『대한불교』 1967.11.26.

서서히 타성에 젖어들었다. 이는 여러 측면에서 바라볼 수 있다. 우선 1968년 전반기의 수도원에 대한 정황을 당시 구도부생인 김선근이 『대한불교』 신문에 기고한 「구도부 입사생의 어제와 오늘 그리고 내일」이라는 글에서 찾을 수 있다.

> 우린 이제 求道에 대한 의지나 출구를 찾은 것이라고 볼 수 있다. 그 실천을 위해 지금 봉은사 명성암에 가칭 '대학생수도원'이라는 간판을 걸고 아직도 많은 출구를 찾는 구도자를 수용할 정식적인 수도원 건립에 스스로 짊어진 사명을 하기 위하여 5명이 조용히 수도하고 있다. 오늘의 생활은 지도법사, 지도교수 없이 선배님들의 뜻을 이어 받아 자치적으로 수도하고 있다.[106]

이렇게 1968년 9월 무렵에는 수도원 내부에 지도법사, 지도교수도 없이 학생 5명[107]이 자치적으로 수행을 하고 있었던 것이 당시 정황을 단적으로 드러낸다.[108] 이런 정황에 의해서 그런지, 1968년 9월 14일 수도원과 구도부 관계자들이 좌담회를 갖고 자체적인 정비에 나섰다. 이 정황을 상세히 전한 『대한불교』의 보도기사 전문을 제시한다.

> 한국대학생불교연합회 구도부 입사 3돐을 맞이하여 그동안의 발자취와 내일의 방향을 모색하기 위한 좌담회가 지난 14일 봉은사 대학생수도원에서 개최되었다. 이날 좌담회는 박성배 교수 및 佛靑會 박동기 총무부장 및 입사생 선배, 「佛聯」 중앙간부, 회원 등 42명이 진지하고 열띤 토론이 있었다. 오후 8시에 김선근 군의 사회로 진행된 이날 좌담회는 먼저 입사생의 주제발표가 있었다. 주제발표에 나선 박세일군은 지금 학생수도원의 현 실태는 현상 유지에 급급하고 있는 현실이라고 지적하고 수도원 본래의 사명을 살려 입사생의 양적인 측면과 질적인 측면이 모두

---

[106] 「구도부 입사생의 어제와 오늘 그리고 내일」, 『대한불교』 1968.9.15, 4쪽.

[107] 그 5명이 누구인지는 확인이 필요하다.

[108] 그 무렵 구도부 출신 중 김금태(圓空)와 이진두(圓機)는 이성철 회상(해인총림)에서 출가하였다.

상대적 절대적으로 부족하다는 점을 밝혔다. 박군은 그러한 원인을 명백히 규정함에 있어서 우선 일차적으로 현 입사생의 깊은 반성과 새로운 정진이 요구됨을 전제하며 다음의 몇 가지 점을 들었다.

첫째로 수도원 패쇄성… 이는 수도생의 입사 과정에서부터 성격지워지는바 전국적 규모의 개방적이며 공적인 모집 선출 과정을 통하지 못하고 있기에 아직도 일차적 집단성격을 벗어나지 못하고 있다.

둘째 지도체제의 결여… 현재 지도교수나 지도법사가 없다. 따라서 확실하고 구체적인 방향을 제시하고 가차 없이 경책하여 줄 책임적 지도자가 필요하다. 셋째 재정문제… 수도원이라는 조직의 외적 확대를 위해서는 재정 문제는 치명적으로 부족할 뿐만 아니라 현재 외부의 산발적인 보조 자체도 계획적으로 투자되지 못하고 있다. 넷째 학생생활과 求道생활을 여하히 조화시킬 것인가?라는 入寺生의 애로점을 해결키 위한 제도적 보장은 성립될 수 없는가라는 문제들을 제기했다.

상기한 주제들을 중심으로 구체적인 토론이 시종 진지한 가운데 진행되었다. 수도원 선배인 김기중 씨는 수도원생들은 입사생이기 이전에 대학생이란 문제를 전제로 해야 하며 이를 전제로 하지 않기 때문에 수도원의 현실이 난관에 봉착되고 있다. 먼저 대학생활에 충실하고 예불과 정진을 하라고 했으며 또한 이용부 씨는 확고한 신념을 가지고 신앙생활을 하라고 권고했다. 입사생인 권학진군은 입지적 조건이 2원적인 생활을 하기엔 어려우나 먼저 학업과 예불에 열의를 다하고 방학기간에 장기적인 정진을 수행할 것이며 현실 지도체계의 아쉬움과 수도원의 일체 규약이 성문화 돼야겠다고 토로했다.

이날 참석한 박성배 교수는 현실의 어려움은 입사생 자체의 능력으로 타개해야 하며 폐쇄적인 입사를 막기 위해 다음 입사시엔 신문광고를 하라고 했다. 좌담회 후 곧 철야정진을 했으며 서운스님의 法門이 있은 뒤 기념 촬영을 끝으로 모든 공덕을 중생께 회향했다.[109]

이러한 보도에는 당시 수도원의 고민, 문제점 등이 적나라하게 나온다. 특히 박세일의 분석, 즉 폐쇄성, 지도체제의 결여, 재정문제, 이원 생활의 조화문제 등이 수도원 실상의 본질이었다. 이런 문제 중 이원생활과 재정문

---

[109] 「청년학생 佛聯 구도부 입사생, 세돋 맞아 반성과 방향 모색 위한 座談」, 『대한불교』 1968.9.22, 4쪽.

제는 초창기부터 나온 것이었지만 폐쇄성과 지도체제의 문제는 1968년 중반 무렵에 본격 대두되었다. 이런 문제들은 여러 측면에서 분석될 여지가 존재한다.

이런 자체적인 진단이 있자, 1968년 10월 12일자의 수도원 입사생 모집공고가 『대한불교』에 광고되었다.[110] 그 공고는 수도원 입사생 대표인 김선근의 이름으로 이루어졌는데 수도원의 목적, 응모자격, 모집인원,[111] 제출서류, 입사기간,[112] 전형방법, 입사 조건, 혜택 등이 자세히 나온다. 그리고 수도원의 운영, 진로에 대한 새로운 대안을 봉은사 주지인 김서운과 상의하여 내놓았다. 이 내용도 중요하기에 그 보도기사의 전문을 제시한다.

서울 봉은사에 자리하고 있는 한국대학생불교연합회 구도부는 지난 1일부터 완전이 자치적으로 구도하고 있다.

현재 김선근, 이학용, 김학진, 박세일, 강자중 군등 6명으로 되어 있는 이 구도부는 주지 서운스님의 특별 배려에 힘입어 寺內 明星庵에 본부를 두고 전에 큰절에 의지하던 공양뿐만 아니라 입승 원주도 내어 자립적으로 하고 있다.

또한 그동안 공석이던 법사도 보충 상임 지도교사에 법정스님, 법안스님 지도교사로 박성배교수를, 그리고 院監에는 無覺스님을 모셨다. 동 구도부는 매주 목요일과 일요일에는 법회를 가지며 매주 일요일에는 서울지부 구도부와 함께 구도법회를 갖고 있다.

종단에서 도제교육의 일환으로 기왕에 개설했든 것이나 유명무실하든 것을 이번에 독립, 재출발하게 되었고 그에 따라 구도원(4~6명)을 더 모집하리라고 한다.[113]

봉은사 주지로 부임한 김서운의 배려에 의해 수도원은 재정비 되었다. 자치적인 운영, 지도법사의 임명, 구도활동 등이 그러 하였다. 이러한 수도

---

[110] 「공고」, 『대한불교』 1968.10.27.

[111] 모집인원은 ○○명이라고 하였다.

[112] 기간은 1년이었다.

[113] 「大學生 求道部, 11월 1일부터 完全 自治制」, 『대한불교』 1968.11.3.

원의 쇄신, 재정비의 구도하에 새로운 입사생을 선발하여 새로운 차원의 수도원 입사식이 1968년 11월 17일에 거행되었다.

내일의 한국불교의 주인공이 될 도제를 양성하기 위한 대학생 修道院 수도생 入寺式이 지난 17일 오후 7시 법안, 법정스님을 비롯 이한상 삼보학회 회장, 서돈각 교수, 박성배 교수, 그밖에 대학생불교연합회 회원 30여 명이 참석한 가운데 뚝섬 봉은사 명성암에서 엄숙히 봉행되었다.
종래에 있었던 대학생 구도부를 쇄신, 새로 대학생수도원으로 발족되는 이날 입사식엔 지난 3일 엄중한 심사를 거쳐 선발된 14명의 수도생이 입사되었다.[114]

대학생수도원은 이렇듯이 새롭게 정비, 출발하였다. 그리고 이때 박성배가 수도원의 헌장을 발표한 것도 예사로운 것은 아니다. 이를 미루어 보면 수도원 제2기의 발족이라 할 수도 있는 것이다. 한편 입사식을 마친 구도부원과 법사진은 좌담회를 개최하여 수도원의 나아갈 방향에 대해 토론을 하였다. 그는 수도원과 구도부의 성격, 정체성을 가늠할 수 있기에 그 내용을 제시한다.

- 너무 과중한 계획을 세우지 말고 자기 전공에 충실히 하는 것이 곧 수도원인줄 알라(박성배)[115]
- 上, 下 학길에도 구도하는 자세를 잃지 말고 항상 화두나 염불을 계속하고 특히 단체생활에선 중생심이 나기 쉬운데 화합하도록 힘쓰라(법정)
- 남에게 의존함이 없이 보다 능동적이고 자발적인 구도정신을 가져라(법안)
- 월례적으로 학술토론회나 신앙 발표회를 가져 종단과 제 단체간의 의사소통할 기회를 갖자(김선근)
- 무엇보다 신심이 필요하며 재래의 생활 태도와는 근본적으로 다른 구도방법을

---

[114] 「대학생수도원, 완전 자치제로」, 『대한불교』 1968.11.24.
[115] 박성배는 해인사에서 출가 생활을 하다, 1968년 2월 환계식을 치루고 속세로 나왔다. 추정하건대, 다시 동국대학교로 부임한 것으로 보인다.

모색하라(이한상)[116]

이러한 조언과 의견이 어떻게 구현되었는지는 자못 궁금한 대목이다. 수도원이 새롭게 출범할 때 학생수도원에 입주한 구도부원의 대상자 14명은 다음과 같다.

권경술(서울대) 김규칠(서울대) 이용부(동국대) 김선근(동국대) 김학진(동국대)
김재문(동국대) 박세일(서울대) 조용길(동국대) 김영호(동국대) 박문효(단국대)
이학용(동국대) 강우중(동국대) 문창호(홍익대) 임동걸(경희대)[117]

이 14명은 기존 구도부원과 새로 선발된 구도부원을 합한 인원이라 하겠다. 그런데 새롭게 출범한 수도원 내의 구도부 학생들은 별도의 소임을 맡은 것으로 보인다. 1969년 3월 2일의 수도원 임시총회 및 졸업생 환송식의 기사를 보면[118] 수도원 내부에 조직체가 있었음을 전한다. 이는 그 이전부터 조직체가 있었음을 말하는 것이다. 그러면 1969년 3월, 수도원 내부의 조직체의 개요를 보자.

회장: 김학진
기율: 김재문
총무: 이학용
교무: 김영호 강우중
재무: 박문효
기획: 문창호

---

116 위의 보도기사, 「대학생수도원, 완전 자치제로」.
117 위와 같음.
118 「봉은사 대학생수도원」, 『대한불교』 1969.3.9. 이날, 서울대 김규칠과 동국대 김선근의 졸업을 축하하였다.

이러한 조직의 분화는 수도원이 변화하고 있음을 말해주는 것이다. 그리고 1969년 4월 27일, 수도원에서 이청담을 초청하여 제3차 정기법회를 가졌음도 수도원의 진보를 부연하는 단서이다.[119] 이어서 5월 31일, 6월 1일에도 도선사 참회도량에서 제2회 구도법회 및 철야정진을 하였다.[120] 18명의 구도부원들은 이청담에게 「유심과 유물을 초월한 불교」라는 법문을 들었다.

한편 수도원은 1969년 6월 22일, 재출발 이후의 두 번째 입사식을 거행하였다.[121] 수도원 조실인 이청담,[122] 전 지도법사인 법정, 지도법사인 김서운과 고광덕,[123] 지도교수인 서돈각 · 이기영 · 서경수가 참여한 가운데 열린 입사식에서는 3명 즉 박경균(동국대), 임동규(동국대), 도평원(사라벌예대)의 입사생이 입주하였다. 입사식이 끝난 후에는 「自覺신도의 역할과 승속의 중간적 교량」이라는 주제의 세미나를 가졌다.[124] 그리고 1969년 10월 18~19일, 도선사에서 철야정진과 함께 수계식을 가졌다.[125] 당시 수도원의 구도부 학생 8명[126] 전원이[127] 참가하여 이청담에게 계를 받았다. 수도원의

---

[119] 「대학생수도원 법회, 27일 청담스님 설법」, 『대한불교』 1969.5.4. 그 법회에는 수도원생, 보리회원, 대불련 회원 등 60여 명이 들었는데 청담은 「바라밀다」라는 주제로 법문을 하였다.

[120] 「대학생 佛聯 법회, 도선사에서 청담스님 모시고」, 『대한불교』 1969.6.8. 당시 구도부장은 김영호였다.

[121] 「대학생수도원 입사식」, 『대한불교』 1969.6.29, 3쪽.

[122] 그는 自心自得하는데 수도원이 필요하다는 법어를 하였다.

[123] 봉은사 주지를 사임한 그가 지도법사였다는 것은 확인할 내용이다.

[124] 주제 발표자는 권경술(수도원생)과 김규칠이었다. 세미나 부제는 사회 참여와 수도의 병행 및 조화였다. 그런데 김규칠은 자신이 수도원 운영위원장이었다고 회고했다. 「광덕스님과의 인연담」, 『광덕스님 시봉일기 7』, 239쪽.

[125] 「8명이 수계」, 『대한불교』 1969.10.26.

[126] 그들은 김규칠, 강원철, 이용부, 김재문, 임동규, 도평원, 김규팔, 박문효 등이다.

[127] 위의 「8명이 수계」에서는 추가로 5명의 수도원생을 선발한다고 나온다.

이와 같은 제반 활동은 재기, 재출발하는 구도부원들의 구도정신 함양, 정상화를 의미하는 것이었다.

그런데 학생수도원 및 구도부의 활동은 1970년 무렵의 봉은사 땅 매각문제가 종단 차원에서 불거기면서 점차 퇴진의 길로 나갔다. 봉은사 땅 매각문제는 봉은사의 땅을 매각하고, 그 자금으로 종단 발전 및 불교중흥의 재원을 마련한다는 명분으로 시작되었지만 거기에는 숱한 의문, 비리 등이 뒤엉켜 있었다. 당시 종단을 주도하였던 이청담은 땅을 매각하는 입장에 서 있었지만 봉은사 주지인 김서운은 그러한 종단 방침에 강력히 반발하였다.[128] 결국에 가서는 김서운은 종단과 반대의 길을 분명하게 갔기에 종단에서는 김서운을 봉은사 주지에서 퇴진케 하였다. 김서운의 퇴진은 그가 수도원을 특별히 후원하였기에 수도원의 진로에도 영향을 주었음은 분명하다. 그리하여 1970년에 접어들면서 구도부, 수도원의 활동이 거의 보도되지 않았음은 그런 변화를 반영한다. 그래서 수도원 퇴진은 1971년으로 보아야 하지 않을까 한다. 수도원의 조실이었고, 대불련과 구도부를 적극적으로 후원하였던 이청담이 1971년 10월에 입적하였다. 청담의 입적도 구도부와 수도원의 퇴진에 영향을 주었을 것이다. 1972년 8월, 대불련이 제1차 화랑대회를 「한국청년의 새로운 정신 자세」라는 주제로 개최한 것은 대불련의 질적인 변화를 암시한다고 필자는 판단한다.[129]

4. 결어

이제 맺는말은 대불련 구도부와 대학생수도원의 역사적 의의를 서

---

[128] 「좋은 방향으로 잘 해결, 봉은사문제」, 『대한불교』 1970.3.29; 「공고: 봉은사주지 직인 개인 공고」, 1970.9.6

[129] 이는 추후 연구해야 하겠지만 대불련이 순수 신행, 불교중흥이라는 관념에서 새로운 단계, 이념으로 나간 단서가 아닌가 한다.

술하면서 추후에 이 분야 연구에 유의할 점을 제시하는 것으로 대신하고자 한다. 대불련 구도부와 학생수도원의 역사적 의의는 다음과 같은 측면으로 정리될 수 있을 것이다.

첫째, 1960년대 조계종단 포교 및 인재양성 차원에서 뚜렷한 발자취를 남겼다. 불교정화운동의 일단락, 통합종단 출범이라는 계기에 즈음하여 대학생 포교에 주력하려는 종단, 승려들의 원력이 작용한 것이다.

둘째, 불교의 중흥, 민족불교의 구현을 이루겠다는 승속에서의 이념이 구도부, 수도원이 출범할 수 있는 계기로 작용하였다. 그들은 서구문화의 급증, 불교의 쇠락 등을 지켜보면서 불교를 통한 자아의 성취, 구도를 통한 신앙불교를 구현하고자 하였다.

셋째, 사찰과 불교청년과의 교류라는 새로운 실험을 통하여 불교의 대중화, 불교 현대화의 외연을 확대하였다. 불교 대중화, 불교 현대화에 있어서 대학생을 대상으로 본격적으로 실행에 옮긴 산물이었다.

넷째, 수도원의 퇴진은 수도원을 지원, 후원하였던 종단 승려들의 퇴진과 맞물려 있었다. 이는 종단의 체질, 지향이 수도원을 존속, 유지할 수 있을 정도로 체질화 되지 못하였음을 반영한다. 다시 말하면 불교 현대화가 토착화 되지 못하였다는 것이다. 수도원의 퇴진과 조계종단 내홍이 동시에 일어난 것은 그를 대변하는 것이다.

이제부터는 구도부, 수도원을 심층적, 다각적으로 연구하기 위한 초점을 필자가 생각하는 내용에 의거하여 제시하고자 한다.

첫째, 구도부, 수도원에 나타난 이념을 어떻게 자리매김할 것인가의 문제이다. 호국불교, 민족불교, 민중불교 등과 관련하여 그 이념, 사상에 적절한 이름을 부여해야 한다.

둘째, 대불련, 수도원을 후원하였던 승려들의 포교사상, 혹은 이념을 밝혀야 한다. 청담, 성철, 탄허, 광덕 등이 대학생불자를 돈독하게 대하였던 연유가 있었을 것이다. 그를 정리해야 한다.

셋째, 구도부, 수도원 출신들의 향배, 발자취 등 그들이 수도원에서 나와 걸어간 행적을 종합적으로 분석할 필요성이 있다. 그들 중 일부는 승려가 되었고, 불교학을 공부한 경우도 있으며, 정치를 한 인물도 있었고, 공무원을 한 인물도 있었으며, 불교계 기관에서 근무한 대상자도 있는 등 다양한 분야에서 불교를 위한 활동을 하였다.

대불련, 구도부, 수도원에 대한 보다 심화된 연구가 다양한 분야에서 나오길 기대하면서 이만 맺는말을 마친다.

여성불교운동의
발자취

1. 여성불교운동의 성격

여성불교운동은 불교의 이념과 사상을 기반으로 한 여성들의 운동이다. 이 경우 여성들은 출가한 비구니와 재가의 불교 신자를 지칭한다. 그런데 근·현대 불교사를 살펴보면 비구니와 재가여성이 연합하여 단체를 만들어 운동을 전개한 실례는 거의 희박하다. 비구니는 출가하였기에 그들의 움직임은 승가내에서 찾을 수 있다. 따라서 여성불교운동은 주로 재가에 있는 여성불교신자들의 활동에서 찾아진다.

그러면 여성불교운동의 목표·목적 즉 이념은 무엇이었을까? 이는 기본적으로 불교의 기반에서 배태된 것이기에 불교의 사상으로 보면 큰 무리는 없다. 그러나 그를 더욱 구체적으로 말하자면 불교의 대중화라고 볼 수 있다. 불교를 널리 알리는 즉 포교이다. 이를 신행으로 말할 수도 있을 것이다. 포교와 신행은 그와 연관된 교단·종단의 문제와도 관련되어 있다. 또 한편으로는 불교 이념의 바탕하에서 일반 사회의 문제를 풀어보려는 의식도 고려할 수 있다. 자유·평등을 지향하고, 일반사회의 모순을 개혁하려는 노력들이 바로 이 측면인 것이다. 그러나 지금까지의 여성불교운동에서는 이런 활동은 희박하였다.

한편, 이 같은 여성불교운동의 범주는 단순한 신행활동에 머무르고 있는 것을 모두 포함시킬 수는 없다. 이는 위에서 지적한 인적·이념적인 기초와 운동의 조직성을 말하는 것이다. 조직성이라면 뚜렷한 목적을 성취하려는 조직체와 그 내부의 업무 분장 등이 수반됨을 말한다.

이 같은 전제하에서 근·현대불교사에서의 여성불교운동은 활성화되었다고 보기는 어렵다. 운동적인 차원의 여성운동은 근대성 즉 여성의 자각과 그리고 나아가서는 여성의 자유·평등을 저해하는 사회제도의 타파와도 밀접한 연관을 갖는다. 그러나 여성불자들은 이러한 측면에 관심을 두지 않았다.

대부분의 여성불자들은 개인·집안의 안녕 즉 '기복불교'에 치우친 감이 많았다. 또 혹간에는 특정 승려·사찰을 옹호, 추종하는 '치마불교'라는 별칭을 듣기도 하였다. 그러나 근대 불교의 성장의 이면에는 여성들의 적극적인 신행 노력과 불교를 외호한 지극 정성이 있었음을 유의해야 한다. 그러면 왜 그처럼 열렬한 불심이 운동적인 차원으로 승화되지는 못하였을까? 여기에서 근·현대 불교사의 한계와 여성불교운동의 아쉬움이 함께 하는 것이다. 이러한 의아심을 갖고 여성불교운동의 흔적을 정리하고자 한다. 이를 통하여 21세기 여성불교운동의 이정표를 가늠할 수 있을 것이다.

2. 조선불교여자청년회의 창립

여성불교운동은 기본적으로 여성운동의 구도에서 가시화되었다. 여성운동은 개항이후 애국계몽운동의 일환으로 나타난 신식학교의 보편화에서 그 기반이 형성되었다. 그러나 그 신식학교는 주로 기독교 계통에서 왕성하게 일어났기에 불교 여성운동은 3·1운동이 일어날 때까지 기다려야 되었다. 거족적인 3·1운동은 사회 각 분야에 파급되면서 여성운동도 또 다른 변신을 하였다. 이 당시의 여성운동 주도자는

3·1운동 이전의 신식교육을 받았던 부류와 3·1운동 직후 외국 유학을 경험한 부류들이 합세하면서 더욱 발전하였다.

이러한 여성운동의 흐름 속에서 불교계도 최초의 여성운동 단체가 등장하였으니 그는 바로 조선불교여자청년회였다. 1922년 4월에 창립한 조선불교여자청년회는 불교의 정신으로서 여성의 덕성을 함양시키는 지식의 계발을 위한 목적에서 출발하였다. 조직은 교육부와 산업부가 있었으며, 회원은 100여 명에 달하였다. 회관은 서울의 종로 간동에 있었던 석왕사의 부지를 빌려 사용하였다. 당시 그 청년회의 활동은 강연회, 강습회, 토론회, 부인강좌 등의 개최와 能仁女子學院을 경영하였다. 능인여자학원은 청년회의 교육부 사업으로 추진되었는데 초등정도의 학교로 4년급의 학생 200여 명이 있었다. 청년회의 간부 5~7명이 교사로 근무하였고 교육 내용은 교양, 교리강좌 등을 교육하였다.

이러한 정황으로 볼 때 조선불교여자청년회는 재가 여성불자들의 교양과 불교 교리를 교육시키는 활동을 주로 하였음을 알 수 있다. 당시 이 청년회를 주도하였던 인물은 회장이었던 禹鳳雲과 金光浩, 李明圭였다. 이들은 신신여학교를 졸업한 신식여성들이었다.

조선불교여자청년회가 수행한 활동중 특이한 것은 사회의 청년운동에 동참하려는 노력이다. 그 청년운동은 1923년 3월 24일부터 1주일간 서울에서 개최된 전조선청년당대회였다. 이 대회는 서울청년회가 주축이 되어 전국의 90여 청년단체가 참여하였는데, 대회는 타협적 민족운동을 배제하고 혁명적인 운동 노선을 기하려는 목적에서 개최된 대회였다. 그 대회의 토의주제는 교육, 경제, 종교, 민족, 부인, 노동 등의 사회 전반의 문제가 거의 망라되었다. 종교문제뿐만 아니라 부인과 노동의 문제가 포함되었음에서 여자청년회의 가입에는 쉽게 수긍이 간다.

그러나 조선교여자청년회가 그 대회의 가입은 간단치 않았다. 여자청년회는 그 대회의 주체단체로 활동하였지만 애초에는 그 가입에 논란이 있었다. 남성중심의 조선불교청년회는 주체 단체로 가입함에서는 논란이 없었지만 여자불교청년회는 참가 자체에 제동이 있었다. 이처럼 조선불교청년회는 큰 문제가 없었는데, 여자청년회는 제동이 있었을까? 이는 여자청년회가 단순히 재가여성들의 교양과 교리만을 교육시키는 정도의 운동의 성향에서 말미암은 것 같다. 조선불교청년회는 사찰령 철폐운동을 주도하는 등 당시 일제당국과 일정한 대립을 하였기에 그는 곧 민족운동의 선명성으로 이해되었을 것이다. 한편 거기에는 계급 우선주의를 고집하였던 청년당 주도층의 인식도 있었다.

이런 우여곡절을 겪었지만 조선불교여자청년회는 그 대회에 주체단체로 당당히 활동하였다. 우봉운, 이명규, 김광호는 여자청년회를 대표하여 그 대회에 참가하였으며, 한용운은 그 대회에 참석하여 축사를 하였다. 그러나 그 대회는 일본 경찰이 대회의 내용이 불온하다고 하여 대회 도중에 중단되고 말았다. 한편 그 대회의 제1분과회에서는 종교의 존재를 부인하는 것으로 결론을 맺었다. 이러한 결의로 인해 여자청년회는 이후 급진적인 청년운동의 노선에는 동조치 않은 것으로 보인다.

그런데 회장이었던 우봉운은 1924년의 조선여성동우회와 1925년의 경성여자청년동맹의 창립대회에 관여하였다. 우봉운은 본래 간도에서 사회주의 계열의 여성운동가인 박원희로부터 사회주의 이념의 세례를 받았던 이력이 있었다. 그는 이후 사회주의 여성들이 주도한 여성동우회와 신간회 자매단체인 근우회의 간부로 활동하였다. 우봉운의 이 같은 행적은 조선불교여자청년회의 부진과 직결되는 것이다. 그 여자청년회의 활동이 회장에 의해 좌우되었다는 당시 평가를 유의하면 여자청년회는 우봉운의 이탈로 인해 큰 어려움을 겪었다. 한편 김광호도 여성동우회에 가입하였다.

이에 조선불교여자청년회의 부진으로 인해 능인여자학원은 1925년 봄부터는 일본사찰인 西本願寺의 경성별원으로 넘어가게 된다. 이러한 현상은 곧 조선불교여자청년회의 부진 나아가서는 소멸로도 볼 수 있는 단서이다.

3. 조선불교여자청년회의 재기

　　　　　　　　　　　　　1925년경부터 침체, 소멸의 행보를 가
던 조선불교여자청년회는 1929년 10월에 재기하였다. 1929년 10월 19일의
발회식은 서울 수송동 大慈幼稚園의 창립총회를 통하여 가시화되었다. 이
처럼 이때에 와서 조선불교여자청년회가 재기한 연유는 어디에서 찾을 수
있을까? 그는 우선 당시 남성중심의 조선불교청년회의 재기에 힘입은 것에
서 찾을 수 있다. 조선불교청년회도 1925년부터는 침체를 거듭하다 1928년
3월경에 재기하였는데, 이 재기가 불교여성계에도 영향을 주었다. 또한 불
교여성운동을 재기한 이면에는 재기한 조선불교청년회의 간부였던 김태흡
이 원장으로 근무하였던 대자유치원 보모들이 조선불교여자청년회의 창립
의 주역이었다는 것도 유의할 수 있다.

　당시 그 창립총회에서는 취지설명, 임원선출, 규약통과 등이 있었다. 당
시 선출된 임원을 보면 다음과 같다. 서무부 상무간사 김한득·김일엽, 재
무부 상무간사 김광호·임성옥, 훈육부 상무간사 하영옥·박덕순, 체육부
상무간사 이학순·김경희 등이다. 이 명단에서 1920년대 초반의 인물은 김
광호만 찾을 수 있다. 이는 운동의 주도세력이 대거 교체되었음을 알려준
다. 김일엽은 시인, 수필가로 명망을 떨친 비구니인 바로 그 김일엽이다.
그는 원래 기독교 신자였지만 1923년경부터는 불교로 개종하여 『불교』지에
불교와 유관한 작품을 다수 기고하였다. 박덕순은 조선불교청년회 재기의
주역인 김법린과 결혼하였던 인물인데 당시는 대자유치원의 보모였다.

　조선불교여자청년회의 발기인 상당수가 대자유치원의 보모였고, 그 발
기인은 10여 명이었다. 전체 회원은 40여 명이었고 활동에 전념하는 회원은
20여 명에 불과하였지만 이 청년회가 갖는 상징성은 대단한 것이었다. 재기
한 여자청년회에서 수행한 사업은 불교일요학교, 불교 부인강좌, 재봉학원
경영, 음악·무용대회, 친목회 등이었다. 청년회에서 수행한 사업 중 가장
중요한 것은 명성여자실업학원의 경영이었다. 이 학원은 재봉학원의 후신

으로 등장한 것인데 이전 능인여자학원의 전통을 계승하였기에 더욱 뜻이 깊은 것이다. 이 학원을 경영한 배경은 당시 여성들의 직업을 갖기 위한 기술의 보급이 급선무라는 판단에서 나온 것이다. 이 학원은 이후 명성학교로 승격되었고 해방 이후에는 명성여자 중·고교가 되었다.

간이 강습소의 형태로 출발한 그 학원은 본과(2년), 연구과(1년), 별과(1년), 전수과(6개월) 등 4과로 구분하였고 교육과목은 양복, 자수, 편물, 세탁, 염색 등이었다. 이는 곧 여성이 직업을 갖는데 필요한 기술을 교육시키는 것이었다. 입학금은 1원, 수업료도 1원, 입학연령은 14~40세, 선생은 5~6명, 학생 150여 명이었다. 여자청년회에서 이러한 직업교육에 나선 것은 그 교육을 통한 불교의 보급에 있었다. 그러나 이러한 사업에는 적지 않은 재원이 수반되기에 여자청년회는 당시 재단법인 교무원의 도움을 받았다.

4. 불교여자청년동맹으로 전환

　　　　　　　　재기하여 다양한 사업을 추진하였던 조선불교여자청년회는 1931년 6월경에는 불교여자청년동맹으로 전환된다. 이는 당시 모든 불교청년운동 단체가 조선불교청년총동맹으로 합일되었기 때문이었다. 우선 조선불교청년회가 조선불교청년총동맹으로 전환되었고, 여타의 불교 청년단체도 조직체 변경을 통하여 총동맹의 가맹 단체로 가입하기로 한 결정에 따랐던 연유이다.

총동맹이 출범한 1931년 3월, 조선불교여자청년회의 간부들이 그 총동맹의 간부에 피선되었다. 박덕순이 중앙검사위원이었고, 김일엽과 김광호가 중앙집행위원이었다. 이 같은 전환은 일면으로는 조선불교여자청년회가 교단 및 사회문제에 개입할 수 있는 여지이기도 하였다. 총동맹 산하의 동맹체로서 보다 확대된 시야하에서 운동을 가속화 시킬 수 있었을 것이다. 동맹체로 전환 후에는 위상이 증대되어 지방의 부인회 20여 처를 지부로 두기도 하였다. 당시의 간부는 위원장 정귀인, 서기장 김숙경, 문교부장 김일엽, 이재부장 최순자 등이었다. 이들은 신식학교의 졸업, 일본 유학, 명성여자학원 근무, 여성운동 참여 등의 성격을 갖고 있었다.

동맹체로 전환한 이후에도 가장 유의한 사업은 명성여자실업학원이었다. 일시적으로는 경영의 문제가 어려워 타 종교 측에 경영권이 넘어갈 지경도 있었다. 이에 청년회에서는 교단, 사찰 등지에 지원을 요청하였으나 큰 성과는 없었다. 그리하여 이 학원의 유지 문제는 당시 종회 및 교무원에 현안 문제로 상정되었다. 1932년 3월의 제4회 종회에는 명성여자학원 직영의 건이 상정되었으나, 이 안은 부결되고 대신 1,000원 범위 내에서 31본산에 동정을 구하는 것으로 결정되었다. 그래서 그 학원의 교사였던 김수선은 후원을 요청하려고 지방 순방을 하였다. 이러한 난관으로 인해 1935년경부터는 이 학원을 총동맹과 여자청년회가 공동으로 경영하였다. 또한 재단법인 교무원에서 연 500원을 지원해주기도 하였다.

한편 불교여자청년동맹은 1932년 초 경성여자동맹으로 명칭을 변경하였다. 그 전환시의 간부를 보면 집행위원장 박덕순, 서기장 함기순, 회계장 김일엽, 문교부장 김수선, 검사위원 서석전·김광호 등이었다. 당시 교무원에서 정기적으로 년 300원을 지원받았는데 이는 경성여자동맹이 당시 대표적인 여성 불교단체였음을 말하는 것이다.

그러나 경성여자동맹은 1936~7년경에 이르면 침체의 상황으로 전락된다. 불교청년운동의 대표인 총동맹도 이때에 접어들면서 거의 자취를 찾기도 어려울 정도였다는 사정과 유관하다. 1939년 1월『경북불교』의 근하신년란에 경성여자동맹의 단체명이 등장하는 것을 보면 그 당시에도 단체는 존속하였을 것이다. 당시 총동맹은 일제에 타협하는 노선을 가고 있었는데, 여자동맹도 그러하였는지는 단언할 수 없지만 그 구도를 벗어나기는 어려웠을 것이다.

4. 일제하 신행단체

여성불교운동의 단체는 조선불교여자청년회가 대표적인 단체였으나 여타 여성불교 단체도 각처에 적지 않았다. 이제부터는 그중 현재 확인 가능한 단체를 선별하여 소개하고자 한다.

- 동래불교여자청년회: 1922년 7월 30일 창립, 동래불교청년회 후원, 여자의 지식 발전을 기하기 위한 목적, 조직은 회장·부회장·총무·부장
- 평양불교여자청년회: 1923년 2월 18일 창립, 평양의 불교신도중 여성 청년들이 주도. 회장-송정근, 리재부장 승연신, 서기-이창설
- 강릉불교여자청년회: 1925~1927년 활동, 소년·소녀 창가회, 웅변대회 개최, 강릉청년 연맹 혁신대회 가입
- 인천불교여자청년회: 1926년 7월 4일 창립, 정신적 수양기관 자부, 인천 서본원사에서
- 만자(卍字)부인회: 1926년 초 발기, 정경수(정동교당 신자, 이회광에게 수계하여 법명 (海雲) 주도, 중류이상 가정에서 호응하여 회원 초창기에 100여 명, 포교사업에 전념
- 관북불교여자청년회: 1927년 1월 15일 창립, 창립시 입회인 48인, 사업 방침으로 회지(會誌) 간행, 토론 및 강연회 개최, 도서실 설립 등을 결정. 강령은 우리는 석가모니의 정신을 받아 일하자, 우리는 자아본위의 진가치를 발견하는 동시에 여성의 지위를 획득하자, 이론적으로 떠드는 것보다 구체적 실행에 힘쓰자. 조직은 서무부, 문예부, 사교부.
- 불교부인회: 1928년 1월에 창립, 서울 돈의동, 재단법인으로 출범
- 부인선우회: 1931년 창립, 선학원내의 조선불교부인선원의 기반과 김적음의 지도로 참선 수행. 강령은 우리는 부처님의 정신을 체달하여 자선을 선포실행하여 부인들을 인도교양하고 견성성불 하기로 하자, 우리는 참선의 진리를 철저적으로 연구하여 생사대사에 함께 해탈하자, 우리는 중생제도를 하되 지옥 중생이 다할 때까지 제도하기로 하자 등이다.
  재만동포 구제사업을 전개, 정기회에서는 백용성·기석호의 설법을 청취, 정기 모임시에는 70여 명이 참가.

- 불교수양부인회: 불교신보 독자인 불교 여성, 학교출신인 신진여성, 10여 명.

이밖에도 각 지역과 사찰의 연고에 의해 수많은 여성불교단체가 있었다. 현재 그 단체명은 다음과 같이 확인할 수 있다. 제주불교부인회, 전주불교여자청년회, 경성일련종부인회, 공주불교아리다회, 경성불교여자청년회, 조선불교관음회(건봉사 경성포교소), 의성불교여자정각회, 진주불교부인회, 진주불교여자야학회, 불교부인수덕회, 삼척불교부인회, 경주불교부인회, 금성불교부인회, 불교선포부인회, 하동불교부인회, 금화불교부인회, 봉천조선불교부인회, 동봉부인회(동본원사), 국청사·보문사·운흥사불교부인회 등이다. 이 단체들은 대부분 신행, 포교, 친목을 위주로 한 신행단체로 보인다. 이밖에도 자생적인 단체가 상당하였을 것으로 추측할 수 있다.

5. 해방공간의 여성불교단체

해방공간의 여성불교운동은 교단의 재건과 혁신의 구도에서 가시화되었다. 8·15해방 직후 불교계에서는 일제하의 교단 집행부가 퇴진하고 과도 집행부인 조선불교혁신준비위원회가 등장하였다. 이 위원회의 준비에 의거 1945년 9월 22~23일 전국승려대회가 지금의 조계사에서 개최되었다. 승려대회에서는 새로운 교단을 출범시키면서 교단의 내부도 새롭게 정비하였다. 동시에 일제의 사찰령 체제의 잔재를 제거하여 불교 대중화를 더욱 기하는 교단 혁신 작업이 추진되고 있었다.

한편 불교와 교단을 새롭게 하려는 노력은 교단외부의 불교 혁신단체에서도 추진되고 있었다. 그런데 문제는 교단과 혁신단체 간에는 불교 혁신에 대한 상이한 현실인식으로 인하여 일정한 대응관계가 있었다. 그는 곧 혁신의 대상 및 방법을 둘러싼 갈등을 말하는 것이다. 요컨대 교단 집행부는 점진적인 개혁을 추구하려고 한 반면, 혁신단체는 보다 본질적이며 조속한 개혁을 원하였다.

이러한 갈등은 점차 상호 불신의 방향으로 나가고 있었다. 그런데 그 갈등의 저변에 있었던 문제는 교도제와 사찰 토지개혁의 문제가 있었다. 敎徒制라 함은 곧 대처승려의 신분을 어떻게 할 것인지를 지칭하는 제도이다. 즉 승려와 신도를 교도라고 지칭하면서 대처승을 승려로 볼 것인가 아니면 신도로 이해할 것인가의 문제였다. 이는 당시 95%의 승려가 대처승이었기에 당시 교단 집행부와 승려에게는 초미의 관심사였다. 사찰 토지개혁은 남한에도 토지개혁이 될 것인가라는 전제하에 그에 대한 대응을 어떻게 할 것인가의 문제였다. 교단집행부는 우파적인 입장에서 유상몰수, 유상분배를 주장하고 혁신단체는 주로 무상몰수 무상분배의 기조하에서 그 분배는 사찰의 소작인에게 기회를 주고 그들을 불교신도로 만들자는 복안을 갖고 있었다.

이러한 이질적인 이해관계로 인해 교단과 혁신단체는 결별하여 마침내는 상호 부정, 그리고 교단 이탈로 나갔다. 당시 혁신단체가 교단을 부정하며 만든 단체는 1946년 12월에 결성된 불교혁신총연맹이었다. 이 총연맹은 1947년 5월 교단과 완전 결별하고 새로운 교단 결성으로 나아갔거니와 그 교단은 朝鮮佛敎總本院이었다.

그런데 그 불교혁신총연맹에 가담한 여성불교단체가 있었으니 그는 불교여성총동맹과 선우부인회였다. 선우부인회는 일제하 선학원에 있었던 선우부인회의 후신으로 이해된다. 그러나 해방공간시의 제반 정황은 전하는 자료가 없어 그 구체적인 내용은 알 수 없다. 선우부인회가 총연맹에 가담한 것은 선학원이 가담하였기에 함께 참여한 것으로 보인다.

불교여성총동맹도 그 총연맹에 가담한 것으로 기록에는 나오지만 여성총동맹의 창립의 전후 내용, 성격 등에 대한 이해는 잘 알 수 없다. 일단 불교혁신총연맹이 1946년 12월에 창립되었기에 그 이전에 여성총동맹이 있었을 것이다. 그러나 불교여성총동맹의 선언문, 강령, 규약을 전하는 문건이 있기에 단체의 개요는 정리할 수 있다.

당시 불교계의 당면과제가 교단개혁에 있음을 자인한 가운데 총동맹의 강령을 다음과 같이 정하였다. 그 내용은 "우리는 불타의 弘願에 의하야 대중불교를 건설함, 우리는 불타의 자비에 의하야 사회사업을 진흥함, 우리는 불타의 화합주의에 의하야 민족단결을 촉진함, 우리는 불타의 평등주의에 의하야 남녀동등을 확립함"이었다. 그리고 맹원은 18세 이상의 불교를 독신하는 부녀로, 본부는 서울에, 지부는 지방에 설치하되 30인 이상의 맹원이 거주한 지방에 둘 수 있도록 하였다. 기관으로는 전국대표대회, 중앙집행위원회, 중앙상무집행위원회, 고문회를 두었다. 임원으로는 위원장 1인, 부위원장 약간인, 고문 약간인을 두었다. 실무부서로는 총무부, 재정부, 사업부, 조직부, 선전부를 두었다. 그리고 재정은 회비 및 기부금과 협조금으로 충당케 하였다.

그러나 이 총동맹은 혁신 단체가 미군정의 압력과 자체내의 내분 등으로 침체·소멸되었던 1947년 말 이후에는 어떠한 경로를 밝았는지는 파악할 수 없다. 한편 해방공간의 혁신단체가 國華女子專門을 설립한 것이 이채롭다 하겠다. 김천에서는 불교소녀회가 결성되어(1949) 미래의 어머니가 될 소녀에 대한 관심과 교육을 강조하였다.

6. 현대 여성불교단체

1954년 6월부터 본격화된 불교 정화(비구·대처간의 갈등, 법난) 시기에 여성 불자들도 그에 가담하였다. 따라서 이 시기의 여성불교운동은 불교 정화의 구도에서 가시화되었다. 우선 선우부인회는 1954년부터 비구측의 정화를 적극 옹호·지원하였다. 1955년 대각사에서 황이선 보살이 주도한 신행단체는 후일 지성인 불자모임으로 평하는 원각회로 이어졌다.

한편 전국신도회가 1956년 6월 창립되었는데, 이는 불교정화시에 그를 외호하기 위해 조직된 신도단체이다. 그런데 이 신도회 내에 부인회가 산하 부서로 자리 잡았다. 당시 그 신도회에서 활약한 여성불자는 김법련화, 대원경, 무착행 보살, 송지행자 보살, 이정수(비구니) 등이었다. 이들은 정화시에 비구승측 승려들에게 쌀과 음식을 제공하였다.

1957년에는 장봉옥 보살을 중심으로 摩耶부인회가 결성되었다. 이 부인회는 불교발전을 위하여 우선 그 사회의 핵심적인 학생을 중점 지원한다는 취지에서 나왔다. 이에 그 강령은 우리는 佛母가 되자, 우리는 중생의 어머니가 되자, 우리는 대중불교를 건설하자 등이었다. 그러나 당시가 정화가 한창 진행 중이었기에 주로 정화의 뒷바라지를 주로 하였다. 이 해에는 장복옥을 중심으로 반야부인회가 창립되었고, 무착행 보살이 주도한 선우회도 창립되었다. 이 두 단체는 비구니를 적극 후원하였다.

1962년 6월에는 여성신도 중심으로 한국관음회가 창립되었다. 김상봉 회장을 중심으로 조계사에서 발족하였는데, 주로 정화회관에서 정기 법회를 가졌다. 자체내의 '불교성경'을 발간하고 초청 지도교수와 법사에게 교리공부를 하였다. 신행은 관음기도와 관음행 실천을 하였다. 1965년 6월, 대한불교부인회가 문공부에 등록되었다. 이 부인회는 일제하에 결성된(1943.9.15) 불교부인회의 후신으로 해방 이후에는 대한불교부인회로 개칭하여(1952) 활동하다가 이때에 와서 정식 등록을 하였다. 사업은 여성불교 해외 교류, 이웃돕기 등에 중점을 두었다.

1970년 5월, 태고종은 문교부에 불교단체 등록을 신청하고 이어서 문교부도 이를 승인하였다. 이는 불교의 새로운 단계로의 진입을 말하는 것이다. 이 시점부터는 여성불교운동은 더욱 독자적인 길을 걸어가야만 되었다. 1971년 어머니 불자들이 통도사에 모여 관음선행회를 발족하고 자비행을 실천하였다. 부산의 일념회도 발족하여 이웃돕기 사업에 주력하였다. 1977년의 연꽃모임과 1981년의 부산불심회도 발족하여 자비의 손길을 널리 펼쳤다. 그밖에도 초등교사들의 모임인 반야회와 불심회도 있다.

1974년 중반 서울에서 결성된 不二會는 대중불교에 전념하였는데, 회원은 윤용숙·박명자·강말원 등 주부불자들이었다. 불이회는 신행활동을 하면서 사회봉사에 유의하였다. 특히 不二賞을 제정하여 연구, 실천, 장학, 출가 등 4분야에서 미래의 불교를 이끌 동량을 중점 육성하고 있다. 1978년에는 정윤희·주양자 등이 주도한 無門會가 결성되어 대중법회를 열기도 하였다. 1982년에는 불교어머니회가 발족되어 군포교 등 포교의 사각지대에 유의한 포교활동을 하였다. 1988년에는 전국여성불교연합회가 창립하였다. 이 연합회는 여성불교운동을 활성화시키려고 각처에 지부를 두는 등 적지 않은 노력을 하였지만 큰 성과는 내지 못하였다.

현대 여성불자들의 신행은 주로 각 사찰에서 이루어지고 있다. 그러나 개별 사찰을 벗어난 조직적인 신행단체는 매우 보잘 것 없다. 전국신도회와 같은 단체 내에 부녀부가 있으나 유명무실하고, 몇몇 신행단체가 있으나 불교의 위상을 고려하면 그는 존재 자체도 의심스러운 정도이다.

:

신도회
역사에 비추어 본
신도회의 지향

1. 전제

　　최근(2003.3~6) 대한불교 조계종과 직접, 간접적인 연계를 갖고 있는 중앙신도회와 전국신도회는 보다 진일보한 불교발전을 도모하기 위한 차원에서 양 단체의 통합을 추진하고 있다. 그간 두 단체로 분립된 신도회의 활동은 대내외적으로 적지 않은 우려를 받은 것을 부인할 수는 없다. 그러나 2003년 3월부터 가시화된 양 단체의 통합은 비교적 구체적인 활동을 전개하면서 실질적인 통합으로 나아가기 위한 절차를 정상적으로 추진하고 있다.

　그 내용은 주지하는 바와 같이 양 단체 임원과 총무원장 사이의 통합 합의, 양 단체 내부 집행위원회와 대의원총회에서 통합 결의 수용, 기자회견, 통합추진위원회의 가동, 통합신도회의 역할과 방향모색을 위한 워크숍 개최를 말하는 것이다. 그리하여 현재는 신도회 통합의 의미와 원칙에 대해서는 대강의 방향이 나와 있다고 볼 수 있다. 통합의 의미는 신도운동의 역사와 전통을 계승 발전의 기회, 통합을 통한 단일한 대오 결성, 신도 대중의 역량 결집 및 종단 내의 역할 재정립의 계기로 말하고 있다. 그리고 통합의 원칙은 종헌정신에 입각하고 종법령 질서체계에서 추진, 사찰·교구신도회 및 지역·전국단위 신도체계의 강화 발전, 새로운 시대에 부응하는 신도회상의 구현을 내세우고 있다.

이러한 통합의 의미와 원칙은 당연하고, 정상적인 방향에서 검토, 수립되었다고 볼 수 있다. 그러나 우리가 지금까지 전개된 조계종단의 역사와 신도회의 저간의 사정을 고려할 경우 최근의 통합에 대한 우려의 목소리가 나오는 것 또한 배제할 수는 없는 실정이다. 이에 본 고찰은 신도회의 통합이 정상적으로 추진, 완료됨과 동시에 추후에는 지금보다 나은 신도회 활동을 기대하는 차원에서 신도회 역사를 점검하고, 거기에서 하나의 교훈을 찾아보려는 입장의 글이다. 주지하는 바와 같이 역사에 대한 다양한 의미 중에서 가장 보편적인 의의는 교훈이라고 볼 수 있다. 또한 역사를 팽개치고, 쳐다보지 않는 몰역사적인 집단, 국가, 사회가 정상적으로 발전되었다는 소리는 찾을 수 없다. 나아가 역사의식에 대한 중요성은 동서고금의 지성인들이 기왕에 지적한 바와 같다.

그럼에도 불구하고 오늘[1] 우리의 주제인 신도회의 역사를 통하여 새로운 신도회의 지향을 점검하는 입장에서, 우리의 검토와 지향은 매우 미약할 수밖에 없을 것이다. 신도회 통합에 임하면서 실무적, 행정적인 검토와 분석은 현재 진행 중이겠지만 그래도 신도회 역사에서 그 무엇인가를 찾아내어 그를 통합의 자양, 토대로 삼으려는 이 토론회는 일단 역사의식이란 출발이라는 점에서 약간의 희망을 찾을 수 있다. 그러나 우리가 신도회 역사를 통해 신도회 지향을 찾아보려는 이 검토는 불충분함을 인정하고자 한다. 왜냐하면 50여 년에 달하는 신도회 '역사'로 정비된 것을 찾을 수가 없기 때문이다. 이는 신도회 역사에 대한 연구자들의 무관심에서 나온 것이지만

---

[1] 본 고찰은 2003년 7월 25일, 조계종 포교원(조계사 제2강의실)에서 열린 1차 신도회 통합 추진위원회 토론회의 발제 원고이다.

신도회 내부에서부터 역사에 대한 무관심이 팽배하였기 때문이다.

발제자는 수년 전 신도회 역사에 관심을 갖고 자료 탐방에 나선 적이 있지만 그 어디에서도, 그 누구에게도 그 관련 자료를 단 한 건도 확보하지 못하였다. 물론 여기에는 정열적인 자료 확보 노력이 없었던 측면도 있었지만, 그 탐방시에 느낀 점은 그야말로 황무지였다는 것이 솔직한 고백이다. 발제자가 그 자료를 확보하려는 것은 조계종단사, 근현대사에서 차지하고 있는 신도회, 신도운동, 재가불자들의 고뇌, 땀, 운동을 재조명하려는 심정에서 나온 것이다. 현재 신도회에 관련된 글은 선원빈의 「조계종 전국신도회, 신도회의 실상과 허상」(『불교사상』1985.8), 이학종의 「신도운동사」(『법보신문』1996.9~12, 10회 연재), 김광식의 「전국신도회의 조계종단 혁신재건안 연구」및 「이청담과 조계종 유신재건안 연구」(『새불교운동의 전개』, 2002, 도피안사), 최연의 「한국재가불교운동의 사적 개관」(『불교평론』13, 2002 겨울), 박광서, 「재가불교운동의 역사와 전망」(『참여불교』12호, 2003, 1·2)에 불과한 실정이다.

때문에 본 발제는 이 같은 황무지 상황에서 나온 것이기에 그 한계는 자명한 것이다. 한편 발제자는 신도들의 과거의 노력, 고뇌, 땀, 지향, 기여 등에 대하여 그 누구도 관심이 없었던 사정을 수긍치 못하였다. 자기 정체성, 자기의 지향, 자기의 반성 등이 없이 그 무엇을 발전적으로 할 수 있는지 매우 의아스럽다. 추후에도 자기 성찰적인 입장에서 역사찾기를 하고 그 토대에서 나아갈 방향이 검토되는 것이 상식적인 노선이 아니겠는가? 내가 한 일도 모르고, 소속 단체의 역사와 정체성도 파악치 않고 할 수 있는 일이 무엇인지 자문하지 않을 수 없다. 이러한 정황은 비단 신도회에만 한정되는 것이 아니고 조계종단, 한국 불교계 전체의 현실을 고려할 경우 불교계의 몰역사의식은 매우 심각한 것으로 지적하고자 한다.

이런 정황하에서 본 발제는 발제자가 이 시기 불교사를 연구하는 과정에서 간간히 살핀 신도회 역사를 조망하는 형태로 서술하였다. 그러나 발제자의 연구 미약, 본 발제의 준비 시간 부족, 자료의 미약 등이 결합된 것에서 나온 것이기에 내용은 매우 부실함을 인정한다. 그리고 그 서술도 역사 정리 형태보다는 전체적인 소감을 주제별로 묶어 요약하는 방법을 취하고자 한다.

2. 신도회의 정체성

　　　　　신도회에 대한 최우선적인 문제는 신도회(전국, 중앙 신도회)가 왜 필요한가에 대한 의문이다. 이는 발제자만의 궁금증은 아닐 것이다. 불교운동, 신도회의 관련자들은 이에 대해서 정확하고 강렬한 소신을 개진할 수 있을 것이다. 그러나 일반 대중, 일반 신도들이 과연 신도회가 하는 일이 무엇이며, 무엇을 해왔고, 종단과는 어떤 연계가 있는지에 대해서 소상하지 못하고, 즉각적인 대답이 나오기는 쉽지 않을 것이다.

이는 신도회의 이념과 지향에 대한 문제이다. 불교를 믿고, 수행하고, 실천하고 그리하여 불교를 삶의 중요한 증거로 하여 살고 있는 다수의 불자 대중들은 신도회의 정체성에 대하여 의식이 미약함을 말한다. 신도회는 이런 곳이다, 혹은 무엇을 하고 있다고 힘주어 이야기 할 수 있는 정체성을 정비하는 것이 급선무라는 점을 지적한다. 이 정체성 확립하에 신도회의 위상이 분명해지는 것이다.

물론 신도회의 근거는 종단 신도법에 있으며, 사찰에 나가는 일반의 불자들은 소속 사찰에 대부분 신도회가 조직되었기에 거기에 소속되어 있을 것이다. 전국적인 특정의 신도단체에 가입하여 활동하는 경우도 적지 않을 것이다. 그러나 여기에서 지적하는 것은 그 같은 기초적, 지역별, 전문적인 신도단체의 상위 개념으로서 중앙차원의 신도단체에 대한 문제인 것이다. 그리고 이 같은 지적은 교구별 신도단체의 경우에도 동일한 지적을 할 수 있다.

정상적이고, 희망적인 정체성은 신도회(중앙, 전국)는 어디에 있으며, 누가 대표이며, 어떤 일을 해 왔으며, 전국 신도들을 대표할 수 있는 대표성을 인정하고, 종단과의 상호 관계에서도 일정한 책임과 위상을 점하고 있기에 상식화된 단체로 알고 있어야 하지 않을까? 이에 대한 문제에 응답하기 위해서는 신도회 내부적으로 치열한 자기반성, 이념 정립, 노선의 재정비 등에 대한 고민이 있어야 할 것이다.

3. 신도회 출범의 배경

무릇 한 단체의 활동과 성격은 그 단체의 출범 배경과 무관할 수는 없는 것이다. 이는 나아가서는 그 단체의 성향을 대변해주기도 한다. 때문에 보편적으로 단체의 내용을 알기 위해서는 그 단체의 출범 이전의 배경과 그에 연관된 내용에 대한 이해는 필수적인 것이다.

전국신도회는 1954년부터 시작되어 1962년 통합종단의 출범에 이르기 까지, 현대 불교사에 큰 영향을 끼친 이른바 정화불사에서 그 연원을 찾을 수 있다. 즉 전국신도회는 정화운동과 불가분의 관련을 맺고 있다. 주지하는 바와 같이 전국신도회는 1955년 6월, 승려와 재가불자들이 추진한 정화추진위원회에서 그 기원을 찾고 있다. 그 후 그해 11월 29일 정식으로 창립 기념 행사를 가졌다. 당시 신도회에 가입한 재가 불자들은 신도회 본연의 일보다는 정화불사의 과업에 참여하였다. 그 불사에 참가한 승려들의 후원, 외호, 심부름에 적극적으로 활동하였다. 다양한 집회 활동, 정신적인 후원 그리고 적지 않은 후원금, 쌀, 된장 등을 사찰과 승려에 제공하는 등 물질적인 측면에서도 큰 후원을 하였다.

그리하여 조계종단의 오늘이 있기까지 신도회의 헌신과 역할은 지대한 것이었다. 그럼에도 1962년 통합종단이 성립 이후 1970~80년대의 제반 상황을 조망할 경우, 신도들의 헌신은 신도회의 위상에 직접적으로 반영되지 못하였다. 그래서 간혹 일부 재가불자나, 신도회에서는 종단 개혁의 목소리가 지속적으로 제기되었다. 특히 종단이 혼미하고, 내부 분열과 갈등이 전개될 경우에는 어김없이 종단에 대한 비판이 등장하였다. 요컨대 전국신도회의 출범, 활동, 성격에 있어서는 조계종단 정화운동과 불가피한 연관을 맺고 있었다. 그러므로 전국신도회에 대한 역사와 성격을 살필 경우는 반드시 정화운동, 정화사에 있어서의 재가불자 및 전국신도회의 활동을 객관적으로 분석할 필요를 만난다. 최근 정화사에 대한 연구가 시작되고 있지만, 그 내용에 재가불자나 전국신도회의 활동을 강조, 분석한 실례는 찾을 수 없었다.

한편 중앙신도회의 출범은 94년 종단개혁으로 지칭되는 개혁불사의 전후 과정에서 찾을 수 있다. 서의현 체제의 도덕적 모순, 종단 개혁의 열망, 21세기를 지향하였던 종단 구성원들의 변화의 열정 등이 어우러진 개혁불사는 외형적으로는 성공하여 개혁회의, 개혁종단을 출범시켰다. 그 당시 개혁불사를 성원하고 수많은 활동을 통해 종단 개혁에 참여한 재가불자들의 헌신도 간과할 수 없는 것이었다. 다만 그때는 전국신도회의 내분, 개혁 주체와의 이질성 등으로 인해 신도회는 참가치 않았다. 참여 주체는 민주화운동, 불교 사회화운동에 참가한 신진 불교대중들이었다. 이들은 자기가 속한 단체를 통해 혹은 개별적으로 개혁불사에 참가하였다. 그 결과로 개혁종단은 정상적으로 출범하였으나, 개혁 불사에 참여한 재가 대중을 고려한 개혁의 변화는 특별한 것이 없었다. 요컨대 개혁불사에서의 재가불자의 공로는 정상적인 평가를 받지 못하였다. 여기에는 이전 전국신도회에 대한 개혁승려들의 불만이 작용한 면도 고려할 수 있다.

이런 상황은 중앙신도회의 출범이 개혁종단이 출범 이후에도 즉각 이행되지 않고 97년 3월에 가서야 등장한 요인으로 작용하였을 것이다. 중앙신도회 출범 이후 초대 임원진의 사퇴에서 종단과의 역학관계라는 요인도 생각해볼 대목이다. 일단 여기에서는 중앙신도회 출범이 개혁불사의 흐름에서 나온 것임을 알아야 한다. 중앙신도회는 창립 선언에서 이전 전국신도회가 사찰과 유리된 조직이었음을 비판하고, 그 원인으로 승단과 사찰이 재가신도의 교육 및 조직의 지도를 방치한 결과로 이해하였다. 원인으로는 재가신도의 의식이 투철치 못한 것도 함께 제시되었다. 이에 중앙신도회는 종단개혁불사와 불교 중흥의 완성에 동참하겠다는 방향을 세웠다. 그리고 신도대중의 교육, 교육받은 신도를 결집하겠다는 사업 방향을 수립하였다.

그러면 중앙신도회의 출범이 6년이 된 지금, 중앙신도회와 개혁종단, 지금의 종단과는 어떠한 관계를 맺고 있는가? 그리고 당초 출범시에 내걸었던 사업의 방향은 별 문제없이 진행되고 있는가에 대한 의문을 가질 수 있다. 종헌상에 나온 종단의 대표적인 신도회라는 것을 제외하고 무엇을 갖고 관련성과 사업을 바라보아야 하는가. 달리 말하자면 개혁불사라는 종단의 전환기에 즈음하여 중앙신도회의 역할과 성격이 당초 개혁불사에서 의도한 내용이 담겨 있는가 하는 문제이다.

전국신도회와 정화운동, 중앙신도회와 종단개혁이라는 연결 고리를 갖고 우리는 신도회의 역사와 정체성을 분석할 수밖에 없다는 냉엄한 현실을 직시해야 할 것이다.

4. 종단과의 관계, 사부대중

전국신도회, 중앙신도회의 역사에서 간과할 수 없는 것은 요컨대 종단 운영에 사부대중 참여이다. 이는 신도회 차원뿐만 아니라 모든 신도, 불자들이 당위로 여기고 있는 것으로 보아도 무방할 것이다. 이 문제는 정화불사가 진행되던 그 당시부터 현재까지 조계종단의 역사의 한 줄기로 분명히 자리 잡고 있었던 것이다.

그리하여 전국신도회에서는 이 문제에 대하여 종헌개정 시도, 시위, 청원, 종단 유신방안 결의 등 갖가지 방법으로써 그 명분과 당위성을 강조하였지만 현실적으로 구현된 것은 거의 부재하였다고 말할 수밖에 없다. 그 구체적인 대안으로 나온 것이 상하 양원제, 종회에 재가자의 참여(8명, 혹은 30명 등)이었다. 이에 대한 종단, 승려들의 응답으로 구체화된 것인 기획위원회의 등장이었지만 이 위원회도 그 역할이라는 면에서 많은 한계를 가졌다. 종단 사정에 의거 등장과 소멸이 반복되었다. 그 과정에서 신도회는 종단의 영도권, 운영권의 이원화를 주장하였는데 우리는 그 역사적 실체와 배경을 점검해야 한다.

이러한 정황은 중앙신도회의 경우에도 유사하였다. 다만 전국신도회에 비해서 그 강도가 약화되었다고 볼 수는 있다. 이는 개혁불사를 같이한 개혁주체에 대한 신뢰가 있었는지 아니면 급변하는 종단 내외의 현실에서 실천의 우선순위가 밀린 것인지는 단언할 수 없다. 중앙신도회에서는 종단에서 구체성을 갖는 대안으로 말하는 사찰운영위원회를 어떻게 바라보고 있는지에 대한 입장을 개진해야 할 것이다. 그러나 중앙신도회의 외곽에서는 사부대중 공동체 운영을 위한 다양한 검토는 해왔다. 사찰재정 투명화 심포지엄(재가연대), 사부대중 공동체 추진, 사부대중 관계 정립에 대한 세미나(교수불자연합회) 등은 그 실례이다.

발제자가 보기에 전국신도회, 중앙신도회에서는 사부대중 공동체 운영, 종단 운영에 참가, 종회에 재가자 참여 등에 대한 이견은 없었다. 다만 50~70년대 승려들의 재가자의 종단 참여를 인식하였던 것과 80~90년대와 최근의 승려들이 재가자의 참여를 바라는 인식은 다르다고 필자는 본다. 이러한 이질성은 승려의 위상 강화와 밀접한 관련을 갖게 된다.

이러한 현실하에서 불교계 내부에서 재가불자들이 주도한 신행단체, 사찰, 공동체, 교양대학, 법사회 등이 성장하고 있었음도 주목해야 한다. 달리 말하면 이제는 사부대중 공동체에 대한 주장이 식상한 것이 아닐까. 사찰, 종단 운영의 참가를 통한 정체성 확인과 나아가서 불교발전에 기여하는 것을 다른 측면에서 찾는 것으로 볼 수도 있다.

요컨대 신도회의 활동, 역사, 지향에서 사부대중 공동체, 사찰 및 종단운영에 참가를 어떻게 인식할 것인가는 중요한 과제라 볼 수 있다.

5. 신도회의 활동, 사업

신도회는 어떤 사업과 활동을 해야 하는가? 전국신도회의 사업을 간략하게 대별하면 불교의 근대화, 생활화, 대중화였다. 이 기치아래 신도회는 다양한 활동을 하였다. 전국불교대표자대회의 개최, 세계불교지도자대회의 주최, 불교 근대화를 위한 심포지엄 개최, 순회 포교, 포교사 양성, 해외 국기보내기 운동, 불교성전 발간, 교양대 개설, 부처님 오신 날 공휴일 제정의 추진,『법륜』발간, 전신회보 발간, 사단법인 인가, 불교신도운동의 모색 세미나 개최 등이 전국신도회의 주요 사업이었다. 이에 반해서 중앙신도회는 이제 출범 6년이라는 역사로 인해 두드러진 사업은 미약하지만 최근에는 사찰의 재정공개 촉진에 동참, 신행혁신운동, 108 참회 정진법회, 원로스님 친견법회, 이웃을 위한 희망의 등 밝히기, 정보통신 사업(웹진), 불교정책 개발, 신도회 간부 연수교육, 신도회보 발간 등을 추진하였다.

여기에서 지적하는 것은 곧 전국차원의, 중앙차원의 신도회가 추진해야 할 사업이 무엇이 타당한 가에 대한 냉철한 분석, 반성이 함께 해야 한다는 것이다. 과거 신도회의 사업을 보면 지속성이 미약했고, 종단 내외의 현실에 좌우되었으며, 빈약한 재정하에 전개되었고, 종단 지도부 중심의 추진이었으며, 외화내빈의 추진이었다는 비판을 감수해야 할 것이다. 기존 사업을 신도회에서 추진하는 이론적인 타당성을 검토해야 하지 않을까?

그리고 신도회 사업에는 종단과의 연결된 것이 상당하였다. 이는 불가피한 현실인 것이다. 종단 산하의 단체이기에, 종단의 도움을 받아서 할 수밖에 없는 것도 있었다. 그리고 종단의 요청에 의해서 추진한 경우도 적지 않았다. 60~70년대 이른바 종단 3대 지표인 도제양성, 역경, 교육에 신도회가 연결, 동원된 경우도 있었다. 최근에는 불교총본산성역화사업, 환경문제 공동 참여 등이 그 실례이다. 한편 신도회 사업에는 포교원과 연관된 경우가 많다. 이는 포교의 대상, 신도 교육, 신도 조직화를 위한 것이기에 불가피한 경우도 있지만 그 사업의 주체라는 면에서는 주종이 애매하였다. 최근에는 참여불교 재가연대와의 연결도 선명치 못한 경우도 있다. 그러나 시대가 변하며, 정보화 사회라고 지칭되는 제반 현실, 국제화가 되는 사회의 등장으로 나타난 사회 총체적인 변화에 대처하는 신도회만의 사업이 두드러져야 할 것이다. 한편 신도회의 재정은 그간 중앙임원의 후원금 및 종단 지원비에 의존성이 강하였다. 재정의 자립이 이루어지고 신도들의 회비를 통한 신도회의 운영이 되어야 사업 추진, 그리고 종단에 대한 독자적인 발언이라는 측면에서 신도회의 목소리를 낼 수 있다.

신도회 사업에서 신도회 자체의 사업, 종단과 공동으로 할 사업, 종단을 후원하는 사업 등 사업의 분석과 성격에 대한 정리가 있어야 할 것이다.

6. 신도회의 조직, 인물

신도회 역사를 바라보면 늘 제기되는 것이 신도 및 신도회의 조직화이다. 50여 년간 이 문제가 줄기차게 제기된 것은 역설적으로 이 문제가 제일 중요하고, 가장 부진하였음을 반영하는 것이 아닌가 한다.

회장, 지도부 등이 바뀌면 늘 나오는 공약이고 추진 사업이었다. 이에 이 문제는 전국, 중앙 차원 신도회의 역량과 사업의 성패를 가늠하는 초점인 것이다. 그런데 이 문제는 조직 사업만의 성격은 아니다. 위에서 제기한 신도회의 정체성, 지향과 맞물려 있는 문제인 것이다. 자발적으로, 자연스럽게 중앙의 신도회에 가입하는 것이 당연하고 종단에서도 이를 후원해야 할 것이다. 현재 조계종의 신도는 의무만 산적하고 권리는 없는 애매한 신분인데, 이를 극복하여 참여하고 싶은 신도회로 만들기 위한 메시지를 불어넣어야 신도회의 조직이 살아날 것이다.

다음으로 신도회의 지도부 인물은 일정 부분에서는 종단의 정치성과 연결되어 온 것을 배제할 수 없다. 이는 신도회 고유의 전통을 만들 수 없는 요인으로 작용하였다. 그리하여 집행부가 종단 정치, 정치적인 요인으로 바뀌면서 인수인계도 부진하고, 관련 자료를 갖고 나가며, 사업의 추진에 대한 정보를 정확하게 제공하지 않았다. 이 같은 신도회의 정치성은 종단의 종권분쟁, 갈등이 전개될 시에는 더욱 첨예하게 드러난다. 종단 혹은 사찰의 주도권을 두고 승려들 간의 내분, 대립이 전개되면 사찰 신도회와 중앙차원의 신도회, 그리고 여타 개별적인 신도회는 인연, 연고 등으로 한쪽의 승려집단에 협조, 유착하였다. 그 후 사태가 종료되면 그 파장이 신도회에 미쳤다. 때문에 이런 순환 구조 속에서 신도회의 간부들은 상처를 입고, 퇴진하고, 새로운 인물이 또 다시 그 구도에 편입되는 악순환이 반복되는 것이다. 개혁종단에서 기존 전국신도회를 배척한 이유도 여기에서 나왔을 것이다. 한편 현재의 중앙신도회는 과거의 그 아킬레스건과 같은 이력을 완전 극복치 못해 종단, 사회에 대한 본연의 목소리를 내지 못하는 것이 아닌가 하는 지적도 유의해야 한다. 신도회의 정치성, 종단 의존성을 극복해야 한다. 그러나 종단 의존성은 신도회 자체가 조계종단의 구도하에 존재하기에 간단한 문제는 아니다.

요컨대 신도회 자체의, 고유의, 전통의 조직체계를 재정비하는 것이 급선무이다. 그리고 신도회 지도부도 내부의 인물이 성장하여 담당하고, 불교적인 가치관이 충만한 인물들이 신도들의 추천, 내적 질서에 의거 적정 보직에 임명되어야 할 것이다. 신도회에서 50여 년간 강조한 신도회관 건축, 사업에 필요한 재정 확보, 신도들의 불교 이론을 제공할 지침서 간행 등 다양한 공약들이 이행되지 않은 것도 실제는 여기에서 찾을 수 있는 것이다. 그리하여 이는 신도회 전통의 단절로 전개되었다. 그보다는 신도회의 정체성 및 전통의 부재로 지적하는 것은 지나친 폄하일까?

7. 정리

　　지금껏 발제자는 신도회 역사에 관심이 있는 이 분야 연구자의 입장에서 신도회 지향에 대한 몇 가지 분야의 의견을 제시하였다. 서두에서도 개진하였지만 이 개진은 많은 측면에서 모순을 갖고 있다. 다만 신도회의 발전과 정상적인 통합을 기대하고, 촉구하는 입장에서 나왔음을 이해하여 주길 바란다.

　그러나 한편에서는 역사에서 배우지 못하는 민족은 살아남지 못하였다는 토인비의 역사 문명론도 우리가 귀를 기울여야 하지 않을까. 그리고 어렵던 시절, 황량한 여건하에서 신도회 운동에 앞장선 선배, 선인들의 온고이지신을 기억하지 않고, 아니 그 노고를 찾지도 않으면서 신도회 발전을 운위한다는 것이 얼마나 무책임하고, 무지한 것을 깨달아야 하지 않을까 한다. 뿌리 깊은 나무가 흔들리지 않는다는 것과 같이 신도회는 전통을 찾고, 수립하고, 계승해야 한다. 그러려면 신도회의 전통이 무엇인가에 대한 처절한 자기반성이 있어야 한다. 이러한 토양이 있을 때에 미래불교를 주도하는 신도회가 될 수 있고, 급변하는 정보화 사회에서 살아남을 수 있는 신도회로 나아갈 수 있다고 본다.

　거듭 강조하건대 신도회는 신도들의 조직이요, 지향이다. 그 후 종단의 구성원, 구성체로서의 신도회이다. 발제자가 생각하는 이러한 등식이 유지되지 않을 경우, 신도회의 노선과 성격은 신도회라고 말하기는 어렵지 않을까 하는 소박한 생각을 가져 본다. 필자의 본 고찰이 신도회의 정체성 점검 및 역사찾기에 도움이 되길 기대한다.

1. 저서

김광식, 『한국 근대불교사연구』, 민족사, 1996.
_____, 『한국 근대불교의 현실인식』, 민족사, 1998
_____, 『용성』, 민족사, 1999.
_____, 『근현대불교의 재조명』, 민족사, 2000.
_____, 『우리가 살아온 한국불교 백년』, 민족사, 2000.
_____, 『새불교운동의 전개』, 도피안사, 2002.
_____, 『아! 청담』, 화남, 2004.
_____, 『한국 현대불교사 연구』, 불교시대사, 2006.
_____, 『그리운 스승 한암스님』, 민족사, 2006.
_____, 『민족불교의 이상과 현실』, 도피안사, 2007
_____, 『동산대종사와 불교정화운동』, 영광도서, 2007.
_____, 『범어사와 불교정화운동』, 영광도서, 2008.
_____, 『한용운 평전』, 참글세상, 2009.
_____, 『한국 현대선의 지성사 탐구』, 도피안사, 2010.
_____, 『우리가 만난 한용운』, 참글세상, 2010.
_____, 『한용운 연구』, 동국대학교출판부, 2011.
_____, 『보문선사』, 민족사, 2012.
_____, 『불교와 국가』, 국학자료원, 2013.
김경집, 『한국 근대불교사』, 경서원, 2000.
_____, 『한국불교 개혁론 연구』, 진각종, 2001.
김상웅, 『만해 한용운 평전』, 시대의창, 2006.
김순석, 『일제시대 조선총독부의 불교정책과 불교계의 대응』, 경인문화사, 2003.
_____, 『백년동안 한국불교에 어떤 일이 있었을까』, 운주사, 2009.
공주불자연합회, 『신문으로 본 근대 공주불교』, 공주불교회관, 2012.

동국대 석림동문회, 『한국불교현대사』, 시공사, 1997.

박재현, 『한국 근대불교의 타자들』, 푸른역사, 2009.

박희승, 『이제, 승려의 입성을 허함이 어떨는지요』, 들녘, 1999.

_____, 『조계종의 산파, 지암 이종욱』, 조계종출판사, 2011.

불학연구소, 『불교 근대화의 전개와 성격』, 조계종출판사, 2006.

_____, 『불교와 국가권력, 갈등과 상생』, 조계종출판사, 2010.

류시현, 『최남선 평전』, 한겨레출판, 2011.

서경수, 『불교철학의 한국적 전개』, 불광출판부, 1990.

선우도량, 『22인의 증언을 통해 본 근현대불교사』, 선우도량출판부, 2002.

신규탁, 『한국 근현대 불교사상 탐구』, 새문사, 2012.

심재관, 『탈식민시대 우리의 불교학』, 책세상, 2001

실천불교승가회, 『실천불교의 이념과 역사』, 도서출판행원, 2002.

월정사, 『방산굴법어』, 민족사, 2003.

월정사 · 김광식, 『오대산의 버팀목』, 오대산 월정사, 2011.

_____, 『방산굴의 무영수』, 오대산 월정사, 2013.

윤창화, 『근현대 한국불교 명저 58선』 민족사, 2010.

여익구, 『민중불교 입문』, 풀빛, 1985.

_____, 『민중불교 철학』, 민족사, 1988.

이원섭 옮김, 『조선불교유신론』, 운주사, 1992.

이재헌, 『이능화와 근대불교학』, 지식산업사, 2007.

정광호, 『근대 한일불교 관계사 연구』, 인하대학교출판부, 1994.

_____, 『한국불교최근백년사 편년』, 인하대학교출판부, 1999.

정병조, 『실천불교』, 불교시대사, 2002.

제주불교사연구회, 『근대제주불교사 자료집』, 2002.

조계종, 『조계종사, 근현대편』 조계종출판사, 2001.

조성택, 『불교와 불교학』, 돌베개, 2012.

하춘생, 『보살승단의 정체성과 실천이념』, 엔타임, 2006.

한국종교인평화회의 20년사편찬위원회, 『한국종교인평화회의 20년사』, 2006.

한금순, 『한국 근대 제주불교사』, 제주대학교 탐라문화연구소, 2013.

한보광, 『용성선사 연구』, 감로당, 1981.

한용운기념사업회, 『증보 한용운 전집』, 신구문화사, 1979.

휴 암, 『한국불교의 새얼굴』, 대원정사, 1987.

홍사성 외,『민중불교의 탐구』, 민족사, 1993.

채상식 외,『범어사』, 대원사, 1994.

최병헌 외,『한국불교사 연구 입문』상·하, 지식산업사, 2013.

최학주,『나의 할아버지 육당 최남선』, 나남, 2011.

한암문도회,『정본 한암일발록』, 민족사, 2010.

탄허불교문화재단,『부처님이 계신다면』, 교림, 1993.

_____,『피안으로 이끄는 사자후』, 교림, 1997.

2. 논문

강돈구,「미군정의 종교정책」,『종교학연구』12, 1993.

_____,「현대 한국의 정치 그리고 국가」,『종교연구』51, 2008.

강문선,「근대화에 따른 동아시아 사원 규범의 변화」,『불교학보』55, 2010.

강인철,「해방후 불교와 국가: 1945~1962」,『사회와 역사, 57, 2000.

고명수,「조선독립이유서에 나타난 만해의 독립사상」,『만해축전자료집』, 2001.

고영섭,「한국의 근대화와 전통 불교의례의 변모」,『불교학보』55, 2010.

권기현,「권상로의 생애와 불교개혁사상,『밀교학보』6, 2004.

김광식,「일제하 선학원의 운영과 성격」,『한국독립운동사연구』8, 1994.

_____,「조선불교청년회의 사적 고찰」,『한국불교학』19, 1994.

_____,「일제하 불교계의 총본산 건설운동과 조계종」,『한국민족운동사연구』10, 1994.

_____,「조선불교청년총동맹과 卍黨」,『한국학보』80, 1995.

_____,「1910년대 불교계의 진화론 수용과 사찰령」,『오세창화갑기념논총』1995.

_____,「조선불교학인대회 연구」,『한국독립운동사연구』10, 1996.

_____,「1926년 불교계의 대처식육론과 백용성의 건백서」,『한국독립운동사연구』11, 1997.

_____,「조선불교여자청년회의 창립과 변천」,『한국근현대사연구』7, 1997.

_____,「8·15 해방과 불교계의 동향」,『한국 근대불교의 현실인식』, 민족사, 1998.

_____,「일제하 불교계의 보성고보 경영」,『한국민족운동사연구』19, 1998.

_____,「해방직후 제주불교계의 동향」,『한국독립운동사연구』12, 1998.

_____, 「불교혁신총연맹의 결성과 이념」, 『한국 근대불교의 현실인식』, 민족사, 1998.

_____, 「근대불교 개혁론의 배경과 성격」, 『종교교육학연구』 7, 1998.

_____, 「1930년대 강원제도 개선문제」, 『승가교육』 2, 1998.

_____, 「1920년대 재일 불교유학생 단체 연구」, 『이현희화갑기념논총』, 1998.

_____, 「1930~1940년대 재일 불교유학생 단체 연구」, 『한국근대불교의 현실인식』, 민족사, 1998.

_____, 「백용성스님의 禪農佛敎」, 『대각사상』 2, 1999.

_____, 「교단개혁운동의 명암」, 『근현대불교의 재조명』, 민족사, 2000.

_____, 「조종현·허영호의 불교교육제도 인식과 대안」, 『충북사학』 11·12, 2000.

_____, 「8·15해방과 부안불교 승려대회」, 『한국민족운동사연구』 25, 2000.

_____, 「불교 '정화'의 성찰과 재인식」, 『근현대불교의 재조명』, 민족사, 2000.

_____, 「백용성의 불교개혁과 대각교운동」, 『대각사상』 3, 2000.

_____, 「오대산수도원과 김탄허 - 정혜결사의 현대적 변용」, 『정토학연구』 4, 2001.

_____, 「백용성스님과 일제하의 사찰재산·사찰령」, 『대각사상』 4, 2001.

_____, 「정화운동의 전개과정과 성격」, 『새불교운동의 전개』, 도피안사, 2002.

_____, 「근대불교와 중흥사: 태고의 근대적 계승의식」, 『새불교운동의 전개』, 도피안사, 2002.

_____, 「전국신도회의 조계종단 혁신재건안 연구」, 『새불교운동의 전개』, 도피안사, 2002.

_____, 「일제하의 역경」, 『대각사상』 5, 2002.

_____, 「백용성의 사상과 민족운동 방략」, 『한국독립운동사연구』 19, 2002.

_____, 「일제하 불교계 독립운동의 전개와 성격」, 『새불교운동의 전개』, 도피안사, 2002.

_____, 「최남선의 '조선불교'와 범태평양불교청년회의」, 『백련불교』 11, 2002.

_____, 「한용운의 민족의식과 조선불교유신론」, 『한국민족운동사연구』 35, 2003.

_____, 「백초월의 삶과 독립운동」, 『불교학보』 39, 2003.

_____, 「중앙학림과 식민지불교의 근대성」, 『사학연구』 71, 2003.

_____, 「각황사의 설립과 운영」, 『대각사상』 6, 2003.

_____, 「김탄허의 교육과 그 성격」, 『정토학연구』 6, 2003.

_____, 「탄허 택성 - 민족불교의 재건자」, 『가산학보』 12, 2004.

_____, 「한국 현대불교와 정화운동」, 『대각사상』 7, 2004.

_____, 「'조선독립의 서' 연구」, 『만해학 연구』 창간호, 2005.

_____, 「법정사 항일운동의 재인식」, 『한국독립운동사연구』 25, 2005.

_____, 「근대불교의 청소년포교와 조선불교소년회」, 『대각사상』 8, 2005.

_____, 「백학명의 불교개혁과 선농불교」, 『불교평론』 25, 2005.

_____, 「8·15해방과 전국승려대회」, 『한국 현대불교사 연구』, 불교시대사, 2006.

_____, 「농지개혁과 불교계의 대응」, 『한국 현대불교사 연구』, 불교시대사, 2006.

_____, 「강석주의 삶에 나타난 민족불교」, 『정토학연구』 9, 2006.

_____, 「만당과 효당 최범술」, 『동국사학』 42, 2006.

_____, 「조선불교 선종과 수좌대회」, 『불교근대화의 전개와 성격』, 조계종출판사, 2006.

_____, 「방한암과 조계종단」, 『한암사상연구』 1, 2006.

_____, 「근대 불교사 연구의 성찰: 회고와 전망」, 『민족문화연구』 45, 2006.

_____, 「일제하의 불교출판」, 『대각사상』 9, 2006.

_____, 「명진학교의 건학정신과 근대 민족불교관의 형성」, 『불교학보』 45, 2006.

_____, 「대한승려연합회 선언서와 민족불교론」, 『불교학보』 47, 2007.

_____, 「제2정화운동과 영축회」, 『정토학연구』 10, 2007.

_____, 「범어사의 사격과 선찰대본산」, 『선문화연구』 2, 2007.

_____, 「불교 근대화 노선과 용성의 대각교」, 『대각사상』 10, 2007.

_____, 「청담의 불교근대화와 교육문제」, 『마음사상』 5, 2007.

_____, 「사찰령의 불교계 수용과 대응」, 『민족불교의 이상과 현실』, 도피안사, 2007.

_____, 「한용운의 불교 근대화 기획과 승려결혼 자유론」, 『대각사상』 11, 2008.

_____, 「불교의 근대성과 한용운의 대중불교」, 『한국불교학』 50, 2008.

_____, 「김지효의 꿈, 범어사 총림건설」, 『불교학보』 49, 2008.

_____, 「한용운의 대중불교·생활선과 구세주의·입니입수」, 『한국민족운동사연구』 54, 2008.

_____, 「법정사 항일운동의 연구, 회고와 전망」, 『정토학연구』 11, 2008.

_____, 「불교의 근대성과 한용운의 대중불교」, 『한국불교학』 50, 2008.

_____, 「용성의 건백서와 대처식육의 재인식」, 『선문화연구』 4, 2008.

_____, 「불교의 민족운동」, 『종교계의 민족운동』, 한국독립운동사연구소, 2008.

_____, 「조선불교선종 선회에 나타난 수좌의 동향」, 『마음사상』 7, 2009.

_____, 「식민지(1910~1945) 시대의 불교와 국가권력」, 『대각사상』 13, 2010.

_____, 「오성월의 삶에 투영된 禪과 民族意識」, 『대각사상』 14, 2010.

_____, 「청담의 「나의 告白」과 불교 근대화」, 『마음사상』 8, 2010.

_____, 「10 · 27법난의 발생 배경과 불교의 과제」, 『불교평론』 44, 2010.

_____, 「10 · 27법난의 역사적 교훈과 사회적 과제」, 『정토학연구』 14, 2010.

_____, 「송서암의 불교 개혁론」, 『한국 현대선의 지성사 탐구』, 도피안사, 2010.

_____, 「식민지(1910~1945)시대의 불교와 국가권력」, 『대각사상』 13, 2010.

_____, 「한국전쟁과 불교계」, 『불교평론』 43, 2010.

_____, 「건봉사의 재일불교유학생과 봉명학교」, 『금강산 건봉사의 역사와 문화』, 인북스, 2010.

_____, 「遺敎法會의 전개과정과 그 성격」, 『한국 현대선의 지성사 탐구』, 도피안사, 2010.

_____, 「한용운의 아들, 한보국의 삶」, 『만해학보』 10, 2010.

_____, 「태허조사의 불교혁신론」, 『태허조사, 일대사 인연을 말하다』, 범성, 2010.

_____, 「화엄사 승가대학의 어제와 오늘」, 『불교연구』 33, 2010.

_____, 「김용담 삶의 복원 - 한용운 사상의 계보 모색」, 『만해학보』 11, 2011.

_____, 「근현대 불교 개혁론의 지평」, 『일본불교사연구』 4, 2011.

_____, 「만암의 禪農一致 사상」, 『한국선학』 30, 2011.

_____, 「1945~1980년 간의 불교와 국가권력」, 『불교학보』 58, 2011.

_____, 「백초월의 항일운동과 일심교」, 『정토학연구』 16, 2011.

_____, 「청담의 불교정화운동과 정화이념」, 『마음사상』 9, 2011.

_____, 「근현대 불교 개혁론의 지평」, 『일본불교사연구』 4, 2011.

_____, 「최남선의 '조선불교' 정체성 인식」, 『불교연구』 37, 2012.

_____, 「민주화 운동기(1980~1994)의 불교와 국가권력」, 『대각사상』 17, 2012.

_____, 「한용운 민족의식의 연원」, 『한국선학』 31, 2012.

_____, 「한용운의 불교개혁사상과 동아시아」, 『만해학보』 12, 2012.

_____, 「근현대 화엄사의 사격과 진진응 · 이동헌」, 『대각사상』 18, 2012.

_____, 「근현대 불교, 연구 성과와 과제」, 『한국불교학』 68, 2013.

_____, 「일본 불교의 영향을 받은 근대불교의 다면성」, 『일본불교사연구』 9, 2013.

_____, 「대각교의 조선불교 선종총림으로의 전환 과정 고찰」, 『대각사상』 20, 2012.

김영진, 「한국 근대 불교학 방법론의 등장과 불교사 서술의 의미」, 『한국학연구』 23, 2010.

_____, 「근대시기 한국불교계의 유럽불교학 인식과 그 영향」, 『한국불교학』 64,

2012.

김용태, 「동아시아 근대 불교연구의 특성과 오리엔탈리즘의 투영」, 『역사학보』 210, 2011.

_____, 「한국불교사의 호국사례와 호국불교 인식」, 『대각사상』 17, 2012.

_____, 「근대 한·일불교의 정교분리 문제와 종교성 인식」, 『불교학연구』 29, 2011.

김경집, 「근대 원흥사의 창건과 현행세칙에 대한 연구」, 『구산논집』 3, 1999.

_____, 「일제하의 불교혁신운동 연구」, 『대각사상』 3, 2000.

_____, 「근대 원종의 설립과 의의」, 『한국불교학』 29, 2001.

_____, 「원흥사 창건과 시대적 의의」, 『회당학보』 7, 2002.

_____, 「광복 후 불교계의 출판」, 『대각사상』 3, 2000.

_____, 「開港初 韓日佛敎 교류에 대한 연구」, 『불교학연구』 10, 2005.

_____, 「일제하 불교시찰단 연구」, 『한국불교학』 44, 2006.

_____, 「근대 선학원 활동의 史的 意義」, 『불교학연구』 15, 2006.

_____, 「일제하 불교 혁신운동의 연구 현황과 과제」, 『선문화연구』 창간호, 2006.

김기종, 「근대 대중불교운동의 이념과 전개」, 『한민족문화연구』 28, 2009.

_____, 「김태흡의 대중불교론과 그 전개」, 『한국선학』 26, 2010.

_____, 「근대 불교잡지의 간행과 불교 대중화」, 『동아시아 불교의 근대적 변용』, 동국대학교출판부, 2010.

김상현, 「한국 근대사의 전개와 불교」, 『불교학보』 60, 2011.

김순석, 「3·1운동기 불교계의 동향」, 『한국민족운동사연구』 29, 2001.

_____, 「일제하 선학원의 선맥계승운동과 성격」, 『한국근현대사연구』 20, 2002.

_____, 「통감부 시기 불교계의 명진학교 설립과 운영」, 『한국독립운동사연구』 21, 2003.

_____, 「한용운과 백용성의 근대불교 개혁론 비교 연구」, 『한국근현대사연구』 35, 2005.

_____, 「근대 불교 종단의 설립과정」, 『불교근대화의 전개와 성격』, 조계종출판사, 2006.

_____, 「한국 근대 불교계의 민족의식」, 『불교학연구』 21, 2008.

_____, 「이승만정권의 불교정책」, 『불교정화운동의 재조명』, 조계종출판사, 2008.

_____, 「백학명의 선농일치와 불교 개혁론」, 『한국선학』 23, 2009.

_____, 「한국 근현대사에서 호국불교의 재검토」, 『대각사상』 17, 2012.

김순미, 「농지개혁과 사찰농지의 변동」, 『불교정화운동의 재조명』, 조계종출판사,

2008.

김용환, 「용성선사의 대각교운동에 관한 연구」, 『종교연구』 12, 1996.

김재홍, 「만해사상의 구조와 특성」, 『만해학연구』 2, 2006.

김재영, 「1920년대 보천교의 민족운동에 대한 경향성」, 『전북사학』 31, 2007.

김정희, 「백용성의 이상사회와 불교 개혁론」, 『철학사상』 17, 2004.

_____, 「백용성의 대각교의 근대성에 대한 소고」, 『불교학연구』 17, 2007.

_____, 「종단설립운동과 조계종의 근대적 의미」, 『불교학보』 49, 2008.

김종만, 「호국불교의 반성적 고찰」, 『불교평론』 3, 2000.

김종명, 「'호국불교' 개념의 재검토」, 『불교연구』 17, 2000.

김종인, 「전통의 재정립과 고전: 한국불교의 재정립과 『선문촬요』」, 『정토학연구』
　　　12, 2009.

_____, 「한국문화로서의 불교: 20세기 초 한국에서의 불교의 정체성」, 『종교연구』
　　　60, 2010.

_____, 「20세기 초 한국불교 개혁론에서 불경의 한글 번역에 대한 인식」, 『종교연
　　　구』 55, 2009.

김종인, 「1920~30년대 불교계의 사회주의에 대한 인식」, 『대각사상』 18, 2012.

김혜련, 「식민지 고등교육정책과 불교계 근대고등교육기관의 위상 - 중앙불교전문
　　　학교를 중심으로」, 『불교학보』 45, 2006.

김호성, 「결사의 근대적 전개양상」, 『보조사상』 3, 1995.

_____, 「탄허의 결사운동에 대한 새로운 조명」, 『한암사상』 3, 2009.

_____, 「근대 한국의 선농불교에 대한 재조명」, 『불교학보』 55, 2010.

_____, 「학명의 선농불교에 보이는 결사적 성격」, 『한국선학』 27, 2010.

남도영, 「구한말의 명진학교」, 『역사학보』 90, 1981.

마이카 아워백(Auerback, Micha), 「친일불교 역사학의 재고: 조선불교단과 12920년
　　　대 조선에서의 승려결혼에 관한 논쟁」, 『아세아연구』 51-3, 2008.

류시현, 「일제하 최남선의 불교인식과 '조선불교'의 탐구」, 『근대를 다시 읽는다 2』,
　　　역사비평사, 2006.

_____, 「1910년대 최남선의 문명·문화론과 조선불교 인식」, 『한국사연구』 155,
　　　2011.

박노자, 「한국 근대 민족주의와 불교」, 『불교평론』 38·29, 2006.

_____, 「1920~1930년대 만해 한용운의 불교사회주의」, 『천태학 연구』 8, 2006.

_____, 「만해 한용운의 불교적 근대 문명관」, 『만해학 연구』 8, 2013.

박승길, 「미군정의 종교정책과 기독교의 헤게머니 형성」, 『사회과학연구』 5, 1999.

_____, 「한국 현대사와 정화운동」, 『교단정화운동과 조계종의 오늘』 선우도량, 2001.

박재현, 「근대 불교의 대처식육(帶妻食肉) 문제에 관한 윤리적 고찰」, 『철학』 93, 2007.

박한용, 「호국불교의 비판적 검토」, 『불교평론』 49, 2011.

박희승, 「정화운동」, 『불교평론』 50, 2012.

백성욱, 「동국60년 회상기: 3·1운동과 중앙학림」, 『동대신문』 1966.6.20.

서동석, 「불교사회운동의 갈무리와 터 닦기」, 『불교평론』 창간호, 1999.

서재영, 「승려의 입성금지 해제와 근대불교」, 『불교학보』 45, 2006.

_____, 「한국 근대 불교 개혁론의 전개와 교단개혁」, 『동아시아 불교의 근대적 변용』, 동국대학교출판부, 2010,

송현주, 「근대 한국불교 개혁운동에서 의례 문제」, 『종교와 문화』 6, 2000.

_____, 「근대 한국불교의 종교정체성 인식」, 『불교학연구』 7, 2003.

_____, 「서구 근대불교학의 출현과 '부디즘(Buddhism)' 창안」, 『종교문화비평』 22, 2012.

신규탁, 「성철선사의 불교관에 나타난 개혁적 요소 고찰」, 『한국불교학』 49, 2007.

심재관, 「근대 한국불교의 한 진경」, 『불교평론』 22, 2005.

심재룡, 「근대 한국불교의 네 가지 유형에 대하여」, 『철학사상』 16, 2002.

_____, 「한국불교 연구의 한 반성 - 한국불교는 회통적인가?」, 『동양의 지혜와 선』, 세계사, 1990.

_____, 「한국불교는 회통불교인가」, 『불교평론』 3, 2000.

안후상, 「식민지 시기 보천교의 공개와 공개 배경」, 『신종교연구』 26, 2012.

_____, 「이미륵과 그의 작품을 통해 본 근대 한국불교」, 『한국종교사연구』 11, 2003.

양은용, 「이능화의 한국불교 연구」, 『이능화연구』, 집문당, 1994.

_____, 「근대 불교개혁운동」, 『한국사상사대계』 6, 정신문화연구원, 1994.

오 성, 「근대 제주불교의 태동과 관음사 창건」, 『대각사상』 9, 2006.

유승무, 「현대 한국불교 개혁운동의 흐름과 그 특징」, 『불교평론』 4, 2000.

_____, 「종단 3대사업의 성찰적 이해」, 『승가교육』 5, 2004.

윤창화, 「해방 이후 역경의 성격과 의의」, 『대각사상』 5, 2002.

_____, 「탄허스님의 불전역경과 그 의의」, 『탄허선사의 선교관』, 월정사, 2004.

_____, 「경허의 酒色과 삼수갑산」, 『불교평론』 52, 2012.

원영상, 「소태산 박중빈의 재가주의 불교운동과 민족주의」, 『한민족문화연구』 23, 2007.

이경순, 「일제시대 불교유학생의 동향」, 『승가교육』 2, 1998.

_____, 「1917년 불교계 일본 시찰 연구」, 『한국민족운동사연구』 25, 2000.

이기운, 「근대기 승가의 교육체제 변혁과 자주화운동」, 『불교학보』 48, 2008.

이봉춘, 「근대불교 개혁론의 이념과 실제」, 『석림』 26, 1993.

_____, 「회통불교론은 허구의 맹종인가」, 『불교평론』 3, 2000.

이병욱, 「최남선의 불교관」, 『한국종교사연구』 13, 2005.

이선이, 「한용운의 근대 인식 방법」, 『만해학 연구』 7, 2011.

이재수, 「근대 민중불교운동의 이념적 연원」, 『한국불교학』 31, 2002.

이재헌, 「근대 한국불교 개혁 패러다임의 성격과 한계」, 『종교연구』 18, 1999.

_____, 「권상로의 불교개혁사상 연구」, 『보조사상』 13, 2000.

_____, 「권상로 불교학의 근대적 성격」, 『불교학연구』 4, 2002.

_____, 「근대 한국불교의 타종교 인식」, 『불교 근대화의 전개와 성격』, 조계종출판사, 2006.

_____, 「미군정의 종교정책과 불교계의 분열」, 『불교정화운동의 재조명』, 조계종출판사, 2010.

_____, 「불교와 대통령 이승만」, 『불교평론』 48, 2011.

이철교, 「항일불교인 열전」, 『대중불교』 8월호, 1992.

이현희, 「대한민국 임시정부와 지암 이종욱」, 『대각사상』 10, 2007.

이희재, 「한국불교사에서의 『유마경』의 지위」, 『한국학연구』 31, 고려대학교 한국학연구소, 2009.

정광호, 「한국 근대불교의 대처식육」, 『한국학연구』(인하대) 3, 1991.

정혜정, 「일제하 승가교육의 근대화론」, 『승가교육』 2, 1998.

조기룡, 「대한불교조계종, 통합종단 50년의 3대사업 고찰」, 『한국불교학』 63, 2012.

조명제, 「근대불교의 지향과 굴절 - 범어사의 경우를 중심으로」, 『불교학연구』 13, 2006.

_____, 「1920~1930년대 허영호의 현실인식과 근대불교학」, 『대각사상』 14, 2010.

_____, 「허영호의 전쟁 협력의 담론과 근대불교」, 『항도부산』 27, 2011.

조성택, 「근대불교학과 한국 근대불교」, 『민족문화연구』 45, 2007.

_____, 「근대 한국불교사 기술의 문제」, 『불교평론』 49, 2011.

_____, 「근대 한국불교 연구과제와 전망」, 『한국불교학』 64, 2012.

조은수, 「통불교 담론을 통해 본 한국불교사 인식」, 『불교평론』 21, 2004.

조준호, 「경전상에 나타난 호국불교의 검토」, 『대각사상』 17, 2012.

조성운, 「일제하 불교시찰단의 파견과 그 성격」, 『한국선학』 18, 2007.

존 요르겐손, 「한국불교의 역사쓰기」, 『불교연구』 14, 2007.

제점숙, 「식민지 조선 일본불교의 사회사업동향」, 『차세대 인문사회연구』 6, 2010.

_____, 「朝鮮(1897-1910)における淨土宗の動向」, 『일본연구』 14, 2010.

_____, 「일본불교의 근대인식과 개항기 조선」, 『일본근대학연구』 32, 2011.

_____, 「개항기 부산 일본불교의 교육사업에 관한 연구」, 『비교일본학』 25, 2011.

차차석, 「1960년대부터 1980년대까지 불교차별과 배경」, 『불교와 국가권력, 갈등과 상생』, 조계종출판사, 2010.

_____, 「한국불교, 어떻게 개혁을 지향해 왔나」, 『불교평론』 50, 2012.

채상식, 「한말, 일제시기 범어사의 사회운동」, 『한국문화연구』 4, 1991.

한금순, 「1918년 제주 법정사 항일운동」, 『대각사상』 9, 2006.

한계전, 「만해 한용운 사상 형성과 그 배경」, 『선청어문』 29, 2001.

한기두, 「불교유신론과 불교혁신론」, 『한국 근대 민중불교의 이념과 전개』, 한길사, 1980.

한동민, 「1910년대 선교양종 30본산연합사무소의 설립과정과 의의」, 『한국민족운동사연구』 25, 2000.

_____, 「일제 강점기 화엄사의 본산 승격운동」, 『한국민족운동사연구』 31, 2002.

_____, 「근대 불교계의 변화와 봉선사 주지 홍월초」, 『중앙사론』 18, 2003.

_____, 「일제강점기 사지 편찬과 한용운의 『건봉사 사적』」, 『정토학연구』 14, 2010.

한보광, 「백용성스님의 역경활동과 그 의의」, 『대각사상』 5, 2002.

_____, 「백용성스님의 대중포교활동」, 『대각사상』 6, 2003.

_____, 「백용성스님의 청소년포교」, 『대각사상』 8, 2005.

_____, 「백용성스님의 삼장역회 설립과 허가 취득」, 『대각사상』 9, 2006.

_____, 「대각사 창건 시점에 관한 제 문제」, 『대각사상』 10, 2007.

한상길, 「개화사상 형성과 근대불교」, 『불교학보』 45, 2006.

_____, 「개화기 일본불교의 전파와 한국불교」, 『불교학보』 46, 2007.

_____, 「한국 근대불교의 형성과 일본, 일본불교」, 『한국사상과 문화』 46, 2009.

_____, 「한국 근대불교 연구와 국사교과서의 근대불교 서술」, 『선문화연구』 10, 2009.

_____, 「한국 근대불교 연구와 '민족불교'의 모색」, 『불교학보』 54, 2010.

_____, 「한국 근대불교의 대중화와 석문의범」, 『불교학보』 48, 2008.

한종만, 「박한영과 한용운의 한국불교 근대화 사상」, 『원광대논문집』 5, 1970.

_____, 「백용성의 각(覺)의 원리」, 『불교와 유교의 현실관』, 원광대학교 출판국, 1981.

_____, 「백용성의 대각교사상」, 『(숭산박길진박사고희기념)한국근대종교사사상사』, 원광대학교 출판국, 1984.

한용운, 「朝鮮佛敎의 改革案」, 『불교』 88호, 1931.

_____, 「譯經의 급무」, 『불교』 신3집, 1937.

황인규, 「중앙불교전문학교의 개교와 학풍」, 『불교 근대화의 전개와 성격』, 조계종 출판사, 2006.

[ㅊ]

지은이

김광식
金光植

자호 지허(止虛), 법명 만암(卍庵)
건국대학교 대학원 수료(문학박사)
독립기념관 책임연구원, 부천대 초빙교수 역임
현재 동국대학교 특임교수

『고려무인정권과 불교계』
『한국 근대불교사 연구』
『한국 현대불교사 연구』
『민족불교의 이상과 현실』
『한국 현대선의 지성사 탐구』
『한용운 연구』
『불교와 국가』등 30권의 저서가 있고
한국불교사 논문 190여 편이 있다.